HISTOIRE

DE LA

RÉPUBLIQUE

ROMAINE

IMPRIMERIE E. FLAMMARION, 26, RUE RACINE, PARIS.

ŒUVRES COMPLÈTES DE J. MICHELET

HISTOIRE

DE LA

RÉPUBLIQUE ROMAINE

ÉDITION DÉFINITIVE, REVUE ET CORRIGÉE

PARIS
ERNEST FLAMMARION, ÉDITEUR
26, RUE RACINE, PRÈS L'ODÉON

Tous droits réservés.

PRÉFACE

Je ne suis pas de ceux qui rougissent d'avoir été jeunes. L'*Histoire romaine* fut à peu près mon début. J'avais traduit Vico et fait quelques brochures. Il n'est pas étonnant que ma méthode soit flottante encore dans ce livre, que parfois la main m'ait tremblé.

Pour la première fois je me vïs devant le sphinx, en face de ce monstre, l'histoire, — aux prises avec les deux conditions difficiles et contradictoires qu'il impose : d'une part, la critique, le sévère jugement de ceux qui furent, et d'autre part leur résurrection, leur *vita nuova*.

Deux écoles étaient dominantes, la grisaille et l'enluminure, l'école raisonneuse et les pastiches de Froissart. Un grand artiste, seul, existait, Augustin Thierry, de sens exquis et de main admirable, fin ciseleur, qui eut un jour d'audace, de haute invention, de génie.

Je marchais seul, inexpérimenté, mais très riche de faits et d'idées, plein d'un grand souffle. Il me semblait sentir en moi la grande âme des morts. De mon Vico j'avais gardé un mot profond qui est la vraie lumière moderne : « L'humanité est son œuvre à elle-même. »

C'est-à-dire : Les peuples se font, vont se créant de leur énergie propre, s'engendrant de leur âme et de leurs actes incessants.

C'est-à-dire : Les milieux, les climats et les races, font beaucoup, certes (et j'en ai tenu compte). Mais l'élément de race sur lequel insistait Thierry, est de plus en plus secondaire, de plus en plus subordonné au travail de transformation que fait sur soi toute société. — Principe capital que j'exprimai bientôt dans mon *Histoire de France*, en me détachant de Thierry, et qui me tient à part de mes amis gaulois, par qui ces influences lointaines semblent exagérées.

« L'humanité se fait », cela veut dire encore que les masses font tout, que les grands noms font peu de chose, que les prétendus dieux, les géants, les titans (presque toujours des nains), ne trompent sur leur taille qu'en se hissant par fraude aux épaules dociles du bon géant, le Peuple. Je posai ce point de départ à l'entrée même de mon

Histoire romaine. Pendant trente-cinq ans, dans l'immense labeur de mon *Histoire de France*, j'ai marché d'âge en âge, toujours dans cet esprit.

Fatalisme de race — et *fatalisme légendaire des grands hommes* providentiels, — deux écueils de l'histoire. — Je les fuyais également.

L'histoire romaine me semblait fort claire entre deux crépuscules : la primitive époque des légendes grossières, et l'époque bâtarde des légendes voulues, calculées, qui arrangèrent le césarisme.

Entre les deux on voit parfaitement comment Rome, dans une série de fortes guerres, absorba l'Italie. On la voit à merveille dans son duel contre Carthage. Rien de tel n'a paru jamais. C'est le conflit, le choc des deux races et des deux génies qui dominèrent le genre humain. L'enjeu du combat, c'est le monde. Hannibal est grand sans légende; il s'en passe fort bien, celui-là. Point de fraude. Il n'a pas besoin de se surfaire, et personne n'a osé l'orner. L'histoire est là, certaine, lumineuse et terrible.

Quoique, dans ce combat, les vœux soient pour l'Europe et pour le génie italien, le colossal empire d'Afrique, Carthage, et son naufrage immense, saisissent fort l'imagination. L'indomptable Hannibal, vrai génie de la guerre (bien plus qu'Alexandre et César), — Hannibal que la fortune accabla, non les Scipions, — imprime et respect et terreur. Ce récit est très fort dans mon histoire. Il en est la partie importante, solide, qui, je crois, restera.

Nombre d'esprits distingués de ce temps, et des générations entières ont été élevées avec ce livre, l'ont adopté avec la faveur qu'on garde à ses livres d'enfance. Ils s'en sont inspirés en des œuvres diverses, histoires, mémoires critiques, épopées ou romans, tels sur Rome et tels sur Carthage.

C'est bien plus qu'il ne méritait, ce petit livre, incomplet et défectueux, tel que je le vois aujourd'hui. Éclairé par trente ans de travaux et d'études, je le réimprime à regret. Ce qu'il pourrait avoir de valeur littéraire m'importe peu auprès de ses graves défauts historiques. La finale (sur Jules César) est peu digne, je crois, du milieu (mes Guerres de Carthage et mon excellent Hannibal).

Le livre fut très bien commencé vers 1828, mais achevé dans une époque de trouble, de bruyante exagération. Solitaire et fort loin des agitations vaines et des hommes de bruit, pourtant je respirais ma part de cet orage. Les puissants dramaturges pesaient alors. La figure fort douteuse, qui clôt la République et commence l'Empire, est un drame tentant pour le littérateur. Je vis cette figure par un verre grossissant. J'oubliais ma propre méthode. On se fait peu à peu *historien* (c'est une vertu), mais j'étais encore *écrivain*.

A mon premier élan sur le champ de l'histoire, j'avais encore trop peu l'équilibre de mes puissances, la force d'arrêt et de critique, pour saisir et noter tant de choses invraisemblables dans la légende de César. Qui croira qu'aux forêts des Gaules, où les clairières étaient cultivées seules, la population fut si grande qu'il y pût tuer les deux millions d'hommes dont parle Pline? Qui croira que, dans ces pays sans routes, il ait pu faire ces courses surprenantes, ait été en même temps présent dans deux ou trois endroits?

César a le rare avantage d'être à la fois et le héros et l'unique témoin, seul narrateur contemporain. Hors de son récit, qu'avons-nous? rien qui permette le contrôle. Il est bien à son aise. Mais la critique ne l'est pas, quand il s'agit de rendre son récit raisonnable. Napoléon Ier avoue (*Mém. de Sainte-Hélène*) ne rien comprendre à l'invasion helvétienne, à ces quartiers d'hiver qui vont du Rhin jusqu'en Bretagne, tellement étendus, dispersés et éparpillés. Les amis de Napoléon, au même endroit, déclarent ne pas comprendre qu'on ait fait à la course, parfois en quelques jours, ces travaux gigantesques, ces constructions épouvantables, des murs épais et hauts, et continués tant de lieues.

Ces guerres, contre des gens si mal armés, si peu disciplinés en comparaison des Romains, sont fort bien arrangées pour donner texte à la légende, faire un faux Alexandre, hausser César, petit-fils de Vénus, à la hauteur de son modèle, le brillant fils de Jupiter. Celui-ci, copiste déjà, avait voulu être Bacchus (messie, libérateur, sauveur). César est Bacchus dans Virgile (V. *Servius*), Alexandre et César firent tout (dans l'habit même et le maintien, je l'ai noté ailleurs) pour rappeler ce dieu si populaire.

Pauvres imitations ! Elles deviennent mortelles à César. Il attachait une importance extrême au diadème, bandeau sacerdotal d'Alexandre et des rois d'Asie. De même qu'Alexandre fut excédé des Grecs, de ceux qui l'avaient fait si grand, et les remplaça par des Perses, César ne supportait plus Rome, ni ses Gaulois, leur brutale amitié. Il avait goûté l'Orient, Alexandrie et Cléopâtre ; il avait hâte de se faire dieu là-bas, et de trahir ainsi les siens. En se mettant au front le *cidarim* oriental, il se proclamait à l'Asie, n'était plus un chef d'hommes (*imperator*), mais roi des bêtes.

L'Orient a pleuré César. On le comprend. Le mélange du monde accéléré par lui, abaissant les vivants, leur égalait les morts. L'Empire montra bientôt ce qu'était ce mélange, passant sur l'univers le niveau de la honte et l'égalité du néant.

Pendant longues années, j'ai laissé là ce livre sans le réimprimer. Mais on le réimprime fort bien sans moi et sans me consulter. Il durera, quoi que je fasse, par ses qualités, ses défauts, sa puissante chaleur juvénile, la vivacité du récit.

« Corrigez-le ! » cela servirait peu. Soit malignité, soit désir de voir la pensée de l'auteur dans sa pure spontanéité, on réimprimera toujours les primitives éditions. Telle est l'imprimerie, redoutable puissance qui nous fait durer malgré nous, qui, très soigneusement, éternise ce qui méritait de périr. Quiconque laisse échapper une erreur, un *lapsus*, pourra, deux mille ans, trois mille ans, en porter la peine. L'inflexible machine va toujours son chemin.

Qu'il reste donc ce livre, comme il fut. Tous ses frères l'ont suffisamment corrigé. Ma *Révolution* a posé le principe anti-légendaire contre les fils des dieux, les sauveurs qui nous tombent d'en haut pour écraser la terre. Ma *Bible* a signalé le peu d'invention, les répétitions éternelles qui furent en tout cela, l'esprit d'imitation, qui, des Sésostris, des Sémiramis, aux Alexandre et aux César, aux Charlemagne, à nos modernes, a fait des copies de copies.

J'y reviendrai ailleurs. Il faut, plus nettement qu'on ne l'a fait encore, dans la foi, dans la vie, écarter ce langage de vieille idolâtrie qui encombre le sol et retarde toujours. Hâtons-nous. Un rayon plus clair nous vient, ce semble, nous dit d'entrer enfin d'un pas moins incertain aux voies de l'avenir.

Hyères, 15 janvier 1866.

AVANT-PROPOS

Ce livre est une histoire, et non pas une dissertation. Est-il fondé sur la critique? on en jugera par les Éclaircissements qui le terminent et le complètent. Pour le texte, la critique y tient peu de place. Les quatre premiers siècles de Rome n'y occupent pas deux cents pages. Nous dirons ici quelques mots de la longue polémique à laquelle ils ont donné lieu.

Ce n'est pas d'hier que l'on a commencé à se douter que l'histoire des origines de Rome pourrait bien n'être pas une histoire. C'est un des premiers sujets auxquels se soit appliqué l'esprit critique à son réveil. Depuis que Rome ne commandait plus au monde par l'épée des légions, elle le régentait avec deux textes, le droit canonique et le droit romain. Elle recommandait ce droit, non seulement comme vérité, comme *raison écrite*, mais aussi comme autorité. Elle lui cherchait une légitimité dans l'ancienne domination de l'Empire, dans son histoire. On prit donc garde à cette histoire. Le précurseur d'Érasme, Laurent Valla, donna le signal au commencement du quinzième siècle. Au seizième, un ami d'Érasme entreprit l'examen de Tite-Live, toutefois avec ménagement et timidité, comme son prudent ami écrivait sur la Bible. Ce critique, le premier qui ait occupé la chaire des belles-lettres au Collège de France (1521), était un Suisse, un compatriote de Zuingle. Natif de Glaris, on l'appelait Glareanus. La Suisse est un pays de raisonneurs. Malgré cette gigantesque poésie des Alpes, le vent des glaciers est prosaïque; il souffle le doute.

Au dix-septième siècle, ce fut le tour de la patiente et sérieuse Hollande. Les Scaliger et les Juste-Lipse, cette moderne antiquité de l'université de Leyde, presque aussi vénérable que celle qu'elle expliquait, avaient prêté à la critique l'autorité de leur omniscience. Dans l'histoire, et jusque dans la philologie, s'introduisait l'esprit de doute, né des controverses théologiques, mais étendu peu à peu à tant d'autres objets. Cet esprit éclate dans les *Animadversiones* de l'ingénieux et minutieux Perizonius, professeur de Leyde (1685). Il rapprocha, opposa des passages, montra souvent les contradictions de ces anciens si révérés; il inquiéta plus d'une vieille croyance de l'érudition. Son livre, dit Bayle, est l'errata des historiens et des critiques. Le plus beau titre de Perizonius est d'avoir reconnu la trace des chants populaires de la Rome primitive à travers l'uniforme et solennelle rhétorique de Tite-Live, et soupçonné la poésie sous le roman.

Enfin parut le véritable réformateur. Ce fut un

Français, un Français établi en Hollande, Louis de Beaufort, précepteur du prince de Hesse-Hombourg, membre de la Société royale de Londres, à laquelle ont appartenu tant d'autres libres penseurs. Celui-ci fit un procès en forme à l'histoire convenue des premiers temps de Rome. Dans son admirable petit livre (*De l'incertitude*, etc., 1738), qui mériterait si bien d'être réimprimé, il apprécia les sources, indiqua les lacunes, les contradictions, les falsifications généalogiques. Ce livre a jeté le vieux roman par terre. Le relève qui pourra[1].

Beaufort n'avait que détruit. Sa critique toute négative était inféconde, incomplète même. Qui ne sait que douter, manque de profondeur et d'étendue, même dans le doute. Pour compléter la destruction du roman, pour recommencer l'histoire et la recréer, il fallait s'élever à la véritable idée de Rome. Toute création suppose une idée. L'idée partit du pays de l'idéalisme, de la Grande Grèce, de la patrie de saint Thomas et de Giordano Bruno. Le génie de Pythagore est l'inspiration primitive de cette terre. Mais le monde entier est venu ajouter; chaque peuple, chaque invasion y a déposé une pensée, comme chaque éruption une lave. Les Pélasges et les Hellènes, les Étrusques et les Samnites, les Romains et les Barbares, Lombards, Sarrasins, Normands, Souabes, Provençaux, Espagnols,

---

[1]. Si quelqu'un l'eût pu, ç'eût été l'auteur d'une des dernières histoires romaines qu'on a publiées en France. *Si Pergama dextra defendi possent...* Au reste, les opinions de l'auteur sur la certitude des premiers siècles de Rome ne peuvent faire tort aux belles parties de son livre, à ses chapitres sur les premiers rapports de Rome avec la Grèce, et sur l'Italie avant les Gracches.

tout le genre humain, tribu par tribu, a comparu au pied du Vésuve. Le vieux génie du nombre et la subtilité scolastique, la philosophie spiritualiste et l'école de Salerne, le droit romain et le droit féodal, dans leur opposition, tout y coexistait. Et au-dessus de tout cela, une immense poésie historique, l'inspiration du tombeau de Virgile, l'écho des deux Toscans qui ont chanté les deux antiquités de l'Italie, Virgile[1] et Dante; enfin, une mélancolique réminiscence de la doctrine étrusque des Ages, la pensée d'une rotation régulière du monde naturel et du monde civil, où, sous l'œil de la Providence, tous les peuples mènent le chœur éternel de la vie et de la mort. Voilà Naples, et voilà Vico.

Dans le vaste système du fondateur de la métaphysique de l'histoire, existent déjà, en germe du moins, tous les travaux de la science moderne. Comme Wolf, il a dit que l'*Iliade* était l'œuvre d'un peuple, son œuvre savante et sa dernière expression, après plusieurs siècles de poésie inspirée. Comme Creuzer et Gœrres, il a fait voir des idées, des symboles dans les figures héroïques ou divines de l'histoire primitive. Avant Montesquieu, avant Gans, il a montré comment le droit sort des mœurs des peuples, et représente fidèlement tous les progrès de leur histoire. Ce que Niebuhr devait trouver par ses vastes recherches, il l'a deviné, il a relevé la Rome patricienne, fait revivre ses curies et ses *gentes*. Certes, si Pythagore se rappela qu'il avait, dans une vie première, combattu sous les murs de Troie, ces Allemands illustres auraient dû

---

1. On sait que Mantoue est une colonie étrusque. Voy. plus bas.

peut-être se souvenir qu'ils avaient jadis vécu tous en Vico[1]. Tous les géants de la critique tiennent déjà, et à l'aise, dans ce petit pandémonium de la *Scienza nuova* (1725).

La pensée fondamentale du système est hardie, plus hardie peut-être que l'auteur lui-même ne l'a soupçonné. Elle touche toutes les grandes questions politiques et religieuses qui agitent le monde. L'instinct des adversaires de Vico ne s'y est pas trompé; la haine est clairvoyante. Heureusement, le livre était dédié à Clément XII. L'apocalypse de la *nouvelle science* fut placé sur l'autel, jusqu'à ce que le temps vînt en briser *les sept sceaux*.

Le mot de la *Scienza nuova* est celui-ci : *L'humanité est son œuvre à elle-même*. Dieu agit sur elle, mais par elle. L'humanité est divine, mais il n'y a point d'homme divin. Ces héros mythiques, ces Hercule dont le bras sépare les montagnes, ces Lycurgue et ces Romulus, législateurs rapides, qui, dans une vie d'homme, accomplissent le long ouvrage des siècles, sont les créations de la pensée des peuples. Dieu seul est grand. Quand l'homme a voulu avoir des hommes-dieux, il a fallu qu'il entassât des générations en une personne, qu'il résumât en un héros les conceptions de tout un cycle poétique. A ce prix, il s'est fait des idoles historiques, des Romulus et des Numa. Les peuples restaient prosternés devant ces gigantesques

---

[1]. Ajoutons-y notre Ballanche, grand poète, âme sainte, génie mêlé de subtilité alexandrine et de candeur chrétienne. Le souffle de Vico repose sur Ballanche. Il en relève immédiatement, et semble tenir trop peu de compte de tout ce que la science et la vie nous ont appris depuis le philosophe napolitain.

ombres. Le philosophe les relève et leur dit : Ce que vous adorez, c'est vous-mêmes, ce sont vos propres conceptions. Ces bizarres et inexplicables figures qui flottaient dans les airs, objets d'une puérile admiration, redescendent à notre portée. Elles sortent de la poésie pour entrer dans la science. Les miracles du génie individuel se classent sous la loi commune. Le niveau de la critique passe sur le genre humain. Ce radicalisme historique ne va pas jusqu'à supprimer les grands hommes. Il en est sans doute qui dominent la foule, de la tête ou de la ceinture; mais leur front ne se perd plus dans les nuages. Ils ne sont pas d'une autre espèce; l'humanité peut se reconnaître dans toute son histoire, une et identique à elle-même.

Ce qu'il y a de plus original, c'est d'avoir prouvé que ces fictions historiques étaient une nécessité de notre nature. L'humanité, d'abord matérielle et grossière, ne pouvait, dans des langues encore toutes concrètes, exprimer la pensée abstraite qu'en la réalisant, en lui donnant un corps, une personnalité humaine, un nom propre. Le même besoin de simplification, si naturel à la faiblesse, fit aussi désigner une collection d'individus par un nom d'homme. Cet homme mythique, ce fils de la pensée populaire, exprima à la fois le peuple et l'idée du peuple. Romulus, c'est la force et le peuple de la force; Juda, l'élection divine et le peuple élu.

Ainsi l'humanité part du symbole, en histoire, en droit, en religion. Mais, de l'idée matérialisée, individualisée, elle procède à l'idée pure et générale. Dans l'immobile chrysalide du symbole, s'opère le mystère de la transformation de l'esprit; celui-ci grandit, s'étend, tant qu'il peut s'étendre ; il crève enfin son enveloppe, et celle-ci tombe, sèche et flétrie. Ceci est sensible surtout dans le droit ; le droit date ses révolutions, et les grave sur l'airain. Celles des religions, des langues et des littératures ont besoin d'être éclairées, suppléées par l'histoire de la législation et de la jurisprudence. Rome, qui est le monde du droit, devait occuper une grande place dans une formule de l'histoire du genre humain ; nulle part n'est plus visible et plus dramatique la lutte du symbole et de l'idée, de la lettre et de l'esprit. (Voy. mon *Introd. à l'Histoire universelle*, 1831.)

Vico a saisi, dans l'exemple du droit romain, cette loi générale du mouvement de l'humanité. Il a donné le mot véritable de la grandeur de Rome ; c'est que ce peuple, double, tenace et novateur à la fois, recevant toute idée, mais lentement et après un combat, n'a grandi qu'en se fortifiant. « En changeant de forme de gouvernement, dit-il, Rome s'appuya toujours sur les mêmes principes, lesquels n'étaient autres que ceux de la société humaine. Ce qui donna aux Romains la plus sage des jurisprudences, est aussi ce qui fit de leur empire le plus vaste, le plus durable de tous. »

Ainsi préoccupé de Rome, Vico aperçut le monde sous la forme symétrique de la cité. Il se plut à considérer le mouvement de l'humanité comme une rotation éternelle, *corso, ricorso*. Il ne vit point, ou du moins ne dit pas que si l'humanité marche en cercle, les cercles vont toujours s'agrandissant. De là, le caractère étroit et mesquinement ingénieux que prend son livre en atteignant le moyen âge. Le génie du nombre et du rythme, dont j'ai parlé ailleurs, limite partout les conceptions de l'Italie. L'enfer de Dante, si bien mesuré, dessiné, calculé dans l'harmonie de ses neuf cercles, est profond, du ciel à l'abîme ; il n'est point large et vague, comme celui de Milton. Dans son étroite hauteur, il a toutes les terreurs, hors une, celle de l'infini. Le monde du Nord est tout autrement vaste que celui du Midi (je parle du Midi de l'Europe), moins arrêté, plus indécis, plus vague, comme d'une création commencée. Les paysages des Apennins sont sévères et tracés au burin. Il y a dans le midi quelque chose d'exquis, de raffiné, mais de sec, comme les aromates. Si vous voulez la vie et la fraîcheur, allez au Nord, au fond des forêts sans fin et sans limite, sous le chêne vert, abreuvé lentement des longues pluies. Là, se trouvent encore les races barbares, avec leurs blonds cheveux, leurs fraîches joues, leur éternelle jeunesse.. C'est leur sort de rajeunir le monde. Rome fut renouvelée par l'invasion des hommes du Nord, et il a fallu aussi un homme du Nord, un Barbare, pour renouveler l'histoire de Rome.

« Dans mon pays, dit fièrement Niebuhr, chez les Dithmarsen, il n'y avait jamais eu de serfs. » Cette petite et énergique population s'est maintenue libre jusqu'au dix-septième siècle contre les grands États qui l'entourent. Là, s'est conservé, au milieu de tant de révolutions, l'esprit d'indépendance individuelle des vieilles peuplades saxonnes. Les Germains, selon Tacite, vivaient isolés, et n'aimaient point à se renfermer dans des villes. Les Dithmarsen sont encore épars dans des villages. L'esprit féodal du moyen âge n'a guère pénétré dans leurs marais. C'est, avec la Frise, ce qui représente le mieux la Germanie primitive.

Fils d'un célèbre orientaliste, homme du Nord, Niebuhr n'a regardé ni vers le Nord, ni vers l'Orient. Il a laissé les finances et la politique [1] pour tourner ses pensées vers Rome. Dès que les armées autrichiennes eurent rouvert l'Italie aux Allemands, en 1815, il se mit aussi en campagne, et commença son invasion scientifique. Sa première victoire fut à Vérone, comme celle du grand Théodoric. En arrivant dans la bibliothèque de cette ville, il mit la main sur le manuscrit des *Institutes* de Gaïus, qui depuis tant d'années dormait là, sans qu'on en sût rien. De là, il poussa victorieusement jusqu'à Rome, portant pour dépouilles opimes le précieux *Palimpseste*, et brava l'abbé Maï dans son Vatican.

Sans doute, le conquérant avait droit sur une ville à laquelle il rapportait ses lois antiques dans la pureté de leur texte primitif. Il entra en possession de Rome par droit d'occupation, *tanquam in rem nullius;* et dressa dans le théâtre de Marcellus son *prætorium*. C'est de là que, pendant quatre ans, il a fouillé hardiment la vieille ville, l'a partagée en maître entre les races qui l'ont fondée, l'adjugeant tantôt aux Étrusques, tantôt aux Latins [2]. Il a remué la poussière des rois de Rome, et dissipé leurs ombres. L'Italie en a gémi, mais la prédiction devait s'accomplir, comme au temps d'Alaric : *Barbarus! heu! cineres... ossa Quirini, nefas videre! dissipabit insolens.*

Il a détruit, mais il a reconstruit; reconstruit,

1. Directeur de la banque de Copenhague, conseiller du roi de Prusse.
2. Quelles que soient les variations de Niebuhr, il a la gloire d'avoir, dès 1812 (douze ans avant l'admirable ouvrage de Thierry), compris toute l'importance de la question des races.

comme il pouvait, sans doute : son livre est comme le *Forum boarium*, si imposant avec tous ses monuments bien ou mal restaurés. On sent souvent une main gothique; mais c'est toujours merveille de voir avec quelle puissance le Barbare soulève ces énormes débris.

C'est le sort de Rome de conquérir ses maîtres. Niebuhr est devenu romain : il a su l'antiquité, comme l'antiquité ne s'est pas toujours sue elle-même. Que sont auprès de lui Plutarque et tant d'autres Grecs, pour l'intelligence du rude génie des premiers âges? Il comprend d'autant mieux la vieille Rome barbare qu'il en porte quelque chose en lui. C'est comme un des auteurs chevelus de la loi salique, Wisogast ou Windogast, qui aurait acquis le droit de cité, et siégerait avec le sage Coruncanius, le subtil Scævola et le vieux Caton. Ne vous hasardez point d'attaquer ce collègue des Décemvirs, ou d'en parler à la légère; prenez garde : la loi est précise : *Si quis malum carmen incantassit...*

Aujourd'hui encore que ce grand homme n'est plus, il a laissé dans sa ville de Rome une colonie germanique. Voilà qu'ils viennent de faire l'inventaire et la description de leur conquête[1].

Et nous, Français, ne réclamerons-nous pas quelque part dans cette Rome qui fut à nous? La longue et large épée germanique pèse sans doute; mais celle de la France n'est-elle pas plus acérée...? Pour moi, je n'ai pu me résigner : même dans les premières pages de mon livre, les seules où je me rencontre avec celui de

---

1. *Description de Rome*, par MM. Bunsen, Gherard, etc., Ier volume, partie géologique et physique.

Niebuhr, je ne l'ai pas suivi servilement ; j'ai souvent fait bon marché de ses audacieuses hypothèses. Je sais qu'il est souvent impossible de tirer une histoire sérieuse d'une époque dont presque tous les monuments ont péri.

L'Italie a donné l'idée, l'Allemagne la sève et la vie. Que reste-il à la France ? La méthode peut-être et l'exposition. Une exposition complète du développement d'un peuple éclaire aussi son berceau. Pour retrouver les origines, peut-être ne faut-il pas toujours chercher à tâtons dans les ténèbres qui les environnent, mais se placer dans la lumière des époques mieux connues, et réfléchir cette lumière sur les époques incertaines. Pour expliquer autrement ma pensée, on ne peut juger d'un corps organisé que par son ensemble ; la connaissance des parties qui subsistent, et l'intelligence de leurs proportions harmoniques, autorisent seules l'induction sur ce qui manque et manquera toujours.

Tout ce que j'ai dit plus haut, ne doit s'entendre que des cinq premiers siècles de Rome. Pour les deux qui suivent jusqu'à la fin de la République, tout est à faire : l'Allemagne ne fournit aucun secours. Il reste à dire ce qu'on croit savoir et qu'on ignore : quels hommes c'étaient qu'Hannibal et César ; comment, de Scipion à Marc-Aurèle, Rome a été conquise par la Grèce et l'Orient qu'elle croyait conquérir. Il reste à suivre dans son progrès dévorant, des Gracches à Marius, de Marius à Pompée et Cicéron, la puissance de l'ordre équestre, de cette aristocratie usurière qui dépeupla l'Italie, et peu à peu les provinces, envahissant toutes les terres, les faisant cultiver par des esclaves, ou les laissant en pâturages. Quant à l'Empire, son histoire roule sur quatre points : le dernier développement du droit romain, le premier développement du christianisme, considéré en soi et dans sa lutte avec la philosophie d'Alexandrie, enfin, le combat du génie romain contre le génie germanique. Quelle que soit mon admiration pour l'ingénieuse érudition de Gibbon, j'ose dire que ces quatre points n'ont été qu'effleurés dans son immense ouvrage.

Il y a dans la première partie que nous publions des lacunes inévitables ; il y en a de volontaires. J'ai souvent parlé de l'esclavage, et point assez ; j'ai marqué à peine le point de départ du droit romain, et celui de la littérature latine. Ces développements seront mieux placés dans la seconde partie. Il me suffisait dans celle-ci de marquer l'unité de la plus belle vie de peuple qui fut jamais. Un mot sur cette unité et sur les divisions qu'elle comporte.

La civilisation romaine a trois âges. L'âge *italien* ou national finit avec Caton-l'Ancien. L'âge *grec*, commencé sous l'influence des Scipions, donne pour fruit le siècle d'Auguste en littérature, en philosophie Marc-Aurèle. Enfin, l'esprit *oriental*, introduit dans Rome plus lentement et avec bien plus de peine, finit pourtant par vaincre les vainqueurs de l'Orient et leur imposer ses dieux. Cybèle est apportée en Italie dès la seconde guerre punique ; mais il faut quatre cents ans de plus pour que deux Syriens, Hélagabal et Alexandre Sévère, fassent prévaloir les dieux de leur pays. Il faut un siècle encore, avant que le christianisme passe de la poussière sanglante du Colisée dans la chaise d'ivoire des Empereurs.

L'histoire politique de Rome, celle de la cité romaine, comporte une division analogue. I. Dans la première époque, la *cité* se forme et s'organise par le nivellement et le mélange des deux peuples contenus dans ses murs patriciens et plébéiens ; l'œuvre est consommée vers l'an 350 avant l'ère chrétienne. II. Dans la seconde époque, l'*empire* se forme par la conquête, le mélange et le nivellement de tous les peuples étrangers ; l'empire se forme, mais la cité se dissout et se *déforme*, qu'on me passe l'expression. Jusqu'aux guerres de Numance et de Numidie inclusivement, ou si l'on aime mieux jusqu'à la guerre Sociale (environ cent ans avant J.-C.), Rome soumet le monde, elle fait des sujets ; depuis la guerre Sociale ou italienne, elle fait des Romains, des citoyens. Les Italiens ayant une fois brisé les portes de la cité, tous les peuples y entreront peu à peu.

Toutefois la division ordinaire entre la *République* et l'*Empire* a un grand avantage. Le moment où Rome cesse de flotter entre plusieurs chefs, pour obéir désormais à un seul général ou empereur, ce moment coïncide avec l'ère chrétienne. L'Empire s'unit et se calme, comme pour recevoir avec plus de recueillement le Verbe de la Judée ou de la Grèce. Ce Verbe porte en lui la vie et la mort ; comme cette liqueur terrible dont une seule goutte tua Alexandre, et que ne pouvait contenir ni l'acier, ni le diamant, il veut se répandre, il brûle son vase, il dissout la cité qui le reçoit. En même temps que, par la proscription de l'aristocratie romaine et l'égalité du droit civil, commence le nivellement impérial, la doctrine du nivellement chrétien se répand à petit bruit. La république invisible s'élève sur les ruines de l'autre qui n'en sait rien. Jésus-Christ meurt sous Tibère.

HISTOIRE

DE LA

RÉPUBLIQUE ROMAINE

INTRODUCTION

L'ITALIE.

CHAPITRE PREMIER

Aspect de Rome et du Latium moderne.

Du haut des Apennins, dont la longue chaîne forme, de la Lombardie à la Sicile, comme l'épine dorsale de l'Italie, descendent vers l'occident deux fleuves rapides et profonds, le Tibre et l'Anio, *Tevere, Teverone;* ils se réunissent pour tomber ensemble à la mer. Dans une antiquité reculée, les pays situés au nord du Tibre et au midi de l'Anio étaient occupés par deux nations civilisées : les Tusci et les Osci ou Ausonii. Entre les deux fleuves et les deux peuples, perçait vers la mer, sous la forme d'un fer de lance, la barbare et belliqueuse contrée des Sabins. C'est vers la pointe de ce delta que, sept ou huit cents ans avant notre ère, s'éleva Rome, la grande cité italienne, qui, ouvrant son sein aux races diverses dont elle était environnée, soumit l'Italie par le Latium, et par l'Italie, le monde.

Aujourd'hui tout ce pays est dépeuplé. Des trente-cinq tribus qui l'occupaient, la plupart sont à peine représentées par une *villa* à moitié ruinée [1]. Quoique Rome soit toujours une grande ville, le désert commence dans son enceinte même. Les renards qui se cachent dans les ruines du Palatin vont boire la nuit au Vélabre [2]. Les troupeaux de chèvres, les grands bœufs, les chevaux à demi sauvages que vous y rencontrez, au milieu même du bruit et du luxe d'une capitale moderne, vous rappellent la solitude qui environne la ville. Si vous passez les portes, si vous vous acheminez vers un des sommets bleuâtres qui couronnent ce paysage mélancolique; si vous suivez, à travers les marais Pontins, l'indestructible voie Appienne, vous trouverez des tombeaux, des aqueducs, peut-être encore quelque ferme abandonnée avec ses arcades monumentales; mais plus de culture, plus de mouvement, plus de vie; de loin en loin un troupeau sous la garde d'un chien féroce qui s'élance sur le passant comme un loup, ou bien encore un buffle sortant du marais sa tête noire, tandis qu'à l'orient des volées de corneilles s'abattent des montagnes avec un cri rauque. Si l'on se détourne vers Ostie, vers Ardée, l'on verra quelques malheureux en haillons, hideux de maigreur, et tremblant de fièvre.

1. Bonstetten, *Voyage sur le théâtre des six derniers livres de l'Énéide*, p. 2. — 2. *Ibid.*, p. 13.

Au commencement de ce siècle, un voyageur trouva Ostie sans autre population que trois vieilles femmes qui gardaient la ville pendant l'été. Son jeune guide, enfant de quinze ans, qui partageait ses provisions, lui disait avec l'œil brillant de la fièvre : Et moi aussi, je sais ce que c'est que la viande, j'en ai goûté une fois [1].

Au milieu de cette misère et de cette désolation, la contrée conserve un caractère singulièrement imposant et grandiose. Ces lacs sur des montagnes encadrés de beaux hêtres, de chênes superbes ; ce Nemi, le miroir de la Diane taurique, *speculum Dianæ;* cet Albano, le siège antique des religions du Latium ; ces hauteurs, dont la plaine est partout dominée, font une couronne digne de Rome. C'est du Monte Musino, l'*ara Mutiæ* des Étrusques, c'est de son bois obscur [2] qu'il faut contempler ce tableau du Poussin. Dans les jours d'orage surtout, lorsque le lourd sirocco pèse sur la plaine, et que la poussière commence à tourbillonner, alors apparaît dans sa majesté sombre, la capitale du désert.

Dès que vous avez passé la place du Peuple et l'obélisque égyptien qui la décore, vous vous enfoncez dans cette longue et triste rue du Corso, qui est encore la plus vivante de Rome. Poursuivez jusqu'au

---

[1]. Bonstetten, *Voyage sur le théâtre des six derniers livres de l'Énéide*, p. 218.

[2]. Les gens du village voisin croient la vie de leurs premiers nés attachée à la conservation des chênes de cette montagne. Le cône qui en forme le sommet est entouré d'une terrasse antique de soixante pieds de large. Plus bas, il y a une grotte qui, selon les paysans, renferme un trésor. Voy. *Essai topographique des environs de Rome*, par sir Will. Gell (1823 et 1828), et les *Annali dell' Instituto di correspondenza archeologica*, V. II.

Capitole; montez au palais du Sénateur, entre la statue de Marc-Aurèle et les trophées de Marius, vous vous trouvez dans l'asile même de Romulus, *intermontium*. Ce lieu élevé sépare la ville des vivants et la ville des morts. Dans la première, qui couvre l'ancien Champ de Mars, vous distinguez les colonnes Trajane et Antonine, la rotonde du Panthéon, et l'édifice le plus hardi du monde moderne, le dôme de Saint-Pierre.

Tournez-vous; sous vos pieds vous voyez le Forum, la voie triomphale et le moderne hospice de la Consolation, près la roche Tarpéienne. Ici sont entassés pêle-mêle tous les débris, tous les siècles de l'antiquité; les arcs de Septime-Sévère et de Titus, les colonnes de Jupiter Tonnant et de la Concorde. Au delà, sur le Palatin, des ruines sinistres, sombres fondations des palais impériaux. Plus loin encore, et sur la gauche, la masse énorme du Colisée. Cette vue unique arracha un cri d'admiration et d'horreur au philosophe Montaigne[1].

L'amphithéâtre colossal (*Colosseum*, Colisée), où tant de chrétiens ont souffert le martyre, efface par sa grandeur tout autre ouvrage humain. C'est une monstrueuse montagne de pierres de cent cinquante-sept pieds de haut, sur seize cent quarante de circonférence. Cette montagne, à demi ruinée, mais richement parée par la nature, a ses plantes, ses arbres, sa flore. La barbarie moderne en a tiré, comme d'une carrière, des palais entiers. La destination de ce

---

1. Voy. les Éclaircissements.

monument de meurtre, où Trajan faisait périr dix mille captifs en cent jours, est partout visible dans ses ruines ; vous retrouvez les deux portes par l'une desquelles sortait la chair vivante ; tandis que par l'autre on enlevait la chair morte, *sanavivaria*, *sandapilaria* [1].

A la porte du Colisée se voit la fontaine où, selon la tradition, les gladiateurs venaient, après le combat, laver leurs blessures. La borne de cette fontaine était en même temps la première pierre miliaire de l'Empire : toutes les voies du monde romain partaient de ce monument d'esclavage et de mort.

Au delà du Colisée et du mont Palatin, au delà de l'Aventin, Rome se prolonge par ses tombeaux. Là, vous rencontrez le sépulcre souterrain des Scipions, la pyramide de Cestius, la tour de Cæcilia Metella, et les Catacombes, asile et tombeau des martyrs, qui, dit-on, s'étendent sous Rome et jusque sous le lit du Tibre [2].

Contemplée ainsi du Capitole, cette ville tragique laisse facilement saisir, dans ses principaux monuments, le progrès et l'unité de son histoire. Le Forum vous représente la république, le Panthéon d'Auguste et d'Agrippa, la réunion de tous les peuples et de tous les dieux de l'ancien monde en un même empire, en un même temple. Ce monument de l'époque centrale de l'histoire romaine occupe le point central

---

1. *Et cœpi ire cum gloria ad portam sanavivariam.* (Passio SS. Perpetuæ et Felicitatis, c. 10, apud Ruinart, p. 91, *adde ibid.*, c. 20.) Sur *sandapila, sandapilarius*, etc., voy. Sidonius Ap., lib. II, epist. 8.

2. *Voyage dans les Catacombes de Rome*, in-8° (Anonyme). Voy. aussi d'Agincourt, *Histoire de l'art par les monuments*.

de Rome, tandis qu'aux deux extrémités vous voyez dans le Colisée les premières luttes du christianisme, son triomphe et sa domination dans l'église de Saint-Pierre [1].

1. Voy. les Éclaircissements.

CHAPITRE II

Tableau de l'Italie.

La belle Italie, entre les glaciers des Alpes et les feux du Vésuve et de l'Etna, semble jetée au milieu de la Méditerranée, comme une proie aux éléments et à toutes les races d'hommes. Tandis que les neiges des Alpes et des Apennins menacent toujours de noyer la partie septentrionale, les terres du midi sont inondées par les laves des volcans ou bouleversées par des convulsions intérieures.

Chose contradictoire en apparence, ce pays, célèbre pour la pureté de son ciel, est celui de l'Europe où la terre reçoit le plus d'eau pluviale[1]. C'est que cette eau ne tombe guère que par grands orages. Les pentes y sont rapides; qu'un jour de chaleur fonde la neige sur les montagnes, un ruisseau, qui roulait à peine un filet d'eau sur une grève de deux cents pieds de large, devient un torrent qui bat ses deux rives. Au quatorzième siècle, une pluie d'orage faillit emporter la

---

1. Micali, *Italia*, etc., 1, p. 213.

ville de Florence. Toutes les rivières d'Italie ont ce caractère de violence capricieuse[1]; toutes entraînent des montagnes un limon qui exhausse peu à peu leur lit, et qui les répandrait dans les plaines environnantes, si on ne les soutenait par des digues. La mer elle-même semble menacer sur plusieurs points d'envahir les terres du côté de l'occident. Tandis qu'elle s'est retirée de Ravenne et d'Adria[2], elle ensable chaque jour le port de Livourne, et refuse de recevoir les fleuves, dès que souffle le vent du midi[3]. C'est ce qui rendra peut-être à jamais impossible le dessèchement de la Maremme et des marais Pontins[4].

Mais c'est surtout la Lombardie qui se trouve menacée par les eaux[5]. Le Pô est plus haut que les toits de Ferrare[6]. Dès que les eaux montent au-dessus du niveau ordinaire, la population tout entière court aux

---

1. La direction et la distribution des eaux, leurs brusques changements de lits, l'économie des irrigations tiennent une grande place dans la législation romaine. Tacite, *Ann.* I : « Actum deinde in senatu ab Arruntio, et Atejo, an ob moderanas Tiberis exundationes verterentur flumina, et lacus, per quos augescit, auditæque municipiorum et coloniarum legationes, orantibus Florentinis, ne Clanis solito alveo demotus in amnem Arnum transferretur, idque ipsis perniciem adferret. Congruentia his Interamnates disseruere, pessum ituros fecundissimos Italiæ campos, si amnis Nar (id enim parabatur) in rivos diductus superstagnavisset. Nec Reatini silebant, Velinum lacum, qua in Narem affunditur, obstrui recusantes, quippe in adjacentia erupturum. »

2. Un village voisin de Ravenne s'appelle *Classis*. La mer se retire chaque année de vingt-cinq mètres. Le port d'Adria est maintenant à huit lieues dans les terres. Dès le quinzième siècle, le port de Tarente était déjà obstrué par les sables.

3. Sism., *Agric. de Tosc.*, p. 10.

4. Vitruve (et quelques modernes) pense que les *marais Pontins* n'ont pas d'écoulement, parce qu'ils sont plus bas que la mer. (*De Arch.* I, c. 4.)

5. Rammazini, *de Fontibus mutinensibus*. Près de Modène (et en Sicile), il y a des volcans de boue.

6. Prony, *Architecture hydraulique*.

digues : les habitants de cette contrée sont ingénieurs sous peine de mort.

L'Italie du nord est un bassin fermé par les Alpes et traversé par le Pô ; de grandes rivières qui tombent des monts, le Tésin, l'Adda, etc., contribuent toutes pour grossir le Pô, et lui donnent un caractère d'inconstance et de fougue momentanée qu'on n'attendrait pas d'un fleuve qui arrose des plaines si unies. Cette contrée doit au limon de tant de rivières une extraordinaire fertilité[1]. Mais les rizières que vous rencontrez vous avertissent que vous êtes dans l'un des pays les plus humides du monde. Ce n'est pas trop de toute la puissance du soleil italien pour réchauffer cette terre ; encore ne peut-il lui faire produire la vigne entre Milan et le Pô[2]. Dans toute la Lombardie, les villes sont situées dans les plaines, comme les villages des Celtes, qui les ont fondées. Les végétaux du nord et l'accent celtique vous avertissent jusqu'à Bologne, et au delà, que vous êtes au milieu de populations d'origine septentrionale. Le soleil est brûlant, la vigne s'essaie à monter aux arbres, mais l'horizon est toujours cerné au loin par les neiges.

Au sortir de la Ligurie, les chaînes enchevêtrées de l'Apennin partent des dernières Alpes, se prolongent au sud tant que dure l'Italie et, au delà de l'Italie, en Sicile, où elles se relèvent aussi hautes que les Alpes, dans l'énorme masse de l'Etna[3]. Ainsi toute la Pénin-

---

1. Sur la fertilité de l'Italie, comparée à celle d'autres nations, voy. Plin., XVIII, 2, 18 ; Colum. ; III 3, 11 ; Dikson's, *Roman. agric.*, I.

2. Sismondi, *Agric. de Toscane*, 1801, p. 175. Voy. sur l'agriculture italienne en général les excellents ouvrages d'Arthur Young et de Lullin de Châteauvieux.

3. A sa base, l'Etna a cent milles de circonférence. Il est élevé de 10,484 pieds

sule se trouve partagée en deux longues bandes de terre. L'orientale (Marche d'Ancône, Abbruzzes, Pouille) est un terrain de seconde et plus souvent de troisième formation, identique avec celui de l'Illyrie[1] et de la Morée, dont l'Adriatique seule la sépare. Au contraire, la côte occidentale (Toscane, Latium, Terre de Labour, Calabre) est une terre partout marquée de l'empreinte des feux, qui, du reste, sans la mer, ne ferait qu'un avec la Corse, la Sardaigne et la Sicile[2]. Ainsi l'Apennin ne partage pas seulement l'Italie, il sépare deux systèmes géologiques bien autrement vastes; il en est le point de contact; sa chaîne, souvent double, est la réunion des bords de deux bassins accolés, dont l'un a pour fond l'Adriatique, l'autre la mer de Toscane.

L'aspect des deux rivages de l'Italie n'est pas moins différent que leur nature géologique. Vers l'Adriatique, ce sont des prairies, des forêts[3], des torrents dont le cours est toujours en ligne droite, qui vont d'un bond des monts à la mer, et qui coupent souvent toute communication. Ces torrents durent isoler et

---

au-dessus du niveau de la mer (Stein, *Handbuch der geogr. und statistik*. 1824. Ib., p. 275). A l'exception des cinq ou six pics principaux, les Alpes ne sont pas plus élevées. Les Apennins le sont beaucoup moins; aux monts Velino et Gran Sasso d'Italia (tous deux dans les Abbruzzes), ils ont environ 8,000 pieds.

1. Voy. Brocchi, *Géol. de l'Italie*, et la carte géologique de l'Europe, par M. Broué, publiée dans le journal de Leonhard.

2. Je ne me serais point hasardé à présenter ces vues sur le caractère physique de l'Italie, si elles n'étaient confirmées par l'imposante autorité de M. Élie de Beaumont, auquel je les ai soumises, ainsi que tous les détails géologiques qui précèdent ou qui suivent.

3. La marche d'Ancône ne fait pas exception. Le terrain du Picenum, dit Strabon (liv. V), est meilleur pour les fruits que pour les grains, τοῖς ξυλίνοις καρποῖς ἢ σιτικοῖς. La Pouille, déboisée de bonne heure, a perdu le caractère commun à toute cette côte.

retenir dans l'état barbare les pasteurs qui, dans les temps anciens, habitaient seuls leurs âpres vallées. Si vous exceptez la Pouille, la température de ce côté de l'Italie est plus froide. Il fait plus froid à Bologne qu'à Florence, à peu près sous la même latitude [1].

Sur le rivage de la Toscane, du Latium et de la Campanie, les fleuves principaux circulent à loisir dans l'intérieur des terres ; ce sont des routes naturelles ; le Clanis et le Tibre conduisent de l'Étrurie dans le Latium, le Liris du Latium dans la Campanie. Malgré les ravages des inondations et des volcans, ces vallées fertiles invitaient l'agriculture et semblaient circonscrites à plaisir pour recevoir de jeunes peuples, comme dans un berceau de blé, de vignes et d'oliviers.

Lorsque vous passez de Lombardie en Toscane, la contrée prend un caractère singulièrement pittoresque. Les villes montent sur les hauteurs, les villages s'appendent aux montagnes, comme l'aire d'un aigle. Les champs s'élèvent en terrasses, en gradins qui soutiennent la terre contre la rapidité des eaux. La vigne, mêlant son feuillage à celui des peupliers et des ormes, retombe avec la grâce la plus variée. Le pâle olivier adoucit partout les teintes ; son feuillage léger donne à la campagne quelque chose de transparent et d'aérien. Entre Massa et Pietra Santa, où la route traverse pendant plusieurs lieues des forêts d'oliviers, vous croiriez voir l'Élysée de Virgile.

Dans une région plus haute, où l'olivier n'atteint pas, s'élèvent le châtaignier, le chêne robuste, le pin même. Le sapin ne sort guère des Alpes. D'octobre en

---

1. A Bologne, une seule récolte, deux à Florence. (Sismon., p. 70.)

mai, descendent de robustes montagnards qui conduisent leurs troupeaux dans la Maremme ou dans la campagne de Rome, pour les ramener l'été sur les hauteurs, où l'herbe se conserve courte, mais fraîche, à l'ombre des châtaigniers. De même, les troupeaux des plaines poudreuses de la Pouille remontent chaque été dans les Abbruzzes. Le droit qu'ils paient à l'entrée des montagnes était le revenu le plus net du royaume de Naples. Ce fut une des causes principales de la guerre entre Louis XII et Ferdinand-le-Catholique (1524).

Jusqu'à l'entrée du royaume de Naples, sauf la vigne et l'olivier, nous ne rencontrons guère la végétation méridionale; mais arrivé une fois dans l'heureuse Campanie (*Campania felix*), on trouve des bois entiers d'orangers. Là, commencent à paraître les plantes de l'Afrique, qui effraient presque dans notre Europe : le palmier, le cactus, l'aloès armé de piquants. Les anciens avaient placé sur ces rivages le palais de Circé. La véritable Circé, avec ses terreurs et ses séductions, c'est la nature du Midi. Elle se présente dans cette délicieuse contrée sous un aspect de puissance sans borne et de violence homicide. *Voir Naples et puis mourir*, dit le proverbe italien, et nulle part, la vie et la mort ne sont mises dans une si brusque et si prochaine opposition. Dans cette baie enchantée, au milieu de *ce ciel tombé sur la terre* (*un pezzo di cielo caduto in terra*), dorment les villes ensevelies de Pompeï et d'Herculanum, tandis qu'à l'horizon fume incessamment la pyramide du Vésuve. A côté, les champs phlégréens tout hérissés de vieux cratères; en face, la roche de Caprée.

Rien ne peut donner l'idée de la fécondité de cette plaine; elle nourrit cinq mille habitants par lieue carrée. De même, lorsque vous avez passé les défilés sinistres et les déserts de la *Syla*[1] calabroise, que vous descendez sur les beaux rivages de la Grande Grèce, aux ruines de Crotone[2] et vers l'emplacement de Sybaris, la végétation est si puissante que l'herbe broutée le soir est, dit-on, repoussée au matin. Mais c'est surtout vers la pointe de l'Italie, en sortant de cette forêt de châtaigniers gigantesques qui couronnent Scylla, lorsqu'on embrasse d'un coup d'œil et l'Italie et la Sicile, et l'amphithéâtre colossal de l'Etna, qui, tout chargé qu'il est de neige, fume comme un autel éternel au centre de la Méditerranée; c'est alors que le voyageur pousse un cri d'admiration en rencontrant cette borne sublime de la carrière qu'il a parcourue depuis les Alpes. Cette vallée de Reggio réunit tous les souvenirs, d'Ulysse aux guerres puniques, d'Hannibal aux Arabes et aux Normands leurs vainqueurs; mais elle charme encore plus par ces fraîches brises, par ces arbres chargés d'oranges ou de soie. Quelquefois, dans les grandes chaleurs, les courants s'arrêtent; la mer s'élève de plusieurs pieds, et, si l'air devient épais et orageux, vous voyez au point du jour tous les objets des deux bords réfléchis à l'horizon et multipliés sous des formes colossales. C'est ce qu'ils appellent aujourd'hui la fée Morgane, *fata Morgana*.

---

1. C'est la forêt du Brutium, d'où Rome et Syracuse tiraient leurs flottes. Entre Paula et Castrovillari, dans une forêt de vingt-cinq milles, il n'y a pas d'autre habitant que les loups et les sangliers.

2. Voy. *Séjour d'un officier français en Calabre*, de 1807 à 1810, publié en 1820. — Voy. aussi sur la Calabre le petit ouvrage de Rivarol.

De Nicotera dans la Calabre, on découvre déjà l'Etna; et la nuit, on voit s'élever des îles la flamme de Stromboli. Ces deux volcans, qui font un triangle avec le Vésuve, paraissent communiquer avec lui, et, depuis deux mille ans, les éruptions du Vésuve et de l'Etna ont toujours été alternatives [1]. Il est probable qu'ils ont succédé aux volcans éteints du Latium et de l'Étrurie. Il semble qu'une longue traînée de matières volcaniques se soit [2] prolongée sous le sol, du Pô jusqu'à la Sicile. A quelques lieues de Plaisance, on a trouvé sous terre la grande cité de Velia, le chef-lieu de trente villes. Les lacs de Trasimène, de Bracciano, de Bolsena, un autre encore dans la forêt Ciminienne, sont des cratères de volcans, et l'on a souvent vu ou cru voir au fond de leurs eaux des villes ensevelies. L'Albano, le mont de Préneste et ceux des Herniques ont jeté des flammes [3]. De Naples à Cumes seulement, on retrouve soixante-neuf cratères [4]. Ces bouleversements ont plus d'une fois changé de la manière la plus étrange l'aspect du pays. Le Lucrin, célèbre par ses poissons et ses naumachies, n'est plus qu'un marais, comblé en partie par le Monte Nuovo, qui sortit de terre en 1538. De l'autre côté du Monte Nuovo est l'Averne, *quem non impune volantes...* et qui, au contraire, est aujourd'hui limpide et poissonneux.

Herculanum est ensevelie sous une masse épaisse de

---

1. Excepté en 1682 et 1766.
2. Selon la conjecture de Spallanzani.
3. Sur la nature volcanique de ces côtes, voy. le savant Mémoire de M. Petit-Radel, *Sur la véracité de Denys d'Halicarnasse*. On y trouve réunis une foule de textes curieux.
4. Breislak, *Voyage phys. et litholog. dans la Campanie*. 1801, t, I., p. 18.

quatre-vingt-douze pieds. Il fallut presque pour produire un pareil entassement que le Vésuve se lançât lui-même dans les airs. Nous avons des détails précis sur plusieurs irruptions, entre autres sur celle de 1794[1]. Le 12 juin, de dix heures du soir à quatre heures du matin, la lave descendit à la mer sur une longueur de 12,000 pieds, et une largeur de 1,500, elle y poussa jusqu'à la distance de 60 toises. Le volcan vomit des matières équivalant à un cube de 2,804,440 toises. La ville de Torre del Greco, habitée de 15,000 personnes, fut renversée; à 10 ou 12 milles du Vésuve, on ne marchait, à midi, qu'à la lueur des flambeaux. La cendre tomba à la hauteur de 14 pouces et demi à trois milles tout autour de la montagne. La flamme et la fumée montaient sept fois plus haut que le volcan[2]. Puis vinrent quinze jours de pluies impétueuses, qui emportaient tout, maisons, arbres, ponts, chemins. Des moffettes tuaient les hommes, les animaux, les plantes jusqu'à leurs racines, excepté les poiriers et oliviers qui restèrent verts et vigoureux.

Ces désastres ne sont rien encore en comparaison de l'épouvantable tremblement de terre de 1783, dans lequel la Calabre crut être abîmée. Les villes et les villages s'écroulaient; des montagnes se renversaient sur les plaines. Des populations, fuyant les hauteurs, s'étaient réfugiées sur le rivage : la mer sortit de son lit et les engloutit. On évalue à quarante mille le nombre des morts[3].

---

1. *Celle de* 1794. Breislak, qui l'observa lui même. Tome I, p. 200, 214. — Sur *celle de* 1783, Voy. le chev. Hamilton, dans les *Transactions phil.* de cette année.
2. Voy. de Buch, *Journal de phys.*, an VII.
3. Voy. Vicenzio, Dolomieu, Hamilton, etc.

CHAPITRE III

Les Pélasges.

Aux révolutions anté-historiques des volcans de l'Étrurie et du Latium, de Lemnos, de Samothrace et de tant d'îles de la Méditerranée, correspondent dans l'histoire des peuples des bouleversements analogues. Avec ce vieux monde de cratères affaissés et de volcans éteints, s'est enseveli un monde de nations perdues; race fossile, pour ainsi parler, dont la critique a exhumé et rapproché quelques ossements. Cette race n'est pas moins que celle des fondateurs de la société italique.

La civilisation de l'Italie n'est sortie ni de la population ibérienne des Lygurs, ni des Celtes ombriens, encore moins des Slaves, Venètes ou Vendes, pas même des colonies helléniques qui, peu de siècles avant l'ère chrétienne, s'y établirent dans le midi. Elle paraît avoir pour principal auteur cette race infortunée des Pélasges, sœur aînée de la race hellénique, également proscrite et poursuivie dans tout le monde, et par les Hellènes et par les barbares. Ce sont, à ce qui semble, les Pélasges qui ont apporté dans l'Italie, comme dans l'Attique, la pierre du foyer domestique (*hestia vesta*), et la pierre des limites (*zeus herkeios*), fondement de la propriété. Sur cette double base s'éleva, ainsi que nous espérons le montrer, l'édifice du droit civil, grande et distinctive originalité de l'Italie.

Quelque opinion que l'on adopte sur les migrations des Pélasges, il paraît évident que, bien des siècles avant notre ère, ils dominaient tous les pays situés sur la Méditerranée, depuis l'Étrurie jusqu'au Bosphore. Dans l'Arcadie [1], l'Argolide et l'Attique, dans l'Étrurie et le Latium, peut-être dans l'Espagne, ils ont laissé des monuments indestructibles ; ce sont des murs formés de blocs énormes qui semblent entassés par le bras des géants. Ces ouvrages sont appelés, du nom d'une tribu pélasgique, *cyclopéens*. Bruts et informes dans l'enceinte de Tyrinthe, dans les constructions de l'Arcadie, de l'Argolide et du pays des Herniques, ces blocs monstrueux s'équarrissent dans les murs apparemment plus modernes des villes étrusques. Ces murailles éternelles ont reçu indifféremment toutes les générations dans leur enceinte ; aucune révolution ne les a ébranlées. Fermes comme des montagnes, elles semblent porter avec dérision les constructions des Romains et des Goths, qui croulent chaque jour à leurs pieds.

Avant les Hellènes, les Pélasges occupaient toute la Grèce jusqu'au Strymon [2], comprenant ainsi toutes les

---

1. Voy. Edgar Quinet, *De la Grèce dans ses rapports avec l'antiquité*, 1830. Ce livre unique (dirai-je ce voyage ou ce poème?) contient les détails les plus intéressants sur l'état actuel du Lycosure, la cité sainte des Pélasges dans l'Arcadie.

2. Sur les établissements des Pélasges, voy. le beau chapitre de Niebuhr,

tribus arcadiennes, argiennes, thessaliennes, macédoniennes, épirotes. Le principal sanctuaire de ces Pélasges se trouvait dans la forêt de Dodone, où la colombe prophétique rendait ses oracles du haut d'une colonne sacrée. D'autres Pélasges occupaient les îles de Lemnos, d'Imbros, et celle de Samothrace, centre de leur religion dans l'Orient. De là ils s'étendaient sur la côte de l'Asie, dans les pays appelés plus tard Carie, Éolide, Ionie, et jusqu'à l'Hellespont. Sur cette côte, en face de Samothrace, s'élevait Troie, la grande ville pélasgique, dont le fondateur Dardanus, venu, selon des traditions diverses, de l'Arcadie, de Samothrace ou de la ville italienne de Cortone, formait, par ces migrations fabuleuses, un symbole de l'identité de toutes les tribus pélasgiques.

Presque toutes les côtes de l'Italie avaient été colonisées par des Pélasges; d'abord par des Pélasges arcadiens (œnotriens et peucétiens), puis par des Pélasges tyrrhéniens (lydiens). Chassant les Sicules, anciens habitants du pays[1], dans l'île qui a pris leur nom, ou s'identifiant sans peine avec eux, par l'analogie de mœurs et de langues[2], repoussant dans les montagnes les vieux habitants du pays, ils fondèrent sur les côtes

---

où tous les textes se trouvent réunis et discutés. Les principaux sont : Hérod. I, 57; — II, 51; — VI, 137; — VIII, 44. — Eschyl. Suppl. voy. 248. — Thucyd. II, 99; — VI, 2. — Aristot. Polit. VII, 10. — Denys, I, passim. — Strab. V, VI. — Voy. aussi, sur le culte des Pélasges, les dissertations de Schelling, Welcker, O. Müller, Ad. Pictet. Les opinions de ces divers écrivains ont été résumées avec beaucoup de talent par le savant traducteur de Creuzer, et, pour ce qui regarde les Pélasges de l'Attique, par M. le baron d'Eckstein, dernier numéro du *Catholique.*

1. *Sicelus* et *Italus*, même nom, comme Σελλὸς, Ἕλλην, et *Latinus, Lakinius*. (Niebuhr.)

2. Pausanias (*Attic.*) identifie les Sicules et les Pélasges.

les villes de Céré et Tarquinies, de Ravenne et Spina, l'ancienne Venise de l'Adriatique. Sur la côte du Latium, l'argienne Ardée avec son roi Turnus ou Tyrrhenus, Antium, bâtie par un des frères des fondateurs d'Ardée et de Rome, paraissent des établissements pélasgiques, aussi bien que la Sagonte espagnole, colonie d'Ardée. Près de Salerne, la grande école médicale du moyen âge, le temple de la Junon argienne, fondé par Iason, le dieu pélasgique de la médecine[1], indique peut-être que les villes voisines, Herculanum, Pompeï, Marcina, sont d'origine tyrrhénienne. En face de ces villes nous trouvons les Pélasges téléboens à Caprée, et même sur le Tibre; Tibur, Faléries et d'autres villes, sont fondées par des Sicules argiens, c'est-à-dire vraisemblablement par des Pélasges.

Selon la tradition, ils avaient bâti douze villes dans l'Étrurie, douze sur les bords du Pô, douze au midi du Tibre. C'est ainsi que dans l'Attique pélasgo-ionienne[2], nous trouvons douze phratries, douze dèmes, douze poleis, et un aréopage, dont les premiers juges sont douze dieux. En Grèce l'amphictyonie thessalienne, en Asie celles des Éoliens et des Ioniens, se composaient chacune de douze villes. Mêmes analogies dans les noms que dans les nombres. En Asie, en Thessalie, en Italie, nous trouvons la ville pélasgique de Larisse; Alexandre-le-Molosse rencontra pour son malheur dans la Grande Grèce le fleuve Achéron et la ville de Pandosia, qu'il avait laissés en Épire. En Italie comme en Épire, on trouvait une Chaonie; dans la

---

1. Denys, lib. I. Strab. Voy. Creuzer, II, 319.
2. La race ionienne est pélasgique, dit Hérodote.

Chaonie épirote avait régné un fils du thessalien Pyrrhus et de la troyenne Andromaque.

On s'étonne de voir une race répandue dans tant de contrées, disparaître entièrement dans l'histoire. Ses diverses tribus ou périssent, ou se fondent parmi les nations étrangères, ou du moins perdent leurs noms. Il n'y a point d'exemple d'une ruine si complète. Une inexpiable malédiction s'attache à ce peuple ; tout ce que ses ennemis nous en racontent est néfaste et sanglant. Ce sont les femmes de Lemnos qui, dans une nuit, égorgent leurs époux; ce sont les habitants d'Agylla qui lapident les Phocéens prisonniers. Peut-être doit-on expliquer cette ruine des Pélasges et le ton hostile des historiens grecs à leur sujet, par le mépris et la haine qu'inspiraient aux tribus héroïques les populations agricoles et industrielles qui les avaient précédées.

C'était là en effet le caractère des Pélasges. Ils adoraient les dieux souterrains qui gardent les trésors de la terre ; agriculteurs et mineurs, ils y fouillaient également pour en tirer l'or ou le blé. Ces arts nouveaux étaient odieux aux barbares ; pour eux, toute industrie qu'ils ne comprennent point est magie. Les initiations qui ouvraient les corporations diverses d'artisans, prêtaient par leurs mystères aux accusations les plus odieuses. Le culte magique de la flamme, ce mystérieux agent de l'industrie, cette action violente de la volonté humaine sur la nature, ce mélange, cette souillure des éléments sacrés, ces traditions des dieux serpents et des hommes dragons de l'Orient qui opéraient par le feu et par la magie, tout cela effrayait l'imagination des tribus héroïques. Elles n'avaient que l'épée contre les puissances inconnues dont leurs ennemis disposaient ; partout elles les poursuivirent par l'épée. On racontait que les Telchines de Sicyone, de la Béotie, de la Crète, de Rhodes et de la Lycie versaient à volonté l'eau mortelle du Styx sur les plantes et les animaux [1]. Comme les sorcières du moyen âge (θέλγω, *charmer*, *fasciner*), ils prédisaient et faisaient la tempête [2]. Ils prétendaient guérir les maladies, ne pouvaient-ils pas aussi en frapper qui ils voulaient [3] ? Les Cabires de Lemnos, de Samothrace et de Macédoine (le même nom désignait les dieux et leurs adorateurs) étaient des forgerons et des mineurs, comme les cyclopes du Péloponèse, de la Thrace, de l'Asie Mineure et de la Sicile, qui pénétraient, la lampe fixée au front, dans les profondeurs de la terre.

Les uns font dériver le nom de Cabires de *kaïein*, brûler ; d'autres le tirent des cabirim, les hommes forts de la Perse, qui reconnaissait un forgeron pour son libérateur ; ou de l'hébreu *chaberim*, les associés (les *consentes* ou *complices* de l'Étrurie). Ce qui est plus certain, c'est qu'ils adoraient les puissances formidables qui résident dans les entrailles de la terre. *Kibir*, *qbir*, signifie encore le diable dans le dialecte maltais, ce curieux débris de la langue punique [4]. Les dieux cabires étaient adorés sous la forme de vases au large ventre ; l'un d'eux était placé sur le foyer domestique. L'art du potier, sanctifié ainsi par les Pélasges, semble avoir été maudit dans son principe par les Hellènes,

---

1. Strab. XIV.
2. Athen. *Deipnosoph.*, VII.
3. Creuzer, II. Voy. dans la traduction de M. Guigniaut, p. 319.
4. Creuzer, t. II, p. 286-8.

ainsi que toute industrie. Dédale (c'est-à-dire *l'habile*), le potier, le forgeron, l'architecte, fuit partout, comme Caïn, l'aïeul de Tubalcain, le Dédale hébraïque ; meurtrier de son neveu, il se retire dans l'île de Crète, il y fabrique la vache de Pasiphaé[1]. Il fuit la colère de Minos dans la Sicile et l'Italie, où il est accueilli et protégé ; symbole de la colonisation de ces contrées par les industrieux Pélasges, et de leurs courses aventureuses. Prométhée, inventeur des arts, est cloué au Caucase par l'usurpateur Jupiter qui a vaincu les dieux pélasgiques ; mais le Titan lui prédit que son règne doit finir[2]. Ainsi, pendant le moyen âge, les Bretons opprimés menaçaient leurs vainqueurs du retour d'Arthur et de la chute de leur domination.

Les Pélasges industrieux ont été traités par les races guerrières de l'antiquité comme la ville de Tyr le fut par les Assyriens de Salmanazar et Nabucadnézar, qui, par deux fois, s'acharnèrent à sa perte ; comme l'ont été, au moyen âge, les populations industrielles ou commerçantes, Juifs, Maures, Provençaux et Lombards.

Les dieux semblèrent se liguer avec les hommes contre les Pélasges. Ceux d'Italie furent frappés, sans doute à la suite des bouleversements volcaniques, par des fléaux inouïs ; c'était une sécheresse qui brûlait les plantes, les pâturages, qui épuisait les fleuves même ; des épidémies meurtrières qui causaient l'avortement des mères ou leur faisaient produire des monstres. Ils s'accusèrent d'avoir voué aux Cabires la dîme

---

1. Voy. Hœckh.
2. Eschyl. *Prometh.* V, 170, 515, 763, 773, 850, 871, 920, 936, 956, 1051, 1090.

de tout ce qu'ils recueilleraient, et de n'avoir point sacrifié le dixième des enfants. L'oracle réclamant cet épouvantable sacrifice, l'instinct moral se révolta contre la religion. Le peuple entra partout, dit Denys, en défiance de ses chefs[1]. Une foule d'hommes quittèrent l'Italie et se répandirent dans la Grèce et chez les barbares. Ces fugitifs, partout poursuivis, devinrent esclaves dans plusieurs contrées. Dans l'Attique, les Ioniens leur firent construire le mur cyclopéen de la citadelle [2]. Les Pélasges qui restèrent en Italie furent assujettis, ceux du nord (tyrrhéniens) par le peuple barbare des Rasena, ceux du midi (ænotriens et peucétiens) par les Hellènes [3], surtout par la ville achéenne de Sybaris [4]. L'analogie de langues fit adopter sans peine le grec à ce peuple, et lors même que la Lucanie et le Brutium tombèrent sous le joug des Sabelliens ou Samnites, on y parlait indifféremment l'osque et le grec. Toutefois cette malheureuse population des *Brutii* (c'est-à-dire esclaves révoltés)[5], descendue en grande partie des Pélasges, resta presque toujours dans la dépendance. Esclaves des Grecs, puis des Samnites lucaniens, ils furent condamnés par Rome, en punition de leur alliance avec Hannibal, à remplir jamais des ministères serviles auprès des consuls, à à porter l'eau et couper le bois [6].

Rome aurait dû pourtant se souvenir que son origine était aussi pélasgique. Ne prétendait-elle pas elle-

---

1. Denys, lib. I. — 2. Hérod. VI. Pausan. *Attic.*
3. Les esclaves des Italiotes étaient appelés *Pélasges*. (Steph. Byz.)
4. Strab. VI.
5. Idem., VI. Diod. XVI. Festus, verbis *brutates, bilingues.*
6 Appian. *Bellum Hannib.*, sub fin.

même qu'après la ruine de Troie, Énée avait apporté dans le Latium les pénates serrés de bandelettes [1] et le feu éternel de Vesta ? n'honorait-elle pas l'île sainte de Samothrace comme sa mère, en sorte que la victoire de Rome sur le monde hellénique semblait la vengeance tardive des Pélasges ? L'*Énéide* célèbre cette victoire. Le poète de la tyrrhénienne Mantoue [2] déplore la ruine de Troie, et chante sa renaissance dans la fondation de Rome, de même qu'Homère avait célébré dans l'*Iliade* la victoire des Hellènes et la chute de la grande cité pélasgique.

1. Creuzer, II, p. 312. Plin., *H. N.* IV, 23. Serv. ad *Æn.* III, 12.
2. Mantoue était une colonie étrusque. *Gens illi triplex, populi sub gente quaterni.* (*Æn.* 10.) — Voy. sur le nombre 12 le chapitre des *Étrusques* et une note du liv. I.

CHAPITRE IV

Osci. — Latins. Sabins.

Circé, dit Hésiode (*Theog.*, v. 1111-1115), *eut d'Ulysse deux fils, Latinos et Agrios* (le barbare), *qui, au fond des saintes îles, gouvernèrent la race célèbre des Tyrséniens.* J'interpréterais volontiers ce passage de la manière suivante : Des Pélasges navigateurs et magiciens (c'est-à-dire industrieux) sortirent les deux grandes sociétés italiennes, les *Osci* (dont les Latins sont une tribu), et les *Tusci* ou Étrusques. Circé, fille du Soleil, a tous les caractères d'une Telchine pélasgique (Voy. plus haut). Le poète nous la montre près d'un grand feu, rarement utile dans un pays chaud si ce n'est pour un but industriel ; elle file la toile, ou prépare de puissants breuvages (Virg., *Æn.*, VII). Le cauteleux Ulysse, navigateur infatigable, n'est point le héros original des tribus guerrières qui remplacèrent les Pélasges en Grèce ; c'est un type qu'elles ont dû emprunter aux Pélasges, leurs prédécesseurs.

Quels étaient avant les Pélasges (sicules, œnotriens, peucétiens, tyrrhéniens)[1] les habitants de l'Italie ?

---
1. Voy. Nieb., Ier vol.

Au milieu de tant de conjectures, nous présenterons aussi les nôtres, qui ont au moins l'avantage de la simplicité et de la cohérence. Les premiers Italiens doivent avoir été les *Opici*, hommes de la terre (*ops*)[1], autochtones, aborigènes. *Opici, opsci*, contracté, devient *osci*[2], et, avec diverses aspirations, *casci*[3], *volsci*, et *falisci*[4] ; enfin par extension d'*osci, ausonii, auranci*. Si ce nom d'*opici* ne désigne point une race, il comprend du moins à coup sûr des peuples de même langue, les anciens habitants des plaines du Latium et de la Campanie, plus ou moins mêlés aux Pélasges, et les habitants des montagnes distingués par le nom de *sabini, sabelli, samnites*, σαύνιται, hommes du javelot. (Festus.) Ces populations adoraient, en effet, sous la forme d'un javelot, le dieu de la guerre et de la mort. (Voy. plus bas.) Ainsi les peuples de langue osque se divisaient en deux tribus, que je comparerai volontiers aux Doriens et aux Ioniens de la Grèce : les Sabelli, pasteurs des montagnes, et les Opici ou Osci, laboureurs de la plaine[5]. L'établissement des colonies

---

1. Voy. l'ingénieuse note de Buttmann. *Lexilogus für Homer und Hesiod*, 1825, verbo Ἀπίη γαῖα. — 2. Voy. Festus.

3. *Casci, anciens*..... ce qui rentre dans le sens d'*Autochtones*... Saufeius in Serv. *Æn*. I, 10 : *Casci vocati sunt quos posteri Aborigenes nominaverunt*. — Voy. Columna *ad fragm. Ennii*, p. 14. Ed. Hess. — Sur l'identité des Volsques, Èques, Falisques, voy. Nieb. I. — Varro, *de L. l.* VI, 3 : *Et primum* cascum *significat vetus. Ejus origo Sabina, quæ usque radices in Oscam linguam egit. Cascum, vetus esse significat Ennius, cum ait : quam primum casci populi genuere Latini.* (Il cite une épigramme où *cascus* est pour *vetus*.)

4. Corradini (II, 9) établit que Pometia ou Suessa Pometia, capitale des Volsques, fut aussi nommée Camena (c'est-à-dire *antique*, d'après Ennius), et Ausona, Auruncia, nouvelle preuve de l'identité des Ausoniens ou Osques avec les Volsques. — Voy. aussi Dion, *Fr*. 4. — Serv. *Æn*. VII, 627. — Festus, v. *Ausonia*.

5. Caton dans *Denys*, lib. II. — Strabon, liv. V, qualifie les Sabelli du nom

helléniques, et l'invasion des Sabelli, qui peu à peu descendirent des Apennins, resserrèrent de plus en plus le pays des Ausoniens, Osques ou Opiques, et dès l'époque d'Alexandre (Aristote, *Polit.*, VII, 10), le nom d'Opica semble restreint à la Campanie et au Latium. Au temps de Caton, *osque* était synonyme de barbare. (Plin., XXIX, 1.) Cependant la langue osque dominait dans tout le midi jusqu'aux portes des colonies grecques. Quoiqu'un auteur latin [1] semble distinguer le dialecte romain de l'osque, on entendait cette langue à Rome, puisqu'on jouait dans cette langue les farces appelées *atellanes*.

La langue d'un peuple est le monument le plus important de son histoire. C'est surtout par elle qu'il se

---

d'*Autochtones*, mot identique avec celui d'*Aborigenes*, qui signifie lui-même premiers habitants de la contrée, hommes de la terre, *opici*. Ceux qui font des *Sabelli* et des *Osci* deux peuples distincts, avouent qu'ils finirent par se mêler et parler la même langue. (Liv., X, 20.) — Les Osques, Volsques, les Sabins, Samnites et Brutiens (ces derniers sont en grande partie des Mamertins samnites) se servaient des mêmes armes... *Et* TERETI *pugnant mucrone veruque Sabello.* (Virg. Æn. VII, 665....). *Volscosque verutos.* (Georg. II, 168.) — Voy. aussi les monnaies des Brutions : Magnan, *Bruttia numismata*.

1. *Osce et volsce fabulantur, nam latine nesciunt.* (Titinius in Festo.) *Osce et volsce* me semble une de ces redondances ordinaires à la langue latine, comme : *felix faustumque, purum piumque, potest polletque, templa tescaque, censeo consentio consisco, populus romanus quiritium*, etc. — L'opposition d'*osce* et *latine* indique une différence de dialectes, et non une diversité fondamentale de langues, puisque tout le monde entendait l'osque à Rome. — Pour l'analogie du sabin avec la langue romaine, voy. Otfr. Müller, *die Etrusker, einleitung*, et Varro, *de L. lat.*, c. 12 : *Feronia, Minerva, Novensiles a Sabineis; paulo aliter ab eisdem dicimus Laram, Vestam, Salutem, Fortem, Fortunam, Fidem. Eare* (?) *Sabinorum linguam olent, quæ Tatii regis voto sunt Romæ dedicatæ. Nam ut annales dicunt, vovit Opi, Floræque; Diovi, Saturnoque : itemque Larundæ, Termino, Quirino, Vortumno, Laribus, Dianæ, Cloacinæque, e queis non nulla nomina in utraque lingua habent radices; ut arbores quæ in confinio natæ, in utroque agro serpunt. Potest enim esse Saturnus hic alia de caussa dictus atque in Sabineis, et sic Diana, de quibus supra.*

classe dans telle ou telle division de l'espèce humaine. Les langues osque, sabine et latine étaient unies par la plus étroite analogie ; le peu de mots qui nous ont été conservés des deux premières, se ramènent aisément au sanscrit, source de la langue latine. Ainsi les anciennes populations du centre de l'Italie se rattachent par le langage, et sans doute par le sang, à cette grande famille de peuples qui s'est étendue de l'Inde à l'Angleterre, et qu'on désigne par le nom d'indo-germanique. Ce ne sont point de faibles analogies qui nous conduisent à cette opinion. La ressemblance d'un nombre considérable de mots, l'analogie plus frappante encore des formes grammaticales, attestent que l'ancien idiome du Latium se lie au sanscrit comme à sa souche, au grec comme au rameau le plus voisin, à l'allemand et au slave par une parenté plus éloignée. Le hasard peut faire emprunter à un peuple quelques termes scientifiques, expressions nouvelles d'idées jusqu'alors inconnues ; jamais ces mots qui touchent les parties les plus vitales de l'existence humaine, ses liens les plus chers, ses besoins les plus immédiats.

On ne peut que conjecturer ce qu'étaient les religions de l'Italie avant l'arrivée des Pélasges ; peut-être les objets de son culte étaient-ils les grossiers fétiches qu'elle continua d'adorer, par exemple, le pain, la lance, les fleuves (le Vulturne, le Numicius, le Tibre, etc.), les lacs (d'Albunea, du Cutilio), les eaux chaudes (d'Abano), les flots noirs et bouillants (du lac d'Ansanto : Micali, II, p. 40). Les Pélasges eux-mêmes placèrent sur les bords d'un lac où flotte une île errante, le centre de leur religion en Italie (Denys, I).

Le grand dieu des Sabelli, c'était Mamers, Mavors, Mars ou Mors, adoré, comme nous l'avons dit, sous la forme d'une lance. C'est peut-être, à la forme près, le cabire pélasgique Anxiokersos[1]. Les pasteurs honoraient aussi une sorte d'Hercule italique, Sabus, Sancus, Sanctus, Semo, Songus, Fidius, auteur de leur race, homme déifié, comme nous en trouvons en tête de toute religion héroïque. Dans ce pays d'orages et d'exhalaisons méphitiques, ils adoraient encore Soranus, Februs, dieu de la mort, et Summanus, dieu des foudres nocturnes, qui retentissent avec un bruit si terrible dans les gorges de l'Apennin.

Le principal objet du culte des agriculteurs était Saturnus-Ops, dieu-déesse de la terre, Djanus-Djana, divinité du ciel, peut-être identique avec Lunus-Luna, et avec Vortumnus, dieu du changement. Djanus, circonscrit dans le cercle de la révolution solaire, devenait Annus-Anna, et celle-ci, considérée sous le rapport de la fécondité de la terre et de l'abondance des vivres, prenait le nom d'Annona.

Cette religion de la *nature naturante* et de la *nature naturée*, pour emprunter le barbare, mais expressif langage de Spinoza, avait ses fêtes à la fin de l'hiver : *Saturnalia*, *Matronalia*. En décembre, lorsque le soleil remontait vainqueur des frimas, la statue du vieux Saturne, jusque-là enchaînée (comme celle de Melkarth de Tyr), était dégagée de ses liens. Les esclaves, affranchis pour quelques jours, devenaient les égaux de leurs maîtres ; ils participaient à la commune déli-

---

1. Creuzer, II, p. 508.

vrance de la nature. Au 1ᵉʳ mars, les Saliens (et au 29 mai les Arvales) célébraient par des chants et des danses le dieu de la vie et de la mort (*Mors, Mars, Mavors, Mamers*). On éteignait, pour le rallumer, le feu de Vesta. Les femmes faisaient des présents à leurs époux, et adressaient leurs prières au génie de la fécondité féminine (*Juno Lucina*). On invoquait la puissance génératrice pour la terre et pour l'homme. Comme en Étrurie, chaque homme avait son génie protecteur, son Jupiter; chaque femme, sa Junon. La Vesta des Pélasges s'était reproduite sous la forme italienne de Larunda, mère des Lares, et leur Zeus Herkeïos gardait toujours les champs sous la figure informe du dieu Terme. Chacun des travaux de l'agriculture avait son dieu qui y présidait. Nous savons les noms de ceux qu'invoquait à Rome le Flamine de la Dea-Dia, la Cérès italique : *Vervactor, Reparator, Abarator, Imporcitor, Insitor, Occator, Sarritor, Subruncator, Messor, Convector, Conditor, Promitor*[1].

Mais aucune divinité n'était adorée sous plus de noms que la Fortune, le Hasard, *Fortuna, fors, bonus eventus*, ce je ne sais quel dieu qui fait réussir. Voici quelques-uns des noms sous lesquels on invoquait la Fortune: *Muliebris, equestris, brevis, mascula, obsequens, respiciens, sedens, barbara, mammosa, dubia, viscata, vicina, libera, adjutrix, virilis;* enfin le vrai nom de la Fortune, *Fortuna hujusdiei*[2].

> Vosne velit an me regnare hera, quidve ferat fors
> Virtute experiamur.

---

1. Voy. Brisson, *de Formulis*.
2. Ennii *Fragm.*

C'est la devise de Rome.

Ainsi un culte double dominait chez ces peuples comme chez les Étrusques, celui de la Fortune et du *changement*, et celui de la *nature*, personnifiée dans les dieux de la vie sédentaire et agricole ; au-dessus le dieu de la vie et de la mort, c'est-à-dire du *changement dans la nature*.

L'origine étrangère de cette religion est partout sensible, quoiqu'elle soit empreinte dans sa forme de la sombre nationalité de l'ancienne Italie. Les dieux sont des dieux inconnus et pleins d'un effrayant mystère[1]. Les Romains ajoutaient à leurs prières : *Quisquis deus es; sive deus es, sive dea; seu alio nomine appellari volueris.* La Grèce avait fait ses dieux, les avait faits à son image ; elle semblait jouer avec eux, et ajoutait chaque jour quelques pages à son histoire divine. Les dieux italiens sont immobiles, inactifs. Tandis que les dieux grecs formaient entre eux une espèce de phratrie athénienne, ceux de l'Italie ne s'unissent guère en famille. On sent dans leur isolement la différence subsistante des races qui les ont importés. Ils vont tous, il est vrai, deux à deux ; hermaphrodites dans les temps anciens, chacun d'eux est devenu un couple d'époux. Mais ces unions ne sont pas fécondes ; ce sont des arbres exotiques qui deviennent stériles sous le ciel étranger[2]. Le Grec

---

1. Voy. l'ingénieux *Essai* de Blum *sur les origines de l'Histoire romaine.* (Blum, *Einleitung*, etc.)

2. Voy. Varro ap. August. *Civit. Dei*, VII, II : *Quosdam tamen cœlibes relinquimus, quasi conditio defecerit, præsertim cum quædam viduæ sint, ut Populonia et Fulgora et Rumina, quibus non miror petitores defuisse.* — Gellius, liv. XIII, chap. 21 : *Comprecationes deorum immortalium quæ ritu romano Diis fiunt, expositæ sunt in libris sacerdotum populi*

Denys les félicite de n'avoir pas entre eux, comme les dieux grecs, de combats ni d'amours ; de n'être jamais, comme eux, blessés ni captifs ; de ne point compromettre la nature divine en se mêlant aux hommes. Denys oubliait que les divinités actives et mobiles, moins imposantes à la vérité, participent au perfectionnement de l'humanité. Au contraire, les dieux italiens, dans leur silencieuse immobilité, attendirent jusqu'à la seconde guerre punique les mythes grecs qui devaient leur prêter le mouvement et la vie.

La religion des Grecs, inspirée par le sentiment du beau, pouvait donner naissance à l'art ; mais les dieux italiens, ne participant point à la vie ni aux passions de l'homme, n'ont que faire de la forme humaine. Les Romains, dit Plutarque, n'élevèrent point de statues aux dieux jusqu'en l'an 170 de Rome[1]. Toutes les nations héroïques, Perses, Romains, Germains (du moins la plupart de ces derniers), furent longtemps iconoclastes.

Ce n'est pas assez de caractériser ces tribus par leur religion, il faut les suivre dans leurs travaux agricoles, et recueillir ce qui nous reste des vieilles maximes de la sagesse italique. Les Romains nous en ont conservé beaucoup ; et quoique rapportées dans les écrivains relativement assez modernes, je les crois d'une haute antiquité, puisqu'elles doivent dater au moins de

---

R., et in plerisque antiquis orationibus. In iis scriptum est Laciam Saturni, Salaciam Neptuni, Horam Quirini, Juritem Quiritii, Maiam Volcani, Nerien Junonis, Molas Martis, Nerienem quoque Martis. — Hersilie aurait ainsi imploré la paix entre les Romains et les Sabins : *Neria Martis, te obsecro pacem dare.*

1. Plutarch. *in Num. Vita.*

l'époque où la terre était encore cultivée par des mains libres. A coup sûr, elles n'appartiennent point aux esclaves qui, plus tard, venaient des pays lointains cultiver le sol de l'Italie, et y mourir en silence.

Cette sagesse agricole dont les Romains se sont fait honneur, était commune au Latium, à la Campanie, à l'Ombrie, à l'Étrurie. Les Étrusques mêmes semblent avoir été supérieurs, sous ce rapport, à tous les peuples italiens. On sait quelle habileté ils portaient dans la direction des eaux; avec quel soin ils soutenaient par des murs les terres végétales, toujours prêtes à s'ébouler sur les pentes rapides. Ils donnaient, dit Pline, jusqu'à neuf labours à leurs champs. Les plus illustres agriculteurs dont Rome se vante, Caton et Marius, n'étaient pas Romains, mais de Tusculum et d'Arpinum.

Ces vieilles maximes, simples et graves, comme toutes celles qui résument le sens pratique des peuples, n'ont point de caractère poétique. Elles affectent plutôt la forme législative. Pline les appelle *oracula*, comme on nommait souvent les réponses des jurisconsultes.

Mauvais agriculteur, celui qui achète ce que peut lui donner sa terre. Mauvais économe, celui qui fait de jour ce qu'il peut faire de nuit. Pire encore, celui qui fait au jour du travail ce qu'il devait faire dans les jours de repos et de fêtes. Le pire de tous qui, par un temps serein, travaille sous son toit plutôt qu'aux champs.

Quelquefois le précepte est présenté sous la forme d'un conte : Un pauvre laboureur donne en dot, à sa fille aînée, le tiers de sa vigne, et fait si bien qu'avec le reste il se trouve aussi riche. Il donne encore un tiers à sa seconde fille, et il en a toujours autant. Souvent la forme est paradoxale et antithétique : *Quels sont les moyens de cultiver ton champ à ton plus grand profit ? les bons et les mauvais, comme dit le vieil oracle;* c'est-à-dire, il faut cultiver la terre aussi bien que possible, au meilleur marché possible, selon les circonstances et les facultés du cultivateur. *Qu'est-ce que bien cultiver ? bien labourer. Et en second lieu ? labourer. En troisième ? fumer la terre. — Quel profit le plus certain ? l'éducation des troupeaux et le bon pâturage. Et après ? le pâturage médiocre. Et enfin ? le mauvais pâturage.*

Pline et Columelle rapportent une prière des vieux laboureurs de l'Italie, qui ferait supposer dans ces tribus une grande douceur de mœurs. En semant le grain, ils priaient les dieux *de le faire venir pour eux et pour leurs voisins*[1]. Tout ce que nous savons de la dureté de ces anciens âges s'accorde peu avec cette philanthropie. Une vieille maxime disait dans un esprit contraire : *Trois maux également nuisibles : la stérilité, la contagion, le voisin*. Nous ferons mieux connaître, plus tard, en parlant du livre de Caton sur l'agriculture, toute la rudesse du vieux génie latin. C'était un peuple patient et tenace, rangé et régulier, avare et avide. Supposé qu'un tel peuple devienne

---

1. On la retrouve jusque dans la magnifique idéalisation de l'agriculture que présentent les *Géorgiques* de Virgile :

> Inde homines nati durum genus ...
> .... Duris urgens in rebus egestas.
> Quod nisi et assiduis terram insectabere rastris,
> Et sonitu terrebis aves, et ruris opaci
> Falce premes umbras votisque vocaveris imbrem ;
> Heu ! magnum alterius frustra spectabis acervum
> Concussaque famem in sylvis solabere quercu.   (*Georg.*, I.)

belliqueux, ces habitudes d'avarice et d'avidité se changeront en esprit de conquête. Tel a été au moyen âge le caractère des Normands, de ce peuple agriculteur, chicaneur et conquérant, qui, comme ils l'avouent dans leurs chroniques, voulaient toujours *gaaigner*, et qui ont gagné, en effet, l'Angleterre et les Deux-Siciles. Rien n'est plus semblable au génie romain.

Celui des pasteurs sabelliens, plus rude et plus barbare encore, leur vie errante pendant la plus grande partie de l'année, les conduisaient, plus immédiatement que les habitudes des tribus agricoles, au brigandage et à la conquête. Obligés de mener leurs troupeaux et de suivre l'herbe, à chaque saison, des forêts aux plaines et des vallées aux montagnes, ils laissaient les vieillards et les enfants incapables de ces longs voyages, sur les sommets inaccessibles de l'Apennin. Leurs bourgades, comme celles des Épirotes, étaient toutes sur des hauteurs. Caton place le berceau de leur race vers Amiternum, au plus haut des Abbruzzes, où la neige ne disparaît jamais du Majella. Mais ils s'étendaient de là sur toutes les chaînes centrales du midi de l'Italie. La rareté de l'herbe sous un ciel brûlant, l'immense étendue que demande cette vie errante, obligea toujours les pasteurs du midi à se séparer bon gré malgré, et à former un grand nombre de petites sociétés. Ainsi, dans la Genèse, Abraham et Loth s'accordent pour s'éloigner l'un de l'autre, et s'en aller l'un à l'orient, l'autre à l'occident.

Dans les mauvaises années, les Sabelliens vouaient à Mamers, au dieu de la vie et de la mort, le dixième de tout ce qui naîtrait dans un printemps ; c'est ce qu'on appelait *ver sacrum*. Il est probable que, dans l'origine, on n'adoucissait pas même en faveur des enfants l'accomplissement de ce vœu cruel. A mesure que les Sabelliens formèrent un peuple nombreux, on se contenta d'abandonner les enfants. Repoussés par leur père, et devenus fils de Mamers, *mamertini*[1] ou *sacrani*[2], ils partaient, dès qu'ils avaient vingt ans, pour quelque contrée lointaine. Quelques-unes de ces colonies, conduites par les trois animaux sacrés de l'Italie, le pic-vert (*picus*)[3], le loup et le bœuf, descendirent, l'une dans le Picenum, l'autre dans le pays des Hirpins[4] (*hirpus*, loup, en langue osque), une troisième dans la contrée qui ne portait encore que le nom générique des Opici, et qui fut le Samnium. Cette

---

1. Mot probablement identique avec le nom de deux tribus sabelliennes, les Marsi et les Marrucini.

2. Festus. Voy. *ver sacrum* et *sacrani*, Serv. Æn. VII, 796. Denys, I. Strab., V. — Je regrette de n'avoir pas trouvé dans Festus l'article *Mamertini*, auquel renvoie M. Niebuhr, p. 90 de *l'Allem.* 2ᵉ édit. — L'usage du *ver sacrum* se retrouve chez les Romains. Voici la formule du vœu qu'ils firent dans la seconde guerre punique : « Velitis jubeatis, si resp. populi romani quiritium ad quin-
« quennium proximum, sicut velim eam, salva servata erit hisce duellis, datum
« donum duit populus romanus quirit. quod duellum populo rom. cum Cartha-
« giniensi est, quæque duella cum Gallis sunt, qui cis Alpes sunt : *Quod ver*
« *attulerit ex suillo, ovillo, caprino grege, quæque profana erunt, Jovi*
« *fieri, ex qua die senatus populusque jusserit : qui faciet quando volet,*
« *quaque lege volet facito. Quomodo faxit, probe factum esto; si id*
« *moritur, quod fieri oportebat, profanum esto, neque scelus esto. Si*
« *quis rumpet occideltve insciens, ne fraus esto. Si quis clepsit, ne populo*
« *scelus esto, neve cui cleptum erit. Si atro die faxit insciens, probe*
« *factum esto. Si nocte sive luce, si servus sive liber faxit, probe fac-*
« *tum esto. Si ante id ea senatus populusque jusserit fieri, ac faxit, eo*
« *populus solutus liber esto.* » (Liv. XXII, 9.)

3. Plin. X, 18.

4. Strab. V. — Les Romains disaient : Où il y a un pic, il y a aussi un loup. (Plut. *Quæst. rom.*, 21.) Romulus, reconnaissant, fit rendre des honneurs divins au pic qui l'avait nourri en même temps que la louve. (Senec. apud Augustin. VI, 10.) — On immolait un chien au loup. On frottait la porte des nouveaux mariés avec de la graisse de loup. (Plut. *Quæst. rom.* 19, 87.)

dernière colonie devint à son tour métropole de grands établissements dans la Lucanie et la Campanie, où les Samnites asservirent les Opiques[1]. De la Lucanie, ils infestaient par leurs courses les terres des colonies grecques qui, environ trois siècles et demi après la fondation de Rome, formèrent une première ligue contre ces barbares et contre Denys-l'Ancien, tyran de Syracuse, deux puissances qui les menaçaient également et entre lesquelles elles ne tardèrent pas d'être écrasées.

Cette vaste domination dans laquelle étaient enfermées toutes les positions fortes du midi de l'Italie, semblait destiner les Samnites à réunir la péninsule sous un même joug. Mais l'amour d'une indépendance illimitée, que toutes les tribus sabelliennes avaient retenu de leur vie pastorale, les empêcha toujours de former un corps. Rien n'était plus divers que le génie de ces tribus. Les Sabins, voisins de Rome, passaient pour aussi équitables et modérés que les Samnites étaient ambitieux. Les Picentins étaient lents et timides ; les Marses, belliqueux et indomptables. *Qui pourrait*, disaient les Romains, *triompher des Marses ou sans les Marses*[2] ? Les Lucaniens étaient d'intraitables pillards qui n'aimaient que vol et ravage. Les Samnites campaniens étaient devenus de brillants cavaliers, prompts à l'attaque, prompts à la fuite. Chaque tribu avait pris le caractère et la culture des contrées envahies. Les monnaies samnites portent des caractères étrusques ; celles des Lucaniens des lettres

---

1. Capoue fut prise un peu plus de quatre siècles avant l'ère chrétienne. (Diod. XII, 31. Tit.-Liv. IV, 37.) — 2. Appian, *B. Civ.* l.

grecques; les autres tribus suivaient l'alphabet osque et latin. Toutes les tribus se faisaient la guerre entre elles. Les Marsi, Marrucini, Peligni, Vestini, différant de gouvernement, mais unis dans une ligue fédérale, étaient en guerre avec les Samnites, que les Lucaniens attaquaient de l'autre côté. Les tribus samnites, elles-mêmes, n'étaient pas fort unies entre elles, sauf le temps des guerres de Rome, où elles élurent un général en chef, un *embratur*[1] ou *imperator*. La domination des Lucaniens reçut un coup terrible lorsque, vers l'an 400 après la fondation de Rome, des troupes mercenaires qu'ils employaient se révoltèrent contre eux, et, s'unissant aux anciens habitants du pays, s'établirent dans les fortes positions de la Calabre, sous le nom de *brutii*, c'est-à-dire esclaves révoltés. Sans doute, ils acceptèrent d'abord ce nom comme un défi[2], et ensuite ils l'expliquèrent plus honorablement en rapportant leur origine à Brutus, fils d'Hercule et de Valentia, c'est-à-dire de l'héroïsme et de la force[3].

---

[1]. Ce mot se trouve sur les deniers samnites de la guerre Sociale. (Niebuhr, I, V.)
[2]. Ainsi les *gueux* de Hollande, les *sans-culottes* de France, etc.
[3]. Steph. Byz., v. Βρέττος.

CHAPITRE V

Tusci, ou Étrusques.

La diversité des tribus osques, leur génie mobile, les empêcha toujours de former une grande société. La tentative d'une forte et durable fédération n'eut lieu qu'en Étrurie.

Quel était ce peuple étrusque qui a si fortement marqué de son empreinte la société romaine, ébauchée, si je l'ose dire, par les populations osques et sabines? Eux-mêmes se disaient autochtones ; en effet, dit Denys, *ils ne se rattachent à aucun peuple du monde*. Et il n'en est aucun auquel la critique n'ait entrepris de les rattacher. On a demandé successivement à l'Étrurie si elle n'était pas grecque ou phénicienne, germaine, celtique, ibère. Le génie muet n'a pas répondu.

Examinons à notre tour les monuments qu'on appelle étrusques. Contemplons ces blocs massifs des murs de Volterra, déterrons ces vases élégants de Tarquinies ou de Clusium, pénétrons dans ces hypogées plus mystérieux que les nécropoles de l'Égypte.

Les personnages représentés sur leurs vases et leurs bas-reliefs [1] sont généralement des hommes de petite taille, avec de gros bras, une grosse tête (*pinguis Thyrrenus* (*Æn.*, XI); *Aut. porcus Umber, aut obesus Hetruscus* (Catull.), quelquefois avec un nez long et fort, qui fait penser aux statues retrouvées dans les ruines mexicaines de Palanqué. Les sujets sont des pompes religieuses, des banquets somptueux où les femmes siègent près des hommes. Les costumes sont splendides; on sait que les Romains empruntèrent aux Étrusques le laticlave, la prétexte, l'apex, ainsi que leurs chaises curules, leurs licteurs, et l'appareil de leurs triomphes. Vous trouvez sur ces monuments la trace équivoque de toutes les religions de l'antiquité. Ce cheval-aigle me reporte à la Perse, ces personnages qui se couvrent la bouche pour parler à leur supérieur, semblent détachés des bas-reliefs de Persépolis. A côté, je vois l'homme-loup de l'Égypte, les nains scandinaves et peut-être le marteau de Thor. Mais ces nains ne seraient-ils pas les Cabires phéniciens?... Puis viennent des symboles hideux, des larves, des figures grimaçantes, comme dans un mau-

---

[1]. Lorsque nous ne citons pas nos autorités, on peut recourir aux *Étrusques* d'Otfried Müller. Dans ce bel ouvrage on trouvera toutefois plus de faits que d'idées. Il y aussi beaucoup à prendre dans les chapitres que Niebuhr et Creuzer ont consacrés à ce sujet. Pour l'art étrusque en particulier, voy. les magnifiques recueils d'Inghirami, de Micali, de Panofka et Ghérard dans le musée Blacas, de Dorow, etc. Consulter plusieurs articles du *Journal de l'institut de correspondance archéologique*. Nous attendons une lumière toute nouvelle du *Cours d'antiquités étrusques* que doit publier notre illustre ami, le professeur Orioli de Bologne. C'est à lui qu'il appartient de distinguer par une critique sévère les monuments peu nombreux qui appartiennent réellement à l'Étrurie antique.

vais rêve, qui semblent là pour défier la critique et lui fermer l'entrée du sanctuaire.

A ces éternels banquets, à cet embonpoint, à la rudesse du langage, nous devons, selon un illustre Allemand, reconnaître ses compatriotes[1]. La probité toscane, et l'admission des femmes dans les festins, sembleraient encore rattacher les Étrusques aux populations germaniques. Les Étrusques s'appelaient eux-mêmes *Rasena*. Ces Rasena ne seraient-ils pas des Rétiens ou Rhétiens du Tyrol? Si l'on veut qu'une peuplade germanique ou ibérienne ait envahi et soumis la contrée, il n'en reste pas moins vraisemblable que la population antérieure était, dans sa plus forte partie, non pas grecque, mais parente des Grecs. Tarquinii, le berceau de la société étrusque, selon leurs traditions nationales, Céré ou Agylla, sa voisine, la métropole religieuse de Rome, avaient toutes deux un trésor national au temple de Delphes, comme Athènes ou Lacédémone. Elles en consultaient quelquefois l'oracle. L'ordre toscan est le principe ou la simplification de l'ordre dorique. Les deux mille statues de Vulsinies, pour lesquelles Rome fit la conquête de cette ville, semblent indiquer la fécondité de l'art grec. Ces vases innombrables de Tarquinii, de Clusium, d'Arretium, de Nola, de Capoue, qu'on tire chaque jour de la terre,

---

1. Tusci, Teutschen. — Turm (dieu étrusque), Tyr. — D'après Tite-Live, V. 33, les Étrusques sortaient de la même souche que les Rhétiens; Tyrol, Tyr, Tyrrhéniens. D'après Niebuhr, la langue de Grœden, dans le Tyrol, langue unique et originale dans ses racines, pourrait bien être regardée comme un reste de la langue tusque. — G. de Humboldt (*Recherches sur la langue basque*) croirait l'Étrurie latino-ibérienne. — Otfried Müller ne la croit ni ibérienne, ni celtique, mais en partie septentrionale, en partie lydienne, c'est-à-dire pélasgique.

sont identiques avec ceux de Corinthe et d'Agrigente, pour la matière, pour la forme, souvent pour les sujets. La sécheresse et la raideur dont Winckelmann avait cru pouvoir faire le caractère original de l'art étrusque, tiennent sans doute à l'interruption précoce des communications avec la Grèce; elles durent cesser lorsque les barbares Samnites firent la conquête de Capoue. La plupart de ces vases appartenant évidemment à une antiquité peu reculée, ne prouvent pas l'origine hellénique des Étrusques. Ce peuple silencieux, qui ne connut point la musique vocale[1], dont les inscriptions ne portent aucune trace de rythme, qui avait en horreur la nudité des gymnases, ne peut être rapporté directement à la Grèce elle-même. C'est plus haut, selon les traditions des Étrusques eux-mêmes qu'il en faut chercher l'origine. Longtemps avant que la colonie hellénique du Corinthien Démarate leur amenât Eucheir et Eugrammos (*le potier et le dessinateur*), les Pélasges tyrrhéniens de l'Asie Mineure avaient apporté aux Étrusques leurs arts et leurs dieux. La trompette, la flûte lydienne, étaient les instruments nationaux de l'Étrurie. Les terminaisons pélasgiques ηνος, ηνη, ηνας (Ἀθήνη, Μυκήνη), se retrouvent dans Porsena, Capena, Cecina, etc. L'écriture étrusque, comme celle des Ombriens et des Osques qui lui sont analogues, semble fille de la phénicienne et sœur de la grecque; sans doute l'alphabet phénicien aura passé en Italie par l'intermédiaire des Pélasges. Pélasges et Étrusques

---

1. Pour l'instrumentale, elle était recommandée par des lois positives et par l'usage, s'il est vrai que les Étrusques faisaient le pain et battaient leurs esclaves au son de la flûte. (Arist. *apud* Polluc. IV, 56. — Plut., *De cohibenda ira.* — Athen., XII, 3.)

étaient de grands constructeurs de murailles et de tours (Tyrrheni, Turseni, Turris, Tursis?). Le génie symbolique des Pélasges paraît et dans la forme des cités étrusques[1], et dans l'affectation des nombres mystérieux. Les douze cités de l'Étrurie avaient douze colonies sur le Pô, douze dans le Latium et la Campanie. Elles étaient unies par les relations du commerce avec Milet et Sybaris, avec les Ioniens et les Achéens (*La race ionienne est pélasgique*, Hérod.), au contraire ennemies des cités doriennes. Aux marchés de Sybaris, l'argent servait d'intermédiaire et de moyen d'échange entre le cuivre des Étrusques et l'or de Milet et de Carthage. Les *pirates étrusques*, comme les désignaient toujours les Grecs, leurs ennemis, étaient en guerre permanente contre les Doriens de Syracuse. Les craintes qu'ils inspiraient avaient de bonne heure arrêté la fondation des colonies helléniques sur la côte occidentale de l'Italie. Le détroit de Messine séparait l'empire maritime des Toscans de celui des Grecs. Peu de temps après que Xerxès et les Carthaginois eurent envahi de concert la Grèce et la Sicile, les Étrusques menacèrent la Grande Grèce, et faillirent s'emparer de Cumes. Le Syracusain Hiéron les battit, comme Gélon, son frère, avait battu les Carthaginois, comme Thémistocle avait défait les

---

1. La plupart des villes étrusques avaient la forme d'un carré long. Voy. l'*Atlas* de Micali et une note un peu plus bas. — Virg. sur Mantoue : *Gens illi triplex, populi sub gente quaterni.* — Niebuhr croit que les douze villes étaient : Cære, Tarquinii, Rusellæ, Vetulonium, Volaterræ, Arretium, Cortona, Perusia, Clusium, Volsinii, Veïes, Capena ou Cossa. On parle beaucoup aussi de Pise, Fœsulæ, Falerii, Aurinia ou Caletra, et Salpinum (joignez-y Saturnia). Ce nombre mythique de douze put varier dans la réalité historique.

Perses. Pindare chante cette troisième victoire de la Grèce sur les barbares à l'égal des deux premières.

Ainsi les Étrusques perdirent l'empire de la mer. Leur puissance, qui s'était étendue depuis les Alpes du Tyrol jusqu'à la Grande Grèce, commença à rentrer dans les limites de l'Étrurie. Tous les barbares, Liguriens, Gaulois, Samnites, la resserrèrent chaque jour, tandis qu'elle était travaillée d'un mal plus grand encore à l'intérieur. Les lucumons, propriétaires, prêtres, guerriers, maîtres des villes fortes situées sur les hauteurs, tenaient assujettis, par leurs clients, les laboureurs de la plaine. Un lucumon, roi dans chaque ville, représentait les lucumons de la même cité aux assemblées religieuses et politiques de la confédération, qui se tenaient à Vulsinies. Rivalités des villes et des lucumons, jalousies des ordres inférieurs, laboureurs et artisans, haine de partis et races, telles étaient les plaies cachées de l'Étrurie. Elle dura pourtant, forte et patiente, sous les coups multipliés que lui portaient ses belliqueux voisins, ne s'accusant point elle-même de ses maux, et les rapportant à la colère injuste des dieux. Le sujet de Capanée insultant le ciel, est commun sur leurs vases. Cette triste et dure obstination, cette prévision de sa ruine, ce vif sentiment de l'instabilité, firent le caractère du génie étrusque. La nature et les hommes semblaient s'entendre pour avertir de sa ruine la mélancolique Étrurie.

Les eaux du Clanis et de l'Arno paraissent avoir été, dans les temps anciens, suspendues dans un vaste lac[1] qui dominait la contrée, jusqu'à ce que, minant leur

---

1. C'est la tradition du pays. (G. Villani, I, 43.)

barrière, elles eussent percé leur route vers l'occident et le midi. On sait qu'Hannibal mit trois nuits et quatre jours à traverser les marais de l'Étrurie supérieure; aujourd'hui, c'est la Toscane maritime qui est devenue en grande partie inhabitable à cause de l'affluence et de la stagnation des eaux. La vallée du bas Arno est appelée la Hollande de Toscane. Malgré le serment que les deux fleuves[1], l'Arno et l'Auser, firent autrefois de ne point inonder la contrée, des terrains considérables se refroidissent (selon l'expression italienne), par les eaux qui suintent à travers les digues. *Sans les comblées* (colmate)[2], au moyen desquelles on dirige les eaux sur le point où on veut leur faire déposer leur limon, la terre perdrait peu à peu sa force productrice.

En avançant, l'aspect du pays change. La domination des feux succède à celle des eaux. Les cendres témoignent des effroyables révolutions qui ont bouleversé la contrée. Les cratères éteints, où vous vous étonnez de trouver aujourd'hui des lacs, sont les monuments et les symboles de ce combat des éléments.

Le long de la mer, dans une largeur de quarante lieues, vous rencontrez la fertile et meurtrière solitude de la Maremme; des champs féconds, de belles forêts, et tout cela c'est la mort. Moins déserte dans l'antiquité, mais toujours chaude et humide, toujours insalubre, cette terre avide s'est nourrie de toutes les populations qui ont osé l'habiter. *Dans la Maremme,* disent les Italiens, *on s'enrichit en un an, et l'on meurt en six mois*[3].

---

1. Strabon. — 2. Voy. Sismondi, *Agriculture de Toscane.*
3. Les Maremmes s'étendent vers Sienne, Pise et Libourne. Quarante lieues

« C'était, dit très bien Creuzer, un pays chaud, un
« climat accablant. Un air épais, selon l'expression
« des anciens, pesait sur ses habitants. Si le climat
« doux et riant de l'Ionie, si son ciel léger vit croître
« une race mobile et poétique, qui le peupla de créa-
« tions non moins légères, non moins riantes, il n'en
« fut pas de même de la Toscane antique : elle nourrit
« des hommes d'un caractère grave, d'un esprit médi-
« tatif. Cette disposition morale fut puissamment
« secondée par les fréquentes aberrations du cours
« ordinaire de la nature dans cette contrée ; les
« météores, les tremblements de terre, les déchire-
« ments subits du sol, les bruits souterrains, les nais-
« sances monstrueuses dans l'espèce humaine aussi
« bien que dans les animaux, tous les phénomènes les
« plus extraordinaires s'y reproduisaient fréquem-
« ment[1]. La plupart s'expliquent par la nature de
« l'atmosphère chargée de vapeurs brûlantes, et par
« les nombreux volcans dont on a découvert les traces.
« Il est plus difficile de rendre compte des apparitions
« de monstres, dont il est parlé dans les auteurs, par
« exemple, de cette *Volta* qui ravagea la ville et le
« territoire de Volsinii, jusqu'à ce que les prêtres
« fussent parvenus à la tuer, en évoquant la foudre.

de long. Quarante habitants par mille ; Côme III y établit des Maniotes, puis des Lorrains, qui périrent. — Proverbe : « In Maremma, si arrichisce in uno anno, si muore in sei mosi. » La plus grande partie des douze villes étrusques était située dans la partie malsaine de l'Étrurie (*Populonia, Vetulonia, Luna, Pise, Volterra, Saturnia, Rusellæ, Cossa*). Dans chaque district, les biens de ceux qui mouraient sans héritier ont été dévolus à la communauté. Un district entier, étant dépeuplé, revenait à l'un des districts voisins. Il y a tel village de la Maremme qui possède jusqu'à sept ou huit de ces districts ou *bandite*.

1. Voy. Cicéron, *de Divinatione*.

« Mais ce que l'on comprend, c'est l'influence d'une
« telle nature et de tels phénomènes, sur le carac-
« tère du peuple étrusque. Les Pères de l'Église
« nomment l'Étrurie *la mère des superstitions*. Ce
« peuple jeta un regard sombre et triste sur le monde
« qui l'environnait. Il n'y voyait que funestes présages,
« qu'indices frappants de la colère céleste et des plaies
« dont elle allait frapper la terre ; de là ces fréquentes
« et terribles expiations qu'il s'imposait ; de là ces
« larves, ces monstres, ces furies, ces esprits infer-
« naux si souvent reproduits sur ses monuments. Les
« livres de divination des Étrusques pénétraient de
« crainte et d'horreur ceux qui les lisaient. Un jour les
« prêtres de Tarquinies apparurent devant l'armée
« romaine, semblables à de vivantes furies, avec des
« torches flamboyantes et des serpents dans les mains.
« C'était encore de l'Étrurie que les Romains avaient
« pris l'usage des jeux sanglants dans les cérémonies
« funèbres. Après des faits pareils, faut-il s'étonner
« de trouver chez les anciens que, dans une ville
« étrusque, à Faléries, des jeunes filles étaient immo-
« lées en l'honneur de Junon ? »

Les seuls Étrusques, dans notre Occident, sentirent que les empires meurent aussi. Ils n'annoncèrent pas d'une manière confuse le renouvellement du monde, comme on le trouve indiqué dans le *Prométhée* d'Eschyle et dans la *Voluspa scandinave*. Ils partagèrent l'humanité en plusieurs âges, s'en réservèrent un seul, et se prédirent eux-mêmes le moment où ils feraient place à un autre peuple. L'Étrurie devait périr au dixième siècle de son existence. *L'empereur Auguste racontait dans ses Mémoires* (Servius, ad *Eclog*. IV, 47), *qu'à l'apparition de la comète observée aux funérailles de César, l'haruspice Vulcatius avait dit dans l'assemblée du peuple, qu'elle annonçait la fin du neuvième siècle et le commencement du dixième; qu'il révélait ce mystère contre la volonté des dieux, et qu'il en mourrait.* Déjà, *vers le temps de Sylla* (Plut. *Vit. Syll.*), *on avait entendu, dans un ciel serein, une trompette d'un son si aigu et si lugubre que tout le monde en fut dans la frayeur. Les devins toscans consultés, annoncèrent un nouvel âge qui changerait la face du monde. Huit races d'hommes, disaient-ils, doivent se succéder, différentes de vie et de mœurs; les dieux assignent à chacune un temps limité par la période de la grande année.*

Ces prédictions se vérifièrent. Rome qui, dès sa naissance, avait ruiné Albe, sa métropole, n'épargna pas davantage le berceau de sa religion. L'Étrurie fut comprise dans les proscriptions de Sylla. Il établit ses vétérans dans les riches villes de Fiésoles, de Cortone et d'Arretium. Jules César donna aux légions de Pharsale Capène et Volaterre. Enfin dans les guerres des Triumvirs, où Pérouse fut incendiée, l'Étrurie reçut le dernier coup, dévastée, partagée par Octave :

Eversosque focos antiquæ gentis hetruscæ[1].

Leur belle colonie de Mantoue fut entraînée dans leur ruine. Ses champs furent donnés aux soldats; son Virgile suivit les vainqueurs dans le midi de l'Italie. Voyez aussi avec quelle harmonie lugubre le poète

---

1. Du vieux peuple toscan le foyer s'éteignit.

chante l'ère de renaissance, marquée par la ruine de sa patrie :

> Aspice convexo nutantem pondere mundum.
> Terrasque fractusque maris, cœlumque profundum ;
> Aspice venturo lætentur ut omnia seclo.
>
> (*Eclog*. IV.)

De même que le siècle fait la vie de l'homme, que dix siècles composent celle de la nation étrusque, en six mille ans se trouve resserrée toute la vie de la race humaine. Les dieux ont mis six mille années à créer le monde ; il en faut encore autant pour compléter le cycle mystérieux de la *grande année*, et pour épuiser la succession des nations et des empires par lesquels l'humanité passera. Ainsi les hommes, les peuples, les races, s'éteignent dans leur temps. Les dieux eux-mêmes, les grands dieux (*consentes*), doivent mourir un jour, et sur les ruines de ce monde fleuriront encore de nouvelles races, de nouveaux empires et de nouveaux dieux.

Les dieux de l'Étrurie partagent avec les hommes ce sentiment de la mobilité universelle. La Voltumna de Volsinies, dans le temple de laquelle s'assemblaient les lucumons étrusques, est une déesse du changement, de la fortune, du bonheur, comme Nurtia, Volumnius et Vertumnus (*a volvendo vertendo*). Le double Janus, Ianus, Eanus[1], *ab eundo* (Cicéron), ouvre les portes du ciel et de l'année ; il tourne avec le soleil, coule avec le temps, avec les fleuves. Sa femme, Camaséné, est tantôt un poisson qui glisse et échappe, tantôt Venilia,

---

1. Voy. Creuzer, IIe vol. et une note importante de M. Guigniaut. Comparez, dans la *Symbolique*, la doctrine étrusque de la grande année avec les cycles indiens, égyptiens, etc.

la vague qui vient au rivage, tantôt Juturna, fille des fleuves et des vents. Le double Janus est le vrai dieu de l'Italie ; d'un côté elle regarde l'Orient et la Grèce, de l'autre, le sombre Occident, auquel elle doit interpréter le génie hellénique.

Le peu de confiance que l'Étrurie plaçait en la stabilité des choses de ce monde, excluait naturellement de sa religion et de ses monuments cette jeune allégresse, pleine d'espérance et d'héroïsme, que nous admirons dans ceux de la Grèce. Nous l'avons dit, les monuments étrusques sont tristes[1] : ce sont des tombeaux et des urnes. Ces urnes présentent souvent des tableaux de noces et de danses. Comme dans le poème de Lucrèce, l'homme y jouit avec une fureur voluptueuse de la vie qui va passer.

Toutefois, les Étrusques ne cédèrent pas mollement à la fatalité ; ils la combattirent avec une sombre et dure obstination. La nature les menaçait d'inondations ; ils entreprirent de dompter les eaux, d'emprisonner les fleuves ; leurs travaux habiles ont fait le Delta du Pô[2]. Les volcans éteints, remplis par les lacs, furent percés d'issues, qui aujourd'hui encore, inconnues et perdues, versent le superflu des eaux qui inonderaient la contrée. Aux invasions des races barbares, ils opposèrent les murailles colossales de leurs cités. Les

---

1. Quelquefois ils semblent exprimer une amère ironie de la vie sociale. Le grotesque, peu connu de la Grèce, est propre au moyen âge. Ne serait-il pas dans les temps antiques, un trait de l'originalité italienne ? Sur une cornaline, le papillon à la tête légère conduit à la charrue deux modestes et laborieuses fourmis (Gori, *Museum etruscum*). Sur un vase, le légitime Eurysthée se cache dans sa cuve d'airain, tandis qu'Hercule, condamné par lui aux exploits héroïques, lui présente le sanglier de Calydon. J'avoue que les critiques les plus graves rapportent à une époque assez moderne ces antithèses anthologiques. — 2. Plin., III, 20.

dieux semblaient ennemis ; ils s'étudièrent à connaître leur volonté. Ils mirent à profit les orages, osèrent étudier l'éclair, observer la foudre, ouvrirent le sein des victimes, et lurent la vie dans la mort[1].

« Comme un laboureur enfonçait la charrue dans un champ voisin de Tarquinies, tout à coup sort du sillon le génie Tagès[2], qui lui adresse la parole. Sous la figure d'un enfant, Tagès avait la sagesse des vieillards. Le laboureur pousse un cri d'étonnement ; on s'assemble ; en peu de temps, l'Étrurie entière accourut. Alors Tagès parla longtemps devant cette multitude, qui recueillit ses discours et les mit par écrit ; tout ce qu'il avait dit était le fondement de la science des haruspices. » Le laboureur était Tarchon ou Tarquin, fondateur de Tarquinies, la métropole de l'Étrurie (Tarchon, Tarquin, Tarquinii, sous la forme grecque Τύῤῥηνος, etc.). Jusqu'ici nous n'avons vu dans les croyances étrusques que le sentiment de la mobilité. Avec le mythe de Tagès et de Tarquin commence la vie à la fois sédentaire et agricole, et l'étroite union de l'agriculture, de la religion, de la divination. La cité, la société étrusque, sortent du sillon.

Ce caractère divin que les peuples de l'antiquité attribuaient aux éléments, la vieille Italie le reconnaissait surtout dans la terre. Voyez encore dans Pline, à une époque où l'esprit de l'ancien culte était presque éteint, avec quel religieux enthousiasme il parle *de la*

---

1. Voy. les Éclaircissements.
2. Cic. *De Divinatione*. Les livres sacrés des Étrusques étaient rapportés à Tagès et Bacchès, son disciple, le même que Bacchus Ἐφάπτωρ ou Ἐπάφιος, *qui tangit* (Creuzer, II, p. 463, d'après Joseph Scaliger)? On a trouvé dans les ruines de Tarquinies un enfant de bronze qui touche la terre de la main droite.

bonne terre de labour qui brille derrière la charrue, comme la peint Homère sur le bouclier d'Achille; les oiseaux la cherchent avidement derrière le soc, et vont becqueter les pas du laboureur. J'aime mieux, dit Cicéron, *le parfum de la terre que celui du safran. Voulez-vous savoir quelle est cette odeur de la terre? Lorsqu'elle repose au coucher du soleil, au lieu où l'arc-en-ciel vient d'appuyer son croissant, lorsqu'après une sécheresse elle s'est abreuvée de la pluie, alors elle exhale ce souffle divin, cette haleine suave qu'elle a conçue des rayons du soleil.*

Tout ce qui touche l'élément sacré est sacré comme lui. Le bœuf laboureur de l'Italie est protégé par la loi sainte, aussi bien que la vache de l'Inde[1]. Le blé offert aux dieux consacre à Rome le mariage patricien. L'enfant, la vierge pure, sont seuls dignes d'apprêter et de servir le pain et le vin[2].

La série des travaux annuels de la culture forme une sorte d'épopée religieuse, dont le dénouement est la miraculeuse résurrection du grain. Ce miracle annuel avait saisi vivement l'imagination des premiers hommes. L'agriculture était à leurs yeux la lutte de l'homme contre la terre dans un champ marqué par les dieux. En effet, tout lieu n'imprime pas ce caractère à l'agri-

---

1. « Hic socius hominum in rustico opere, et Cereris minister. Ab hoc « antiqui manus ita abstineri voluerunt, ut capite sanxerint, si quis occidisset. » (Varr., lib. II, cap. 5, 4.) — « Cujus tanta fuit apud antiquos veneratio, ut « tam capitale esset bovem necasse, quam civem. » (Col. lib VI, Præf.) — « Socium enim laboris agriquæ culturæ habemus hoc animal tantæ apud « priores curæ, ut sit inter exempla damnatus a populo romano, die dicta, « qui concubino procaci rure omasum edisse se negante, occiderat bovem, « actusque in exilium, tanquam colono suo interempto. » (Plin. *Nat. Hist.*, lib. VIII, cap. 45.) — Je ne trouve pas aussi absurde que Niebuhr l'étymologie qui dérive le nom de l'Italie du mot osque ou pélasgique, *italos, itulos,* bœuf.

2. Colum. XII, 4. *Pistor, coquus, cellarius,* etc.

culture. Dans les climats du nord ou du midi, la végétation instantanée ou languissante ne donne pas lieu à ce cours régulier de travaux, à ce sentiment continuel du besoin de la protection divine.

C'est d'un lieu élevé, comme sont toutes les villes étrusques, c'est d'une colline qui regarde les côtés sacrés du monde (l'est ou le nord), que celui qui doit dompter la terre descendra dans les campagnes. Il faut que l'asile où les dieux l'ont reçu, où lui-même recevra ceux qui chercheront un abri autour de lui, soit favorisé des eaux salutaires que réclame le culte des dieux, qu'implore la sécheresse des campagnes environnantes. L'homme attaché ainsi pendant sa vie à la culture de la terre, où la mort doit le faire rentrer, où sa race prendra pied par la religion des tombeaux, s'identifie avec la mère commune de l'humanité[1]. Chez les Romains, disciples des Étrusques, les noms de *locuples* ou *opulentus* (locus, ops), de *frugi*, de *fundus*, distinguaient le propriétaire des *inopes* qui, sous le nom de clients, se groupaient autour de lui, végétaient à la surface de la terre mais n'y enfonçaient point de racine.

Chez les Étrusques, le propriétaire souverain, le *lucumon*, est, comme Tagès, autochtone, fils de la terre. Comme lui, c'est un intermédiaire entre elle et les dieux, dieu lui-même à l'égard de sa famille, de ses clients, de ses esclaves. Sorti de la terre, il la bénit, la féconde à son tour ; il lui interprète la pensée du ciel, exprimée par les phénomènes de la foudre, par l'ob-

---

1. Festus : *Fundus dicitur quoque populus esse rei quam alienat, id est auctor.* Voy. sur le sens de ce mot dans le droit public, Cic., pro *Cornelio Balbo.*

servation de la nature animale. Ainsi le monde entier devient une langue dont chaque phénomène est un mot. Les mouvements invariables des astres régularisent les travaux de l'agriculture ; les phénomènes irréguliers de la foudre, du vol et du chant des oiseaux, l'observation des entrailles des victimes, déclarent la volonté des dieux, déterminent ou arrêtent les conseils de la famille ou de la cité. Cette langue muette se fait entendre partout, mais il faut savoir l'écouter.

Debout, le visage tourné vers l'immuable nord, séjour des dieux étrusques, l'augure décrit avec le lituus ou bâton recourbé une ligne (*cardo*) qui, passant sur sa tête, du nord au midi, coupe le ciel en deux régions, la région favorable de l'est et la région sinistre de l'occident. Une seconde ligne (*decumanus*, dérivé du chiffre X), coupe en croix la première, et les quatre régions formées par ces deux lignes se subdivisent jusqu'au nombre de seize. Tout le ciel ainsi divisé par le lituus de l'augure, et soumis à sa contemplation, devient un *temple*.

La volonté humaine peut transporter le temple ici-bas, et appliquer à la terre la forme du ciel. Au moyen de lignes parallèles au cardo et au *decumanus*, l'augure forme un carré autour de lui. Varron nous a transmis la formule par laquelle on décrivait un *templum* pour prendre les augures sur le mont Capitolin. Le temple existe également, qu'il soit simplement désigné par les paroles, ou qu'il ait une enceinte. Les limites en sont également sacrées, infranchissables. Il a toujours son unique entrée au midi, son sanctuaire au nord. Toute demeure sacrée n'est pas un *templum*, ou *fanum*. Le temple étrusque est un carré plus long que large d'un sixième. Les tombeaux, souvent même les édifices civils, les places publiques, affectent la même forme, et prennent le même caractère sacré. Telles étaient, à Rome, les curies du sénat, les rostres et ce qui y touchait, dans le Champ de Mars, tout l'emplacement de l'autel du dieu. Les villes sont aussi des temples; Rome fut d'abord carrée (*Roma quadrata*)[1]; la même forme se distingue aujourd'hui encore dans les enceintes primitives de plusieurs des plus anciennes villes de l'Étrurie. Les colonies appliquent la forme de leur métropole à leurs nouvelles demeures, et, comme on fait aux jeunes arbres transplantés, elles s'orientent sur une nouvelle terre, comme elles l'ont été sur le sol paternel. Il n'est pas jusqu'aux armées, ces colonies mobiles, qui, dans leur camp de chaque soir, ne représentent pour la forme et la position l'image sacrée du *templum*, d'où elles ont emporté les auspices. Le prétoire du camp romain, avec son tribunal et son *auguraculum*, était un carré de deux cents pieds[2].

Les terres étaient aussi partagées d'après les règles et l'art des haruspices. On lit dans un fragment d'une cosmogonie étrusque[3] : *Sachez que la mer fut séparée*

---

1. Voy. les Éclaircissements.

2. Par conséquent de la même grandeur que le temple du Capitole. Voy. Otfried Müller, *dis Etrusker*, t. II, p. 150, et Perizonius, *de Prætorio*. Toutes les divisions d'arpentage et de mesurage, dans l'Italie antique, sont des multiples de dix ou de douze. Le *vorsus*, la mesure agraire des Étrusques, était, comme le pléthron des Grecs, un carré de cent pieds. (Gœsius, p. 216.) — La *centurie* romaine se composait de deux cents *jugera* carrés.

3. « Fragmentum Vegoiæ Arrunti Veltumno (*Gœsius*, p. 258). — Scias
« mare ex æthere remotum. Cum autem Juppiter terram Hetruriæ sibi vindi-
« cavit, constituit jussitque metiri campos, signarique agros; sciens hominum
« avaritiam vel terrenam cupidinem, terminis omnia scita esse voluit, quos

du ciel, et que Jupiter, se réservant la terre de l'Étrurie, établit et ordonna que les champs seraient mesurés et désignés par des limites. On traçait celles des champs d'après les lignes *cardo* et *decumanus*, et lorsqu'un fleuve ou quelque autre difficulté locale s'opposait à cette division, on partageait les angles en dehors de la mesure régulière par des limites particulières (*limites intersecivi*), comme la chose eut lieu entre le territoire des Veïens et le Tibre. Ainsi, chaque mesure de terre était mise en rapport avec l'univers, et suivait la direction dans laquelle la voûte du ciel tourne sur nos têtes. De même que les murs du temple excluent le profane, et ceux de la ville l'ennemi et l'étranger, les limites du champ, sans murailles, mais gardées par les dieux, excluent le vagabond qui, errant encore dans la vie sauvage, n'est pas entré dans la communion de la religion et de la culture. La propriété communique à tout ce qui s'y rapporte, aux contrats, aux héritages, un caractère sacré. De la divination naît à la fois la cité et la propriété, le droit privé et le droit public.

Pendant que la terre limitée devient un temple et représente le ciel, l'homme de la terre, le maître du

---

« quandoque ob avaritiam prope novissimi (octavi) sæculi datos sibi homines
« malo dolo violabunt, contingentque atque movebunt. Sed qui contigerit
« moveritque, possessionem promovendo suam, alterius minuendo, ob hoc
« scelus damnabitur a Diis. Si servi faciant, dominio mutabuntur in deterius.
« Sed si conscientia domestica fiet, celerius domus extirpabitur, gensque ejus
« omnis interiet. Motores autem pessimis morbis et vulneribus afficientur,
« membrisque suis debilitabuntur. Tum etiam terra a tempestatibus vel turbinibus plerumque labe movebitur. Fructus sæpe lædentur decutienturque
« imbribus atque grandine, caniculis interient, robigine occidentur, multæ
« dissessiones in populo fient. Hæc scitote, cum talia scelera committuntur :
« propterea neque fallax neque bilinguis sis, disciplinam pone in corde tuo. » —
Pour les *limites intersecivi*, et tous les détails de l'art des *agrimensores*, voy. le curieux recueil de *Gœsius*, et une de mes notes plus bas.

champ et de la demeure qui s'y place, devient comme un dieu. Chaque dieu du ciel a son Jupiter, son génie ou pénate, chaque déesse sa Junon. Le lucumon, le patricien, la matrone étrusque ou romaine (*ingenui*) ont aussi leurs pénates, leur Jupiter, leur génie, leur Junon. L'homme et la terre sont identifiés ; les génies de la terre (*genius loci*) sont les pénates de l'homme et de sa demeure. A côté des pénates se placent, dans la demeure, les lares, humbles divinités qui furent des âmes humaines, et qui, n'ayant point été souillées, ont obtenu la permission d'habiter toujours leur demeure et de veiller sur leur famille. Les âmes des méchants, sous le nom de *larves*, effraient ceux qui leur ressemblent. Le temple des lares et des pénates est l'*atrium*, leur autel, le *focus*[1]. L'atrium manque dans les maisons grecques. C'est là surtout ce qui sépare profondément la société grecque de l'italienne. Pendant que chez les Grecs les femmes et les enfants, jusqu'à un certain âge, restèrent enfermés dans le gynécée ; en Italie, au contraire, femmes, enfants,

---

1. Varro, *de Lingua lat.*, lib. IV, c. 33 : « *Cavum ædium* dictum, qui « locus tectus intra parietes relinquebatur patulus, qui esset ad communem « omnium usum. In hoc locus si nullus relictus erat, sub divo qui esset, « dicebatur *testudo* a testudinis similitudine, ut est in prætorio in castris. « Si relictum erat in medio, ut lucem caperet deorsum, quo impluebat, *im-* « *pluvium* dictum : et sursum qua compluebat, *compluvium ;* utrumque a « pluvia. *Tuscanicum* dictum a Tusceis, posteaquam illorum cavum ædium « simulare cœperunt. *Atrium* appellatum ab Atriatibus tusceis, illinc enim « exemplum sumptum. Circum cavum ædium erant unius cujusque rei utili- « tatis caussa parietibus dissepta : ubi quid conditum esse volebant, a cœ- « lando *cellam* appellarunt, *penariam*, ubi penus. Ubi cubabant, *cubiculum:* « ubi cœnabant, *cœnaculum* vocitabant : ut etiam nunc Lanuvii apud ædem « Junonis, et in cetero Latio, ac Faleriis et Cordubæ dicuntur. Posteaquam « in superiore parte cœnitare cœpérunt, superioris domus universa cœnacula « dicta. »

esclaves nés dans la maison (*vernæ*), tous se réunirent dans l'*atrium*. La société italienne est bâtie, ainsi que la société moderne qui en est sortie, sur l'*atrium* et le *focus*[1].

Il y a deux pôles dans la religion des Étrusques, comme dans celle des Latins et Sabins : d'un côté la mobilité de la nature, représentée par Janus, Vertumnus, Voltumna, etc. ; de l'autre la stabilité de la vie agricole et sédentaire, représentée par Tagès, par les lares et les pénates. Au-dessus, mais à une telle hauteur qu'on les distingue à peine, se placent les grands dieux, *dii consentes* ou *complices*[2], ainsi nommés, dit Varron, parce qu'ils naissent et meurent ensemble.

Après avoir ainsi étudié les mœurs et les religions des Osques et des Étrusques[3], nous trouverons que ni

---

1. On a dit que l'Étrurie était l'Égypte de l'Occident. En effet, la doctrine des âges et bien d'autres traits des croyances étrusques nous reportent au monde oriental. Toutefois les différences ne sont pas moins importantes que les ressemblances. — La divination par la foudre était particulière aux Étrusques. — Ils n'étaient pas, à proprement parler, gouvernés par une caste. Nous lisons dans Denys que l'augure Attius Nævius, qui avait tant d'influence sur Tarquin-l'Ancien, était un homme d'une basse naissance. — Un passage de Varron marque une différence plus forte encore entre l'Étrurie et l'Orient. Il dit : *Præcipit aruspex ut suo quisque ritu sacrificium faciat.* Voy. mon *Introduction à l'Histoire universelle*.

2. Les trois principaux, sont : *Tina* (le Ζεὺς des Grecs?), Junon dont le nom étrusque n'est pas connu, et *Menerva* (Ἀθήνη). Chaque ville étrusque avait leurs trois temples à ses portes. Puis venaient *Tinia*, fils de Tina, *Thurms, Sethlans* (Διόνυσος, Ἑρμῆς, Ἥφαιστος?).

3. L'Étrurie se rapportait avec le Latium par une chose généralement étrangère aux Grecs : la perpétuité et communauté des noms de famille ; les individus se distinguaient par des surnoms. Dans les épitaphes, on trouve aussi

les uns ni les autres ne pouvaient consommer à eux seuls le grand ouvrage de la réunion de l'Italie. Les Étrusques n'avaient point de foi en eux-mêmes, et se rendaient justice. Leur société, formée par l'esprit jaloux d'une aristocratie sacerdotale, ne pouvait s'ouvrir aisément aux étrangers. L'enceinte cyclopéenne de la cité pélasgique résistait par sa masse, et refusait de s'agrandir. Quant aux Osques, nous avons signalé leur génie divers : là, les Sabelliens, brigands ou pasteurs armés qui errent avec leurs troupeaux; ici, les Latins, tribus agricoles dispersées sur les terres qu'elles cultivent. Ce n'est pas trop des laboureurs, des guerriers et des prêtres pour fonder la cité qui doit adopter et résumer l'Italie. Si donc nous écartons les peuples étrangers, Hellènes au midi, Celtes au nord de la péninsule, nous voyons la diversité dans les Osci, l'assimilation impuissante dans les Étrusques, l'union et l'unité dans Rome.

souvent, plus souvent même, le nom de la mère du mort que celui de son père. (Cette supériorité du sexe féminin se retrouve dans les cultes de l'Égypte, de l'Asie Mineure et de la Phénicie. Voy. Creuzer.) Le fils aîné paraît être le prince de la famille, le *lucumon*. On le désigne volontiers par le prénom *Lar* ou *Lars*, seigneur. Le second fils semble avoir été désigné ordinairement par le nom d'*Aruns*. Les biens des nobles doivent avoir été indivisibles. La terre des Cæcina de Volterra, qui donnèrent leur nom au fleuve voisin, leur appartenait encore au temps d'Honorius.

Noms de familles étrusques : Les Cilniens d'Arretium (ex. Mæcenas), les Cæcina de Volterra, les Musonii de Volsinii, les Salvii de Ferentinum, ou de Pérouse (l'empereur Salvius Otho), les Flavii de Ferentinum (Flavius Scevinus, conjuré contre Néron), etc. Voy. Müller.

LIVRE PREMIER

ORIGINE, ORGANISATION DE LA CITÉ.

CHAPITRE PREMIER

Les Rois[1]. — Époque mythique. — Explications conjecturales.

Le héros romain, le fondateur de la cité, doit être d'abord un homme sans patrie et sans loi, un *Outlaw*, un banni, un bandit, mots synonymes chez les peuples barbares. Tels sont les Hercule et les Thésée de

---

[1]. Voy. à la fin du volume la longue note sur l'incertitude de l'histoire des premiers siècles de Rome.
Peut-être ne sera-t-il pas inutile de rappeler, au moins par un simple tableau de noms et de dates, l'histoire convenue des trois siècles de Rome.
Romulus et *Remus*, fils de Mars et de Rhea Sylvia. Ils rétablissent sur le trône d'Albe leur aïeul Numitor. Ils fondent Rome 754 ans avant J.-C. Romulus tue son frère. Pour peupler sa ville, il ouvre un asile. Il classe le peuple en patriciens et plébéiens ; institue le patronage ; divise les citoyens par tribus ; choisit trois cents sénateurs, trois cents chevaliers.
Enlèvement des Sabines. Acron, roi des Céniniens, tué par Romulus, qui remporte les premières dépouilles *opimes*. Les Crustumériens et les Antemnates défaits. — Guerre contre les Sabins. Trahison de Tarpeia. Les nouvelles épouses des Romains séparent les deux armées. Union des deux peuples. Romulus partage le trône avec Tatius, roi des Sabins. Meurtre de ce dernier. Succès de Romulus contre les Fidénates et les Véïens. Il donne l'exemple

la Grèce. Encore aujourd'hui, les *banditi* sont la partie héroïque du peuple romain. Le héros du peuple le plus héroïque du moyen âge, le Normand Roger, fondateur de la monarchie sicilienne, se vantait d'avoir commencé par voler les écuries de Robert Guiscard.

Le type de l'héroïsme n'est pas chez les Romains un dieu incarné, comme dans l'Asie. La mission de Romulus est moins haute ; pour fonder la cité, c'est

---

d'envoyer des colonies chez les vaincus, et de transférer à Rome une partie de ces derniers. Sa mort, son apothéose. Interrègne.

714. *Numa Pompilius.* Son caractère pacifique. Temple de Janus. Réforme du calendrier. Vestales. Féciaux. Distribution du peuple en communautés d'arts et métiers. Écrits de Numa.

670. *Tullus Hostilius.* Combat des Horaces et des Curiaces. Le jeune Horace tue sa sœur. Trahison et supplice de Metius Suffetius. Destruction d'Albe.

638. *Ancus Martius.* Ses succès contre les Latins, les Fidénates et les Sabins. Pont sur le Janicule ; port d'Ostie ; salines ; prison dans Rome, etc. Lucumon, originaire de Corinthe, et natif de Tarquinies, en Étrurie, vient s'établir à Rome, sous le nom de Tarquin.

614. *Tarquin,* dit *l'Ancien.* Nouveaux sénateurs tirés du peuple. Les Sabins, les Latins et les Étrusques battus. Égouts, aqueducs, cirque. Assassinat de Tarquin.

576. *Servius Tullius.* Guerre contre les Étrusques. Servius donne un coin à la monnaie ; établit le cens ou dénombrement ; divise le peuple romain en classes et centuries, et substitue le vote par centuries au vote par tribus. Affranchissement des esclaves. Alliance avec les Latins. Servius Tullius est assassiné par Tarquin, son gendre.

532. *Tarquin,* surnommé *le Superbe.* Il tyrannise ses sujets, et se rend cher aux alliés. Féries latines. Tarquin, vainqueur des Volsques, prend Suessa Pometia ; il bat ensuite les Sabins. Sextus Tarquin surprend Gabies par trahison. Construction du Capitole et de divers ouvrages. Livres sybillins. Sextus Tarquin attente à la pudeur de Lucrèce. Tarquin Collatin, son époux, Junius Brutus et Valérius s'unissent pour la venger. Les Tarquins sont bannis de Rome (an de Rome 244, 509 avant J.-C. En 510, les Pisistratides chassés d'Athènes).

509. *République.* Premiers consuls, Brutus et Collatin. Conspiration des fils de Brutus. Tarquin arme les Véiens et les Tarquiniens contre Rome. Combat de Brutus et d'Aruns, dans lequel tous deux perdent la vie. Lois populaires proposées par le consul Valerius. Appel au peuple. Questeurs, etc.

Siège de Rome par Porsenna, roi de Clusium, et allié de Tarquin. Guerre

assez d'un fils des dieux. Il naît, non pas d'une vierge, comme les dieux indiens, mais au moins d'une vestale. En lui, comme en sa cité, s'unit l'esprit du Mars italien, occidental (*mors, mavors, mamers*), qui ne connaît de supériorité que celle de la force, et l'esprit de la Vesta orientale, mystérieux principe de la hiérarchie, religieuse et civile. Dans le seul Romulus coexistent déjà les plébéiens et les patriciens.

Aussi est-il d'abord présenté comme double; il a un frère (Romus, Romulus, comme Pœnus, Pœnulus, etc.),

---

contre les Sabins. Appius Claudius, Sabin d'origine, vient s'établir à Rome. Les Latins armés contre Rome. Division entre les deux ordres, au sujet des dettes. *Dictature.* Titus Lartius, premier dictateur. Aulus Posthumius gagne une bataille mémorable près du lac de Rhégille. Les deux fils de Tarquin, Sextus et Titus, ainsi que Octavius Mamilius, son gendre, chef des Latins, y sont tués.

Guerre contre les Volsques. Troubles intérieurs. Appius Claudius lutte contre les plébéiens. Servilius, consul qui affecte la popularité, bat les ennemis, et triomphe malgré le sénat. Manius Valerius, frère de Publicola, élu dictateur, pour apaiser les troubles, se déclare en faveur de la multitude. 491. Retraite du peuple sur le Mont Sacré. Apologue de Menenius. *Tribunat établi.* Inviolabilité, *veto* des Tribuns. Junius Brutus, Sicinius, Icilius, P. et C. Licinius sont les premiers investis de cette magistrature. Création des édiles plébéiens.

Disette. Troubles favorables à la puissance des tribuns, qui obtiennent le droit de convoquer le peuple, de faire des plébiscites, de juger des patriciens, etc. Exil de Coriolan. Il assiège Rome, à la tête des Volsques. Véturie, sa mère, parvient à le fléchir. 484. Loi agraire proposée pour la première fois par le consul Spurius Cassius, qui est condamné à mort. Guerre contre les Veïens. Victoire sanglante remportée par le consul M. Fabius. Dévouement des trois cent six Fabius. Les tribuns Genucius, Voloro et Lætorius, ardents promoteurs de la loi agraire. Armée décimée par Appius Claudius. Accusé par les tribuns, ce consul se donne la mort. Prise d'Antium, ville des Volsques, par Titus Quintius. Le consul Furius assiégé dans son camp par les Èques.

460-50. Troubles au sujet de la loi proposée par le tribun Terentillus Arsa, pour fixer la jurisprudence. Exil de Céson, fils de Cincinnatus. Surprise du Capitole par les Sabins et les exilés. Cincinnatus quitte sa charrue pour la dictature, et délivre Minucius, enfermé dans un défilé par les Èques. Le sénat l'envoie en Grèce pour recueillir les lois de Solon. 449. *Décemvirs.*

et il le tue[1]. Il suffit, en effet, que la dualité primitive[2] soit exprimée dans la fondation de la ville. Remus en saute les remparts, en détruit l'unité. Il faut qu'il disparaisse, qu'il meure, jusqu'à ce que l'introduction des étrangers dans Rome permette à la dualité de reparaître avec Tatius, que Romulus sera encore accusé d'avoir tué. Au reste, ces meurtres symboliques ne feront pas plus de tort au bon et juste Romulus que la mutilation de Saturne n'en fait au père des dieux et des hommes.

---

1. *Fragm. Ennii ex collectione Pisaurensi*, tom. IV, in-4°, 1766, page 255 :

> Quam preimum cascei popolei tenuere lateinei...
> Certabant urbem romamne remamne vocarent;
> Et spectant (veluti consol quom mittere signum
> Volt, omnes avidei spectant ad carceris oras,
> Quam mox emittat picteis ex faucibu'currus);
> Sic expectabat populus, atque ora tenebat
> Rebus, utrei magnei victoria sit dita regnei.
> Interea sol albu' recessit in infera noctis :
> Et simul ex alto longe polcerruma praipes
> Laiva volavit avis, simol aureus exoritur sol;
> Cedunt ter quatuor de coilo corpora sancta
> Avium, praipetibus sese polcreisque loceis dant,
> Conspicit inde sibei data Romulus esse priora,
> Auspicio regnei stabileitaque scamna solumque...
> Augusto augurio postquam incluta condita Roma est...
> Jupiter ! haud muro fretus magi', quam de manuum vei...
>   (populus romanus?)

2. Niebuhr : *Romus, Romulus* comme *pœnus pœnulus*. Double Janus sur l'as, symbole de Rome. *Quirium*, nom mystérieux de Rome. (Macrob., III, 9); *Populus romanus quirites*. Voy. plus bas la note sur les deux mythes. — M. Blum ne croit pas à l'identité de Remus et Romulus : Remus, Romulus, dit-il, ne sont pas deux formes d'un mot; *Re*, dans *Re-mus*, est bref. Dans la langue augurale, un oiseau de sinistre présage s'appelle *remoris;* l'endroit de l'Aventin où Remus consulta le vol des oiseaux, *Remoria*. (Festus, v. *Inebræ;* Fest., v. *Remores aves quæ acturum remorantur..... Et habitatio Remi Remora* (ailleurs *Remoria*, ville qu'il voulait bâtir à trente stades de Rome). — *Remum* dictum a tarditate...... (Valerius Antias, *in auct. de Orig. gentis rom.*) — Ainsi *Remus*, gén. *Remi* ou *Remoris*, la lenteur; comme *penus*, gén. *peni* ou *penoris*.

L'Astyage d'Hérodote craignait que sa fille Mandane ne lui donnât un petit-fils. L'Amulius de Tite-Live craint que sa nièce Ilia ne lui donne un arrière-neveu. Tous deux sont également trompés. Romulus est nourri par une louve, Cyrus par une chienne. Comme lui, Romulus se met à la tête des bergers ; comme lui il les exerce tour à tour dans les combats et dans les fêtes. Il est de même le libérateur des siens. Seulement les proportions de l'Asie à l'Europe sont observées : Cyrus est le chef d'un peuple, Romulus d'une bande ; le premier fonde un empire, le second une ville.

La cité commence par un asile, *vetus urbes condentium consilium*. Mot profond que la situation de toutes les vieilles villes de l'antiquité et du moyen âge commente éloquemment. La citadelle et l'aristocratie au sommet d'un mont ; au-dessous l'asile et le peuple. Tel est l'asile de Romulus entre les deux sommets du Capitole (*intermontium*).

La ville est fondée, la ville de la guerre. Il faut que la lutte s'engage avec les villes voisines. L'origine de la tentation dans les traditions de tous les peuples, le symbole du désir qui attire l'homme hors de lui, l'occasion de la guerre et de la conquête, c'est la femme. Par elle commence la lutte héroïque. Les amantes de Rama et de Crishna sont ravies dans les poèmes indiens par Ravana et Sishupala ; Brunnhild par Siegfried dans les *Niebelungen* ; dans le livre des héros, Chriemhild enlevée par le dragon, comme Proserpine par le roi des enfers. Hélène quitte Ménélas pour le Troyen Pâris ; l'adroite Pénélope élude avec peine la poursuite de ses amants. Le progrès de l'humanité est frappant. Parti chez les Indiens de l'amour mystique, l'idéal de la femme revêt chez les Germains les traits d'une virginité sauvage et d'une force gigantesque, chez les Grecs ceux de la grâce et de la ruse, pour arriver chez les Romains à la plus haute moralité païenne, à la dignité virginale et conjugale. Les Sabines ne suivent leurs ravisseurs que par force ; mais, devenues matrones romaines, elles refusent de retourner à la maison paternelle, désarment leurs pères et leurs époux, et les réunissent dans une même cité.

« C'est, dit Plutarque, en mémoire de l'enlèvement des Sabines qu'est restée la coutume de porter la nouvelle mariée, lorsqu'elle passe le seuil de la maison de son époux, et de lui séparer les cheveux avec la pointe d'un javelot. Pour se faire pardonner leur violence, les Romains assurèrent des privilèges à leurs femmes. Il fut réglé qu'on n'exigerait d'elles d'autre travail que celui de filer la laine ; qu'on leur céderait le haut du pavé ; qu'on ne ferait, qu'on ne dirait en leur présence rien de déshonnête ; que les juges des crimes capitaux ne pourraient les citer à leur tribunal ; que leurs enfants porteraient la prétexte et la *bulla*. »

Ainsi, au temps de Plutarque, le souvenir de la barbarie des vieux âges est déjà effacée, et l'on rapporte à la constitution primitive tout ce que le progrès des siècles a pu amener d'adoucissements dans les mœurs. Les usages sont donnés pour des lois. Le temps, ce grand législateur des peuples enfants, n'est compté pour rien dans cette histoire. Romulus crée la puissance paternelle, il institue le patronage, partage le peuple en patriciens, chevaliers et plébéiens. Il fait exercer les arts mécaniques par les esclaves et les étrangers, réserve aux Romains l'agriculture et la guerre. Il attribue aux dieux leurs temples, leurs autels, leurs images, *il règle leurs fonctions, en prenant dans la religion des Grecs ce qu'il y avait de meilleur.* (Denys et Plutarque.)

Les Romains reçoivent les Sabins dans leurs murs, ou plutôt réunissent la ville du Palatin et du Capitole à celle que les Sabins possédaient sur le Quirinal. Ils prennent Fidène aux Étrusques, et y forment un établissement. Voilà déjà le mouvement alternatif de la population qui fera la vie et la force de Rome, adoption des vaincus, fondation des colonies.

Romulus meurt de bonne heure et de la main des siens. Tel est le caractère du héros : il apparaît sur la terre, la régénère par ses exploits ou ses institutions, et périt victime de la perfidie. C'est la fin commune de Dschemschid, d'Hercule, d'Achille, de Siegfried et de Romulus. Le fondateur de la cité disparaît au milieu d'un orage, enlevé par les dieux, ou déchiré par les patriciens.

Ce dernier trait éclaire à une grande profondeur la sombre histoire des rois de Rome. Dans la création de ce caractère de Romulus, l'influence plébéienne est visible. Le premier mot de son histoire accuse l'atrocité du vieux culte oriental et patricien. Ilia et Romulus au berceau sont les victimes de Vesta. Romulus ouvre un asile à tous les hommes, sans distinction de loi ou de culte. Les patriciens, auxquels il associe chaque jour des étrangers dans la possession de la cité nouvelle, le font périr, et lui substituent dans Numa le gendre du Sabin Tatius, collègue et ennemi de Romulus, qui est accusé de l'avoir fait tuer. Le successeur de Romulus est l'idéal patricien. Il introduit dans Rome le culte de Vesta, dont Romulus naissant avait éprouvé si cruellement la sévérité.

Si les plébéiens eussent continué le récit, Numa eût été représenté sous des couleurs moins favorables. Mais ici les patriciens prennent évidemment la parole (*alternis dicetis, amant alterna camænæ*). Ce Numa, tout guerrier et barbare qu'il devrait être, en sa qualité de Sabin[1], nous est dépeint sous les traits d'un pontife étrusque. De toutes les Muses, il n'honore que *Tacita*, ce que les Grecs ont exprimé à leur manière, en le faisant disciple de Pythagore, plus récent d'un siècle[2]. Il écrivit des livres comme Tagès et Bacchès. Il substitue l'année de douze mois à celle de dix. Son Égérie qui lui dicte ses lois, a, comme la Tanaquil de Tarquin-l'Ancien, le caractère d'une Velleda celtique ou germanique (Voy. Tacite). Né le jour même de la fondation de la ville, Numa symbolise les étrangers admis dans Rome dès sa naissance. Il fonde le temple de Janus, ouvert pendant la guerre, fermé pendant la paix. Il établit les Saliens, les Flamines. Il consacre la propriété par le culte du dieu Terme, etc.

C'est un plaisir de voir comment les historiens

---

1. Tout ce que l'histoire nous apprend de la barbarie des peuples pasteurs et particulièrement des pasteurs montagnards de l'Italie, contredit le roman classique de la douceur et de la modération des Sabins. Les peuples civilisés se sont toujours plu à exagérer ainsi le bonheur ou les vertus des Barbares. Ainsi Platon et Xénophon vantaient Lacédémone, en haine de la démocratie d'Athènes. Ainsi Rousseau vantait, au dix-huitième siècle, l'abrutissement de la vie sauvage.

2. Numa divise en communautés d'arts et métiers un peuple qui resta toujours étranger aux arts, et chez qui tous les métiers, sauf quelques-uns indispensables à la guerre, étaient exercés par les esclaves. Défense expresse d'exercer les arts mécaniques dans Denys, IX. Voy. aussi Niebuhr, IIe vol., p. 392, de la trad. franç.

sophistes de la Grèce romaine s'y sont pris pour adoucir les traits austères de l'idéal patricien. Numa est un philosophe contemplatif, retiré dans la solitude, se promenant dans les bois et les prairies consacrées aux dieux, jouissant de leur société intime et de leur conversation (Plutarque). Comment décider un pareil homme à accepter la royauté ? On raconte que Marc-Aurèle, apprenant qu'il venait d'être adopté par Antonin, improvisa une longue dissertation sur les avantages et les inconvénients du souverain pouvoir. Il faut aussi d'interminables discours sur ce sujet pour décider le bon Numa. Il accepte, mais c'est toujours dans un vallon solitaire qu'il reçoit pendant la nuit, les conseils de la nymphe Égérie, son épouse ou son amante. Le vieillard austère (*incanaque menta regis romani...* Virg.) est métamorphosé en une espèce d'Endymion.

Une génération suffit pour que les sauvages compagnons de Romulus deviennent pacifiques comme les Grecs, leurs historiens. Et le peuple romain n'est pas le seul que la douceur et la justice d'un tel roi aient adouci et charmé. Toutes les villes voisines *semblent avoir respiré l'haleine salutaire d'un vent doux et pur, qui vient du côté de Rome ; il s'insinue dans les cœurs des hommes un désir de vivre en repos et de labourer la terre, d'élever tranquillement leurs enfants, et de servir et honorer les dieux; bientôt ce ne sont plus partout que jeux, fêtes, sacrifices et banquets. Les peuples se fréquentent, se mêlent les uns aux autres sans crainte, sans danger. Ainsi la sagesse de Numa est comme une vive source de biens qui rafraîchit et féconde toute l'Italie* (Plutarque).

Heureusement l'histoire de Tullus Hostilius nous

fait sortir de ces puérilités romanesques. Ici la rudesse du génie national a repoussé les embellissements des Grecs. C'est un chant tout barbare : Horace tue sa sœur. Le père déclare que sa fille a été tuée justement, et qu'il l'aurait tuée lui-même. Voilà ce terrible droit du père de famille sur tous ceux qui sont en sa puissance (*sui juris*), droit qu'Amulius a déjà exercé sur les deux fils de sa nièce Ilia. Enfin l'épouvantable supplice dont Tullus punit la trahison du dictateur d'Albe, nous replace dans la réalité historique, et nous rappelle à ces mœurs féroces que les molles fictions des Grecs nous faisaient perdre de vue tout à l'heure.

Sauf la diversité des embellissements poétiques, et la multiplication des combattants par trois (un pour chaque tribu), le combat des Horaces et des Curiaces répond à celui de Romulus et Remus. Si les combattants ne sont plus frères, ils sont alliés. De même que *Romulus*, *Remus*, sont deux formes du même mot, *Horace* doit être une forme de *Curiace*; ainsi chez nous Clodion, Hlodion, suivant la véritable orthographe; Clotaire, Hlotaire; Clovis, Hlodowig; Childeric, Hilderic; Hildebert, Childebert; Chilpéric, Hilpéric, etc. *Curiatius* (*a curia*) veut dire *noble*, *patricien* (*janus curiatus*). Ce combat n'est autre que celui des patriciens des deux pays. L'hymen et la guerre se mêlent comme dans l'histoire des Sabines. Ici l'héroïne est une Romaine; elle intervient aussi, mais trop tard pour séparer les combattants. La guerre finit, comme le combat de Romulus et Remus, par un parricide. Horace tue sa sœur; Rome tue Albe, sa sœur ou sa mère, ce qui est peut-être la même chose individualisée par la poésie; un nom de femme pour un nom de cité. Mais il fallait justifier ce meurtre de la métropole par la colonie. Les Romains ne pouvant faire que des guerres justes, il faut qu'Albe ait mérité son sort. Que fera l'historien? Sans s'inquiéter de la vraisemblance, il soulève Fidène, colonie récente de Rome, et donne ainsi occasion à la trahison du dictateur d'Albe, Metius Suffetius, dont il avait besoin pour motiver la destruction d'Albe et la translation des Albains à Rome.

Tullus Hostilius périt pour avoir osé porter la main aux autels, et y faire descendre la foudre comme savaient le faire les pontifes, c'est-à-dire les patriciens. Il est également impossible de comprendre comment un plébéien aurait régné, et comment un patricien pouvait s'attirer la colère des dieux en s'occupant des choses sacrées. Quoi qu'il en soit, le guerrier périssant pour avoir entrepris sur les droits des pontifes, c'est-à-dire des patriciens, nous rappelle la fin de Romulus, qu'ils mirent en pièces. Et si l'on songe qu'un Hostilius est nommé parmi les compagnons de Romulus qui combattirent Remus, ce nouveau rapport ajouté à tant d'autres conduira peut-être à juger que Romulus et Tullus, quoique séparés par Numa, ne sont qu'une même personnification d'un fondateur guerrier de Rome, en opposition au fondateur pacifique. Ainsi se trouverait complétée la ressemblance entre l'histoire de Cyrus et celle de Romulus-Tullus. Le premier renverse l'empire des Mèdes, patrie de sa mère Mandane, comme le second détruit la ville d'Albe, patrie d'Ilia.

Ancus, petit-fils du pacifique Numa, et surnommé *Martius*, présente un mélange de traditions confuses, et la réunion de caractères contradictoires dans le même individu. Sans parler encore des falsifications

généalogiques que nous devons signaler, tout ce
règne offre une suite d'énigmes et de scandales historiques. D'abord, ce descendant du mystérieux Numa
qui avait fait enfouir tous ses écrits dans son tombeau,
publie sur des tables les mystères de la religion, qui,
tant de siècles après, furent encore ignorés des plébéiens; il fonde le port d'Ostie pour un peuple sans
marine et sans navigation[1]. Il établit les Latins vaincus sur l'Aventin, et fonde ainsi la partie de Rome
qu'on pourrait appeler la cité plébéienne; cependant
nous voyons longtemps après passer, à la grande satisfaction du peuple, la loi qui partage entre les plébéiens
les terres de l'Aventin. Le même Ancus, si maltraité
par le poète, comme trop populaire (*nimium gaudens
popularibus auris*, Virg. Æn. VI), creuse sous le Mont
Capitolin, et en vue du Forum, cette prison cruelle qui,
jusqu'à l'époque où les lois d'égalité furent rendues,
ne pouvait s'ouvrir que pour les plébéiens.

Il est vraisemblable que ce monstre en discorde
avec lui-même doit être partagé en deux; une moitié,
les victoires d'Ancus sur les Latins, ira rejoindre
Romulus ou Tullus; l'autre, je parle du pont vers
l'Étrurie, de la prison, du port, des salines établies
sur la rive étrusque du Tibre, appartiendra à la domination des rois étrusques. Les Étrusques, peuple navigateur, avaient besoin du port; le premier pont doit
être l'ouvrage du gouvernement des pontifes (*pontifex*,
faiseur de ponts, Festus); et la dureté de la domina-

---

[1]. Le peu d'exceptions qu'on cite, confirme le fait. Voy. Fréret. La marine mentionnée dans le premier traité entre Rome et Carthage (Polyb., III) n'est point celle des Romains, mais celle des Latins, leurs alliés ou leurs sujets.

tion des étrangers sur Rome dut rendre la prison nécessaire.

C'est sous Ancus que la tradition place l'arrivée de *Lucumon Tarquin* à Rome, pour parler comme les annalistes qui ont pris un nom de dignité et de pays pour un nom propre. Il fallait dire le *lucumon*, ou plutôt, *les lucumons de Tarquinies*. Examinons la suite du récit.

Le Corinthien Démarate se réfugie à Tarquinies, et son fils aîné y devient lucumon : c'était le nom des patriciens étrusques. Ce fils s'établit à Rome à l'instigation de sa femme Tanaquil, savante dans la doctrine augurale. Il y est reçu si favorablement par le peuple et par le roi, que ce dernier le nomme tuteur de ses enfants. A la mort d'Ancus, Tarquin envoie ses pupilles à la chasse, et, dans leur absence, séduit le peuple par une harangue flatteuse. On sent ici que l'historien, dominé par les habitudes grecques, a considéré la Rome d'alors avec ses curies aristocratiques et son sénat patricien, comme ses mobiles *ecclesies* des cités ioniques, où la *tyrannie* était souvent le prix de l'éloquence[1]. Le nouveau roi de Rome, c'est-à-dire d'une ville dont le territoire s'étendait à peine hors de la vue de ses murs, soumet en quelques années tout le Latium, bat les Sabins, et reçoit la soumission de la grande nation des Étrusques. Qu'on songe qu'une seule des douze cités de l'Étrurie suffit quelques années après pour mettre Rome à deux doigts de sa perte, et qu'il fallut aux Romains trois cents ans de guerre pour se rendre maîtres de Veïes.

---

1. Entre mille exemples du pouvoir de l'éloquence chez les Grecs, voyez dans Thucydide comment Alcibiade se rendit maître de Catane.

L'analogie que nous avons remarquée entre Romulus et Tullus Hostilius, quoique séparés par le législateur Numa, se représente entre Tarquin-l'Ancien et Tarquin-le-Superbe, tout séparés qu'ils sont par le législateur Servius. La construction du Capitole et des égouts, l'établissement de la suprématie de Rome sur ses alliés latins, sont également attribués aux deux Tarquins. Tous deux défont les Sabins; tous deux règnent sans consulter le sénat. Le premier y introduit les *patres minorum gentium*, chefs de nouvelles familles patriciennes; le second appelle autour de lui des étrangers, ce qui est probablement la même chose sous une autre forme. Même caractère religieux dans les deux Tarquins; l'Ancien élève une statue à Accius Nævius où il est représenté coupant un caillou avec un rasoir; le second achète les livres sybillins. Voilà deux règnes qui se ressemblent fort, et peut-être n'en est-ce qu'un, raconté de deux manières différentes. Malgré toutes ces ressemblances, le premier Tarquin est traité avec autant de faveur que l'autre avec sévérité. Ainsi, pour ne citer qu'un exemple, les constructions du premier font sa gloire; celles du second lui sont reprochées comme une partie de sa tyrannie (*romanos homines, victores omnium circa populorum, opifices ac lapicidas pro bellatoribus factos*, Tit.-Liv.). La fable de Mézence, dans sa brièveté terrible, est un souvenir plus ancien et plus confus de la tyrannie des Étrusques sur le Latium. *Mortua quin etiam jungebat corpora vivis*, etc. L'atrocité des supplices est un trait caractéristique des gouvernements orientaux, et celui des Étrusques est oriental au moins par son génie.

Pendant la domination des Étrusques, Rome dut

changer de gouvernement selon les révolutions de l'Étrurie. Ainsi, lorsque le lucumon Cœlius Vibenna (voy. le chapitre suivant), émigra avec une armée composée sans doute de clients et de serfs, que cette armée envahit Rome, et que la mort du chef mit sa puissance aux mains de son client Mastarna, ce dernier protégea les hommes des rangs inférieurs, les derniers venus dans ce grand asile des populations italiques. Étranger lui-même, il voulut que les plébéiens, c'est-à-dire les étrangers, eussent part au pouvoir en proportion de leurs richesses. A côté de l'ancienne assemblée des curies auxquelles prenaient part les seuls patriciens, il fonda celle des centuries. (Voy. plus bas.)

Combien de temps dura cet ordre de choses? Rien ne nous porte à en borner la durée à celle de la vie d'un homme. Il est probable que la période plus ou moins longue dans laquelle les plébéiens prirent part aux assemblées, fut désignée ignominieusement par les patriciens comme le règne du fils de l'esclavage, de *Servius* (*servius, captiva natus*). Ainsi l'expulsion des Tarquiniens, comme la fondation du tribunat, ont été personnifiés outrageusement sous le nom de *Brutus*[1], mot presque synonyme de *Servius*, puisqu'il signifiait originairement esclave révolté.

Les plébéiens n'auront pas ôté à Servius ce nom ignoble que lui donnaient les patriciens. Ils l'ont accepté comme les révoltés de la Calabre avaient adopté celui de *Brutii*, comme les insurgés de Hollande

---

1. Passé la première année du consulat, le nom de Brutus ne se trouve plus dans les fastes consulaires.

se sont fait honneur du nom de *gueux*. Mais en dédommagement, ils ont comblé leur roi favori de toutes les vertus qui donnent la popularité. Le bon roi Servius rachetait les débiteurs devenus esclaves, payait leurs dettes, et distribuait des terres aux pauvres plébéiens. Si la confédération latine reconnut la suprématie de Rome, sous la tyrannie des Tarquiniens, elle ne pouvait manquer de s'y soumettre pendant le règne de Servius. Les villes latines envoyaient leurs députés au temple de Djanus-Djana (Janus-Juno), qu'il fonda sur la montagne plébéienne [1], sur l'Aventin, lieu commun aux Romains et aux Latins, où les plébéiens, c'est-à-dire les Latins récemment admis dans la cité, cherchèrent plus tard un refuge contre la tyrannie des patriciens, anciens habitants de Rome (*unde inchoastis initia libertatis vestræ*), et qui ne fut enclos qu'au temps de l'Empire, dans le pomœrium, dans l'enceinte sacrée de la ville, dans la Rome soumise à la puissance augurale des patriciens. C'est là ce sombre Aventin, la montagne de Remus, occupée par lui sous de mauvais auspices, la montagne où les pierres pleuvent si souvent dans Tite-Live, où l'on voit se former les orages. *Hoc nemus, hunc, inquit, frondoso vertice collem,* quis Deus incertum est, *habitat Deus.* Le poète étrusque rapporte, sans la comprendre, une tradition de l'Étrurie, exprimée symboliquement. Plus d'une

---

[1]. Le mauvais génie qui habitait l'Aventin, c'est Remus. D'après Messala, cité par Aulu-Gelle, XIII, 14, le mont Aventin était funeste, et d'après Sénèque *De brev. vitæ*, c. 14, il ne faisait point partie du pomœrium, parce que c'était là que les auspices avaient été défavorables à Remus, ou parce que les plébéiens s'y étaient retirés. — Voy. aussi Denys, III, XI. — L'Aventin ne fut compris dans le pomœrium que sous l'empereur Claude. (Gelle, XIII, 14. Tacite. — *Annal.*, XII, 23.)

fois, sans doute, les patriciens virent se former sur la montagne plébéienne les orages qui allaient fondre sur le Forum.

Servius devenant un homme, il faut qu'il périsse pour faire place à la domination nouvelle des Tarquiniens. Servius avait marié les deux Tullia, ses deux filles, aux deux fils de Tarquin-l'Ancien : la bonne Tullia avait épousé le méchant Tarquin; la méchante avait eu le bon pour époux. Celle-ci empoisonne son mari, et décide son beau-frère à s'unir à elle en empoisonnant sa femme. Ce double crime n'est que le prélude et le moyen d'un plus grand. Tarquin s'asseoit dans le trône de Servius, précipite le vieillard par une fenêtre, et l'horrible Tullia, qui vient féliciter son époux, n'hésite pas à faire passer son char sur le corps de son père.

Je ne sais ce que pensera le lecteur de cette opposition symétrique du bon et du mauvais Tarquin, de la bonne et de la mauvaise Tullia, de cet empoisonnement à contre-partie, et de l'union des deux criminels, tolérés par le bonhomme Servius. Quant à moi, plutôt que d'admettre ce roman, j'aimerais mieux voir dans la mauvaise fille de Servius une partie des plébéiens qui, quoique élevés à la vie politique par les institutions nouvelles, appellent les Tarquiniens à Rome, et s'unissent à eux pour tuer la liberté publique.

Et ce n'est pas la première fois que Servius a été tué par les Tarquiniens. C'est toujours la même histoire de Remus tué par son frère, de Romulus déchiré par les patriciens, de Tullus périssant pour avoir attenté aux droits des augures et des pontifes. Les plébéiens sont Remus qui occupe l'Aventin, qui n'a pas les auspices, qui méprise l'enceinte sacrée du pomœrium ; ils sont Romulus, en tant qu'ils contribuent, par leur admission successive dans la cité, à l'éternelle fondation de Rome, qui fut d'abord et toujours un asile. Mais ils ont été et seront toujours déchirés par les patriciens. Ils sont Tullus *Hostilius*, comme principe militaire de Rome, en opposition, en hostilité avec le principe religieux. Ils sont *Servius*, comme gens d'une naissance inférieure. Tués sous le nom de *Servius* (fils de l'esclave), ils ressuscitent deux fois sous le nom de Brutus (*esclave révolté*), d'abord à l'expulsion des Tarquiniens, qui donne lieu à l'établissement des consuls, et ensuite à la fondation du tribunat. Le premier consul, le premier tribun, s'appellent également *Brutus*.

Cette nécessité poétique d'individualiser les idées dans un langage incapable d'abstractions, obligea les Romains de personnifier la liberté naissante sous le nom d'un roi. Pour que ce roi soit populaire, on suppose qu'il eut l'intention d'abdiquer, et que plus tard, dans la fondation de la république, on suivit ses mémoires. Aussi le souvenir de Servius resta cher à ce peuple, tout ennemi qu'il était du nom de roi. Comme la tradition le faisait naître un jour de nones, sans qu'on sût de quel mois, les plébéiens célébraient sa naissance tous les jours de nones. Le sénat jugea même nécessaire d'ordonner que désormais les marchés ne seraient plus tenus les jours de nones, de crainte que le peuple des campagnes, se trouvant réuni, n'entreprît de rétablir par la violence les lois de Servius.

Dès le commencement du règne des Tarquiniens,

nous sommes entrés dans un monde de prodiges, d'oracles, de symboles; l'esprit sacerdotal, c'est-à-dire pélasgo-étrusque, est visible, quelques efforts qu'aient faits les Grecs pour helléniser ces lucumons. Nous avons déjà rappelé l'histoire si originale de l'augure Accius Nævius et des livres Sybillins. Lorsque le premier Tarquin descend le Janicule avec sa femme Tanaquil pour entrer dans Rome, l'aigle oriental, l'oiseau royal de la Perse et de Rome, lui enlève le *pileus* et le lui replace sur la tête. Servius au berceau est environné d'une flamme divine qui l'illumine sans le blesser. D'autres prodiges effraient Tarquin-le-Superbe, qui envoie consulter l'oracle de Delphes. Les envoyés sont ses deux fils et son neveu Brutus qui, par crainte du tyran, cachait sa sagesse sous une apparente imbécillité. Il offre au dieu le symbole de sa folie simulée, un bâton de bois creux qui contient un lingot d'or. C'est ainsi que, dans Hérodote, les Scythes envoient à Darius des présents symboliques. L'oracle ayant annoncé aux jeunes gens que celui-là régnerait qui baiserait sa mère, Brutus se laisse tomber et baise la terre, mère commune des hommes. Autre fait non moins caractéristique. Tarquin-le-Superbe ne pouvant prendre la ville de Gabies, un de ses fils s'y introduit comme exilé par son père, et il lui envoie secrètement un messager pour lui demander conseil. Tarquin ne répond rien, mais il se promène en silence dans son jardin, abattant avec une baguette la tête des pavots les plus élevés. Sextus comprend qu'il faut faire périr les principaux Gabiens. Voilà bien le langage symbolique de la muette Étrurie.

Si l'on pouvait douter que ces Tarquiniens fussent

des lucumons étrusques, comme leur nom l'indique, comme les historiens le rapportent uniformément, il suffit de les voir se réfugier d'abord à Céré, dans la même ville où plus tard les vestales portèrent les choses saintes à l'approche des Gaulois (*Cere, ceremonia*).

Il est vrai que Tarquin se réfugie ensuite chez un Latin, chez son gendre Octavius Mamilius; mais ce Latin est de *Tusculum;* et c'est dans le territoire de *Tusculum* (*in Tusculano agro*) que se donne la grande bataille du lac Rhégille, où les Tarquins perdent leurs dernières espérances. Enfin, ce qui me semble décisif, Tarquin chasse du Capitole tous les dieux latins, excepté la Jeunesse et le dieu Terme, pour y établir les trois grandes divinités étrusques qui devinrent le Jupiter, la Junon et la Minerve des Romains. J'ai peine à comprendre comment Niebuhr, qui en fait lui-même la remarque, s'obstine à faire venir les Tarquins du Latium. La forme même du Capitole, qui répond à celle des temples étrusques, témoigne de l'origine de ses fondateurs! La fondation solennelle de Rome, sa forme primitive (*Roma quadrata*, comme Cossa, etc.), le mystère étrusque du pomœrium, attribué à l'Albain Romulus, se rapportent bien plus naturellement à cette époque de la royauté romaine où l'influence étrusque est partout visible. Il faut un gouvernement sacerdotal, vivace et patient, comme ceux de l'Inde, de l'Égypte et de l'Étrurie, une de ces théocraties qui croient à leur éternité, pour élever ces prodigieux monuments, qu'un roi commencerait peut-être, mais qui seraient abandonnés par son successeur : ce Capitole[1], dont l'em-

---

1. La tête d'homme fraîchement coupée qu'on trouve dans les fondations

placement seul dut être préparé par de si grands travaux, et qui embrassait une enceinte de huit cents pieds de circonférence, cette *Cloaca maxima*[1] qui porte Rome depuis tant de siècles, et semble encore aujourd'hui plus ferme et plus entière que la roche Tarpéienne qui la domine.

L'expulsion des prêtres-rois de Tarquinies était célébrée tous les ans à Rome par une fête, comme l'était chez les Perses la *magophonie*[2], le massacre des Mages, c'est-à-dire des prêtres mèdes qui, à la mort de Cambyse, avaient usurpé la royauté sur les Perses. Toutefois les Romains, comme les Perses, reconnaissaient la supériorité de ceux qu'ils avaient traités si mal. Ils continuèrent de consulter les augures étrusques dans les occasions importantes; les patriciens leur envoyaient même leurs enfants en Étrurie; mais le peuple les vit toujours avec défiance, et lorsqu'il se crut trompé par eux, il les punit cruellement et sans égard à leur caractère sacré. La statue d'Horatius Coclès ayant été frappée de la foudre, on fit venir des

---

du Capitole, et qui fait espérer que Rome deviendra la tête du monde, semble indiquer les sacrifices humains des Étrusques, dont une tradition rapporte d'ailleurs l'origine à Tarquin-le-Superbe. (Macrob., I, 7.)

1. La voûte intérieure, formant un demi-cercle, a dix-huit palmes romaines de hauteur et de largeur. Cette voûte est close par une seconde, et celle-ci par une troisième. Elles sont toutes formées de blocs taillés de *peperino*, longs de sept palmes un quart, hauts de quatre un sixième, fixés ensemble sans ciment. On découvrit en 1742 un aqueduc non moins étonnant, quarante palmes au-dessous de la surface actuelle du sol. Cet aqueduc doit être plus récent; car il est bâti de *travertino*, genre de matériaux qui ne vint en usage que longtemps après les rois, lesquels employaient de la pierre d'Albe ou de Gabies. Cette construction ou cette réparation si coûteuse eut lieu peut-être après les prodigieuses contributions de Carthage. Les tremblements de terre, le poids des bâtiments, un abandon de quinze siècles n'en ont point dérangé une pierre.

2. *Regifugia*, ou *Fugalia*. (Nieb., Ier vol. — Denys, V.)

haruspices étrusques qui, en haine de Rome, conseillèrent de la faire descendre dans un lieu que le soleil n'éclairait jamais. Heureusement la chose se découvrit, et l'on plaça la statue dans un lieu plus élevé, ce qui tourna au grand avantage de la République. Les haruspices avouèrent leur perfidie et furent mis à mort. On en fit une chanson que chantaient les petits enfants par toute la ville :

> Malheur au mauvais conseiller ;
> Sur lui retombe son conseil[1].

Ces traditions injurieuses pour les Étrusques, conservées par un peuple qui révérait leur science et leur devait une partie de sa religion, ne supposent-elles pas la crainte qu'ils ne reprissent leur ancienne suprématie ? Au reste, la royauté semblait si inhérente à la prêtrise, que, malgré l'odieux du nom de roi, l'on conserva toujours sous la République un *rex sacrorum*. Si l'on songe que la religion romaine était liée tout entière à la doctrine étrusque des augures, ce nom de *roi* semblera appartenir en propre à l'Étrurie. Mais, retournons au récit de Denys et de Tite-Live.

Au moment où l'outrage fait à Lucrèce par un des Tarquins souleva le peuple contre eux, ils avaient confié la première magistrature, la place de tribun des *Celeres*, à l'imbécile Brutus. Il usa du pouvoir de cette charge pour les chasser de Rome et ensuite de Collatie. Ils restèrent à Gabies, et sans doute à Tus-

---

1. Gell., V, 5. — Voy. aussi dans Plutarque, *in Cam. vita*, l'histoire du char de terre, commandé par les Romains aux potiers de Veïes ; — et une autre histoire, citée plus haut dans les notes du chap. des Étrusques, d'après Plin., XXVIII, 3.

culum. Ce Brutus, qui fait exiler Tarquin Collatin, l'époux infortuné de Lucrèce, comme appartenant à la famille des tyrans, est lui-même fils d'une Tarquinia et neveu de Tarquin-le-Superbe. Cette contradiction choquante semble indiquer que toute cette histoire exprime par des noms d'hommes des idées générales ou collectives. *Brutus*, fils de *Tarquinia*, peut signifier l'indépendance nationale succédant à la tyrannie des Tarquiniens. Les fils de Brutus sont les Romains affranchis; quelques-uns d'entre eux conspirent pour le rappel des Tarquiniens, et sont condamnés par Brutus, leur père. Les Grecs, qui rédigeaient les premiers l'histoire romaine, d'après les brèves indications des anciens monuments, n'y trouvant plus le nom de Brutus qu'à l'époque du tribunat, ne pouvant le faire vivre si longtemps, et ne concevant point que Brutus, originairement patricien puisqu'il fut le premier consul, devienne plébéien pour fonder le tribunat, tirent encore d'une idée deux hommes, comme Romulus et Tullus, comme Tarquin-l'Ancien et Tarquin-le-Superbe. Puis ils cherchent à se débarrasser du premier Brutus d'une manière régulière. Il faut qu'il meure, il mourra du moins d'une manière héroïque. Les Veïens, alliés de Tarquin contre Rome, s'avancent ayant à leur tête le jeune Aruns, second fils de Tarquin. Le nom d'Aruns est invariablement celui du frère puîné du lucumon, et c'est aussi probablement un nom générique. Aruns et Brutus s'aperçoivent, lancent leurs chevaux l'un sur l'autre, et périssent au même instant d'un coup mortel; c'est la mort d'Étéocle et de Polynice. Après une bataille indécise, les Étrusques se retirent, et pendant la nuit une grande voix, sortie du bois d'Aricie, annonce qu'ils ont perdu un guerrier de plus que les Romains, et que ceux-ci sont vainqueurs.

Cependant les Tarquiniens ne se tiennent pas pour battus. Ils s'adressent à Porsenna, lar de Clusium (*lar* veut dire seigneur, et n'est point un nom d'homme), celui dont le tombeau fabuleux a été si ingénieusement restauré, et de nouveau renversé par M. Letronne. Il faut connaître cet échantillon de fables qui s'attachaient chez les Étrusques au nom de Porsenna. Vraisemblablement les Romains n'auront pas voulu rester en arrière[1]. Il n'y a que les héros des époques mythiques, créés par les vanités nationales et doués par elles à plaisir, qui puissent se construire de pareils tombeaux.

Les Romains, qui tout à l'heure ont si bravement soutenu en bataille l'attaque des Véiens et Tarquiniens, et qui leur ont tué 11,000 hommes, laissent Porsenna venir paisiblement jusqu'au Janicule. Ils le laisseraient

---

[1]. Plin., XXVI, 19: « Namque et italicum (labyrinthum) dici convenit, quem fecit sibi Porsenna rex Etruriæ sepulcri causa, simul ut externorum regum vanitas quoque ab Italis superetur. Sed cum excedat omnia fabulositas, utemur ipsius M. Varronis in expositione ejus verbis : « Sepultus est, inquit, sub urbe « Clusio : in quo loco monumentum reliquit lapide quadrato quadratum : singula « latera pedum trecenum, alta quinquagenum : inque basi quadrata intus « labyrinthum inextricabilem : quo si quis improperet sine glomere lini, exitum « invenire nequeat. Supra id quadratum pyramides stant quinque, quatuor in « angulis, in medio una : in imo latæ pedum quinum septuagenum, altæ « centum quinquagenum : ita fastigatæ, ut in summo orbis æneus et petasus « unus omnibus sit impositus, ex quo pendeant exapta catenis tintinnabula, « quæ vento agitata, longe sonitus referant, ut Dodonæ olim factum. Supra « quem orbem quatuor pyramides insuper, singulæ extant altæ pedum cente-« num. » Supra quas uno solo quinque pyramides, quarum altitudinum Varronem puduit adjicere. Fabulæ etruscæ tradunt eamdem fuisse, quam totius operis : adeo vesana dementia quæsisse gloriam impendio nulli profuturo, præterea fatigasse regni vires, ut tamen laus major artificis esset. »

entrer dans Rome par le pont Sublicius, si Horatius Coclès, avec Herminius et Lartius, ne défendaient le pont contre une armée. Les Romains, entre autres récompenses, donnent à leur défenseur autant de terres qu'il en pouvait entourer d'un sillon tracé en un jour. Ainsi, Rome dont le territoire ne s'étendait pas alors à trois lieues de ses murs donnait peut-être une lieue carrée; et plus de deux cents ans après, quand l'Italie était conquise, le vainqueur de Pyrrhus ne reçut que cinquante arpents. Ce sont là les exagérations de la poésie. Elle couvre d'or les guerriers des temps barbares, et les clephtes de l'Olympe, et les héros des *Niebelungen*, et les Sabins de Tatius dont les bracelets précieux éblouirent la belle Tarpeia et lui firent ouvrir les portes de la citadelle [1].

Les Étrusques réduisaient la ville à la famine, lorsque le dévouement d'un jeune patricien, nommé Caïus

---

1. C'est ainsi que dans la plaine de Macédoine le sultan Mahomet II investit le héros des romances turques de tout le terrain dont il pouvait faire à cheval le tour en une journée. Niebuhr, auquel nous empruntons cet exemple, en aurait pu citer bien d'autres. Le Scythe qui garde l'or sacré, reçoit dans Hérodote un pareil présent. (Hérod., IV, 7. — Grimm. *von der Poesie im recht*. — Savigny, *Zeitsch*., 2, b. 5, 62. — Heimskringla.) Le roi Gylf donne à Géfion ce qu'il peut labourer en un jour et une nuit. L'acte de fondation du couvent de Reomé porte que le roi octroya autant de pays que saint Jean en parcourait en un jour sur un âne. Clovis donne à l'église de Reims (Hincmar), Waldemar accorde aux habitants de Slageles, autant de terrain que saint Remi, ou saint André, peut en parcourir à cheval pendant que le roi sera au bain, ou qu'il fera la méridienne. Et le saint va si vite que l'on est obligé de dire à Waldemar : Seigneur levez-vous, il va parcourir votre royaume. — Ces histoires ne sont pas sans analogie avec les fables suivantes : Didon achète aux Africains, Raimond de Poitiers à Mélusine, Ivar (fils de Regnar) achète au roi d'Angleterre ce qu'ils pourront couvrir avec la peau d'un bœuf; mais ils la coupent en lanières, etc. De même le dieu indien, à qui la terre et la mer sont interdites, demande à l'Océan de lui céder seulement le terrain par-dessus lequel sa flèche volera. Elle vole à deux cents lieues.

Mucius (notez que la famille Mucia était plébéienne), procura aux Romains une délivrance inespérée. Déterminé à pénétrer dans le camp ennemi et à poignarder le roi de Clusium, il commence par confier ce secret au Sénat, c'est-à-dire à *trois cents* personnes; il tue un scribe au lieu du roi, et pour punir sa main droite d'avoir manqué son coup, il la laisse se consumer au brasier d'un autel. Profitant alors du saisissement de Porsenna, il lui déclare que *trois cents* autres jeunes patriciens ont juré de tenter la même aventure. Le pauvre prince se hâte d'envoyer des ambassadeurs à Rome. Il abandonne aisément les Tarquiniens pour lesquels il était venu, et se contente de faire restituer aux Veïens les terres que les Romains leur avaient enlevées. Parmi les otages qu'on lui donna, il y avait plusieurs jeunes filles; coutume germanique (Tacite) et peut-être étrusque, dont nous ne retrouvons nul autre exemple dans l'histoire de la Grèce et de Rome. Quoi qu'il en soit, les jeunes filles sortirent du camp étrusque aussi aisément que Mucius y était entré; et, guidées par Clélie, l'une d'elles, elles passèrent le Tibre à la nage. Le Sénat romain, religieux observateur du droit des gens, comme il l'avait montré en approuvant l'assassinat de Porsenna, ne manque pas de renvoyer les jeunes filles. De son côté, le Toscan, incapable de se laisser vaincre en bons procédés, accorde à Clélie la liberté d'une partie des otages, et lui donne des armes et un beau cheval. Il pousse la générosité envers les Romains jusqu'à leur faire présent de tous les vivres qui restaient dans son camp. De ce présent du roi, on tira l'expression consacrée pour les ventes de biens confisqués : *Vendre les biens du roi Porsenna*, dérivation que Tite-Live lui-même trouve absurde.

Un bienfait n'est jamais perdu. Ce bon et trop facile Porsenna ayant été défait par les habitants d'Aricie, une partie des siens se réfugia à Rome et y fut reçue avec la plus touchante hospitalité; on se partagea les blessés pour les soigner. Ils s'y trouvèrent si bien qu'ils ne voulurent plus quitter la ville, et y occupèrent un nouveau quartier appelé du nom de leur patrie, *Tuscus Vicus*, quartier des Toscans. Porsenna, reconnaissant, envoya bien encore réclamer en faveur des Tarquins : *mais les Romains ayant répondu qu'ils consentiraient plutôt à l'anéantissement de leur ville qu'à celui de leur liberté, il eut honte de ses importunités : Eh bien! dit-il, puisque c'est un parti irrévocablement arrêté, je ne vous fatiguerai plus de représentations inutiles. Que les Tarquins cherchent une autre retraite. Je ne veux pas que rien puisse troubler l'union qui doit régner entre nous. Et il rendit aux Romains ce qui lui restait d'otages, avec les terres qu'ils avaient restituées aux Veïens, ses alliés* (lesquelles par conséquent ne lui appartenaient pas). Qui aurait espéré que la peur faite par Mucius à cet excellent prince eût amené de si heureux résultats? Car enfin, à l'exception de cette peur, l'histoire ne mentionne aucune cause de réconciliation.

Cette figure bénigne et insignifiante de Porsenna dans les traditions romaines fait penser à celle que les *Niebelungen* donnent au roi des Huns, au terrible Attila. Le *fléau de Dieu* devient dans le poème patient et débonnaire, ainsi que Charlemagne dans Turpin. Attila reste spectateur impassible du combat de géants dans lequel tous les héros périssent à la fin du poème. La bataille du lac Rhégille débarrasse de même la scène de l'histoire romaine de toute la race héroïque, qui devait disparaître avant le jour de l'histoire, comme les esprits s'envolent le matin au chant du coq.

Les trente nations latines sont entraînées contre Rome par le dictateur de Tusculum, Octavius Mamilius, gendre de Tarquin. Les Romains lui opposent un roi temporaire qu'ils appellent aussi dictateur. Avant que la guerre commence entre des peuples unis par le sang (ce qui pourtant n'était pas nouveau pour eux), on permet aux femmes de chaque nation qui s'étaient mariées à des hommes de l'autre de retourner chez leurs parents. Toutes les Romaines abandonnent leurs maris latins; toutes les latines, excepté deux, restent à Rome.

Les deux armées s'étant rencontrées, tous les héros se prennent corps à corps comme ceux de l'*Iliade*, et leurs succès alternatifs font balancer la victoire. Le vieux Tarquin combat Posthumius, le dictateur romain. Celui de Tusculum, Octavius Mamilius, fond sur Œbutius, général de la cavalerie, et périt de la main d'Herminius, un des compagnons d'Horatius Coclès. Marcus Valerius attaque un fils de Tarquin, succombe, et ses deux neveux, fils de Valerius Publicola, trouvent la mort en voulant sauver le corps de leur oncle. Enfin, le dictateur excepté, tous les chefs sont tués ou blessés. La victoire était à peine assurée aux Romains qu'on vit à Rome deux jeunes guerriers d'une taille gigantesque et montés sur des chevaux blancs. Ils se lavèrent, eux et leurs armes, à la fontaine de Juturne, près du temple de Vesta, et ils annoncèrent au peuple assemblé la défaite des Latins. C'étaient les Dioscures, auxquels le dictateur avait voué un temple pendant la mêlée, et qu'on avait vus combattre et décider la victoire. Sur le champ même de la bataille, la trace d'un pied de cheval imprimée dans le basalte attesta la présence des deux divinités.

Cette glorieuse victoire ne produit aucun résultat ; après quelques années vides d'événements, Rome reconnaît l'indépendance et l'égalité des Latins. La date de la bataille est incertaine, ce qui prouve qu'elle ne figurait pas dans les fastes des triomphes. Enfin, Tite-Live se contredit en avançant que le surnom de Regillensis fut donné au dictateur, puisqu'il nous apprend lui-même plus tard que Scipion-l'Africain fut le premier qui tira un surnom d'une victoire [1]. Le véritable résultat de la bataille, c'est de terminer l'époque royale et d'en préparer une nouvelle. *Ainsi les mânes de Lucrèce sont apaisés, et les hommes des temps héroïques ont disparu du monde, avant que l'injustice, déchirant l'État qu'ils ont affranchi, donne naissance à l'insurrection.*[2]

---

1. Tit.-Liv., XXX, 45.
2. Niebuhr, que nous avons suivi dans les vingt dernières lignes de ce chapitre.

CHAPITRE II

Origine probable de Rome. — République, âge héroïque. — Curies et centuries. Lutte des patriciens et des plébéiens. — Tribunat.

Élevons-nous au-dessus de cette critique minutieuse, dans les arguties de laquelle on tournerait éternellement. Interrogeons le sens commun. Demandons-lui quelques notions vraisemblables auxquelles on puisse s'arrêter. Le vraisemblable est déjà beaucoup dans une histoire si obscure et si confuse.

Rome est une cité d'origine pélasgo-latine. La tradition qui lui donne Albe pour métropole, et fait remonter son origine, par Albe et Lavinium, jusqu'à la grande ville pélasgique de Troie, fut adoptée publiquement par le peuple romain, qui reconnut les habitants d'Ilium pour ses parents. Le culte asiatique de Vesta, celui des pénates, analogues aux Cabires pélasgiques, et représentés comme Romulus et Remus, sous la forme de deux jeunes gens, témoignent encore de cette origine. Elle explique très bien comment les Romains, dont les rapports avec les Hellènes furent si tardifs, ont, dans leur religion, dans leur langue, une ressemblance éloignée avec la Grèce. Les rites étrusques, conformément auxquels Rome fut fondée, doivent avoir été communs à tous les Pélasges qui occupaient les rivages de l'Italie. Les Pélasges dominaient dans la population du Latium ; mais, en Étrurie, ils se mêlèrent aux victorieux Rasena, qui changèrent la langue plus que la religion de cette contrée. Les hauteurs principales de la côte occidentale, depuis l'Arno jusqu'au Liris, sont couvertes des ruines des cités pélasgiques.

Mais si Rome fut originairement une ou plusieurs villes pélasgiques dispersées sur les sept collines, il n'est pas moins probable que ces villes furent ensuite occupées par une bande de pasteurs sabins. La tradition ne cache point que Tatius fut vainqueur, qu'il pénétra dans la ville ; et quoiqu'elle sauve l'honneur national par l'intervention des Sabines, il n'est pas moins constant que le second roi de Rome, Numa, fut un Sabin [1].

On sait comment les Mamertins, Sabins, Sabelliens ou Samnites (c'est le même mot) s'emparèrent de Capoue, comment les Mamertins campaniens se rendirent maîtres longtemps après de Messine et de Rhegium. Ils entrèrent dans ces villes comme alliés et auxiliaires, massacrèrent la plupart des hommes, épousèrent les femmes. C'est vraisemblablement à un événement semblable qu'il faut attribuer la fondation de Rome. Les villages osques, ou pélasgiques, dispersés

---

[1]. Voy. plus haut la note 1 de ce même livre. Sur le caractère sabin de Rome et de Romulus, voy. Caton dans Servius, *Æn.*, VIII, 638. — Denys, II. — Festus, *Curis, Quirinus*. — Ovid. *Fast.* II, 477.

sur les sept collines [1], auront été occupés de gré ou de force par un *ver sacrum* des bergers sabins. (Voy. plus haut.) Le nom de *quirinus* et *quirites* n'est autre que celui de *mamertin*, puisque *mamers* était chez les Sabins identique avec *quir*, lance, et que le Mars sabin n'était autre chose qu'une lance. Ces Mamertins se jetèrent audacieusement sur le Tibre, entre les grandes nations des Osques et des Étrusques ; de là ils percevaient des contributions *noires* [2] sur ces peuples agricoles. Se recrutant par un asile, ils purent longtemps se perpétuer sans femmes. Romulus désigne à lui seul un long cycle. L'enlèvement des Sabines, particularisé par la poésie comme un seul événement, dut revenir à chaque campagne. On enlevait des femmes en même temps que des esclaves, des gerbes et des bestiaux.

Selon la tradition, le héros *Picus* (le pivert, l'oiseau fatidique des Sabins) est père de *Faunus-Fauna*, ou

---

1. Voy. dans Denys, I, et dans Virg. VII, la tradition sur la colonie arcadienne, c'est-à-dire pélasgique, d'Évandre.

2. Comme les Highlanders de l'Écosse sur les hommes des basses terres... *Ils purent longtemps se perpétuer sans femmes*, comme les mameluks d'Égypte et tant d'autres milices barbares. Les consuls envoient sans cesse (Denys, IX), acheter des blés. Ils imposent souvent des fournitures de vivres aux vaincus : en 473, aux Véiens ; en 466, aux Antiates et aux Èques, etc., etc. On stipule avec les Èques *qu'ils ne paieront aucune contribution*, ce qui semble impliquer que d'autres peuples en payaient. — L'institution des *féciaux*, qu'on représente comme un moyen de rendre la guerre plus solennelle et plus difficile, indique plutôt qu'elle était permanente. C'étaient eux sans doute avec les *quæstores* qui réglaient et percevaient les contributions levées sur les laboureurs étrusques et volsques. — Cincius, dans Aulu-Gelle (XVI, 4), raconte qu'anciennement lorsqu'on levait des troupes, les tribuns militaires faisaient jurer aux soldats que, dans le camp et à dix milles à la ronde, ils ne voleraient pas au delà de la valeur d'une pièce d'argent par jour, et que s'ils *trouvaient* quelques effets d'un plus grand prix, ils les rapporteraient à leur chef. Les choses qu'il leur était permis de s'approprier sont exceptées dans la formule : c'était une pique, le fût d'une lance, du bois, des navets, des fourrages, une outre, un sac et un flambeau.

Fatuus-Fatua, qui a pour fils *Latinus;* en d'autres termes, les oracles du pivert ont guidé vers le Latium les colonies sabines. Ce *Picus*, adoré aussi sous le nom *Picumnus*, était, chez les Sabins, armé d'une lance ou pique. Chez les laboureurs du Latium, il devient *Pilumnus*, de *pila*, mortier pour broyer et moudre. Toutefois le caractère de la Rome primitive, comme de nos jours celui de la campagne de Rome, n'est pas moins pastoral qu'agricole[1]. A n'en juger que par la langue, les premiers Romains durent être en grande partie des pasteurs et des brigands. *Roma, rumon* (le Tibre), *rumina, ruminalis, Romulus*, viennent de *ruma*, mamelle, ainsi que *cures, Quirinus*, de *curis, cur, queir*, lance. *Palatium* dérive de *Palès*, déesse du foin. De *pecus*, troupeau, argent se dit *pecunia;* fortune, *peculium;* concussion, *peculatus*. De *pascere*, paître, vient *pascua*, revenus. Fruit se dit *glans;* celui du chêne était le fruit par excellence pour les pasteurs de ces innombrables troupeaux de porcs qui ont toujours nourri l'Italie. Les enclos dans lesquels le peuple se rassemblait au Champ de Mars, s'appelaient *ovilia*. Les noms d'hommes rappellent aussi ce caractère originaire des fondateurs de Rome : *Porcius, Verres, Scrofa, Vitulus* et *Vitellus, Taurus, Ovilius, Capricius, Equitius*, etc.[2]. Le loup, craint et

---

1. Voy. Festus, Nonnius Marcellus, p. 167. — Serv., *Æn.*, VIII, 63, 90. — Varro, *De R. r.* II, XI : « Alii pro coagulo addunt de ficiramo lac, et acetum... Ideo apud divæ Rumiæ sacellum à pastoribus satam ficum. Ibi enim solent sacrificari lacte pro vino, et pro lactentibus. Mammæ enim *Rumis*, sive *Rumæ*, ut ante dicebant, *a Rumi;* et inde dicuntur *subrumi* agni : lactentes, a lacte. (Festus, v. *Curis.* — Serv., *Æn.*, I, 296. — Ovid. *Fast.*, IV. — Macr., s. I. 9.

2. Voy. le scholiaste cité par Oudendorp, *Phars.* Lucan., I, 197. — Tit.-Liv., XXVI, 22. — Varro, *de R. r.* II, 14, et I, 2.

guerriers sabins enfermés dans les mêmes murs. Les Latins, les plébéiens, furent mieux traités encore lorsque le pouvoir passa aux clients des lucumons étrusques, conduits par Servius Tullius, ou plutôt symbolisés par ce nom expressif. Ces clients étaient frères des Latins par leur commune origine pélasgique. Servius, ou Mastarna, comme l'appelaient les Étrusques, est l'ami, l'allié des Latins.

D'après un fragment d'un discours de l'empereur Claude [1], qui nous a été conservé, un puissant lucumon nommé Cœlius Vibenna aurait rassemblé une grande armée au temps de Tarquin-l'Ancien; un de ses compagnons, Mastarna, vint à Rome avec les restes de son armée, et y régna sous le nom de Servius Tullius; il donna au mont Cœlius le nom de son ancien chef : « Servius Tullius, si nostros sequimur, « captiva natus Ocresia, si tuscos, Cœli quondam « Vivenæ sodalis fidelissimus, omnis que ejus casus « comes : postquam varia fortuna exactus cum omni- « bus reliquiis Cœliani exercitus Etruria excessit, « montem Cœlium occupavit, et a duce suo Cœlio ita « appellitatus (scr. appellitavit), mutatoque nomine, « nam tusce Mastarna ei nomen erat, ita appellatus « est ut dixi, et regnum summa cum reip. utilitate « obtinuit. » Mastarna emmenant, sans doute, une foule de clients et d'hommes d'une classe inférieure,

---

1. Prononcé à l'occasion de l'admission des Gaulois de Lyon dans le Sénat et retrouvé sur deux tables découvertes à Lyon dans le seizième siècle. Depuis Juste-Lipse, on a souvent imprimé ce fragment avec les œuvres de Tacite. Il est d'autant plus important, outre son caractère officiel, que l'empereur Claude avait lui-même écrit une histoire des Étrusques. Voy. Suétone. Niebuhr a fait le premier remarquer ce texte précieux.

révéré des pasteurs sabins, est au premier siècle, pour Rome, ce que fut l'aigle par la suite. C'était le symbole avoué du brigandage. Les Italiens appelaient Rome la tanière des loups ravisseurs de l'Italie (voy. livre III). Une louve avait nourri Romulus, dont la naissance miraculeuse se retrouve dans les traditions des pasteurs sabins [1] : du dieu Mars-Quirinus, une jeune fille des environs de Reate a pour fils Modius Fabidius qui réunit des vagabonds, et fonde avec eux la ville de Cures, c'est-à-dire la ville de Mars ou de la lance. Ainsi cette formule poétique semblerait avoir été commune à l'histoire des divers établissements de Mamertins.

Les anciens habitants de Rome, soumis par les Sabins, mais sans cesse fortifiés par les étrangers qui se réfugiaient dans le grand asile, durent se relever peu à peu. Ils eurent un chef lorsqu'un lucumon de Tarquinies (Tarquin-l'Ancien) vint s'établir parmi eux; les Pélasges latins furent réhabilités par la splendeur des Pélasges étrusques qui apportaient à Rome les richesses et les arts d'un peuple industrieux et civilisé. Sans doute les douze villes étrusques qui, selon Denys, envoyèrent à Tarquin-l'Ancien la prétexte, le sceptre et la chaise curule, insignes de la suprématie, faisaient hommage à leur métropole Tarquinies, dans la personne de ses lucumons devenus maîtres de Rome. Le patriciat sacré des Tarquiniens prévalut sur le patriciat guerrier des Sabins. Les Tarquiniens admirent volontiers dans la cité de nouvelles populations pélasgo-latines qui pouvaient les fortifier contre les

---

1. Denys, liv. II.

les réunissant aux Latins et Sabins qui s'étaient établis dans Rome, dut renverser le pouvoir sacerdotal des Tarquiniens pour y substituer une constitution toute militaire, qui donna à la ville le caractère guerrier qu'elle a conservé. Il substitua au pouvoir de la noblesse celui de la richesse[1], les centuries aux curies, l'organisation militaire à la forme symbolique[2].

Cependant la victoire précoce des plébéiens est peu durable. Les lucumons tarquiniens qui s'étaient d'abord rattachés à eux, redeviennent maîtres, et accablent d'une égale oppression, les nobles sabins et les plébéiens latins. C'est le règne de Tarquin-le-Superbe, terminé par l'expulsion définitive des Étrusques[3]. Leur ruine ne profite qu'aux patriciens, aux

---

1. La constitution de Servius Tullius diffère pourtant des démocraties grecques, en ce que dans celles-ci on ne sent pas si bien l'unité du peuple. Les classes n'y viennent pas en armes hors du pacifique pomœrium pour donner leurs suffrages. Nulle part aussi plus qu'à Rome l'honneur militaire ne fut si nécessaire pour garder sa place dans la classe à laquelle on appartenait par sa fortune. Pour créer cette armée et lui donner la puissance, il eût fallu plus qu'une sagesse, plus qu'une vie d'homme. Servius Mastarna amena l'armée de Cœlius avec tout ce qui s'y était joint, et la réunit aux Latins et Sabins qui s'étaient établis dans Rome. (Otf. Müller.)

2. Le caractère de cette constitution ne peut être bien connu que lorsqu'elle a porté tout son fruit; aussi avons-nous rejeté les détails les plus étendus que nous devions donner sur ce sujet au chap. Ier du IIIe livre. Mais on va voir dès les premiers temps de la république (quelques pages plus loin) l'influence qu'exerça sur les mœurs romaines l'aristocratie d'argent substituée à l'aristocratie sacerdotale.

3. La langue de Rome est latine et non point étrusque; ceci suffit pour prouver qu'un assez petit nombre d'Étrusques s'y établirent. On peut appliquer ici les principes d'Abel Rémusat, dans sa belle préface des *Recherches sur les langues tartares*. Pour peu que le nombre des Étrusques eût été considérable

Sabins, fortifiés par l'arrivée du Sabin Appius et de ses cinq mille clients.

La Rome sacerdotale et royale des Pélasges étrusques et latins s'ouvrait sans peine à l'étranger. La Rome aristocratique de la République ferma le Sénat aux plébéiens, la cité aux populations voisines. Le principe héroïque et aristocratique prévalut d'abord contre le principe démocratique que le sacerdoce avait protégé, et ce ne fut que par d'incroyables efforts que le peuple s'assura l'égalité des droits. Il triompha par l'institution des tribuns, chefs civils de la démocratie, qui continuèrent les rois et préparèrent les empereurs ; il triompha par l'admission des Latins, ses frères, par celle des Italiens ; il triompha par l'établissement d'un chef militaire, ou empereur, qui consomma l'œuvre populaire par la proscription de l'aristocratie et l'égalité de la loi civile.

Les plébéiens constituaient dans Rome le principe d'extension, de conquête, d'agrégation ; les patriciens celui d'exclusion, d'unité, d'individualité nationale. Sans les plébéiens, Rome n'eût point conquis et adopté

à Rome, l'influence religieuse eût fait prévaloir la langue sacrée. — Selon Volumnius, écrivain étrusque (Varro, *de Lingua lat.*), les trois anciennes tribus de Rome s'appelaient *Ramnes, Luceres, Tities*. Cette division répond très bien aux trois grands dieux des Étrusques et aux trois portes sacrées de leurs villes. Cependant, dans ces trois tribus, je serais tenté de reconnaître les compagnons de l'Albain Romulus, ceux du Sabin Tatius, et ceux des lucumon étrusques qui vinrent à Rome comme auxiliaires de Romulus selon les uns, comme conquérants selon les autres. Les Ramnes du mot Ramnus, bourg de l'Attique pélasgo-ionienne, viennent probablement de la ville pélasgique d'Albe. — Les fastes consulaires des premiers temps, observe Niebuhr, montrent que les maisons patriciennes sortaient de nations diverses : Cominius *Auruncus*, Clœlius *Siculus*, Sicinius *Sabinus*, Aquillius *Tuscus*. D'autres dérivent leurs noms de noms de villes : *Camerinus, Medullinus*, etc.

le monde ; sans les patriciens, elle n'eût point eu de caractère propre, de vie originale, elle n'eût point été Rome.

Cicéron appelle le Sénat : *Omnium terrarum arcem.* Toutes les nations doivent escalader à leur tour cette roche du Capitole, où siège la curie, le sénat. Mais l'héroïque aristocratie qui s'y est enfermée et qui y défend l'unité sacrée de la cité, luttera vigoureusement. Il faudra deux cents ans aux plébéiens, aux Latins, pour y monter; deux cents ans pour les Italiens (jusqu'à la guerre Sociale) ; trois siècles pour les nations soumises à l'empire (jusqu'à Caracalla et Alexandre Sévère); deux de plus pour les barbares (410, prise de Rome par Alaric).

L'occasion première du combat entre les patriciens et les plébéiens, ce n'est pas la cité même, à ce qui semble, c'est la terre. Mais la terre elle-même, l'*ager romanus*, mesuré par les augures et limité par les tombeaux patriciens, est une partie de la cité, que dis-je, l'*ager* est la cité plus que ne l'est la ville même. Les plébéiens sont admis dans la ville ; ils y habitent, ils y possèdent. Mais pour posséder l'*ager*, il faut avoir le droit des Quirites, le droit des augures et des armes, le droit des seuls patriciens. Aussi le peuple ne se soucie-t-il pas des terres profanes qu'on lui offre. Ils aimaient mieux, dit Tite-Live, demander des terres à Rome qu'en posséder à Antium. Cette grande querelle ne peut donc se comprendre que par la connaissance de la cité primitive, dont l'*ager* est une partie, et dans laquelle a son idéal la cité aristocratique que les patriciens ferment aux plébéiens.

Pour arriver à la connaissance de cette cité à la fois humaine et divine, il faut puiser à deux sources, la loi divine et la loi humaine, le droit et la religion, *jus et fas*.

La religion romaine, telle que l'histoire nous en a conservé les vestiges, n'a rien de primitif ni d'original ; singulièrement humaine et politique dans sa tendance, elle semble une application pratique des religions étrusque et latine aux besoins de l'État. Rome consulte l'Étrurie, mais avec défiance (voy. le chapitre précédent), et en modifiant ce qu'elle en reçoit. La religion romaine semble un protestantisme à l'égard de la religion étrusque. Il faut étudier avec précaution cette religion formée par la cité, lorsqu'il s'agit de la cité primitive.

Quant au droit primitif de Rome, nous en possédons un monument dans les fragments des Douze Tables. Ces fragments, rapportés par les anciens comme la source du droit de Rome, ont été recueillis par les modernes, rapprochés, classés par ordre de matières, de manière à présenter l'image d'un code. Mais, au premier regard, on s'aperçoit bientôt que ces lois, écrites dans un esprit si divers, appartiennent à des époques éloignées les unes des autres. Un examen attentif y fait distinguer trois éléments : d'abord les vieux usages de l'Italie sacerdotale, tout empreints d'une barbarie cyclopéenne ; puis le code de l'aristocratie héroïque, qui dominait les plébéiens ; enfin la charte de liberté que ceux-ci lui arrachèrent. Cette dernière partie peut seule se ramener à une époque, à une date ; elle seule est une loi proprement dite. Les deux autres sont des usages, des coutumes écrites à mesure qu'elles risquaient de tomber en désuétude, et que l'on en voulait perpétuer la tradition.

Dans le vieux droit de l'Italie, comme dans sa religion, une critique sévère peut seule écarter les éléments modernes, et reconstruire dans la pureté de son architecture primitive cette cité symbolique qui s'est déformée en s'étendant par l'agrégation des populations qui y sont entrées peu à peu.

L'élément matériel de la cité, c'est la famille sans doute ; mais le type, l'idéal de la famille elle-même, c'est la cité. Il ne s'agit donc pas ici de la famille naturelle. Dans celle qui nous occupe, le droit public domine[1].

La pierre du foyer (ἑστία, vesta)[2], la pierre du tombeau qui limite les champs[3], voilà les bases du droit

---

1. Voy. Burchardi : L'originalité du droit romain n'est pas dans la puissance paternelle et maritale, puissance qui dérive naturellement de la vie patriarcale ; mais dans ces liens civils qui rejettent sur le second plan ceux de la nature, dans l'agnation, le patronage et le rapport de la *familia* entre le maître et l'esclave ; même dans la puissance maritale et paternelle, le côté de la nature est accessoire. Autre singularité : plusieurs des droits de possession qui ont rapport à la famille sont *juris publici* (particulièrement la dot et la domination du *pater familias* sur les biens de la famille.)

2. *Istanai, stare,* se tenir debout ; *fast,* ferme ; *stein,* pierre.

3. Le Zeus *herkeios* de l'Afrique ; *herkos,* enceinte ; *erciscere,* partager la propriété entre les héritiers, parce qu'alors l'enceinte commune est renversée. Voy. le texte admirable de la loi Salique : *De chrene chruda.* — « Il est évi-
« dent, dit. Nieb., II° v., 1re éd., p. 392, d'après les *Pandectes,* les inscriptions
« et les anciens documents, qu'un fonds avait souvent *un nom particulier,*
« qu'il ne quittait point en passant à un autre possesseur. » De même en Étrurie, voy. O. Müller, sur les *Cecina.* — Siculus Flaccus, *De conditionibus agrorum in rei agrariæ auctoribus,* ed. Gœsius, 4°, 1674). P. 4 : « Variis regio-
« nibus signa defodiunt pro terminis. Ergo, ut supra dixi, consuetudines
« maxime regionum intuendæ, et ex vicinis exempla sumenda sunt. Inspiciendum
« erit et illud, quoniam sepulcra in extremis finibus facere soliti sunt, et
« cippos ponere, ne aliquando cippus pro termino errorem faciat. Nam in
« locis saxuosis et in sterilibus, etiam in mediis possessionibus sepulcra
« faciunt. »

italique. Sur elles sont bâtis le droit de la personne et celui de la propriété, ou droit agraire. La cité a son foyer comme la famille. Autour du foyer public convergent les foyers privés [1]; les propriétés particulières, égales entre elles, mesurées, définies par une géométrie sacrée, sont enfermées dans les limites du territoire public, et par elles séparées du terrain vague et profane qu'occupe l'étranger.

Au foyer domestique, siègent deux divinités : le lar, génie muet des anciens possesseurs, dieu des morts, et le père de famille, possesseur actuel, génie actif de la maison, dieu vivant pour ses enfants, sa femme et ses esclaves. Ce nom de père n'a rien de tendre, il ne désigne à cette époque que l'autorité absolue. Ainsi tous les dieux, ceux mêmes des morts, sont invoqués sous le nom de *Pères*. Quelque nombreux que soit le cercle de la famille autour du foyer, je n'y vois qu'une seule personne, le père de famille. Le vieux génie de la famille barbare est un génie farouche et solitaire. Les enfants, la femme, les esclaves sont des corps, des choses, et non des personnes. Ils sont la chose du père, qui peut les battre, les tuer ou les vendre [2]. La femme est la sœur de ses fils. Dès que, selon l'ancien usage, le fer d'un javelot a partagé les cheveux de la

---

1. Le foyer commun, dans beaucoup d'États anciens, impliquait table commune. Les syssities ne semblent pas être inconnues aux Romains (Dionys. Hal., II, 23, 65. Cic., *de Orat.*, 7), et aux Italiens en général (Arist. *Polit.* VII, 9.) Voy. aussi K. D. Hülmann, *Staatsrecht des Alterthums.* Cologne, 1820. L'auteur a fait beaucoup de rapprochements plus ou moins exacts entre les gouvernements de Rome, de la Grèce et de Carthage.

2. Sur la puissance paternelle du citoyen romain, voy. les *Dissertations* de G. W. ab Oosten de Bruyn, Ger. Noodt, Corn. von Bynkershoek, Abr. Wieling, Perrenot, J. Beckman, etc., etc.

fiancée, dès qu'elle a goûté au gâteau sacré (*confarreatio*), ou que l'époux a compté au beau-père le prix de la vierge (*coemptio*[1]), on lui dicte la formule (*ubi tu gaïus, ego gaïa*[2]); on l'enlève, elle passe sans toucher des pieds le seuil de la maison conjugale, et tombe, selon la forte expression du droit, *in manum viri*. Son mari est son maître et son juge. Pour qu'il ait droit de la mettre à mort, il n'est pas nécessaire qu'elle ait violé sa foi; il suffit qu'elle ait dérobé les clefs ou qu'elle ait bu du vin[3]. A plus forte raison, le sort de l'enfant est-il abandonné au père sans condition. L'enfant monstrueux est détruit à l'instant de sa naissance. Le père peut vendre son fils jusqu'à trois fois, il peut le mettre à mort. Le fils a beau grandir dans la cité, il reste le même dans la famille ; tribun, consul, dictateur, il pourra toujours être arraché par son père de la chaise

---

1. La confarreatio semble le mariage des tribus sacerdotales, la coemptio celui des tribus héroïques.*. Le consentement demandé à la femme dans la coemptio doit être un adoucissement des temps postérieurs.

2. Voy. Brisson, *De nuptiis*. Gaïa veut dire la vache ou la terre labourable. Voy. plus haut la note sur les rapports du latin et du sanskrit.

3. Plin., XIV, 13.

* « Coemptio vero certis solennitatibus peragebatur, et sese in coemendo invicem « interrogabant; vir ita : an mulier sibi mater familias esse vellet, illa respondebat; « « velle ». Item mulier interrogabat, an vir sibi pater familias esse vellet; ille respon- « debat : « velle ». Itaque mulier viro conveniebat in manum, et vocabantur hæ nup- « tiæ per coemptionem, et erat mulier mater familias viro loco filiæ. » Ce consentement demandé à la femme relève beaucoup l'idée du mariage *per coemptionem*.

Quelle que fut leur origine, il est vraisemblable que si les patriciens ne furent pas tous Étrusques, au moins ils voulurent l'être; que les plébéiens, adversaires des patriciens, que les clients séparés peu à peu des patrons, furent ou voulurent être Latins. Tout patricien est Étrusque, tout plébéien ou client est latin; cela est vrai, au moins d'une vérité logique. Si l'on admet le système de Niebuhr, dans sa première édition, il faut admettre aussi avec Schrader (*de Just. et Jure*, I, 7), et Schweppe, que les patriciens auraient suivi le droit étrusque, et les plébéiens le droit latin ; de là tant d'institutions doubles, par exemple, *dominus esse*, comme Latin, *in bonis habere*, comme Étrusque; mariage *in manus*, comme Étrusque, mariage libre, comme Latin. Depuis les Douze Tables, un seul et même droit civil.

curule ou de la tribune aux harangues, ramené dans la maison et mis à mort aux pieds des lares paternels. Le consul Spurius Cassius fut, dit-on, jugé et exécuté ainsi. Vers la fin même de la République, un sénateur, complice de Catilina, fut poursuivi et mis à mort par son père.

Le droit civil, qui domine ici la famille avec tant de sévérité, en étend les limites bien au delà de la nature. A côté du fils se placent tous les membres inférieurs de la *gens*, ses *clients* ou dépendants (*clients* de *cluere*, comme en allemand *hœriger* de *hœren*, entendre)[1], ses colons (*clientes* quasi *colentes.?*) auxquels le père divise ses terres par lots de deux, de sept arpents. Ces clients ou colons sont d'origine diverse[2]; les uns, anciens habitants du pays, sont devenus par leur défaite de propriétaires fermiers ; d'autres sont de pauvres étrangers, des esclaves affranchis ou fugitifs qui ont trouvé un abri sous la lance du quirite, et qui prennent de lui un petit lot de terre aux conditions d'un bail plus ou moins onéreux[3]. Ainsi firent les conqué-

---

1. Denys compare les clients aux pénestes de Thessalie. Chez les Grecs, le simple habitant était obligé de se choisir un citoyen pour son tuteur, προστάτης (*mundherrn*, dans la langue du moyen âge, — *guardian* dans l'anglais) ; sans quoi, il eût été hors la loi dans les rapports civils les plus communs.

2. On peut supposer encore que beaucoup de clients faisaient partie des vainqueurs et étaient liés aux chefs de ceux-ci par des rapports d'attachement héréditaire, de parenté éloignée ou imaginaire. Le sens du mot *client* étant purement relatif, comme celui de *vassal* au moyen âge, doit prêter à l'équivoque, et signifier également le compagnon du guerrier et le serf.

3. « Les clients, dit Niebuhr, sans citer ses autorités, recevaient quelquefois de leur patron du terrain pour bâtir, avec deux acres de terres labourables, concession analogue aux précaires du moyen âge. » — Romulus, selon la tradition, fixa pour lot de chaque citoyen deux *jugera*, c'est-à-dire un demi-hectare (Varr., *R. r.*, I, 10. — Plin. II), portion appelée HEREDIUM (*quod heredem*

rants de la Thessalie, les Doriens du Péloponèse, les Mamertins-Sabins, qui occupèrent le Samnium (*terra olim attributa particulatim hominibus ut in Samnium sabellis*[1]); enfin les Barbares qui envahirent l'Empire. Ceux-ci, comme les Romains à l'égard des Herniques, se contentèrent d'un tiers des terres des vaincus.

Les obligations des clients à l'égard du patron ne sont pas sans analogie avec celles des vassaux à l'égard du seigneur féodal. Ils devaient aider au rachat du patron captif, contribuer pour doter sa fille, etc. J'ai marqué ailleurs l'énorme différence morale qui sépara la clientèle du vasselage[2].

---

sequeretur), id est sons, (Festus) ou *cespes fortuitus* (Horat., Od. II, 15, 17). On appelait une centaine de ces portions, *sortes* ou *hæredia centuria*. (Columell. I, 5); de là : *In nullam sortem bonorum natus*, né sans biens et sans héritage. (Tit.-Liv. I, 34.) Après l'expulsion des rois, on distribua sept *jugera* à chaque particulier. (Plin., XVIII, 3.) On continua pendant longtemps d'assigner cette même étendue de terrain dans les différents partages des terres conquises. (Tit.-Liv., V, 30. — Val. Max., IV, 3, 5.) Les possessions de L. Quinctius Cincinnatus, de Curius Dentatus, de Fabricius, de Régulus, etc., n'avaient pas une plus grande étendue. (*Id.*, IV, 4, 6 et 7.)

1. Varro, *apud Phalarg*. Micali y voit une loi agraire.
2. Voy. Blackstone. Il semble, d'après Tit. Liv., XXXIX, 19, qu'il était défendu aux affranchis de s'allier hors de la *gens*. Adam (*Antiquités romaines*) étend cette défense à tous les citoyens. — Niebuhr pense que le patron héritait du client.

Selon lui, il est absurde de croire que les plébéiens fussent originairement clients des patriciens. Les clients ne se réunirent à la *plebs* qu'à mesure que leur servitude eût été relâchée en partie par le progrès général vers la liberté, en partie par l'extinction ou la décadence des maisons de leurs patrons. Les plébéiens, avant Servius, transportés pour la plupart des pays vaincus à Rome, étaient citoyens libres, mais ne votaient point (il n'y avait point d'assemblées que celles des curies), et ne s'alliaient point par mariage aux patriciens. Les nobles des cités conquises, les Mamili, les Papii, les Cilnii, les Cæcina, étaient tous plébéiens. Ce qui prouve cette origine des plébéiens, c'est la tradition d'après laquelle Ancus établit sur l'Aventin les Latins des villes détruites; cette montagne fut ensuite le siège de ce que l'on peut appeler particulièrement la cité plébéienne. Il est probable, néanmoins, que la plus grande partie de ces nouveaux citoyens restèrent sur leurs terres pour les cultiver.

Femme, fils, enfants, clients, esclaves, tous dépendants du père de famille, n'existent comme personnes ni dans la famille ni dans la cité. A eux tous ils n'ont qu'un nom, celui de la *gens*, représentée par son chef. Ils s'appellent tous Claudii, Cornelii, Fabii[1]. Ce nom n'est un nom propre que pour Appius Claudius, Cornelius Scipio, Fabius Maximus. A lui seul est la

---

[1]. Les trois cents Fabius ne sont vraisemblablement pas plus d'une même race que les innombrables Campbell du clan écossais de ce nom. Les Scipion et les Sylla, liés entre eux par la communauté du nom *cornélien* et par celle des mêmes *sacra gentilitia*, ne semblent pas avoir été parents. Cicéron ne parle pas expressément de la descendance commune dans la définition qu'il a donnée des *gentiles*. Cic., *Topic.*, 29 : « *Gentiles sunt qui inter se eodem* « *sunt nomine ab ingenuis oriundi*, quorum majorum nemo servitutem « servivit, qui capite non sunt diminuti. »

Toutefois il est vraisemblable que cette probabilité de parenté était une sorte de mystère sur lequel les branches diverses de la *gens* n'aimaient point à s'expliquer : les petits, parce qu'elle était leur gloire ; les grands, parce qu'elle faisait leur force et leur grandeur*. Dans une même *gens*, dans la *gens Claudia*, nous trouvons à côté des Appii patriciens la famille plébéienne des Marcelli, qui ne leur cédait point en splendeur ; nous y trouvons des familles inférieures qui se rattachent aux patriciens par la clientèle, par exemple celle de ce Marcus Claudius qui réclama Virginie comme son esclave. Enfin la *gens* contenait les affranchis et leurs descendants. De même que les phratries grecques à Athènes (les Codrides, les Eumolpides, les Butades, etc., à Chio, les Homérides), les *gentes* de Rome rapportaient leur origine à un héros : les Julii à Iule, fils d'Énée, les Fabii à un fils d'Hercule, les Æmilii à un fils de Pythagore, etc.

Un certain nombre de *gentes* réunies sous la lance d'un patricien s'appelaient *curia*, de *curis*, lance. Ainsi au moyen âge, on disait une lance pour la réunion de cinq ou six soldats sous un chevalier. Le chef de la curie était prêtre et augure pour les *gentes* qui la composaient, comme c'était le chef de la *gens* pour ses *gentiles*. Les votes se prenaient par curie, chacun donnant un vote. Le vote de la curie se formait de ceux des *gentes* ; chaque *gens* en donnait un : « Cum ex generibus hominum suffragium feratur, curiata comitia « esse. » Lelius felix in Gellio, XV, 27. « Curiata comitia per lictorem curiatum « calari, id est convocari ; centuriata per cornicinem. »

---

* Ainsi en allemand les mots de *vettern*, cousin de *schwager*, beau-frère, n'indiquent pas une parenté réelle ; ce sont de ces noms familiers que l'aristocratie donne en souriant, et que l'homme d'un rang inférieur prend au sérieux.

terre, et la terre se dit *nomen*, comme au moyen âge *terra* en italien signifia au contraire titre seigneurial, seigneurie, forteresse.

Le père seul a le *jus quiritium*, le droit de la lance[1] et du sacrifice. Qui a la lance et le sacrifice a aussi la terre, et son droit est imprescriptible. Le droit d'héritage, le droit sur le bien de l'ennemi, entrent également dans le *jus quiritium*; insolente définition. C'est le droit d'occuper par la main, par la force, *mancipatio*. Et lorsqu'il faut témoigner devant le conseil public des terres et des choses vivantes ou inanimées que l'on possède, c'est la lance (*cur, quir*) à la main que s'y présente le quirite, symbolisant et soutenant à la fois son droit par les armes. Point de testament dans cette forme primitive de la cité[2]. La terre quiritaire passe avec la lance du père au fils, succession nécessaire et fatale. Si le père en voulait disposer autrement, il ne pourrait le faire que dans le conseil des curies (*calatis comitiis*). La curie qui répond de ses membres (comme le *hundred* germanique), à qui, faute d'héritiers, échoit leur bien, peut seule autoriser une déviation fondée sur la volonté de l'individu.

Ce père de famille, ce *nomen*, cette personne quiritaire, identifiée avec la terre et la lance, siège seul, nous l'avons vu déjà, au foyer domestique. Autour,

---

[1]. Tant que les plébéiens ne sont rien encore dans la cité, ils ne peuvent paraître dans les guerres que pour grossir la gloire des patrons qui les conduisent (Tacit. *German.*). Les multitudes sont désignées par le nom des chefs patriciens. Il ne faut pas s'étonner si un patricien suffit pour défendre un pont, pour décider le gain d'une bataille. La personne du patron représente alors toute sa *gens*, comme ces *personæ* ou masques que l'on portait aux funérailles. (Voy. Schweighauser.)

[2]. Voy. Gans., *Erbrecht.*, II° v.

femme, fils, enfants, clients, esclaves, ont les yeux fixés sur lui. Lui seul a les *sacra privata*[1], auxquels est communiquée la force de *sacra publica*. Que le père dise de l'un d'eux : *sacer esto*, il mourra ; le père a

---

1. Voy. dans le *Journal de Savigny* sa curieuse dissertation sur les *sacra*, II° v. 1816. Les *sacra privata* étaient attachés à l'héritage (comparez la législation indienne, Gans, *Erbrecht*, I" v.). Toutefois, il y avait des exceptions : Caton dit, lib. II, *Origin*. « Si quis mortuus est Arpinatis, ejus hæredem « sacra non sequuntur (?) » On ne pouvait modifier les *sacra* qu'avec l'autorisation du pontife. (Cic. *Pro domo sua*, 51.) — Festus : « Publica sacra quæ « publico sumptu pro populo fiunt, quæque pro montibus, pagis, curiis, sa- « cellis. At privata, quæ pro singulis hominibus, familiis, gentibus fiunt. » Pour le sens de *montibus et pagis*, voy. Festus, v. *Septimontio*; Varro, *de L. l.*, lib. V, § 3 : « Dies septimontium nominatus ab heis septem montibus « in queis sita urbs est. Feriæ, non populi, sed mentanorum modo, ut Paga- « nalibus (lege Paganalia eorum), *qui sunt alicujus pagi*. » — Cicer. *Pro « domo sua*, c. 28. Nullum est in hac urbe collegium, nulli pagani aut mon- « tani (quoniam plebi quoque urbanæ majores nostri conventicula et quasi « consilia quædam esse voluerunt). » Ces corporations semblent analogues à nos paroisses. Chacune sacrifiait pour la prospérité de toutes... — *Pro curiis..*, partie plus étroite de la communauté patricienne, *sacra curiarum*, de chaque curie, pour la prospérité de toutes — ... *pro sacellis, id est, pro gentibus :* selon Niebuhr, la *gens* est une partie de la curie, formée de communautés, non seulement de familles. *Curie* signifie et la communauté et son lieu de réunion. *Sacellum* était sans doute le lieu de la réunion religieuse de chaque *gens*. Cicer., *de Harup. responsis*, c. 15 : « Multi sunt etiam in hoc ordine qui « sacrificia gentilitia, illo ipso in sacello factitarint. » — *Sacra familiarum*, même chose que *sacra singulorum*. Plus tard, après la chute de la République, *gens et familia* furent pris l'un pour l'autre. Pline l'Ancien, *H. N.*, XXXIV, 38, dit : « Sacra Serviæ familiæ. » Macrob., *Saturn*. 1, 16 ; « *sacra familiæ Claudiæ, Æmiliæ, Juliæ, Corneliæ*, et une ancienne inscription nomme un *Ædituus* et un *Sacerdos Sergia familiæ*. — *Publica sacra*, dans deux sens : 1° *popularia*, pour tout le peuple (Festus, v. *Popularia*) ; 2° pour toutes les parties du peuple (*Montes, Pagi, Curiæ, Gentes*). Livius, v. 52 : « An gentilitia sacra ne in bello quidem intermitti, publica sacra et Romanos « deos etiam in pace deseri placet? »

Sur la transmission des *sacra*, le passage capital est dans Cic. *De Legibus*, II, 19, 20, 21. — Sur la *detestatio, alienatio sacrorum*, et la *manumissio sacrorum causa*, (voy. Gell., XV, 27, Festus, v. *Manumitti*. Cicéron se plaint (*Pro Murena*, c. 12) des subtilités par lesquelles les juristes, qui étaient en même temps pontifes, éludaient la loi, et facilitaient l'extinction des *sacra*. — *Sine sacris hereditas*, expression proverbiale pour dire : bonheur sans mélange.

l'autel et la lance ; il parle au nom des dieux et au nom de la force. Comme les dieux, il s'exprime par signe, par symbole. Le signe de sa tête a une vertu terrible ; il met tout en mouvement. Dans la cité, dans la famille, même silence. C'est par une vente simulée avec l'airain et les balances qu'il émancipera son fils ; pour disputer la possession d'un fonds, il simulera un combat[1]. S'il sort de ce langage muet, s'il parle, sa parole est irrévocable (*uti lingua nuncupassit, ita jus esto*). Dans cette langue sacrée tous les droits sont des dieux : *lar*, est la propriété de la maison ; *dii hospitales*, l'hospitalité ; *dii penates* la puissance paternelle ; *deus genius*, le droit de mariage ; *deus terminus* le domaine territorial ; *dii manes*, la sépulture. Mais plus la parole matérielle est sacrée, moins elle admet l'explication, l'interprétation ; la lettre, la lettre étroite est tout ce qu'il faut y chercher. Elle hait et repousse l'esprit. *Qui virgula cadit, causa cadit*. Ainsi les Romains croiront pouvoir détruire Carthage, parce que, dans le traité, ils ont promis de respecter, non pas *urbem*, mais *civitatem*. La violation du traité des Fourches Caudines offre encore un exemple frappant de cette superstition de la lettre sans égard à l'esprit.

La parole du père, la loi de la famille, celle des pères réunis, qui fait la loi de la cité, ont également la forme nombreuse, la précision rythmique des oracles. La cité elle-même, qui est la loi matérialisée, n'est que rythme et que nombre. (Voy. mon *Introd. à l'Histoire universelle.*) Les nombres trois, douze, dix et leurs

---

[1]. Sur les *Acta legitima*, voy. plus bas. Consulter aussi les *Antiquités du droit germanique* de Jacob Grimm, et le IIIe vol. de mon *Histoire de France*.

multiples sont la base de toutes ses divisions politiques[1] :

> Martia Roma triplex, equitatu, plebe, senatu,
> Hoc numero tribus et sacro de monte tribuni.

Trois tribus, trente curies, trois cents sénateurs, trente villes latines, etc., etc.

Dans la forme sévère, dans la précision rythmique de la cité se trouve l'exclusion, la haine de tout élément étranger qui vient en altérer les proportions. Voilà pourquoi les législateurs de la Grèce, suivis par Aristote et Platon, enseignent les moyens de retenir la cité dans les dimensions étroites qui sont conciliables avec le nombre et l'harmonie. Dans Rome, faite

---

1. Niebuhr : Si Romulus partagea les trente curies en décades, chaque curie comprenant dix maisons, les trois cents maisons romaines sont dans le même rapport avec les jours de l'année cyclique que les trois cent soixante maisons athéniennes étaient avec ceux de l'année solaire (trois cent soixante pour trois cent quatre, comme trois cents pour trois cent soixante-cinq.)

« Les trois cents sénateurs, dont chacun était le décurion de sa *gens*, représentaient sans doute les trois cents *gentes*. Les trente sénateurs de Sparte, les trente φαραί des modernes Souliotes, les trente ducs des Lombards, les trente maisons des Ditmarsh, répondent aux trente jours du mois. Les vingt-huit *alberghi*, ou familles politiques, entre lesquels André Doria partagea les anciennes familles naturelles de Gênes, les trois classes patriciennes de Cologne composées chacune de quinze familles, enfin, les *schiatte* (*schlacht*, bas all., pour *geschlecht*, race), entre lesquelles étaient divisés les citoyens des villes d'Italie, présentent des associations semblables à des *gentes*, et des divisions numériques analogues à celles des curies.

« A Athènes, douze polcis, distribuées en douze dèmes, douze phratries, quatre philés. Aréopage commencé par douze dieux ; douze phratries, trente gentes. Amphictyonie, de trois cent soixante pères de famille.

« La laie, vue par Énée au lieu où fut depuis Rome, a trente petits. La confédération latine se composait de trente villes. Du nom de trente Sabines (Plutarque), Romulus fonde trente curies, formées chacune de dix *gentes*, lesquelles, représentées par leurs chefs, donneront trois cents sénateurs. Les

pour s'agrandir, ces préceptes d'une étroite sagesse ne furent point suivis. Les *gentes* se grossirent des laboureurs qui, ne pouvant cultiver leurs terres dans le voisinage hostile de Rome, demandèrent la sauvegarde d'un des chefs romains, et se déclarèrent dans sa clientèle ; souvent encore, elles reçurent les étrangers qui, chassés de leur patrie, vinrent dans la cité victorieuse se placer sous la protection de quelque famille puissante. Ceux-ci, amenant souvent eux-mêmes un grand nombre de clients et d'esclaves, se trouvaient quelquefois plus riches et plus distingués que leurs patrons. Ils n'en perdaient pas moins, comme vaincus, leurs dieux et leur droit augural. Or, tout droit était dans la religion, et dépendait des augures.

Le patricien sabin ou étrusque, revêtu seul du carac-

---

trois tribus de Romulus sont portées au nombre de trente et une par Servius. » (Denys.)

Réunissons ici d'autres exemples de la prédilection de Rome pour les mêmes nombres : douze vautours apparaissent à Romulus, exprimant, par leur nombre, les douze siècles que les prophéties étrusques promettaient à la cité. Le célèbre augure Vettius l'expliquait ainsi au temps de Varron (Varro, lib. XVIII ; *Antiquit. in Censorin.*, 17). Les douze siècles finiraient en 591 après J.-C., époque de l'extermination des vieilles familles par Totila, et de la soumission de Rome aux exarques grecs. Albe a duré trois cents ans avant la fondation de Rome. L'histoire de Rome elle-même, jusqu'à la prise de la ville par les Gaulois, se divise, selon Fabius Pictor, en deux périodes, la première double de la seconde ; deux cent quarante ans sous les rois, cent vingt après. Dans chaque tiers de cent vingt années, nous trouvons dix multipliés par douze. L'année cyclique, instituée par Romulus, était divisée en trente-huit nundines ; Romulus règne trente-huit ans ; Numa trente-neuf ans ; trente-neuf, nombre mystérieux, qui équivaut à trois fois dix, et trois fois trois (Nieb., *passim*). Numa établit neuf corporations d'artisans (Plut.). La gens Potitia, chargée des sacrifices d'Hercule, se composait de douze familles, et (vers l'an 440) de trente hommes adultes. (Nieb., II, 416.) Ajoutez à tout ceci les trois Horaces, qui donnent à Rome la victoire sur Albe ; les trois guerriers qui défendent le pont Sublicius contre l'armée de Porsenna, enfin les trois cents jeunes patriciens qui ont juré, avec Scævola, la mort du roi de Clusium ; les trois cents Fabius qui périssent en combattant les Veïens, etc.

tère augural, avait seul le droit public et privé. Sa parole était la loi, une loi d'une barbarie cyclopéenne : *Adversus hostem æterna auctoritas esto*, droit éternel de réclamer contre l'ennemi. *Hostis*, ennemi, est synonyme d'*hospes*, étranger, et le plébéien est étranger dans la cité. Contre le patricien, ministre des dieux, dieu lui-même dans la famille et dans la cité, il n'y a point d'action (*nulla auctoritas*). Il ne peut être puni, et s'il commet un forfait, la curie déclare seulement qu'il a fait mal, *improbe factum*.

Sous les rois, les plébéiens illustres entrèrent dans le patriciat, et furent admis à la participation du droit divin et humain, qui leur assurait la liberté et la propriété. Les plébéiens pauvres furent employés dans les constructions prodigieuses auxquelles les lucumons étrusques attachaient les classes inférieures. Ils souffrirent, ils crièrent. Ils aidèrent à renverser le patriciat sacerdotal des Étrusques, et se trouvèrent alors sans ressources et sans protection contre les patriciens guerriers qui restaient.

Deux cris s'élevèrent du peuple contre les patriciens dès les premiers temps de la République. Les plébéiens réclamèrent, les uns des droits, et les autres du pain. Tous les droits étaient compris sous un seul mot : *ager romanus*. Celui qui avait part à ce champ sacré, limité par les augures et les tombeaux, se trouvait patricien de fait. Le mot d'*ager* a fait confondre ces deux réclamations si différentes dans leur motif et dans leur résultat. Les plébéiens les plus nécessiteux cédèrent, acceptèrent des terres profanes, mesurées à l'image de l'*ager* ; ils formèrent des colonies, et étendirent au loin la puissance de Rome. Les autres persistèrent; ils obtinrent part à l'*ager* sacré, ou du moins aux droits de l'*ager*, et fondèrent les libertés plébéiennes.

La création de deux rois annuels, appelés consuls[1], le rétablissement des assemblées par centuries, où les riches avaient l'avantage sur les nobles, les lois du consul Valerius Publicola qui baissait les faisceaux devant l'assemblée, et permettait de tuer quiconque voudrait se faire roi, tous ces changements politiques n'amélioraient pas la condition du pauvre plébéien. Le droit de provocation établi par Valerius était un privilège des patriciens, comme tous les autres droits.

Que ceux qui méprisent l'industrie, et qui, nourris, vêtus par elle, usent de ses bienfaits en la blasphémant, que ceux-là lisent l'histoire, qu'ils voient le sort de l'humanité dans les temps anciens. L'industrie est la conquête de la nature physique pour la satisfaction des besoins de l'homme, c'est là son but direct. Mais ses bienfaits indirects sont plus grands encore. Elle élève peu à peu les hommes à l'aisance et à la richesse, les rapproche peu à peu de l'égalité, réconcilie le pauvre avec le riche, en laissant au premier l'espoir de s'asseoir un jour sur une terre à lui, de pouvoir enfin essuyer la sueur de son front, et reprendre haleine.

Il n'en était pas ainsi dans les cités antiques. Le riche n'avait jamais besoin du pauvre; le travail de ses esclaves lui suffisait. Le pauvre et le riche, enfermés dans la même cité, placés en face l'un de l'autre, et séparés par une éternelle barrière, se regardaient d'un œil de haine. Le riche n'assurait sa richesse qu'en

---

1. *Préteurs*, jusqu'au décemvirat, selon Dion et Tite-Live. Voy. plus bas.

devenant plus riche et achevant d'accabler le pauvre. Le pauvre, ne pouvant sortir autrement de la misère, rêvait toujours des lois de meurtre et de spoliation. Tel est le tableau des cités grecques. La victoire alternative des riches et des pauvres est toute leur histoire ; à chaque révolution, une partie de la population fuit ou périt, comme dans cette hideuse histoire de Corcyre que nous a conservée Thucydide.

Voyons quelle était à Rome la situation des plébéiens. Le cens du consul Valerius Publicola donna cent trente mille hommes capables de porter les armes, ce qui ferait supposer une population de plus de six cent mille âmes, sans compter les affranchis et les esclaves. Il fallait que cette multitude tirât sa subsistance d'un territoire d'environ treize lieues carrées. Nulle autre industrie que l'agriculture ; entourées de peuples ennemis, les terres étaient exposées à de continuels ravages, et la ressource incertaine du butin enlevé à la guerre ne suffisait pas pour les compenser. La guerre ôte plus au vaincu qu'elle ne donne au vainqueur ; quelques gerbes de blé que rapportait le plébéien ne compensaient pas la perte de sa chaumière incendiée, de ses charrues, de ses bœufs enlevés l'année précédente par les Èques ou les Sabins. Lorsqu'il rentrait dans Rome, vainqueur et ruiné, et que ses enfants l'entouraient en criant pour avoir du pain, il allait frapper à la porte du patricien ou du riche plébéien, demandait à emprunter jusqu'à la campagne prochaine, promettant d'enlever aux Volsques ou aux Étrusques de quoi acquitter sa dette, et hypothéquant sa première victoire. Cette garantie ne suffisait pas : il fallait qu'il engageât son petit champ, et le patricien lui donnait quelque subsistance, en stipulant le taux énorme de douze pour cent par année. Depuis l'institution des comices par centuries, le pouvoir politique ayant passé de la noblesse à la richesse, l'avidité naturelle du Romain fut stimulée par l'ambition, et l'usure était le seul moyen de satisfaire cette avidité. La valeur du champ engagé était bientôt absorbée par les intérêts accumulés. La personne du plébéien répondait de sa dette ; quand on dit la personne du père de famille, on dit sa famille entière : car sa femme, ses enfants, ne sont que ses membres[1]. Dès lors il pouvait encore voter au Forum, combattre à l'armée : il n'en était pas moins *nexus*, lié ; ce bras qui frappait l'ennemi sentait déjà la chaîne du créancier. La terrible *diminutio capitis* était imminente. Le malheureux allait, venait, et déjà il était mort.

Enfin l'époque fatale arrive. Il faut payer. La campagne n'a pas été heureuse. L'armée rentre dans Rome. Que deviendra le plébéien ? Les Douze Tables donnent la réponse. Elles n'ont fait que consacrer les usages antérieurs. Écoutons *ce chant terrible* de la loi (*lex horrendi carminis erat*, Tite-Live).

Qu'on l'appelle en justice. S'il n'y va, prends des témoins, contrains-le. S'il diffère et veut lever le pied,

---

1. Varro, *de L. l.*, VI, 5 : « *Nexum* Manilius scribit *omne quod per libram* « *et æs geritur in quod sint mancipi* : Mucius Scævola, *quæ per æs et* « *libram fiunt, ut obligentur*, præterquam quæ mancipio dentur. Hoc verius « esse, ipsum verbum ostendit, de quo quæritur. Nam idem quod obligatur « per libram, neque suum sit, in *nexum* dictum. Liber, qui suas operas in « servitute pro pecunia, quam debeat, dum solveret.... *Nexus* vocatur, ut ab « ære Obæratus. Hoc C. Popilio rogante Sylla dictatore sublatum ne fieret ; et « omneis qui bonam copiam jurarent, ne essent nexi, dissoluti. » — Voy. aussi Festus, v. *Nexum*, et le beau chapitre de Niebuhr.

mets la main sur lui. Si l'âge ou la maladie l'empêche de comparaître, fournis un cheval, mais point de litière. Eh quoi ! le malheureux est revenu blessé dans Rome ; son sang coule pour le pays ; le jetterez-vous mourant sur un cheval ? N'importe, il faut aller. Il se présente au tribunal avec sa femme en deuil, et ses enfants qui pleurent.

Que le riche réponde pour le riche ; pour le prolétaire, qui voudra. — La dette avouée, l'affaire jugée, trente jours de délai. Puis, qu'on mette la main sur lui, qu'on le mène au juge. — Le coucher du soleil ferme le tribunal. S'il ne satisfait au jugement, si personne ne répond pour lui, le créancier l'emmènera et l'attachera avec des courroies ou avec des chaînes qui pèseront quinze livres ; moins de quinze livres, si le créancier le veut. — Que le prisonnier vive du sien. Sinon, donnez-lui une livre de farine, ou plus à votre volonté. Grâce soit rendue à l'humanité de la loi ! elle permet au créancier d'alléger la chaîne et d'augmenter la nourriture ; elle lui permet bien d'autres choses en ne les défendant pas, et les fouets, et l'humidité d'une prison ténébreuse, et la torture d'une longue immobilité... J'aime encore mieux m'arrêter dans l'horreur de ce cachot, que de chercher ce qu'est devenue la famille du pauvre misérable, esclave aujourd'hui comme lui. Heureux si, par une émancipation prudente, il a su préserver à temps ses enfants. Sinon, leur père pourra, de l'ergastulum obscur où on le retient, les entendre crier sous le fouet, ou peut-être, au milieu des derniers outrages, l'appeler à leur secours...

S'il ne s'arrange point, tenez-le dans les liens soixante jours ; cependant produisez-le en justice par trois jours de marché, et là, publiez à combien se monte la dette. Hélas ! lorsque l'infortuné sortira des tortures du cachot pour subir le grand jour et l'infamie de la place publique, ne se trouvera-t-il donc personne pour l'arracher à ces mains cruelles ?

Au troisième jour de marché, s'il y a plusieurs créanciers, qu'ils coupent le corps du débiteur. S'ils coupent plus ou moins, qu'ils n'en soient pas responsables. S'ils veulent, ils peuvent le vendre à l'étranger au delà du Tibre. Ainsi, dans Shakespeare, le juif Shylock stipule, en cas de non-paiement, une livre de chair à prendre sur le corps de son débiteur.

Il ne faut pas s'étonner s'il y eut un grand tumulte sur la place, lorsqu'on vit pour la première fois un pauvre vieillard s'élancer couvert de haillons, hâve et défait comme un mort, les cheveux et le poil longs, hérissés, comme d'une bête sauvage, et qu'on reconnut dans cette figure effrayante un brave soldat dont la poitrine était couverte de cicatrices. Il conta que, dans la guerre des Sabins, sa maison avait été brûlée, ses troupeaux enlevés, puis les impôts tombant sur lui à contre-temps... de là des dettes, et l'usure nourrie par l'usure, ayant, comme un cancer rongeur, dévoré tout ce qu'il avait, le mal avait fini par atteindre son corps. Il avait été emmené par un créancier, par un bourreau... Tout son dos saignait encore des coups de fouet. Un cri d'indignation s'éleva. Les débiteurs, ceux même qui n'y avaient d'autre intérêt que celui de la pitié, lui prêtèrent main-forte et s'ameutèrent. Les sénateurs qui étaient sur la place faillirent être mis en pièces. Leurs maisons étaient pleines de captifs qu'on y amenait chaque jour par troupeaux (*gregatim adducebantur.* Liv.).

Les consuls étaient alors un Appius et un Servilius, noms expressifs du chef de l'aristocratie et du partisan du peuple (*Servius, Servilius a servo*). Ce dernier rôle passe à divers individus, aux Valerius, aux Menenius, aux Spurius Cassius, Spurius Melius, Mecilius, Metilius, Manlius. Les favoris du peuple apparaissent un instant[1] et font place à d'autres.

Ni la violence d'Appius, ni la condescendance de Servilius, ou de Valerius, qui fut créé dictateur l'année suivante, n'auraient apaisé les plébéiens. Les Volsques approchaient pour profiter du trouble. Deux fois le même danger força le Sénat d'ordonner la délivrance des débiteurs. Les plébéiens vainquirent plus tôt que le sénat ne l'aurait voulu. Mais ils furent retenus sous les armes. Engagés par leur serment, ces hommes religieux eurent un instant l'idée de se délier en égorgeant les consuls, auxquels ils avaient juré obéissance. Ensuite ils enlevèrent les aigles et se retirèrent sur le Mont Sacré ou sur l'Aventin. Là ils se fortifièrent, se tinrent tranquilles, ne prenant autour de Rome que les choses nécessaires à leur nourriture. La tradition nationale s'était plu à parer de cette modération le berceau de la liberté.

Ceux qui connaissent la race romaine, qui ont retrouvé dans Rome et sur les montagnes voisines cette sombre population, orageuse comme son climat, qui couve toujours la violence et la frénésie, ceux-là sentiront le récit de Tite-Live. L'armée pouvait d'un moment à l'autre descendre dans la ville, où les plébéiens l'auraient reçue ; l'ennemi pouvait en six heures venir du

---

1. « Saginare plebem populares suos, quos jugulet », dit admirablement Tite-Live à l'occasion de Manlius.

pays des Èques ou des Herniques. Les patriciens envoyèrent au peuple celui des leurs qui lui était le plus agréable, Menenius Agrippa. Il leur adressa l'apologue célèbre des membres et de l'estomac, véritable fragment cyclopéen de l'ancien langage symbolique[1]. L'envoyé eut peu de succès. Les plébéiens voulurent un traité. Un traité entre les patriciens et les plébéiens, entre les personnes et les choses! Ce mot seul, a dit un grand poète[2], vieillit l'apologue de Menenius d'un cycle tout entier.

Ils refusèrent de rentrer dans Rome, s'il ne leur était permis d'élire parmi eux des tribuns qui les protégeassent. Les deux premiers furent Junius Brutus et Sicinius Bellutus (*a bellua*, c'est sans doute un synonyme de *Brutus*). Humbles furent d'abord les pouvoirs et les attributions de ces magistrats du peuple. Assis à la porte du Sénat, ils en écoutaient les délibérations sans pouvoir y prendre part. Ils n'avaient aucune fonction active. Tout leur pouvoir était dans un mot : *Veto*, je m'oppose. Avec cette unique parole, ils arrêtaient tout. Le tribun n'était que l'organe, la voix négative de la liberté. Mais cette voix était sainte et sacrée. Quiconque mettait la main sur un tribun était dévoué aux dieux : *sacer esto*. C'est de ce faible commencement que partit cette magistrature qui devait emprisonner les consuls et les dictateurs descendant de leur tribunal. Le pauvre eut mieux qu'il ne voulait. Muet jusque là, il acquit ce qui distingue l'homme : une voix; et la vertu de cette voix lui donna tout le reste.

---

1. On nous a conservé quelques autres exemples de ces fables politiques : le cerf et le cheval, de Stésichore; le renard, le hérisson et les mouches, d'Ésope; le chien livré par les moutons, de Démosthène.
2. M. Ballanche.

CHAPITRE III

Suite du précédent. — Premières guerres. — Loi agraire; Colonies. — Les Douze Tables. — Prise de Véies par les Romains, de Rome par les Gaulois.

C'est dans l'obscurité des premières guerres de la république que les grandes familles de Rome ont commodément placé les hauts faits de leurs aïeux. Nous verrons plus loin que les héros de cette histoire, écrite d'abord par des Grecs, sont précisément les ancêtres des consuls et des préteurs romains, qui les premiers eurent des relations avec la Grèce. Pour cette raison, et pour plusieurs autres, il nous est impossible de reproduire sérieusement l'insipide roman de ces premières guerres. Nous l'ajournons à l'époque où il a été composé. (Voy. livre II, chap. 6.) Nous présenterons alors sous leur véritable jour l'exil de Coriolan et celui de Quintius Cœso, la grande bataille de Véies et le dévouement des trois cents Fabius, les exploits de Cincinnatus, etc.

Cherchons à dégager l'histoire de cette froide poésie sans vie et sans inspiration.

Rome avait à l'orient les Sabins, ancêtres d'une

partie de sa population, pauvres et belliqueux montagnards, sur lesquels il y avait peu à gagner. Les guerres qu'elle eut de ce côté durent être défensives. D'autres montagnards, les Herniques (*hernæ*, roches) s'entendaient le plus souvent avec les Romains contre les riches habitants des plaines, aux dépens desquels ils vivaient également. Ceux-ci étaient les Volsques au midi de Rome, les Veïens au nord, deux peuples commerçants et industrieux. Ardée et Antium[1], principales cités des Volsques, s'étaient de bonne heure enrichies

1. En 446, une occasion se présente d'agrandir le territoire romain; les villes d'Ardée et d'Aricie se disputaient un territoire ; elles prirent pour juge le peuple romain. Alors un vieux soldat se lève : « Jeunes gens, dit-il, vous n'avez « pas vu le temps où ce territoire appartenait au peuple romain. Il n'appartient « pas aux deux villes qui se le disputent : il est à nous. » Le peuple applaudit et s'adjuge le territoire. Le sénat, indigné de cette perfidie, promet une réparation aux habitants d'Ardée. Il ne pouvait casser le décret du peuple; mais, quatre ans après, il envoie à Ardée une colonie où il eut soin de n'inscrire que des Ardéates. Ils rentrèrent ainsi en possession de leur territoire. Voy. dans Tite-Live, liv. IV, chap. 9, une jolie histoire qui rappelle entièrement celles du moyen âge, les rivalités des Montaigu et des Capulet : « Virginem plebeii « generis maxime forma notam.... »

Pendant que les Romains réparent leur injustice, un autre ennemi s'élève derrière eux. Fidènes passe du côté des Veïens. Les Veïens avaient, dit-on, alors un roi, Lars Tolumnius (lars veut dire roi). Ce roi n'était probablement qu'un lucumon auquel on avait confié une autorité illimitée à cause de la guerre. Il ordonne aux Fidénates d'égorger les ambassadeurs romains qui étaient venus se plaindre de la révolte de Fidènes. De là une guerre acharnée contre Veïes, Fidènes et les Falisques. Un combat singulier s'engage entre Cornelius Cossus et Tolumnius. La défaite de Tolumnius entraîne celle de son armée; les Veïens et les Falisques mis en fuite implorent le secours des douze villes étrusques; ce secours leur est refusé, mais ils trouvent de puissants auxiliaires dans les Èques et les Volsques, ennemis acharnés des Romains. Ces peuples cherchèrent à exciter leurs soldats par l'appareil le plus sinistre. « Lege sacrata delectu « habito, in Algidum convenere », nous dit Tite-Live. Il ne s'explique pas sur ce qu'on doit entendre par la *lex sacrata*, mais elle doit avoir quelque rapport avec les cérémonies mystérieuses et terribles qu'employèrent les Samnites lorsqu'ils formèrent la *Légion du Lin*. Les Èques sont vaincus par Posthumius et Fabius. Les généraux décident presque seuls la victoire. Nous rencontrons encore ici un Posthumius comme à la bataille du lac Rhégille, un Fabius

par le commerce maritime. On vantait les peintures dont la première était ornée[1]. Au sac de Pometia, Tarquin-l'Ancien trouva, dit-on, de quoi donner cinq mines à chacun de ses soldats, et la dîme du butin se monta à cinquante talents.

Ce qui retarda la ruine des Volsques, c'est qu'ils

comme à celle de Véies. Posthumius condamne son fils pour avoir combattu hors des rangs, comme plus tard Manlius condamnera le sien.

Débarrassés des Èques, les Romains se tournent contre les Fidénates. Ceux-ci s'élancent avec des torches ardentes, des vociférations lugubres et un aspect de furies. Les Romains furent d'abord effrayés ; mais, ramenés au combat par leurs généraux, ils tournèrent les feux de Fidènes contre elle-même et la brûlèrent.

L'Étrurie reçut l'année suivante un coup bien plus sensible de la main d'un autre peuple. Vulturnus fut pris par les Sabins, qui changèrent son nom en celui de Capoue. La perte de deux villes aussi importantes arrêta les Étrusques ; mais les Èques et les Volsques ne se découragèrent pas. Ils furent même sur le point d'exterminer l'armée romaine. Elle ne dut son salut qu'à la valeur du décurion Tempanius, qui détourna sur lui tous les efforts de l'armée. Ce dévouement se représente plus d'une fois dans l'histoire romaine. En général, toute cette histoire présente une désolante uniformité. Un peu plus tard, Servilius est défait par les Èques, et son père répare le désastre. Nous trouvons le même fait quelques années plus loin. Fabius Ambustus répare également la défaite de son fils. — Une histoire empreinte d'un caractère de vérité plus remarquable est celle de Posthumius Rhegillensis. Il pénètre dans le pays des Èques, prend Voles, et empêche qu'on y envoie une colonie. Une sédition éclate dans l'armée. Le général punit les principaux coupables en les faisant noyer sous la claie. L'armée s'assemble en tumulte, et Posthumius est lapidé « ad « vociferationem eorum quos sub craie necari jusserat ». Les punitions n'étaient pas arbitraires dans les armées romaines, et pourtant le supplice atroce qu'ordonne ici Posthumius ne se retrouve que chez les Barbares. Tacite nous apprend qu'il était usité dans la Germanie.

La même année les Romains remportèrent de grands avantages sur les Èques et les Volsques. En 412, ils s'emparent de la ville d'Anxur, dont le butin enrichit tous les soldats romains. Rome, maîtresse des deux capitales des Volsques (Anxur et Antium), se tourne contre Véies, la plus considérable des cités étrusques du voisinage. Voy. plus bas.

1. Nous trouvons dans Tite-Live un plébéien de Rome qui s'appelle *Volscius Pictor*, ou *Fictor*, c'est-à-dire le Peintre ou le Potier, fils du Volsque. Nicolaï, dans son ouvrage sur les Marais pontins, a recueilli les textes les plus importants pour l'histoire des Volsques. Voy. aussi Corradini, etc.

avaient dans les montagnes, entre les Herniques et les Romains, de fidèles alliés, les Èques, qui semblent même se confondre avec eux. Le sombre Algide et ses forêts, encore aujourd'hui si mal famées, étaient le théâtre des brigandages et des guerres éternelles des Èques et des Romains. Tout le Latium était donc partagé en deux ligues, celle des *Volsci-Equi* et celle des *Latini et Hernici*. Les Romains s'agrégèrent les seconds, exterminèrent les premiers, et le nom de Latium, qui, dans les temps les plus anciens, était peut-être particulier aux environs de Rome et du Mont Albain, centre des religions latines, s'étendit jusqu'aux frontières de la Campanie. Une tradition voulait que le bon roi latin et plébéien Servius Tullius eût autrefois fondé un temple à Diane sur l'Aventin pour recevoir les députés de Rome et des trente villes latines. Les Tarquiniens, pendant leur domination à Rome, avaient aussi institué un sacrifice commun à Jupiter Latialis sur le Mont Albain. Ils auraient encore réuni les Latins aux Romains dans les mêmes *manipuli*[1]. Les intérêts com-

---

[1]. Tite-Liv., VIII, c. 6. — Sur l'alliance des Latins et des Romains : « Il y « aura paix entre les Romains et les villes du Latium, tant que le ciel et la « terre subsisteront, etc. » (Denys, I.) Ce traité établissait entre les deux parties le lien d'une fédération militaire. Dans l'origine, dix villes, puis trente, puis quarante-sept, envoyèrent des députés aux Féries latines. Le lieu de rassemblement fut d'abord le Mont Albain, et Ferentinum, chez les Herniques. A mesure que Rome prit de l'ascendant, les préteurs romains tinrent l'assemblée, et le lieu de réunion fut l'Aventin ou le Capitole même. « Prætor ad « portam nunc salutatur is qui in Provinciam pro prætore aut pro consule « exit. Cujus rei morem ait fuisse Cincius in libro de consulum potestate « talem : Albanos rerum potitos usque ad Tullum regem : Alba deinde diruta « usque ad P. Decium Murem consulem; Albanos ad caput Œtentinæ, quod « est sub Monte Albano, consulere solitos, et imperium communi consilio ad- « ministrare. Itaque quo anno romanos imperatores ad exercitum mittere « oporteret, jussu nominis latini complures nostros in Capitolio a sole oriente

muns des deux États étaient réglés par leurs députés, qui se réunissaient à la fontaine de Ferentino (Festus, voy. *Prætor ad portam*) jusqu'au consulat de T. Manlius et de P. Decius, époque où périrent les libertés du Latium. Ces assemblées des trente villes s'appelaient les féries latines; comme les trente curies de Rome, elles ne conservèrent qu'un pâle reflet de leur première destination. Les auspices suivaient toujours la souveraineté; on finit par les prendre au Capitole au nom de la nation latine; le préteur romain était salué à la porte du temple.

Cette lente conquête du Latium occupa le peuple deux siècles, sans améliorer sa condition. De même que le patriciat sacerdotal des Tarquiniens avait tenu le peuple toujours occupé à bâtir, le patriciat héroïque des premiers temps de la République consumait les forces des plébéiens dans une guerre éternelle. Réclamaient-ils; on leur offrait les terres lointaines que la guerre enlevait aux vaincus, et qui restaient exposées à leur vengeance et aux chances de leur retour. Ce n'est pas là ce qu'ils demandaient; ce qu'ils enviaient aux patriciens, c'était la possession de ces terres fortunées que protégeait le voisinage de Rome, et qui, par

« auspiciis operam dare solitos. Ubi aves addixissent, militem illum qui a « communi Latio missus esset, illum quem aves addixerant, prætorem salutare « solitum qui eam provinciam obtineret prætoris nomine. » (Festus, v. *Prætor ad portam*.) — Le *jus Latii* consistait dans le *connubium*, ou droit de mariage entre les deux peuples, et dans le *commercium*, qui renfermait la *vindicatio* et *cessio in jus*, la *mancipatio* et le *nexum*. Pour l'indication des auteurs qui ont éclairci chacun de ces points, voy. les excellentes *Institutiones* d'Hautbold, avec les additions de C. E. Otto. Lipsiæ, 1823.

leur limitation sacrée, assuraient à leurs propriétaires le droit augural, fondement de tous les droits. Ce champ sacré[1] était fort circonscrit. Selon Strabon, on voyait à cinq ou six milles de Rome un lieu appelé *Festi*. C'était là l'ancienne limite du territoire primitif. Les prêtres faisaient en cet endroit, comme en plu-

---

1. Varro, *De L. lat.*, l. IV, c. 4 : « Ut nostri augures publice dixerunt, agro-
« rum sunt genera quinque : *Romanus, Gabinus, Peregrinus, Hosticus,*
« *Incertus. Romanus* dictus, unde Roma, ab Romulo. *Gabinus* ab oppido
« Gabiis. *Peregrinus*, ager pacatus, qui extra Romanum et Gabinum, quod
« uno modo in heis feruntur auspicia. Dictus *Peregrinus* a pergendo, id est
« progrediendo. Eo enim ex agro romano primum progrediebatur. Quocirca
« Gabinus, sive peregrinus, secundum hos auspicia habent singularia. »
    C. IX : « Ager omanus primum divisus in parteis treis, a quo tribus appel-
« latæ Tatiensium, Ramnium, Lucerum, nominatæ, ut ait Ennius, *Tatienses*
« a Tatio, *Ramnenses* a Romulo; *Luceres*, ut ait Junius, a lucumone. Sed
« omnia hæc vocabula tusca, ut Volumnius, qui tragœdias tuscas scripsit, di-
« cebat. Ab hoc quoque quatuor parteis urbis tribus dictæ, et ab loceis
« *Suburana, Esquilina, Collina, Palatina*, quinta, quod sub Roma, *Romilia*
« Sic reliquæ tribus ab iis rebus, de quibus in tribuum libreis scripsi. »
    Florus, I, 9, 11 : « Liber jam hinc populus romanus, prima adversus exteros
« arma pro libertate corripuit; mox pro finibus; deinde pro sociis, tum pro
« gloria et imperio, lacessentibus assidue usquequaque finitimis. *Quippe cui*
« *patrii soli gleba nulla, sed statim hostile pomœrium, mediusque inter*
« *Latium et Tuscos, quasi in quodam bivio, collocatus, omnibus portis*
« *in hostem incurreret :* donec quasi contagione quadam per singulos itum
« est, et proximis quibusque correptis, totam Italiam sub se redigeret... Sora
« (quis credat?) et Algidum terrori fuerunt; Satricum atque Corniculum pro-
« vinciæ. De Verulis et Bovillis pudet ; sed triumphavimus Tibur nunc subur-
« banum, et æstivæ Prœneste deliciæ nuucupatis in Capitolio votis petebantur.
« Idem tunc Fæsulæ, quod Carræ nuper. Idem nemus Aricinum, quod Her-
« cynius saltus, Fregellæ quod Gesoriacum, Tiberis, quod Euphrates. Coriolus
« quoque, pro pudor ! victus, adeo gloriæ fuit, ut captum oppidum Caius
« Marcius Coriolanus, quasi Numantiam aut Africam, nomini induerit. Exstant
« et parta de Antio spolia quæ Mœnius in suggestu fori, capta hostium classe,
« suffixit, si tamen illa classis : nam sex fuere rostratæ. Sed hic numerus
« illis initiis navale bellum fuit. »
    Denys, lib. IV, V. Sigonius a mieux entendu Denys que Corradinus; il restreint le vieux Latium, et en exclut les Volsques et les Herniques. (Sigonius, *De civ. jure.*) Festus dit qu'on appela *Prisci latini qui fuerunt priusquam Roma conderetur.*

sieurs autres, la cérémonie des *ambarvalia*. Ce territoire s'étendit par la suite; mais pendant fort longtemps il ne passa pas, du côté des Latins, Tibur, Gabies, Lanuvium, Tusculum, Ardée et Ostie; du côté des Sabins, il touchait Fidènes, Antemnæ, Collatie. Au delà du Tibre, il confinait Céré et Veïes. Lorsque les consuls ordonnèrent aux Latins de sortir de Rome, ils leur défendirent d'approcher de cette ville de plus de cinq milles. C'est que la frontière se trouvait à cette distance.

Il est vraisemblable que, sous le nom vague de loi *agraire*, on aura confondu deux propositions très différentes : 1° celle de faire entrer les plébéiens en partage du territoire sacré de la Rome primitive, à la possession duquel tenaient tous les droits de la cité; 2° celle de partager également les terres conquises par tout le peuple, et usurpées par les patriciens. Cette seconde espèce de loi agraire, analogue à celles des Gracches, aura aisément fait oublier l'autre, lorsque l'ancien caractère symbolique de la cité et de l'*ager* commençait à s'effacer.

Les auteurs des lois agraires se présentent à des époques différentes, mais sous des noms identiques, qui font douter de leur individualité : Spurius Cassius, Spurius Melius, Spurius Mecilius, Spurius Metilius, enfin Manlius (*Mallius, Mellius, Melius*)[1].

---

[1]. Les dates sont différentes (486, 437, 382), mais les événements ne le sont guère. Spurius Cassius est un patricien. Spurius Melius un très riche chevalier avec beaucoup de clients. Tous deux sont accusés d'aspirer à la royauté. Spurius Cassius veut que les terres conquises par le peuple et usurpées par les patriciens soient partagées également entre les pauvres plébéiens; de plus, qu'on leur distribue les deux tiers des terres que lui-même vient d'enlever aux Herniques. Mais ces terres étaient trop considérables pour les Romains; il

Le Sénat eût été vaincu dans cette lutte violente, il eût cédé la cité, comme nous avons vu récemment le sénat de Berne, s'il n'eût réussi à donner le change au peuple, en lui présentant au dehors une image de Rome qui le consolât de ce qu'on lui refusait. La colonie romaine [1] sera identique avec la métropole, rien n'y manquera au premier aspect. L'augure et l'*agrimensor* [2]

---

demande qu'on en donne la moitié aux citoyens pauvres, et l'autre aux alliés latins.

Spurius Melius, n'étant pas consul, ne peut proposer aucune loi ; mais il distribue beaucoup de blé au peuple. Manlius demande la division des terres comme Cassius, et de plus, comme Melius, il soulage de sa bourse les pauvres plébéiens. Dans les discours que lui prête Tite-Live, il paraît favorable aux alliés : *Quos falsis criminibus in arma agunt;* c'est une ressemblance de plus avec Spurius Cassius. Au contraire, le Sénat traite avec dureté les Latins et les Herniques. — Si leurs actions sont semblables, leur supplice l'est aussi. Manlius est condamné à mort et sa maison détruite. La maison de Spurius Melius est également démolie. Spurius Melius est condamné par Titus Quintus Capitolinus ; Manlius l'est par un dictateur dont le lieutenant se nomme Titus Quintus Capitolinus. Le même Servilius Ahala qui tue Melius, nomme dictateur (en qualité de tribun militaire) Publius Cornelius ; le dictateur qui condamne Manlius se nomme Aulus Cornelius.

Vingt-deux ans après Spurius Melius, deux tribuns, Spurius Mecilius et Spurius Metilius proposent une loi agraire. Ce mot est tout ce que l'histoire nous apprend d'eux : ils ne reparaissent plus.

Quant à Manlius, nous voyons dans Tite-Live, quelques pages après le récit de sa mort, une anecdote qui pourrait expliquer la haine des patriciens contre lui*. Un Publius Manlius, dictateur, avait nommé pour général de la cavalerie un plébéien. Les patriciens auront chargé ce Manlius des crimes des Spurius Cassius, des Spurius Melius, en un mot, de tous les patriciens qui avaient trahi leur ordre en prenant en main les intérêts des plébéiens.

1. Voy. les Éclaircissements.
2. Gœsius, p. 31 : « Cicero, Agraria secunda recenset *pullarios, appari-*
« *tores, scribas, librarios, præcones, architectos, janitores,* vel, ut legunt
« alii, *finitores...* nec miror flagitatos a Cicerone finitores ducentos. Hic ergo
« finitor idem est qui in jure vulgo dicitur *mensor, mensor agrorum,* et
« *agrimensor,* atque in veteri inscriptione *mensor agrarius,* in Frontinianis
« *mensor agris limitandis metiundis.* Frontino de aquæductibus *metitor,*
« Ciceroni *metator* et *decempedator,* Servio *limitator,* Symmacho *rector,*

---

* Liv. VI, ch. 39. « P. Manlius deinde dictator rem in causam plebis inclinavit, « C. Licinio qui tribunus militum fuerat magistro equitum de plebe dicto. »

suivront la légion émigrante, orienteront les champs, selon la règle sacrée, décriront les contours et les espaces légitimes, renverseront les limites et les tombeaux des anciens possesseurs, et si le territoire des vaincus ne suffit point, on prendra à côté :

Mantua væ miseræ nimium vicina Cremonæ !

La nouvelle Rome aura ses consuls dans les duumvirs, ses censeurs dans les quinquennaux, ses préteurs dans les décurions. Ils régleront les affaires de la commune, veilleront aux poids et mesures (Juven.), lèveront des troupes pour Rome. Qu'ils se contentent de cette vaine image de puissance. La souveraineté, le droit de la paix et de la guerre, reste à la métropole. Les colonies ne sont pour elles qu'une pépinière de soldats. Ici paraît l'opposition du monde romain et du monde grec. Dans celui-ci, la colonie devient indépendante de sa métropole comme le fils de son père,

« Isidoro *censitor*, Simplicio *inspector*, et aliis ex nostris auctoribus *agens*
« et *artifex* et *professor*, anonymo *ministerialis imperatorum*, variis legi-
« bus *arbiter*, et Alfeno *arbiter aquæpluviæ arcendæ*. Theodosii et Valen-
« tiniani lege dicitur : quoniam qui non fuit professus super hac lege, jubemus
« damnari ; si sine professione judicaverit, capitali sententia feriatur. « Quod
« ideo factum, ut et de agentibus in rebus rescriptum est in C. Th. l. 4. Ut
« probandus adsistat qualis moribus sit, unde domo, quam artis peritiam ad-
« secutus sit. » Fuere enim in eo ordine viri non tantum eruditi, sed etiam
« graves et splendidi, ut fuere Longinus, Frontinus et Balbus, qui temporibus
« Augusti omnium provinciarum formas et civitatum mensuras in commenta-
« rios contulit. An autem is idem sit quem Cicero dicit *juris et officii*
« *peritissimum* haud facile dixero. Præter jurisperitos autem et alii huic
« ordini fuere inserti qui sese belli studiis applicaverant, qualis ille Cilicius
« Saturninus, centur, de quo mentionem fecimus, et Vectius Rufinius primi-
« pilus de quibus mentio in Frontinianis, et forte Octavianus Musca, de quo
« Servius ad eclogam nonam. »

lorsqu'elle est assez forte pour se passer de son secours. Malgré le sang et la communauté des sacrifices, les cités grecques sont politiquement étrangères les unes aux autres. La colonisation grecque offre l'image d'une dispersion. Celle de Rome est une extension de la métropole.

Non seulement la colonie romaine reste dépendante de sa mère; mais elle voit tous les jours égaler à elle des enfants d'adoption sous le nom de *municipes;* colonies et municipes, celles-là avec plus de gloire, ceux-ci avec plus d'indépendance, sont embrassés et contenus dans l'ample unité de la cité. En la cité seule réside l'autorité souveraine. Cette grande famille politique reproduit la famille individuelle. Rome y occupe la place du *pater familias*, père inflexible et dur, qui adopte, mais n'émancipe jamais.

Aussi, tous ceux des plébéiens que la faim ne chassait point de Rome, refusèrent *ce droit d'exil* décoré du nom de colonie[1]. Ils aimèrent mieux, dit Tite-Live, demander des terres à Rome qu'en posséder à Antium. Ils voulurent garder à tout prix la jouissance de leur belle ville, de leur Forum, de leurs temples, des tombeaux de leurs pères; ils s'attachèrent au sol de la patrie, et sans déposséder les propriétaires de l'*ager*,

---

[1] Ou de municipe. Cic., *De oratore* : « Qui Romam in exilium venisset, « cui Romæ exulare jus esset. » — « L'exil, dit fort bien Niebuhr, d'après Cicéron n'est pas la déportation, que la loi romaine ne connaît pas; c'est la simple renonciation au droit de bourgeoisie par le bénéfice du *municipium*. Si, avant la sentence, l'accusé se faisait municipe en temps utile, il devenait citoyen d'un État étranger; et l'arrêt était superflu; mais il devait aller dans un État uni à Rome par un traité solennel, dans un état isopolitique. Catilina appelle, dans Salluste, Cicéron : *Inquilinus civis*, commé si Arpinum était encore un municipium étranger à Rome. »

ils obtinrent tous les droits attachés à la possession du champ sacré.

D'abord leurs tribuns introduisent, à côté des assemblées par centuries, les comices par tribus, convoqués, présidés par eux, et indépendants des augures. (Voy. liv. III, chap. 1). On dit que le premier usage qu'ils firent de ces assemblées, fut de chasser leur superbe adversaire, le patricien Coriolan. Cet essai ayant réussi les tribuns amenèrent fréquemment devant le peuple, à la fois juge et partie, ceux qui s'opposaient aux lois agraires. Titus Menenius, Sp. Servilius, les consuls Furius et Manlius, furent successivement accusés. Le péril de ces deux derniers poussa à bout les patriciens, et la veille du jour où le tribun Genucius devait provoquer leur jugement, il fut trouvé mort dans son lit.

Les plébéiens, frappés de stupeur, allaient plier et se laisser emmener de Rome pour une nouvelle guerre, lorsqu'un plébéien, nommé Voléro, osa refuser son nom à l'enrôlement et repousser le licteur. Le peuple le seconda, chassa les consuls de la place, et nomma tribuns les plus forts et les plus vaillants du peuple, Voléro[1] et Lætorius. Ce caractère est commun aux chefs populaires de Rome ; on le retrouve dans ce Siccius Dentatus qui, au rapport de Pline, pouvait à peine

---

1. Le plébéien *Volero Publius*. Tite-Live ajoute inutilement *de plebe homo*, et *prævalens ipse*. *Volesus, valerius, volero, a valendo; volero* est un augmentatif pour parodier le nom patricien de Valerius. *Publius*, surnom patricien, comme le dit le Tiresias des satires d'Horace, est sans doute pris aussi ironiquement. Voléro est créé tribun avec Lætorius. « Lætorium ferocem « faciebat belli gloria ingens, quod ætatis ejus haud quisquam manu promp- « tior erat. » Ils proposent que les magistrats plébéiens soient élus aux

compter les récompenses militaires, armes d'honneur, colliers, couronnes, qu'il avait mérités par son courage. Le vaillant Lætorius n'était pas orateur : « Romains, disait-il, je ne sais point parler, mais ce que j'ai dit une fois, je sais le faire ; assemblez-vous demain ; je mourrai sous vos yeux, ou je ferai passer la loi. »

Toutefois Volero et Lætorius ne recoururent point à la force brutale, comme on avait lieu de le craindre. Ils demandèrent et obtinrent que les assemblées par tribus nommassent les tribuns, et pussent faire des lois. La première qu'ils proposèrent, la loi agraire, fut repoussée par la fermeté d'Appius. Il lui en coûta la vie. L'armée qu'il commandait se fit battre et se laissa ensuite docilement décimer, contente à ce prix d'avoir déshonoré son chef. A son retour dans Rome, il n'échappa à la condamnation qu'en se laissant mourir de faim. Les tribuns voulaient empêcher son oraison funèbre. Le peuple fut plus magnanime envers un ennemi qu'il ne craignait plus.

Les plébéiens, désespérant d'obtenir les terres sacrées, se contentèrent de réclamer les droits qui y étaient attachés. Le tribun Terentillus Arsa (*Arsa*, boute-feu, d'*ardere*?) demanda, au nom du peuple, une loi uniforme, un code écrit. Le droit devait sortir enfin du mystère où le retenaient les patriciens. Tant que les plébéiens n'étaient point des personnes, ils n'étaient

---

comices par tribus. « Quæ res patriciis omnem potestatem par clientum suffragia « creandi quos vellent tribunos, auferret. » Lætorius dit : « Quando quidem « non tam facile loquor, quirites, quam quod locutus sum præsto, crastino « die adeste ; ego hic aut in conspectu vestro moriar, aut perferam legem. » Appius envoie son licteur pour prendre Lætorius, Lætorius son *viator* pour prendre Appius. Celui-ci est emmené par les siens ; « lex silentio perfertur. »

point matière au droit. Mais depuis qu'ils avaient leurs assemblées par tribus, il y avait contradiction dans la situation du peuple. Législateurs au Forum, et juges du patricien dans leurs assemblées, la moindre affaire les amenait au tribunal de cet homme superbe qu'ils avaient offensé de leurs votes, et qui se vengeait souvent comme juge de la défaite qu'il avait essuyée comme sénateur. Souverains sur la place, aux tribunaux ils n'étaient pas même comptés pour hommes. La lutte dura dix ans.

Avant de laisser pénétrer le peuple dans le sanctuaire du droit, dans la cité politique, les patriciens essayèrent de le satisfaire en lui donnant part aux terres voisines de Rome. Au milieu du champ limité et orienté par les augures, on avait toujours réservé quelques terrains vagues pour les pâturages. Tel était l'Aventin, colline dès lors comprise dans la ville, mais extérieure au pomœrium, à l'enceinte primitive et sacrée, et qui n'y fut renfermée que sous l'empereur Claude. La loi passa dans une assemblée des centuries, et fut, comme loi sacrée, placée dans le temple de Diane. Les plébéiens se mirent donc à bâtir. Cette ville profane ne présenta pas la distinction du foyer qui consacrait et isolait la famille; plusieurs se réunirent pour bâtir une maison.

Mais ce n'était pas assez pour le peuple d'avoir une place dans la ville. Il en voulut une dans la cité. On décida que dix patriciens (*decemviri*)[1] investis de tous les pouvoirs, rédigeraient et écriraient des lois. Selon la tradition commune, moins invraisemblable, selon

---

1. Voy. les Éclaircissements.

moi, qu'on ne l'a dit, on envoya dans la Grèce[1] et
surtout à Athènes pour s'enquérir des lois de ce pays.
Les rapports de la Grèce et de l'Italie n'étaient pas
rares dès ce temps. Un peuple si voisin des cités de la
Sicile et de la Grande Grèce devait regarder la Grèce
comme la terre classique de la liberté. Peut-être aussi
l'origine pélasgique des plébéiens, qui se croyaient
venus d'Albe et de Lavinium, leur faisait-elle souhaiter
de rallumer leur Vesta au seul foyer pélasgique qui
restât alors sur la terre, l'Hestia prytanitis de la ville
d'Athènes. Ces lois, dit-on, leur furent interprétées
par le grec Hermodore de la ville ionienne d'Éphèse.
On sait que les Ioniens se rapprochaient des Pélasges
par une origine commune (449 av. J.-C.).

Les nouveaux décemvirs que l'on créa l'année suivante pour achever cette législation, furent en partie plébéiens. Le patricien Appius, qui avait su se faire continuer dans le décemvirat, domina sans peine ses collègues et devint le tyran de Rome. Il irrita l'armée en faisant assassiner le vaillant Siccius Dentatus, qui parlait aussi hardiment qu'il combattait. Toutefois le peuple ne s'armait pas encore; il fut poussé à bout par la tentative que fit Appius pour outrager une vierge plébéienne. Selon la tradition, le décemvir aposta un de ses clients pour la réclamer comme esclave, et, au mépris de ses propres lois, il l'adjugea provisoirement à son prétendu maître. Le père de la vierge sauva son honneur en la poignardant de sa main. Ainsi les plébéiens eurent leur Lucrèce, et celle-ci encore donna la liberté à son pays. Il faut lire dans Tite-Live cette

---

(1) Voy. les Éclaircissements.

admirable tragédie ; peu importe ce qu'elle renferme d'historique.

Ce que des siècles de lutte n'auraient pu donner au peuple, il l'obtint par le despotisme démagogique d'Appius. La liberté populaire fut fondée par un tyran. Les Douze Tables, complétées par lui, sont la charte arrachée aux patriciens par les plébéiens.

I. Une partie des fragments qui nous en restent sont évidemment des lois de garantie contre les patriciens. II. Les autres ont pour effet d'introduire un droit rival à côté ou à la place du vieux droit aristocratique. III. Quelques-uns trahissent le dernier effort du parti vaincu en faveur du passé, et la jalousie puérile que lui inspirent la richesse et le luxe naissant des plébéiens.

I. La première des garanties, c'est le caractère immuable de la loi. CE QUE LE PEUPLE (*populus*) A DÉCIDÉ EN DERNIER LIEU, EST LE DROIT FIXE ET LA JUSTICE.

La seconde garantie est la généralité de la loi, son indifférence entre les individus. Jusque-là elle faisait acception des personnes, distinguait l'homme et l'homme, elle choisissait, *legebat* (*lex, a legendo?*) PLUS DE PRIVILÈGES.

Mais ces garanties pourraient être éludées par le puissant. SI LE PATRON MACHINE POUR NUIRE AU CLIENT, QUE SA TÊTE SOIT DÉVOUÉE ; *patronus si clienti fraudem fecerit, sacer esto*. Le mot *fraus* comprend des cas divers qui sont ensuite prévus dans la loi. L'homme puissant, entouré de clients, d'amis, de parents, d'esclaves, peut frapper l'homme isolé ; il peut lui rompre un membre, il ne le fera pas du moins impunément : IL PAIERA VINGT-CINQ LIVRES D'AIRAIN. Et s'il ne COMPOSE AVEC LE BLESSÉ, IL Y AURA LIEU AU TALION. Il peut encore employer contre lui l'arme dangereuse du droit, qui de longtemps ne sera entre les mains plébéiennes. Il revendiquera le plébéien comme esclave, apostera des témoins; provisoirement il l'enfermera dans l'*ergastulum*, et lui fera subir, en attendant un jugement tardif, tous les affronts, tous les supplices de l'esclavage. Rien de plus incertain que la liberté personnelle dans l'antiquité. Au milieu de tant de petits États dont la frontière était aux portes de la cité, on ne pouvait changer de lieu sans risquer d'être réclamé comme esclave, enlevé, vendu, perdu pour jamais. L'homme était alors la principale marchandise dont on commerçait. Au moins dans nos colonies la peau blanche garantit l'homme libre. Mais alors nulle différence. Aussi une foule de comédies antiques roulent sur des questions d'état; il s'agit presque toujours de savoir si une personne est née libre ou esclave. Les Douze Tables GARANTISSENT PROVISOIREMENT LA LIBERTÉ. C'est pour avoir violé sa propre loi à l'égard de Virginie que fut renversé Appius.

Si le patricien ne pouvait faire tomber son ennemi entre ses mains, il avait d'autres moyens de le perdre. Il l'accusait d'un crime capital; le *questeur* patricien (*quærere*, informer) en croyait sur sa parole l'illustre accusateur. La loi décide que le PARRICIDIUM, et ce mot comprend tous les crimes capitaux, NE POURRA ÊTRE JUGÉ QUE PAR LE PEUPLE DANS LES COMICES DES CENTUries. Le juge suborné est puni de mort, le faux témoin précipité de la roche tarpéienne. Songez que l'un des principaux devoirs du client était d'*assister* son patron en justice, comme à la guerre. Chaque patricien ne paraissait devant les tribunaux qu'environné de sa *gens*, prête à jurer pour lui ; comme dans la loi bourguignonne, où l'on compte si bien sur la parenté et l'amitié, que dans certains cas on demande le serment de soixante-douze personnes.

Il reste encore au patricien des moyens de nuire au plébéien. Il peut le ruiner par l'usure ; il peut le priver d'un esclave en blessant celui-ci et le rendant impropre au travail. Il peut promettre au plébéien le secours tout-puissant de son témoignage, présider comme *libripens* à un contrat, et au jour marqué, refuser d'attester ce qu'il a vu, ce qu'il a sanctionné de sa présence. La loi atteint et punit tous ces délits. L'usurier est condamné à restituer au quadruple ; celui qui brise la machoire a l'esclave paiera cent cinquante as ; enfin le libripens qui refuse d'attester la validité du contrat, est déclaré improbus intestabilisque, deux mots dont la force toute particulière ne passerait guère dans une autre langue.

Comme prêtres, les patriciens exerçaient sur le peuple d'autres vexations, analogues au droit royal de pourvoierie, *purveyance*, usité dans le moyen âge. Sous prétexte de sacrifices, ils prenaient le plus beau bélier, le plus beau taureau du plébéien. La loi permet de prendre gage sur celui qui se saisit d'une victime sans payer. Elle donne droit de poursuite contre celui qui ne paie point le louage d'une bête de somme prétée pour fournir la dépense d'un sacri-

FICE. Elle défend, SOUS PEINE DE DOUBLE RESTITUTION, DE CONSACRER AUX DIEUX UN OBJET EN LITIGE.

II. Jusqu'ici le plébéien s'est défendu. Désormais il attaque. A côté du vieux droit cyclopéen de la famille aristocratique, il élève le droit de la famille libre. Dès que le premier n'est plus seul, il n'est plus rien bientôt.

Pour que la femme tombe dans la main de l'homme, le jeune casmille étrusque, le *cumerum*, le gâteau, l'as offert aux lares, ne sont plus nécessaires, comme dans la *confarreatio*; pas davantage la balance et l'airain, qui dans la *coemptio*, livraient la fiancée par une vente. LE CONSENTEMENT ET LA JOUISSANCE (mot profane), LA POSSESSION D'UNE ANNÉE, suffiront désormais, et bientôt ce sera assez de trois nuits (*trinoctium usurpatio*). Bientôt la femme ne dépendra plus de l'homme, si ce n'est par une sorte de tutelle. Le mariage libre d'Athènes reparaîtra. L'ancienne unité sera rompue. Les époux seront deux.

Le fils échappe au père comme l'épouse. TROIS VENTES SIMULÉES L'ÉMANCIPENT. La forme de l'affranchissement est dure, il est vrai; il ne s'obtient qu'en constatant l'esclavage. Mais enfin c'est un affranchissement. Le fils, devenu personne, de chose qu'il était, est père de famille à son tour; tout au plus reste-t-il lié au père par un rapport analogue au patronage. Peu à peu ils ne se connaîtront plus. Le temps viendra où le fils émancipé, non du fait de son père, mais par son entrée dans les légions, croira ne plus lui rien devoir, et où la loi sera obligée de dire : *Le soldat même tient encore à son père par les égards de la piété.*

Du moment où le fils peut échapper à la puissance

du père, il n'est plus son héritier nécessaire et fatal. Il héritait, non à cause du sang, mais à cause de la puissance paternelle sur lui; non comme fils, mais comme *suus*. La liberté humaine entre avec les Douze Tables dans la loi de succession ; elle déclare la guerre à la famille au nom de l'individu. CE QUE LE PÈRE DÉCIDE SUR SON BIEN, SUR LA TUTELLE DE SA CHOSE, SERA LE DROIT. Jusque-là, le testament n'avait lieu que par adoption, comme on l'a prouvé récemment d'une manière si ingénieuse. Il avait le caractère d'une loi des curies. Les curies, qui vraisemblablement répondaient de leurs membres, pouvaient seules autoriser une adoption qui leur ôtait la réversibilité du bien. (Voy. plus haut.)

Ainsi la propriété, jusque-là fixée dans la famille, devient mobile au gré de la liberté individuelle qui dispose des successions. Elle se déplace, elle se fixe aisément : POUR LES FONDS DE TERRE, LA PRESCRIPTION EST DE DEUX ANS ; D'UN AN POUR LES BIENS MEUBLES. Le plébéien, nouveau riche, acquéreur récent, est impatient de consacrer une possession incertaine.

III. Cependant les patriciens ne se laisseront pas arracher leur vieux droit, sans protester et se défendre.

D'abord ils essaient de se maintenir isolés dans le peuple, et comme une race à part. POINT DE MARIAGE ENTRE LES FAMILLES PATRICIENNES ET PLÉBÉIENNES. Défense outrageante et superflue qui constate seulement que l'union n'est pas éloignée, et que l'on voudrait la retarder.

PEINE DE MORT CONTRE LES ATTROUPEMENTS NOCTURNES. PEINE DE MORT POUR QUI FERA OU CHANTERA des vers diffamants. Précautions d'une police inquiète et tyrannique, réveil du génie critique dans le silence sacerdotal de la cité patricienne. Preuve évidente que l'on commençait à chansonner les patriciens.

Puis viennent des lois somptuaires, évidemment inspirées par l'envie qu'excitaient l'opulence et le luxe naissant de l'ordre inférieur. Ces lois ne touchent point les patriciens. Pontifes, augures, investis du droit d'images, ils déployaient le plus grand faste dans les sacrifices publics et privés, dans les fêtes, dans les pompes funéraires.

Ne façonnez point le bucher avec la hache. — Aux funérailles, trois robes de deuil, trois bandelettes de pourpre, dix joueurs de flute. — Ne recueillez point les cendres d'un mort, pour faire plus tard ses funérailles. Ceci, dit Cicéron, ne s'appliquait pas à un citoyen mort sur le champ de bataille ou en terre étrangère. Personne ne pouvait être enseveli ni brulé dans l'enceinte de Rome. Cette loi tenait au caractère sacré du pomœrium. Il ne pouvait renfermer que des choses pures. Ensuite les tombeaux indiquaient des propriétés inaliénables ; on eût pu craindre, en les plaçant dans la ville, de donner aux propriétés urbaines un caractère d'inviolabilité.

Point de couronne au mort, a moins qu'elle n'ait été gagnée par sa vertu ou son argent. Les premières étaient des couronnes civiques ou obsidionales, les autres des couronnes gagnées aux jeux par les chevaux d'un homme riche. Nous reconnaissons ici les coutumes des Grecs et leur admiration pour les victoires olympiques. C'est par là qu'Alcibiade fut désigné à la faveur d'Athènes. Cette loi, toute empreinte de l'esprit hellénique, pourrait être récente. Ne faites point plusieurs funérailles pour un mort. Point d'or sur un cadavre ; toutefois, s'il a les dents liées par un fil d'or, vous ne l'arracherez point.

Dans cette charte de liberté, arrachée par les plébéiens aux patriciens, apparaît pour la première fois légalement la dualité originaire du peuple romain. Remus, mort si longtemps, ressuscite; le sombre Aventin, jusque-là profané et battu des orages (Voy. plus haut), regarde le fier Palatin de l'œil de l'égalité. Des deux myrtes plantés par Romulus au Capitole, le myrte plébéien fleurit, le patricien ne tardera pas à sécher (Plin.). Cette dualité, dont le symbole est le double Janus que présentent les monnaies romaines, se caractérise dans la division générale du droit, par la distinction du *jus civile* et *jus gentium*; elle se reproduit dans le mariage (*conventio in manum*, et mariage libre), dans la puissance paternelle (le *suus*, et l'émancipé), enfin dans la propriété (*res mancipi*, *res nec mancipi*).

Toutefois, si les plébéiens sont entrés dans l'égalité du droit, celle du fait leur manquera longtemps. Il faut auparavant qu'ils pénètrent le vieux mystère des formules juridiques ; mystère qui naquit de l'impuissance de la parole qui ne s'exprimait d'abord que d'une manière concrète et figurée, mais désormais entretenu à dessein, comme le dernier rempart qui reste à l'aristocratie. Le plébéien ne pourra donc user de son droit contre le patricien que par l'intermédiaire du patricien. S'il veut plaider, il faut qu'il aille le matin saluer, consulter le grave Quintius ou Fabius, qui siège dans l'*atrium* au milieu de ses clients debout, qui lui dira les fastes, quand on peut, quand on ne peut pas plaider. Il faut qu'il apprenne de lui la formule précise par laquelle il doit, devant le juge, saisir et prendre son adversaire, la sainte pantomime par laquelle on accomplit selon les rites la guerre juridique. Prendre garde, *cavere*, c'est le mot du jurisconsulte. Le patricien seul peut former à cette escrime le docile et tremblant plébéien.

Peut-être avec le temps celui-ci s'enhardira-t-il. Peut-être un plébéien, greffier des patriciens, leur dérobera le secret des formules, et les proposera publiquement aux yeux du peuple. Alors tout homme viendra sur la place épeler ces tables mystérieuses, il les gravera dans sa mémoire, se les fera écrire, les emportera aux champs, et usera à chaque querelle de ce nouveau moyen de guerre. On finira par se moquer du vieux symbolisme qui parut longtemps si imposant et, Cicéron, dans sa légèreté présomptueuse, l'accusera d'ineptie[1].

Les premiers consuls après Brutus et l'expulsion des rois se nommaient Valerius et Horatius. C'est aussi le nom des premiers consuls après le décemvirat (449)[2]. La démocratie, introduite par les décemvirs dans le droit civil, passe dans le droit politique. Désormais les lois faites par le peuple assemblé en tribus deviennent obligatoires même pour les patriciens. L'observation

---

1. Voy. les Éclaircissements. — 2. *Ibid.*

des auspices n'était point nécessaire dans ces comices comme dans ceux des centuries. Peu après, le peuple demande l'abolition de la loi qui défend le mariage entre les deux ordres, et veut entrer en partage du consulat[1]. Les patriciens cédèrent sur le premier article (444), espérant bien que la loi subsisterait, du moins en fait, et qu'aucun d'eux ne dérogerait en s'alliant à une famille plébéienne. Pour le consulat, plutôt que de le partager, ils aimèrent mieux qu'il n'y eût plus de consuls, et que le commandement des troupes restât entre les mains des tribuns militaires, qui étaient tirés des deux ordres et qui n'avaient point le droit de prendre les auspices. Je soupçonne fort ces tribuns militaires de n'avoir été autres que les tribuns des légions. Le pouvoir judiciaire des consuls passa à des magistrats patriciens appelés préteurs ; la surveillance des mœurs, le classement des citoyens dans les centuries et les tribus, le *cens*, en un mot, devint une charge spéciale. En sauvant du naufrage ce dernier pouvoir, le sénat conservait tout en effet : par le cens, il était maître de composer les assemblées législatives de manière à les dominer. Chaque tribu, chaque centurie, donnant un suffrage, la multitude des pauvres, entassée par les censeurs dans un petit nombre de centuries ou de tribus, pouvait moins qu'un petit nombre de riches qui composaient l'immense majorité des tribus et des centuries.

---

1. Les patriciens répondent : « Colluvionem gentium, perturbationem aus-
« piciorum publicorum privatorumque affere, ne quid sinceri, ne quid incon-
« taminati sit : ut, discrimine omni sublato, nec se quisquam, nec suos noverit.
« Quam enim aliam vim connubia promiscua habere, nisi ut ferarum prope
« ritu vulgentur concubitus plebis patrumque ? ut qui natus sit, ignoret cujus
« sanguinis, quorum sacrorum sit : dimidius patrum sit, dimidius plebis, ne
« secum quidem ipse concors. » (Tit.-Liv., IV.)

La censure, la préture, l'édilité (surveillance des bâtiments et des jeux publics), la questure (charge judiciaire, et plus tard financière), furent détachées du consulat. La République s'organisa ainsi par voie de démembrement. Le roi est un; il réunit en lui seul tous les pouvoirs. Les consuls ont encore la plénitude de la puissance, mais pour un an, et ils sont deux. Puis le consulat est démembré à son tour.

Toutefois les plébéiens se contentèrent longtemps de pouvoir arriver au tribunat militaire, et n'y élevèrent que des patriciens. Les plébéiens distingués s'indignaient de l'insouciance des leurs; ils voulaient des honneurs; mais les autres, pour la plupart, ne voulaient que du pain. Le tribun Licinius Stolo, appuyé par son beau-père, le noble Fabius[1], proposa une loi qui adoucissait le sort des débiteurs, qui bornait à cinq cents arpents l'étendue des terres qu'il était permis de posséder; le reste devait être partagé entre les pauvres[2]; le consulat était rétabli, et l'un des consuls devait toujours être un plébéien. Enfin les plébéiens formaient la moitié du collège des prêtres sybillins. Ainsi le sanctuaire même est forcé; la religion même ne restera pas le privilège des patriciens. La lutte dura dix ans, c'est-à-dire très longtemps, comme celle qui précéda le décemvirat; le siège de Veïes dure aussi dix ans, comme celui de Troie, d'Ithome et de Tyr; c'est

---

1. Voy. dans Tite-Live, livre V, la jolie histoire des deux filles de Fabius. L'une a épousé un plébéien, l'autre un patricien, un consul. La première tressaille lorsque le mari de sa sœur rentre à grand bruit, et que ses licteurs frappent à la porte avec leurs faisceaux. La femme du consul se moque de la simplicité de sa sœur. Celle-ci va pleurer auprès de son père Fabius, etc.

2. Voy. livre III, chap. 1ᵉʳ, les lois des Gracches; peut-être doit-on en faire usage pour compléter la loi de Licinius Stolo.

une locution ordinaire dans l'antiquité. Pendant la moitié de ce temps, les tribuns s'opposèrent à toute élection, et Rome resta cinq ans sans magistrats. Les plébéiens l'emportèrent enfin (367), et obtinrent ensuite avec moins de peine (de 357 à 352) la dictature, l'édilité, la censure enfin, ce dernier asile de la puissance aristocratique.

Le peuple poursuivit ainsi sa victoire sur les patriciens pendant tout le siècle qui suivit le décemvirat (450-350). A mesure que la guerre intérieure devenait moins violente, les guerres extérieures étaient plus heureuses. Rien d'étonnant si le peuple, vainqueur de l'aristocratie romaine, tournait ses armes de préférence contre le peuple aristocratique entre tous, contre les Étrusques. En même temps qu'il poursuivait avec des succès divers l'éternelle guerre des Volsci-Equi, il avançait du côté de l'Étrurie, et commençait à marquer chaque victoire par une conquête. Il triompha des villes sacrées de Tarquinies et de Vulsinies[1], de celle de

---

1. Les Romains, pour mettre les dieux de leur côté, adoptèrent l'institution probablement étrusque, du *Lectisternium*. (Tit.-Liv., V, 13.) « Les duumvirs, qui présidaient aux sacrifices, imaginèrent alors pour la première fois la cérémonie du lectisterne. Ils dressèrent dans chaque temple trois lits, ornés de tout ce qu'alors on pouvait connaître de magnificence, couchèrent sur ces lits les statues d'Apollon, de Latone, de Diane, d'Hercule, de Mercure et de Neptune, et pendant huit jours on leur servit des festins propitiatoires. Les mêmes cérémonies furent répétées dans les maisons particulières. On rapporte que dans toute la ville les portes des maisons restèrent constamment ouvertes; des tables furent dressées en public, et ouvertes à tout venant. Tous les étrangers sans distinction, ceux que l'on connaissait le moins, furent admis à l'hospitalité; on s'entretenait même amicalement avec ses plus mortels ennemis; toutes les querelles, tous les procès furent suspendus; on alla même jusqu'à relâcher les captifs pendant tout le temps que durèrent ces fêtes, et depuis on se fit un scrupule d'emprisonner de nouveau ceux qui avaient ainsi obtenu des dieux leur délivrance. »

Capène, et s'empara de Fidènes (435), et de la grande Veïes (405), qui entraîna Faléries dans sa ruine.

Veïes ne fut point soutenue des autres cités étrusques, alors menacées d'une invasion de Gaulois. D'ailleurs les Veïens s'étaient donné un roi au lieu d'un magistrat annuel, et un roi odieux aux autres cités. Ce lucumon, irrité de n'avoir pas été nommé chef suprême de la confédération, avait ameuté les artisans qui étaient dans sa clientèle, et interrompu violemment les jeux sacrés de Vulsinies. Ce fait indique probablement une rivalité entre la riche ville des artisans et la ville sainte des prêtres[1].

En partant pour le siège de Veïes, les chevaliers romains jurent de ne revenir que vainqueurs. C'est le serment des Spartiates en partant pour Ithome. A l'approche de l'armée romaine, les Veïens sortent avec un appareil funéraire et des torches ardentes. De tous les autres incidents du siège, nous en citerons un seul qui prouve dans quelle dépendance se trouvaient les Romains, sous le rapport de la religion, à l'égard de ces mêmes Étrusques auxquels ils faisaient la guerre[2].

---

1. Sur le caractère sacré de Vulsinies, voy. Müller, *passim*.
2. Tit.-Liv., V, c. 15 : « Vers ce temps on donna avis de différents prodiges ; mais comme la plupart n'avaient qu'un seul garant qui les attestât, ils obtinrent peu de créance; et l'on s'en occupa d'autant moins qu'étant en guerre avec les Étrusques, nous n'avions point d'haruspices pour en faire l'expiation. Un seul pourtant attira l'attention générale : ce fut la crue subite et extraordinaire d'un lac dans la forêt d'Albe, sans qu'il fût tombé de pluie, et sans qu'on pût l'expliquer par aucune cause naturelle. Le sénat, inquiet de ce que pouvait présager un tel phénomène, envoya consulter l'oracle de Delphes. Mais il se trouva plus près de nous un interprète que nous ménagèrent les destins. C'était un vieillard de Veïes, qui, au milieu des railleries que les sentinelles étrusques et romaines se renvoyaient les unes aux autres, prenant tout à coup le ton de l'inspiration, s'écria que les Romains ne prendraient Veïes que lorsque les eaux du lac d'Albe seraient entièrement épuisées. Ce mot, jeté comme au

Veïes fut prise par une mine ; les assiégeants qui y étaient cachés surprirent la réponse d'un oracle que les Étrusques consultaient dans la citadelle ; ils rapportèrent ces paroles à Camille, leur général, et la ville, ainsi trahie par ses dieux, tomba au pouvoir des Romains.

L'espoir d'une proie si riche avait encouragé le Sénat à donner, pour la première fois, une solde aux légions. Dès lors, la guerre nourrit la guerre ; elle put se prolonger sans égard aux saisons, et s'étendre loin de Rome.

Faléries tomba bientôt au pouvoir des Romains. Vulsinies, dont la rivalité avait peut-être causé la ruine

---

hasard, fut d'abord à peine remarqué. Dans la suite il devint l'objet de toutes les conversations. Enfin un soldat romain, se trouvant aux postes avancés, s'adressa à la sentinelle ennemie qui était le plus près. Car, depuis le temps que durait la guerre, il s'était établi entre les deux partis comme une liaison d'entretiens journaliers. Il lui demanda quel était cet homme à qui il était échappé quelques mots mystérieux sur le lac d'Albe. Quand il sut que c'était un haruspice, le soldat, naturellement superstitieux, prétexta de vouloir consulter le devin, si cela était possible, sur l'expiation d'un prodige qui l'intéressait personnellement, et il le fit consentir à une entrevue. Le Romain était sans armes ; l'autre ne fit aucune difficulté de s'écarter à une certaine distance. Alors le jeune homme, plein de vigueur, saisit au corps le débile vieillard, et l'enleva à la vue des Étrusques. Ils eurent beau donner l'alarme, il parvint à le traîner dans le camp, d'où le général le fit passer à Rome. Interrogé par le sénat sur sa prédiction au sujet du lac d'Albe, il répondit qu'il fallait sans doute que les dieux fussent courroucés contre les Veïens, le jour qu'ils lui avaient mis dans l'esprit de révéler le secret auquel étaient attachées les destinées de son pays ; mais qu'il ne pouvait plus revenir sur ce qui lui était échappé dans un moment où il avait obéi à l'inspiration du ciel, et que peut-être le crime ne serait pas moindre à taire ce que les dieux voulaient qu'on divulguât, qu'à divulguer ce qu'ils voudraient tenir secret. Qu'ainsi donc les livres prophétiques et l'art de la divination des Étrusques leur avaient appris que le moment où le lac d'Albe serait prodigieusement grossi, et où les Romains parviendraient à le dessécher entièrement de la manière prescrite, serait le moment fatal manqué pour la destruction de sa ville ; qu'autrement Veïes ne serait jamais abandonnée par ses

de Veïes, fut vaincue à son tour. Les Romains semblaient prêts à conquérir toute l'Étrurie. Elle fut sauvée par les Gaulois, qu'elle avait tant redoutés.

Nous savons que, dans les temps qui suivirent, la riche et pacifique Étrurie payait souvent les Gaulois pour combattre Rome. Tout porte à croire qu'il en fut ainsi dès cette époque. L'Étrurie périssait entre les Gaulois et les Romains qui la menaçaient également. Il est probable qu'elle paya les Barbares et détourna le torrent sur Rome. C'était une occasion précieuse de terminer d'un coup les éternels ravages auxquels étaient soumis les voisins de Rome, et de détruire les uns par les autres les brigands du midi et du nord, Romains et Gaulois.

dieux. Il indiqua ensuite la manière dont le dessèchement devait s'opérer. Mais le sénat, ne croyant pas le garant assez sûr pour une entreprise de cette importance, résolut d'attendre le retour des députés qui devaient apporter la réponse de l'oracle....

« ..... Et déjà les Romains, ne comptant plus sur les forces humaines, attendaient tout leur succès des destins et des dieux, lorsque les députés arrivèrent avec la réponse de l'oracle, parfaitement conforme à celle du devin qu'on tenait prisonnier; elle était conçue en ces termes : « Romain, garde-toi de retenir l'eau du lac dans son lit; garde-toi aussi de lui laisser prendre son cours naturel vers la mer. Tu la distribueras dans tes champs pour les arroser; et tu la disperseras dans mille ruisseaux où elle ira se perdre tout entière. Alors ne crains pas d'escalader les remparts ennemis, et songe que, de ce moment, la ville que tu assièges depuis tant d'années t'est livrée par les destins, si tu te conformes aux lois qu'ils t'ont prescrites. Ne manque pas, après ta victoire, de faire porter dans mon temple de riches présents. Tu n'oublieras pas non plus de recommencer quelques sacrifices de ton pays où tu as omis des cérémonies essentielles, et de t'y astreindre aux pratiques usitées de tout temps. »

« On conçut alors une haute vénération pour l'haruspice toscan; et les tribuns militaires Cornelius et Posthumius lui confièrent la direction des travaux du lac et de toutes les cérémonies expiatoires. Quant aux reproches que faisaient les dieux d'avoir négligé le culte et interrompu des pratiques consacrées par le temps, on trouva enfin qu'il ne pouvait y avoir autre chose qu'une irrégularité survenue dans la dernière élection, laquelle avait pu influer sur la pureté des sacrifices du Mont Albain et sur la solennité des fêtes latines. »

Ce qui appuie cette opinion, c'est qu'en Étrurie les Gaulois n'attaquèrent que les villes alliées de Rome, Clusium et Céré, que les autres Étrusques joignirent leurs armes à celles des Barbares et furent défaits avec eux.

Les Gaulois avaient, depuis deux siècles, renversé la domination des Étrusques dans le nord de l'Italie. Les Insubriens y avaient fondé Mediolanum (Milan), les Cénomans Brixia et Vérone ; les Boïens avaient occupé Bononia ou Bologne ; les Sénonais s'avançaient vers le midi. Selon la tradition, ils marchèrent sur Rome pour venger une violation du droit des gens ; les Fabius, envoyés par le Sénat pour intercéder auprès des Barbares en faveur de Clusium, avaient combattu au lieu de négocier. Les Romains, frappés d'une terreur panique à la vue de leurs sauvages ennemis, furent dispersés à Allia, et se réfugièrent à Céré et à Veïes. Quelques patriciens s'enfermèrent au Capitole, et la ville fut brûlée (388). Selon Tite-Live, ils furent glorieusement délivrés par une victoire de Camille, qui fit retomber sur eux le mot du brenn (ou chef) gaulois : *malheur aux vaincus*. Selon Polybe, ils payèrent une rançon ; le témoignage de ce grave historien est confirmé par celui de Suétone, d'après lequel, bien des siècles après, Drusus retrouva et reconquit chez les Gaulois la rançon de Rome. Il est évident, d'ailleurs, que les Gaulois ne furent de longtemps chassés du pays. Tite-Live lui-même nous les montre toujours campés à Tibur, qu'il appelle *arcem Gallici belli*. Les Volsques, les Èques, les Étrusques, qui tous avaient repris les armes contre Rome, trouvaient dans les Gaulois des alliés naturels ; ou du moins, tous ces peuples, trop occupés de leurs guerres, ne pouvaient empêcher les Barbares de pénétrer dans leur pays. La guerre des Gaulois dure quarante ans, et elle ne se termine (vers 350) qu'à l'époque où l'épuisement des Étrusques, des Volsci-Equi et de tous les peuples latins les replace sous l'alliance de la grande cité qu'ils avaient espéré détruire.

Cette époque, peu glorieuse pour les Romains, avait grand besoin d'être ornée par la poésie. Du moins les embellissements romanesques n'ont pas manqué. Pendant le siège du Capitole, un Fabius traverse le camp des Barbares pour accomplir un sacrifice sur le mont Quirinal. Pontius Cominius se dévoue pour porter à Camille le décret qui le nomme dictateur. Manlius précipite les Gaulois qui escaladaient le Capitole. Puis viennent un grand nombre de combats homériques, comme sous les murs de Troie. Un autre Manlius gagne sur un géant gaulois un collier (*torquis*) et le surnom de *Torquatus*. Valerius est protégé contre son barbare adversaire par un corbeau divin, etc.

Après l'incendie de leur ville, les Romains voulaient s'établir à Veïes[1]. L'opposition du sénat ne pouvait

---

1. Le Sénat se contenta d'y envoyer une petite colonie : sans doute, la position de Veïes était préférable à celle de Rome; mais si Rome eût quitté son territoire, elle eût été absorbée par la civilisation étrusque. Il en fut ainsi des Goths dans l'empire romain, des Tartares à la Chine.

La ruine des Falisques suivit celle de Veïes. L'histoire du maître d'école qui livre ses élèves à Camille, est empreinte d'un caractère grec qui la rend fort suspecte. Il est d'ailleurs peu vraisemblable qu'en temps de guerre, on ait laissé sortir les enfants de la ville. La romanesque modération du Romain a bien l'air d'une fiction flatteuse des historiens grecs de Rome.

Derrière Faléries se trouvait la grande ville de Vulsinii. Les Vulsiniens combattirent Rome, et obtinrent une trêve de trente ans : ce fut vers cette époque que les Gaulois marchèrent contre Clusium, Céré et Rome. Un plébéien, M. Editius, annonça aux tribuns qu'il avait entendu une voix surhumaine qui

retenir le peuple. Les dieux intervinrent. Comme on délibérait dans le sénat, on entendit sur la place un centurion dire au porte-étendard : Reste ici, c'est ici qu'il faut s'arrêter. Cette parole inspirée du ciel retint le peuple sur les ruines de sa patrie. Mais on rebâtit à la hâte, et sans observer les anciens alignements. Au lieu de la cité mesurée par le lituus étrusque à l'image de la cité céleste, s'éleva au hasard la Babel plébéienne[1], agitée et orageuse, mais toute-puissante pour la conquête.

Dans la guerre que les peuples étrusques, latins et gaulois firent aux Romains pendant quarante ans, nous ne voyons point paraître les populations sabelliennes, Sabins et Samnites. On ne peut douter pourtant qu'alors, comme à leur ordinaire, les montagnards ne

---

lui ordonnait d'annoncer aux magistrats l'approche des Gaulois. Cette histoire nous semblerait fort obscure si (Tit.-Liv., liv. VII), ne nous apprenait que l'aristocratie romaine était intervenue dans les affaires de Vulsinii. Dans cette ville étrusque, les clients s'étaient insurgés contre leurs patrons, et s'étaient rendus maîtres de la ville. L'aristocratie romaine vint au secours de l'aristocratie de Vulsinii, et elle assura son triomphe sur les clients révoltés. N'est-il pas vraisemblable qu'il en fut de même quelques années plus tôt ; que les plébéiens de Vulsinii appelèrent alors les Gaulois contre l'aristocratie vulsinienne et romaine qui les opprimait, et que les plébéiens de Rome, en rapport avec ceux de Vulsinii, furent informés les premiers de la marche des Gaulois contre Rome? C'est alors que les plébéiens de Rome chassèrent Camille, le chef du parti des patriciens. Camille, en sortant de Rome, pria les dieux de forcer les Romains à souhaiter bientôt son secours. Ce vœu sinistre semblait prédire l'approche des Gaulois.

1. Tit.-Liv., V, c. 4: « Promiscue urbs ædificari cœpta. Tegula publice
« præbita est : saxi, materiæque cædendæ unde quisque vellet, jus factum;
« prædibus acceptis eo anno ædificia perfecturos. Festinatio curam exemit
« vicos dirigendi, dum omisso sui alienique discrimine, in vacuo ædificant.
« Ea est causa, ut veteres cloacæ, primo per publicum ductæ nunc privata
« passim subeant tecta : formaque urbis sit occupatæ magis quam divisæ
« similis. »

descendissent volontiers pour piller la plaine. Sans leur secours, je ne comprends point comment Rome, seule contre tant d'ennemis, n'eût point été épuisée par une si longue guerre. Les Gaulois chassés, les Latins et les Étrusques domptés, il ne restait que les Sabins et les Samnites pour disputer aux Romains la possession de l'Italie. Rome s'était rapprochée des Étrusques en accordant le droit de cité aux Veïens, aux Fidénates et aux Falisques, qui composèrent quatre nouvelles tribus. Cet élément nouveau, introduit dans la population, devait contribuer à la rendre ennemie des Sabelliens. C'était par la longue et terrible guerre des Samnites qu'elle devait préluder à la conquête du monde.

LIVRE II

CONQUÊTE DU MONDE.

CHAPITRE PREMIER

Conquête de l'Italie centrale. — Guerre des Samnites, etc. (343-283).

Lorsque l'auteur de cette histoire quittait Rome, la plaine ondulée au milieu de laquelle serpente la route, était déjà ensevelie dans l'ombre du soir ; au levant, des monts couronnés de chênes et de châtaigniers, conservaient une teinte bleuâtre, tandis qu'au-dessus, des sommets neigeux réfléchissaient les derniers rayons du soleil couchant. Ainsi le regard du voyageur embrassait tout l'amphithéâtre des Apennins. Les monts inférieurs forment la frontière orientale du Latium ; les pics qui élèvent derrière eux leurs neiges éternelles, marquent le centre de la péninsule, le vrai noyau de l'Italie. Derrière, c'est la sauvage Amiterne, la vallée du lac Fucin, le berceau des anciens Samnites.

A mesuré que l'on s'éloigne des environs de Rome, pour s'enfoncer dans les montagnes, le paysage, moins uniforme, n'en est pas moins sinistre et sombre. Ce n'est point la sublimité ni la brillante verdure des Alpes; pas davantage la végétation africaine de la Calabre et de la Sicile. Frappées de bonne heure d'un soleil brûlant, les collines ont l'aridité précoce du midi avec les végétaux du nord. A l'orfraie des rivages, au corbeau de la plaine, succède peu à peu le vautour. Le renard malfaisant, le serpent rapide, coupent encore le chemin et effraient votre cheval, comme au temps d'Horace :

> Seu per obliquom similis sagittæ terruit mannos...

Si vous vous élevez plus haut, si vous pénétrez dans les forêts qui forment la ceinture des Apennins, vous y retrouverez les vieilles divinités de l'Italie ; vous entendrez le pivert frapper du bec le tronc des chênes, et la vallée retentira vers le soir du gémissement de l'ours ou des hurlements du loup (*aut vespertinus circum gemit ursus ovile*). Plus haut, des cimes dépouillées qui repoussent toute végétation ; enfin les glaces et les neiges.

L'intérieur des Apennins a souvent le caractère le plus âpre. Gravissez un de ces pics, vos regards plongent dans des vallées sinistres, quelquefois sur une lande désolée, sur un vaste lit de cailloux où se traîne un filet d'eau ; ou bien encore sur la pente d'un entonnoir où s'engouffrent les torrents. Lorsque de ces ténébreux défilés, de ces vallées pluvieuses, de ces *catacombes apennines*, comme les appelaient nos Français[1], le voyageur passe dans la Marche d'Ancône,

---

1. *Séjour d'un officier français en Calabre.* Rouen, 1820.

dans la Campanie, ou même dans les plaines désertes de la Pouille ou du Latium, il croit renaître à la vie et au jour.

Il n'y a pas plus de vingt ans que la hache a commencé à éclaircir ces forêts[1]. Jusque-là c'était l'asile des troupeaux dans les mois les plus chauds de l'année. Vers le milieu de mai, les moutons de la Pouille, les grands bœufs de la campagne de Rome, quittaient la plaine brûlante, montaient dans les Abbruzzes, et cherchaient l'herbe à l'ombre des châtaigniers et des chênes. Des bergers armés, quelque pêcheur indigent au bord d'un lac volcanique, c'est tout ce qu'on trouve dans ces déserts. Et les vieux Samnites n'étaient pas autre chose : des pasteurs féroces, ennemis des laboureurs de la plaine[2], adversaires opiniâtres de la grande cité italique, comme les cantons d'Uri et d'Unterwalden l'ont été de Berne.

Ces peuplades, habitant des lieux fortifiés par la nature, n'avaient guère de villes, et les méprisaient. Isolés, et par la vie pastorale, et par la profondeur des vallées qui les séparaient, et par l'impétuosité de leurs fleuves rapides, pendant de longs siècles, ils restèrent enfermés dans leurs solitudes, ignorant les richesses de la plaine, découragés peut-être par les murailles

---

1. Orloff, *Mém. sur Naples*, V° vol.
2. Tit.-Liv., lib. XI : « Exercitus alter cum Papirio consule locis maritimis « pervenerat Arpos, per omnia pacata, Samnitium magis injuriis et odio, quam « beneficio ullo populi Romani. Nam Samnites ea tempestate in montibus « vicatim habitantes, campestria et maritima loca, contempto cultorum molliore, atque, ut evenit fere, locis simili genere, ipsi montani atque agrestes « depopulabuntur : quæ regio si fida Samnitibus fuisset, aut pervenire Arpos « exercitus Romanus nequisset, aut interjecta inter Romam et Arpos, penuria « rerum omnium, exclusos a commeatibus absumpsisset... »

colossales des cités pélasgiques. Cependant une forte jeunesse avait multiplié dans ces montagnes. Les pâturages devenaient étroits pour une si grande multitude. Ils commencèrent à descendre vers les vallées. Nous avons vu comment les anciennes migrations des Mamertins, Sabins et Samnites, avaient été consacrées par la religion. Les Étrusques et les Grecs, encore maîtres de tous les rivages occidentaux et méridionaux de l'Italie, leur opposaient partout une impénétrable barrière de villes fortes, et leur interdisaient les approches de la mer. Cette barrière fut rompue, pour la première fois, du côté de la Campanie.

Dans cette terre *heureuse*, appelée encore aujourd'hui entre toutes *la terre de Labour*, s'élevait au milieu d'une plaine abritée du vent du nord la riche et délicieuse Capoue. Les Samnites, qui l'enlevèrent aux Étrusques, lui ôtèrent son nom de *Vulturne*, pour l'appeler, par opposition à leur ancienne patrie, *la ville de la plaine* (*capua, campania, à campo*). Tombée entre ces mains belliqueuses, Capoue étendit au loin sa renommée militaire. Les cavaliers campaniens étaient estimés autant que les fantassins du Latium. Les tyrans de Sicile en prenaient à leur solde, et nous les trouvons comme mercenaires jusque dans la guerre du Péloponèse. Personne n'eût osé dire alors que Rome, plutôt que Capoue, deviendrait la maîtresse de l'Italie.

Cette gloire des cavaliers campaniens tomba, lorsque leurs frères des montagnes descendirent pour les attaquer. Les maîtres énervés de Capoue implorèrent le secours de Rome, et se donnèrent à elle. Les Romains sortirent alors du triste Latium. Ils virent, pour la première fois, la belle et molle contrée; ils comparèrent les marais du Tibre et les forêts de l'Algide aux voluptueuses campagnes de leurs nouveaux sujets ; ils connurent ces délices des contrées méridionales, dont ils avaient été longtemps si voisins sans les goûter, et les bains, et les cirques, et les conversations oisives de l'agora, l'élégance des Grecs, et la sensualité des Toscans[1]. La première armée romaine n'y tint pas ; dès qu'elle eut goûté de ce lotos, la patrie fut oubliée ; ils n'en voulurent plus d'autre que Capoue. Et pourquoi les légions n'y auraient-elles pas fondé une Rome plébéienne, née d'elle-même, et n'ayant rien à craindre de la tyrannie des Appius ? Le complot fut connu, et les coupables, craignant d'être punis, marchèrent contre Rome, sous la conduite d'un patricien, qu'ils avaient forcé de leur servir de chef (un Manlius, Mallius, Melius, nom commun des chefs du peuple). Ils exigèrent l'abolition du prêt à intérêt, la réduction de la solde des cavaliers qui avaient refusé de se joindre à eux ; enfin ils voulurent qu'on pût prendre les deux consuls parmi les plébéiens. C'est ainsi que, dans cet âge d'or de la République, les armées faisaient déjà la loi à leur patrie[2].

Ces concessions furent un signal d'affranchissement pour les colonies romaines et pour le Latium. Et d'abord, Rome ayant rappelé son armée de la Campanie, les Latins s'unissent aux Campaniens et aux Sidicins, c'est-à-dire aux Samnites de la plaine, pour repousser

[1]. Voy. Stobée.
[2]. Le consul Posthumius ordonne au proconsul Fabius de sortir du pays des Samnites. Celui-ci répond qu'il n'a point d'ordre à recevoir du consul, ni du sénat, que c'est au sénat à prendre les siens. Il fait marcher son armée contre Fabius. — Il triomphe de sa propre autorité.

ceux des montagnes. Rome eut l'humiliation d'avouer aux montagnards que, dans ses traités avec les Latins, rien n'empêchait ceux-ci de faire la guerre à qui ils voulaient[1].

Mais cette indépendance temporaire ne suffit point aux peuples du Latium et aux colons romains établis parmi eux. Deux de ces derniers, alors préteurs des Latins, vinrent réclamer avec menace leur part dans la cité romaine, et exiger que l'un des deux consuls et la moitié des sénateurs fussent pris parmi les Latins. Ceux qui avaient part aux travaux ne devaient-ils pas avoir part à l'honneur ? La cité souveraine, plutôt que de céder, eut recours aux Barbares des montagnes. Ses armées traversèrent les contrées pauvres et sauvages des Marses et des Péligniens, leur promirent les dépouilles des habitants de la plaine, celles même des colonies romaines, et les entraînèrent avec elles dans la Campanie[2]. Ce fut près du Vésuve, non loin de Véséries, qu'une bataille acharnée termina cette guerre fratricide. Les Romains l'ont ornée de traditions héroïques. Le patricien Manlius condamne à mort un fils coupable d'avoir vaincu contre son ordre; le plébéien Decius se dévoue avec l'armée ennemie aux dieux infernaux.

Voyons comment les Romains usèrent de la victoire : « On punit le Latium et Capoue, dit Tite-Live[3], par la

---

1. Tit.-Liv., VIII, c. 15.
2. *Idem*, lib. VIII, 8. Selon lui, c'est à cette époque que les Romains substituèrent à la phalange la division en manipules, l'écu au bouclier, et qu'ils adoptèrent l'usage de combattre sur trois rangs : *hastati, principes, triarii*. Voy. Polybe.
3. Tit.-Liv., VIII, 9. Dans ce moment de désordre, le consul Decius, appelant à haute voix le grand pontife, Marcus Valerius : « Il nous faut, dit-il,

perte d'une partie de leur territoire. Les terres du Latium auxquelles on joignit celles des Privernates, furent distribuées au petit peuple de Rome, ainsi que la partie du territoire de Falerne, qui s'étend dans la Campanie, jusqu'au Vulturne. Les terres des Privernates formaient le quart de celles qui furent confisquées sur les Latins. On se contenta de donner dans le Latium deux arpents par tête; on en donna trois et un quart dans le pays de Falerne, à cause de la dis-

« le secours des dieux. Allons, pontife suprême du peuple romain, dicte-moi
« les mots dont je dois me servir en me dévouant pour les légions. » Le grand-prêtre lui ordonne de prendre la robe prétexte; et Decius, la tête voilée, une main élevée sous sa robe jusqu'au menton, un javelot sous les pieds, prononça debout ces paroles : « Janus, Jupiter, Mars, père des Romains, Quirinus,
« Bellone, dieux lares, dieux novensiles, dieux indigètes, vous tous qui tenez
« dans vos mains notre sort et celui de nos ennemis, et vous, dieux mânes,
« je vous supplie, je vous conjure, je vous demande la grâce, et j'y compte,
« de procurer au peuple romain des quirites le courage et la victoire, et
« d'envoyer aux ennemis du peuple romain des quirites la terreur, la cons-
« ternation et la mort. Comme il est vrai que j'ai prononcé ces mots, je me
« dévoue pour la République du peuple romain des quirites, pour les légions,
« pour les auxiliaires du peuple romain des quirites, et je dévoue avec moi
« aux dieux mânes et à la terre les légions et les auxiliaires des ennemis. »

« Je crois devoir ajouter que le dictateur, le consul et le préteur qui veulent dévouer aux dieux infernaux l'armée ennemie, ne sont pas tenus absolument de dévouer aussi leur personne; ils peuvent désigner tout autre Romain qu'ils voudront, pourvu qu'il serve actuellement dans l'armée qu'ils commandent. Si l'homme qu'on a dévoué meurt dans le combat, on juge le sacrifice entièrement consommé. Mais, s'il survit, on supplée à sa mort par un mannequin, haut de sept pieds et plus, qu'on enfouit dans la terre, et par une victime qu'on immole à sa place; l'endroit où ce mannequin aura été enterré, devient pour le magistrat romain une enceinte sacrée où il ne peut passer sans profanation. S'il se dévoue en personne, comme Decius, et qu'il ne meure pas, dès ce moment tout sacrifice public et privé lui est interdit. Si pourtant le magistrat qui s'est dévoué veut se contenter de consacrer ses armes à Vulcain, ou à tout autre dieu, et substituer l'immolation d'une victime ou toute autre cérémonie expiatoire, il le peut. Le javelot que le consul a tenu sous ses pieds, tout le temps de sa prière, ne doit jamais tomber au pouvoir de l'ennemi; et si ce malheur arrivait, il faudrait l'expier en sacrifiant au dieu Mars plusieurs *suovetaurilia.* » (Tit.-Liv., VIII, 11.)

tance. Entre les Latins, les Laurentins furent exceptés de la punition ; entre les Campaniens, les chevaliers de Capoue qui n'avaient pris aucune part à la défection. On ordonna le renouvellement du traité avec les Laurentins ; et c'est ce qui se pratique encore tous les ans, le dixième jour des féries latines. On donna aux chevaliers campaniens les droits de cité romaine, et cette distinction fut consignée sur une table d'airain qui resta attachée dans le temple de Castor à Rome. On imposa de plus aux Campaniens l'obligation de payer tous les ans à chacun de ces chevaliers (ils étaient seize cents) la somme de quatre cent cinquante deniers... On accorda aux habitants de Lanuvium le droit de cité romaine, et on leur rendit leurs fêtes particulières, en stipulant toutefois que leur temple de Junon Sospita et son bois sacré seraient communs entre eux et les Romains. Aricie, Nomente et Pedum obtinrent également le droit de cité, avec le même privilège que Lanuvium. Tusculum l'avait obtenu anciennement ; on le lui conserva, et l'on affecta de regarder sa révolte comme le crime de quelques factieux, où la cité elle-même n'avait point de part. Il n'en fut point ainsi de Vélitre, ancienne colonie de citoyens romains. Comme elle s'était révoltée plusieurs fois, on la traita avec la plus grande rigueur. On abattit ses murs ; on lui ôta son sénat ; on assujettit les habitants à s'établir au delà du Tibre, et si l'un d'entre eux était surpris en deçà du fleuve, il encourait ce qu'on appelait la peine de la *clarigation ;* c'est-à-dire que le premier venu pouvait se saisir de sa personne, en faire son esclave, sauf à le relâcher lorsque la somme déterminée par la loi (mille as) avait été entièrement acquittée. Les terres confisquées sur les sénateurs de cette ville furent distribuées à une nouvelle colonie qu'on y envoya, en sorte que Vélitre ne tarda point à recouvrer son ancienne population. On en forma une pareille à Antium ; et les Antiates eurent la permission de s'y faire inscrire s'ils le voulaient ; mais on retira de leur port tous les vaisseaux longs, on interdit aux habitants toute navigation maritime ; du reste on leur accorda les droits de cité romaine. Tibur et Préneste furent punies par la confiscation d'une partie de leur territoire, moins à cause de leur dernière révolte, commune à tous les Latins, que pour avoir précédemment associé leurs armes à celles des Barbares gaulois. Les assemblées générales des peuples latins furent supprimées ; on défendit entre eux tout mariage, tout commerce. Les Campaniens, en considération de leurs chevaliers, et les habitants de Fundi et de Formies, pour avoir toujours fourni le passage aux armées romaines, furent récompensés par le droit de cité sans suffrage ; Cumes et Suessula obtinrent le même privilège. Des galères d'Antium, une partie fut retirée à Rome, le reste fut brûlé. On en réserva seulement les éperons, dont on décora la tribune aux harangues : c'est de là qu'elle prit le nom de *Rostra*. »

Ainsi périt la vieille nationalité campanienne et latine (340-314). L'unité de l'Italie, et par suite celle du monde, furent préparées par la victoire de Rome. Mais ces belles contrées perdirent avec la vie politique leur richesse, et même leur salubrité. Dès lors commence lentement, mais invinciblement, cette désolation du Latium que toute la puissance des maîtres du monde ne put arrêter. Le port d'Antium se combla, les fleuves s'obstruèrent peu à peu, et se répandirent dans les campagnes. Le riche pays des Volsques est aujourd'hui couvert par les marais Pontins. On cherchait dans le temps de Pline la place de leurs vingt-trois cités [1].

C'est aux patriciens, il faut le dire, qu'on doit principalement rapporter les traitements barbares dont les vaincus sont ici l'objet. Le Sénat confirme la domination des chevaliers campaniens, comme il soutient les lucumons de Vulsinies contre leurs clients, les riches de la Lucanie contre les pauvres. Au contraire, le consul Tib. Emilius Mamercinus, le dictateur Publilius Philo, son lieutenant Junius Brutus, les deux derniers plébéiens, tous trois amis du peuple, comme l'indiquent d'ailleurs les surnoms de Publilius et de Brutus, agissent mollement contre les Italiens. Nous avons remarqué combien le père de la loi agraire, Spurius Cassius, se montra favorable aux Herniques qu'il avait vaincus. Nous verrons de même les tribuns parler pour les Samnites [2] dans la discussion du traité des Fourches Caudines ; et plus tard le démagogue Marius ménager les alliés dans la guerre Sociale jusqu'à perdre sa popularité. C'est que les plébéiens se souvenaient toujours de leur origine italienne ; dans ce grand asile de Romulus, qui devait recevoir à la longue toutes les populations de l'Italie, les plébéiens, comme derniers venus, se trouvaient plus près de ceux qui n'étaient pas admis encore.

Les plébéiens, par les armes desquels le Sénat avait

---

1. « Palus Pomptina, quem locum XXIII urbium fuisse Mucianus ter consul « prodidit. » (Plin., III, 5.)
2. Tit.-Liv., IX, 7.

écrasé les Latins leurs frères, exigèrent en retour l'égalité des droits politiques. Le dictateur plébéien, Publilius Philo, renouvela la loi qui rendait les plébiscites obligatoires pour les patriciens. Il fit ordonner de plus que le Sénat ne pourrait refuser sa sanction aux lois faites dans les assemblées des centuries ou des tribus, mais qu'il approuverait d'avance le résultat de leurs délibérations. Enfin, parmi les deux censeurs, on devait toujours nommer un plébéien (339). Ainsi fut consommée la pacification de la cité, le mariage des deux ordres, l'unité de Rome. Il ne fallait pas moins, au commencement de la lutte de deux siècles qui allait lui soumettre l'Italie, et par l'Italie le monde.

Alors s'ouvre cette terrible épopée de la guerre du Samnium, le combat de la cité contre la tribu, de la plaine contre la montagne. C'est l'histoire des *Saxons* et des *Highlanders* de l'Écosse. Ceux-là disciplinés en gros bataillons; ceux-ci assemblés en milices irrégulières, mais la nature; est de leur parti les montagnes couvrent et protègent leurs enfants. Défilés sombres, pics aériens, torrents orageux, neiges et frimas des Apennins[1]; les éléments sont pour les fils de la terre contre les fils de la cité.

Deux chefs des armées romaines : le patricien *Papirius* (*Patricius*, *Papirius*, comme *pater*, *pappa*, *pappus*) le plébéien *Publilius*[2]. On sait que, dans toute cette histoire, ce sont les noms invariables du créancier impitoyable et du débiteur maltraité. Papirius essaie

---

1. Voy. plus bas le passage d'Hannibal.
2. *Papirius*, *Publilius*, synonymes du créancier patricien et du débiteur plébéien. Voy. par exemple, Tit.-Liv., VIII, c. 28. — Tite-Live les appelle les deux premiers capitaines du temps, IX, 7.

de renouveler à l'égard de son lieutenant Fabius Rullianus, qui a vaincu contre ses ordres, la sévérité atroce de Manlius envers son fils. Pour relever ce Papirius, les historiens lui attribuent une force et une agilité imitées des temps héroïques, mais à peu près superflue dans les guerres de tactique que faisaient dès lors les armées disciplinées de Rome. C'est Papirius que les Romains, disent-ils, auraient opposé à Alexandre-le-Grand, s'il eût passé en Italie[1]. Dans la forme grecque que les premiers rédacteurs de l'histoire romaine ont donnée à leur ouvrage, Papirius est l'Achille de Rome; et, pour que la ressemblance fût plus grande, ils l'ont surnommé *Cursor* (πόδας ὠκὺς Ἀχιλλεύς).

Dans cette lutte terrible où les Romains entraînaient contre les montagnards presque tous les habitants des plaines, Latins, Campaniens, Apuliens, où les Samnites avaient pour eux les Vestins, les Lucaniens, les Èques, les Marses, Frentans, Péligniens et tant d'autres tribus, les colonies grecques des bords de la mer, Tarente, Palépolis, osèrent entreprendre de tenir la balance entre les grandes nations barbares de l'Italie. Ces pauvres Grecs ignoraient tellement leur faiblesse que, dans une occasion (T.-Liv., IX, 14), ils osèrent défendre la bataille aux deux partis. Cette insolence amena d'abord la ruine de Palépolis. Incapable de se défendre contre Rome, elle introduisit les Samnites dans ses murs, et fut obligée, par la tyrannie de ses alliés, d'appeler les Romains comme des libérateurs.

Les Samnites, chassés de la Campanie par Publilius Philo, vaincus trois fois par Papirius et Fabius, se

---

1. Tit.-Liv., IX, c. 17.

découragèrent et voulurent livrer les auteurs de la guerre aux Romains, entre autres Brutulus Papius[1], qui se donna plutôt la mort. Ne pouvant, à aucune condition, obtenir la paix, ils tinrent ferme dans leurs montagnes, et surent attirer les Romains dans un piège tel que la nature semble en avoir préparé exprès dans les Apennins. Des bergers samnites font accroire aux Romains que la grande ville de Luceria va être prise, et les déterminent à la secourir en passant les montagnes par le chemin le plus court (322). Conduites par le consul Spurius Posthumius[2], les légions s'engagent dans un défilé étroit et profond entre deux rocs à pic couronnés de forêts sombres. Parvenus à l'extrémité, ils la trouvent obstruée par un immense abattis d'arbres : ils veulent retourner et voient le piège fermé sur eux. L'ennemi est sur leurs têtes. Le général des Samnites, Caius Pontius, n'avait qu'à délibérer sur le sort de l'armée romaine, qu'il pouvait écraser sans combat. Il voulut prendre conseil de son vieux père, le sage Herennius; le vieillard se fit porter au camp, et prononça cet oracle : *Tuez-les tous, ou renvoyez-les tous avec honneur, détruisez vos ennemis ou faites-en des amis.* Pour son malheur, Pontius ne suivit ni l'un ni l'autre conseil ; il fit passer les vaincus sous le joug, et sur la simple promesse d'un traité, il les renvoya mortellement

---

1. Voici la cinquième fois qu'un défenseur de la liberté s'appelle Brutus : le premier consul, le premier tribun, le lieutenant plébéien du dictateur plébéien Publilius Philo, enfin tout le peuple brutien révolté contre les Lucaniens.

2. *Spurius Posthumius*, fils d'un bâtard posthume (?). Aurait-on voulu flétrir de ce nom ignominieux l'auteur de la honte de Rome, comme les démagogues *Spurius* Cassius, *Spurius* Melius, *Spurius* Mecilius, etc. ?

outragés dans leur patrie. Il ne s'agissait plus pour Rome que de tromper les dieux garants de la promesse des consuls; Posthumius y avisa. Nous seuls avons juré[1], dit-il aux sénateurs, livrez-nous et recommencez la guerre. Ici l'histoire nous offre une comédie sérieuse, la plus propre à nous faire comprendre combien les Romains respectaient la lettre aux dépens de l'esprit : écoutons les propres mots de Tite-Live : « Comme l'appariteur ménageait le consul par respect et que les nœuds étaient un peu lâches : Serre, serre, lui dit-il, afin que je sois bien un captif qu'on livre pieds et poings liés. » Quand on fut dans l'assemblée des Samnites et auprès du tribunal de Pontius, le fécial Aulus Cornelius Arvina parla ainsi : « Puisque « ces hommes-ci, sans la participation du peuple « romain des Quirites, ont répondu de la conclusion « d'un traité de paix, et qu'en cela ils ont commis « une grande faute, je viens en réparation, et, pour « preuve que le peuple romain n'est point participant « de leur crime, je viens vous les amener, et je vous « les livre. » Comme le fécial achevait, Posthumius lui donna de toute sa force un coup de genou, en disant à haute voix : « Que lui, Posthumius, appar-

---

[1]. L'historien fait faire ici par Posthumius la critique de son propre récit : « Pendant qu'ils faisaient venir Herennius, dit le consul, n'avaient-ils pas le temps d'envoyer à Rome ? » (Liv., IX, c. 9.) — « Cum apparitor verecundia majestatis Posthumium laxe vinciret : « Quin tu, inquit, adducis lorum, ut « justa fiat deditio? » Tum ubi in cœtus Samnitium, et ad tribunal ventum Pontii est, A. Cornelius Arvina fecialis ita verba fecit : « Quandoque hisce « homines, injussu populi romani Quiritium, fœdus ictum iri spoponderunt : « atque ob eam rem, noxam nocuerunt; ob eam rem, quo populus romanus « scelere impio sit solutus, hosce homines vobis dedo. » Hæc dicenti feciali Posthumius genu quanta maximo poterat vi, perculit, et clara voce ait, « se « Samnitem civem esse, illum legatum, fecialem a se contra jus gentium vio- « latum; eo justius bellum gesturos. »

« tenant désormais au peuple samnite, était un
« citoyen samnite; que le fécial était un ambassadeur
« romain; que le droit des gens avait été violé par lui
« dans la personne du fécial; que les Romains avaient
« dès lors un plus juste sujet de guerre. »

Les Samnites ne voulurent point de cette satisfaction dérisoire, mais les dieux semblèrent s'en contenter. Il coûte à dire que les parjures furent vainqueurs, et que la foi et la justice passèrent sous le joug avec les Samnites.

Rome leur accorda deux ans de trêve pour avoir le temps de s'affermir par des colonies dans les deux plaines de l'Apulie et de la Campanie, et serrer ainsi ses ennemis dans leurs montagnes. L'espoir d'une révolte fit descendre les Samnites dans la Campanie, mais Capoue tremblante contempla leur défaite sans les secourir. Ils se tournèrent alors vers le nord de l'Italie, et invoquèrent l'appui de la confédération étrusque (313).

Ce grand peuple, dépouillé lentement depuis deux siècles, était refoulé peu à peu sur lui-même. Les Samnites lui avaient depuis longtemps enlevé ses établissements lointains de la Campanie, et les Gaulois ceux des bords du Pô. Toute la population s'était ainsi concentrée dans la mère patrie. Là, d'innombrables agriculteurs couvraient les campagnes, l'industrie animait les villes; d'incroyables richesses s'accumulaient. Qu'on en juge par un seul fait : les Romains tirèrent un peu plus tard de la seule Arretium de quoi équiper sur-le-champ et nourrir une armée[1].

---

1. Avec laquelle Scipion termina la seconde guerre punique.

Toutefois, au milieu de leurs fêtes religieuses et de leurs éternels banquets, les lucumons de l'Étrurie s'avouaient leur décadence et prédisaient *le soir prochain du monde*. Ils ont empreint leurs monuments de ce caractère d'une sensualité mélancolique qui jouit à la hâte et profite des délais de la colère céleste. Cependant, derrière les murs cyclopéens des villes pélasgiques, ils entendaient le péril s'approcher. Les Liguriens avaient poussé jusqu'à l'Arno; les Gaulois gravissaient à grands cris l'Apennin, comme des bandes de loups, avec leurs moustaches fauves et leurs yeux d'azur, si effrayants pour les hommes du midi[1]. Et cependant du midi même, les lourdes légions de Rome marchaient d'un pas ferme à cette proie commune des Barbares. Déjà la grande ville de Veïes laissait une place vacante dans la réunion nationale des fêtes annuelles de Vulsinies. Il fallut bien quitter les pantomimes sacrées, et les tables somptueuses, et les danses réglées par la flûte lydienne; il fallut équiper en soldats les dociles laboureurs des campagnes, et donner malgré soi la main aux intrépides Samnites.

L'armée de la confédération commença la guerre avec peu de gloire. Repoussée de Sutrium, colonie romaine, elle s'enfonça dans la forêt Ciminienne, n'imaginant pas que les Romains eussent jamais l'audace de l'y suivre. « Cette forêt, dit Tite-Live (XI, 36), était alors plus impénétrable et plus effrayante que ne l'ont été de mon temps celles de la Germanie. Jusque-là aucun marchand ne s'y était hasardé. » Quiconque a vu en effet le pays qui s'étend entre ces lacs volca-

---

[1]. Voy. Thierry, *Histoire des Gaulois*.

niqués, ces collines tourmentées, ces laves, ces cônes de basalte, comprendra l'hésitation des Romains pour entrer dans ce pays plein de monuments de la colère des dieux. Joignez-y le voisinage de la sombre Vulsinies, le centre de la religion étrusque, avec ses hypogées, ses fêtes lugubres et ses sacrifices humains. Enfin le souvenir des Fourches Caudines...

« Parmi ceux qui assistaient au conseil (Liv., XI, 38), se trouvait un frère du consul, qui prit l'engagement d'aller reconnaître les lieux et d'en rapporter avant peu des nouvelles certaines. Élevé à Céré chez des hôtes de son père, il y avait puisé toute l'instruction des Étrusques, et savait très bien leur langue. Des auteurs assurent qu'alors il était aussi commun aux enfants des Romains de faire leur étude de la langue étrusque qu'aujourd'hui de la langue grecque... Le frère du consul avait un esclave qui, ne l'ayant pas quitté pendant son séjour à Céré, avait eu occasion d'apprendre aussi la langue. Tous deux ne prirent d'autre précaution que de se faire donner en partant quelque idée de la nature du pays où ils allaient entrer, et des noms des principaux peuples, de peur de se trahir par leur hésitation. Ils prirent des habits de bergers, et les armes du pays, des faulx et deux javelots gaulois. »

Les Gaulois ombriens, ennemis des Toscans, promirent à ces envoyés de combattre avec les Romains et de leur donner des vivres pour trente jours. Fabius traversa la forêt; mais les ravages des Romains, ou peut-être la mobilité gauloise, avaient déjà fait changer les Ombriens de parti. Fabius n'en vainquit pas moins; et les trois villes les plus belliqueuses de l'Étrurie, Pérouse, Arretium et Cortone, demandèrent une trêve de trente ans.

Cependant l'armée romaine qui combattait les Samnites, avait failli rencontrer, dans les forêts voisines du lac Averne, de nouvelles Fourches Caudines. Le Sénat voulait, dans ce danger, élever à la dictature Papirius Cursor; mais comment espérer que le consul Fabius nommât le vieux général qui autrefois avait demandé sa mort? Fabius reçut les députés du sénat, les yeux baissés, et sans dire un mot. Un jour entier il lutta contre lui-même; mais la nuit suivante, à l'heure du plus profond silence, selon l'usage antique, il nomma Papirius dictateur.

Les Étrusques, cherchant dans les terreurs de la religion un secours pour fortifier le courage des leurs, s'unirent entre eux par la *loi sacrée*, qui dévouait tout fuyard aux dieux infernaux. Chaque combattant se choisissait un compagnon : et tous se surveillant ainsi les uns les autres, les lâches devaient trouver plus de péril dans la fuite que dans le combat. On se rencontra sur les bords sacrés du lac Vadimon. La rage et le désespoir furent tels dans l'armée des Étrusques, qu'ils laissèrent là les traits et les javelots, pour en venir sur-le-champ à l'épée. Ils percèrent la première et la seconde ligne des Romains, mais vinrent échouer contre les triaires et les cavaliers. Jamais l'Étrurie ne put se relever d'un pareil coup.

Les Samnites n'étaient pas plus heureux. Enrichis sans doute par les subsides des Étrusques, les montagnards avaient formé deux armées, distinguées l'une par ses boucliers ciselés d'or et par des vêtements bigarrés, l'autre par des habits blancs et des boucliers argentés[1]. Ils avaient tous la jambe gauche cuirassée, et le casque chargé d'un brillant panache. Les Romains n'en furent point étonnés. *Voyez-vous*, leur disait en désignant les blancs, le consul Junius le bouvier (Bubulcus), *voyez-vous ces victimes dévouées au dieu des morts?* Ces belles armes allèrent orner le Forum. Les lâches Campaniens en eurent leur part; ils en parèrent leurs gladiateurs, et ils appelaient ces esclaves dressés à combattre dans les jeux, du nom de *Samnites*.

Tite-Live ne compte que par vingt et trente mille les Samnites tués à chaque bataille. Quelque exagérés qu'on suppose ces nombres, on a peine à comprendre qu'un peuple ait suffi à tant de défaites. C'est que les Samnites se recrutaient chez presque toutes les tribus de l'Italie centrale et de la Grèce, chez les Ombriens, chez les Marses, Marrucins, Péligniens et Frentans, même chez les Èques et les Herniques, alliés de Rome. Ce fut pour tourner ses armes contre ces peuples et enlever leur secours aux Samnites, que Rome accorda à ces derniers un traité de paix et même d'alliance. Les Herniques et les Èques, qui avaient fourni tant de soldats aux Romains, ne s'en défendirent pas mieux. Ces peuples, depuis bien des

---

1. Virgil., VII, 686 :

Vestigia nuda sinistri
Instituere pedis; crudus tegis altera pero.

Voy. Servius sur ce vers; Macrob., *Sat.* V, 18. Conf. Thucyd., III, 22.
Livius, IX, 40 : « Duo exercitus erant. Scuta alterius auro, alterius argento
« cælaverunt. Forma erat scuti : summum latius, qua pectus atque humeri
« teguntur, fastigio æquali : ad imum cuneatior mobilitatis causa, spongia
« pectori tegumentum ; et sinistrum crus ocrea tectum : galeæ cristatæ, quæ
« speciem magnitudini corporum adderent : tunicæ auratis militibus versi-
« colores, argentatis linteæ candidæ. »

années, ne faisaient plus la guerre en leur nom ; leurs armées, sans chef ni conseil, se dispersèrent d'elles-mêmes ; chacun courut à son champ pour transporter ce qu'il avait dans les villes. Les Romains, les attaquant séparément, en eurent bon marché ; en cinquante jours ils prirent aux Èques, rasèrent et brûlèrent quarante et une bourgades. Pour les Herniques, on s'était contenté de leur imposer l'onéreux privilège du droit de cité sans suffrage, en leur ôtant leurs magistrats et leurs assemblées ; on leur interdit même le mariage d'une ville à l'autre (301).

Ainsi les Samnites se trouvèrent désormais privés du secours des peuples de même race. Cernés de tous côtés par les colonies romaines de Frégelles, d'Atina, d'Interamna, de Casinum, de Teanum, de Suessa Aurunca, d'Alba et de Sora, dénoncés aux Romains par les Picentins, leurs frères, par les Lucaniens, leurs alliés, forcés dans Bovianum, vaincus à Malévent (qui devint *Bénévent* pour les Romains), ils prirent une résolution extraordinaire. Ils s'infligèrent eux-mêmes l'exil[1], et, abandonnant leurs montagnes, ils descendirent chez les Étrusques, pour les faire combattre avec eux de gré ou de force.

Les Étrusques, ranimés par le courage des Samnites, entraînèrent les Ombriens, et achetèrent même le secours des Gaulois. Ils avaient naguère essayé déjà de tourner ces barbares contre Rome, et de changer ainsi les ennemis en alliés. L'argent était compté, livré d'avance ; mais les Gaulois avaient refusé de marcher : *Cet argent*, disaient-ils inso-

---

1. Tit.-Liv., X, 11, 16.

lemment, *c'est la rançon de vos champs ; si vous voulez que nous vous servions contre Rome, donnez-nous des terres*. On croit lire une histoire des condottieri du moyen âge. Mais cette fois, les Gaulois eux-mêmes comprirent tout ce que l'Italie entière avait à craindre des Romains; ils se joignirent aux confédérés, près de Sentinum. Cette ligue universelle du nord de l'Italie avait été préparée par le général samnite Gellius Egnatius. La terreur était au comble dans l'armée romaine, alors sous les ordres de l'éloquent et incapable Appius; son successeur, le vieux Fabius Rullianus, sut rassurer les soldats. Comme ils environnaient le consul pour le saluer, Fabius leur demande où ils allaient. Sur leur réponse qu'ils vont chercher du bois : « Eh quoi ! dit-il, est-ce que vous n'avez pas un champ palissadé ? Ils s'écrièrent qu'ils avaient même un double rang de palissades et un fossé profond, ce qui ne les empêchait pas d'être dans des transes horribles : Vous avez, dit-il, assez de bois. Retournez et arrachez-moi vos palissades. » Ils s'en reviennent au camp, et tous ceux qui étaient restés, Appius lui-même, s'alarment de les voir arracher les pieux du retranchement. Mais eux disaient tous, à l'envi l'un de l'autre, « qu'ils exécutaient l'ordre du consul Fabius ». (Liv., X, 25.)

Cependant Fabius eut sujet de se repentir de cette orgueilleuse confiance; une légion fut exterminée; l'armée entière courait grand risque, si le consul n'eût donné ordre aux troupes qu'il avait laissées chez les Étrusques, de les rappeler chez eux par le ravage de leurs champs. Au moment où Fabius et Decius, son collègue, allaient attaquer l'armée gauloise et samnite, une biche, poursuivie par un loup, se jette entre les deux armées; le loup court vers les enfants du dieu auquel il est consacré; la biche passe aux Gaulois, et la terreur avec elle. Cependant le bruit des chariots barbares, le fracas des roues effraie les chevaux des Romains et met en fuite leur cavalerie; les légions même commencent à plier, lorsque Decius, renouvelant le dévouement de son père, se précipite dans les bataillons ennemis. Les Gaulois, reculant à leur tour, se serrent et forment un mur impénétrable de boucliers. Les Romains renversent ce rempart à grands coups de javelots; toutefois la vigueur des Gaulois céda moins à leurs efforts qu'aux traits ardents du soleil italien, sous lequel ont si souvent fondu les hommes du Nord. (Bataille de Sentine, 296.)

Les Étrusques, dont l'abandon avait été si fatal aux Gaulois, firent leur paix à tout prix. Pérouse et Clusium, puis Arretium et Vulsinies fournirent du blé, du cuivre, un sagum, une tunique par soldat, seulement pour obtenir d'envoyer une députation suppliante. Mais les Samnites n'avaient plus de paix à faire avec Rome. Après cinquante ans de défaites, ce peuple infortuné recourut encore à ses dieux qui l'avaient si mal protégé. Ovius Paccius, un vieillard parvenu au terme de l'âge, retrouva je ne sais quels rites, employés jadis par leurs ancêtres, lorsqu'ils enlevèrent Capoue aux Étrusques. Quarante mille guerriers se trouvèrent au rendez-vous d'Aquilonie, et promirent de se rassembler au premier ordre du général; quiconque l'abandonnerait devait être dévoué au courroux des dieux.

On forma au milieu du camp, sur une étendue de deux cents pieds carrés, une enceinte de toile de lin ; on sacrifia selon des rites écrits aussi sur des toiles de lin. Au milieu de l'enceinte, s'élevait un autel, et autour, des soldats debout, l'épée nue. Puis on introduisit les plus vaillants du peuple, un à un, comme autant de victimes. D'abord, le guerrier jurait le secret de ces mystères ; puis on lui dictait d'effroyables imprécations contre lui et contre les siens, s'il fuyait ou s'il ne tuait les fuyards. Quiconque refusa de jurer, fut égorgé au pied de l'autel. Alors, le général nomma dix guerriers, dont chacun en choisit dix autres, et ainsi de suite jusqu'au nombre de seize mille. Ce corps fut appelé la légion du lin (*linteata*). Elle était appuyée d'une autre armée de vingt mille hommes. Tous tinrent leur serment, s'il est vrai, comme leurs vainqueurs s'en vantaient, qu'ils en tuèrent plus de trente mille.

Quelque acharné que dut être ce dernier combat de la liberté italienne, les Romains, mieux disciplinés, croyaient avoir vaincu d'avance. On peut en juger par quelques mots de leur général Papirius. Le garde des poulets sacrés lui avait annoncé faussement qu'ils avaient mangé ; on avertit le consul du mensonge : « Que nous importe ! dit-il, l'anathème ne peut tomber que sur lui. » Au fort de la mêlée, Papirius voua à Jupiter, non pas un temple, non pas un sacrifice, mais une petite coupe de vin mêlée de miel avant son premier repas. C'était une guerre à coup sûr, une guerre de massacre et de butin : des marchands suivaient l'armée pour acheter les esclaves. Aquilonie et Cominium furent toutes deux brûlées en un jour. Une foule de bourgades furent dépeuplées et incendiées. La fureur fit souvent même oublier l'avarice ; on tua quelquefois jusqu'aux animaux. Au reste, Polybe nous apprend que c'était un usage des Romains pour augmenter la terreur de leurs ennemis[1]. Curius Dentatus acheva la dépopulation du pays. Decius avait occupé dans le Samnium quarante-cinq campements, Fabius quatre-vingt-six, tous faciles à reconnaître, moins par les vestiges des fossés et des retranchements, que par la solitude et l'entière dévastation des environs.

Cette guerre atroce peupla de fugitifs tous les antres des Apennins. Moins heureux que les *outlaws* d'Angleterre, ces proscrits n'ont laissé aucun monument, pas un chant de guerre, pas une *nénie* funèbre. La seule trace que nous en trouvions, est ce passage d'une indifférence dédaigneuse et cruelle : « Cette même année, pour qu'il ne fût point dit qu'elle se fût passée absolument sans guerre, une petite expédition eut lieu

---

[1]. A l'occasion de la prise de Carthagène par Scipion. Mais ne serait-ce pas plutôt l'accomplissement d'un vœu barbare ? — Quant aux dévastations de cette guerre, voy. Livii, *Supplementum*, XI, 21. Lorsque Curius eut pénétré jusqu'à l'Adriatique, il dit à son retour ce mot remarquable : « Tantum « agrorum cepi, ut solitudo futura fuerit nisi tantum etiam hominum copis- « sem : tantum autem hominum, ut interituri fame fuerint, nisi tantum « cepissem et agrorum. » — Liv. X, 46. Au triomphe de Papirius sur les Samnites, on porta deux millions six cent soixante mille livres pesant de cuivre en lingots, produit de la vente des prisonniers, deux mille six cent soixante marcs d'argent pris dans la ville. Le tout fut mis dans le trésor ; il n'y eut rien pour les soldats — Les Falisques, depuis longtemps soumis, s'étaient joints aux Étrusques. Ils payèrent 100,000 livres pesant de cuivre, et la solde pour l'armée. — Carvilius mit au trésor 390,000 livres de cuivre, bâtit le temple de Fors Fortuna, donna à chaque soldat cent deux as, et le double aux centurions et chevaliers.

en Ombrie, sur la nouvelle que des brigands, embusqués dans une caverne, faisaient des excursions dans la campagne. On y entra en ligne de bataille ; les brigands, à la faveur de l'obscurité du lieu, y blessèrent beaucoup de nos soldats, surtout à coup de pierres. Enfin, lorsqu'on eut découvert la seconde issue de cet antre, on entassa aux deux entrées des monceaux de bois, où l'on mit le feu ; de cette manière, environ deux mille hommes, qui s'y étaient renfermés, furent étouffés par la fumée et par la chaleur, ou périrent dans les flammes même, au milieu desquelles ils finirent par se précipiter. » (Tite-Live, X, 1.)

CHAPITRE II

Suite du précédent. — Conquête de l'Italie méridionale. — Guerre de Pyrrhus ou guerre des Mercenaires grecs en Italie (281-267).

La pointe méridionale par laquelle l'Italie se lie avec la Sicile, sépare les bassins des deux mers, dont l'une s'étend du Vésuve au volcan de Lipari, de Naples jusqu'à Panorme et jusqu'au pic du mont Éryx ; l'autre de Tarente à Crotone et de Locres à Syracuse. Ces rivages s'appelaient jadis la Grande Grèce. Au-dessus des deux rivages et des deux mers, s'élève *la montagne* (*al Gibel*, comme les Arabes appelaient l'Etna). Là tout grandit dans des proportions colossales ; le volcan est un mont neigeux de dix mille pieds qui fait honte au Vésuve ; un seul châtaignier peut y couvrir cent chevaux ; l'aloès africain y monte à soixante pieds. Et les villes environnantes répondaient à cette grandeur. La main herculéenne des Doriens se retrouve dans les ruines des cités de la Grande Grèce et de la Sicile, dans les restes d'Agrigente, dans les colonnes de Pestum, et dans ce blanc fantôme de Sélinunte qu'on voit de si loin s'élever au milieu des solitudes[1]. Agrigente avait plus de deux cent mille habitants[2]; Syracuse faisait sortir cent mille soldats de ses portes[3]. La molle Sybaris, dont la plage est aujourd'hui partagée entre les taureaux sauvages et les requins[4], arma, dit-on, jusqu'à trois cent mille hommes contre les durs Crotoniates. La côte de Tarente (et ce faible vestige en dit plus que tout le reste) est rouge de débris de vases qu'y entassa la grande ville[5].

La puissance colossale de ces cités, leurs richesses prodigieuses, leur industrie, leurs forces navales qui passaient de si loin celles de la mère patrie, ne retardèrent point leur ruine. La métropole dura dans sa médiocrité : la pauvre Lacédémone subsista mille ans ; l'ingénieuse et sobre Athènes vécut âge de peuple, malgré sa démagogie ; leurs revers les affaiblissaient sans les détruire. Mais dans l'histoire des villes de la Grande Grèce, la défaite c'est la ruine. Ainsi passèrent du monde Sybaris et Agrigente, la Tyr et la Babylone de l'Occident. Les Crotoniates, vainqueurs de Sybaris, firent couler deux rivières sur la place où elle avait été. Au milieu des convulsions éternelles de cette terre des volcans, les peuples roulaient dans les alternatives d'une démagogie furieuse et d'une tyrannie atroce ; et ils regardaient encore la tyrannie comme leur salut,

---

1. Swinburn's, *Travels*, v. III.
2. Diod., XIII. — 3. Selon le même auteur (lib. I), Denys le Tyran tira de la seule ville de Syracuse une armée de cent vingt mille hommes et de douze mille chevaux.
4. *Séjour d'un officier français en Calabre* (1820).
5. *Mémoires et correspondance de Paul-Louis Courier* (1828), 1ᵉʳ v.; 8 juin 1806 : *Tarente*). « On voit ici non pas un Monte-Testaccio, mais un rivage composé des mêmes éléments.... En fouillant, on rencontre, au lieu de tuf, des fragments de poteries, dont la plage est toute rouge. »

à l'aspect de tant de périls divers, en face de cette dévorante Carthage plus terrible pour la Sicile que la bouche béante de l'Etna.

Quelle merveille qu'au milieu de cette vie fougueuse et demi-barbare, la réforme pythagoricienne n'ait pu prévaloir ? La philosophie du nombre pouvait-elle faire entendre l'harmonie des sphères célestes au milieu du tumulte de l'agora démocratique des villes achéennes ? Pouvait-elle nourrir de lait et de miel celui qui portait un bœuf et le tuait d'un seul coup ? La vraie philosophie de la contrée, c'était celle d'Empédocle, celle qui, d'abord préoccupée tristement de l'origine du mal, rapporte tout à l'amour et à la discorde, fond dans sa poésie tous les systèmes comme en une lave ardente, et qui, sous l'accès d'un panthéisme frénétique, se laisse aller à la fascination de cette nature enivrante et terrible qui l'appelle au fond de l'Etna. Ou bien encore la philosophie italique lutte et résiste avec l'école d'Élée ; à la vue de tous les bouleversements de la nature et de la société, elle nie le changement, ne reconnaît de substance que soi-même, que la pensée et, s'armant d'une logique intrépide, elle anéantit par représailles la réalité qui l'écrase.

La dernière des calamités de la Grande Grèce et de la Sicile, la plus terrible, c'est que la guerre nourrissant la guerre, il se forma des armées sans patrie, sans loi, sans dieu, qui se vendaient au premier venu, rendaient toute société incertaine de son existence, et menaçaient de devenir, sous un chef entreprenant, maîtresses de toute la contrée. Ce mal était vieux dans la Sicile. C'était par les troupes mercenaires que les Gélons et les Denys avaient défendu l'île contre les Carthaginois pour se l'assujettir eux-mêmes. Mais l'horreur de ce fléau monta au comble sous Agathocles. L'enfant abandonné d'un potier, ramassé dans la rue, s'élève par sa beauté et ses mœurs infâmes; puis, calomniant les magistrats, lâchant les mercenaires dans Syracuse et dans les villes voisines, il devient roi de sa patrie. Il ose la quitter pour assiéger les Carthaginois qui l'assiègent; ne pouvant réussir, il abandonne son armée, son propre fils, et pour finir cette vie hideuse, il est porté vivant sur un bûcher[1].

C'était alors le mal commun du monde : des armées à vendre, des tyrannies éphémères, les royaumes gagnés, perdus d'un coup de dé. Le jour même où Alexandre, exposé au milieu de ses soldats en pleurs, leur fit baiser sa main mourante, la cavalerie et l'infanterie furent sur le point de se charger aux portes de Babylone. Pendant qu'on portait le roi au temple d'Ammon, sa mère, sa femme, ses petits enfants, furent égorgés par des hommes qui s'évanouissaient encore de frayeur en regardant sa statue[2]. On vit alors des événements merveilleux, des fortunes prodigieuses; depuis qu'Alexandre avait passé Hercule et Bacchus, tout semblait possible. On crut un moment qu'un de ses gardes (Antigone) allait lui succéder dans l'empire de l'Asie. Mais les choses se brouillèrent de

---

1. Diod., XXV.
2. Plutarch., *in Alex.*, c. 96. Longtemps après la mort d'Alexandre, Cassandre, devenu roi de Macédoine et maître de la Grèce, se promenait un jour à Delphes et examinait les statues. Ayant aperçu tout à coup celle d'Alexandre, il en fut tellement saisi qu'il frissonna de tout son corps, et fut frappé comme d'un étourdissement.

plus en plus ; tous combattirent contre tous. On en vit deux à quatre-vingts ans (Séleucus et Lysimaque) se battre encore à qui emporterait au tombeau ce triste nom *du dernier vainqueur* (Nicator). Les faibles empires qui sortirent de ce bouleversement ne subsistaient qu'en achetant sans cesse de nouvelles troupes. Les Grecs abâtardis de Syrie et d'Égypte, semblables à nos *poulains* de la Terre-Sainte [1], faisaient venir sans cesse des troupes mercenaires de la mère patrie. Ainsi, la guerre étant devenue un métier, une force militaire immense flottait depuis Carthage jusqu'à Séleucie. Si jamais cette force, au lieu de se diviser au service de tant d'États divers, fût venue à se fixer sur un point, pour faire la guerre à son compte, c'était fait, non seulement de la liberté et de la civilisation du monde, mais encore de tout ordre, de toute justice, de toute humanité.

Et déjà les mercenaires avaient essayé de se fixer. Des Mamertins de la Campanie, sans doute de race samnite, avaient occupé Messine. En face, la ville de Rhegium ne tarda pas à l'être par le Campanien Jubellius Decius, et par quatre mille de ses compatriotes au service de Rome. Placés ainsi au point central, entre Rome, Syracuse et Carthage, les Mamertins auraient relevé sur le détroit l'ancienne puissance de Capoue. Tout le monde s'effraya, Carthaginois, Romains, Hiéron même, le nouveau tyran de Syracuse, qui s'était d'abord servi des mercenaires.

[1]. On sait qu'on donnait ce nom par mépris aux descendants abâtardis des croisés établis à la Terre-Sainte. L'Égypte semble être encore moins favorable aux étrangers; les Mameluks ne pouvaient se reproduire; leurs enfants mouraient de bonne heure, et ils étaient obligés de se recruter par des esclaves qu'ils faisaient venir du Caucase.

Ce qui manqua toujours à cette puissance terrible, dispersée dans le monde, ce fut un chef, une tête, une pensée. L'impétueux Pyrrhus, gendre d'Agathocles, chef des Épirotes, le Scanderbeg de l'antiquité, ne fut lui-même, malgré sa tactique, qu'une force brutale. Les cornes de bouc dont ce brillant soldat chargeait son casque, font penser à l'impétuosité aveugle des animaux mystiques qui, dans le songe d'Ézéchiel, ne vont que par bonds et à force de reins, sans toucher la terre, renversant les empires sur leur chemin. Malgré son origine royale, Pyrrhus n'avait guère été plus heureux d'abord qu'Agathocles. A sa naissance, son père venait d'être tué; les serviteurs qui l'emportaient dans leur fuite, furent arrêtés par un fleuve, et sur le point de périr sans pouvoir passer l'enfant à l'autre bord. Maître trois fois de la Macédoine, un instant de la Sicile et de la Grande Grèce, ce fils de la fortune, si souvent caressé et battu par elle, lui laissa tout en mourant. A qui léguez-vous votre héritage? lui disaient ses enfants. — A l'épée qui percera mieux, répondit-il [1].

Il était impossible que le gendre d'Agathocles ne tournât ses regards vers la Sicile et l'Italie ; rien de plus vraisemblable que son fameux dialogue avec Cinéas. Tous ses projets sur la Grande Grèce et sur Carthage se trouvent déjà dans le discours que Thucydide met dans la bouche d'Alcibiade avant la guerre de Syracuse. Les Italiens avaient déjà appelé le Lacédémonien Cléonyme, et Alexandre-le-Molosse [2], beau-frère d'Alexandre-le-Grand. Tous les aventuriers grecs

---

1. Plutarch., *in Pyrrhi vita*.
2. De même les Italiens du moyen âge firent venir Scanderbeg en 1464. Les Vénitiens avaient ordinairement des Albanais dans leurs armées.

rêvaient alors d'accomplir l'ouvrage d'Alexandre, et de faire dans l'Occident ce qu'il avait fait dans l'Orient. Pyrrhus eût voulu, dit-on, jeter un pont sur la mer Adriatique, entre Apollonie et Otrante[1]. L'occasion de ce passage désiré se présenta bientôt (281 av. J. C.).

Les Tarentins étaient assemblés dans leur théâtre, d'où l'on découvrait la mer, lorsqu'ils aperçoivent à l'horizon dix vaisseaux latins. Un orateur agréable au peuple, Philocaris, surnommé Thaïs pour l'infamie de ses mœurs, se lève et soutient qu'un ancien traité défend aux Romains de doubler le promontoire de Junon Lacinienne. Tout le peuple s'élance avec des cris pour s'emparer des vaisseaux. Les ambassadeurs envoyés par Rome à ce sujet sont reçus au milieu d'un banquet public, hués par le peuple; un Grec osa salir d'urine la robe des ambassadeurs. « Riez, dit le Romain, mes habits seront lavés dans votre sang. » Les Tarentins, effrayés de leur propre audace, appelèrent Pyrrhus; et pour le décider, ils lui écrivirent qu'avec les Lucaniens, Messapiens et Samnites, ils pouvaient lever vingt mille chevaux et trois cent cinquante mille fantassins. Quelques-uns d'entre eux prévoyaient pourtant combien il était dangereux de faire venir les Épirotes. Un citoyen se présente à l'assemblée avec une couronne de fleurs fanées, un flambeau et une joueuse de flûte, comme s'il sortait ivre d'un repas. Les uns applaudissent, d'autres rient, tous lui disent de chanter. « Vous avez raison, Tarentins, dit-il, dansons et jouons de la

---

1. Comme Varron en eut l'idée au temps de la guerre des Pirates. (Appian., *Mithr. b.* — Plin. — Zonar.)

flûte, pendant que nous le pouvons ; nous aurons autre chose à faire quand Pyrrhus sera ici. » En effet, Pyrrhus, à peine arrivé à Tarente, entreprit de discipliner le peuple, ferma les gymnases et les théâtres, mit des gardes aux portes pour empêcher de quitter la ville, et il envoyait chez lui tantôt l'un, tantôt l'autre, pour les faire périr[1].

A la première rencontre près d'Héraclée, les Romains furent étonnés par les éléphants, qu'ils appelaient dans leur simplicité *bœufs de Lucanie*. Toutefois la victoire coûta cher à Pyrrhus. Comme on l'en félicitait : « Encore une pareille, dit-il, et je retourne seul en Épire. » Cependant, fortifié par les Samnites, les Lucaniens et les Messapiens, il marcha sur la Campanie dans l'espoir de la soulever. Rien ne remua. Il poussa jusqu'à Préneste, découvrit Rome du haut des montagnes, mais de toutes parts les légions approchaient pour le cerner ; il se hâta de regagner Tarente.

Cependant il fallait sortir avec honneur de cette guerre. Après avoir tenté vainement de gagner Fabricius, envoyé vers lui pour racheter les prisonniers[2], il envoya à Rome le rusé Cinéas, par l'éloquence duquel il avait, disait-il, pris plus de villes que par la force des armes. L'adresse de l'envoyé et les présents du roi ébranlaient le sénat en sa faveur. Alors le vieil Appius

---

1. Plut., *Vit. Pyrrh.*, c. 18, 21.
2. Les historiens ici chargent leur récit de tant de puérilités, qu'ils finissent par inspirer de la défiance pour des faits qui n'ont rien d'invraisemblable en eux-mêmes. Je parle du médecin empoisonneur, dénoncé par Fabricius au roi d'Épire.

Claudius, ancien censeur, qui était devenu aveugle, se fit porter au sénat par ses quatre fils, qui tous avaient été consuls. Ce vieillard, plein de vigueur et d'autorité, gouvernait toujours avec un pouvoir absolu sa nombreuse maison, ses quatre fils, ses cinq filles et une foule de clients. *C'était*, dit Cicéron, *un arc toujours tendu, que les ans n'avaient pu relâcher. Ses esclaves le craignaient, ses enfants le révéraient. C'était là une maison de mœurs et de discipline antiques.* Appius se rendit odieux dans sa censure, en mêlant le peuple à toutes les tribus, et s'obstinant à rester cinq ans dans cette magistrature ; mais il s'immortalisa par un magnifique aqueduc et par l'indestructible monument de la Via Appia, qu'il conduisit de Rome à Capoue. Ce vieillard austère fit honte au sénat de sa mollesse, et dicta la réponse qu'on devait faire au roi d'Épire : « S'il veut la paix, qu'il sorte sur-le-champ de l'Italie [1]. »

1.
..... Quo sese mentes, rectai quæ stare solebant
Antehac, dementes sese flexere viai ?
(Ennii, *Fragm.*; in Cic., de *Sen.*)

— Sur le beau monument d'Appius (la *Via Appia*), voy. Procop., *De B. G.*, I, et Montfaucon.

Cic., *de Sen.* : « Quatuor robustos filios, quinque filias, tantam domum, « tantas clientelas, Appius regebat et senex et cæcus. Intentum animum tan- « quam arcum habebat, nec languescens succumbebat senectuti. Tenebat non « modo autoritatem, sed etiam imperium in suos : metuebant servi, verebantur « liberi, carum omnes habebant ; vigebat in illa domo patrius mos, et disci- « plina. »

Liv., IX, 29 : « Et censure, eo anno Appii Claudii, et Caii Plautii fuit : « memoriæ tamen felicioris ad posteros nomen Appii, quod viam munivit et « aquam in urbem deduxit, eaque unus perfecit. »

Cic., *pro Lælio* : « Appius Claudius Cæcus pacem Pyrrhi diremit, aquam « adduxit, viam munivit. — Frontin., *de Aquæduct.*, lib. I : Appia aqua « inducta est ab Appio Claudio, censore cui postea cæco fuit cognomen, « M. Valerio Maximo, et Publio Decio Mure consulibus anno vigesimo post « initium belli samnitici, qui et Viam Appiam a porta Capena usque ad urbem « Capuam muniendam curavit. » — Voy. aussi Diod. Sic., XX.

Forcé de continuer la guerre, Pyrrhus combattit les Romains près d'Asculum, sans pouvoir décider la victoire. Cette fois, un soldat, ayant blessé un éléphant, dissipa la terreur qu'ils inspiraient. Les Romains, pour tenir tête à ces monstres, et pour donner plus de stabilité à leur légion, avaient imaginé un *carroccio*, dans le genre de celui que les Lombards du moyen âge opposèrent à Frédéric-Barberousse. Ce char était hérissé de pieux, les chevaux bardés de fer, et les soldats qui le montaient, armés de torches, pour effrayer les éléphants[1] (280).

Pyrrhus, découragé, saisit l'occasion de quitter l'Italie. Les Siciliens l'appelaient contre les Mamertins et les Carthaginois. Partout il chassa devant lui ces barbares; mais les soldats qu'il conduisait ne valaient pas mieux que les Mamertins. Ils firent regretter aux Siciliens les ennemis dont ils les avaient délivrés. Pyrrhus repassa en Italie, chargé de l'exécration des peuples; il y mit le comble en pillant à Locres le temple révéré de Proserpine, et pénétrant dans les souterrains où l'on gardait le trésor sacré. Cet or funeste sembla lui porter malheur. On remarqua que dès lors il échoua dans toutes ses entreprises.

L'expédition de Sicile l'avait empêché de profiter à temps du découragement des Romains. Si l'on en croit un historien, la peste et la guerre les avaient alors dégoûtés de la vie[2]. Tous refusaient de s'enrôler. Curius fit tirer au sort toutes les tribus, et ensuite les

1. Plin., VIII, 7. — Flor., I, 18. — Oros, IV, 1.
2. Val. Max., VI, 3, 4.

membres de la première tribu. Le citoyen désigné refuse, on déclare ses biens confisqués; il réclame, mais les tribuns ne le soutiennent point, et le consul le fait vendre comme esclave. Cette armée, levée avec tant de peine, n'en battit pas moins Pyrrhus à Bénévent (276). La déroute commença par un jeune éléphant qui, blessé à la tête, attira sa mère par des cris plaintifs. Les hurlements de celle-ci effarouchèrent les autres éléphants. Pyrrhus trahit alors Tarente[1], et retourna dans l'Épire, d'où il devait conquérir encore une fois la Macédoine, et s'en aller mourir dans Argos, de la main d'une vieille femme. Sa retraite livra aux Romains tout le centre et le midi de l'Italie. Les Campaniens qui s'étaient établis à Rhegium, y furent forcés; trois cents d'entre eux, conduits à Rome, furent battus de verges et décapités. Ainsi Rome semblait n'avoir plus rien à craindre des mercenaires italiens ou grecs; elle avait au moins doublé ses forces, et appris de Pyrrhus la savante castramétation des généraux d'Alexandre. Mais le roi d'Épire, en quittant la Sicile, avait prononcé sur cette île un mot prophétique : « Quel beau champ nous laissons aux Romains et aux Carthaginois![2] »

---

[1]. En partant, il laissa Milon pour garder la citadelle, et lui donna pour tribunal un siège couvert de la peau du médecin qui avait voulu l'empoisonner. Le fait n'est rapporté que par Zonare; mais il est conforme à ce que nous savons de la barbarie des successeurs d'Alexandre, des chefs de mercenaires, et particulièrement de la cruauté de Pyrrhus en Sicile.

[2]. Plutarch., *Pyrrhi vita*.

CHAPITRE III

Guerre punique (265-241). — Réduction de la Sicile, de la Corse et de la Sardaigne ; de la Gaule italienne, de l'Illyrie et de l'Istrie (238-219).

Ce n'est point sans raison que le souvenir des guerres puniques est resté si populaire et si vif dans la mémoire des hommes. Cette lutte ne devait pas seulement décider du sort de deux villes ou de deux empires ; il s'agissait de savoir à laquelle des deux races, indogermanique ou sémitique, appartiendrait la domination du monde. Rappelons-nous que la première de ces deux familles de peuples comprend, outre les Indiens et les Perses, les Grecs, les Romains et les Germains ; dans l'autre, se placent les Juifs et les Arabes, les Phéniciens et les Carthaginois. D'un côté, le génie héroïque, celui de l'art et de la législation ; de l'autre, l'esprit d'industrie, de navigation, de commerce. Ces deux races ennemies se sont partout rencontrées, partout attaquées. Dans la primitive histoire de la Perse et de la Chaldée, les héros combattent sans cesse leurs industrieux et perfides voisins. Ceux-ci sont artisans, forgerons, mineurs, enchanteurs. Ils aiment l'or, le sang, le plaisir. Ils élèvent des tours d'une ambition titanique, des jardins aériens, des palais magiques, que l'épée des guerriers dissipe et efface de la terre. La lutte se reproduit sur toutes les côtes de la Méditerranée, entre les Phéniciens et les Grecs. Partout ceux-ci succèdent aux comptoirs, aux colonies de leurs rivaux dans l'Orient, comme feront les Romains dans l'Occident. Voyez aussi avec quelle fureur les Phéniciens attaquent la Grèce à Salamine, sous les auspices de Xerxès, la même année où les Carthaginois, leurs frères, débarquent en Sicile l'armée prodigieuse que Gélon détruisit à Himéra. Et plus tard, les Grecs, pour en finir, allèrent à leur tour attaquer chez eux leurs éternels ennemis. Alexandre fit contre Tyr bien plus que Salmanasar ou Nabuchodonosor. Il ne se contenta point de la détruire ; il prit soin qu'elle ne pût se relever jamais, en lui substituant Alexandrie et changeant pour toujours la route du commerce du monde. Restait la grande Carthage, et son empire bien autrement puissant que la Phénicie ; Rome l'anéantit. Il se vit alors une chose qu'on ne retrouve nulle part dans l'histoire, une civilisation tout entière passa d'un coup, comme une étoile qui tombe. Le *Périple* d'Hannon, quelques médailles, une vingtaine de vers dans Plaute, voilà tout ce qui reste du monde carthaginois. Il fallut bien des siècles avant que la lutte des deux races pût recommencer, et que les Arabes, cette formidable arrière-garde du monde sémitique, s'ébranlassent de leurs déserts. La lutte des races devint celle de deux religions. Heureusement ces hardis cavaliers rencontrèrent vers l'Orient les inexpugnables murailles de Constantinople, vers l'Occident la francisque de Charles-

Martel et l'épée du Cid. Les Croisades furent les représailles naturelles de l'invasion arabe, et la dernière époque de cette grande lutte des deux familles principales du genre humain.

Pour deviner ce monde perdu de l'empire carthaginois, et comprendre ce que serait devenue l'humanité, si la race sémitique eût vaincu, il faut recueillir ce que nous savons de la Phénicie, type et métropole de Carthage.

Sur l'étroite plage que dominaient les cèdres du Liban[1], fourmillait un peuple innombrable, entassé dans des îles et d'étroites cités maritimes. Sur le rocher d'Arad, pour ne citer qu'un exemple, les maisons avaient plus d'étages qu'à Rome même[2]. Cette race impure, fuyant devant l'épée de Sésostris, ou le couteau exterminateur des Juifs, s'était trouvée acculée à la mer, et l'avait prise pour patrie. La licence effrénée du Malabar moderne peut seule rappeler les abominations de ces Sodomes de la Phénicie. Là, les générations pullulaient sans famille certaine, chacun ignorant qui était son père, naissant, multipliant au hasard, comme les insectes et les reptiles, dont après les pluies d'orage grouillent leurs rivages brûlants. Ils se disaient eux-mêmes nés du limon. Leurs grands dieux, c'étaient les Cabires, ouvriers industrieux au ventre énorme.

---

[1]. Quand le Liban avait encore des cèdres. (Voy. Volney, *Voyage en Syrie*.)

[2].
.... Tabulata tibi jam tertia fumant,
Tu nescis : nam si gradibus trepidatur ab imis
Ultimus ardebit quem tegula sola tuetur.
(Juven., III.)

Auguste défendit d'élever les maisons à plus de soixante-dix pieds.

C'était Baal : « Pour celui-là, dit un poète inspiré du génie hébraïque[1], aucun esprit plus souillé ne tomba du ciel, aucun n'aima d'un plus sale amour le vice pour le vice... Il règne aux cités corrompues où la voix de la bruyante orgie monte au-dessus des plus hautes tours, et l'injure et l'outrage..., et quand la nuit rend les rues sombres, alors errent les fils de Bélial, ivres d'insolence et de vin. Témoin les rues de Gomorrhe, et cette nuit, etc. »

La nuit, la lune, Astaroth, était encore adorée des Phéniciens. C'était la mère du monde, et comme Isis et Cybèle, elle l'emportait sur tous les dieux. La prépondérance du principe femelle dans ces religions sensuelles se retrouvait à Carthage, où une déesse présidait aux conseils. Tous les ans, Isis, s'embarquant de Péluse à Byblos, et portant une tête d'homme dans un voile mystérieux, allait à la recherche des membres de son époux[2]. Là, cet époux, prenant le nom d'Adon, était pleuré des filles de la Phénicie. Son sang coulait des montagnes dans le sable rouge d'un fleuve. Alors c'étaient des lamentations, des danses funèbres pendant la nuit, et des larmes mêlées de honteux plaisirs. Mais le dieu ressuscitait, et l'on terminait dans une ivresse furieuse cette fête de la vie et de la mort. Au printemps surtout, quand le soleil, reprenant sa force, donnait l'image et le signal d'une renaissance universelle, à Tyr, à Carthage, peut-être dans toutes les villes, on dressait un bûcher, et un aigle, imitant le phénix égyp-

---

1. Milton, *Parad. lost*, I.
2. Lucian., *De dea Syr.*, c. 7. — Creuzer, II° v. de la trad. Sur la religion des Phéniciens et des Carthaginois, voy. l'intéressant chapitre ajouté par le traducteur.

tien, s'élançait de la flamme au ciel. Cette flamme était Moloch[1] lui-même. Ce dieu avide demandait des victimes humaines ; il aimait à embrasser des enfants de ses langues dévorantes ; et cependant des danses frénétiques, des chants dans les langues rauques de la Syrie, les coups redoublés du tambourin barbare, empêchaient les parents d'entendre les cris[2].

Les Carthaginois, comme les Phéniciens d'où ils sortaient, paraissent avoir été un peuple dur et triste, sensuel et cupide, aventureux sans héroïsme. A Carthage aussi, la religion était atroce et chargée de pratiques effrayantes. Dans les calamités publiques, les murs de la ville étaient tendus de drap noir[3]. Lorsque Agathocles assiégea Carthage, la statue de Baal, toute rouge du feu intérieur qu'on y allumait, reçut dans ses bras jusqu'à deux cents enfants, et trois cents personnes se précipitèrent encore dans les flammes. C'est en vain que Gélon, vainqueur, leur avait défendu d'immoler des victimes humaines. La Carthage romaine elle-même, au temps des empereurs, continuait secrètement ces affreux sacrifices.

Carthage représentait sa métropole, mais sous d'im-

1. Sans doute le même que le Melkarth de Tyr, auquel toute colonie phénicienne, Carthage elle-même, payait une dîme. On dit que les Tyriens, assiégés par Alexandre, enchaînèrent la statue d'Apollon à celle de Melkarth, de crainte qu'il ne passât à l'ennemi.
2. « Le roi de Moab, voyant qu'il ne pouvait plus résister aux Israélites, prit son fils aîné qui devait régner après lui, et le brûla en sacrifice sur la muraille. Les assiégeants en eurent horreur, et, se retirant des terres de Moab, ils retournèrent en leur pays. » (IV° livre des Rois, c. 3, v. 27.)
3. Diod. Sic., XIX. — Pour ce qui suit, Diod., *passim*.

menses proportions. Placée au centre de la Méditerranée, dominant les rivages de l'Occident, opprimant sa sœur Utique et toutes les colonies phéniciennes de l'Afrique, elle mêla la conquête au commerce, s'établit partout à main armée, fondant des comptoirs malgré les indigènes, leur imposant des droits et des douanes, les forçant tantôt d'acheter et tantôt de vendre. Pour comprendre tout ce que cette tyrannie mercantile avait d'oppressif, il faut regarder le gouvernement de Venise, lire les statuts des inquisiteurs d'État[1] ; il faut connaître la manière despotique et bizarre dont s'exerçait au Pérou le monopole espagnol, lorsqu'on y portait toutes les marchandises de luxe rebutées par l'Europe, que l'on forçait les pauvres Indiens d'acheter tout ce que Madrid ne voulait plus, qu'on faisait prendre à un homme sans chemise une aune de velours, ou une paire de lunettes à un laboureur sans pain. Sur le monopole de Carthage et sur son empire commercial, il faut lire un beau chapitre de l'*Esprit des Lois*.

« Carthage avait un singulier droit des gens ; elle faisait noyer[2] tous les étrangers qui trafiquaient en Sardaigne et vers les colonnes d'Hercule. Son droit politique n'était pas moins extraordinaire ; elle défendit aux Sardes de cultiver la terre sous peine de la vie. Elle accrut sa puissance par ses richesses, et ensuite

---

1. Daru, *Hist. de Venise*. Pièces justificatives. On y lit entre autres choses que l'ouvrier qui transportait ailleurs une industrie utile à la république, devait être d'abord invité à revenir ; s'il s'y refusait, poignardé. Ces lois atroces, enfermées dans la mystérieuse cassette, restèrent inconnues de ceux qu'elles frappaient, jusqu'au jour où les armées françaises vinrent y mettre ordre.

2. Eratosthen., *in Strab.*, XVII.

ses richesses par sa puissance. Maîtresse des côtes d'Afrique que baigne la Méditerranée, elle s'étendit le long de celles de l'Océan. Hannon, par ordre du sénat de Carthage, répandit trente mille Carthaginois depuis les colonnes d'Hercule jusqu'à Cerné. Il dit que ce lieu est aussi éloigné des colonnes d'Hercule que les colonnes d'Hercule le sont de Carthage. Cette position est très remarquable; elle fait voir qu'Hannon borna ses établissements au vingt-cinquième degré de latitude nord, c'est-à-dire deux ou trois degrés au delà des îles Canaries vers le sud.

« Hannon, étant à Cerné, fit une autre navigation, dont l'objet était de faire des découvertes plus avant vers le midi. Il ne prit presque aucune connaissance du continent. L'étendue des côtes qu'il suivit fut de vingt-six jours de navigation, et il fut obligé de revenir faute de vivres. Il paraît que les Carthaginois ne firent aucun usage de cette entreprise d'Hannon.

« C'est un beau morceau de l'antiquité que la relation d'Hannon. Le même homme qui a exécuté, a écrit : il ne met aucune ostentation dans ses récits. Les choses sont comme le style. Il ne donne point dans le merveilleux. Tout ce qu'il dit du climat, du terrain, des mœurs, des manières, des habitants, se rapporte à ce qu'on voit aujourd'hui dans cette côte d'Afrique; il semble que c'est le journal d'un de nos navigateurs.

« Hannon remarqua sur sa flotte que le jour il régnait dans le continent un vaste silence[1]; que la nuit on entendait les sons de divers instruments de musique, et qu'on voyait partout des feux, les uns plus grands,

---

1. Pline dit la même chose du mont Atlas.

les autres moindres. Nos relations confirment ceci : on y trouve que le jour ces sauvages, pour éviter l'ardeur du soleil, se retirent dans les forêts ; que la nuit ils font de grands feux pour écarter les bêtes féroces; et qu'ils aiment passionnément la danse et les instruments de musique.

« Hannon nous décrit un volcan avec tous les phénomènes que fait voir aujourd'hui le Vésuve ; et le récit qu'il fait de ces deux femmes velues qui se laissèrent plutôt tuer que de suivre les Carthaginois, et dont il fit porter les peaux à Carthage, n'est pas, comme on l'a dit, hors de vraisemblance.

« Cette relation est d'autant plus précieuse, qu'elle est un monument punique, et c'est parce qu'elle est un monument punique qu'elle a été regardée comme fabuleuse. Car les Romains conservèrent leur haine contre les Carthaginois même après les avoir détruits. Mais ce ne fut que la victoire qui décida s'il fallait dire *la foi punique* ou *la foi romaine*.

« On a dit des choses bien surprenantes des richesses de l'Espagne. Si l'on en croit Aristote[1], les Phéniciens qui abordèrent à Tartesse y trouvèrent tant d'argent que leurs navires ne pouvaient le contenir, et ils firent faire de ce métal leurs plus vils ustensiles. Les Carthaginois, au rapport de Diodore (Diod., VI), trouvèrent tant d'or et d'argent dans les Pyrénées, qu'ils en mirent aux ancres de leurs navires. Il ne faut point faire de fond sur ces récits populaires : voici des faits précis.

« On voit dans un fragment de Polybe, cité par

---

1. Aristot., *De Mirabil.*

Strabon (Strab., III), que les mines d'argent qui étaient à la source du Bétis, où quarante mille hommes étaient employés, donnaient aux Romains vingt-cinq mille dragmes par jour : cela peut faire environ cinq millions de livres par an à cinquante francs le marc. On appelait les montagnes où étaient ces mines, les *montagnes d'argent* (mons argentarius), ce qui fait voir que c'était le Potosi de ces temps-là. Aujourd'hui les mines d'Hanovre n'ont pas le quart des ouvriers qu'on employait dans celles d'Espagne, et elles donnent plus ; mais les Romains n'ayant guère que des mines de cuivre et peu de mines d'argent, et les Grecs ne connaissant que les mines d'Attique très peu riches, ils durent être étonnés de l'abondance de celles-là.

« Les Carthaginois, maîtres du commerce de l'or et de l'argent, voulurent l'être encore de celui du plomb et de l'étain. Ces métaux étaient voiturés par terre, depuis les ports de la Gaule sur l'Océan jusqu'à ceux de la Méditerranée. Les Carthaginois voulurent les recevoir de la première main ; ils envoyèrent Himilcon pour former[1] des établissements dans les îles Cassitérides qu'on croit être celles de Silley.

« Ces voyages de la Bétique en Angleterre ont fait penser à quelques gens que les Carthaginois avaient la boussole ; mais il est clair qu'ils suivaient les côtes. Je n'en veux d'autre preuve que ce que dit Himilcon, qui demeura quatre mois à aller de l'embouchure du Bétis en Angleterre : outre que la fameuse histoire[2] de ce pilote carthaginois qui, voyant venir un vaisseau

1. Voy. Festus Avienus.
2. Il en fut récompensé par le sénat de Carthage. (Strab., III, *sub fin.*).

romain, se fit échouer pour ne pas lui apprendre la route d'Angleterre, fait voir que ces vaisseaux étaient très près des côtes lorsqu'ils se rencontrèrent.

« On voit, dans le traité qui finit la première guerre punique, que Carthage fut principalement attentive à se conserver l'empire de la mer, et Rome à garder celui de la terre. Hannon, dans la négociation avec les Romains[1], déclara qu'il ne souffrirait pas seulement qu'ils se lavassent les mains dans les mers de Sicile; il ne leur fut pas permis de naviguer au delà du Beau Promontoire; il leur fut défendu de trafiquer en Sicile[2], en Sardaigne, en Afrique, excepté à Carthage : exception qui fait voir qu'on ne leur y préparait pas un commerce avantageux.

« Il y eut dans les premiers temps de grandes guerres entre Carthage et Marseille[3] au sujet de la pêche. Après la paix, elles firent concurremment le commerce d'économie. Marseille fut d'autant plus jalouse qu'égalant sa rivale en industrie, elle lui était devenue inférieure en puissance : voilà la raison de cette grande fidélité pour les Romains. La guerre que ceux-ci firent contre les Carthaginois en Espagne fut une source de richesse pour Marseille, qui servait d'entrepôt. La ruine de Carthage et de Corinthe augmenta encore la gloire de Marseille; et sans les guerres civiles où il fallait fermer les yeux et prendre un parti, elle aurait été heureuse sous la protection des Romains, qui n'avaient aucune jalousie de son commerce. »

---

1. Livii, *Supplem.*, II. Dec., lib. VI.
2. Dans la partie soumise aux Carthaginois.
3. Justin., XLIII, c. 5.

Le vaste empire commercial[1] des Carthaginois, répandu sur toutes les côtes de l'Afrique, de la Sicile, de la Sardaigne et de la Corse, de la Gaule, de l'Espagne, et jusque sur les rivages du grand Océan, ne peut se comparer aux possessions compactes des Anglais et des Espagnols en Amérique; mais plutôt à cette chaîne de forts et de comptoirs qui constituaient l'empire portugais des Indes orientales. Comme ces derniers, les Carthaginois ne s'établissaient point dans leurs colonies sans espoir de retour. C'était la partie pauvre du peuple qu'on y envoyait, pour l'enrichir par les profits soudains du négoce tyrannique, et qui se hâtait de revenir dans la mère patrie jouir du fruit de ses rapines; à peu près comme autrefois les négociants d'Amsterdam, ou comme aujourd'hui les nababs anglais. Il y avait des fortunes soudaines, colossales, des brigandages et des exactions inouïs, des Clive et des Hastings, qui pouvaient se vanter aussi d'avoir exterminé des millions d'hommes par un monopole plus destructif que la guerre.

Cette domination violente s'appuyait sur deux bases ruineuses, une marine qu'à cette époque de l'art les autres nations pouvaient facilement égaler[2], et des armées mercenaires aussi exigeantes que peu fidèles. Les Carthaginois n'étaient rien moins que guerriers de leurs personnes, quoiqu'ils aient constamment spéculé sur la guerre. Ils y allaient en petit nombre, protégés par

---

1. Sur les objets du commerce des Phéniciens, sans doute analogue en grande partie à celui des Carthaginois, voy. Ézéchiel, c. 27, 28. C'est le plus ancien document de statistique commerciale qui existe.

2. Diod., XIII. Les Syracusains trouvaient les Carthaginois peu habiles dans la marine.

de pesantes et riches armures[1]. S'ils y paraissaient, c'était sans doute moins pour combattre eux-mêmes que pour surveiller leurs soldats de louage, et s'assurer qu'ils gagnaient leur argent. Encore, le petit nombre de troupes carthaginoises que nous voyons dans leurs armées, devait-il être composé en grande partie d'Africains indigènes, soit Lybiens du désert, soit montagnards de l'Atlas. C'est ainsi que l'on a confondu souvent les Arabes conquérants de ces mêmes contrées avec les Maures leurs sujets. Toutefois cette dualité de race se décèle fréquemment dans l'histoire de Carthage; le génie militaire de Bsarca appartient, comme le nom de Barca semble l'indiquer, aux nomades belliqueux de la Lybie, plus qu'aux commerçants phéniciens. Les vrais Carthaginois sont les Hannon, administrateurs avides et généraux incapables[2].

La vie d'un marchand industrieux, d'un Carthaginois, avait trop de prix pour la risquer, lorsqu'il pouvait se substituer avec avantage un Grec indigent, ou un Barbare espagnol ou gaulois[3]. Carthage savait, à une dragme près, à combien revenait la vie d'un homme de telle nation. Un Grec valait plus qu'un Campanien, celui-ci plus qu'un Gaulois ou un Espagnol. Ce tarif du sang bien connu, Carthage commençait une guerre comme une spéculation mercantile. Elle entreprenait des conquêtes, soit dans l'espoir de trouver de nou-

---

1. Plut., *Vie de Timoléon*, au passage du Crimèse. Nous voyons les marchands de Palmyre armés de même dans leurs batailles contre Aurélien. (Voy. Zozime, et mon article *Zénobie* dans la *Biographie universelle*.)

2. Polybe s'exprime ainsi dans son récit de la guerre des mercenaires, lib. I. (Voy plus bas.)

3. Les Italiens du moyen âge pensaient de même. « Le service des citoyens, dit Matteo Villani, est inutile et souvent funeste. »

velles mines à exploiter, soit pour ouvrir des débouchés à ses marchandises. Elle pouvait dépenser cinquante mille mercenaires dans telle entreprise, davantage dans telle autre. Si les rentrées étaient bonnes, on ne regrettait point la mise de fonds; on rachetait des hommes, et tout allait bien.

On peut croire qu'en ce genre de commerce comme en tout autre, Carthage choisissait les marchandises avec discernement. Elle usait peu des Grecs qui avaient trop d'esprit, et ne se laissaient pas conduire aisément. Elle préférait les Barbares : l'adresse du frondeur baléare, la furie du cavalier gaulois (la furia francese), la vélocité du Numide maigre et ardent comme son coursier, l'intrépide sang-froid du fantassin espagnol, si sobre et si robuste, si ferme au combat avec sa saie rouge et son épée à deux tranchants[1]. Ces armées n'étaient pas sans analogie avec celles des condottieri du moyen âge. Toutefois les soldats des Carthaginois ne s'exerçant point à porter des armes gigantesques, comme les compagnons d'Hawkood ou de Carmagnola, n'avaient point sur des troupes nationales un avantage certain. Une longue guerre pouvait rendre les milices de Syracuse ou de Rome égales aux mercenaires de Carthage. Ceux-ci, comme ceux du moyen âge, pouvaient à chaque instant changer de parti, avec cette différence que, faisant la guerre à des peuples pauvres, la trahison devait moins les tenter. Sforza pouvait flotter entre Milan et Venise, et les trahir tour à tour; mais qu'aurait gagné l'armée d'Hannibal à se réunir aux Romains? Les troupes au service de Carthage ne

---

1. Polyb., *passim*, et particulièrement dans le récit de la bataille de Cannes.

servaient guère dans leur patrie ; on les dépaysait avec
soin ; les différents corps d'une même armée étaient
isolés entre eux par la différence de langue et de religion ; souvent elles dépendaient pour les vivres des
flottes carthaginoises ; ajoutez que les généraux n'étant
pas en même temps magistrats, comme à Rome, avaient
moins d'occasions d'opprimer la liberté ; enfin le terrible tribunal des *Cent* tenait des surveillants auprès
d'eux, et, au moindre soupçon, les faisait mettre en
croix. Cette inquisition d'État, semblable à celle de
Venise, avait fini par absorber toute la puissance
publique. Elle se recrutait parmi les administrateurs
des finances qui sortaient de charge. Nommés à vie
par le peuple, les *Cent* dominaient tous les anciens
pouvoirs, et le sénat, et les deux sophetim ou juges.
Une oligarchie financière, tenant ainsi tout l'État dans
sa main, l'argent était le roi et le dieu de Carthage.
Lui seul donnait les magistratures, motivait la fondation des colonies, formait l'unique lien de l'armée.
La suite de l'histoire fera suffisamment ressortir tous
les inconvénients de ce système.

Lorsque les Romains, vainqueurs de Tarente et
maîtres de la Grande Grèce, arrivèrent au bord du
détroit, ils se trouvèrent face à face avec les armées
carthaginoises[1]. Trois puissances partageaient la

---

[1]. Polyb., III. « Le premier traité entre les Romains et les Carthaginois est
du temps de L. Junius Brutus et de Marcus Horatius, les deux premiers consuls qui furent créés après l'expulsion des rois, et par l'ordre desquels fut
consacré le temple de Jupiter Capitolin, vingt-huit ans avant l'irruption de
Xerxès dans la Grèce. Le voici tel qu'il m'a été possible de l'expliquer ; car

Sicile, Carthage, Syracuse et les Mamertins. Rome, appelée par une faction de ces derniers, ne craignit point de protéger à Messine ceux qu'elle venait de punir à Rhegium. Le consul Appius fit passer les légions en Sicile (265), partie sur les vaisseaux des Grecs d'Italie, partie sur des radeaux. Le tyran de Syracuse, Hiéron, fut vaincu par les Romains, comme il le disait lui-même, *avant d'avoir eu le temps de les voir.* Il réfléchit qu'après tout il avait moins à craindre un peuple sans marine, et devint le plus fidèle allié de Rome.

En moins de dix-huit mois, les Romains, favorisés

la langue latine de ces temps-là est si différente de celle d'aujourd'hui, que les plus habiles ont bien de la peine à entendre certaines choses :
« Entre les Romains et leurs alliés, et entre les Carthaginois et leurs alliés,
« il y aura alliance à ces conditions : ni les Romains ni leurs alliés ne navi-
« gueront au delà du Beau Promontoire, s'ils n'y sont poussés par la tempête,
« ou contraints par leurs ennemis : en cas qu'ils y aient été poussés par
« force, il ne leur sera permis d'y rien acheter, ni d'y rien prendre, sinon ce
« qui sera précisément nécessaire pour le radoubement de leurs vaisseaux, ou
« le culte des dieux ; ils en partiront au bout de cinq jours. Les marchands
« qui viendront à Carthage ne paieront aucun droit, à l'exception de ce qui se
« paie au crieur et au scribe : tout ce qui sera vendu en présence de ces
« deux témoins, la foi publique en sera garant au vendeur. Tout ce qui se
« vendra en Afrique ou dans la Sardaigne..... Si quelques Romains abordent
« dans la partie de la Sicile soumise aux Carthaginois, on leur fera bonne
« justice en tout ; les Carthaginois s'abstiendront de faire aucun dégât chez
« les peuples d'Antium, d'Ardée, de Laurente, du Circœum, de Tarracine,
« chez quelque peuple des Latins que ce soit, qui soient dépendants (*du*
« *peuple romain,* n'est pas dans le grec, sans doute pour ménager la fierté
« *des Latins*). Ils ne feront aucun tort aux villes mêmes qui seraient indé-
« pendantes. S'ils en prennent quelqu'une, ils la rendront aux Romains en son
« entier : ils ne bâtiront aucune forteresse dans le pays des Latins : s'ils y
« entrent à main armée (ὡς πολέμιοι), ils n'y passeront pas la nuit. »
« Ce Beau Promontoire, c'est celui de Carthage, qui regarde le nord ; les Carthaginois ne veulent pas que les Romains aillent au delà, vers le midi, sur de longs vaisseaux, de crainte sans doute qu'ils ne connaissent les campagnes qui sont aux environs de Byzacium et de la Petite Syrte, et qu'ils appellent les *Marchés,* à cause de leur fertilité. »
« Il y eut encore depuis un autre traité, dans lequel les Carthaginois com-

par les indigènes, s'emparèrent de soixante-sept places de la grande ville d'Agrigente, défendue par deux armées de cinquante mille hommes. Mais pour rester maîtres d'une île, il fallait l'être de la mer. Les Romains, qui jusque-là semblent n'avoir guère eu de marine[1], prirent pour modèle une galère échouée de Carthage; au bout de soixante jours, ils lancèrent à la mer cent soixante vaisseaux, joignirent la flotte carthaginoise et la vainquirent. Pendant la construction, ils avaient exercé leurs rameurs à sec, en les faisant manœuvrer sur le rivage. Pour compenser cette infériorité d'adresse et d'habitude, on imagina des mains de fer (*corvi*),

prennent les Tyriens et ceux d'Utique, et où l'on ajoute au Beau Promontoire, Mastic et Tarseion, au delà desquels on défend aux Romains d'aller en course, ou de fonder aucune colonie. Rapportons les termes du traité :

« Entre les Romains et leurs alliés, et entre les Carthaginois, les Tyriens, « ceux d'Utique, et les alliés de tous ces peuples, il y aura alliance à ces « conditions : les Romains n'iront point en course, ne trafiqueront, ni ne « bâtiront de ville au delà du Beau Promontoire, de Mastic et de Tarseion : si « les Carthaginois prennent dans le Latium quelque ville qui ne dépende pas « des Romains, ils garderont pour eux l'argent et les prisonniers, et remet-« tront la ville aux Romains, si des Carthaginois font quelques prisonniers « sur un des peuples qui sont en paix avec les Romains, et qui ont avec eux « un traité écrit, sans pourtant leur être soumis, ils ne feront pas entrer ces « prisonniers dans les ports des Romains ; s'ils y entrent, et qu'un Romain « mette la main sur eux, qu'ils soient libres ; cette condition sera aussi « observée du côté des Romains. Si les Romains prennent dans un pays qui « appartient aux Carthaginois, de l'eau et des fourrages, ils ne s'en serviront « pas pour faire tort à aucun de ceux qui ont paix et alliance avec les Car-« thaginois..... Si cette condition ne s'observe pas (ceci fait allusion à une « condition non exprimée ; il y a une lacune), il ne sera pas permis de se « faire justice à soi-même : si quelqu'un le fait, cela sera regardé comme un « crime public. Les Romains ne trafiqueront, ni ne bâtiront pas de ville dans « la Sardaigne ni dans l'Afrique ; ils n'y pourront aborder que pour prendre « des vivres, ou pour radouber leurs vaisseaux : s'ils y sont portés par la « tempête, qu'ils partent au bout de cinq jours; dans la Sicile carthaginoise « et à Carthage, un Romain pourra faire ou vendre tout ce que peut un « citoyen; un Carthaginois aura le même droit à Rome. »

1. Voy. Fréret.

qui, s'abaissant sur les vaisseaux carthaginois, les rendaient immobiles et facilitaient l'abordage (261). Le consul vainqueur, Duillius, eut, sa vie durant, le privilège de se faire reconduire le soir avec des flambeaux et des joueurs de flûte. Outre l'ennui de ce triomphe viager, il eut, pour trophée de sa victoire, une colonne ornée d'éperons de vaisseaux, dont le piédestal subsiste encore. L'inscription qu'on y grava est un des plus anciens monuments de la langue latine.

Rome s'empara sans peine de la Sardaigne et de la Corse, où le monopole barbare des Carthaginois avait été jusqu'à défendre la culture des terres. De nouveaux succès en Sicile lui donnèrent l'espoir d'accomplir en Afrique ce qu'avait tenté Agathoclès. Toutefois les soldats romains s'effrayaient des dangers d'une longue navigation[1] et d'un monde inconnu. Il fallut que le consul Regulus menaçât un tribun légionnaire des verges et de la hache pour décider l'embarquement. L'un des premiers ennemis qu'ils trouvèrent en Afrique fut un boa, un de ces serpents monstrueux dont l'espèce semble avoir fort diminué.

Deux victoires donnèrent deux cent villes aux Romains. Regulus ne voulut point accorder la paix à Carthage si elle conservait plus d'un vaisseau armé. La peur allait faire consentir à tout, lorsqu'un mercenaire lacédémonien, nommé Xantippe, qui se trouvait à Carthage, déclara qu'il restait trop de ressources pour ne pas résister encore. Mis à la tête de l'armée,

---

1. Voy. dans Joinville l'effroi que la mer inspirait aux héros des Croisades.

il sut attirer les Romains en plaine et les battit par sa cavalerie et ses éléphants. Regulus entra dans Carthage, mais captif; et les nouveaux revers qu'essuyèrent les Romains fixèrent la guerre en Sicile (257)[1].

Toutefois les Carthaginois, ayant eu à leur tour de mauvais succès, envoyèrent Regulus à Rome pour traiter de la paix et de l'échange des prisonniers. Ils avaient compté sur l'intérêt qu'il avait à parler pour eux. Tous les historiens, excepté Polybe, le plus grave de tous, assurent que Regulus donna au Sénat le conseil héroïque de persister dans la lutte, et de laisser mourir captifs ceux qui n'avaient pas su rester libres.

Si l'on en croyait le témoignage des Romains, témoignage à la vérité suspect, mais assez conforme à ce que nous savons d'ailleurs de la lâche barbarie des Carthaginois, Regulus de retour eût été livré par eux aux tourments d'une longue mort. On l'aurait exposé au soleil d'Afrique après lui avoir coupé les paupières, on l'eût privé de repos et de sommeil en l'enfermant dans un coffre hérissé en dedans de pointes de fer. Le sénat de Rome, indigné, aurait, par représailles, livré aux enfants de Regulus des prisonniers carthaginois pour les faire mourir par les mêmes supplices[2].

Pendant huit ans, les Romains furent vaincus en Sicile; ils perdirent successivement quatre flottes. Le

---

1. Le désastre de Charles-Quint à Alger, la difficulté avec laquelle les flottes françaises se sont maintenues en 1830 dans ces parages dangereux, expliquent la perte de tant de flottes que firent en quelques années les Romains et les Carthaginois.

2. Voy. les versions diverses de Tuditanus et de Tubéron dans Aulu-Gelle,

plus honteux de ces désastres fut causé par l'imprudence du consul Appius Pulcher. Au moment de livrer bataille, il fit consulter les poulets sacrés, et comme ils refusaient toute nourriture : « Qu'ils boivent, dit-il, puisqu'ils ne veulent pas manger » ; et il les fit jeter à la mer. Les soldats, découragés par ce mot impie, étaient vaincus d'avance. Quelques années après, la sœur de Clodius se trouvant à Rome trop pressée par la foule : « Plût aux dieux, s'écria-t-elle, que mon frère conduisît encore les armées de la République ! » Le peuple punit d'une amende ce souhait homicide.

Cependant, le plus grand général qu'eût alors Carthage, Hamilcar, père du fameux Hannibal, se jeta sur le mont Eryx, entre Drépane et Lylibée. « C'est, dit Polybe, une montagne dont le sommet escarpé de tous côtés a au moins cent stades de circonférence. Au-dessous, tout autour, est un terrain très fertile, où les vents de mer ne se font pas sentir, et où les bêtes venimeuses ne parviennent jamais. Des deux côtés de la mer et de la terre, ce sont des précipices affreux, dont l'intervalle est facile à garder. Du sommet même s'élève un pic d'où l'on découvre tout ce qui se passe dans la plaine. Le port a beaucoup de fond, et semble fait pour recevoir ceux qui vont de Drépane et de Lylibée en Italie. On ne peut approcher de la montagne que par trois endroits fort difficiles. C'est dans l'un de ces passages que vint camper Hamilcar. Il fallait un général aussi intrépide pour se jeter ainsi au milieu de ses ennemis ; pas une ville alliée, nulle espérance

---

1. IV, c. 4 ; de Tite-Live, *Epitome*; de Cic., *Offic.*, III, 26-7 et *Contra Pisonem*; de Florus, II, 2 ; d'Appien, de Diodore, de Valère-Maxime, d'Aurelius Victor, d'Eutrope, d'Orose, de Zonare et de saint Augustin.

de secours. Avec tout cela, il ne laissa pas de donner aux Romains de terribles alarmes. D'abord, il allait de là, désolant toute la côte d'Italie, et il osa pousser jusqu'à Cumes; ensuite les Romains étant venus camper à cinq stades de son armée devant Panorme, il leur livra, pendant près de trois ans, je ne sais combien de combats. » (248-242 av. J.-C.)

Et c'est au milieu des succès d'Hamilcar que Carthage se crut tout à coup réduite à demander la paix aux Romains. Elle lui avait envoyé sur une flotte de quatre cents vaisseaux, de l'argent et des provisions. Ces vaisseaux étaient vides de soldats; ils devaient être armés par Hamilcar lui-même. Cependant la flotte romaine, tant de fois brisée par les orages, venait d'être équipée de nouveau par les contributions volontaires des citoyens. Cette flotte de deux cent quinquérèmes rencontra celle d'Hannon, avant qu'elle eût touché la Sicile (aux îles Egates), et en détruisit le quart. Cet échec suffit pour ôter tout courage aux Carthaginois. Leur Hamilcar était vainqueur; ils avaient, dans le cours de la guerre, perdu cinq cents galères; mais Rome en avait sacrifié plus de sept cents. Les marchands de Carthage commencèrent à s'aviser que la cessation de leur commerce leur nuisait plus que ne pourrait jamais rapporter la guerre la plus heureuse. Ils calculèrent avec effroi ce que leur coûteraient, après tant de dépenses, les récompenses sans bornes qu'Hamilcar avait promises à son armée[1]; et ils

---

1. Polyb., I. Une des causes qui firent si longtemps préférer le service des condottieri par les républiques italiennes, c'est qu'elles pouvaient cesser toute dépense militaire le jour même où elles signaient la paix. (Sism., *Rép. it.*, VIII, p. 63.)

aimèrent mieux céder la Sicile aux Romains, s'engageant en outre à leur payer trois mille talents (dix-huit millions de francs) dans l'espace de dix années. Comme compagnie de commerce, les Carthaginois, en concluant ce traité, faisaient sans doute une bonne affaire. Mais ils ne comprenaient point que leur puissance politique, une fois compromise dans une lutte avec Rome, devait, si on ne la soutenait par tous les moyens, entraîner dans sa ruine et leur commerce et leur opulence, à laquelle ils sacrifiaient si facilement l'honneur (241).

Malgré la fatigue de Rome et l'épuisement de Carthage, l'intervalle de la première à la seconde guerre punique (241-219) fut rempli par une suite d'expéditions qui devaient affermir ou étendre l'empire des deux républiques. Hamilcar soumit les côtes de l'Afrique jusqu'au grand Océan (Voy. le chapitre suivant), et de là envahit celles de l'Espagne, pendant que Rome domptait les Gaulois, les Liguriens, s'assurait des portes de l'Italie, et étendait son influence par Marseille et Sagonte jusque sur le Rhône et sur l'Èbre. Ainsi les deux rivales, ayant cessé de se combattre de front et de se prendre corps à corps, semblaient aller à la rencontre l'une de l'autre par un immense circuit.

« Les Liguriens, cachés au pied des Alpes, entre le Var et la Macra, dans des lieux hérissés de buissons sauvages, étaient plus difficiles à trouver qu'à vaincre ; race d'hommes agiles et infatigables[1], peuples moins

---

1. Florus, II, 3, trad. de M. Ragon. — La vigueur des Liguriens faisait dire proverbialement : « Le plus fort Gaulois est abattu par le plus maigre

guerriers que brigands, qui mettaient leur confiance dans la vitesse de leur fuite et la profondeur de leurs retraites. Tous ces farouches montagnards, Salyens, Décéates, Euburiates, Oxibiens, Ingaunes, échappèrent longtemps aux armes romaines. Enfin, le consul Fulvius incendia leurs repaires, Bebius les fit descendre dans la plaine, et Posthumius les désarma, leur laissant à peine du fer pour labourer leurs champs (238-233). »

Depuis un demi-siècle que Rome avait exterminé le peuple des Sénons, le souvenir de ce terrible événement ne s'était point effacé chez les Gaulois. Deux rois des Boïes (pays de Bologne), At et Gall[1], avaient essayé d'armer le peuple pour s'emparer de la colonie romaine d'Ariminum; ils avaient appelé d'au delà des Alpes des Gaulois mercenaires. Plutôt que d'entrer en guerre contre Rome, les Boïes tuèrent les deux chefs, et massacrèrent leurs alliés. Ils avaient goûté d'une vie tout autre que celle de leurs ancêtres. La paix, l'abondance, avaient captivé ces barbares. « Dans la Gaule Cisalpine, dit Polybe, on a, pour quatre oboles, un

---

Ligurien. » (Diod., V. 39; voy. aussi liv. XXXIX, 2. Strabon, IV.) Les Romains leur empruntèrent l'usage des boucliers oblongs, *scutum ligusticum* (Liv. XLIV, 35). Tels nous les voyons dans les montagnes de Gênes, brisant la pierre et portant sur leurs têtes d'énormes fardeaux, tels nous les représente l'antiquité. Leurs femmes, qui travaillaient aux carrières, s'écartaient un instant quand les douleurs de l'enfantement leur prenaient, et après l'accouchement, elles revenaient au travail. (Strabon, III. Diod., IV.) Les Liguriens conservaient fidèlement leurs anciennes coutumes, par exemple celle de porter de longs cheveux. On les appelait *Capillati*. — Caton dit dans Servius : « Ipsi unde « oriundi sint exacta memoria, illiterati, mendaces, quæ sunt et vera minus meminere. » — Nigidius Figulus, contemporain de Varron, parle dans le même sens.

1. Atis et Galatus, dans les historiens grecs et latins. (Polyb., II. Voy. Améd. Thierry, *Hist. des Gaulois*, Ier vol.)

boisseau de froment, mesure de Sicile ; pour deux, un boisseau d'orge ; pour une mesure d'orge, une égale mesure de vin. Le millet et le panic y abondent. Les chênes y donnent tant de glands que c'est de là qu'on tire la multitude de porcs qu'on tue en Italie, pour la consommation du peuple, ou pour les provisions de guerre. Les denrées y sont à si bon marché que, dans les auberges, on ne compte point chaque mets, mais on paye tant par tête, et il n'en coûte guère que le quart d'une obole. Je ne dis rien de la population, etc. »

Rome, inquiète des mouvements qui avaient lieu chez les Gaulois, les irrita encore, en défendant tout commerce avec eux, surtout celui des armes. Leur mécontentement fut porté au comble par une proposition du tribun Flaminius. Il demanda que les terres conquises sur les Sénons, depuis cinquante ans, fussent enfin colonisées et partagées au peuple. Les Boïes, qui savaient par la fondation d'Ariminum tout ce qu'il en coûtait d'avoir les Romains pour voisins, se repentirent de n'avoir pas pris l'offensive, et voulurent former une ligue entre toutes les nations du nord de l'Italie. Mais les Vénètes, peuple slave, ennemis des Gaulois, refusèrent d'entrer dans la ligue ; les Ligures étaient épuisés, les Cénomans secrètement vendus aux Romains. Les Boïes et les Insubres (Bologne et Milan), restés seuls, furent obligés d'appeler, d'au delà des Alpes, des Gésates, des *Gaisda*, hommes armés de gais ou épieux, qui se mettaient volontiers à la solde des riches tribus gauloises de l'Italie. On entraîna, à force d'argent et de promesses, leurs chefs Anéroeste et Concolitan.

Les Romains, instruits de tout par les Cénomans, s'alarmèrent de cette ligue. Le Sénat fit consulter les livres sibyllins, et l'on y lut avec effroi que deux fois les Gaulois devaient prendre possession de Rome. On crut détourner ce malheur en enterrant tout vifs deux Gaulois, un homme et une femme, au milieu même de Rome, dans le marché aux bœufs. De cette manière, les Gaulois avaient *pris possession du sol de Rome*, et l'oracle se trouvait accompli ou éludé. La terreur de Rome avait gagné l'Italie entière; tous les peuples de cette contrée se croyaient également menacés par une effroyable invasion de Barbares. Les chefs gaulois avaient tiré de leurs temples les drapeaux relevés d'or qu'ils appelaient *les immobiles*; ils avaient juré solennellement et fait jurer à leurs soldats qu'ils ne détacheraient pas leurs baudriers avant d'être montés au Capitole. Ils entraînaient tout sur leur passage, troupeaux, laboureurs garrottés, qu'ils faisaient marcher sous le fouet; ils emportaient jusqu'aux meubles des maisons. Toute la population de l'Italie centrale et méridionale se leva spontanément pour arrêter un pareil fléau, et sept cent soixante-dix mille soldats[1] se tinrent prêts à suivre, s'il le fallait, les aigles de Rome.

Des trois armées romaines, l'une devait garder les passages des Apennins qui conduisent en Étrurie. Mais déjà les Gaulois étaient au cœur de ce pays, et à trois journées de Rome (225). Craignant d'être enfermés entre la ville et l'armée, les Barbares revinrent sur leurs pas, tuèrent six mille hommes aux Romains qui les poursuivaient, et les auraient

---

1. Voy. le passage de Polybe dans le chapitre V de notre second Livre.

détruits, si la seconde armée ne se fût réunie à la première. Ils s'éloignèrent alors pour mettre leur butin en sûreté; déjà ils s'étaient retirés jusqu'à la hauteur du cap Télamone, lorsque, par un étonnant hasard, une troisième armée romaine, qui revenait de la Sardaigne, débarqua près du camp des Gaulois, qui se trouvèrent enfermés. Ils firent face de deux côtés à la fois. Les Gésates, par bravade, mirent bas tout vêtement, se placèrent nus au premier rang avec leurs armes et leurs boucliers. Les Romains furent un instant intimidés du bizarre spectacle et du tumulte que présentait l'armée barbare. Outre une foule de cors et de trompettes qui ne cessaient de sonner, il s'éleva tout à coup un tel concert de hurlements, que non seulement les hommes et les instruments, mais la terre même et les lieux d'alentour semblaient à l'envi pousser des cris. Il y avait encore quelque chose d'effrayant dans la contenance et les gestes de ces corps gigantesques qui se montraient aux premiers rangs sans autre vêtement que leurs armes; on n'en voyait aucun qui ne fût paré de chaînes, de colliers et de bracelets d'or. L'infériorité des armes gauloises donna l'avantage aux Romains; le sabre gaulois ne frappait que de taille, et il était de si mauvaise trempe, qu'il pliait au premier coup[1].

Les Boïes ayant été soumis par suite de cette victoire, les légions passèrent le Pô pour la première fois, et entrèrent dans le pays des Insubriens. Le fougueux Flaminius y aurait péri, s'il n'eût trompé les Barbares par un traité, jusqu'à ce qu'il se trouvât en

---

1. Polyb., liv. II. — Am. Thierry, t. I.

force. Rappelé par le Sénat, qui ne l'aimait pas et qui prétendait que sa nomination était illégale, il voulut vaincre ou mourir, rompit le pont derrière lui, et remporta sur les Insubriens une victoire signalée. C'est alors qu'il ouvrit les lettres où le sénat lui présageait une défaite de la part des dieux.

Son successeur, Marcellus, était un brave soldat. Il tua en combat singulier le brenn Virdumar, et consacra à Jupiter Férétrien les secondes dépouilles *opimes* (depuis Romulus). Les Insubriens furent réduits (222), et la domination des Romains s'étendit sur toute l'Italie jusqu'aux Alpes. En même temps ils s'assuraient des deux mers qui les séparaient de l'Espagne et de la Grèce; ils enlevaient la Sardaigne et la Corse aux Carthaginois, occupés par une guerre en Afrique (Voy. le ch. IV); d'autre part, sous prétexte de punir les pirateries des Illyriens et des Istriotes, ils s'emparaient de leur pays (230-219) et enfermaient ainsi dans leur empire, d'une part l'Adriatique, de l'autre la mer de Toscane.

CHAPITRE IV

Les Mercenaires. — Leur révolte contre Carthage (241-238). — Leur conquête de l'Espagne (237-221). — Leurs généraux Hamilcar, Hasdrubal et Hannibal.

Le premier châtiment de Carthage, après la paix honteuse des îles Égates, ce fut le retour de ses armées. Sur elle retombèrent ces bandes sans patrie, sans loi, sans Dieu, cette Babel impie et sanguinaire qu'elle avait poussée sur les autres peuples. Donnons-nous à loisir le spectacle de cette juste expiation.

Le grand Hamilcar Barca avait laissé le commandement, d'indignation. La République était sous l'influence des marchands, des financiers, des percepteurs d'impôts, des administrateurs, des Hannon. Le successeur d'Hamilcar envoyait les mercenaires de Sicile en Afrique, bande par bande, pour donner à la République le temps de les payer et de les licencier. Mais il semblait bien dur aux Carthaginois de mettre encore des fonds dans une affaire qui n'avait rien rapporté. Ils délibéraient toujours, pour ne pas se séparer sitôt de leur argent, et ils délibérèrent tant que l'armée de Sicile se trouva tout entière à Carthage. Ils auraient bien voulu se débarrasser de cette armée, et l'histoire fait présumer qu'ils eussent été peu difficiles sur le choix des moyens. Ce Xantippe qui les avait sauvés par sa victoire sur Regulus, ne l'avaient-ils pas renvoyé avec de riches présents pour le faire périr en route et le jeter à la mer? N'avaient-ils pas en Sicile réglé leurs comptes avec quatre mille Gaulois, en avertissant les Romains du chemin par où ils devaient passer? D'autres qui demandaient leur solde, avaient été débarqués et abandonnés sur un banc de sable, que les navigateurs virent bientôt blanchi de leurs os, et qu'on appela l'*île des ossements*[1].

L'armée revenue de Sicile était trop forte pour rien craindre de pareil. Les mercenaires se sentaient les maîtres dans Carthage; ils commençaient à parler haut. Il n'y avait pas à marchander avec les troupes victorieuses, qui n'étaient point responsables de la honteuse issue que leurs patrons avaient donnée à la guerre. Ces hommes de fer, vivant toujours au milieu des camps, où beaucoup d'entre eux étaient nés, se trouvaient transportés dans la riche ville du soleil (Baal), tout éblouissante du luxe et des arts étranges de l'Orient. Là se rencontraient l'étain de la Bretagne, le cuivre de l'Italie, l'argent d'Espagne et l'or d'Ophir, l'encens de Saba et l'ambre des mers du nord, l'hyacinthe et la pourpre de Tyr, l'ébène et l'ivoire de l'Éthiopie, les épiceries et les perles des Indes, les châles des pays sans nom de l'Asie, cent sortes de meubles précieux mystérieusement enveloppés[2]... La

---

1. Frontin., III, 16. Diod., V.
2. Sur le commerce de la Phénicie, sans doute analogue avec celui de Carthage, voy. Ézéchiel, c. 27.

statue du soleil, toute en or pur, avec les lames d'or qui couvraient son temple, pesait, disait-on, mille talents [1]... De terribles désirs s'éveillaient. Déjà divers excès avaient lieu le jour et la nuit. Les Carthaginois tremblants prièrent les chefs des mercenaires de les mener à Sicca, en donnant à chaque homme une pièce d'or pour les besoins les plus urgents [2]. L'aveuglement alla au point qu'on les força d'emmener leurs femmes et leurs enfants, qu'on eût pu garder comme otages [3].

Là, inactifs sur la plage aride, et pleins de l'image de la grande ville, ils se mirent à supputer, à exagérer ce qu'on leur devait, ce qu'on leur avait promis dans les occasions périlleuses [4]. Hannon, qu'on leur envoya d'abord, leur dit humblement que la République ne pouvait leur tenir parole, qu'elle était écrasée d'impôts, que, dans son dénuement, elle leur demandait la remise d'une partie de ce qu'elle leur devait. Alors un tumulte horrible s'élève, et des imprécations en dix langues. Chaque nation de l'armée s'attroupe, puis toutes les nations, Espagnols, Gaulois, Liguriens, Baléares, Grecs métis, Italiens déserteurs, Africains

---

1. Appian., *Punic. B.*
2. Pour ces détails et la plupart de ceux qu'on va lire, nous avons suivi le beau récit de Polybe.
3. C'est ainsi qu'Honorius, après le meurtre de Stilicon, fit égorger les familles de ses soldats barbares qu'il eût dû conserver comme gage de leur fidélité. On trouve plus d'un rapport entre les mercenaires au service des successeurs d'Alexandre ou de Carthage, les Barbares au service de l'empire romain, les condottieri du moyen âge, et les armées de la guerre de Trente ans.
4. Ainsi, dans les vieilles chroniques d'Italie, nous voyons les mercenaires demander à chaque instant *paga doppia e mese compiuto*, double paie et mois complet, c'est-à-dire compté comme complet dès le premier jour. (M. Villani, 62.)

surtout, c'était le plus grand nombre. Nul moyen de s'entendre. Hannon leur faisait parler par leurs chefs nationaux ; mais ceux-ci comprenaient mal ou ne voulaient pas comprendre, et rapportaient tout autre chose aux soldats. Ce n'était qu'incertitude, équivoque, défiance et cabale. Pourquoi aussi leur envoyait-on Hannon qui jamais ne les avait vus combattre, et ne savait rien des promesses qu'on leur avait faites? Ils marchèrent vers Carthage au nombre de vingt mille hommes, et campèrent à Tunis, qui n'en est qu'à quatre ou cinq lieues.

Alors, les Carthaginois épouvantés firent tout pour les radoucir. On leur envoya tous les vivres qu'ils voulurent et au prix qu'ils voulurent. Chaque jour, venaient des députés du Sénat, pour les prier de demander quelque chose : on avait peur qu'ils ne prissent tout. Leur audace devint sans bornes. Dès qu'on leur eut promis leur solde, ils demandèrent qu'on les indemnisât de leurs chevaux tués ; puis ils demandèrent qu'on leur payât les vivres qu'on leur devait au prix exorbitant où ils s'étaient vendus pendant la guerre ; puis ils demandèrent je ne sais combien d'autres choses, et les Carthaginois ne surent plus comment refuser, ni comment accorder.

On leur députa alors Gescon, un de leurs généraux de Sicile, qui avait toujours pris leurs intérêts à cœur. Il arrive à Tunis, bien muni d'argent, les harangue séparément, et se dispose à leur payer la solde par nations. Cette satisfaction incomplète eût peut-être tout apaisé, lorsqu'un certain Spendius, Campanien, esclave fugitif de Rome, et craignant d'être rendu à son maître, se mit à dire et à faire tout ce qu'il put pour empêcher l'accommodement. Un Africain, nommé Mathos, se joignit à lui, dans la crainte d'être puni comme un des principaux auteurs de l'insurrection. Celui-ci tire à part les Africains, et leur fait entendre qu'une fois les autres nations payées et licenciées, les Carthaginois éclateront contre eux, et les puniront de manière à épouvanter leurs compatriotes. Là-dessus s'élèvent des cris ; si quelqu'un veut parler, ils l'accablent de pierres, avant de savoir s'il parlera pour ou contre. C'était encore pis après le repas, et quand ils avaient bu ; au milieu de tant de langues, il n'y avait qu'un mot qu'ils entendissent : *Frappe;* et dès que quelqu'un avait dit *frappe,* cela se faisait si vite qu'il n'y avait pas moyen d'échapper[1].

Le malheureux Gescon leur tenait tête, au péril de sa vie. Il osa répondre aux Africains, qui lui demandaient les vivres avec hauteur : *Allez les demander à Mathos*. Alors ils se jettent furieux sur l'argent apporté par Gescon, sur lui, sur ses Carthaginois, et ils les chargent de fers.

Toute guerre qui éclatait en Afrique, que l'ennemi fût Agathocles, Regulus ou les mercenaires, réduisait l'empire de Carthage à ses murailles, tant son joug était détesté. Dans la première guerre punique, ils avaient doublé les impôts des villes, et exigé des habitants des campagnes la moitié de leurs revenus. Un gouverneur de province, pour avoir du crédit à

---

1. Polyb., lib. I, Paris, 1607, p. 71 : Καὶ μόνον τὸ ῥῆμα τοῦτο κοινῇ συνίεσαν, τὸ βάλλε, διὰ τὸ συνεχῶς αὐτὸ πράττουν. Μάλιστα δὲ τοῦτ' ἐποίουν, ὁπότε μεθυσθέντες ἀπὸ τῶν ἀρίστων συνδράμοιεν. Διόπερ ὅτέ τις ἄρξαιτο βάλλε λέγειν, οὕτως ἐγίνετο πανταχόθεν ἅμα καὶ ταχέως, ὥστε μὴ δύνασθαι διαφυγεῖν τὸν ἅπαξ προσελθόντα.

Carthage, devait être impitoyable, tirer beaucoup des sujets, amasser des munitions et des vivres. Hannon était l'homme des Carthaginois. Les Africains se réunirent aux mercenaires jusqu'au nombre de soixante-dix mille. Les femmes même qui avaient vu tant de fois traîner en prison leurs maris et leurs parents, pour le paiement des impôts, firent, dans chaque ville, serment entre elles de ne rien cacher de leurs effets, et s'empressèrent de donner pour les troupes tout ce qu'elles avaient de meubles et de parures. Utique et Hippone Zaryte, qui d'abord avaient hésité, finirent par massacrer les soldats qu'y tenait Carthage et les laissèrent sans sépulture. On en fit autant en Sardaigne et en Corse. Hannon, qu'on y envoya, fut saisi par ses troupes, qui le mirent en croix; un parti des naturels de l'île y appela les Romains. Ceux-ci profitèrent de la détresse de Carthage, lui prirent les deux îles, et la menacèrent, en outre, de la guerre, si elle n'ajoutait au traité stipulé douze cents talents euboïques.

Cependant, les Carthaginois étant serrés de près dans leur ville, le parti de Barca, celui de la guerre, reprit le dessus et Hamilcar eut le commandement des troupes. Ce général habile sut gagner les Numides, dont la cavalerie était si nécessaire dans ce pays de plaines; ils préférèrent le service plus lucratif de Carthage, et dès lors les vivres commencèrent à manquer aux mercenaires; la famine allait entraîner la désertion; l'humanité politique d'Hamilcar à l'égard des prisonniers pouvait l'encourager encore. Les chefs des mercenaires tinrent conseil pour rendre impossible un rapprochement qui les eût perdus; ils assemblent l'armée, font paraître un prétendu messager de Sardaigne avec une lettre qui les exhortait à observer de près Gescon et les autres prisonniers, à se défier des pratiques secrètes qu'on faisait en faveur des Carthaginois. Spendius, prenant alors la parole, fait remarquer la douceur perfide d'Hamilcar et le danger de renvoyer Gescon. Il est interrompu par un nouveau messager qui se dit arriver de Tunis, et qui apporte une lettre dans le sens de la première. Autarite, chef des Gaulois, déclare qu'il n'y a de salut que dans une rupture sans retour avec les Carthaginois; tous ceux qui parlent autrement sont des traîtres; il faut, pour s'interdire tout accommodement, tuer Gescon et les prisonniers faits ou à faire... Cet Autarite avait l'avantage de parler phénicien et de se faire ainsi entendre du plus grand nombre; car la longueur de la guerre faisait peu à peu du phénicien la langue commune, et les soldats se saluaient ordinairement dans cette langue.

Après Autarite, parlèrent des hommes de chaque nation, qui étaient obligés à Gescon, et qui demandaient qu'on lui fît grâce au moins des supplices. Comme ils parlaient tous ensemble, et chacun dans sa langue, on ne pouvait rien entendre. Mais dès qu'on entrevit ce qu'ils voulaient dire, et que quelqu'un eût crié : « Tue! tue! » ces malheureux intercesseurs furent assommés à coups de pierres. On prit alors Gescon et les siens au nombre de sept cents; on les mena hors du camp, on leur coupa les mains et les oreilles, on leur cassa les jambes et on les jeta, encore vivants, dans une fosse. Quand Hamilcar envoya demander au moins les cadavres, les Barbares déclarèrent que tout député serait traité de même, et proclamèrent comme loi, *que tout prisonnier carthaginois périrait dans les supplices; que tout allié de Carthage serait renvoyé les mains coupées*. Alors commencèrent d'épouvantables représailles. Hamilcar fit jeter aux bêtes tous les prisonniers. Carthage reçut des secours d'Hiéron et même de Rome, qui commençaient à craindre la victoire des mercenaires. Les Barcas et les Hannons, réconciliés par le danger, agirent de concert pour la première fois. Hamilcar, chassant les mercenaires des plaines par sa cavalerie numide, et les poussant dans les montagnes, parvint à enfermer une de leurs deux armées dans le défilé de la Hache, où ils ne pouvaient ni fuir ni combattre, et ils se trouvèrent réduits par la famine à l'exécrable nécessité de se manger les uns les autres. Les prisonniers et les esclaves y passèrent d'abord; mais quand cette ressource manqua, il fallut bien que Spendius, Autarite et les autres chefs, menacés par la multitude, demandassent un sauf-conduit pour aller trouver Hamilcar. Il ne le refusa point, et convint avec eux que, sauf dix hommes à son choix, il renverrait tous les autres, en leur laissant à chacun un habit. Le traité fait, Hamilcar dit aux envoyés : *Vous êtes des dix*, et il les retint[1]. Les mercenaires étaient si bien enveloppés que, de quarante mille, il ne s'en sauva pas un seul. L'autre armée ne fut pas plus heureuse; Hamilcar l'extermina dans une grande bataille, et son chef Mathos, amené dans Carthage, fut livré pour jouet à une lâche populace qui se vengeait de sa peur.

---

1. Polyb., I: Ἀμίλκας ὁμολογίας ἐποιήσατο τοιαύτας· ἐξεῖναι Καρχηδονίοις ἐκλέξασθαι... δέκα·... εὐθέως Ἀμίλκας ἔφη τοὺς παρόντας ἐκλέγεσθαι.

Dans ce monde sanguinaire des successeurs d'Alexandre, dans cet âge de fer, la guerre des mercenaires fit pourtant horreur à tous les peuples, Grecs et Barbares, et on l'appela la *guerre inexpiable*. (238 avant J.-C.)

Lorsque Carthage fut délivrée des mercenaires, elle ne se trouva guère moins embarrassée de l'armée qui les avait vaincus, et de son libérateur Hamilcar. Ce chef dangereux, qui avait été la cause indirecte de la guerre, en promettant à l'armée de Sicile plus que la République ne voulait tenir, fut appelé à rendre compte. Il se tira d'affaire, soit par la corruption, soit par les intrigues de son ami, le jeune et bel Hasdrubal, l'enfant gâté du peuple de Carthage[1]. Cependant on ne le laissa pas tranquille; on lui suscita je ne sais quelle mortification au sujet de l'infamie de ses mœurs[2], accusation ridicule dans une pareille ville. Alors il sentit qu'il ne pouvait se reposer que dans la guerre. Il s'en éleva une à point nommé chez les Numides. On saisit cette occasion de l'éloigner; Carthage et Hamilcar se séparèrent pour toujours, et sans regret (237). La République voyait avec plaisir partir avec lui les hommes qui avaient exterminé les mercenaires, et qui, d'un jour à l'autre, pouvaient être tentés de les imiter. Il allait soumettre, c'est-à-dire entraîner dans son armée les Barbares des côtes de l'Afrique, Numides et Mauritaniens; tous ne demandaient pas mieux que d'aller, sous un chef habile et

---

1. Appian., *B. Hispan.*, in principio.
2. Corn. Nepos, *in Vita Hamilc.* — Tit.-Liv., XI, c. 1.

prodigue, piller la riche Espagne aux mines d'argent.

Carthage espérait bien que les Lusitaniens ou les Celtibères lui feraient justice et des amis d'Hamilcar et des nomades trop belliqueux de l'Afrique [1]; ou si le hasard voulait que ceux-ci vainquissent et formassent des établissements en Espagne, ils auraient sans doute besoin de l'industrie et des flottes de Carthage, et elle pourrait recueillir leurs conquêtes. Vainqueurs, vaincus, ils la servaient également.

En une année, celle même qui suivit la guerre des mercenaires, Hamilcar parcourut toutes les côtes de l'Afrique et passa en Espagne. Il abrégea la guerre sans fruit qu'il pouvait faire dans les sables brûlants des plaines ou dans les gorges de l'Atlas. C'était assez que ces peuplades respectassent *le coursier* punique [2], et que le général pût écrire aux siens qu'il avait étendu l'empire de la République jusqu'au grand Océan. Parvenu en Espagne, il y trouva, à la tête des Celtes qui habitaient la pointe sud-ouest de la Péninsule, deux frères intrépides qui se firent tuer dès le premier combat. Indortès, qui leur succéda, fut défait avec cinquante mille hommes. Hamilcar fit aveugler et crucifier le chef, et renvoya libres dix mille prisonniers, voulant effrayer les Barbares et les gagner

---

1. Hamilcar passa en Espagne *sans le consentement de Carthage*. (Appian., B. Hannibal, au commencement.) — Hannon dit dans Tite-Live, lorsque les Romains demandent qu'on leur livre Hannibal : « Si nemo deposcat, devehen-« dum in ultimas maris terrarumque oras, ablegandumque eo unde nec ad « nos nomen famaque ejus accedere nec sollicitare quietæ civitatis statum « possit. » (Liv. XI.)

2. Le cheval est à Carthage ce que le loup, puis l'aigle, ont été à Rome, (Voy. Serv., *ad Virg., Æn.*, I, 441 et les médailles carthaginoises). Ce symbole équestre semble indiquer que l'élément lybien et continental subsistait à côté de l'élément phénicien et maritime.

en même temps[1]. Il soumit ainsi toute la côte occidentale de la Péninsule qui est battue de l'Océan. Enfin, les indigènes imaginèrent un stratagème pour arrêter leur vainqueur; ils lâchèrent contre son armée des bœufs et des chariots enflammés, qui y jetèrent le désordre. Le général africain fut défait et tué.

Hamilcar avait toujours eu soin de partager ainsi le butin qu'il faisait : il en donnait une part aux soldats; une autre était envoyée au trésor de Carthage; une troisième lui servait à acheter dans sa patrie les citoyens influents. Ceux-ci, intéressés à ce que la guerre continuât, parvinrent à lui faire donner pour successeur son gendre, Hasdrubal, chef du parti populaire. Ce jeune homme espéra même un instant devenir tyran de Carthage. Ayant échoué, il retourna en Espagne, et y gouverna sans consulter davantage le sénat des Carthaginois[3]. Il y avait tant de séduction dans les paroles et les manières d'Hasdrubal, qu'il captiva une foule de chefs barbares, et les attira sous son joug. Il fonda à l'orient de la Péninsule, en face de l'Afrique, la *nouvelle Carthage* (Carthagène), siège futur de son empire espagnol, qu'il destinait sans doute à devenir la rivale de l'ancienne Carthage et de Rome. Un coup imprévu l'arrêta dans ces projets. Hasdrubal avait fait périr en trahison un chef lusitanien. Au bout de plusieurs années, un esclave gaulois de ce chef vengea son maître en tuant Hasdrubal au pied des autels.

L'armée se nomma un général que Carthage s'em-

---

1. Diod. Sic., lib. XXV. — 2. Appian., *B. Hispan.*
3. Polyb., III, in principio.

pressa de confirmer pour retenir une apparence de souveraineté (221). Ce fut le jeune Hannibal, fils d'Hamilcar, âgé de vingt et un ans, qu'Hasdrubal avait eu bien de la peine à obtenir encore enfant des Carthaginois. Ceux-ci croyaient reconnaître dans cet enfant le génie dangereux de son père. Sorti de Carthage à treize ans, étranger à cette ville, nourri, élevé dans le camp, formé à cette rude guerre d'Espagne au milieu des soldats d'Hamilcar, il avait commencé par être le meilleur fantassin, le meilleur cavalier de l'armée. Tout ce qu'on savait alors de stratégie, de tactique, de secrets de vaincre par la force ou la perfidie, il le savait dès son enfance. Le fils d'Hamilcar était né pour ainsi dire tout armé; il avait grandi dans la guerre et pour la guerre.

On s'est inquiété de la moralité d'Hannibal, de sa religion, de sa bonne foi. Il ne se peut guère agir de tout cela pour le chef d'une armée mercenaire. Demandez aux Sforza, aux Wallenstein. Quelle pouvait être la religion d'un homme élevé dans une armée où se trouvaient tous les cultes, ou peut-être pas un? Le dieu du *Condottiere* c'est la force aveugle, c'est le hasard, il prend volontiers dans ses armes les échecs des Pepoli ou les dés du sire d'Hagenbach[1]. Quant à

---

[1]. Sur Hagenbach, voy. de Barante, *Ducs de Bourgogne*, derniers volumes. On voit toujours à Bologne les tombeaux et les armes de la famille des Pepoli, illustres dès 1300, plus illustres en 1831, où elle a donné à l'Italie l'un des derniers martyrs de la liberté : je parle de Carlo Pepoli, aujourd'hui enseveli dans les cachots de Venise avec le savant et ingénieux Orioli. Dieu veuille qu'ils en sortent, comme on nous en a donné l'espoir ! *L'avare Achéron ne lâche guère sa proie.....* Je n'ai qu'entrevu la douce et mélancolique figure du jeune poète. Mais comment oublier la touchante hospitalité avec laquelle il accueillait tous les Français qui visitaient Bologne ? Je le trouvai partageant son temps et sa fortune entre les hôpitaux, les prisons et les bibliothèques, en attendant qu'il pût donner sa vie à son pays. Je voudrais

la foi et l'humanité de Carthage, elles étaient célèbres dans le monde, et la guerre *inexpiable* venait de les faire mieux connaître encore. Il ne faut pas chercher un homme dans Hannibal; sa gloire est d'avoir été la plus formidable machine de guerre dont parle l'antiquité.

Hannibal, déjà vieux, contait au roi Antiochus qu'étant encore petit enfant et sur les genoux de son père, il le caressait et le flattait un jour pour obtenir d'être mené en Espagne et de voir la guerre. Hamilcar le lui promit, mais ce fut à condition que, mettant la main sur un autel, il jurerait une haine implacable aux Romains [1]. Dès que la mort du pacifique Hasdrubal mit le jeune homme à la tête de l'armée, il songea à exécuter les grands projets d'Hamilcar. Mais avant d'attaquer Rome, il fallait être sûr des Barbares de l'intérieur de l'Espagne, comme il l'était déjà de presque tous ceux des côtes. Trois peuples des deux Castilles (les Olcades, Carpetans et Vaccéens) furent forcés par lui dans leurs meilleures places, et vaincus sur les bords du Tage, au nombre de cent mille hommes. Alors seulement il osa attaquer Sagunte, ville alliée des Romains (au nord de Valence). Selon Polybe, il commença ainsi la guerre *contre le vœu de Carthage* [2]; et je crois volontiers qu'elle ne se serait

pouvoir citer ici ses beaux vers en faveur de la cause des Grecs. La pauvre Italie donnait ainsi ses larmes à la Grèce; aujourd'hui, n'y a-t-il donc point de larmes en Europe pour l'Italie elle-même?

(Ceci a été écrit au mois de janvier 1831. Depuis, grâce au ciel, mes illustres amis ont été rendus à la liberté par l'intervention de la France.)

1. Polyb., III.
2. *Idem.*, III, d'après Fabius Pictor : Il n'y eut pas un des Carthaginois, au moins des Carthaginois distingués, qui approuvât le siège de Sagunte. Liv., XXX, 22. Les ambassadeurs envoyés par Carthage à la fin de la guerre

point engagée de dessein prémédité dans une lutte qui ruinait infailliblement son commerce et compromettait son empire.

La Corse et la Sardaigne enlevées à Carthage étaient une cause de guerre suffisante. Mais, depuis, Hasdrubal avait fait avec Rome un traité d'après lequel les Carthaginois ne pouvaient faire la guerre au nord de l'Èbre. Toutefois, Rome avait au midi de ce fleuve une alliée dont le voisinage menaçait toujours Carthagène : c'était la ville de Sagunte, qui rapportait sa fondation à des Grecs de Zacynthe et des Italiens d'Ardée. Cette origine n'est point improbable; nous retrouvons sur les deux rivages les constructions pélasgiques et la redoutable falarique, ce javelot que l'on lançait enflammé [1]..

Polybe ne parle point de l'héroïque résistance des Saguntins, qui combattirent si longtemps sur les décombres de leur ville, et cherchèrent la mort dans les flammes et dans les bataillons ennemis. Cette ville semble avoir eu contre elle la haine de tous les Espagnols, amis d'Hannibal; il avait réuni pour ce siège jusqu'à cent cinquante mille hommes, tandis qu'il n'en arma contre Rome que quatre-vingt mille.

Pendant la longue résistance de Sagunte (219) des députés de Rome débarquèrent en Espagne pour récla-

---

assuraient au sénat de Rome que l'unique auteur de la guerre était Hannibal : « C'est lui, disaient-ils, qui, sans l'ordre du Sénat, a passé l'Èbre et les Alpes ; c'est lui qui, de son autorité privée, a fait la guerre à Sagunte, puis à Rome elle-même. A juger sainement des choses, le traité avec les Romains n'a encore reçu aucune atteinte de la part du sénat et du peuple de Carthage. »

1. *Æneid.* — Tit.-Liv. XXI, 9, 11. — Voy. aussi les conjectures du savant M. Petit-Radel sur l'origine pélasgique d'un grand nombre de villes d'Espagne.

mer auprès d'Hannibal. L'Africain leur envoya dire qu'il ne leur conseillait pas de se risquer au milieu de tant de Barbares en armes pour arriver jusqu'à son camp, et que pour lui il avait autre chose à faire que d'écouter des harangues d'ambassadeurs. Les députés passèrent à Carthage, et demandèrent qu'on leur livrât Hannibal, comme s'il eût été au pouvoir de la République de le faire, quand même elle l'eût voulu. Cependant Sagunte avait succombé. Une nouvelle députation vint demander aux Carthaginois si c'était de leur aveu qu'Hannibal avait ruiné cette ville. Ceux-ci, honteux d'avouer qu'Hannibal les vengeait malgré eux, répondirent : « Cette question n'intéresse que nous; le seul point sur lequel vous puissiez demander des explications, c'est sur le respect des traités; celui qu'Hasdrubal a fait avec vous, il l'a fait sans y être autorisé. » — Alors Quintus Fabius relevant un pan de sa toge : « Je vous apporte ici, dit-il, la guerre et la paix; choisissez. » Les Carthaginois, partagés entre la crainte et la haine, lui crièrent : « Choisissez vous-même. » Il laissa retomber sa toge, et répliqua : « Je vous donne la guerre. » — « Nous l'acceptons, dirent-ils, et nous saurons la soutenir[1]. »

Cependant Hannibal s'était mis en marche pour l'Italie. Des riches dépouilles de Sagunte, il avait envoyé les meubles à Carthage, donné les prisonniers aux soldats, gardé l'argent pour les besoins de l'expédition. Il s'était attaché son armée en la gorgeant de richesses. Il était sûr qu'aucun de ses Espagnols n'abandonnerait un service aussi lucratif, au point

---

1. Polyb., III. — Tit.-Liv., XXI, 18.

qu'il ne craignit pas de leur permettre de retourner quelque temps chez eux, pour y déposer leur butin. En même temps qu'il faisait venir des Maures et des Numides, il envoyait en Afrique quinze mille de ses Espagnols qui devaient, soit protéger Carthage contre une invasion romaine, soit lui faire craindre une nouvelle guerre des mercenaires, si elle eût songé à faire la paix avec Rome aux dépens d'Hannibal. Il laissa en Espagne seize mille hommes sous les ordres de son frère Hasdrubal.

C'était pourtant une audace extraordinaire que d'entreprendre de pénétrer en Italie, à travers tant de nations barbares, tant de fleuves rapides, et ces Pyrénées, et ces Alpes, dont aucune armée régulière n'avait encore franchi les neiges éternelles. Depuis un siècle qu'Alexandre avait suivi dans l'Inde les pas d'Hercule et de Bacchus, aucune entreprise n'avait été plus capable d'exalter et d'effrayer l'imagination des hommes. Et c'étaient aussi les traces d'Hercule qu'Hannibal allait trouver dans les Alpes. Mais quels que fussent les difficultés et les dangers de la route de terre qui conduisait en Italie, il ne voulut point solliciter les flottes de Carthage ni se mettre dans sa dépendance. Il lui convenait d'ailleurs de traverser ces peuples barbares, tout pleins de la défiance qu'inspirait la grande ville italienne et du bruit de ses richesses. Il espérait bien entraîner contre elle les Gaulois des deux côtés des Alpes [1], comme il avait fait des Espagnols, et donner à cette guerre l'impétuosité et la grandeur d'une invasion universelle des Barbares de

---

1. Il entraîna, dit Appien, beaucoup de Gaulois des deux côtés des Alpes.

l'Occident[1], comme plus tard Mithridate entreprit de pousser sur Rome ceux de l'Orient, comme enfin les Alaric et les Theuderic la renversèrent avec ceux du Nord.

---

[1]. Les Romains en jugeaient ainsi : « Trahere secum tot excitos Hispanorum « populos : conciturum avidas semper armorum gallicas gentes, cum orbe « terrarum bellum gerendum in Italia, ac pro mœnibus romanis esse. » (Liv., XXI, 16.)

CHAPITRE V

Les Mercenaires en Italie. — Hannibal (218-202).

Ouvrir au genre humain une route nouvelle, c'était aux yeux des anciens l'entreprise héroïque entre toutes. L'Hercule germanique, le Siegfried des *Niebelungen, parcourut,* dit le poète, *bien des contrées par la force de son bras.* La guerre seule a découvert le monde dans l'antiquité. Mais pour qu'une route frayée une fois soit durable, il faut qu'elle réponde à des besoins moins passagers que ceux de la guerre. Alexandre, en ouvrant la Perse et l'Inde au commerce de la Grèce, a fondé plus de villes qu'il n'en avait détruit. Les Grecs et les Phéniciens ont découvert les côtes de la Méditerranée qui, depuis, enfermée par les Romains dans leur empire, comme une route militaire de plus, est devenue la grande voie de la civilisation chrétienne. Ainsi, les routes tracées par les guerriers, suivies par les marchands, facilitent peu à peu le commerce des idées, favorisent les sympathies des peuples, et les aident à reconnaître la fraternité du genre humain. Aussi, je l'avoue, j'ai foulé avec attendrissement et respect cette route ouverte par Hannibal, fondée par les Romains[1], restaurée par la France[2], cette route sublime des Alpes, qui prépare et figure à la fois la future union de deux peuples qui me sont si chers.

Dans sa marche de neuf mille stades depuis Carthagène jusqu'à la frontière d'Italie, Hannibal voulait deux choses dont l'une rendait l'autre difficile : s'ouvrir de gré ou de force un passage rapide pour prévenir les préparatifs de Rome, et, par la bonne intelligence avec les naturels, établir des communications durables entre l'Espagne et l'Italie. Il avait fait prendre d'avance tous les renseignements nécessaires sur les dispositions des chefs barbares, aussi bien que sur leurs forces. Il emportait beaucoup d'argent pour répandre parmi eux et acheter leur mobile amitié, sans compter un riche fonds de paroles captieuses, familières aux Carthaginois. Cependant, dès le passage de l'Èbre, il fut harcelé par eux, réduit à les combattre chaque jour, souvent même à forcer leurs villages, et à laisser onze mille hommes pour les contenir. Il n'en persista pas moins à employer les moyens de douceur. Au passage des Pyrénées, trois mille Espagnols ne voulurent pas quitter leur pays, ni aller chercher avec Hannibal ces Alpes dont on leur disait tant de choses effrayantes. Loin de s'en irriter, il en renvoya sept mille de plus.

Comme il sortait des défilés des Pyrénées (218), il rencontra tous les montagnards en armes. Il fit dire

---

1. Ils disaient très bien : *munire viam.*
2. « Général, disait le gigantesque Kléber à un petit homme qui fraya la route du Simplon, vous êtes grand comme le monde. »

à leur chef qu'il voulait conférer avec eux, que de près on pourrait s'entendre ; que ce n'était pas un ennemi, mais un hôte qui leur arrivait, qu'il ne craindrait pas d'aller les trouver, s'ils hésitaient à se rendre dans son camp. Les Barbares se rassurèrent, vinrent, et reçurent des présents. On convint que si les soldats de Carthage faisaient tort aux indigènes, Hannibal ou ses lieutenants en seraient juges ; mais que les réclamations contre les indigènes seraient jugées sans appel par les femmes de ces derniers[1]. Chez les peuples ibériens, comme chez ceux de la Germanie, les femmes, moins emportées que leurs fougueux époux, étaient entourées de respect, et souvent invoquées dans les disputes comme une puissance sacrée de sagesse et de réflexion.

Les peuplades ibériennes pouvaient s'arranger avec les Africains, rapprochées d'eux par les mœurs et peut-être par la langue. Mais les Gaulois ne voyaient qu'avec un étonnement hostile les hommes noirs du midi, ces monstrueux éléphants, ces armes et ces costumes bizarres. La dissonance était trop forte pour les blonds enfants du nord, aux yeux bleus et au teint de lait. La grande tribu des Volkes n'attendit point l'armée carthaginoise, elle abandonna le pays et se retira derrière le Rhône, dans un camp retranché par le fleuve[2]. Il s'agissait de passer en présence d'une armée ennemie ce fleuve fougueux qui reçoit vingt-

---

1. Plut., *De virt. mulier.* — Polyan, VII, 50.
2. Un peu au-dessus d'Avignon, près d'un lieu appelé le *Passage*, non loin de la route de Vienne à Chambéry, on trouva au dernier siècle un bouclier qu'on s'empressa d'appeler le bouclier d'Hannibal. « Cette qualification, dit M. Letronne (*Journal des Savants*, 1819), fut d'abord donnée à ce monu-

deux rivières et dont le courant perce un lac de dix-huit lieues sans rien perdre de son impétuosité. En deux jours, Hannibal sut rassurer ceux qui étaient restés en deçà du Rhône, leur acheta des barques, leur fit construire des canots et des radeaux, et faisant passer le fleuve un peu plus haut par Hannon, fils de Bomilcar, il mit le camp des Volkes entre deux dangers. Au moment où parurent les signaux allumés par Hannon, l'embarquement commença; les gros bateaux placés au-dessus du courant servaient à le rompre; les cavaliers les montaient, soutenant par la bride leurs chevaux qui passaient à la nage; il y avait à bord d'autres chevaux tout bridés et prêts à charger les barbares; les éléphants étaient sur un immense radeau couvert de terre. Quant aux Espagnols, ils avaient passé hardiment avec Hannon sur des outres et des boucliers. Déjà les Gaulois entonnaient leur chant de guerre, et agitaient leurs armes sur leurs têtes, lorsqu'ils voient derrière eux leur camp tout en flammes. Les uns courent pour sauver leurs femmes et leurs enfants; les autres persistent et sont bientôt dispersés.

Cependant les Romains, qui croyaient encore Han-

---

ment sur une simple conjecture des membres de l'Académie des inscriptions. Cette conjecture avait pour unique appui le lion et le palmier qu'on y voit gravés, types qui se retrouvent sur des médailles carthaginoises. Les antiquaires s'accordent maintenant à reconnaître dans ces prétendus boucliers votifs, sans portrait ni inscription, des plats, ou mieux des plateaux, qui, sous le nom de *pinakes*, *lances*, *disci* et *tympana*, ornaient les buffets des riches. Ils y faisaient graver des sujets souvent fort compliqués, témoin le prétendu bouclier de Scipion. Du reste, il serait constaté que ce plateau est un bouclier votif carthaginois, qu'un semblable monument pouvant, dans l'espace de deux mille ans, avoir été transporté là de fort loin, ne prouverait pas plus, aux yeux de la critique, que les médailles carthaginoises trouvées sur le grand Saint-Bernard. »

nibal aux Pyrénées, apprennent qu'il est sur le Rhône. Le consul P. Corn. Scipion débarque en hâte à Marseille, et envoie à la découverte trois cents cavaliers, guidés par des Marseillais. Hannibal avait dans le même but détaché cinq cents Numides. Les Italiens eurent l'avantage et en présagèrent l'heureuse issue de la guerre. Hannibal, d'après le conseil des Boïes d'Italie qui lui avaient envoyé un de leurs rois, se décida à éviter l'armée romaine, pour passer les Alpes avant que la saison les rendît impraticables, et il remonta le Rhône pendant quatre jours jusqu'à la hauteur de l'Isère.

Lorsque l'on entre dans ce froid et triste vestibule des Alpes, que les anciens appelaient pays des Allobroges, et dont fait partie la pauvre Savoie, on est frappé de voir tout diminuer de taille et de force, les arbres, les hommes, les troupeaux. La nature semble se resserrer et s'engourdir comme à l'approche de l'hiver; elle est longtemps chétive et laide avant de devenir imposante et terrible. Comme il allait du Rhône à ces montagnes, Hannibal fut pris pour arbitre entre deux frères qui se disputaient la royauté; il décida pour l'aîné, conformément à l'avis des vieillards de la nation, et reçut de son nouvel ami les vêtements dont ses Africains allaient avoir si grand besoin[1].

Enfin, l'on découvrit les glaciers au-dessus des noirs sapins. On était à la fin d'octobre, et déjà les chemins avaient disparu sous la neige. Quand les hommes

---

1. Tit.-Liv., lib. XXI, c. 31.

du midi aperçurent cette épouvantable désolation de l'hiver, leur courage tomba. Hannibal leur demandait s'ils croyaient qu'il y eût des terres qui touchassent le ciel; si les députés des Boïes d'Italie qui étaient dans leur camp avaient pris des ailes pour passer les Alpes; si autrefois les Gaulois n'avaient pas franchi les mêmes montagnes avec des femmes et des enfants.

Pour comble de terreur, on voyait les pics couverts de montagnards qui attendaient l'armée pour l'écraser. Nul autre passage; d'un côté des roches escarpées, de l'autre des précipices sans fond. Hannibal dressa son camp, et ayant appris que les montagnards se retiraient la nuit dans leurs villages, il passa avant le jour dans le plus profond silence, et occupa avec des troupes légères les hauteurs qu'ils avaient quittées. Le reste de l'armée n'en fut pas moins attaqué. Les Barbares, habitués à se jouer des pentes les plus rapides, y jetèrent un affreux désordre, et par leurs traits, et par leurs cris sauvages qui se répétaient d'échos en échos. Les chevaux se cabraient, les hommes glissaient; tous se heurtaient, s'entraînaient les uns les autres. Les soldats, les chevaux, les conducteurs des bêtes de somme, roulaient dans les abîmes. Hannibal fut obligé de descendre pour balayer les montagnards.

Plus loin, les députés d'une peuplade nombreuse viennent à sa rencontre et lui offrent des vivres, des guides, des otages. Hannibal feint de se confier à eux, et n'en prend que plus de précautions. En effet, lorsqu'il arrive à un chemin étroit que dominaient les escarpements d'une haute montagne, les Barbares l'attaquent de tous les côtés à la fois, coupent l'armée et parviennent à isoler pour une nuit entière la cavalerie et les bagages. Moins inquiété désormais, Hannibal parvint au bout de neuf jours au sommet des Alpes.

Après y avoir campé deux jours, Hannibal se mit à la tête de l'armée, et parvenu à une sorte de promontoire d'où la perspective était immense, il fit faire halte à ses soldats. Il leur montra l'Italie et le magnifique bassin du Pô et des Alpes. En franchissant les remparts de l'Italie, leur dit-il, ce sont les murs mêmes de Rome que vous escaladez. Et il leur montrait du doigt, dans le lointain, le côté où devait être Rome. Je ne puis m'empêcher de citer, à côté des paroles d'Hannibal, celles qu'une situation analogue inspira au plus grand général des temps modernes. « Ce fut un spectacle sublime que l'arrivée de l'armée française sur les hauteurs de Montezemoto ; de là se découvraient les immenses et fertiles plaines du Piémont. Le Pô, le Tanaro et une foule d'autres rivières serpentaient au loin : une ceinture blanche de neige et de glace d'une prodigieuse élévation, cernait à l'horizon ce riche bassin de la terre promise. Ces gigantesques barrières qui paraissent les limites d'un autre monde, que la nature s'était plu à rendre si formidables, auxquelles l'art n'avait rien épargné, venaient de tomber comme par enchantement. Hannibal a forcé les Alpes, dit le général français, en fixant ses regards sur ces montagnes ; nous, nous les aurons tournées[1]. »

Le revers italique des Alpes se trouva beaucoup plus raide et plus court que l'autre. Ce n'étaient que

---

1. *Mémoires de Bonaparte*, Campagne d'Italie.

des rampes étroites et glissantes qu'on osait à peine descendre, en tâtonnant du pied et s'accrochant aux broussailles. Tout à coup on se trouva arrêté par un éboulement de terre qui avait formé un précipice de mille pieds. Il n'y avait pas moyen d'avancer ni de reculer. Il était tombé de nouvelles neiges sur celles de l'hiver précédent. La première, foulée par tant d'hommes, fondait sur l'autre, et formait un verglas ; les hommes ne pouvaient se soutenir, les bêtes de somme brisaient la glace, et y restaient engagées comme dans un piège[1]. Il fallut tailler un chemin dans le roc vif, en employant le fer et le feu[1].

---

1. Quant à l'emploi du vinaigre, voy. dans Deluc la réfutation de Tite-Live et d'Appien.
Ce sommet susceptible d'un campement, ce promontoire et cette vue des plaines de l'Italie, enfin cette descente si rapide ne conviennent guère qu'au Mont-Cenis. La tradition des montagnards veut qu'Hannibal y ait passé (Larauza, p. 123). Grosley disait, en 1764 : « La descente en Italie est telle que Tite-Live la décrit : *Omnis fere via præceps, angusta, lubrica...* L'Arc que l'on côtoie en montant nous étonnait par la rapidité de son cours, mais c'est une eau d'étang en comparaison de la Petite-Doire que l'on suit en descendant... Le chemin de cette descente est un zigzag à angles très aigus, ménagés et distribués avec le plus grand soin : nos porteurs allaient là-dessus aussi vite que les plus habiles porteurs sur le pavé de Paris... Pour abréger le chemin, ils franchissaient par enjambement la pointe des angles ; et dans ces instants, nous et la civière qui nous portait, nous trouvions quelquefois suspendus au-dessus d'un précipice de deux ou trois mille pieds de profondeur perpendiculaire... Cette descente est pour les voyageurs comme une tempête qui les jette en Italie. »
Sur le passage des Alpes par Hannibal, voy. Larauza, *Histoire du passage*, etc., 1826. — Letronne, *Journal des Savants*, 1819. — J. A. Deluc, *Histoire du passage*, etc., Genève, 1818. — Idem, par Fortia d'Urban, 1821. — Idem, par Whitaker, Londres, 1794. — F. G. de Vaudoncourt, *Histoire des campagnes d'Hannibal en Italie*, Milan, 1812. — De Saussure, *Voyage dans les Alpes*, tomes IV et V. — J. F. Albanis-Beaumont, 1806, tomes I et II.
« Je traversai moi-même l'étroit sentier qui conduit au sommet du Lautaret (route du Mont-Genèvre). C'était le 3 novembre, époque qui est à peu près celle où Hannibal passa les Alpes. Il était, depuis son sommet jusqu'à sa base,

Il descendit ainsi en Italie, cinq mois après son départ de Carthagène; le seul passage des Alpes lui avait coûté quinze jours. Son armée était réduite à vingt-six mille hommes, savoir : huit mille fantassins espagnols, douze mille Africains et six mille cavaliers, la plupart Numides; il fit graver cette énumération sur une colonne près du promontoire Lacinien[1]. Ce petit nombre d'hommes était dans un état de maigreur et de délabrement hideux. Les éléphants et les chevaux avaient tant pâti de la faim, qu'ils ne pouvaient se soutenir. Il avait, dit-il lui-même à l'historien Cincius, son prisonnier, perdu trente-six mille hommes depuis le passage du Rhône jusqu'à son arrivée en Italie[2].

Quand on compare cette poignée d'hommes qui lui restaient aux forces que Rome pouvait alors lui opposer, l'entreprise d'Hannibal semble plus audacieuse

---

entièrement couvert de glace et de neige; tout chemin avait disparu; l'on ne trouvait pour se diriger que quelques perches plantées de distance en distance, et souvent mon guide, habitant du pays, s'y trompait lui-même. Lorsqu'à ces époques, la *tourmente* vient fondre sur ces régions élevées, elle emporte tout, hommes et mulets, au milieu des tourbillons de neige qu'elle fait voler, et règne sur ces hauteurs avec une fureur et des ravages qu'il faut avoir vus pour s'en faire une idée. » (Larauza.)

Le passage suivant donnera quelque idée de l'horreur de ces gorges... « Avant d'y arriver, on traversait une gorge étroite, au fond de laquelle se précipitent les eaux d'un torrent... Les avalanches et les ouragans auxquels les habitants de cette vallée sont exposés durant l'hiver, sont tels que dans une nuit il arrive souvent que les habitations disparaissent sous la neige, dont la hauteur est quelquefois de quinze à vingt pieds... Les habitants sortent de chez eux à l'entrée de l'hiver, et vont soit en Piémont, soit en France où ils exercent les professions de frotteurs, commissionnaires, portefaix et colporteurs, et ils rentrent au commencement de chaque printemps... Ce sentier scabreux, qui n'est praticable que pendant quelques mois de l'année, n'est guère fréquenté que par des contrebandiers et des déserteurs. ». (Albanis-Beaumont, *Description des Alpes grecques et cottiennes*, tome II.)

1. Polyb., III.
2. Tit.-Liv., XXI, 38.

que celle d'Alexandre. Nous avons dans *Polybe*, liv. II, l'énumération des troupes que les différents peuples de l'Italie tenaient à la disposition des Romains sept ans auparavant, lorsque l'on s'attendait à une invasion générale des Gaulois :

« Les registres envoyés au Sénat portaient quatre-vingt mille hommes de pied et cinq mille chevaux, parmi les Latins; chez les Samnites, soixante-dix mille hommes et sept mille chevaux. Les Japyges et les Mésapyges fournissaient cinquante mille fantassins et seize mille cavaliers; les Lucaniens, trente mille hommes de pied et trois mille chevaux; les Marses, les Marrucins, les Frentans, les Vestins, vingt mille hommes de pied et quatre mille chevaux. — Dans la Sicile et à Tarente, il y avait deux légions, composées chacune de quatre mille deux cents hommes de pied, et de deux cents chevaux. — Les Romains et les Campaniens faisaient ensemble deux cent cinquante mille hommes d'infanterie et vingt-trois mille cavaliers. — L'armée campée devant Rome était de plus de cent cinquante mille hommes de pied et de six mille chevaux. — De plus, on tenait prêt, de peur d'être surpris, un corps d'armée de vingt mille piétons romains, et de quinze cents chevaux, de vingt mille piétons des alliés, et de deux mille hommes de cavalerie. En sorte que ceux qui pouvaient porter les armes, tant parmi les Romains que parmi les alliés, s'élevaient à sept cent mille hommes de pied et soixante-dix mille cavaliers[1]. »

Il faut avouer que tous ces peuples, disposés à se

---

[1]. Je soupçonne dans cette énumération beaucoup d'exagération et de doubles emplois.

lever en masse pour repousser l'invasion des Gaulois, ne l'étaient point également à combattre Hannibal, qui se présentait comme le libérateur de l'Italie.

Le premier plan du Sénat avait été de porter la guerre en Afrique, d'envoyer une seconde armée en Espagne, une troisième dans la Gaule cisalpine. La célérité d'Hannibal obligea Rome de rappeler la première armée de Sicile. Les Boïes et les Insubres (Bologne, Milan), poussés à bout par la fondation de deux nouvelles colonies, de Plaisance et de Crémone, jetées entre eux sur le cours du Pô, avaient battu le préteur Manlius dans une forêt près de Mutine (Modène). Ils se trouvèrent avoir conquis eux-mêmes cette indépendance qu'ils n'avaient espéré recouvrer qu'en appelant Hannibal.

Aussi, lorsque celui-ci descendit des Alpes avec une armée exténuée de faim et de fatigue, aucun de ses alliés ne vint à sa rencontre pour lui donner des renforts ou des vivres. Les premiers Gaulois qu'il rencontra, furent les Taurins, ennemis des Insubres. Il prit et saccagea leur principale bourgade, pour essayer de jeter la terreur dans l'esprit des Gaulois. Rien ne bougeait encore, et l'armée romaine était arrivée sous la conduite de Scipion. Hannibal, au lieu de dissimuler aux siens le danger de leur situation, la leur découvrit tout entière. Il range l'armée en cercle, fait amener quelques jeunes montagnards prisonniers, qu'il avait fait à dessein souffrir de la faim et meurtrir de coups. Il fait placer devant eux des armes pareilles à celles dont leurs rois se servaient dans les combats singuliers, des chevaux, de riches saies gauloises, et il leur propose de combattre entre eux pour se disputer ces prix; les vainqueurs seront libres, et les vaincus se trouveront aussi affranchis par la mort. Tous bondirent de joie et coururent aux armes. Hannibal se tourne alors vers les siens : « Vous avez vu, dit-il, votre propre image. Enfermés entre le Pô, les Alpes et les deux mers, il vous faut combattre. Vous savez le chemin que vous avez fait depuis Carthagène : tant de combats, de montagnes et de fleuves ! Qui serait assez stupide pour espérer qu'en fuyant il reverrait sa patrie? Jusqu'ici, parcourant les monts déserts de la Celtibérie et de la Lusitanie, vous n'avez guère eu d'autre butin que des troupeaux. Ici, le prix du combat, c'est la riche Italie, c'est Rome. Tout sera pour vous, corps et biens... » Et il leur promit de les établir à leur choix en Italie, en Espagne ou en Afrique, de les faire même citoyens de Carthage, s'ils le demandaient. Ce dernier mot, qui peut-être indiquait un grand projet d'Hannibal, était pour la cupidité des mercenaires le plus ardent aiguillon. Il prit alors une pierre, écrasa la tête d'un agneau, et s'écria : « M'écrasent ainsi les dieux, si je manque à mes promesses[1] ! »

La première rencontre lui fut favorable[2]. Dans une

---

1. Polyb., III. — Tit.-Liv., XXI, 45.
2. Dans ce fait, et en général dans toute cette histoire, nous avons supprimé beaucoup de détails stratégiques. L'art de la guerre a tellement changé qu'une grande partie de ces détails sont inintelligibles aujourd'hui. *Mémorial de Sainte-Hélène*, mars 1816, second volume : « L'Empereur disait encore qu'il trouvait dans Rollin, dans César même, des circonstances de la guerre des Gaules qu'il ne pouvait entendre. Il ne comprenait rien à l'invasion des Helvétiens, au chemin qu'ils prenaient, au but qu'on leur donnait, au temps qu'ils étaient à passer la Saône, à la diligence de César qui avait le temps d'aller en Italie chercher des légions aussi loin qu'Aquilée, et qui retrouvait les enva-

reconnaissance qu'Hannibal et Scipion poussaient eux-mêmes sur les bords du Tésin, les cavaliers de Scipion furent enfoncés par les Numides, dont les chevaux, rapides comme l'éclair, ne portaient ni selle ni mors. Le consul, blessé, fut sauvé par un esclave ligurien. D'autres historiens ont trouvé plus beau d'en donner l'honneur au jeune fils de Scipion, alors enfant de quinze ans, qui a bien assez de la gloire d'avoir vaincu Hannibal et terminé la seconde guerre punique.

Scipion se retira derrière le Pó, derrière la Trébie, abandonnant aux ravages les terres des Gaulois qui restaient fidèles aux Romains. Mais l'autre consul, Sempronius, plus touché du malheur des alliés et de l'honneur de Rome, passa la Trébie, grossie par la fonte des neiges, et jeta une armée affamée et transie dans les embûches où l'attendait Hannibal. Les Gaulois de l'armée romaine furent écrasés par les éléphants. Les Romains eux-mêmes furent enveloppés. Trente mille hommes restèrent sur le champ de bataille. Hannibal, au contraire, n'avait guère perdu que des Gaulois, presque aucun Espagnol ni Africain.

La victoire de la Trébie donna tous les Gaulois pour auxiliaires au général carthaginois. Son armée se

hisseurs encore à leur passage de la Saône, etc. Qu'il n'était pas plus facile de comprendre la manière d'établir des quartiers d'hiver qui s'étendaient de Trèves à Vannes. Et comme nous nous récriions aussi sur les travaux immenses que les généraux obtenaient de leurs soldats, les fossés, les murailles, les grosses tours, les galeries, etc., l'Empereur observait qu'alors tous les efforts s'employaient en confection et sur les lieux mêmes, au lieu que de nos jours ils consistaient dans le transport. Il voyait d'ailleurs que leurs soldats travaillaient en effet plus que les nôtres. Il a le projet de dicter quelque chose là-dessus. »

trouva portée sur-le-champ à quatre-vingt-dix mille hommes. Connaissant la mobilité des Barbares, il voulait profiter du moment, passer en Étrurie, et se présenter comme un libérateur aux Étrusques, aux Samnites, aux Campaniens, aux Grecs, à tous ces peuples si durement traités par Rome. Il renvoyait libre et sans rançon tout allié des Romains, tandis qu'il tenait ceux-ci au cachot, leur donnant à peine le nécessaire et les chargeant d'injures et d'opprobres[1]. Mais on ne passe pas aisément les Apennins pendant l'hiver. Il y fut accueilli par un de ces froids ouragans[2], qui s'élèvent alors fréquemment dans les montagnes.

Il fallut donc passer le reste de l'hiver dans les fanges de la Gaule cisalpine[3], au milieu d'un peuple qui avait espéré s'enrichir en suivant Hannibal dans le midi, et qui se trouvait lui-même affamé par son armée. Leur impatience devint si forte que plus d'une fois les chefs conspirèrent sa mort. Pour tromper les assassins, il s'était avisé de changer chaque jour de vêtement, de coiffure, se déguisant même avec de faux cheveux, apparaissant tantôt comme un jeune homme, tantôt comme un vieillard ou un homme mûr. Ces surprises occupaient l'esprit mobile et superstitieux des Barbares[4].

Au mois de mars (217), il passa l'Apennin, et se dirigea vers Arretium, par le chemin le plus court. Cette route traversait des marais étendus au loin dans la

---

1. Voy. Polyb., III, avant et après la bataille de Trasimène.
2. Tit.-Liv., XXI, 58. — Voy. aussi *Voyage de Simond*, et Lullin de Châteauvieux.
3. Polyb., III.
4. *Idem*, III. — Appian., *Hannib. b.*, c. 316. — Tit.-Liv., XXII, 1, 3.

campagne par l'Arno débordé au printemps. Pendant quatre jours et trois nuits[1], les soldats d'Hannibal marchèrent dans la vase et dans l'eau jusqu'à la ceinture. En tête, passaient les vieilles bandes espagnoles et africaines, foulant un terrain encore assez ferme. Les Gaulois, qui venaient ensuite, glissaient ou enfonçaient dans la fange. Ces hommes mous et faciles à décourager se mouraient de fatigue et de sommeil; mais derrière venaient les Numides qui leur tenaient l'épée dans les reins. Un grand nombre désespéraient, et se laissant tomber sur des monceaux de bagages, ou sur des tas de cadavres, ils y attendaient la mort. Hannibal lui-même, qui montait le dernier éléphant qui lui restât, perdit un œil par la fatigue des veilles et l'humidité des nuits.

Le consul Flaminius l'attendait avec impatience sur les tours d'Arretium. Cependait on racontait une foule de prodiges qui menaçaient les Romains d'un grand malheur. Une pluie de pierres était tombée dans le Picenum; en Gaule, un loup avait arraché et enlevé l'épée d'une sentinelle. Dans la vieille ville étrusque de Céré, les caractères qui servaient aux réponses de l'oracle, avaient tout à coup paru rapetissés. Les épis tombaient sanglants sous la faucille, les rivages étincelaient de mille feux[2].

Flaminius, ne voyant dans ces récits qu'un artifice des patriciens pour le retenir dans Rome, partit furtivement pour l'armée, sans consulter ni le Sénat ni les auspices. Hannibal profita de son ardeur et l'attira entre le lac Trasimène et les hauteurs dont il était

---

[1]. Tit.-Liv., XXIII, 1, 3.
[2]. *Idem*, XXI, 62; XXII, 1.

maître[1]. On n'entrait dans ce vallon que par une étroite chaussée. Les Romains la franchissent en aveugles au milieu de l'épais brouillard du matin. Hannibal, qui d'en haut les voyait sans être vu d'eux, les fait prendre en queue par ses Numides, et les charge de tous côtés à la fois. L'acharnement des combattants fut si terrible que dans ce moment même un tremblement de terre détruisit des villes, renversa des montagnes, fit refluer des rivières, sans qu'aucun d'eux s'en aperçût.

Hannibal passa dans l'Ombrie, attaqua inutilement la colonie romaine de Spolète, et, ne voyant aucune ville se déclarer pour lui, il n'osa point marcher vers Rome. Il se retira dans le Picenum, pour refaire son armée dans ce pays riche et fertile en grains. La faim, les fatigues, les fanges de la Gaule et surtout le passage des marais d'Étrurie avaient répandu dans ses troupes d'horribles maladies de peau. Les chevaux aussi, ces chevaux précieux d'Afrique, avaient beaucoup souffert; on les lavait avec du vin vieux. On connaît l'attachement des Africains pour ce fidèle compagnon du désert. C'est d'ailleurs un trait particulier dans le caractère du soldat mercenaire, sans famille et sans ami[2].

Cependant le parti des nobles, celui qui ne voulait

---

1. Aujourd'hui encore, le nom d'un ruisseau voisin du lac rappelle le carnage dont ce lieu a été le théâtre. (Simond, *Voyage*, 1ᵉʳ v., etc.)

2. Polyb., III. C'est ce qu'a peint admirablement Walter-Scott, dans l'*Officier de fortune*. Qui ne connaît le capitaine Dalgetty et son bon ami le *grand Gustave* ?

point de bataille et qui aimait mieux abandonner les alliés aux ravages, avait prévalu dans Rome par la terreur qu'y jeta la défaite de Trasimène. On avait nommé prodictateur le froid et prudent Fabius. Il commença par apaiser les dieux irrités par Flaminius; on coucha leurs statues devant les tables d'un banquet solennel (*lectisternium*), on leur promit des jeux qui coûteraient trois cent mille trois cent trente-trois livres et un tiers de cuivre ; enfin on leur voua un *printemps sacré*[1].

Fabius, sentant le besoin de rassurer les troupes, se tint constamment sur les hauteurs, et laissa Hannibal ravager à son aise les terres des Marses, des Péligniens, l'Apulie, le Samnium et la Campanie. L'armée romaine, promenée de hauteur en hauteur, *cachée dans la nue à l'ombre des bois, comme un troupeau qu'on mène paître l'été sur la montagne*[2], voyait de loin l'incendie des belles campagnes de ses alliés de Falerne, et de la colonie romaine de Sinuessa; la fumée montait jusqu'à eux, et ils s'imaginaient entendre les cris; rien ne pouvait décider à descendre et à combattre le flegmatique patricien. L'indignation de l'armée était au comble; Rome la partageait. On avait bien sujet de se défier de Fabius. Les ennemis épargnaient ses terres en ravageant toutes les autres. Il avait pris sur lui d'échanger les prisonniers, sans autorisation du Sénat. Il avait laissé échapper Hannibal enfermé dans la Campanie, et le stratagème qui sauva le Carthaginois

---

1. Tite-Live, XXII, 10.
2. Hannibal appelait Fabius son *pedagogue* (Plut., *in Marcell.*), mot qui, dans son acception étymologique, implique l'idée de celui qui *conduit et qui promène* l'enfant, plus que du maître qui enseigne.

semblait bien grossier. Deux mille bœufs, portant aux cornes des fascines enflammées, furent lâchés la nuit dans la montagne, inquiétèrent les Romains, et leur firent abandonner les défilés. Le peuple avait, il faut le dire, droit de soupçonner ou l'habileté ou la probité de Fabius. On donna à son lieutenant Minutius des pouvoirs égaux. Fabius voulut qu'au lieu de commander chacun son jour, comme c'était l'usage des consuls[1], l'armée fût partagée par moitié. Minutius, devenu trop faible par ce partage, osa attaquer Hannibal, et il aurait péri si Fabius ne fût venu à son secours. Le Carthaginois sourit, et dit : « La nuée qui couvrait les montagnes a donc fini par crever et donner la pluie et l'orage ! »

Le reste de l'année on suivit ce système de honteuse temporisation, qui peut-être était le seul possible[2] avec des soldats découragés, contre la meilleure armée et le premier général du monde. Mais le sentiment de l'honneur national parla enfin plus haut que la prudence et l'intérêt. Abandonner ainsi sans protection les terres des alliés et même les colonies romaines, c'eût été les jeter dans le parti d'Hannibal; l'empire de Rome eût été bientôt réduit à ses murailles. Le parti populaire, nous l'avons vu souvent, sympathisait davantage avec les Italiens. Le peuple éleva au consulat l'orateur qui avait parlé avec le plus de chaleur en faveur des alliés. M. Terentius Varron, sorti d'un

---

1. Polyb., III.
2. Les Romains finirent par en juger ainsi :

> Unus homo nobeis cunctando restituit rem :
> Non ponebat enim rumores ante salutem;
> Ergo magisque magisque viri nunc gloria claret.
>   (Ennius, in Cicerone, *De senectute*.)

métier servile, était devenu, par son éloquence, questeur, édile et préteur. Fils d'un boucher, employé d'abord par son père à détailler et colporter la viande[1], il était l'objet du mépris des patriciens. Pourquoi cependant un boucher n'aurait-il pas sauvé Rome, comme les bouchers de Berne sauvèrent la Suisse à Laupen[2]? Il faut avouer que l'infortuné Varron, comme Sempronius, Flaminius et Minutius, défendait le parti de l'honneur. Avec quatre-vingt mille hommes contre cinquante mille, les Romains ne pouvaient sans honte abandonner leurs alliés. Il était digne d'eux de se faire battre à Cannes et à Trasimène. « Non, Athéniens, disait Démosthène, non, vous n'avez pas failli à Chéronée. J'en jure ceux qui ont vaincu à Marathon[3]. »

Les patriciens, pour opposer un des leurs à Varron, élevèrent au consulat Paulus Emilius, l'élève et l'ami du *temporiseur*. L'opposition des deux généraux perdit la République. L'un voulait combattre Hannibal, sans choisir le lieu ni le temps; l'autre, au moment décisif, décourageait l'armée en déclarant, comme patricien et augure, que les poulets sacrés refusaient de manger, et condamnaient la bataille[4]. La situation d'Hannibal pouvait en effet engager à la différer. Au bout de deux ans, il n'avait pas une ville, pas une forteresse en Italie. Carthage, ne lui donnant aucun secours, s'était contentée d'envoyer au commencement de la guerre une misérable expédition de trente galères, pour soulever la Sicile, tandis que vingt autres ravageaient les

---

1. Tit.-Liv., XXII, 26. — 2. Müller, *Gesch. der Schw.*, II, 3.
3. Ἀλλ οὐκ ἔστιν, οὐκ ἔστιν ὅπως ἡμάρτετε, ἄνδρες Ἀθηναῖοι, ... οὐ μά τοὺς ἐν Μαραθῶνι προκινδυνεύσαντας τῶν προγόνων. (*De Corona*, c. 60.)
4. Tit.-Liv., XXII.

côtes d'Italie. La plupart des Gaulois avaient peu à peu quitté Hannibal pour retourner chez eux et mettre leur butin en sûreté. N'ayant point pris de villes, il n'avait point d'argent : sans argent, qu'est-ce que le chef d'une armée mercenaire ? Il ne lui restait de blé que pour dix jours. Un historien prétend même qu'il eut l'idée de fuir vers le nord de l'Italie [1].

Dans l'immense plaine de Cannes, on ne pouvait craindre d'embuscades comme à la Trébie ou à Trasimène. Et pourtant ici comme là ce fut le petit nombre qui enveloppa le grand. Hannibal avait eu l'attention de se mettre à dos le vent et la poussière, chose si importante dans ces plaines poudreuses. Les Romains en étaient aveuglés. L'infanterie espagnole et gauloise recula sur l'africaine, comme elle en avait l'ordre, et les Romains, s'enfonçant pour la poursuivre entre les deux ailes victorieuses d'Hannibal, se trouvèrent, ainsi qu'à Trasimène, pris dans une sorte de filet. En même temps s'élevaient sur les derrières de l'armée romaine cinq cents Numides qui y étaient entrés comme transfuges, sans armes, en apparence, mais avec des poignards sous leurs habits [2]. Dans ce moment terrible, Paulus ordonne aux cavaliers de descendre, selon l'ancien usage italique, et de combattre à pied. Lorsqu'on dit à Hannibal que c'était le consul qui avait donné un pareil ordre : « Il aurait aussi bien fait, dit-il, de me les livrer pieds et poings liés. » Paulus resta sur le champ de bataille avec cinquante mille hommes, ses deux questeurs, vingt et un tribuns, près de cent sénateurs et une foule de chevaliers. Hannibal gagna cette

---

1. Tit.-Liv., XXII, 43. — 2. Appian., *Hann. b.*, I, c. 326.

grande victoire avec le sang des Gaulois [1]; il en perdit quatre mille contre quinze cents Espagnols et Africains (216 avant J.-C.).

A la nouvelle d'une telle défaite, chacun crut Rome perdue. Tout le midi de l'Italie l'abandonna. De jeunes patriciens même songeaient déjà à chercher des vaisseaux pour fuir au dela des mers [2]. Les officiers d'Hannibal croyaient qu'il ne s'agissait plus que de marcher sur Rome. L'impétueux Maharbal disait au général carthaginois : « Laissez-moi prendre les devants avec ma cavalerie; il faut que vous soupiez dans cinq jours au Capitole. » Hannibal ne voulut pas s'expliquer, mais il savait bien qu'on ne prenait pas ainsi Rome. Éloignée de plus de quatre-vingts lieues, elle avait le temps de se mettre en état de défense. Dans la ville et dans les environs, il y avait plus de cinquante mille soldats, et tout le peuple était soldat. En déduisant les morts et les blessés, le Carthaginois ne pouvait guère avoir plus de vingt-six mille hommes. Tous ces peuples qui se déclaraient ses amis, Samnites, Lucaniens, Brutiens, Grecs, n'avaient garde d'augmenter une armée barbare dont ils n'entendaient point la langue, et dont ils avaient les mœurs en exécration. C'était le bruit public en Italie que les soldats d'Hannibal se nourrissaient au besoin de chair humaine [3]. Les Italiens ne quittaient le parti de Rome qu'afin de ne plus recruter ses armées, et de ne plus prendre part à la guerre. Aussi Hannibal se trouva-t-il si faible après sa victoire, qu'ayant besoin d'un port en face de l'Espagne, il attaqua la petite ville de Naples et ne put la prendre. Il ne

---

1. Polyb., III. — 2. Tit.-Liv., XXII, 53.
3. Polyb., *extr. C. Porphyr.* — Tit.-Liv., XXIII, 5.

fut pas plus heureux devant Nole, Acerres et Nucérie. Partout il trouva les Romains aussi forts qu'avant leurs défaites.

« Rome fut un prodige de constance. Après les journées du Tésin, de Trébie et de Trasimène, après celle de Cannes, plus funeste encore, abandonnée de presque tous les peuples d'Italie, elle ne demanda point la paix..... Rome fut sauvée par la force de son institution. Après la bataille de Cannes, il ne fut pas permis aux femmes même de verser des larmes ; le Sénat refusa de racheter les prisonniers, et renvoya les misérables restes de l'armée faire la guerre en Sicile, sans récompense ni aucun honneur militaire, jusqu'à ce qu'Hannibal fût chassé de l'Italie.

« D'un autre côté, le consul Terentius Varron avait fui honteusement jusqu'à Venouse ; cet homme de la plus basse naissance[1] n'avait été élevé au consulat que pour mortifier la noblesse. Mais le Sénat ne voulut pas jouir de ce malheureux triomphe : il vit combien il était nécessaire qu'il s'attirât dans cette occasion la confiance du peuple ; il alla au-devant de Varron, et le remercia de ce qu'il n'avait pas désespéré de la République.

« Ce n'est pas ordinairement la perte réelle que l'on fait dans une bataille (c'est-à-dire de quelques milliers d'hommes) qui est si funeste à un État ; mais la perte imaginaire et le découragement qui le prive des forces

---

[1]. Varron, si maltraité par Montesquieu et par tant d'historiens, conserva pourtant de la dignité dans son malheur. Le peuple le jugea si peu coupable qu'il voulut encore l'élever aux honneurs. Depuis la bataille de Cannes, l'infortuné portait toujours la barbe longue, et disait à ceux qui voulaient lui donner leurs suffrages, de réserver les emplois publics à des hommes plus heureux. (Frontin., *Stratag.*)

mêmes que la fortune lui avait laissées. » (Montesquieu, *Gr. et Déc. des Romains*, chap. IV.)

Hannibal, trop faible pour attaquer avec avantage le centre de l'Italie, prit ses quartiers d'hiver à Capoue. Des deux grandes cités du midi, Capoue et Tarente, la seconde était encore tenue par une garnison romaine; l'autre, encouragée par la défaite de Cannes, demanda aux Romains que désormais sur deux consuls ils en prissent un Campanien[1]. Les Capuans firent ensuite main-basse sur les Romains qu'ils avaient dans leur ville, et les étouffèrent dans les étuves des bains, qui se trouvaient en grand nombre dans cette ville voluptueuse. Ce fut le chef du parti populaire de Capoue, Pacuvius, allié aux plus illustres patriciens de Rome, gendre d'un Appius Claudius, beau-père d'un Livius, qui introduisit Hannibal dans Capoue. Il avait grand besoin du séjour de cette riche ville pour refaire un peu son armée, pour guérir ses blessés. Peut-être aussi les soldats d'Hannibal lui rappelaient-ils ses promesses et voulaient-ils enfin du repos. Les vétérans d'Hamilcar, ceux qui duraient encore, après le passage des Alpes et tant de batailles, croyaient sans doute qu'il fallait, au moins un instant avant leur mort, goûter le fruit de la conquête. Combattre, jouir, voilà la vie du soldat mercenaire. Le chef d'une telle armée la suit souvent, tout en paraissant la conduire. On dit que le séjour de Capoue avait corrompu cette armée. Mais les vainqueurs de Cannes, devenus riches, auraient partout trouvé Capoue. Hannibal ne pouvait pas, comme Alexandre, mettre le feu au bagage de ses soldats.

---

1. Tit.-Liv., XXIII, 2, 10.

D'ailleurs, ce lieu de repos lui convenait; il était à portée et de Casilinium qu'il assiégeait, et de la mer d'où il attendait des secours. De là, il pouvait chercher aux Romains de nouveaux ennemis, et remuer le monde contre eux. « Si l'on me demande, dit Polybe[1], qui était l'âme de tout ce qui se passa alors à Rome et à Carthage, c'était Hannibal. Il faisait tout en Italie par lui-même, en Espagne par Hasdrubal, son aîné, et ensuite par Magon. Ce furent ces deux capitaines qui défirent en Espagne les généraux romains. C'est sous les ordres d'Hannibal qu'agirent dans la Sicile d'abord Hippocrate, et après lui l'Africain Mutton (Mutine). C'est lui qui souleva l'Illyrie et la Grèce, qui fit avec Philippe un traité d'alliance pour effrayer les Romains et diviser leurs forces. »

Le premier espoir d'Hannibal, son appui naturel, c'était l'Espagne. Il y avait laissé son frère et ses lieutenants; il comptait en tirer sans cesse de nouvelles recrues. C'est pour cela qu'il avait tracé avec tant de peine une route des Pyrénées aux Alpes. Mais la guerre d'Italie était trop lointaine pour y entraîner facilement les Barbares. Cette guerre ne pouvait être nationale pour des hommes qui connaissaient à peine les Romains et qui n'avaient pas encore éprouvé leur tyrannie. Ils avaient éprouvé celle des Carthaginois, leur rapacité, la dureté avec laquelle ils levaient des hommes pour les envoyer au delà des Pyrénées dans un monde inconnu. Cette haine qu'Hannibal trouva partout en Italie contre Rome, les deux Scipions la trouvèrent en Espagne contre les lieutenants d'Hannibal.

---

1. *Exemples de vertus et de vices.*

Les Celtibériens avaient déjà taillé en pièces quinze mille Carthaginois[1]. Les Scipions remportèrent d'abord de brillantes victoires, et Hasdrubal, retenu par eux, ne put passer en Italie.

Il fallut donc qu'Hannibal se tournât du côté de Carthage. Magon, son frère, fit verser dans le vestibule du sénat un boisseau d'anneaux d'or, enlevés aux chevaliers et aux sénateurs romains. Cette preuve éclatante des pertes de Rome et des succès d'Hannibal ne fit qu'augmenter la défiance des Carthaginois. Sans exprimer ses craintes, Hannon, chef du parti opposé aux Barcas, se contenta de dire : « Si Hannibal exagère ses succès, il ne mérite point de secours; s'il est vainqueur, il n'en a pas besoin[2]. » Toutefois on lui envoya de l'argent, quatre mille Numides et quarante éléphants. Un commissaire du sénat fut adjoint à Magon pour lever en Espagne vingt mille fantassins et quatre mille chevaux[3]. La politique de Carthage était d'alimenter seulement la guerre. Hannibal une fois maître de l'Espagne et de l'Italie, que lui serait-il resté à faire, sinon d'assujettir Carthage[4]?

Si mal soutenu par la patrie et par l'Espagne, Hannibal tourna les yeux du côté du monde grec, vers

---

1. Tit.-Liv., XXII, 21.
2. *Idem*, XXIII, 12, 13.
3. Comme les provéditeurs par lesquels le sénat de Venise faisait surveiller ses armées et ses flottes.
4. « Dans quel danger n'eût pas été la république de Carthage si Hannibal avait pris Rome? Que n'eût-il pas fait dans sa ville après la victoire, lui qui y causa tant de révolutions après sa défaite?

« Hannon n'aurait jamais pu persuader au Sénat de ne point envoyer de secours à Hannibal, s'il n'avait fait parler que sa jalousie. Ce sénat qu'Aristote nous dit avoir été si sage (chose que la prospérité de cette république nous prouve si bien), ne pouvait être déterminé que par des raisons sensées. Il

Syracuse et la Macédoine. Hiéron persistait dans son alliance avec les Romains, et leur avait même envoyé après Cannes une Victoire d'or massif qui pesait plus de trois cents livres ; mais la mort imminente du vieillard allait ouvrir la Sicile aux intrigues de l'ennemi de Rome. Quant au roi de Macédoine, l'inquiétude que lui donnaient les Romains, devenus ses voisins par la conquête de l'Illyrie, le détermina à s'unir aux Carthaginois[1]. Il semble que le successeur d'Alexandre aurait

---

aurait fallu être trop stupide pour ne pas voir qu'une armée à trois cents lieues de là faisait des pertes nécessaires qui devaient être réparées.

« Le parti d'Hannon voulait qu'on livrât Hannibal aux Romains. On ne pouvait pour lors craindre les Romains ; on craignait donc Hannibal.

« On ne pouvait croire, dit-on, les succès d'Hannibal : mais comment en douter ? Les Carthaginois, répandus par toute la terre, ignoraient-ils ce qui se passait en Italie ? C'est parce qu'ils ne l'ignoraient pas qu'on ne voulait pas envoyer de secours à Hannibal.

« Hannon devient plus ferme après Trébie, après Trasimène, après Cannes ; ce n'est point son incrédulité qui augmente, c'est sa crainte. » (*Esprit des Lois*, liv. X, c. 6.)

1. Polyb., III : « Traité que Hannibal, le général, Magon, Murcan, Barmocar, les sénateurs de Carthage qui sont avec Hannibal, et tous les Carthaginois qui combattent avec lui, ont fait avec Xénophane, Athénien, fils de Cléomaque, qui nous a été envoyé comme ambassadeur par le roi Philippe, fils de Demetrius, pour lui, pour les Macédoniens et leurs alliés.

« En présence de Jupiter, de Junon et d'Apollon ; en présence du génie de Carthage (δαίμονος), d'Hercule et d'Iolaüs ; en présence de Mars, de Triton et de Neptune ; en présence de tous les dieux protecteurs de notre expédition, du soleil, de la lune et de la terre ; en présence des fleuves, des prés et des eaux ; en présence de tous les dieux que Carthage reconnaît pour ses maîtres ; en présence de tous les dieux qui sont honorés dans la Macédoine et dans tout le reste de la Grèce ; en présence de tous les dieux qui président à la guerre et qui sont présents à ce traité, Hannibal, général, et avec lui tous les sénateurs de Carthage et tous ses soldats ont dit :

« Afin que désormais nous vivions ensemble comme amis et comme frères, soit fait, sous votre bon plaisir et le nôtre, ce traité de paix et d'alliance, à condition que le roi Philippe, les Macédoniens, et tout ce qu'ils ont d'alliés parmi les autres Grecs, conserveront et défendront les Carthaginois, Hannibal, leur général, les soldats qu'il commande, les gouverneurs des provinces dépendantes de Carthage, Utique et toutes les villes et nations qui nous sont unies

consenti volontiers à un partage du monde qui lui eût donné l'Orient et laissé l'Occident pour Hannibal. Il fallait donc une diversion puissante en faveur de ce dernier. Mais on le croyait si fort après Cannes, que Philippe craignait qu'il ne vainquît trop vite ; il agit mollement, et se laissa battre à l'embouchure du fleuve

dans l'Italie, la Gaule, la Ligurie, et quiconque dans cette province fera alliance avec nous. Pareillement les armées carthaginoises et les habitants d'Utique, et toutes les villes et nations soumises à Carthage, et les soldats, et les alliés, et toutes les villes et nations avec lesquelles nous avons amitié et alliance dans l'Italie, dans la Gaule, dans la Ligurie, et avec lesquelles nous pourrons contracter amitié et alliance dans cette région, conserveront et défendront le roi Philippe et les Macédoniens, et tous leurs alliés d'entre les autres Grecs. Nous ne chercherons point à nous surprendre les uns les autres ; nous ne tendrons point de pièges. Nous, Macédoniens, nous nous déclarerons de bon cœur, avec affection, sans fraude, sans dessein de tromper, ennemis de tous ceux qui le seront des Carthaginois, excepté les villes, les ports et les rois avec qui nous sommes liés par des traités de paix et d'alliance. Et nous aussi Carthaginois, nous nous déclarerons ennemis de tous ceux qui le seront du roi Philippe, excepté les rois, les villes, les nations avec qui nous sommes liés par des traités de paix et d'alliance.

« Vous entrerez, vous, Macédoniens, dans la guerre que nous avons contre les Romains, jusqu'à ce qu'il plaise aux dieux de donner à nos armes et aux vôtres un heureux succès. Vous nous aiderez de tout ce qui sera nécessaire, selon que nous en serons convenus. Si les dieux ne nous donnent point la victoire dans la guerre contre les Romains et leurs alliés, et que nous traitions de paix avec eux, nous en traiterons de telle sorte que vous soyez compris dans le traité, et aux conditions qu'il ne leur sera pas permis de vous déclarer la guerre; qu'ils ne seront maîtres ni des Corcyréens, ni des Apolloniates, ni des Épidamiens, ni de Phare, ni de Dimale, ni des Parthins, ni de l'Atintanie, et qu'ils rendront à Demetrius de Phare ses parents qu'ils retiennent entre leurs mains. Si les Romains vous déclarent la guerre, ou à nous, alors nous nous secourrons les uns les autres selon le besoin. Nous en userons de même si quelque autre nous fait la guerre, excepté à l'égard des rois, des villes, des nations dont nous serons amis et alliés. Si nous jugeons à propos d'ajouter quelque chose à ce traité, ou d'en retrancher, nous ne le ferons que du consentement des deux parties. »

Ce qui frappe le plus dans ce traité, c'est que nulle part Hannibal ne stipule en faveur de Carthage, mais en faveur de l'armée de Carthage, des gouverneurs de provinces carthaginoises, en faveur d'Utique, alliée et rivale de Carthage, c'est-à-dire en faveur de tous ceux qui auraient pu le seconder dans le cas où il eût voulu tourner ses armes contre sa patrie.

Aoüs. Plus tard, les Romains lui suscitèrent pour ennemis les Étoliens, brigands qui ne demandaient que guerre et pillage ; et ils finirent par se mettre au cœur de la Grèce en s'emparant d'Anticyre.

Hannibal ne laissait pas d'agir lui-même en Italie ; mais cette armée qui perdait toujours sans se renouveler, était devenue si faible que les Romains l'affrontaient partout avec avantage. Leur général était alors le bouillant Marcellus[1], héros des temps barbares, fier de sa force et de sa bravoure, célèbre pour ses combats singuliers, qui avait jadis vaincu les Gaulois, et qui leur ressemblait par sa fougue. Grâce à la supériorité du nombre, ce vaillant soldat défit plusieurs fois Hannibal devant Nole, devant Casilinum, et finit par l'obliger à sortir de la Campanie (215-4). Dans une seule rencontre à Bénévent, son lieutenant Hannon perdit seize mille hommes. Au milieu de ces revers, le grand capitaine surprit Tarente, la seconde ville du midi, dont le port lui assurait des communications faciles avec la Macédoine. En même temps, profitant de la mort d'Hiéron et de l'extinction de sa famille, il avait trouvé le moyen d'attirer dans son parti Syracuse, et de la mettre entre les mains de deux Grecs nés d'une mère carthaginoise. Agrigente, Héraclée, presque toute la Sicile échappa en même temps aux Romains. Ainsi Hannibal, manœuvrant avec une poignée d'hommes à travers de nombreuses armées, de Capoue à Tarente, et de Tarente à Capoue, inactif en apparence, mais les yeux fixés sur les deux détroits, remuait la Macédoine et la Sicile, comme deux bras

---

1. Ce nom veut dire *martial*, selon Posidonius, cité par Plut., *in Vita Marcelli*.

armés contre Rome. Les Italiens, frappés de ce vaste plan, s'étonnaient de son impuissance, et, dans leur langage rustique, le comparaient à l'abeille qui n'a de forces que pour un coup, et qui, son aiguillon une fois lancé, tombe dans l'engourdissement[1].

L'année 213 fut un moment de repos pour les deux partis épuisés ; mais à la campagne suivante, Rome fit un prodigieux effort pour terminer la lutte et étouffer son antagoniste. Elle leva jusqu'à trois cent trente-cinq mille hommes ; elle parvint à enlever au Carthaginois les deux grandes villes qui soutenaient son parti en Italie et en Sicile, Capoue et Syracuse.

Hannibal se surpassa lui-même pour sauver Capoue. Il battit les armées romaines devant ses murs, il les battit en Lucanie. Rome ne lâcha pas prise ; c'était pour elle une affaire de vengeance autant que d'intérêt. Ce n'était pas seulement à cause de ses citoyens égorgés ; Hannibal entrant à Capoue avait promis qu'elle deviendrait la capitale de l'Italie[2].

Il fit alors une chose singulièrement audacieuse ; il laissa les Romains devant Capoue, et marcha sur Rome. Il campa à quarante stades de ses murs, et, profitant du premier effroi, il allait donner l'assaut ; mais deux légions s'y rencontraient par bonheur[3]. Les historiens romains prétendent que, loin de rien craindre, on prit ce moment pour faire partir des troupes destinées à l'armée d'Espagne, et qu'on vendit le champ sur lequel campait Hannibal, sans qu'il perdît rien de sa valeur. Selon eux, le Carthaginois, prenant avec lui trois cavaliers seulement, se serait approché la nuit de Rome,

---

1. Tit.-Liv., XXIII, 42.
2. *Idem*, XXIII, 10. — 3. Polyb., IX.

et du haut d'une colline en aurait observé la situation, remarqué le trouble et la solitude[1]. Les Romains dirigèrent des forces considérables contre lui; mais il se joua de leurs poursuites, repassa par le Samnium, traînant après lui un butin prodigieux, et revint par la Daunie et la Lucanie au détroit de Sicile, après la plus rapide et la plus périlleuse campagne qu'aucun général ait jamais faite. Un cri d'admiration échappe à Polybe.

Capoue, désormais sans espoir, tomba au pouvoir des Romains. Elle finit comme elle avait vécu. Après un voluptueux banquet, où ils s'étaient soûlés de toutes les délices qu'ils allaient quitter, les principaux citoyens firent circuler un breuvage qui devait les soustraire à la vengeance de Rome (211).

Le siège de Syracuse ne fut pas moins difficile. Le génie d'Archimède la défendit deux ans contre tous les efforts de Marcellus. Ce puissant inventeur était si préoccupé de la poursuite des vérités mathématiques, qu'il en oubliait le manger et le boire; traîné au bain par ses amis, il traçait encore des figures avec le doigt sur les cendres du foyer et sur son corps frotté d'huile. Un tel homme ne devait se soucier ni des Romains ni des Carthaginois. Mais il prit plaisir à ce siège, comme à tout autre problème, et voulut bien descendre de la géométrie à la mécanique. Il inventa des machines terribles qui lançaient sur la flotte romaine des pierres de six cents livres pesant, ou bien qui, s'abaissant dans la mer, enlevaient un vaisseau, le faisaient pirouetter et le brisaient contre les rochers; les hommes de l'équipage volaient de tous côtés, comme des pierres

---

[1] Appian., *Hannib. b.*, c. 330, Ier vol.

lancées par la fronde; ou bien encore des miroirs concentriques, réfléchissant au loin la lumière et la chaleur, allaient brûler en mer la flotte romaine. Les soldats n'osaient plus approcher; au moindre objet qui paraissait sur la muraille, ils tournaient le dos en criant que c'était encore une invention d'Archimède. Marcellus ne put s'emparer de la ville que par surprise, pendant la nuit d'une fête. Il fit chercher Archimède. Mais il était si absorbé dans ses recherches qu'il n'entendit ni le bruit de la ville prise, ni le soldat qui lui apportait l'ordre du général, et qui finit par le tuer. Un siècle et demi après, Cicéron, alors questeur en Sicile, fit chercher le tombeau du géomètre. On retrouva sous les ronces une petite colonne qui portait la figure de la sphère inscrite au cylindre. Archimède n'avait pas voulu d'autre épitaphe.

La Sicile retourna ainsi aux Romains par la prise de Syracuse, et surtout par la défection du Lybien Mutton ou Mutine, général habile, qui, après avoir battu Marcellus, finit par passer du côté de Rome. Mais la même année où Marcellus prenait Syracuse, les Romains avaient éprouvé de grands revers en Espagne; les deux Scipions, ayant divisé leurs forces, furent vaincus et tués (212); l'armée romaine ne fut sauvée que par le sang-froid de Marcius, simple chevalier romain. Personne n'osait demander le commandement de l'armée d'Espagne, funeste[1] par la mort de deux généraux. Le jeune Scipion, fils de Publius, à peine âgé de vingt-quatre ans, osa se porter pour le successeur et le vengeur de son père et de son oncle. Le peuple le nomma

---

1. Mot employé par Voltaire, *Essai sur les Mœurs;* il l'applique au règne de Charles II.

d'enthousiasme. C'était un de ces hommes aimables et héroïques[1], si dangereux dans les cités libres. Rien de la vieille austérité romaine ; un génie grec plutôt, et quelque chose d'Alexandre. On l'accusait de mœurs peu sévères, et, dans une ville qui commençait à se corrompre, ce n'était qu'une grâce de plus. Du reste, peu soucieux des lois, les dominant par le génie et l'inspiration ; chaque jour il passait quelques heures enfermé au Capitole, et le peuple n'était pas loin de le croire fils de Jupiter. Tout jeune encore, et longtemps avant l'époque légale, il demanda l'édilité : « Que le peuple me nomme, dit-il, et j'aurai l'âge[2]. » Dès lors Fabius et les vieux Romains commencèrent à craindre ce jeune audacieux.

Dès qu'il arrive en Espagne, il déclare aux troupes à peine rassurées que Neptune lui a inspiré d'aller, à travers toutes les positions ennemies, attaquer la grande ville de l'Espagne, Carthagène, le grenier, l'arsenal de l'ennemi. Il prédit le moment où il prendra la ville. Deux soldats lui demandaient justice : « Demain, dit-il, à pareille heure, je dresserai mon tribunal dans tel temple de Carthagène. » Et il tint parole[3]. Il trouva dans la ville les otages de toutes les tribus espagnoles ; il les accueillit avec bonté, leur promit de les renvoyer bientôt chez eux, caressa les enfants et leur fit des présents selon leur âge : aux petites filles des portraits et des bracelets, aux garçons des poignards et des épées. Lorsque la vieille épouse du chef Man-

---

1. Polyb., X, in principio. Il faut se défier de la partialité de Polybe en faveur des Scipions, ses protecteurs. Voy. plus bas une note de ce même livre.
2. Tit.-Liv., XXV, 2. — 3. Appian., *Hisp. b.*, 1ᵉʳ vol., c. 267.

donius vint le supplier de faire traiter les femmes avec plus d'égards, et pleura sur les outrages que leur avaient faits les Carthaginois, il se prit lui-même à pleurer.

Quelques jeunes soldats, qui connaissaient bien le faible de leur général, lui offrirent en présent une captive d'une rare beauté. Scipion n'affecta point de sévérité : « Si j'étais particulier, leur dit-il, vous ne me pourriez donner rien de plus agréable[1]. » Puis il fit venir le père de la jeune fille, et la remit en ses mains. Il acheva de gagner les Espagnols par la confiance héroïque avec laquelle il leur rendit leurs otages. Ils en vinrent alors au point de se prosterner devant lui, et de lui donner le nom de roi. Scipion leur imposa silence.

Hasdrubal, désormais sans espoir, ramassa tout l'argent qu'il put pour passer en Italie. Scipion ne se soucia point de barrer le passage à des gens désespérés ; il les laissa, au grand péril de Rome, marcher vers les Alpes pour rejoindre Hannibal.

Que serait devenue l'Italie, si cette armée, recrutée par les Gaulois, eût dégagé du midi de la Péninsule le terrible ennemi de Rome ? Il y avait, il est vrai, perdu toute sa cavalerie numide, exterminée ou séduite par l'argent des Romains ; mais Rome elle-même n'en pouvait plus. Douze colonies, épuisées par les dernières levées, lui avaient refusé leur secours. Le consul Claudius Néron, qu'on avait chargé de contenir Hannibal, comprit que tout était perdu, si son frère perçait jusqu'à lui ; il prit ses meilleures troupes, traversa toute l'Italie en huit jours, et se réunit à son collègue près

---

1. Polyb., X.

du Métaure. L'armée d'Hasdrubal, voyant les enseignes des deux consuls, crut qu'Hannibal avait péri et se laissa vaincre[1]. Néron, revenu avec la même célérité, fit jeter dans le camp d'Hannibal la tête de son frère. Cet homme invincible ne prit pas pour lui ce dernier revers, et dit avec une froide amertume : « Je reconnais la fortune de Carthage. » Il s'enferma alors dans le pays des Brutiens, à l'angle de l'Italie[2]. Son frère Magon, qui renouvela, pour le joindre, la tentative d'Hannibal, n'eut pas un meilleur succès.

Cependant Scipion avait compris qu'on ne pouvait délivrer l'Italie qu'en attaquant l'Afrique, que Carthage n'était nulle part plus faible ; qu'une pareille invasion serait à la fois plus facile et plus glorieuse qu'une guerre de tactique dans les âpres montagnes du Brutium ; qu'au lieu d'attaquer le monstre dans son repaire, il fallait le traîner au grand jour, sur la plage nue de l'Afrique, où le nombre et la force matérielle donneraient plus d'avantage.

L'opposition jalouse de Fabius rendant le Sénat peu favorable à cette proposition, le jeune consul déclara qu'il la porterait devant le peuple. Le Sénat céda ; mais il ne tint pas à lui que les moyens ne manquassent à Scipion. On ne lui donna que trente galères, et il ne lui fut point permis de faire des levées d'hommes.

---

1. Hasdrubal est justifié de ses revers par l'éloge de Polybe, que terminent ces mots : « Nous avons vu dans combien d'embarras l'ont jeté les chefs qu'on envoyait de temps en temps de Carthage en Espagne. »

2. *Séj. d'un offic. français en Calabre* (1820). « A cinq lieues de Cosenza (Calabre citérieure), sous Rogliano, la route s'enfonce par un escalier étroit et bordé de précipices dans une sorte d'abîme où les eaux descendent des montagnes appelées Campo Temese ; point d'autre passage de Naples à Reggio. De là, l'isolement de la Calabre. »

L'enthousiasme des Italiens, l'impatience qu'ils avaient de voir enfin Hannibal sorti de l'Italie, suppléèrent à la mauvaise volonté du Sénat. « Les peuples de l'Étrurie s'engagèrent les premiers à venir au secours du consul[1], chacun selon ses facultés; Céré promit de fournir aux équipages tout le blé et tous les approvisionnements nécessaires; Populonia, le fer ; Tarquinies, la toile à voiles ; Volaterre, du blé, de la poix et du goudron ; Arretium, trente mille boucliers, autant de casques, cinquante mille dards, javelots et longues piques, autant de cognées, de pioches, de faulx, d'auges et de meules qu'il en faudrait pour quarante galères, cent vingt mille boisseaux de froment et une somme d'argent pour les décurions et les rameurs ; Pérouse, Clusium, Ruselles, donnèrent des bois de construction, avec une quantité considérable de froment. Scipion prit le sapin dans les forêts de la République. L'Ombrie entière, et de plus Nursium, Réate, Amiterne, promirent des soldats. Les Marses, les Péligniens, les Marrucins et beaucoup d'autres volontaires s'offrirent pour servir sur la flotte. Les Camertins, qui s'étaient alliés avec le peuple romain sur le pied de l'égalité, envoyèrent une cohorte de six cents hommes tout armés. Ayant mis trente navires en construction, Scipion pressa le travail avec une telle activité, que quarante-cinq jours après que le bois eut été tiré des forêts, les vaisseaux furent lancés en mer, tout équipés et tout armés.

Pendant qu'il hâtait les préparatifs à Syracuse, on

---

[1]. Tit.-Liv., XXVIII, 45. — Appien (Λιβυκὴ, init.), dit que Scipion n'eut de la République que dix galères, avec celles qui étaient en Sicile, et point d'autre argent que celui des contributions volontaires : Χρήματα οὐκ ἔδωκαν πλὴν εἴ τις ἐθέλε τῷ Σκιπίωνι κατὰ φιλίαν συμφέρειν.

présentait au Sénat diverses accusations contre lui ; il avait, disait-on, corrompu la discipline par une alternative de molle indulgence et de cruauté ; les soldats n'étaient plus ceux de la République, mais ceux de Scipion ; lorsqu'il tomba malade en Espagne et qu'ils le crurent mort, ils se regardèrent comme affranchis de tout serment ; ce ne fut que par une odieuse perfidie qu'il put étouffer la révolte[1] ; en Italie, il ferme les yeux sur la tyrannie atroce de Pleminius à Locres. Et maintenant à Syracuse il oublie l'expédition imprudente qu'il a proposée lui-même ; le consul du peuple romain flatte les alliés en se promenant au gymnase en mules et en manteau grec[2], écoutant les vaines disputes et les déclamations des sophistes.

Carthage en était encore à interroger les voyageurs sur les projets du consul, lorsqu'il débarqua en Afrique (204). Il espérait l'alliance du Numide Syphax, dont il avait gagné l'amitié dans une visite téméraire qu'il fit au Barbare dès le temps qu'il était préteur en Espagne. Mais depuis, Syphax avait épousé la belle et artificieuse Sophonisbe, fille du général carthaginois Hasdrubal Giscon. On connaît la faiblesse des hommes de ces races africaines ; que de fois les Juifs et leurs rois furent entraînés à l'idolâtrie par les séductions des filles de la Phénicie ! La dangereuse étrangère tourna sans peine du côté des Carthaginois l'esprit mobile du Numide, elle le flatta de l'orgueilleuse idée de se porter pour arbitre entre les deux plus grandes puissances du monde, de faire sortir les Romains de l'Afrique et Hannibal de l'Italie. A ce compte, Carthage

---

1. Polyb., XI.
2. Cum pallio crepidisque. (Tit.-Liv., XXIX, 19.)

eût tout gagné, puisqu'au fond Hannibal ne combattait pas pour elle.

Scipion feignit d'écouter ces propositions, profita de la confiance et de la facilité de Syphax[1], disant toujours qu'il voulait la paix, mais que son conseil était pour la guerre, prolongeant ainsi la négociation jusqu'à ce que ses envoyés eussent bien reconnu les camps de Syphax et d'Hasdrubal. Instruit par eux que les huttes des Africains étaient toutes construites de matières combustibles, il attaque les deux camps, et, chose horrible, brûle les deux armées en une nuit. Elles étaient fortes de quatre-vingt-treize mille hommes.

Le camp était embarrassé des dépouilles arrachées aux flammes ; Scipion y fit venir des marchands pour les acheter. Les soldats, se croyant bientôt maîtres de toute l'Afrique, donnèrent leur butin presque pour rien ; ce qui, selon Polybe, fut pour le général un profit considérable[2].

Scipion avait ramené en Afrique le roi numide Massanasès, ou Massinissa, que Syphax avait dépouillé de son royaume. Longtemps Syphax avait poursuivi son compétiteur dans le désert. Celui-ci, qui était le meilleur cavalier de l'Afrique, qui jusqu'à quatre-vingts ans se tenait tout un jour à cheval, sut toujours éluder son ennemi[3]. Dès qu'il était serré de près, il congédiait ses cavaliers en leur assignant un lieu de ralliement. Il lui arriva une fois de se trouver lui troisième dans une caverne autour de laquelle campait Syphax. C'est à peu près l'histoire de David

---

1. Polyb., XIV.
2. *Idem*, XIV. — 3. Appian., Λιβυκή, c. 6, 7, 37.

caché dans l'antre, où vient dormir son persécuteur Saül, ou celle de Mahomet séparé de ses ennemis par une toile d'araignée dans la caverne de Thor. Massanasès, ramené par les ennemis de la Numidie, jouit du plaisir cruel de prendre son ennemi, d'entrer dans sa capitale, et de lui enlever Sophonisbe. Cette femme perfide, autrefois promise à Massanasès, lui avait envoyé en secret pour s'excuser auprès de lui d'un mariage involontaire. Le jeune Numide, avec la légèreté de son âge et de son pays, lui promit de la protéger, et le soir même la prit pour épouse. Le malheureux Syphax, ne sachant comment se venger, fit entendre à Scipion que celle qui avait su l'enlever lui-même à l'alliance de Rome, pourrait bien exercer le même empire sur Massanasès. Scipion goûta l'avis, et, au nom de Rome, réclama durement Sophonisbe comme partie du butin. Massanasès monte à cheval avec quelques Romains; sans descendre, il présente à Sophonisbe une coupe de poison, et s'enfuit à toute bride. « Je reçois, dit-elle, le présent de noces; » et elle but tranquillement. Le barbare montra le corps aux Romains. Cela fait, il se présenta avec l'habit royal à Scipion, qui le combla d'éloges, de présents, et lui mit sur la tête cette couronne qu'il avait si chèrement achetée [1].

Les Carthaginois, privés du secours de Syphax, et voyant toutes les villes ouvrir leurs portes à Scipion, se décidèrent à appeler Hannibal et Magon, et, pour gagner du temps, demandèrent la permission d'envoyer des ambassadeurs à Rome. Ce message ouvrait

---

1. Appian., Λιϐυκὴ, c. 15.

à Hannibal une carrière nouvelle. Enfermé dans le Brutium, il ne pouvait plus rien faire en Italie. En Afrique, il pouvait devenir maître de Carthage, soit qu'il y entrât vainqueur de Scipion, soit qu'il la trouvât affaiblie et épuisée par une dernière défaite [1].

Il laissa à l'Italie, qu'il avait désolée pendant quinze années, d'horribles adieux. Dans les derniers temps, il avait accablé de tributs ses fidèles Brutiens eux-mêmes. Il faisait descendre en plaine les cités fortes dont il craignait la défection; souvent il fit brûler vives les femmes de ceux qui quittaient son parti [2]. Pour subvenir aux besoins de son armée, il mettait à mort, sur de fausses accusations, les gens dont il envahissait les biens. Au moment du départ, il envoya un de ses lieutenants sous le prétexte de visiter les garnisons des villes alliées, mais en effet pour chasser les citoyens de ces villes, et livrer au pillage tout ce que les propriétaires ne pouvaient sauver. Plusieurs villes le prévinrent et s'insurgèrent; les citoyens l'emportèrent dans les unes, les soldats dans les autres; ce n'était partout que meurtres, viols et pillages. Hannibal avait beaucoup de soldats italiens qu'il essaya d'emmener à force de promesses; il ne

---

1. On trouve entre Cantazaro et Cotrone la *torre di Annibale*, lieu de son départ, selon la tradition. (*Séjour d'un officier français en Calabre*, déjà cité.)

2. Tit.-Liv., XXIV, c. 45. App., *Hann. b.*, c. 38. — Dion (*Fragm. Vales.*, 47, 50) fait le portrait suivant d'Hannibal : « Il réunissait la culture grecque et punique; il était habile à lire l'avenir dans les entrailles des victimes. Il prodiguait l'argent, voulait un dévouement absolu, une obéissance immédiate; outrageusement dédaigneux pour le reste des hommes... Il fit étouffer dans des bains les sénateurs de Nuceria; les autres habitants obtinrent de quitter la ville avec un vêtement, et furent tués sur les chemins... Il fit jeter dans des puits les sénateurs d'Acerra. »

réussit qu'auprès de ceux qui étaient bannis pour leurs crimes. Les autres, il les désarma et les donna pour esclaves à ses soldats [1]; mais plusieurs de ceux-ci rougissant de faire esclaves leurs camarades, il réunit ceux qui restaient, avec quatre mille chevaux et une quantité de bêtes de somme qu'il ne pouvait transporter, et fit tout égorger, hommes et animaux.

Dès que les Carthaginois eurent l'espoir de voir arriver Hannibal, ils se crurent déjà vainqueurs; ils ne se souvinrent plus de la trêve, ils se jetèrent sur les vaisseaux romains que la tempête avait poussés sur leurs côtes. Ils renvoyèrent avec honneur les ambassadeurs romains qui venaient réclamer, les escortèrent, les embrassèrent au départ et essayèrent de les faire périr.

Cependant Hannibal ne se pressait point. Lorsque les Carthaginois le priaient de combattre et de terminer la guerre, il répondait froidement qu'à Carthage on devait avoir autre chose à penser; que c'était à lui à prendre son temps pour se reposer ou pour agir [2]. Cependant, au bout de quelques jours, il vint camper à Zama, à cinq journées de Carthage, du

---

1. Peut-être Hannibal avait-il parmi ses soldats des esclaves fugitifs. On serait tenté de le croire d'après le fait suivant. Près du mont Circeo, s'élevait le temple de la déesse Feronia ou Faronia, fondé, dit-on, par des Spartiates qui fuyaient la sévérité des lois de Lycurgue, et qui passèrent de là chez les Sabins, où ils en fondèrent un semblable. (Denys, II.) Les esclaves affranchis visitaient ce temple. Il y avait un siège de pierre, où on lisait : « *Bene meriti servi sedeant, surgant liberi* (Servius, *in Æn.*, VIII). Hannibal pilla ce temple, mais on en retrouva le trésor, composé des dons des affranchis, que les soldats d'Hannibal s'étaient fait scrupule d'emporter. Sur Juno Virgo, ou Juno Feronia, ou Persephone, voy. Denys, III; Servius, et les inscriptions citées par Corradinus, III, 8.

2. Polyb., XV.

côté du couchant. Il essaya avant de combattre ce que pourraient l'adresse et l'astuce sur l'esprit du jeune général romain. Il lui demanda une entrevue, le loua beaucoup et finit par lui dire : « Nous vous cédons la Sicile, la Sardaigne et l'Espagne; la mer nous séparera; que voulez-vous de plus? » Il était trop tard pour faire accepter de pareilles conditions.

Hannibal, forcé de combattre, plaça au premier rang les étrangers soudoyés par Carthage : Liguriens, Gaulois, Baléares et Maures; au second, les Carthaginois. Ces deux lignes devaient essuyer la première furie du combat et émousser les épées romaines. Derrière, mais loin, bien loin, à la distance d'un stade, hors de la portée des traits, venaient les troupes qu'il avait amenées d'Italie et qui lui appartenaient en propre [1]; dans ce petit noyau d'armée ménagé avec tant de soin [2], devaient se trouver plusieurs des soldats d'Hamilcar, nés avec Hannibal, et ses compagnons au passage du Rhône et des Alpes. Leur présence seule rassurait tous les autres; le général avait dit aux deux premières lignes : Espérez bien de la victoire; vous avez pour vous Hannibal et l'armée d'Italie.

Les mercenaires soudoyés par Carthage se piquèrent d'émulation et soutinrent quelque temps tout l'effort de l'armée romaine. Cependant la seconde ligne n'avançait pas pour la soutenir; ils se crurent trahis par les Carthaginois, se retournèrent et se jetèrent sur eux. Ceux-ci, pressés à la fois par les

---

1. Polyb., XV. C'est ainsi qu'à la bataille de Ravenne en 1512, Pedro de Navarre jeta en avant et sacrifia la cavalerie italienne.
2. Nous avons vu qu'à Trasimène, à Cannes, il ne perdit guère que des Gaulois.

Romains et par les leurs, voulurent se réfugier dans les rangs des vieux soldats d'Hannibal; mais il ne voulut pas recevoir les fuyards, et sans pitié leur fit présenter la pointe des piques. Tout ce qui ne put s'écouler vers les ailes, périt entre les Romains et Hannibal. Les vétérans de celui-ci étaient intacts, et les monceaux de morts qui couvraient la plaine auraient empêché Scipion de la tourner. Mais à ce moment, les Numides de Rome, vainqueurs aux deux ailes, revinrent par derrière, et prirent à dos Hannibal. Cette même cavalerie qui l'avait fait vaincre si souvent en Italie, décida sa défaite à Zama (202).

Scipion, considérant les ressources immenses de Carthage, n'entreprit point de la forcer. Il lui accorda les conditions suivantes : « Les Carthaginois restitueront aux Romains tout ce qu'ils leur ont pris injustement pendant les trêves; leur remettront tous les prisonniers; leur abandonneront leurs éléphants et tous leurs vaisseaux, à l'exception de dix. Ils ne feront aucune guerre sans l'autorisation du peuple romain. Ils rendront à Massanasès les maisons, terres, villes et autres biens qui lui ont appartenu, à lui ou à ses ancêtres, dans l'étendue du territoire *qu'on leur désignera*. Ils paieront en cinquante ans dix mille talents euboïques. Enfin, ils donneront cent otages choisis par le consul entre leurs jeunes citoyens. » Ainsi on leur enlevait leur marine, et l'on plaçait à leur porte l'inquiet et ardent Massanasès, qui devait s'étendre sans cesse à leurs dépens, et les insulter à plaisir, tandis que Rome, tenant Carthage à la chaîne, l'empêcherait toujours de s'élancer sur lui.

Quand on lut ces conclusions dans le Sénat, Hasdrubal Giscon fut d'avis de les rejeter. Hannibal alla à lui, le saisit et le jeta à bas de son siège [1]. Tout le monde s'indignait. Le général allégua que, sorti enfant de sa patrie, il n'avait pu se former à la politesse carthaginoise, et qu'il croyait que Giscon perdait son pays en repoussant le traité. Cette apologie superbe cachait mal le mépris du guerrier pour les marchands parmi lesquels il siégeait. Et quel mépris mieux mérité? Lorsque l'ambassadeur de Carthage alla solliciter à Rome la ratification du traité, un sénateur lui dit : « Par quels dieux jurerez-vous, après tous vos parjures? » Le Carthaginois répondit bassement : « Par les dieux qui les ont punis avec tant de sévérité [2]. »

Carthage livra cinq cents vaisseaux, qui furent brûlés en pleine mer à la vue des citoyens consternés. Mais ce qui leur fut plus sensible, ce fut de payer le premier terme du tribut; les sénateurs ne pouvaient retenir leurs larmes. Hannibal se mit à rire. Ces dérisions amères caractérisent ce véritable démon de la guerre, le Wallenstein de l'antiquité [3]. « Vous avez supporté, dit-il, qu'on vous désarmât, qu'on brûlât vos vaisseaux, qu'on vous interdît la guerre; la honte publique ne vous a pas tiré un soupir; et aujourd'hui vous pleurez sur votre argent [4]. »

---

1. Polyb., XV. — 2. Tit.-Liv. XXX, 42. « Per eosdem qui tam infesti sunt fœdera violantibus. »

3. Il sourit en voyant le corps de Marcellus couvert de blessures : « Un bon soldat, dit-il, mais un mauvais général. » (App., c. 342.) — *Je me figure*, dit Montesquieu, *qu'Hannibal disait peu de bons mots...* Pourquoi pas? Cette dure et railleuse insouciance n'est-elle pas le caractère propre du condottiere, faisant jeu et métier de la vie et de la mort?

4. Tit-Liv., XXX, 44.

Hannibal seul avait gagné à la guerre. Rentré à Carthage avec six mille cinq cents mercenaires, et grossissant aisément ce nombre, il se trouvait maître d'une ville désarmée par la défaite de Zama [1]. Il se fit nommer suffète; et, pour mettre Carthage en état de recommencer la guerre, il entreprit de la réformer. Il abattit l'oligarchie des juges qui étaient devenus maîtres de tout et qui vendaient tout; il fit défendre de les continuer deux ans dans leurs fonctions. Il porta dans les finances une sévérité impitoyable, arracha leur proie aux concussionnaires, et apprit au peuple étonné que, sans nouvel impôt, il était en état d'acquitter ce qu'on devait aux Romains. Il ouvrit de nouvelles sources de richesse à sa patrie. Il employa le loisir de ses troupes à planter sur la plage nue de l'Afrique ces oliviers dont il avait eu lieu d'apprécier l'utilité en Italie [2]. Ainsi Carthage, devenue un État purement agricole et commerçant, réparait promptement ses pertes sous la bienfaisante tyrannie d'Hannibal, qui la destinait à devenir le centre d'une ligue universelle du monde ancien contre Rome.

---

1. Appian., *Bell. Punic.*, p. 50, 51, Ier v., in-8°, 1670.
2. Aur. Victor, *in Probi vita*. — Tit.-Liv., XXXIII, 46 : « Legem extemplo « promulgavit protulitque, ut in singulos annos judices legerentur, ne quis « biennium continuum judex esset... Omnibus residuis pecuniis exactis, tri- « buto privatis remisso, satis locupletem rempublicam fore ad vectigal præs- « tandum Romanis pronuntiavit in concione et præstitit promissum », etc.

CHAPITRE VI

La Grèce envahie par les armes de Rome. — Philippe, Antiochus (200-189).

Ce fut avec indignation et surprise qu'après seize ans de lutte contre Hannibal le peuple romain s'entendit proposer par le sénat la guerre contre la Macédoine (200). Les trente-cinq tribus la repoussèrent unanimement. Chacun s'était remis à relever sa cabane en ruine, à tailler sa vigne noircie par la flamme, à labourer son petit champ. Le peuple avait assez de guerres.

Et cependant, la guerre était partout. Si Carthage était abattue, Hannibal vivait et attendait. L'Espagne et la Gaule, dans leur fougue barbare, n'avaient rien attendu. Les Espagnols venaient d'exterminer le préteur Sempronius Tuditanus et son armée. Les Liguriens, les Gaulois d'Italie, Insubriens, Boïens, Cénomans même, brûlèrent la colonie de Plaisance, encouragés par un Carthaginois. Philippe enfin n'avait fait la paix que pour préparer la guerre, pour se former une marine contre Rhodes et le roi de Pergame, alliés de Rome, pour s'assurer du rivage de la Thrace, seul côté par où la Macédoine fût accessible.

La guerre ne manquait point aux projets du Sénat. Il la voulait, et la voulait éternelle. Depuis que la défaite de Cannes avait mis en ses mains un pouvoir dictatorial, il lui en coûtait trop de redescendre. Il fallait que le peuple fût à jamais exilé du Forum, que la race indocile des anciens citoyens allât mourir dans les terres lointaines. Des Latins, des Italiens, des affranchis suppléeront. Les plébéiens de Rome disperseront leurs os sur tous les rivages. Des camps, des voies éternelles, voilà tout ce qui doit en rester.

Rome se trouvait entre deux mondes : l'occidental, guerrier, pauvre et barbare, plein de sève et de verdeur, vaste confusion de tribus dispersées ; l'oriental, brillant d'art et de civilisation, mais faible et corrompu. Celui-ci, dans son orgueilleuse ignorance, s'imaginait occuper seul l'attention et les forces du grand peuple. L'Étolie se comparait à Rome. Les Rhodiens voulaient tenir la balance entre elle et la Macédoine. Les Grecs ne savaient pas que Rome n'employait contre eux que la moindre partie de ses forces. Il suffira de deux légions pour renverser Philippe et Antiochus, tandis que pendant plusieurs années de suite on verra les deux consuls, les deux armées consulaires contre les obscures peuplades des Boïes et des Insubriens. Rome roidit ses bras contre la Gaule et l'Espagne ; il lui suffit de toucher du doigt les successeurs d'Alexandre pour les faire tomber.

Quelle qu'ait été l'injustice des attaques de Rome, il faut avouer que ce monde alexandrin méritait bien de finir. Après les révolutions militaires, les guerres rapides, les bouleversements d'États, il s'était établi dans le désordre, dans la corruption et l'immoralité, une espèce d'ordre où s'endormaient ces vieux peuples. Le parjure, le meurtre et l'inceste étaient la vie commune. En Égypte, les rois, à l'exemple des dieux du pays, épousaient leurs sœurs, régnaient avec elles, et souvent Isis détrônait son Osiris. Un général de Philippe avait élevé à Naxos un autel à l'impiété et à l'injustice, les véritables divinités de ce siècle [1]. Mais pour être injuste, il faut au moins être fort. Rien n'était plus faible que ces orgueilleuses monarchies. Théocrite avait beau vanter les trente-trois mille villes de l'Égypte grecque, il n'y avait en réalité qu'une ville, la prodigieuse Alexandrie. A cette tête monstrueuse pendaient, comme par des fils, des membres disproportionnés : l'interminable vallée du Nil, Cyrène, la Syrie, Chypre, séparées de l'Égypte par la mer ou les déserts. L'empire des Séleucides n'avait pas plus d'unité. Séleucie et Antioche formaient deux provinces isolées et hostiles. Entre ces contrées, les barrières naturelles sont si fortes que depuis, les Romains et les Parthes, les Turcs et les Persans ne sont jamais parvenus à les franchir.

Les Séleucides et les Lagides n'étaient soutenus que par des troupes européennes, qu'ils faisaient venir à grands frais de la Grèce, et qui bientôt, énervées par les mœurs et le climat de l'Asie et de l'Égypte, devenaient semblables à nos *poulains* des croisades. C'est

---

1. Polyb., XVII. C'est par une dérision semblable que Prusias fait un sacrifice à Esculape, avant d'enlever sur ses épaules sa précieuse statue. (Voy. Polyb., *Ambass.*, 77.) — En arrivant à Therme, Philippe brûla toutes les offrandes suspendues dans le temple d'Apollon. (Polyb., *C. Porphyr.*, 25.)

ainsi que les mamelucks d'Égypte étaient obligés de renouveler leur population en achetant des esclaves dans le Caucase. Lorsque Rome défendit à la Grèce cette exportation de soldats, elle trancha d'un coup le nerf des monarchies syrienne et égyptienne.

Ces pauvres princes cachaient leur faiblesse sous des titres pompeux : ils se faisaient appeler *le vainqueur, le foudre, le bienfaisant, l'illustre*. Peu à peu, leur misère démasquée leur fit donner des noms mieux mérités : Physcon, Aulétès, *le ventru, le joueur de flûte*, etc.

La Grèce et la Macédoine, tout autrement belliqueuses, trouvaient dans leur hostilité une cause de faiblesse[1]. Depuis Alexandre, la Macédoine était en quelque sorte suspendue sur la Grèce, et toute prête à la conquérir. La vaine faconde d'Athènes, qui n'étonnait plus le monde que par ses flatteries envers les rois ; la gloutonnerie et la stupidité béotienne qui décrétaient la paix perpétuelle, et ruinaient la cité en festins[2] ; enfin l'épuisement de Sparte et la tyrannie démagogique d'Argos, tout cela ne pouvait tenir contre les intrigues, l'or et les armes de la Macédoine. Mais, dans cet affais-

---

1. Polyb., liv. II. On ne tirerait pas six mille talents de tout le Péloponèse. — Dans l'Attique (unie à Thèbes contre Sparte), on ne trouva que cinq mille sept cent cinquante talents, en estimant tout, terres, maisons, etc. Voy. *ibid.*, sur le caractère démocratique de l'Achaïe. « Aujourd'hui, dit encore Polybe, mêmes lois, mêmes monnaies, mêmes poids et mesures chez tous les peuples du Péloponèse. »

2. A Thèbes, ceux qui mouraient sans enfants ne laissaient pas leurs biens à leurs parents, mais à leurs compagnons de table, pour être dépensés en festins. (Polyb., *extr. Cont. Porphyr.*, 43.) — Depuis vingt-six ans, il ne se rendait plus de jugements chez les Béotiens (?). (Polyb., *Ambass.*, 38.) — A la suite d'une défaite qu'ils essuyèrent, ils déclarèrent que désormais ils ne prendraient part à aucune entreprise.

sement des principales cités de la Grèce, les vieilles races si longtemps comprimées, les Achéens, les Arcadiens, avaient repris force dans le Péloponèse. Le génie aristocratique et héroïque des Doriens s'étant lassé, le génie démocratique du fédéralisme achéen s'était levé à son tour. Aratus avait fait entrer dans la ligue achéenne Sicyone, Corinthe, Athènes, enfin Mégalopolis, la grande ville de l'Arcadie. C'est de là que sortit l'habile général de la ligue achéenne, le Mégalopolitain Philopœmen. Ainsi la fin de la Grèce rappela ses commencements. Le dernier des Grecs fut un Arcadien (un Pélasge?)

La jeune fédération achéenne et arcadienne se trouvait placée entre deux populations jalouses, ennemies de l'ordre et de la paix. Au nord, les Étoliens, peuple brigand, pirates de terre, toujours libres de leur parole et de leurs serments. Quand on leur demandait de ne plus prendre *les dépouilles des dépouilles*, c'est-à-dire de ne plus piller à la faveur des guerres de leurs voisins, ils répondaient : *Vous ôteriez plutôt l'Étolie de l'Étolie*[1]. Au midi, la vieille Sparte, barbare et corrompue, venait de reprendre dans une révolution sanglante son organisation militaire. Les stoïciens, esprits durs, étrangers

---

Polyb. lib., XVII. — Belle conférence de Philippe et Flaminius. Finesse de conduite et lourdes plaisanteries du barbare. Philippe se plaint de ce que les Étoliens, priés par lui de révoquer la loi qui leur permettait *de prendre les dépouilles des dépouilles même* (c'est-à-dire de se mêler pour butiner aux guerres que les alliés même se font entre eux), ont répondu qu'on ôterait plutôt l'Étolie de l'Étolie. — Philippe aimait à rire ; il répond (lib. XVI) à Emilius qui lui demande raison de l'attaque d'Abydos et d'Athènes, qu'il lui pardonne sa hauteur pour trois raisons : parce qu'il est jeune, le plus beau de ceux de son âge, et qu'il porte un nom romain. — Voyant les Abydéniens se tuer les uns les autres, et précipiter leurs femmes et leurs enfants, il publia qu'il accordait trois jours à ceux qui voudraient se pendre.

à la réalité et à l'histoire, avaient fait dans la cité de Lycurgue le premier essai de cette politique classique qui se propose l'imitation superstitieuse des gouvernements républicains de l'antiquité. Ce sont eux qui firent à Sparte l'éducation du jeune Cléomène, à Rome celle des Gracches et de Brutus[1]. Les moyens violents ne leur répugnaient pas. Poursuivant en aveugles leur étroit idéal, ils faisaient aisément abstraction des bouleversements politiques et de l'effusion du sang humain. Pour rétablir l'égalité des biens et l'organisation militaire de Sparte, Cléomène n'avait pas craint de commencer par massacrer les éphores. Tout ce qu'il y avait de turbulent et de guerrier dans le Péloponèse, trouvait à Sparte des terres et des armes. Les pacifiques Achéens périssaient s'ils ne se fussent donné un maître. Aratus appela contre Cléomène le Macédonien Antigone Doson, puis contre les Étoliens le roi Philippe, qui obtint un instant sur la Grèce une sorte de suprématie. Il en usa fort mal; au moment où il avait besoin de s'assurer des Grecs contre Rome, il se les aliéna par des crimes gratuits. Il déshonora la famille d'Aratus, l'empoisonna lui-même, tenta d'assassiner Philopœmen, s'empara d'Ithome en trahison. Les Étoliens et les Spartiates appelaient contre Philippe le secours de Rome, et le reste de la Grèce se défiait trop de lui pour le soutenir.

Toutefois Philippe était bien fort. Retranché derrière les montagnes presque inaccessibles de la Macédoine, il avait pour garde avancée les fantassins de l'Épire et les cavaliers de Thessalie. Il possédait dans les

---

1. Voy. leurs *Vies* dans Plutarque.

places d'Élatée, de Chalcis, de Corinthe et d'Orchomène *les entraves de la Grèce*, comme disait Antipater. La Grèce était son arsenal, son grenier, son trésor.

C'était d'abord la Grèce qu'il fallait détacher de lui pour le combattre avec avantage. Le premier consul envoyé contre lui ne sentit point cela, et perdit une campagne à pénétrer dans la Macédoine pour en sortir aussitôt. Son successeur (198), Flaminius, le vrai Lysandre romain, qui savait, comme l'autre, coudre la peau du renard à celle du lion, s'y prit plus adroitement. Un fait caractérise toute sa conduite en Grèce : lorsqu'il voulut s'emparer de Thèbes, il embrassa les principaux citoyens qui étaient venus au-devant de lui, continua de marcher en devisant amicalement jusqu'à ce qu'il fût entré, lui et les siens, dans leur ville. Il en fit partout à peu près de même. Lorsqu'un traître, vendu aux Romains, lui eut donné des guides pour tourner le défilé d'Antigone, d'où Philippe lui fermait la Macédoine et la Grèce, il eut l'adresse de détacher de lui l'Épire, en même temps que les Achéens, pressés par les Spartiates, abandonnaient la Macédoine qui les abandonnait eux-mêmes sans secours. Des villes thessaliennes, Philippe avait ruiné les petites pour défendre le pays; les grandes s'en indignèrent et se livrèrent aux Romains. La Phocide, l'Eubée, la Béotie, échappèrent à son alliance. Philippe, réduit à la Macédoine, demanda la paix, et ne fit que refroidir les siens pour la guerre. C'est alors que Flaminius lui livra bataille en Thessalie, au lieu appelé Cynocéphales. Les Cynocéphales, ou *têtes de chiens*, étaient des collines qui rompirent toute l'ordonnance de la phalange. Ce corps redoutable où la force de seize mille lances se trouvait portée à une merveilleuse unité, n'était rien dès qu'il se rompait. La légion, mobile et divisible, pénétra dans les vides, et décida la grande question de la tactique dans l'antiquité. Philippe n'avait qu'une armée, qu'une bataille à livrer. Vaincu sans ressource, il demanda la paix.

Les Étoliens, à qui, selon leur traité avec Rome, toute ville prise devait appartenir, insistaient pour que l'on ruinât Philippe. Flaminius déclara que l'humanité du peuple romain lui défendait d'accabler un ennemi vaincu. « Voulez-vous, leur dit-il, renverser avec la Macédoine le rempart qui défend la Grèce des Thraces et des Gaulois ? » Ainsi, les Étoliens ne gagnèrent rien à la victoire qu'ils avaient préparée. Flaminius déclara que les Romains n'avaient passé la mer que pour assurer la liberté de la Grèce. Il présida lui-même les jeux isthmiques (196), et fit proclamer par un héraut le sénatus-consulte suivant : « Le Sénat et le peuple romain, et T. Q. Flaminius, proconsul, vainqueur de Philippe et des Macédoniens, déclarent libres et exempts de tout tribut les Corinthiens, les Phocidiens, les Locriens, les Eubéens, les Achéens Phtiotes, les Magnètes, les Thessaliens et les Perrhœbes. » Les Grecs en croyaient à peine leurs oreilles ; ils firent répéter la proclamation, et tels furent leurs transports, que Flaminius faillit être étouffé[1]. En vain les Étoliens essayaient de montrer les desseins cachés de Rome. Comment ne pas croire les paroles d'un homme qui parlait purement le grec, qui faisait en cette langue des épigrammes contre les Étoliens, et suspendait

---

1. Plut., *in Flamin.*

au temple de Delphes un bouclier dans l'inscription duquel il faisait remonter les Romains à Énée? Les Grecs rendirent des honneurs divins au Barbare. Ils dédièrent des offrandes *à Titus et Hercule*, *à Titus et Apollon*.

Leur enthousiasme fut au comble, lorsque Flaminius retira les garnisons des places de Corinthe, Chalcis et Démétriade, et qu'il ne laissa pas un soldat romain en Grèce. Toutefois il avait refusé de délivrer Sparte du tyran Nabis; il avait maintenu Nabis contre les Achéens, Philippe contre les Étoliens, et laissait chez les Grecs plus de factions et de troubles qu'auparavant.

La modération de Rome n'était pas sans motif. L'Espagne et la Gaule lui demandaient alors les plus grands efforts. Le préteur Caton (195) combattait les Espagnols, prenait et démantelait quatre cents villes. Les Insubriens, défaits en trois sanglantes batailles où ils perdirent plus de cent mille hommes, n'avaient pas découragé par leur soumission (194) les Boïes et les Liguriens. Les premiers prolongèrent jusqu'en 192, les seconds plus longtemps encore, leur héroïque résistance. Dans la même année où Rome, menacée par les Boïes, déclarait qu'il *y avait tumulte*, les Étoliens éclataient dans la Grèce par une tentative contre Sparte, Chalcis et Démétriade. Ils appelaient en Grèce Antiochus-le-Grand. Hannibal projetait une confédération universelle contre Rome. Les Romains, en demandant aux Carthaginois qu'il leur fût livré, n'avaient fait que l'envoyer à Antiochus en Syrie, d'où il continuait de mettre le monde en mouvement contre Rome.

Antiochus, surnommé *le Grand*, se trouvait tel en effet par la faiblesse commune des successeurs d'Alexandre. Encouragé par la mort prochaine de Philopater, il portait déjà les mains sur la Cœlé-Syrie et l'Égypte ; il rétablissait Lysimachie en Thrace, il opprimait les villes grecques de l'Asie Mineure. Lorsqu'à la prière de Smyrne, de Lampsaque et du roi d'Égypte, les Romains lui demandèrent compte de ses usurpations, il répondit fièrement qu'il ne se mêlait point de leurs affaires d'Italie [1].

Pour vaincre Rome, il fallait s'assurer de Philippe et de Carthage, et porter la guerre en Italie. C'était le conseil d'Hannibal ; mais ce dangereux génie inspirait trop de méfiance à Antiochus [2]. Lui confier une armée et l'envoyer en Italie, c'était s'exposer à vaincre pour Hannibal. Le roi de Syrie écouta volontiers les Étoliens qui, dans leur système ordinaire d'attirer la guerre en Grèce pour profiter des efforts d'autrui, lui représentaient toutes les cités prêtes à se déclarer pour lui. Le roi, de son côté, promettait de couvrir bientôt la mer de ses flottes. Dans ce commerce de mensonges, chacun perdit. Antiochus amena seulement dix mille hommes en Grèce ; les Étoliens lui donnèrent à peine un allié. Les armées romaines eurent le temps d'arriver et d'accabler les uns et les autres.

---

1. Appian., Συριακὴ, 8°. Amstel., 1670, 1ᵉʳ v., p. 141.

2. *Hannibal* avait envoyé à Carthage un marchand de Tyr, qui afficha la nuit, dans le sénat, la lettre dont il était chargé, et se rembarqua. (Appien.) — Le même auteur dit que Scipion-l'Africain et les autres députés du Sénat, envoyés pour amuser Antiochus, eurent l'adresse perfide d'entretenir souvent Hannibal et de le rendre par là suspect au roi de Syrie.

Antiochus passe l'hiver en Eubée, et perd le temps à célébrer ses noces (il avait plus de cinquante ans). Il insulte Philippe, qu'il aurait dû gagner à tout prix, et le jette dans le parti des Romains en favorisant un prétendant à la couronne de Macédoine. Cependant les légions arrivent, et Antiochus, surpris après deux ans d'attente, est battu aux Thermopyles (192).

Il fallait alors défendre la mer et fermer l'Asie aux Romains. Ceux-ci, ayant obtenu le passage de Philippe, et des vaisseaux de Rhodes et du roi de Pergame, n'eurent à passer que l'Hellespont. Antiochus pouvait au moins défendre les places, et consumer les Romains. Il demanda la paix et essaya de gagner les généraux, le consul Lucius Scipion, et Publius, le vainqueur de Carthage, qui voulait bien servir à son frère de lieutenant. Antiochus avait renvoyé à l'Africain, alors malade, son fils qui avait été pris. Celui-ci, en reconnaissance, avait fait dire à Antiochus de ne pas combattre avant que sa santé lui permît de retourner au camp. Mais le préteur Domitius, qui n'entrait point dans ces négociations équivoques, força Lucius Scipion de combattre pendant l'absence de son frère (près de Magnésie, 190)[1]. La victoire coûta peu aux Romains. Les éléphants, les chameaux montés d'archers arabes, les chars armés de faulx, les cavaliers lourdement armés, les Gallo-Grecs, la phalange macédonienne elle-même, tout le système de guerre oriental et grec échoua contre la légion. Les Romains eurent, dit-on, trois cent cinquante morts[2], et tuèrent ou prirent cinquante mille hommes (190 avant Jésus-Christ).

---

1. Sur ces négociations très équivoques des Scipions, voy. Appian., *Hannibal*, p. 172. — 2. Appian., *ibid*.

La paix fut accordée à Antiochus aux conditions suivantes : le roi abandonnera toute l'Asie Mineure, moins la Cilicie. Il livrera ses éléphants, ses vaisseaux, et paiera quinze mille talents. C'était le ruiner pour toujours[1]. En Asie, comme en Grèce, les Romains ne se réservèrent pas un pouce de terre. Ils donnèrent aux Rhodiens la Carie et la Lycie; à Eumène les deux Phrygies, la Lydie, l'Ionie et la Chersonèse.

Mais, avant de sortir d'Asie, ils abattirent le seul peuple qui eût pu y renouveler la guerre. Les Galates, établis en Phrygie depuis un siècle, s'y étaient enrichis aux dépens de tous les peuples voisins sur lesquels ils levaient des tributs. Ils avaient entassé les dépouilles de l'Asie Mineure dans leurs retraites du mont Olympe. Un fait caractérise l'opulence et le faste de ces Barbares. Un de leurs chefs ou tétrarques publia que, pendant une année entière, il tiendrait table ouverte à tout venant; et non seulement il traita la foule qui venait des villes et des campagnes voisines, mais il faisait arrêter et retenir les voyageurs jusqu'à ce qu'ils se fussent assis à ses tables[2].

Quoique la plupart d'entre les Galates eussent refusé de secourir Antiochus, le préteur Manlius attaqua leurs trois tribus (Trocmes, Tolistoboïes, Tectosages), et les força dans leurs montagnes avec des armes de trait, auxquelles les Gaulois, habitués à combattre avec le sabre et la lance, n'opposaient guère que des cailloux. Manlius leur fit rendre les terres enlevées aux alliés de Rome, les obligea de renoncer au brigandage, et leur imposa l'alliance d'Eumène, qui devait les contenir (189).

1. Ce fut dès lors un proverbe chez les Romains : ἦν βασιλεὺς Ἀντίοχος ὁ Μέγας. — 2. Athen., IV, 13.

CHAPITRE VII

Rome envahie par les idées de la Grèce. — Scipion, Ennius, Nævius et Caton.

Les premières relations politiques de Rome avec la Grèce, formées par la haine commune contre Philippe, furent d'amitié et de flatteries mutuelles. Elles se souvinrent de la communauté d'origine ; les deux sœurs se reconnurent ou firent semblant. La Grèce crut utile d'être parente de la grande cité barbare qui avait vaincu Carthage. Rome trouva de bon goût de se dire grecque. Chacune des deux crut avoir trompé l'autre. La Grèce y perdit sa liberté ; Rome, son génie original.

Dès les temps les plus anciens, Rome avait eu des relations avec les Grecs, soit par suite de l'origine pélasgique des peuples latins, soit par le voisinage de la Grande Grèce, principalement à cause de ses rapports antiques avec les cités grecques de Tarquinies et de Céré ou Agylla ; celle-ci avait son trésor à Delphes, comme Sparte ou Athènes. On avait placé sur le mont Aventin des tables écrites en caractères grecs, qui contenaient le nom des villes alliées de Rome. Après la prise de Rome par les Gaulois, Marseille, autre ville grecque, envoya un secours d'argent aux Romains. Rome éleva une statue à un Hermodore qui, dit-on, interpréta les lois de la Grèce ; elle rendit le même honneur à Pythagore, prétendu maître de Numa. Camille, après la prise de Veïes, envoya des présents à Delphes. Celle de Rome, par les Gaulois, fut connue de bonne heure à Athènes. Les Romains envoyèrent des ambassadeurs à Alexandre, qui se plaignit, ainsi que plus tard Demetrius Poliorcète, des corsaires d'Antium, ville dépendante de Rome. Nous voyons qu'à Tarente on se moqua des ambassadeurs romains, parce qu'ils prononçaient mal le grec, ce qui prouve du moins qu'ils le prononçaient.

Depuis la guerre de Pyrrhus, les relations devinrent fréquentes. Les Romains se soumirent de plus en plus à l'empire des idées grecques, à mesure qu'ils prévalaient sur la Grèce par la politique et par les armes. Et d'abord, la religion latine fut vaincue par l'éclat des mythes étrangers. Les dieux hermaphrodites de la vieille Italie se divisèrent d'abord en couples, et peu à peu leurs légitimes et insignifiantes moitiés cédèrent modestement la place aux brillantes déesses de la Grèce. Les dieux mâles résistèrent mieux à l'invasion. Le grand dieu des Latins, Saturne, se maintint en épousant la grecque Rhea. Mars, le dieu des Sabins, resta veuf de la vieille Neriene. Le dieu étrusco-latin Janus-Djanus méconnut Djana sous le costume hellénique d'une chasseresse légère ; mais il resta à côté du Zeus grec, et, dans les prières, fut même nommé avant lui.

Les héros grecs passèrent l'Adriatique avec les dieux. Castor et Pollux éclipsèrent, sans pouvoir les déposséder, les Pénates, leurs frères, qui depuis si longtemps gardaient fidèlement le foyer italique. Les dieux stériles de l'Italie devinrent féconds par la vertu du génie grec; une génération héroïque leur fut imposée; au défaut d'enfants légitimes, l'apothéose leur en donna d'adoption. Entre toutes les traditions répandues sur la fondation de Rome, le peuple romain choisit la plus héroïque, la plus conforme au génie grec, la plus éloignée de l'esprit sacerdotal de la vieille Italie. Les généraux romains prirent le titre de descendants d'Énée, dans leurs offrandes au temple de Delphes. Un fils de Mars, nourri par une louve, selon l'usage des héros de l'antiquité, devint le fondateur de Rome. Le Sénat déclara les citoyens d'Ilium parents du peuple romain, et fit fondre en airain la louve allaitant les jumeaux.

Jusqu'à la seconde guerre punique, Rome n'avait pas eu d'historien. Elle était trop occupée à faire l'histoire pour s'amuser à l'écrire. A cette époque, la toute-puissante cité commença à se piquer d'émulation, et commanda une histoire romaine aux Grecs établis en Italie. Le premier qui leur en fournit une, fut un Dioclès de Péparèthe. Examinons quels pouvaient être les matériaux dont il disposait.

Les patriciens, gardiens sévères de la perpétuité des rites publics et privés, avaient, malgré la barbarie de Rome, préparé à l'histoire deux sortes de documents. Les premiers étaient une espèce de journal des Pontifes (*Grandes Annales*), où se trouvaient consignés les prodiges, les expiations, etc. Les seconds (*Livres de Lin*), livres des magistrats, mémoires des familles, généalogies, inscriptions des tombeaux, comprenaient tous les monuments de l'orgueil aristocratique, tout l'héritage honorifique des *gentes*. Une grande partie de ces monuments divers avait péri dans l'incendie de Rome. Toutefois on avait retrouvé des tables de lois, des traités, que personne ne pouvait plus lire au temps de Polybe. Tous ces monuments ne devaient être ni très authentiques, ni fort instructifs. Le génie mystérieux de l'aristocratie avait dû, chez un peuple et dans un âge illettrés, se contenter des plus brèves indications. En outre, ces livres, ces tables enfermés dans les temples et dans les maisons des nobles, restitués, augmentés, supprimés à volonté, avaient dû arriver au temps des guerres puniques dans un état étrange d'altération et de falsification.

La tradition pouvait-elle au moins suppléer à l'insuffisance des monuments écrits? Les Romains n'ont-ils pas eu, comme tous les peuples barbares, une poésie populaire, où l'on pût retrouver leur histoire primitive, ou du moins leur génie, leurs mœurs originales? Plusieurs passages des anciens portent à le croire. Toutefois, peu de nations me semblent s'être trouvées dans des circonstances moins favorables à la poésie. Des populations hétérogènes, enfermées dans les mêmes murs, empruntant aux nations voisines leurs usages, leurs arts et leurs dieux; une société toute artificielle, récente et sans passé; la guerre continuelle, mais une guerre de cupidité plus que d'enthousiasme; un génie avide et avare. Le Klephte, après le combat, chante sur le mont solitaire. Le Romain, rentré dans sa ville avec son butin, chicane le Sénat, prête à usure, plaide et dispute. Ses habitudes sont celles du jurisconsulte ; il interroge grammaticalement la lettre de la loi, ou la torture par la dialectique, pour en tirer son avantage. Rien de moins poétique que tout cela.

La poésie ne commença pas dans Rome par les patriciens, enfants ou disciples de la muette Étrurie, qui dans les fêtes sacrées défendait le chant, et ne permettait que la pantomime. Magistrats et pontifes, les *pères* devaient porter dans leur langage cette concision solennelle des oracles que nous admirons dans leurs inscriptions. Quant aux plébéiens, ils représentent dans la cité le principe d'opposition, de lutte, de négation. Ce n'est pas encore là que nous trouverons le génie poétique.

Si Rome eut des chants populaires, elle les dut probablement aux clients qui assistaient aux festins de leurs patrons, combattaient pour eux et célébraient les exploits communs de la *gens*. Dans le nord aussi, le chantre, comme le guerrier, est l'homme du *roi*. Ce nom de *roi* est celui par lequel à Rome même les petits désignaient les grands, soit par flatterie, soit par malignité. Dans l'Allemagne, où l'homme se donne à l'homme sans réserve et avec un dévouement si exalté, les vassaux chantaient leur seigneur de toute leur âme. A Rome, où le client se trouvait, comme plébéien, en opposition d'intérêts avec son patron, la poésie dut être de bonne heure glacée par le formalisme d'une inspiration officielle. Ces chants méritaient probablement d'être oubliés, et ils le furent. Consacrés à la gloire des grandes familles, ils importunaient l'oreille du peuple. Les plébéiens, sans esprit de famille, sans passé, sans histoire, ne regardaient que le présent et l'avenir. Rome, de si petite devenue si grande, avait d'ailleurs intérêt d'oublier. Elle ne se souciait pas de savoir que les vaincus, Étrusques et Gaulois, lui avaient autrefois fait payer une rançon.

Pauvres furent donc les matériaux de l'histoire romaine, plus pauvre la critique de ceux qui les mirent en œuvre. Les Grecs de cette époque étaient devenus entièrement incapables de pénétrer le profond symbolisme des vieux âges. Toutes les fois que l'antiquité, par poésie ou par impuissance d'abstraire, personnifiait une idée, lui donnait un nom d'homme, Hercule, Thésée ou Romulus, le grossier matérialisme des critiques alexandrins la prenait au mot, s'en tenait à la lettre. La religion était descendue à l'histoire, l'histoire à la biographie, au roman. L'homme avait paru si grand dans Alexandre que l'on n'hésitait pas de faire honneur à des individus de tout ce qu'une saine critique eût expliqué par la personnification d'un peuple ou d'une idée. Aussi le fameux Évhémère, dans son voyage romanesque à l'île de Panchaïe, avait lu dans les inscriptions d'Hermès que les dieux étaient des hommes supérieurs, divinisés pour leurs bienfaits. Encore, cette supériorité n'était-elle pas toujours très éclatante. Vénus n'était originairement qu'une entremetteuse de profession qui eut l'honneur de fonder le métier. Cadmus, ce héros mythique, qui suit par tout le monde la trace de sa sœur, et sème dans les champs de Thèbes les dents du dragon, n'est plus dans Évhémère qu'un cuisinier du roi de Sidon, qui se sauve avec une joueuse de flûte.

Cette critique, dominée par le matérialisme d'Épicure, passa de Grèce à Rome avec Dioclès. Dioclès fut suivi par Fabius Pictor, Fabius par Cincius, Alimentus, Caton et Pison. Fabius est méprisé de Polybe et même de Denys. Caton avait un but plus moral que critique ; il dit lui-même qu'il écrivait son histoire en gros caractères, pour que son fils eût de beaux exemples devant les yeux. Que dire de la puérilité de Pison et de Valerius d'Antium? Ce sont là les sources où puisèrent Salluste pour sa grande histoire, Cornelius Nepos, Varron, Denys et Tite-Live. Le génie de Rome était un génie pratique, trop impatient, trop avide d'application, pour comporter les lentes et minutieuses recherches de la critique. C'est le génie des mémoires et de l'histoire contemporaine ; Scaurus, Sylla, César, Octave, Tibère, avaient laissé des mémoires. Les *Histoires* de Tacite ne sont autre chose que des mémoires passionnés contre les tyrans.

Fabius, Caton, Cincius, Pison, Valerius, Tite-Live enfin, l'éloquent metteur en œuvre de cette romanesque histoire, suivirent religieusement les Grecs, s'informant peu des monuments originaux. L'histoire était généralement pour les Romains un exercice oratoire, comme nous le savons positivement pour Salluste, comme on le voit dans Tite-Live, partout où nous pouvons le comparer avec Polybe. Pour Denys, on ne peut lui refuser une connaissance minutieuse des antiquités ; mais il a cru épurer l'histoire romaine en la prosaïsant. Il ne dira pas que, sur quinze mille Fidénates, Romulus en tua la moitié de sa main ; il lui attribuera telle institution qui n'a pu s'inscrire dans les lois, mais plutôt s'introduire dans les mœurs par la force du temps et de l'habitude (la puissance paternelle, le patronage, etc.). Il vantera la probité des compagnons de Romulus. Partout de plates réflexions. Dans les harangues qu'il prête à ses personnages, à Romulus, à Coriolan, etc., vous sentirez l'avant-goût de l'imbécillité byzantine.

Les Grecs flattèrent leurs maîtres, en supprimant tout ce qui pouvait humilier Rome, en la représentant dès son berceau telle qu'au temps des guerres puniques. Ils flattèrent la Grèce, en rapprochant autant qu'ils pouvaient la barbarie italique de l'élégance et de la civilisation des cités ioniennes. Ils flattèrent surtout les grandes familles de Rome, qui, au temps des guerres de Philippe, d'Antiochus et de Persée, disposaient souverainement du sort de leur patrie.

Aucune famille n'avait à cette époque des rapports plus étroits avec la Grèce que les Fabii et les Quintii. Nous avons vu que le premier historien latin de Rome, Fabius Pictor, dont le surnom héréditaire indique assez qu'une branche de cette famille cultivait les arts de la Grèce, fut envoyé par le Sénat pour consulter l'oracle de Delphes, après la bataille de Cannes. C'est un des Quintii, Titius Quintius Flaminius, qui, après sa victoire sur Philippe, fit proclamer aux jeux isthmiques l'indépendance de la Grèce. Lisez dans Plutarque quelle fut en ce moment la joie crédule et l'enthousiasme de la Grèce. Vous comprendrez la faveur avec laquelle les historiens grecs de Rome ont traité la famille de leur libérateur.

Au premier siècle de la République, les consulats pleuvent sur ces deux familles. Un Fabius, un Quintius portent également le nom belliqueux de *Cæso*, c'est-à-dire celui qui frappe et qui tue, comme les Francs donnaient à leur Karl le nom de *Martel*. La grande bataille de Veïes est le chant des Fabius. L'armée jure aux consuls de revenir victorieuse ; un des deux Fabius périt, mais l'autre le venge, décide la victoire par sa valeur, et refuse un triomphe funeste par la mort de son père. Les Fabii se partagent les blessés, et les soignent à leurs dépens. Cette famille héroïque s'offre au Sénat pour soutenir à elle seule la guerre de Veïes. Ils partent au nombre de trois cent six (voy. plus haut nos remarques sur ce nombre), tous patriciens, tous de la même *gens*, tous, selon la puérile exagération de l'historien, *dignes de présider un sénat dans les plus beaux temps de la République*. Les Veïens ne peuvent triompher de ces héros que par la ruse. Les trois cents tombent dans une embuscade et y périssent. A eux tous ils n'avaient laissé qu'un fils à la maison ; c'est de lui que sortirent les branches diverses de la *gens* Fabia. Un Fabius sort du Capitole assiégé, et traverse seul l'armée des Gaulois, pour accomplir un sacrifice sur le mont Quirinal.

Les Quintii donnent à Rome cet idéal classique du guerrier laboureur, destiné à faire honte, par son héroïque pauvreté, au siècle où les Romains commençaient à lire l'histoire. Tiré de la charrue pour la dictature, Quintius Cincinnatus délivre une armée romaine, et, au bout de quinze jours, retourne à la charrue. Le consul délivré s'appelle Minutius, comme celui que le Fabius Cunctator des guerres puniques sauva des mains d'Hannibal. Cincinnatus, comme Fabius, vend son champ pour dégager sa parole, et sacrifie son bien à l'honneur. Tous deux sont d'inflexibles patriciens, qui dédaignent les vaines clameurs du peuple.

Les Marcii, qui combattirent Persée, et qui furent si longtemps employés dans les négociations de la Grèce, méritaient bien aussi d'être traités avec faveur dans l'histoire. Cette famille est plébéienne ; C. Martius Rutilus est le premier censeur plébéien. Qu'importe? Une branche de cette famille est distinguée par le surnom de *rex*, qui veut dire simplement homme puissant, patron. Le généalogiste grec en conclut qu'ils descendent d'un roi de Rome[1], d'Ancus Martius ; et si ce n'est pas assez, ils remonteront à Mamercus, fils de Numa, quoique, selon la tradition (Denys, Plut.), Numa n'ait pas eu d'enfant mâle. Trois autres fils de Numa, Pinus, Pompo et Calpus, seront la tige des Pinarii, des Pomponii et des Calpurnii. Les Pomponii sont chevaliers, les Calpurnii sont des hommes nouveaux, qui n'arrivent au consulat qu'en 573. Rien n'arrête le faussaire. La gens Pomponia met sur ses médailles l'image barbue de Numa ; les Marcii mettent sous les leurs la tête de Numa et le port d'Ostie, fondé par Ancus Martius, ou bien encore Ancus et un aqueduc fondé par ce roi et rétabli pour l'honneur de la famille par le préteur Q. Marcius Rex.

Ce n'est pas tout. Quintius Cœso, exilé pour ses violences, est accusé par la tradition d'être revenu avec des Sabins et des esclaves, et de s'être un instant emparé du Capitole. La pudeur patricienne des Quintii repousse l'accusation et jette un voile sur cette circonstance. Les Marcii plébéiens sont moins difficiles ; ils prennent pour un des leurs ce dont les Quintii ne veulent pas. Un crime antique n'est point déshonorant.

---

1. Voy. les Éclaircissements.

Q. Marcius Coriolanus se vengera d'une injuste condamnation, en amenant l'étranger contre sa patrie. Mais le flatteur des Marcii n'ose ni lui faire prendre le Capitole, ni lui donner la honte d'avoir été repoussé. Il craint d'humilier Rome ou son héros. Les larmes d'une mère désarmeront Coriolan, et sauveront à la fois Rome et l'historien.

Les autres généraux qui font la guerre en Grèce, n'ont pas une moins illustre origine. Les Sulpicii remontent du côté paternel jusqu'à Jupiter, du côté maternel jusqu'à Pasiphaé. Quoique cette famille ne soit pas même romaine d'origine, P. Sulpicius *Quirinus* n'en met pas moins sur ses médailles la louve allaitant Quirinus. Les Hostilii, plébéiens parvenus au consulat à la fin du sixième siècle, portent sur leurs médailles la tête du roi Tullus, leur prétendu aïeul. Quant aux Acilii, Manius Acilius Glabrio, vainqueur d'Antiochus aux Thermopyles, est leur premier consul; et il n'est pas jugé assez noble pour arriver à la censure. Mais donnez-leur le temps. Un siècle plus tard, ils descendent d'Énée.

Ainsi les Romains et les Grecs vivaient dans un échange de flatteries mutuelles. Les premiers, comme cet A. P. Albinus, dont se moquait Caton, s'exerçaient à écrire en grec[1], et demandaient pardon au lecteur de leur ignorance de cette langue. Flaminius faisait des vers grecs. Dès cette époque les grands de Rome ne manquaient pas d'avoir parmi leurs esclaves ou leurs clients quelque grammairien, quelque poète grec, qui faisaient l'éducation des enfants et souvent celle du

---

1. Je l'excuserais, disait Caton, s'il eût été condamné à écrire en grec par ordre des Amphictyons. (Polyb., *ext. Cont. Porphyr.*, 87.)

père. Ainsi le farouche et vindicatif Livius Salinator, celui même qui dans sa censure osa noter trente-quatre des trente-cinq tribus, avait auprès de ses enfants le Tarentin Livius Andronicus[1], qui traduisit en latin l'*Odyssée*, et donna sur le théâtre des imitations des drames grecs ; le poète lui-même y figurait comme acteur. Paul Émile, ce pontife austère, cet augure minutieux, avait dans sa famille des pédagogues grecs, grammairiens, sophistes, rhéteurs, sculpteurs, peintres, écuyers, veneurs, etc.[2]. Scipion-l'Africain eut pour client et pour panégyriste le fameux Ennius. Né dans la Grande Grèce (à Rudiæ[3], en Calabre), centurion en Sicile, sous T. Manlius Torquatus, et en Espagne sous Scipion, à la fois Osque, Grec et Romain, il se vantait d'avoir trois âmes. Il enseigna le grec sur l'Aventin, imita la Grèce avec originalité, et crut avoir rendu les Romains conquérants en poésie, comme ils l'étaient en politique par les armes de Scipion. Il se sut si bon gré d'avoir altéré l'originalité de l'Italie, qu'il se plaisait à

---

1. Qui jouait lui-même ses pièces. (Voy. le curieux passage de Valère-Maxime liv. II, c. 4, sur le théâtre, les jeux, les gladiateurs, etc.)

2. Plutarch., *Pauli Emil. vita*, c. 3, 7.

3. A Rudiæ, en Calabre, au milieu des villes grecques (Sueton., *De illust. grammat.*, c. 1). Centurion en Sicile, il se distingue sous Titus-Manlius Torquanus (Sil. Ital., XII. 390); combat ensuite en Espagne, à côté du grand Scipion (Claudian, in lib. *de* 11 *Cons. Stil. præf.* Cic., *pro Archia*, c. 9). Il enseigne le grec sur le mont Aventin (Sueton., II. Cicer., *De Orat.* II, 68). Il va en Grèce avec M. Fulvius Nobilior (Cicer., *pro Archia*, c. 11). — Caton blâme Fulvius d'avoir mené Ennius avec lui (Cicer., *Tusc.*, I, 20). — Lié à la Grèce par l'éducation, à l'ancienne Italie par la naissance et par la langue (il se donne pour descendant de Messapus. Serv., *in Æn.*, VII, 691 ; Sil. Ital., XII., 393), à Rome par ses sentiments et son admiration, il pouvait donc bien se vanter *d'avoir trois âmes* (Gell., *N. A.*, XVI, 17). — Après avoir mené les Romains à l'école de la Grèce, il s'applaudit de ce succès, et les appela *Grecs*. (Fest. *v. Sos*, et Scaliger.) — Scipion fit placer la statue d'Ennius parmi les monuments de la *gens Cornelia*. (Val. Max., VI, 8.)

appeler les Romains du nom de *Grecs*. Le grand poème d'Ennius eut pour sujet la seconde guerre punique, c'est-à-dire les exploits de Scipion. Le meilleur morceau qui nous en reste, est le portrait du bon et sage client ; c'est sans doute celui d'Ennius lui-même[1]. Les Scipions, qui avaient confisqué son génie au profit de

1. Hocce loquutu' vocat, queicum bene saipe libenter
    Mensam, sermonesque suos, rerumque suarum
    Comiter impertit ; magna quom lassu' dieei
    Parti fuvisset, de summeis rebu' gerundeis
    Consilio, endo foro lato, sanctoque senatu.
    Quoi res audactor magnas parvasque jocumque
    Eloqueretur ; tincta maleis, et quoi bona dictu
    Evomeret, seiqua vellet tutoque locaret :
    Queicum molta volutat gaudia clamque palamque.
    Ingenio quoi nolla mallum sent entia suadet,
    Ut faceret facinus levis aut malus, doctu', fidelis,
    Suavis homo, facundu', suo contentu' beatus,
    Sceitu', secunda loquens in tempore, commodu', verbum
    Paucum, molta tenens, anteiqua, sepolta, vetusta ;
    Quai faciunt mores veteresque novosque tenentem ;
    Moltarum veterum legum, divomque hominumque
    Prudentem, quei molta loqueive tacereve posset.
    Hunc inter pugnas compellat Servilius sic.
    (Gellius, lib. XII, cap. 4.)

Voici quelques autres fragments d'Ennius :

Non habeo denique nauci Marsum augurem,
Non vicanos haruspices, non de circo astrologos,
Non isiacos conjectores, non interpretes somnium :
Non enim sunt ii, aut scientia, aut arte divinei ;
Sed superstitiosi vates, impudentesque hariolei,
Aud inertes, aut insanei, aut quibus egestas imperat :
Qui sibei semitam non sapiunt, alteri monstrant viam ;
Quibus divitias pollicentur, ab iis drachmam ipsei petunt :
De his divitiis sibi deducant drachmam, reddant cætera ;
Qui sui quætus causa fictas suscitant sententias.
(Cic., *De Divinatione*, 1.)

At tuba terribilei sonitu taratantara dixit...
(Priscianus et Servius.)

Quomque caput caderet sonitum tuba sola peregit.

leur gloire, ne lâchèrent pas Ennius après sa mort, et l'enfermèrent dans leurs tombeaux.

Ainsi Rome recevait docilement en littérature le joug de la Grèce, comme en politique celui de l'aristocratie protectrice des Grecs, celui de Metellus, des Fabius, des Quintius, des Emilius, des Marcius, des Scipions surtout. Ces nobles orgueilleux qui foulaient si cruellement la vieille Italie dont les armes leur soumettaient

>   Et pereunto viro, rauco sonus aire cucurrit....
>   Anseris et tutum voce fuisse Jovem....   (Propertius.)
>
> Moribus anteiqueis res stat romana vireisque
>   (D. Augustinus ex Cicerone, *De republica*, lib. V.)
>
> ...... Stolidum genus Ajacidarum,
> Bellipotentes sunt magi', quam sapientipotentes.
>   (Nonius, *in Stirpe*.)
>
> Nec mi aurum posco, nec mi precium dederitis,
> Nec cauponantes bellum, sed belligerantes;
> Ferro, non auro, veitam cernamus utreique,
> Vosne velit an me regnare hera, quidve ferat fors,
> Virtute experiamur; et hoc simol accipe dictum;
> Quorum virtutei bellei fortuna pepercit,
> Horumdem me leibertati parcere certum 'st,
> Dono ducite, doque volentibu' cum magneis Dis.
>   (Cicero., *De officiis*, lib. I.)
>
> Quei potis ingenteis oras evolvere bellei.
>   (Diomedes, in POTIS.)
>
> Non semper vostra evortit, nunc Jupiter hac stat.
>   (Macrobius, *Sat.*, lib. VI, c. 1.)
>
> Fortibus est Fortuna vireis data... (*Id., ibid.*)
>
> Africa terribilei tremit horrida terra tumoltu
> Undique, multimodis consumitur anxia coireis;
> Omnibus endo loceis ingens apparet imago
> Tristitiai, oculosque manusque ad sudera lassas
> Protendunt, exsecrando duci' facta reprendunt
> Poinei, pervortentes omnia, circum cursant.
>   (Festus, *in Metonymia*.)
>
> Hostem quei feriet mihi erit Cartaginiensis,
> Quisquis erit, cujatis erit.   (Diomedes, *in abnuo*.)

le monde, accueillaient avec faveur les hommes et les mœurs étrangères. Ils fermaient Rome aux Italiens, pour l'ouvrir aux Grecs. Peu à peu s'effaçait le type rude et fruste du génie latin. On ne trouvait plus de vrais Romains que hors de Rome, chez les Italiens, par exemple à Tusculum en Caton, et plus tard dans ce paysan d'Arpinum, qui fut Marius.

Le premier vengeur que se suscite l'Italie, est le

    Clamor ad cœlum volvendu' per æthera vagit.
                                         (Varro, L., lib. VI.)
    Marci filius : is dictus popularibus olcis
    Quei tum veivebant homines, atque oivom agitabant,
    Flos delibatus popolei suadaique medolla.
                                         (Cicero., *in Bruto.*)
    Egregie cordatus homo, Catus Ailiu' Sextus.
    Quei vicit non est victor, nisi victu' fatetur...
                                         (Nonius, *in obsidium.*)
. . . . Forum, putealque Libonis
Mandabo siccis; adimam cantare severis.
                                       (Servius, *ad Georgic.*, lib. III.)
      Q. *Ennii epitaphium ab ipsomet conditum :*
Adspicite, o ceiveis, senis Ennii imagini formam.
    Heic vostrum panxit maxuma facta patrum.
Nemo me lacrumeis decoret, nec funera fletu
    Faesit. Quur? volito vivu' per ora virum.
                                      (Cicero., *Tusc. quæst.*, lib. I.)
P. Scipionis Africani tumulus :
Heic est ille situs, quoi nemo ceivei', neque hostis
    Quibit pro facteis reddere operæ pretium.
    (Cicero., *De Legibus*, II. — Seneca, lib. XIX, *epist.* 109.)
Eo ego ingenio natus sum, amicitiam
Atque inimicitiam in fronte promptam gero.
                                       (Ex incerto libro.)
Flagitii principium est nudare inter civeis corpora.
                                       (Cic., *Tusc.*, lib. IV.)
Philosophandum est paucis, nam omnino haud placet.
                                     (Gellius, lib. V, cap. 15.)

Campanien Nævius[1], comme. Ennius soldat des guerres puniques, le même peut-être qui organisa les vélites romains. Celui-ci n'emprunta point le mètre grec; ce fut dans le vieux vers saturnin qu'il attaqua tour à tour les Claudius, les Metellus, les Scipions même. Le peu de fragments qui nous restent de lui, sont pleins d'allusions piquantes à la tyrannie des nobles, à la servilité de leurs créatures. — *Allons, souffre de bonne grâce; le peuple souffre bien.* — *Quoi? ce que j'approuve, ce que j'applaudis au théâtre, ne pourra librement vexer nos rois du Sénat! Oh! la tyrannie domine ici la liberté* (Frag. de la *Petite Tarentine.*) — *Les Metellus naissent consuls à Rome;* jeu de mots sur le mot *metellus*, qui voulait dire portefaix, sur l'incapacité de cette puissante famille, et sur ses nombreux consulats. Les Metellus se piquèrent,

---

[1]. Le premier, selon Varron, qui ait employé le vers saturnin (?) : « Saturnium in honorem Dei Nævius invenit. » Varr. VI. Festus, v. *Saturnus.* — Inventeur de la tragédie *prætextata*, où les caractères sont romains. — Il attaque les Scipions (Gell., VI, 8), les Metellus (*Terentian.*, Maur., v. 2717) :

    Fato Metelli Romæ fiunt consules.

A quoi ils répondirent :

    Dabunt malum Metelli Nævio poetæ.
            (Asconius Pedianus ad Cic., Act. I, *in Verrem.*, c. 10.)

Voici d'autres fragments de Nævius :
— Nonius, in *revortit*

    Age nunc quando *rhetoricasti*, responde quod te rogo.

— Nonius, in *multare*.

    Et asseri laudes ago (*ege?*) cum votis me multatis meis, quod
    Præter spem quem vellem audiebam : hoc mihi Ennius.
            (Colax Nævii.)

Ex *Protexto* Nævii. — Diomedes, in *patio*;
    Populus patit : tu patias modo.

Ex *Tarentilla* Nævii. — Sosipater in *quanti* :
    Quæ ego in theatro hic meis probavi plausibus,

et répondirent par un vers sur la même mesure :

> Les Metellus te porteront malheur.

Ils ne s'en tinrent pas là ; ils firent jeter en prison Nævius. Le poëte incorrigible fut si peu intimidé qu'il y fit deux comédies, et ne craignit pas cette fois de s'adresser aux Scipions :

> Cet homme dont le bras fit maint exploit pompeux,
> Dont le nom glorieux brille, éclate aujourd'hui,
> Qui seul est grand aux yeux des nations,
> Celui-là même, un certain soir,
> Son père l'emmena de chez sa bonne amie,
> Vêtu légèrement : il n'avait qu'un manteau.

Le trait était d'autant plus pénétrant, qu'alors même

> Ea non audere quemquam regem rumpere,
> Quanto libertatem hanc hic superat servitus abolute.
> (Gellius, lib. VI, c. 8.)

Exorde du grand poëme de Nævius, restitué selon les conjectures d'Hermann (*Doctrina meitrica*) :

> Qui terrai Latiai hemones contuserunt
> Viros frugesque Pœni, fabor.

Passage de Nævius ; d'après Mercula, *ad Ennium*, p. 417, ex Calpurnio.

> Sic Pœni contremiscunt artubus universim ;
> Magni metus tumultus pectora possidet :
> . . . . Cæsum funera agitant,
> Exsequias ititant, temulentiamque tollunt
> Festam.
> Superbiter contemptim conterit legiones.
> (Nævius, in Nonio, verbis *contemptim, superbiter*.)

> . . . . Etiam qui
> Manu res magnas sæpe gessit gloriose,
> Cujus facta viva vigent, qui apud gentis solus præstat,
> Eum suus pater cum pallio uno ab amica abduxit.
> (Nævius, *in Gellio*, VI, 8.)

> Mortalis immortalis flere si foret fas,
> Flerent divæ camenæ Nævium poetam.
> Itaque postquam est Orcino traditus thesauro,
> Obliti sunt Romæ loquier latina lingua.
> (Nævius, *in Gellio*, I, 24.)

Scipion, déjà vieux, avait dans sa maison commerce avec une esclave, et que la connivence d'une épouse débonnaire cachait seule sa honte domestique[1].

Les Scipions invoquèrent la loi atroce des Douze Tables, qui condamne à mort l'auteur de vers diffamants. Heureusement pour le poète, les tribuns intervinrent. Mais il n'en subit pas moins la honte d'une sorte d'exposition publique, et fut relégué en Afrique. Un poète de l'âge suivant qui s'en tenait prudemment à la satire générale des villes, le comique Plaute, s'est complu à peindre la triste figure du pauvre Campanien, *cloué à la colonne avec deux gardes, qui ne le quittent ni nuit ni jour*[2]. Nævius, laissant l'Italie pour jamais, lui fit ses adieux dans une épitaphe digne de Catulle, qu'il se composa lui-même, et où il déplorait avec sa propre ruine celle de l'originalité italienne. *Que les immortels pleurent les mortels, ce serait chose indigne. Autrement, les déesses du chant pleureraient Nævius le poète. Une fois Nævius enfoui au trésor de Pluton, ils ne surent plus à Rome ce que c'était que parler langue latine.* Toutefois le peuple garda un bon souvenir au courageux ennemi des nobles. Il donna le nom de Nævius à une porte de Rome[3]; et cent cinquante ans

---

1. Valer. Max., VI 6. — Selon Valerius d'Antium, un des plus anciens historiens de Rome, la fameuse anecdote de la continence de Scipion serait controuvée : il n'aurait pas rendu la fille à ses parents. (Gell., VI, 8.)

2. *In Mil. Glorios.*, v. 211 :

    Nam os columnatum poetæ inesse audivi barbaro,
    Cui bini custodes semper totis horis accubant.

3. Varr., *de L. lat.*, IV, 45. — Banni (Euseb., *Chron. Olymp.*, CXLIV), il meurt à Utique, à la fin des guerres puniques. (Cependant voy. Cic.; *Brut.*, c. 15.) — Sur la vie d'Ennius et de Nævius, voy. Blum, *Einleitung*, etc.

N'ayant plus occasion de revenir sur cette époque de la littérature romaine,

après, Horace, avec tout son mépris pour la vieille littérature de sa patrie, était obligé de dire : *Pour Nævius, on ne le lit pas, on le sait; il est, comme d'hier, dans toutes les mémoires...*

La lâche victoire des nobles sur Nævius ne les préserva pas d'attaques plus sérieuses. Dans cette époque de la gloire et de la toute-puissance des Scipions, un patricien de la famille toujours populaire des Valerii, Valerius Flaccus, fit venir de Tusculum, et établit près de lui à Rome un jeune Italien d'un génie singulièrement énergique, d'un courage éprouvé et d'une

---

nous placerons ici quelques fragments importants des successeurs immédiats d'Ennius et de Nævius.

Pacuvii *Fragm.*

    Nam istis qui linguam avium intelligunt,
    Plusque ex alieno jecore sapiunt, quam ex suo,
    Magis audiendum quam ausscultandum censeo
                                 (Cic., *De Divin.*, I.)

    Ego odi homines ignava opera, et philosopha sententia.
                                 (Gell., XIII, 8.)

    Adolescens, tamen etsi properas, hoc te saxum rogat
    Uti se adspicias : deinde quod scriptum est, legas :
    Heic sunt poetæ Pacuvii Marci sita
    Ossa; hoc volebam, nescius ne esses ; vale.
                                 (Gell., I, 24.)

S. Cæcilii *Fragm.*

    Nam novus quidem Deus repertus est Jovis.
                        (Ex *Epistola* Priscianus, *in Jovis.*)

L. Accii *Fragm.*

    Calones, famuli metellique, caculæque.
                      (Ex *Annibalibus* Festus, *in Metelli.*)

    Nihil credo auguribus, qui aures verbis divitant
    Alienas, suas ut auro locupletent domos.
                      (Ex *Astyanacte* Nonius, *in divitant.*)

    Multi iniqui atque infideles regno, pauci sunt boni.
                               (Cic., *De off.*, III.)

L. Lucilii *Fragm.*

    Scipiadæ magno improbus objiciebat Asellus

éloquence mordante. C'était un homme roux, aux yeux bleus, d'un aspect barbare, et d'un regard qui défiait ami et ennemi. Son nom de famille était *Porcius* (le porcher). Mais il était si avisé dès son enfance, qu'on l'avait surnommé *Caton*[1]. A dix-sept ans, il avait servi contre Hannibal. Depuis, il cultivait

> Lustrum illo censore malum infelixque fuisse.
> (Ex XI lib. *Satyr*. — Nonius.)

> Nam vetus ille Cato lacessisse appellari, quod conscius ipse non erat sibi.
> (Ex XIV lib. *Satyr*. — Caper apud Pris., *in lacesso*.)

> Cohibet et domi Mœstus se Albinus, repudium quod filiæ remisit.
> (Ex XVIII lib. *Satyr*. — Nonius, *in remittere*.)

> Vellem concilio vestrum, quod dicitis, olim,
> Cœlicolæ, vellem, inquam, adfuissemu' priore
> Concilio. (Servius, in IX *Æn.*)

> Ut nemo sit nostrum quin aut pater optimu' divum,
> Aut Neptunu' pater, Liber, Saturnu' pater, Mars,
> Janus, Quirinus pater, nomen dicatur ad unum.
> (Lactantius, lib. IV, cap. 3.)

> Lactantius, IV, 5.

> Nunc vero a mane ad noctem, festo atque profesto
> Totus item pariterque die populusque patresque
> Jactare indu foro se omnes, decedere nusquam,
> Uni se atque eidem studio omnes dedere, et arti,
> Verba dare ut caute possint, pugnare dolose,
> Blanditia certare, bonum simulare virum se,
> Insidias facere, ut si hostes sint omnibus omnes,
> Cicero., *De finibus*.

> Græcum te, Albuti, quam Romanum atque Sabinum,
> Municipem ponti, Titi, Anni, centurionum
> Præclarorum hominum, ac primorum, signiferumque,
> Maluisti dici. Græce ergo prætor Athenis,
> Id quod maluisti, te, quum ad me accedis, saluto,
> Χαῖρε, inquam, Tite, lictores, turma omni cohorsque,
> Χαίρετε hinc hostis Muti Albutius, hinc inimicus.
> Cic., *in Oratore*, lib. III.

> Quam lepide lexeis compostæ ut tesserulæ omnes,
> Arte pavimento, atque emblemate vermiculato,
> Crassum habeo generum : ne *rhetoricoteros* tu sis.

[1]. Ces détails et la plupart de ceux qui suivent sont tirés de Plutarque.

un champ voisin de celui du vieux Manius Curius, le vainqueur des Samnites. Le matin, il allait répondre sur le droit et plaider dans les petites villes voisines de Tusculum. Puis, il revenait, se mettait tout nu, labourait avec ses esclaves, mangeant avec eux, buvait comme eux de l'eau, du vinaigre ou de la piquette. Toutefois ce n'était pas un maître tendre. *Le père de famille*, dit-il dans son livre d'agriculture, *doit vendre les vieilles charrettes, les vieilles ferrailles, les vieux esclaves*[1].

---

1. Cato., *de R. r.* : « Vendat oleum, si precium habeat, vinum frumen-
« tumque quod supersit. Vendat boves vetulos, armenta delicula, oves deli-
« culas, lanam, pelles, plaustrum vetus, ferramenta vetera, servum senem,
« servum morbosum, et si quid aliud supersit, vendat. Patrem familias ven-
« dacem, non emacem esse oportet. »

« Que le père de famille vende l'huile, si elle a du prix, et ce qui lui reste de vin et de blé. Qu'il vende les vieux bœufs, les veaux, les petites brebis, la laine, les peaux, les vieux chariots, les vieux fers, l'esclave vieux, l'esclave malade, et tout ce qui peut être vendu : il faut que le père de famille soit vendeur, non acheteur. »

« Est interdum præstare mercaturis rem quærere, ni tam periculosum siet;
« et item fœnerari, si tam honestum siet. Majores enim nostri hoc sic habue-
« runt, et ita in legibus posuerunt : furem dupli condemnari, fœneratorem
« quadrupli. Quanto pejorem civem existimarint fœneratorem quam furem
« hinc licet existimare; et virum bonum cum laudabant, ita laudabant :
« bonum agricolam, bonumque colonum. Amplissime laudari existimatabur,
« qui ita laudabatur. Mercatorem autem strenuum studiosumque rei quæ-
« rendæ existimo; verum periculosum et calamitosum. At ex agricolis et viri
« fortissimi et milites strenuissimi gignuntur, maximeque pius quæstus stabi-
« lissimusque consequitur, minimeque invidiosus; minimeque male cogitantes
« sunt, qui in eo studio occupati sunt. »

« Il n'y aurait rien de mieux que de s'enrichir par le négoce, si cette voie était moins périlleuse; ou que de prêter à usure, si le moyen était plus honnête; mais telle est sur ce point l'opinion de nos ancêtres et les dispositions de leurs lois, qu'ils condamnent le voleur à restituer le double, et l'usurier à rendre le quadruple. Vous pouvez juger par là combien l'usurier leur paraît un citoyen pire que le voleur. Voulaient-ils au contraire louer un homme de bien, ils le nommaient bon laboureur et bon fermier; et cet éloge paraissait le plus complet qu'on pût recevoir. Quant au marchand, je le trouve homme actif et soigneux d'amasser, mais de condition périclitante et calamiteuse. Pour les

Établi à Rome par Valerius, appuyé par Fabius, il devint successivement tribun d'une légion, questeur, préteur, enfin consul et censeur avec son ancien patron.

Envoyé comme préteur en Espagne, il commença

laboureurs, ils engendrent les hommes les plus courageux et les soldats les plus robustes; c'est de leur profession que l'on tire le profit le plus légitime, le plus sûr et le moins attaquable; et ceux qui y sont occupés sont les moins sujets à penser à mal. » (Trad. de M. Villemain.)

« Quant à moi, dit Plutarque, je n'aurais jamais le cœur de vendre mon vieux bœuf laboureur, encore moins mon vieil esclave. » Caton dit M. Villemain, n'entendait pas ces délicatesses, il songeait seulement à faire une bonne maison. »

« Dicam de istis Græcis suo loco, Marce fili. Quid Athenis exquisitum ha-
« beam, et quod bonum sit illorum litteras inspicere, non perdiscere, vincam.
« Nequissimum et indocile genus illorum; et hoc puta vatem dixisse : Quan-
« documque ista gens suas litteras dabit, omnia corrumpet; tum etiam si
« medicos suos huc mittet. Jurarunt inter se barbaros necare omnes medicina;
« et hoc ipsum mercede faciunt, ut fides iis sit et facile disperdant. Nos quoque
« dictitant barbaros, et spurcius nos quam alios populos opicorum appellatione
« fœdant, interdixi tibi de medicis. »

« Je parlerai de ces Grecs en temps et lieu, mon fils Marcus. Je dirai ce que j'ai observé à Athènes, il peut être bon d'effleurer leurs arts, mais non de les approfondir, et je le prouverai. Cette race est du monde la plus perverse et la plus intraitable; et je crois entendre un oracle : Toutes les fois que cette nation nous apportera ses arts, elle corrompra tout, et c'est pis encore si elle envoie ici ses médecins. Ils ont juré entre eux d'exterminer, par la médecine, tous les barbares jusqu'au dernier; et ils n'exigent le salaire de leur métier que pour usurper la confiance et tuer plus à l'aise. Nous aussi ils nous appellent barbares, et nous outragent plus ignominieusement que tous les autres peuples, en nous traitant d'opiques. Mon fils, je t'interdis les médecins. »

Plut., *Cat. vit.*, c. 32 : « Caton avait toujours un grand nombre d'esclaves qu'il achetait parmi les prisonniers; il choisissait les plus jeunes, comme plus susceptibles d'éducation. Aucun de ses esclaves n'allait jamais dans une maison étrangère qu'il n'y fût envoyé par Caton ou par sa femme; et toutes les fois qu'on demandait à l'esclave ce que faisait son maître, il répondait : « Je n'en sais rien. » Il voulait qu'un esclave fût toujours occupé dans la maison ou qu'il dormît. Il aimait les esclaves dormeurs, parce qu'il les croyait plus doux que ceux qui aimaient à veiller; après que le sommeil avait réparé leurs forces, ils étaient plus propres à remplir les tâches qu'on leur donnait. Persuadé que rien ne portait plus les esclaves à mal faire que l'amour des plaisirs, il

par renvoyer les fournisseurs de vivres, déclarant que la guerre nourrirait la guerre. En trois cents jours, il prit quatre cents villes ou villages, qu'il fit démanteler tous à la même heure. Il rapporta dans le trésor une somme immense, et, au moment de se rembarquer,

avait établi que les siens pourraient voir en certains temps les femmes de la maison pour une pièce d'argent qu'il avait fixée, en leur défendant d'approcher d'aucune autre femme. Dans les commencements, lorsqu'il était encore pauvre, et qu'il servait comme simple soldat, il ne se fâchait jamais contre ses esclaves, et trouvait bon tout ce qu'on lui servait. Rien ne lui paraissait plus honteux que de quereller des esclaves pour sa nourriture. Dans la suite, quand sa fortune fut augmentée, et qu'il donnait à manger à ses amis et aux officiers de son armée, il faisait aussitôt après le dîner, donner les étrivières à ceux de ses esclaves qui avaient servi négligemment ou mal apprêté quelques mets. Il avait soin d'entretenir toujours parmi eux des querelles et des divisions : il se méfiait de leur bonne intelligence et en craignait les effets. Si un esclave avait commis un crime digne de mort, il le jugeait en présence de tous les autres, et, s'il était condamné, il le faisait mourir devant eux.

« Devenu enfin trop ardent à acquérir des richesses, il négligea l'agriculture, qui lui parut un objet d'amusement plutôt qu'une source de revenus; et, voulant placer son argent sur des fonds plus sûrs et moins sujets à varier, il acheta des étangs, des terres, où il y eût des sources d'eaux chaudes, des lieux propres à des foulons, des possessions qui occupassent beaucoup d'ouvriers, qui eussent des pâturages et des bois, dont il retirât beaucoup d'argent, et dont Jupiter, comme il le disait lui-même, ne pût diminuer le revenu. Il exerça la plus décriée de toutes les usures, l'usure maritime; et voici comment il s'y prenait. Il exigeait de ceux à qui il prêtait son argent qu'ils fissent, au nombre de cinquante, une société de commerce, et qu'ils équipassent autant de vaisseaux, sur chacun desquels il avait une portion qu'il faisait valoir par un de ses affranchis, qui, étant comme son facteur, s'embarquait avec les autres associés, et avait sa part dans tous les bénéfices. Par là il ne risquait pas tout son argent, mais seulement une petite portion dont il tirait de gros intérêts. Il prêtait aussi de l'argent à ses esclaves pour acheter de jeunes garçons, et, après les avoir exercés et instruits aux frais de Caton, ils les revendaient au bout d'un an. Caton en retenait plusieurs qu'il payait au prix de la plus haute enchère. Il excitait son fils à ce commerce usuraire, en lui disant qu'il ne convenait tout au plus qu'à une femme veuve de diminuer son patrimoine. »

M. Cassan a placé à la suite de ses *Lettres de Fronton et de Marc-Aurèle*, des traductions élégantes et fidèles de plusieurs morceaux de Caton et autres auteurs anciens.

vendit son cheval de bataille, pour épargner à la République les frais du transport. Dans toute l'expédition, il avait toujours été à pied, avec un esclave qui portait les provisions, et qu'il aidait dans l'occasion à les préparer. Après avoir obtenu le triomphe, il n'en partit pas moins comme simple tribun, pour combattre Antiochus en Grèce. Aux Thermopyles, le général romain embrassa Caton devant toute l'armée, avoua qu'on lui devait la victoire, et le chargea d'en porter la nouvelle à Rome.

Tant de rigueur et de sévérité pour lui-même prêtait une autorité merveilleuse à l'âpreté cynique de ses attaques contre les mœurs des nobles. C'était surtout contre les Scipions que les Fabius et les Valériens semblaient l'avoir lâché, dès son arrivée à Rome. Dans sa questure en Sicile, il accusa les dépenses de l'Africain, et sa facilité à imiter les Grecs. Scipion le renvoya en disant : « Je n'aime pas un questeur si exact. »

Il ne fallait pas moins que l'énergie de Caton pour réprimer l'insolence et la tyrannie des grandes familles, qui se tenaient étroitement unies pour l'oppression du peuple. Quintius Flaminius avait nommé Scipion *prince du Sénat*. Deux fils de Paul Émile étaient entrés par adoption dans les familles des Scipions et des Fabius. Des deux filles du grand Scipion, l'une épousa Sempronius Gracchus, l'autre Scipion Nasica. Ainsi, malgré les haines de famille, toute l'aristocratie se tenait par des mariages ; c'est ce qui rendait les grands si forts contre la justice, et les mettait au-dessus des lois. Un gendre de Fabius ayant été accusé de trahison, son beau-père, pour le faire absoudre, n'eut qu'à dire qu'il était innocent, puisqu'il était resté le gendre de Fabius. Scaurus, étant accusé plus tard, se justifia de la manière suivante : Varius de Sucrone accuse Emilius Scaurus d'avoir reçu des présents pour trahir la République ; Emilius Scaurus déclare qu'il est innocent : lequel des deux croirez-vous ? L'accusateur d'un Metellus ayant mis sous les yeux des juges les registres qui devaient le convaincre de concussion, tout le tribunal détourna les yeux [1]. Ainsi rien n'arrêtait l'audace de ces *rois*, comme les appelait le peuple. L'Africain surtout, dont on avait mis la statue dans le sanctuaire de Jupiter [2], et qui avait dédaigné un consulat à vie, exerçait une véritable dictature. Un jour que les questeurs craignaient de violer une loi en ouvrant le trésor public, Scipion, alors simple particulier, se fit donner les clefs et ouvrit [3].

Il n'y avait plus de République, si quelqu'un n'avait le courage de tenir tête aux Scipions, et d'exiger qu'ils rendissent compte comme citoyens. Caton en trouva l'occasion après la guerre d'Antiochus (187). Leur conduite dans cette guerre avait été plus que suspecte. (Voy. plus haut.) Les deux frères avaient réglé les conditions de paix de leur autorité privée. Quelles sommes rapportaient-ils de cette riche Asie, quelles dépouilles du successeur d'Alexandre, du maître d'Antioche et de Babylone ?

Au jour du jugement, Scipion ne daigna pas répondre aux accusateurs, mais il monta à la tribune

---

1. Voy. Val. Maxime, II, 10 ; III, 3 ; IV, 1, 8 ; VIII, 1.
2. *Idem*, VIII, 15. — Voy. aussi Aulu-Gelle, VII, 1, et IV, 18.
3. Val. Max., III, 7.

et dit : « Romains, c'est à pareil jour que j'ai vaincu en Afrique Hannibal et les Carthaginois. Suivez-moi au Capitole pour rendre grâces aux dieux, et leur demander de vous donner toujours des chefs qui me ressemblent. » Tous le suivirent au Capitole, peuple, juges, tribuns, accusateurs, jusqu'aux greffiers. Il triompha en ce jour, non plus d'Hannibal et de Syphax, mais de la majesté de la République et de la sainteté des lois.

D'autres disent que les licteurs des tribuns du peuple ayant déjà mis la main sur son frère, l'Africain le leur arracha, déchira les registres, et dit : *Je ne rendrai pas compte de quatre millions de sesterces, lorsque j'en ai fait entrer au trésor deux cents millions. Je n'ai rapporté pour moi qu'un surnom de l'Afrique.* Puis il se retira dans une terre qu'il avait à Literne, en Campanie. Son ennemi Tib. Sempronius Gracchus, alors tribun du peuple, empêcha lui-même qu'on ne l'inquiétât dans son exil volontaire. Il y mourut, et fit écrire sur sa tombe ces mots amers et injustes : *Ingrate patrie, tu ne possèdes pas même mes os.*

Ses ennemis le poursuivirent encore dans la personne de son frère. Les Petilius, tribuns du peuple, d'autres disent M. ou Q. Nævius (parent du poète?) proposèrent de nouveau une enquête *sur l'argent reçu ou extorqué d'Antiochus.* Caton appuya la proposition, et elle fut convertie en loi par le suffrage unanime des trente-cinq tribus[1]. Les accusés furent condamnés. Le jugement portait *que L. Scipion, pour accorder au roi Antiochus une paix plus avantageuse,*

---

1. Tit.-Liv., XXXVIII, 51, 57.

avait reçu de lui six mille livres d'or et quatre cent quatre-vingts livres d'argent de plus qu'il n'avait fait entrer dans le trésor; A. Hostilius, son lieutenant, quatre-vingts livres d'or et quatre cent trois d'argent; C. Furius, son questeur, cent trente d'or, et deux cents d'argent. Lucius Scipion parut justifié par sa pauvreté. On ne trouva pas chez lui la somme qu'il était condamné à payer. Mais l'aristocratie n'en reçut pas moins un coup terrible. Caton fut bientôt, malgré les efforts des nobles, élevé à la censure, et chargé de poursuivre ces recherches sévères que personne ne pouvait plus éluder depuis l'humiliation des Scipions.

CHAPITRE VII

Réduction de l'Espagne et des États grecs. — Persée. — Destruction de Corinthe, de Carthage et de Numance (189-134).

Au moment où le vieux génie italien venait de frapper dans les Scipions les représentants des mœurs et des idées de la Grèce[1], celles de l'Orient, tout autrement dangereuses, s'étaient sourdement introduites dans Rome, et y commençaient cette conquête lente, mais invincible, qui devait finir par les placer sur le trône impérial.

Un Titus Sempronius Rutilus avait proposé à son beau-fils dont il était tuteur, de l'initier aux mystères des bacchanales qui, de l'Étrurie et de la Campanie, avaient alors passé dans Rome (186-4). Le jeune homme en ayant parlé à une courtisane qui l'aimait, elle parut frappée de terreur, et lui dit qu'apparemment son beau-frère et sa mère craignaient de lui rendre compte, et voulaient se défaire de lui. Il se réfugia chez une de ses tantes, qui fit tout savoir au

[1]. Val. Max., III, 6 : « Nous voyons au Capitole une statue de Lucius Scipion avec le manteau et la chaussure grecs. »

consul. La courtisane, interrogée, nia d'abord, craignant la vengeance des initiés ; puis elle avoua. Ces bacchanales étaient un culte frénétique de la vie et de la mort, parmi les rites duquel tenaient place la prostitution et le meurtre. Ceux qui refusaient l'infamie étaient saisis par une machine, et lancés dans des caveaux profonds. Hommes et femmes se mêlaient au hasard dans les ténèbres, puis couraient en furieux au Tibre, y plongeaient des torches ardentes qui flambaient en sortant des eaux, symbole de l'impuissance de la mort contre la lumière inextinguible de la vie universelle.

L'enquête fit bientôt connaître que dans la seule ville de Rome sept mille personnes avaient trempé dans ces horreurs [1]. On mit partout des gardes la nuit, on fit des perquisitions ; une foule de femmes qui se trouvaient parmi les coupables furent livrées à leurs parents pour être exécutées dans leurs maisons. De Rome, la terreur s'étendit dans l'Italie. Les consuls poursuivirent leurs informations de ville en ville.

Ce n'était pas la première apparition des cultes orientaux dans Rome. L'an 534 de Rome, le Sénat avait décrété la démolition des temples d'Isis et de Sérapis [1] ; et, personne n'osant y porter la main, le consul L. Emilius Paulus avait le premier frappé d'une hache les portes du temple. En 614, le préteur C. Cornelius Hispallus avait chassé de Rome et de l'Italie les astrologues chaldéens et les adorateurs de Jupiter Sabazius. Mais dans les dangers extrêmes de la seconde guerre punique, le Sénat lui-même avait

---

1. Val. Max., I, 3.

donné l'exemple d'appeler les dieux étrangers. Il avait fait apporter de Phrygie à Rome la pierre noire sous la forme de laquelle on adorait Cybèle. « A mesure que la guerre se prolongeait, dit Tite-Live, les esprits flottaient selon les succès et les revers. Les religions étrangères envahissaient la cité ; on eût dit que les dieux ou les hommes s'étaient tout à coup transformés. Ce n'était plus en secret et dans l'ombre des murs domestiques, que l'on outrageait la religion de nos pères : en public, dans le Forum, dans le Capitole, on ne voyait que femmes sacrifiant ou priant selon les rites étrangers[1]. »

Le peuple romain n'était point tel que ses mœurs se corrompissent impunément. Les religions étrangères entraînaient la débauche, la débauche aimait l'assaisonnement du sang et du meurtre. La race romaine est dans tous les temps sensuelle et sanguinaire. Les débauches contre nature et les combats de gladiateurs prennent en même temps faveur à Rome. Un seul fait dira tout. Le frère de T. Quintius Flaminius avait emmené de Rome un enfant qu'il aimait, et celui-ci lui reprochait d'avoir sacrifié pour le suivre un beau combat de gladiateurs ; il regrettait, disait-il, de n'avoir pas encore vu mourir un homme. On annonce

---

[1]. Tit.-Liv., XXV, 1, et XXIX, c. V : « Quo diutius trahebatur bellum et « variabant secundæ adversæque res non fortunam magis, quam animos « hominum : tanta religio, et ea magna ex parte externa, civitatem incessit, « ut aut homines aut dii repente alii viderentur facti. Nec jam in secreto « modo atque intra parietes abolebantur Romani ritus, sed in publico etiam « ac foro Capitolioque mulierum turba erat, nec sacrificantum nec precantum « deos patrio more. » — Plus tard : « Cultrix numinum cunctorum. » (Arnobius, *adv. gentes*, VI.) Tacite, *Annal.*, XV, 44 : « Urbs quo cuncta undique « atrocia aut pudenda confluunt celebranturque. »

pendant le repas à Flaminius qu'un chef gaulois vient se livrer à lui avec sa famille : *Veux-tu que je te dédommage de tes gladiateurs*[1]*?* dit Flaminius au jeune garçon ; il décharge un coup d'épée sur la tête du Gaulois, et l'étend mort à ses pieds.

Le peuple, tout corrompu qu'il était déjà, avait horreur de ces mœurs atroces. Il résolut de donner à son mal le médecin le plus sévère, et, malgré les nobles, porta Caton à la censure. Celui-ci chasse du Sénat Lucius Flaminius, consomme la ruine des Scipions en ôtant le cheval à l'Asiatique ; frappe d'impôts les meubles de luxe, et pousse la sévérité jusqu'à dégrader un sénateur pour avoir donné un baiser à sa femme en présence de sa fille. Hélas ! que signifiaient ce respect exagéré de la pudeur et ces lois somptuaires dans une cité pleine des complices des bacchanales ? L'on trouva en une seule année que cent soixante-dix femmes avaient empoisonné leurs maris pour faire place à d'autres époux ! Caton lui-même, déjà bien vieux, entretenait commerce avec une esclave sous les yeux de son fils et de sa belle-fille, et il finit par épouser à quatre-vingts ans la fille d'un de ses clients. Il avait quitté la culture des terres pour l'usure, et il en faisait un précepte à son fils [2].

Quelle devait être la politique d'un pareil peuple ? quels ses rapports avec les nations étrangères ? Perfides, injustes, atroces ; on en serait sûr, quand la ruine de la Macédoine et de la Grèce, de Carthage et

---

1. Plut., *in Cat.*
2. Voy. plus haut, page 330.

de Numance ne le témoignerait pas expressément.

Tant que vécurent Philippe et Hannibal, le Sénat craignit toujours une confédération universelle. Il ménagea Antiochus, Eumène, Rhodes, l'Achaïe. Mais les succès que Prusias dut à son hôte Hannibal dans ses guerres contre Eumène, décidèrent les Romains à sortir enfin d'inquiétude. Flaminius vint demander au roi de Bithynie l'extradition d'Hannibal, et le vieil ennemi de Rome n'échappa qu'en s'empoisonnant. Alors le Sénat rassuré favorisa la Lycie contre Rhodes, Sparte contre les Achéens, accueillit contre Philippe les accusations des Thessaliens, des Athamanes, des Perrhœbiens, d'Eumène, puis celles des Thraces, des Illyriens, des Athéniens. Le Sénat le croyait avec raison coupable d'avoir égorgé les habitants de Maronée en haine des Romains, leurs protecteurs ; il lui fit l'affront de le confronter avec ses accusateurs, et finit par lui déclarer qu'il ne devait la conservation de sa couronne qu'à son jeune fils Demetrius, ami des Romains, chez lesquels il avait vécu longtemps comme otage. Persée, fils aîné de Philippe, auquel les Romains voulaient opposer leur créature, accusa Demetrius, non sans vraisemblance, d'avoir voulu l'assassiner[1], et le fit condamner à mort par un père qui détestait en lui l'ami, le favori de Rome.

L'infortuné Philippe se faisait, jusqu'à sa mort, lire deux fois par jour son traité avec les Romains[2]. Il ne put que préparer la guerre et la léguer à son successeur[3] ; ses torts envers les peuples voisins les empê-

---

1. C'est ce que ferait croire le récit de Tite-Live, tout partial qu'il est pour Demetrius, l'ami des Romains. — 2. Tite-Live, XLV, c. 16.
3. Il chassa les habitants des grandes villes, surtout des villes maritimes,

chaient de se fier à lui. Persée trouva le trésor rempli, la population augmentée, la Thrace, cette pépinière de soldats, conquise en partie par son père. Les Celtes du Danube, appelés par Philippe, étaient en marche vers la Macédoine, et pouvaient de là passer en Italie. Mais Persée ne tarda pas à voir, par l'exigence de ces Barbares[1], qu'ils ne seraient guère moins formidables à ses États que les Romains eux-mêmes. Il se trouvait dans la position de l'empereur Valens, lorsqu'il eut l'imprudence d'ouvrir l'Empire aux tribus des Goths. Persée comprit le danger, et aima mieux se passer de ces dangereux auxiliaires. Ses préparatifs d'ailleurs n'étaient pas terminés. Prendre les Barbares à sa solde, c'était commencer la guerre.

D'abord, pour gagner du temps, il met sa couronne aux pieds du Sénat, et déclare ne vouloir la recevoir que de lui (178). Il regagne la Grèce par sa douceur, sa clémence et sa modération. Il donne sa sœur à Prusias, épouse la fille du roi de Syrie, Seleucus. Le sénat de Carthage reçoit, pendant la nuit, ses ambassadeurs dans un temple. Il essaie, mais en vain, de faire assassiner à Delphes le lâche Eumène, qui vient de le dénoncer à Rome[2], lorsqu'il eût plutôt dû se joindre à lui. Mais telle est la terreur universelle, que tant de nations ennemies de Rome n'aident Persée

---

pour les peupler de Thraces et d'autres barbares.... deuil et tumulte... Il se défait des enfants de ceux qu'il a fait périr, etc. (Polyb., extr. Cont. Porph., 53.)

1. Chaque chef de bande demandait déjà mille pièces d'or. (Plut., in P. Em. vita, c. 12.)

2. Tito-Live, XLII, c. 2. Eumène avoue le courage et l'habileté de Persée. — Id., lib. XLI, c. 2. Clémence et générosité de Persée à son avènement. — L'histoire d'un homme de Brindes gagné par Persée pour empoisonner tous les généraux romains qui passeraient par là, est singulièrement puérile. (Id., lib. XLII, 17.)

que de leurs vœux. La Thrace et l'Illyrie seules unissent leurs armes à celles de la Macédoine.

Nul doute que si Persée eût essayé de transporter le théâtre de la guerre chez un des peuples de la Grèce, ce peuple, épouvanté par Rome, ne se fût déclaré contre lui. Il obtint leur neutralité, et c'était beaucoup. La tyrannie de Rome lui donnait d'ailleurs l'espoir de les voir se jeter dans ses bras, comme il advint des Épirotes. Les Romains l'amusaient par des négociations. Pour celui qui connaissait l'énorme disproportion des forces, qui se voyait seul pour la liberté du monde, qui enfin se sentait si près de périr, c'était beaucoup d'attendre. Aussi, lorsqu'à sa première rencontre avec les Romains, Persée leur eut tué deux mille deux cents hommes, il attendit que la nouvelle de cette victoire décidât pour lui Carthage, Prusias, Antiochus, les Étoliens ou les Achéens. Tout resta immobile (171).

Les Romains, l'ayant attaqué à la fois du côté de la Thessalie, de la Thrace et de l'Illyrie, furent partout repoussés, et perdirent en une seule fois six mille hommes. C'était la plus sanglante défaite qu'ils eussent essuyée depuis quarante ans. Et cependant Persée était obligé de partager ses forces ; il remportait dans cette campagne même une victoire signalée sur les Dardaniens, éternels ennemis de la Macédoine.

On a accusé, avec raison sans doute, l'avarice de Persée, qui ne paya pas aux Illyriens l'argent qu'il leur avait promis. Toutefois, ce n'étaient pas quelques talents de plus qui auraient intéressé davantage le roi de ces Barbares dans une guerre où il s'agissait de son trône et de sa vie. L'argent n'eût pas suffi non plus pour surmonter la terreur que les armes romaines imprimaient alors à la Grèce.

Dans les campagnes suivantes, le consul Marcius, enfermé dans le défilé de Tempé, n'échappa que par miracle à la honte des Fourches Caudines; il n'entra en Macédoine que pour en sortir bientôt. Persée se crut au moment de recueillir les fruits de son habile tactique. Prusias, Eumène, les Rhodiens, penchèrent pour lui; mais au lieu de le secourir, ils se contentèrent d'intervenir par des ambassades qui furent reçues à Rome avec le plus magnifique mépris [1]. Quant à Antiochus Épiphane, il espérait profiter du moment où les Romains étaient occupés pour s'emparer de l'Égypte. Persée resta donc encore seul.

Rome crut alors qu'il fallait brusquer la fin d'une guerre dont la prolongation avait pu faire naître aux petits rois de l'Asie Mineure l'idée qu'ils tiendraient la balance entre elle et la Macédoine. Elle envoya contre Persée cent mille hommes et le vieux Paul Émile, qui avait fait avec gloire les guerres difficiles d'Espagne et de Ligurie. Le peuple, auquel il était odieux par son orgueil, lui avait refusé le consulat, et ne l'employait plus depuis longtemps. Paul Émile déclara que, choisi par besoin, il n'avait obligation à personne, et prétendait que le peuple ne se mêlât point de la guerre [2]. Il força le passage de l'Olympe, en faisant occuper les hauteurs supérieures à celles que tenaient les troupes de Persée, et le trouva campé dans les plaines qui sont au delà (168). Quoique averti

---

1. Tit.-Liv., lib. XLIV, XLV.
2. Plut., *in P. Emilio*, c. 10.

de l'attaque des Romains, le roi de Macédoine s'était contenté d'envoyer des troupes aux défilés, et n'avait pas voulu quitter un lieu propre à sa phalange. Paul Émile fut saisi d'admiration à la vue du camp de Persée ; il ne voulut pas commencer sur-le-champ le combat, comme l'en priaient ses officiers. Une éclipse effrayait l'armée, et les dieux refusèrent longtemps les présages favorables pour l'attaque. D'abord, rien n'arrêta l'élan de la phalange, *de cette bête monstrueuse*, pour dire comme Plutarque, *qui se hérissait de toutes parts*. Paul Émile se crut vaincu un instant, et il déchirait sa cotte d'armes. Mais il lui vint à l'esprit de charger par pelotons. Alors la pression devenant inégale, la phalange ne put rester alignée ; elle présenta des vides, des jours, par lesquels le Romain put s'introduire et procéder à la démolition de cette masse qui avait perdu son unité. Toutefois la Macédoine ne fut pas indigne d'elle dans son dernier jour. Sur quarante-quatre mille hommes, onze mille furent environnés et pris, vingt mille se firent tuer. Persée, que les Romains ont voulu déshonorer après l'avoir assassiné, avait été blessé la veille ; cependant il se jeta sans cuirasse au milieu de sa phalange, et y reçut une meurtrissure [1].

Comme il rentrait dans Pydna, deux de ses trésoriers, abusant de son malheur, osèrent parler à leur maître sur le ton du reproche ; il les poignarda. En deux jours, la Macédoine se livra au vainqueur, et Persée ne trouva d'asile que dans le temple de Samothrace. Ni promesses ni menaces ne pouvaient l'en

---

1. Le dernier de ces faits si honorables au vaincu était attesté par Posidonius, historien contemporain. (Plut., *in P. Em. vita*, c. 16, 18, 21.)

arracher; mais un traître parvint à lui enlever ses enfants; ce dernier coup brisa son cœur, et il vint se livrer, *comme la bête sauvage à qui l'on ôte ses petits.* Repoussé durement par son vainqueur, dont il embrassait les genoux, il lui demanda au moins de lui épargner l'horreur d'être traîné derrière son char au milieu des insultes de la populace de Rome. *Cela est en ton pouvoir*, répondit durement le Romain. Toutefois il essaya par quelques bons traitements d'attacher le captif à la vie, et de conserver à son triomphe son plus bel ornement.

La Macédoine et l'Illyrie, divisées en plusieurs provinces, auxquelles on défendit toute alliance, même par mariage, reçurent une liberté dérisoire, qui les supprimait comme nations. Leurs citoyens les plus distingués, tous ceux des villes grecques qui avaient lutté contre les agents de Rome, furent envoyés en Italie, pour y attendre un jugement qu'on ne leur accorda jamais. En même temps, Paul Émile célébrait des jeux où la Grèce en larmes fut obligée de comparaître. Puis, sur l'ordre du Sénat, il passa en Épire, déclara aux habitants qu'ils jouiraient de la même liberté que les Macédoniens, leur fit porter leur or et leur argent au trésor, et ensuite les vendit comme esclaves au nombre de cent cinquante mille[1]. Leurs soixante-dix villes furent rasées.

Le triomphe de Paul Émile, le plus splendide qu'on eût vu jamais, dura trois jours. Le premier, passèrent les tableaux et les statues colossales sur deux cent cinquante chariots. Au second, des trophées d'armes,

---

1. Plut., c. 24, 27, 32.

et trois mille hommes portant l'argent monnayé et les vases d'argent; le troisième, les vases d'or, la monnaie d'or, quatre cents couronnes d'or données par les villes. Puis cent vingt taureaux, et la véritable victime, l'infortuné Persée, vêtu de noir, entouré de ses amis enchaînés, qui, dit l'historien, *ne pleuraient que lui*. Mais ce qui fendait le cœur, c'étaient ses trois enfants, deux garçons et une fille. Ceux qui les conduisaient leur enseignaient à tendre au peuple leurs petites mains, pour implorer sa pitié. L'orgueilleux triomphateur, qui se vantait d'avoir en quinze jours renversé le trône d'Alexandre, n'était pourtant guère plus heureux que son captif. Il avait perdu un de ses fils cinq jours avant le triomphe. Il en perdit un trois jours après. Ses deux autres enfants étaient passés par adoption dans des familles étrangères.

Les rois de Thrace et d'Illyrie ornèrent le triomphe du préteur Anicius. Pour le roi de Macédoine, il languit deux ans dans un cachot où ses geôliers le firent, dit-on, mourir d'insomnie. Le seul fils qui lui survécut, gagna sa vie au métier de tourneur, et parvint au rang de scribe des magistrats dans la ville d'Albe.

Dans quelle agonie de terreur la chute de Persée fit-elle tomber tous les rois de la terre, c'est ce qu'on ne saurait imaginer. Le roi de Syrie, Antiochus l'Illustre, avait alors presque conquis l'Égypte; Popilius Lœnas vient lui ordonner, au nom du Sénat, d'abandonner sa conquête. Antiochus veut délibérer. Alors Popilius traçant un cercle autour du roi avec la baguette qu'il tenait à la main : *Avant de sortir de ce cercle*, dit-il, *rendez réponse au Sénat*. Antiochus promit d'obéir, et sortit de l'Égypte. Popilius partagea entre les deux frères Philométor et Physcon le royaume qui n'appartenait qu'à l'aîné.

Les ambassades humbles et flatteuses affluent au Sénat. Le fils de Massinissa vient parler au nom de son père : « Deux choses ont affligé le roi de Numidie : le Sénat lui a fait demander par des ambassadeurs des secours qu'il avait droit d'exiger, et lui a remboursé le prix du blé fourni. Il n'a pas oublié qu'il doit sa couronne au peuple romain ; content du simple usufruit, il sait que la propriété reste au donateur. »

Puis arrive Prusias, la tête rasée, avec l'habit et le bonnet d'affranchi[1]. Il se prosterne sur le seuil, en disant : *Je vous salue, dieux sauveurs !* et encore : *Vous voyez un de vos affranchis prêt à exécuter vos ordres.* Eumène et les Rhodiens étaient encore plus compromis. Le Sénat offre la couronne au frère d'Eumène, et ne lui laisse son royaume que pour lui donner le temps de s'affaiblir par les incursions des Galates. Quant aux Rhodiens, ils ne furent préservés du traitement de l'Épire que par l'intervention de Caton. Cette âme forte s'intéresse à un peuple libre, qui n'avait fait après tout que souhaiter le maintien de sa liberté. Il tança durement l'orgueil tyrannique du Sénat, et le ramena à la modération, en gourmandant la conscience inquiète de ceux qu'il avait fait trembler dans sa censure : « Je le vois bien, dit-il, les Rhodiens n'auraient pas voulu que nous eussions vaincu Persée. Ils ne sont pas les seuls. Bien d'autres peuples ne le souhaitaient pas. Ils pensaient que si nous

---

1. Sur ce fait, et ceux qui suivent, voy. Polyb., et Tit.-Liv., lib. XLV.

n'avions plus personne à craindre, ils tomberaient en servitude. Et pourtant ils n'ont pas secondé le roi de Macédoine. Voyez combien nous sommes plus avisés qu'eux dans nos affaires privées. Si nous sentons le moindre de nos intérêts en danger, nous ne reculons devant aucun moyen de prévenir le dommage... Les Rhodiens, dit-on, ont *voulu* devenir nos ennemis. Mais est-il juste de punir la simple volonté? Ne serait-ce pas une loi injuste, celle qui dirait : Si quelqu'un veut avoir plus de cinq cents arpents de terre, qu'il paie tant d'amende ; telle autre amende pour qui voudra avoir tant de têtes de bétail. Eh bien! nous voulons violer la loi en cela, et nous le faisons impunément... *Mais*, dit-on encore, *les Rhodiens sont superbes, orgueilleux*. C'est un reproche grave. Je ne voudrais pas que mes enfants eussent sujet de me l'adresser. Cependant que les Rhodiens soient superbes! que nous importe? Serait-ce par hasard que nous nous fâchons, quand on est plus superbe que nous? » Ce fut encore en prenant ce ton amer qu'il obtint au bout de dix-sept ans la liberté des Achéens qu'on retenait en Italie, sous prétexte de leur faire attendre leur jugement. Le Sénat délibérait longuement si on leur permettrait enfin de retourner dans leur patrie. *On dirait*, dit Caton, *que nous n'avons rien autre chose à faire que de délibérer si quelques Grecs décrépits seront enterrés par nos fossoyeurs ou ceux de leur pays*[1]. Cette plaisanterie barbare fit triompher l'humanité.

Un Grec, ami des Romains, a froidement raconté

---

1. Paroles de Caton en faveur des Achéens, des Rhodiens. (Aul.-Gell.,VII, 3.)

par quelles misères, par quelle suite de persécutions, d'humiliations et d'outrages passa la pauvre Grèce pour arriver à sa ruine. Pour moi, je n'en ai pas le courage. C'est un spectacle curieux peut-être de voir comment le plus ingénieux des peuples disputa pièce à pièce sa liberté et son existence, à la puissance formidable qui d'un souffle pouvait l'anéantir. Mais il est aussi trop pénible de voir [le faible se débattre si longtemps sous le fort qui l'écrase, et qui s'amuse de son agonie. Que pouvaient la tactique et la vertu de Philopœmen contre les vainqueurs de Carthage ? Une plaisanterie de Flaminius sur la figure du héros achéen caractérise la ligue achéenne elle-même : *Belles jambes, belle tête, mais point de corps*. Philopœmen ne se dissimulait pas lui-même la faiblesse de sa patrie, et le sort qui la menaçait. *Eh! mon ami*, disait-il tristement à un orateur vendu aux Romains, *es-tu donc si pressé de voir le dernier jour de la Grèce*[1] ? On ôta Sparte aux Achéens, on leur ôta Messène. Après la ruine de Persée, on transporta mille des leurs à Rome. Mais lorsqu'au bout de dix-sept ans, ceux qui vivaient encore retournèrent dans leur patrie, ils n'en purent voir de sang-froid l'avilissement. C'était le temps où un fils, vrai ou faux, de Persée soulevait la Macédoine, battait les généraux romains, et s'avançait jusqu'en Thessalie. Les Achéens voulurent profiter de

---

1. Plut., *in Philop. vita*, c. 2, 26. Cette vie n'est pas sans taches. Philopœmen fit mourir beaucoup de gens à Sparte. Mais lorsque l'on confisqua les biens de Nabis, personne n'osa lui en offrir une part, ni même lui en parler. — Polyb., *extr. Cont. Porph.*, 58 : « Philopœmen n'obéissait pas *sans délai* aux Romains, comme Aristène. Si la chose était contraire aux traités, il voulait qu'on eût recours aux remontrances, puis aux prières, enfin qu'on prît les dieux à témoins, et que l'on obéît. »

ce moment pour réduire Sparte, soulevée contre eux par les intrigues de Rome. Metellus, vainqueur de la Macédoine, leur fait dire à Corinthe qu'à partir de ce moment, Corinthe, Sparte, Argos, Héraclée et Orchomène cessent de faire partie de la ligue achéenne. L'indignation du peuple fut telle, qu'il massacra les Lacédémoniens qui se trouvaient à Corinthe. Les commissaires romains n'eurent que le temps de prendre la fuite. Les députés que Metellus envoya pour les amuser encore, furent renvoyés avec honte, et la ligue achéenne, déterminée à périr au moins glorieusement, osa déclarer la guerre à Rome. Les Béotiens et ceux de Chalcis furent les seuls qui voulurent partager la ruine des Achéens. Vaincus en Locride, les confédérés tinrent ferme à l'entrée de l'isthme, à Leucopétra. Dans cette dernière et solennelle bataille de la liberté, les Grecs avaient placé sur les hauteurs leurs femmes et leurs enfants pour les voir mourir. Il n'est pas nécessaire d'ajouter que la tactique romaine triompha encore. La Grèce fut vaincue. Qui osera dire qu'elle devait tomber sans combat ?

Le barbare Mummius prit la belle Corinthe (146), vendit le peuple, brûla la ville, porta sa main grossière sur les tableaux d'Apelle et les statues de Phidias. Le vainqueur stupide voyant le roi de Pergame offrir cent talents d'un tableau : *Il faut*, dit-il, *qu'il y ait quelque vertu magique dans cette toile:* et il l'envoya à Rome. *Prenez garde*, disait-il aux entrepreneurs qui se chargeaient de transporter ces chefs-d'œuvre en Italie, *prenez garde de les gâter; vous seriez condamnés à les refaire.* C'est devant un tel homme que les traîtres qui avaient vendu la Grèce, accusèrent solennellement les statues des héros de la liberté, d'Aratus et de Philopœmen. Je suis fâché qu'il se soit trouvé un Grec pour les défendre, et pour sauver cette honte au vainqueur. Le froid et avisé Polybe, client des Scipions[1], s'honora à peu de frais en parlant pour ces morts illustres, qui, probablement, n'auraient pas voulu être justifiés de leur opposition aux intérêts de Rome.

La même année où la Grèce et la Macédoine devenaient provinces romaines, tombait aussi l'ancienne rivale de Rome. 146 ans avant notre ère, Carthage et Corinthe furent ruinées. Numance suivit de près. Les Romains, trouvant suffisamment affaiblis les ennemis qu'ils avaient jusque-là ménagés, ne se contentèrent plus d'être les arbitres des nations ; ils en voulurent devenir les maîtres absolus.

---

[1]. C'est le Comines de l'antiquité. Il raconte dans ses *ambassades* (n° 73), comment il se lia avec Scipion Émilien ; il fait beau voir l'adresse et l'élégante flatterie du Grec. Invariablement fidèle au succès, pour les Achéens contre Cléomène, pour les Romains contre les Achéens, pour les Carthaginois contre les mercenaires et les Africains révoltés. Il fait une caricature de l'Hasdrubal, qui soutint avec tant d'obstination le siège mémorable de la troisième guerre punique ; il le représente *comme un roi de théâtre avec un gros ventre, et un visage rouge.* (*Extr. Cont. Porph.*, 83.) Il s'acharne sur un malheureux que les Romains se firent livrer par le roi d'Égypte ; il lui reproche d'avoir voulu échapper. (*Ibid.*, 68.) — Il justifie la cruauté des Achéens à l'égard de Mantinée, celle d'Antigonus et d'Aratus à l'égard du tyran d'Argos, Aristomaque, qu'ils firent jeter à la mer près de Cenchrée ; liv. II ; il blâme l'historien Phylarque de montrer de la compassion pour Aristomaque. — Polybe est certainement un historien judicieux. J'aimerais mieux pourtant qu'il n'eût pas comparé (lib. X) Scipion et Lycurgue, et qu'il eût tancé moins niaisement le grand Hannibal (au commencement du livre III). — Polybe n'a vu que le côté extérieur de Rome. Machiavel et Montesquieu ont le tort grave de la regarder presque toujours par les yeux de ce Grec.

Par le traité qui termina la seconde guerre punique, Rome avait lié Carthage, et lui avait attaché un vampire pour sucer son sang jusqu'à la mort ; je parle de l'inquiet et féroce Massinissa, qui vécut un siècle pour le désespoir des Carthaginois. Ce barbare, à l'âge de quatre-vingts et quatre-vingt-dix ans, se tenait nuit et jour à cheval [1], acharné à la ruine de ses voisins désarmés. Il leur enlève une province en 199, une en 193, une autre en 182. Les Carthaginois tendent aux Romains des mains suppliantes. Rome leur envoie, dès la première usurpation, Scipion-l'Africain, qui voit l'injustice et ne veut point l'arrêter. En 181, Rome garantit le territoire carthaginois; et quelques années après, elle laisse le Numide s'emparer encore d'une province et de soixante-dix villes et villages. Carthage prie alors le Sénat de décider une fois ce qu'elle doit perdre, ou, s'il ne veut point la protéger comme alliée, de la défendre comme sujette. Les Romains, qui craignaient alors qu'elle ne s'unît à Persée (172), affectèrent une généreuse indignation contre Massinissa. Caton fut envoyé en Afrique; mais il se montra si partial, que les Carthaginois refusèrent d'accepter son [arbitrage. Cet homme dur et vindicatif ne leur pardonna point. En traversant leur pays, il avait remarqué l'accroissement extraordinaire de la richesse et de la population. Il craignit ou parut craindre que Carthage ne redevînt redoutable aux Romains. A son retour, il laisse tomber de sa robe des figues de Lybie; comme on en admirait la beauté, *la terre qui les porte*, dit-il, *n'est qu'à trois journées de Rome*. Dès

---

1. Ces détails, et presque tous ceux qui suivent jusqu'à la fin du livre, sont tirés d'Appien. (Amstel., 1670, t. I, *Guerres d'Afrique et d'Espagne*.)

lors, il ne prononça aucun discours qu'il n'ajoutât en terminant : *et de plus, je pense qu'il faut détruire Carthage.*

L'occasion vint bientôt. Trois factions déchiraient cette malheureuse ville : la romaine, la numide, dont le chef était Hannibal *le moineau* (le lâche?), et le parti des patriotes à la tête duquel se trouvait Hamilcar *le Samnite* (l'ennemi de Rome?). Ces derniers étant parvenus à chasser les partisans de Massinissa, le Numide attaque les Carthaginois, qui perdent enfin patience et prennent les armes. Mais il les enferme, les affame et leur détruit cinquante mille hommes. Rome avait envoyé des députés à Massinissa, *pour acheter des éléphants.* Leurs ordres secrets étaient d'imposer la paix si Massinissa était vaincu, de laisser continuer la guerre s'il était vainqueur. L'un de ces Romains, le jeune Scipion, qui devait un jour ruiner Carthage, voyait tout d'une hauteur, et *jouissait de la bataille,* dit-il lui-même, *comme Jupiter du haut de l'Ida.*

Les patriotes vaincus furent à leur tour chassés de Carthage, et Rome déclara qu'elle punirait cette ville d'avoir violé le traité. En vain les Carthaginois demandent quelle satisfaction on exige d'eux : Vous devez le savoir, dit le Sénat, sans vouloir autrement s'expliquer. Dès que la trahison a livré Utique aux Romains, ils éclatent. La nouvelle de la guerre part avec la flotte et quatre-vingt-quatre mille hommes. Point de paix s'ils ne livrent trois cents otages; à ce prix, ils pourront conserver leurs lois et leur cité. Les otages livrés, on leur demande leurs armes; ils apportent deux mille machines et deux cent mille armures complètes. Alors le consul leur annonce l'arrêt du Sénat : *Ils habiteront à plus de trois lieues de la mer, et leur ville sera ruinée de fond en comble*. Le Sénat a promis de respecter la *cité*, c'est-à-dire les citoyens, mais non pas la *ville*.

Cette indigne équivoque rendit aux Carthaginois la rage et la force. Les éloigner de la mer, c'était leur ôter le commerce et la vie même. Ils appellent les esclaves à la liberté. Ils fabriquent des armes avec tous les métaux qui leur restent : cent boucliers par jour, trois cents épées, cinq cents lances, mille traits. Les femmes coupent leurs longs cheveux pour faire des cordages aux machines de guerre.

Les consuls furent repoussés dans deux assauts, leur camp désolé par la peste, leur flotte brûlée. Les Carthaginois, comme les *dévoués* des modernes armées musulmanes, nagent tout nus jusqu'aux vaisseaux, jusqu'aux machines pour les incendier. Près de la ville se forme une nouvelle Carthage, où les Africains affluent chaque jour. L'armée romaine court risque trois fois d'être exterminée.

Le jeune Scipion Émilien, fils de Paul Émile, adopté par le fils du grand Scipion, qui, simple tribun, avait sauvé l'armée dans une de ces rencontres, demandait l'édilité; le peuple l'éleva au consulat. Il revint à temps pour dégager le consul prêt à périr, isola Carthage du continent par une muraille, de la mer par une prodigieuse digue. Mais les Carthaginois firent un travail plus merveilleux encore : hommes, femmes, enfants, tous enfin (ils étaient encore sept cent mille) percèrent sans bruit dans le roc une autre entrée à leur port, et lancèrent contre les Romains étonnés une flotte construite avec les charpentes de leurs maisons démolies. Scipion battit cette flotte, et la renferma en établissant sur les bords de la mer des machines qui battaient le passage. D'autre part, il avait pris la ville nouvelle qui s'était élevée pour la défense de l'ancienne. Celle-ci mourait de faim, mais ne songeait pas à se rendre. Scipion force enfin l'entrée de Carthage. Mais les Carthaginois défendent les trois passages qui y conduisent ; ils jettent des ponts d'un toit à l'autre. Les rues étroites sont bientôt comblées de cadavres ; les soldats n'avancent qu'en déblayant le chemin avec des fourches, et jetant pêle-mêle dans des fosses les vivants et les morts. Ce combat dura de maison en maison pendant six nuits et six jours. Cinquante mille hommes enfermés dans la citadelle demandèrent et obtinrent la vie. Les transfuges occupaient encore le temple d'Esculape, sentant bien qu'il n'y avait pas de grâce pour eux. En vain Scipion leur montrait prosterné à ses pieds le lâche Hasdrubal, général des Carthaginois. Sa femme, qui était restée avec les derniers défenseurs de Carthage, monte au sommet du temple, parée de ses plus beaux habits, prononce des imprécations contre son indigne époux, poignarde ses enfants, et se lance avec eux dans les flammes.

On dit qu'à la vue de cette épouvantable ruine, Scipion ne put s'empêcher de verser une larme, non sur Carthage, mais sur Rome, et de répéter ce vers d'Homère :

Et Troie aussi verra sa fatale journée.

Malgré les imprécations des Romains contre ceux

qui habiteraient la place où avait été Carthage, elle se releva sous Auguste. D'abord, Caïus Gracchus y avait marqué l'emplacement d'une colonie. Mais les loups déplacèrent pendant la nuit les bornes qui indiquaient les limites ; et le Sénat ne permit pas que ce projet fût exécuté. (Voy. plus bas, *César* et *Auguste*.)

Ce fut encore l'ami de Polybe, Scipion Émilien, que le Sénat chargea de ruiner Numance après Carthage. Cet homme, de manières élégantes et polies, tacticien habile et général impitoyable, était alors par tout le monde l'exécuteur des vengeances de Rome [1]. Il fit de Carthage un monceau de cendres, condamna tous les Italiens qu'il y prit à être foulés aux pieds des éléphants [2], de même que plus tard il coupait les mains aux Espagnols.

Reprenons de plus haut les guerres d'Espagne.

---

[1]. On connaît de nos jours le bon ton et la férocité des généraux russes. Tels étaient à peu près ces Romains hellénisés.

[2]. Ou plutôt il les fit jeter aux lions. (Val. Max., II, c. 7.) C'est son père, Paul Émile, qui traita ainsi les Italiens qu'il trouva dans l'armée de Persée. — Scipion protégeait les lettres. C'était l'ami de Polybe, le patron de Térence, dont les Romains lui attribuaient les comédies. Scipion daigna ne point démentir ce bruit, et n'en laissa pas moins le poète mourir de faim.

Porcii Licinii *Fragmentum;* ex Donato, *in vita Terentii* :

Dum lasciviam nobilium et fucosas laudes petit,
Dum Africani voci divinæ inhiat avidis auribus,
Dum ad Furium se cœnitare et Lælium pulchrum putat,
Dum se amari ab hisce credit, crebro in Albanum rapi
Ob florem ætatis suæ : ipsus sublatis rebus ad summam inopiam redactus est.
Itaque e conspectu omnium abit in Græciam, in terram ultimam.
Mortuus est in Stymphalo, Arcadiæ oppido : nihil Publius
Scipio profuit, nihil ei Lælius, nihil Furius,
Tres per idem tempus qui cogitabant nobiles facillime.
Eorum ille opera ne domum quidem habuit conductitiam,
Saltem ut esset quo referret obitum domini servolus.

Les brillants succès de Caton, qui se vantait d'avoir pris quatre cents villes (195), ceux de Tib. Sempronius Gracchus (179-8), qui en prit trois cents, avaient assuré aux Romains l'Espagne entre l'Èbre et les Pyrénées, l'Ancienne Castille avec une partie de la Nouvelle et de l'Aragon (Carpétans, Celtibériens, etc.). Dans l'Espagne *Ultérieure*, ils avaient soumis, par les armes de P. C. Scipion, de Posthumus et de plusieurs autres (195-178), le Portugal, Léon et l'Andalousie (Turdétans, Lusitaniens et Vaccéens).

Les Romains traitaient l'Espagne à peu près comme les Espagnols traitèrent l'Amérique nouvellement découverte. Il semble qu'ils n'aient vu dans ce beau pays que ses riches mines d'argent. Le triomphe était décerné aux magistrats qui rapportaient le plus de lingots dans le trésor public. Le Sénat laissait aux proconsuls d'autres moyens de s'enrichir eux-mêmes. Ils se saisissaient du blé des habitants, le taxaient à un prix énorme et affamaient le pays. De pareilles vexations auraient poussé à bout les hommes les plus pacifiques. Qu'on juge si les Espagnols les supportaient!

Ce peuple intrépide, où les femmes combattaient comme les hommes, où il était inouï qu'un mourant poussât un soupir, pouvait être vaincu cent fois, jamais subjugué. Après une bataille, ils envoyaient dire aux Romains vainqueurs : *Nous vous permettrons de sortir de l'Espagne, à condition que vous nous donnerez par homme un habit, un cheval et une épée.* De prisonniers, il ne fallait pas songer à en faire. Les Espagnols étaient les plus mauvais esclaves. Ils tuaient leurs maîtres, ou, si on les embarquait, ils perçaient le vaisseau et le faisaient couler bas. Ils portaient habituellement du poison sur eux, pour ne pas survivre à une défaite.

Cette guerre interminable, dont la prolongation déshonorait tous ceux qui croyaient l'avoir mise à fin, poussa les généraux romains aux résolutions de la plus atroce perfidie. Un Lucullus dans la Celtibérie, un Galba dans la Lusitanie, offrent des terres fertiles aux tribus espagnoles qu'ils ne pouvaient vaincre, les y établissent, les dispersent ainsi et les massacrent. Galba seul en égorgea trente mille (151).

Il n'avait pu tout tuer. Un homme s'était échappé, qui vengea les autres. Viriathe était, comme tous les Lusitaniens, un pâtre, un chasseur, un brigand, un de ces hommes aux pieds rapides, qui faisaient leur vie de la guerre, qui connaissaient seuls leurs noires montagnes (*sierra morena*), leurs broussailles, leurs défilés étroits, qui savaient tantôt tenir ferme, tantôt se disperser au jour pour reparaître au soir, et s'évanouir encore, laissant derrière eux des coups mortels, et bondissant sur les pics, sur les corniches des monts et par les précipices, comme des chevreuils ou des chamois.

Il défit successivement cinq préteurs (149-145), enferma dans un défilé le consul Fabius Servilianus, et le força de conclure un traité *entre le peuple romain et Viriathe* (141). Le Sénat ratifia le traité et fit assassiner Viriathe pendant son sommeil. Cet homme n'était pas un chef de bande ordinaire. Il avait cherché à unir ses Lusitaniens aux Celtibériens, seul moyen de donner à l'Espagne ce qui lui manquait pour être plus forte que Rome, l'unité. Sa mort rompit une alliance si dangereuse aux Romains. Toute la guerre de Celtibérie se concentra dans Numance, capitale des Arvaques. Là s'était réfugiée la peuplade des *Belles*, chassés de leur ville de Ségéda. Numance refusa de les livrer et soutint dix ans tout l'effort de la puissance romaine (143-131). Cette ville, couverte par deux fleuves, des vallées âpres et des forêts profondes, n'avait, dit-on, que huit mille guerriers. Mais probablement tous les braves de l'Espagne venaient tour à tour renouveler cette population héroïque. Pompeius fut obligé de traiter avec eux. Mancinus n'échappa à la mort qu'en se livrant lui et son armée. Brutus et Emilius furent forcés par la famine de lever le siège. Furius et Calpurnius Pison ne furent pas plus heureux. Pas un Romain n'osait désormais regarder un Numantin en face. Pas un à Rome ne voulait s'enrôler pour l'Espagne. Il fallut faire à la petite ville espagnole l'honneur d'envoyer contre elle le second Africain, le destructeur de Carthage.

Scipion n'emmena en Espagne que des volontaires, amis ou clients, φίλων ἴλην, comme il les appelait; en tout quatre mille hommes. Il commença par une réforme sévère de la discipline; il retrempa le caractère du soldat, en exigeant de lui d'immenses travaux. Il campait et décampait, élevait des murs pour les détruire, et peu à peu se rapprochait de Numance. Il finit par l'entourer d'une circonvallation d'une lieue d'étendue, et d'une contrevallation de deux lieues. Non loin de là, il éleva un mur de dix pieds de haut, sur huit d'épaisseur, avec des tours et un fossé hérissé de pieux. Il ferma le Douro, qui traversait Numance, avec des câbles et des poutres armées de pointes de fer. C'était la première fois qu'on enfermait de lignes une ville qui ne refusait pas de combattre.

Le plus vaillant des Numantins, Retogènes Caraunius, c'est ainsi que le nomme Appien[1], se fit jour, avec quelques autres, et, l'olivier à la main, courut toutes les villes des Arvaques pour obtenir du secours. Mais ces villes craignaient trop Scipion. La plupart ordonnèrent à Retogènes de sortir sans l'avoir entendu. La seule Lutia semblait s'intéresser au sort de Numance. Scipion la surprit, exigea qu'on lui livrât quatre cents habitants, et leur fit couper les mains.

Les Numantins, désormais sans espoir, se trouvaient réduits à une horrible famine. Ils en étaient venus à se manger les uns les autres. Les malades y avaient passé d'abord ; puis les forts commencèrent à manger les faibles. Mais dans cet horrible régime le cœur et les forces finirent par leur manquer. N'ayant pu obtenir au moins de périr en combattant, ils livrèrent leurs armes et demandèrent un délai, alléguant qu'ils voulaient se donner la mort. Scipion en réserva cinquante pour le triomphe.

La soumission de la Macédoine et la ruine de Corinthe, de Carthage et de Numance mirent l'univers aux pieds de Rome.

---

1. Les *Hispaniques* d'Appien (t. I, p. 483-505) font ici la source principale. Nous n'avons du reste que quelques mots des abréviateurs Velleius, Florus, etc.

LIVRE III

DISSOLUTION DE LA CITÉ[1]

CHAPITRE PREMIER

Extinction des plébéiens pauvres, remplacés dans la culture par les esclaves, dans la cité par les affranchis. — Lutte des riches et chevaliers contre les *nobles*. Tribunat des Gracches (133-121). Les chevaliers enlèvent aux *nobles* le pouvoir judiciaire.

Au moment où tous les rois de la terre venaient rendre hommage au peuple romain, représenté par le Sénat, ce peuple s'éteignait rapidement. Consumé par la double action d'une guerre éternelle et d'un système de législation dévorante, il disparaissait de l'Italie. Le Romain, passant sa vie dans les camps, au delà des mers, ne revenait guère visiter son petit champ. La plupart n'avaient plus même ni terre, ni abri, plus d'autres dieux domestiques que les aigles des légions. Un échange s'établissait entre l'Italie et les provinces.

---

1. Cette troisième période reproduit la première. La lutte des nobles et des chevaliers répond à celle des patriciens et des plébéiens. La *guerre Sociale* à la *guerre des Samnites*, la guerre des *Gaulois transalpins* à celle des *cisalpins*. — *Sylla* est un *Appius*, *César* un *Scipion*, etc.

L'Italie envoyait ses enfants mourir dans les pays lointains, et recevait en compensation des millions d'esclaves[1]. De ceux-ci, les uns attachés aux terres, les cultivaient et les engraissaient bientôt de leurs restes[2]; les autres, entassés dans la ville, dévoués aux vices d'un maître, étaient souvent affranchis par lui[3],

---

[1]. Plaçons ici quelques idées ingénieuses de M. Comte, *Tr. de législation* IV° vol., sur l'esclavage : « Silence général de l'histoire sur les populations esclaves. Trois âges : antiquité, féodalité, colonies modernes; esclavage domestique, esclavage de la glèbe, nègres. — Les races libres de l'antiquité devenaient belles : 1° par une vie d'exercices continuels; 2° par leur mélange avec les plus belles femmes esclaves; mais les races inférieures se détérioraient d'autant. — Les citoyens des peuples anciens étant égaux entre eux, l'homme avait besoin d'agir sur l'homme (sciences morales, politique, éloquence); mais leurs esclaves les dispensaient d'agir sur la nature (point d'arts industriels). Lorsque les maîtres furent asservis eux-mêmes, tout s'éteignit. — Sous le régime féodal, les maîtres étant soumis à une hiérarchie fixe, n'avaient pas besoin d'agir les uns sur les autres par la puissance de l'esprit; de là, etc. — L'esclavage nuit non seulement aux maîtres et aux esclaves, mais aux hommes libres qui n'ont pas d'esclaves : 1° il compromet la condition des hommes libres. Dans l'antiquité, les peuples étaient ennemis, aucun homme libre n'osait émigrer isolément (Virginie, — danger des hommes de couleur en Amérique); 2° les hommes libres restent inactifs, de peur d'être méprisés; 3° ils ne peuvent se procurer un travail régulier; 4° à mesure que les esclaves devinrent nombreux à Rome, ils cultivèrent les terres; les petits propriétaires disparurent; l'agriculture étant trop compliquée pour des esclaves, tout fut changé en pâturages. — Une partie de la population travaillant machinalement d'après les ordres de l'autre, les sciences, les arts, l'industrie, tombèrent en décadence. Le conquérant romain, devenu maître d'un homme libre et industrieux, donnait les ouvrages de cet homme pour modèles à ses esclaves. Lorsqu'il n'y eut plus d'hommes industrieux à subjuguer, les esclaves ne furent plus instruits que par les esclaves. Les ouvrages devinrent de plus en plus grossiers. Les maîtres eux-mêmes ne souhaitaient pas mieux. Cherté de la main-d'œuvre; ni machines, ni division du travail, etc. »

[2]. On s'étonnera moins de la rapide extinction des esclaves, si l'on songe qu'ils étaient traités comme choses, et non point comme hommes. Dans leur définition du mot *servi*, Elius Gallus et Cicéron comprennent les chevaux et les mulets. Varron compte les esclaves parmi les instruments aratoires.

[3]. Ceux-ci même laissaient rarement une famille. Le maître affranchissait ordinairement l'esclave sous la condition expresse qu'il ne se marierait point,

et devenaient citoyens. Peu à peu les fils des affranchis furent seuls en possession de la cité, composèrent le peuple romain, et sous ce nom donnèrent des lois au monde. Dès le temps des Gracches, ils remplissaient presque seuls le Forum. Un jour qu'ils interrompaient par leurs clameurs Scipion Émilien, il ne put endurer leur insolence, et il osa leur dire : *Silence, faux fils de l'Italie*[1] *! Et encore : Vous avez beau faire : ceux que j'ai amenés garrottés à Rome, ne me feront jamais peur, tout déliés qu'ils sont maintenant.* Le silence dont fut suivi ce mot terrible, prouve assez qu'il était mérité. Les affranchis craignirent qu'en descendant de la tribune, le vainqueur de Carthage et de Numance, ne reconnût ses captifs africains ou espagnols, et ne découvrît sous la toge les marques du fouet.

Ainsi un nouveau peuple succède au peuple romain absent ou détruit. Les esclaves prennent la place des maîtres, occupent fièrement le Forum, et dans ces bizarres saturnales, gouvernent par leurs décrets les Latins, les Italiens qui remplissent les légions. Bientôt il ne faudra plus demander où sont les plébéiens de Rome. Ils auront laissé leurs os sur tous les rivages. Des camps, des urnes, des voies éternelles, voilà tout ce qui doit rester d'eux.

Veut-on savoir dans quel état de misère et d'épuisement se trouvait le peuple dès le commencement

---

pour que tout le bien qu'il pourrait acquérir revînt au patron par héritage. Auguste défendit d'exiger ce serment. (Dio., XLVII, 14.)

1. « Taceant, quibus Italia noverca est; non efficietis ut solutos verear, « quos alligatos adduxi. » (Val. Max., VI, 2.) — « Hostium armatorum toties « clamore non territus, qui possum vostro moveri, quorum noverca est Italia. » (Vell. Pat., II, c. 11.)

de la guerre contre Persée[1]? Qu'on lise le discours d'un centurion qui, comme plusieurs autres, avait eu recours à la protection des tribuns, pour ne pas servir au delà du temps prescrit[2]. A cinquante ans, ce vaillant soldat n'avait qu'un arpent pour nourrir sa nombreuse famille. Il est évident que la multitude des pauvres légionnaires ne subsistait que des distributions d'argent qui se faisaient à chaque triomphe. La plupart n'avaient plus de terres, et quand ils en eussent eu, toujours éloignés pour le service de l'État, ils ne pouvaient les cultiver. La ressource insuffisante et précaire des distributions ne leur permettait guère de se marier et d'élever des enfants. Le centurion que

---

1. En comparaison des flottes de la première guerre punique, où combattirent jusqu'à sept cents quinquérèmes, celle des successeurs d'Alexandre, des guerres médiques et de la guerre du Péloponèse étaient peu de chose; on n'y employait que de simples trirèmes... Comment se fait-il que les Romains, maîtres du monde, ne puissent plus équiper de si grandes flottes? (Polyb., lib. I.)

2. Tit-Liv., XLII, c. 34 : « Dès que le consul eut fini de parler, Sp. Ligustinus, un des centurions qui avaient eu recours à la protection des tribuns, demanda la permission d'adresser quelques mots au peuple, et l'obtint sans difficulté : « Romains, leur dit-il, je suis Sp. Ligustinus, né au pays des Sabins dans la tribu Crustumine. Mon père m'a laissé pour héritage un arpent de terre et la chaumière où je suis né, où j'ai été élevé, et où j'habite encore aujourd'hui. Quand je fus en âge de me marier, il me fit épouser la fille de son frère, laquelle ne m'apporta d'autre dot que la liberté, la vertu avec une fécondité suffisante, même pour une maison riche. De cette union sont nés six fils, et deux filles déjà mariées l'une et l'autre. Quatre de mes fils ont la robe virile, les deux autres portent encore la prétexte. J'ai donné mon nom à la milice sous le consulat de P. Sulpicius et de C. Aurélius; j'ai servi deux ans comme simple soldat contre Philippe, dans l'armée qui a passé en Macédoine; la troisième année, T. Quintius Flaminius m'a donné, pour prix de mon courage, le commandement de la dixième compagnie des *hastats*. Après la défaite de Philippe et des Macédoniens, licencié avec mes camarades et ramené en Italie, j'ai suivi comme volontaire, le consul Porcius Caton en Espagne. Tous ceux que de longs services ont mis à portée de le connaître, savent que, parmi les généraux existants, le courage n'a pas de témoin plus éclairé ni de meilleur juge. Ce général m'a cru digne du grade de premier centurion dans le premier

le Sénat fit parler ainsi devant le peuple, était sans doute un modèle rare qu'on lui proposait.

Indépendamment de la rapide consommation d'hommes que faisait la guerre, la constitution de Rome suffisait pour amener à la longue la misère et la dépopulation. Cette constitution était, comme nous allons le prouver, une pure aristocratie d'argent. Or, dans une aristocratie d'argent sans industrie, c'est-à-dire sans moyen de créer de nouvelles richesses, chacun cherche la richesse dans la seule voie qui puisse suppléer à la production, dans la spoliation. Le pauvre devient toujours plus pauvre, le riche toujours plus riche. La spoliation de l'étranger peut faire trêve

manipule des hastats. J'ai pris parti, pour la troisième fois, comme volontaire dans l'armée envoyée contre Antiochus et les Étoliens, et dans cette guerre Manius Acilius m'a fait premier centurion du premier manipule des *princes*. Après l'expulsion d'Antiochus et la soumission des Étoliens, nous sommes revenus en Italie, où je suis resté deux ans sous le drapeau. Ensuite, j'ai servi encore deux ans en Espagne, d'abord sous les ordres de Q. Fulvius Flaccus, puis sous le préteur T. Sempronius Gracchus. Je fus du nombre de ceux que Flaccus ramena pour partager l'honneur de son triomphe; mais je ne tardai pas à retourner dans cette province, à la prière de T. Gracchus. En très peu d'années j'ai quatre fois été mis à la tête de la première centurie de ma légion; trente-quatre fois mes généraux ont accordé à ma valeur des récompenses militaires, entre lesquelles sont six couronnes civiques; je compte déjà vingt-deux ans de service, et j'ai passé cinquante ans. Quand même je n'aurais pas fait mon temps, quand même mon âge ne serait pas un titre d'exemption, pouvant fournir quatre soldats à ma place, j'aurais le droit de demander ma retraite. Voilà ce que j'ai à dire dans la cause qui m'est personnelle. Cependant, tant que les officiers chargés des enrôlements me jugeront propre à servir l'État, on ne m'entendra point alléguer d'excuse. C'est aux tribuns des soldats à juger de quel grade ils me croient digne, et c'est à moi de faire tous mes efforts pour ne céder à personne le prix de la valeur, comme je l'ai fait jusqu'à présent. Mes généraux et tous ceux qui ont servi avec moi peuvent témoigner si je dis vrai. Imitez-moi, mes vieux camarades; quel que soit votre droit d'en appeler, comme dans votre jeunesse il ne vous est jamais arrivé de résister à l'autorité des magistrats, il est digne de vous de rester soumis au Sénat et aux consuls. Croyez-moi, tous les postes sont honorables pour qui défend sa patrie. » (Trad. de M. Noël.)

à la spoliation du citoyen; mais tôt ou tard il faut que celui-ci soit ruiné, affamé, qu'il meure de faim, s'il ne périt à la guerre.

La vieille constitution des curies patriciennes, où les pères des *gentes*, seuls propriétaires, seuls juges et pontifes, se rassemblaient la lance à la main (*quir, quirites*), et formaient seuls la cité, cette première constitution avait péri. On en conservait une vaine image par respect pour les augures. Les testaments, les lois rendues par les tribus, étaient confirmés par les curies. Du reste personne ne venait à ces assemblées. Les trente curies étaient représentées par trente licteurs.

Le pouvoir réel était entre les mains des centuries, c'est-à-dire de l'armée des propriétaires. Les centuries, composées d'un nombre inégal de citoyens, participaient au pouvoir politique, en raison de leur richesse, et en raison inverse du nombre de leurs membres. Ainsi, chaque centurie donnant également un suffrage, les nombreuses centuries qui se trouvaient composées d'un petit nombre de riches, avaient plus de suffrages que les dernières où l'on avait entassé la multitude des pauvres. Les dix-huit premières centuries comprenant les riches, sénateurs ou autres, avaient droit de servir à cheval, et, comme dans l'ancienne constitution, les plus nobles de la cité étaient désignés par l'arme jusque-là la plus honorable, je veux dire la *lance;* de même dans l'organisation militaire et politique des centuries, les plus riches de la cité tiraient leur nom de leur service dans la cavalerie; on les appelait *chevaliers*. Toutefois ceux d'entre eux qui étaient sénateurs dédaignaient le nom de cavaliers ou chevaliers, et le laissaient aux autres riches qui n'avaient point de distinction politique.

Au-dessous des centuries composées de ceux qui payaient et servaient à la guerre, se trouvaient les *ærarii*, qui n'y contribuaient que de leur argent. Ceux-là ne donnaient point de suffrage. Mais leur position politique n'était guère plus mauvaise que celle des citoyens placés dans les centuries des pauvres. Celles-ci, consultées les dernières et lorsque le suffrage des autres avait décidé la majorité, ne l'étaient que pour la forme, et le plus souvent on ne prenait pas la peine de recueillir leurs suffrages.

Le peuple avait cru échapper à cette tyrannie de la richesse, en opposant aux comices par centuries les comices par tribus, que les tribuns convoquaient et présidaient. Les augures n'étant pas consultés dans ces assemblées, les riches ne pouvaient les rompre à leur gré au nom de ces vieilles religions qu'ils avaient héritées des patriciens. Mais les riches poursuivirent les pauvres dans cet asile. Portés par les assemblées des centuries aux fonctions de censeurs, ils rejetaient tous les cinq ans les pauvres dans les tribus urbaines, dans celles qui votaient les dernières. Chaque tribu donnant un seul vote, sans égard au nombre de ses membres, les tribus riches formaient, malgré le petit nombre des leurs, plus de votes que celles où se trouvait réunie la multitude des pauvres. Il en était des tribus comme des centuries. Le radicalisme du système des tribus était idéal. C'était une consolation pour les pauvres. En réalité, la richesse donnait la puissance dans toutes les assemblées de Rome. Les maîtres de l'État étaient les riches. Ils dominaient les comices, recrutaient le Sénat, remplissaient toutes les charges. Ils spoliaient le monde en qualité de consuls et de préteurs ; comme censeurs, ils spoliaient l'Italie, en adjugeant aux riches, aux hommes de leur ordre, la ferme des domaines de l'État, au préjudice des pauvres qui les tenaient au prix très bas des anciens baux. Peu à peu ces terres devenaient la propriété du riche locataire [1], et, par la connivence des censeurs, il cessait d'en payer le fermage à l'État.

Le cens frappait encore le petit propriétaire d'une autre manière. Il déclarait, il soumettait à l'impôt sa propriété, *res mancipi*, comme disaient les Romains, ce qui comprenait la terre, la maison, les esclaves et

---

1. « Dans leur conquête successive des diverses contrées de l'Italie, les Romains étaient dans l'usage ou de s'approprier une partie du territoire et d'y bâtir des villes, ou de fonder, dans les villes déjà existantes, une colonie composée de citoyens romains. Ces colonies servaient comme de garnisons pour assurer la conquête. La portion de territoire dont le droit de la guerre les avait rendus propriétaires, ils la distribuaient sur-le-champ aux colons si elle était en valeur ; ou bien ils la vendaient ou la baillaient à ferme ; si, au contraire, elle avait été ravagée par la guerre, ce qui arrivait souvent, ils n'attendaient point pour la distribuer par la voie du sort, mais ils la mettaient à l'enchère telle qu'elle était, et se chargeait de l'exploiter qui voulait, moyennant une redevance annuelle en fruits ; savoir : du dixième pour les terres qui étaient susceptibles d'être ensemencées, et du cinquième pour les terres à plantations. Celles qui n'étaient bonnes que pour le pâturage, ils en retiraient un tribut de gros et menu bétail. Leur vue en cela était de multiplier la race italienne, qui leur paraissait la plus propre à supporter des travaux pénibles, et de s'assurer d'auxiliaires nationaux. Le contraire arriva. Les citoyens riches accaparèrent la plus grande partie de ces terres incultes, et, à la longue, ils s'en regardèrent comme les propriétaires incommutables. Ils acquirent de gré ou de force les petites propriétés des pauvres qui les avoisinaient. Les terres et les troupeaux furent remis à des mains esclaves ; des hommes libres eussent été souvent éloignés par le service militaire. Cela était très avantageux aux propriétaires ; les esclaves, n'étant pas appelés à porter les armes, multipliaient à leur aise. Il résulta de toutes ces circonstances que les grands devinrent très riches, et que la population des esclaves fit dans les campagnes beaucoup de progrès, tandis que celle des hommes libres allait diminuant par suite du malaise,

les bêtes, le bronze monnayé[1]. Cet impôt lourd et variable dans lequel on ne tenait pas compte du produit divers des années, changeait tous les cinq ans. Au contraire, le riche ne payait, ni pour les terres du domaine dont il jouissait sans titre de propriété, ni pour les *res nec mancipi* qui faisaient une grande partie de sa fortune, tandis qu'elles n'entraient pour rien dans celle du pauvre. Les lois de Caton sur les meubles de luxe avaient sans doute pour principal but d'égaliser l'impôt.

Toutefois, entre les riches qui composaient les dix-huit centuries équestres, il n'y avait pas unité d'intérêt. Ceux d'entre eux qui étaient entrés dans le

---

des contributions et du service militaire qui les accablaient; et lors même qu'ils jouissaient, à ce dernier égard, de quelque relâche, ils ne pouvaient que languir dans l'inaction, puisque les terres étaient entre les mains des riches qui employaient des esclaves préférablement aux hommes libres.

« Cet état de choses excitait le mécontentement du peuple romain. Car il voyait que les auxiliaires italiens allaient lui manquer, et que sa puissance serait compromise au milieu d'une si grande multitude d'esclaves. On n'imaginait pas néanmoins de remède à ce mal, parce qu'il n'était ni facile, ni absolument juste de dépouiller de leurs possessions agrandies, améliorées, couvertes d'édifices, tant de citoyens qui en jouissaient depuis longues années. Les tribuns du peuple avaient anciennement fait passer avec bien de la peine une loi qui défendait de posséder plus de cinq cents arpents de terre, et d'avoir en troupeaux plus de cent têtes de gros bétail et cinquante de menu. La même loi avait enjoint aux propriétaires de prendre à leur service un certain nombre d'hommes libres, pour être les surveillants et les inspecteurs de leurs propriétés. Cette loi fut consacrée par la religion du serment. Une amende fut établie contre ceux qui y contreviendraient. Le surplus des cinq cents arpents devait être vendu à bas prix aux citoyens pauvres; mais ni la loi ni les serments ne furent respectés. Quelques citoyens, afin de sauver les apparences, firent, par des transactions frauduleuses, passer leur excédent de propriété sur la tête de leurs parents; le plus grand nombre bravèrent la loi. » (Appien, II° vol., p. 604 (j'ai corrigé l'inexacte et prolixe traduction de Combes-Dounous).

1. Voy. Niebuhr, II° vol. Ce critique, ancien directeur de la Banque de Copenhague, a supérieurement traité l'histoire primitive des finances de Rome.

Sénat, et qui avaient occupé les charges, se distinguèrent par le nom de *nobles*, et s'efforcèrent d'en exclure les riches citoyens, ou *chevaliers*. Depuis la fin de la seconde guerre punique, le gouvernement était devenu si lucratif et dans les missions lointaines de consul et de préteur, et dans le Sénat même où devaient affluer les présents des rois, que les nobles dédaignèrent les lents bénéfices de l'usure, et essayèrent de réprimer sous ce rapport l'avidité des chevaliers (193-2). En récompense, ils leur laissaient usurper ou leur adjugeaient par la voie du cens tous les domaines publics dont ils expulsèrent les pauvres. Quant à ceux-ci, on leur jeta d'abord quelque pâture pour étouffer leurs cris. En 231 et 196, on leur vendit à très bas prix une énorme quantité de blé. Après chaque triomphe (en 197, 196, 191, 189, 187, 167), on distribuait aux soldats du bronze monnayé. En même temps on donnait des terres, on fondait des colonies. Les soldats romains profitèrent des biens dont on dépouillait les Italiens qui s'étaient déclarés pour Hannibal (201-199). Cinq colonies sont fondées en 197 dans la Campanie et dans l'Apulie; six, en 194-3, dans la Lucanie et le Brutium. En 192, 190, nouvelles colonies dans la Gaule italienne; en 189, fondation de celle de Bologne; en 181, de Pisaurum et Pollentia; en 183, de Parme et Modène; en 181, de Graviscæ, de Saturnia et d'Aquilée; de Pise en 180; de Lucques en 177.

Vers l'époque de la guerre de Persée, les *nobles*, voyant le monde à leurs pieds, ne se soucient plus du peuple. Qu'il vive ou meure, peu leur importe. Ils ne manqueront pas d'esclaves pour cultiver leurs terres. D'ailleurs Caton lui-même, le grand agriculteur, n'a-t-il pas reconnu à la fin de sa vie que les meilleures possessions étaient les pâturages? Pour conduire des troupeaux, on n'a que faire de la main intelligente d'un homme libre; un esclave suffit. Le laboureur expulsé de sa terre n'y peut donc rester, même comme fermier. Il se réfugie à la ville, et vient demander sa nourriture à ceux qui l'ont exproprié. Là peut-être il subsistera des gratifications du Sénat, des dons des riches. Il attendra la chance d'une nouvelle colonie. Mais le Sénat n'accorde plus ni blé ni terres. Pas une seule colonie pendant un demi-siècle. Que reste-t-il aux pauvres? leur vote. Ils le vendront aux candidats. Ceux-ci peuvent bien payer ces consulats, ces prétures, qui leur livrent les richesses des rois. Mais les censeurs ne laisseront pas cette ressource aux pauvres. Ils entasseront dans la tribu esquiline, avec les affranchis, tous les citoyens qui n'ont pas en terre trente mille sesterces. Relégués dans une des dernières tribus, leur vote est rarement nécessaire. D'ailleurs, le Sénat ne daigne plus guère consulter le peuple; depuis la victoire de Paul Émile, il décide seul de la guerre et de la paix. Il a substitué aux jugements populaires quatre tribunaux permanents (*quæstiones perpetuæ*, 149-144), composés de sénateurs, qui connaissent des causes criminelles, et particulièrement des crimes dont les sénateurs peuvent se rendre coupables, de la brigue, de la concussion, du péculat. Le jugement des crimes est remis aux criminels. Ainsi le Sénat s'est affranchi du peuple. Le pauvre citoyen n'avait plus que son vote pour gagner sa vie : on le lui ôte. Il faut qu'il meure, qu'il fasse place aux affranchis dont Rome est inondée. Tel était le sort du citoyen romain, et le Latin, l'Italien lui portaient encore envie.

L'ancien système de Rome, qui avait fait sa force et sa grandeur, était d'accorder des privilèges plus ou moins étendus aux villes en proportion de leur éloignement. Ainsi, autour de Rome, se trouvait d'abord une ceinture de villes municipales, investies du droit de suffrage et égales en droits à Rome elle-même : c'étaient les villes des Sabins, et Tusculum, Lanuvium, Aricie, Pedum, Nomentum, Acerres, Cumes, Priverne, auxquelles on joignit, en 188, celles de Fundi, Formies et Arpinum. Puis venaient les municipes sans droit de suffrage, et les cinquante colonies fondées avant la seconde guerre punique, toutes (moins trois) dans l'Italie centrale; vingt autres furent établies de 197 à 177, mais dans une position plus éloignée. Ces colonies avaient toute la *cité*, mais sans le privilège qui lui donnait de la valeur, le droit de suffrage. Au-dessous des *municipes* et des *colonies*, se trouvaient les *Latins* et les Italiens. Les Italiens conservaient leurs lois et étaient exempts de tributs. Dépouillés de leurs meilleures terres par les colonies romaines, on peut dire qu'ils avaient bien payé le tribut d'avance. Les *Latins* avaient de plus l'avantage de devenir citoyens romains en laissant des enfants pour les représenter dans leur ville natale, en y remplissant quelque magistrature, enfin *en convainquant de prévarication un magistrat romain.* Est-il nécessaire de dire que personne n'était assez hardi pour tenter de devenir citoyen par cette dernière voie [1]?

L'Italien, le Latin, le colon, le municipe sans suffrage, dont les droits, plus ou moins brillants, se réduisaient dans la réalité à recruter jusqu'à extinction de leur population les armées romaines, tous voulaient devenir Romains. Chaque jour ce titre était plus honorable ; chaque jour aussi, tous les autres changeaient en sens inverse, et devenaient plus humiliants. Dans cette fatale année de la défaite de Persée (172), un consul ordonne, pour la première fois, aux alliés de Préneste de venir au-devant de lui et de lui préparer un logement et des chevaux. Bientôt un autre fait battre de verges les magistrats d'une ville alliée, qui ne lui avait pas fourni des vivres. Un censeur, pour orner un temple qu'il construit, enlève le toit de celui de Junon Lacinienne, le temple le plus saint de l'Italie. A Férente, un préteur veut se baigner aux bains publics, en chasse tout le monde, et, pour je ne sais quelle négligence, fait battre de verges un des questeurs de la ville. A Teanum, la femme d'un consul fait traiter de même le premier magistrat du lieu. Un simple citoyen, porté dans une litière sur les épaules de ses esclaves, rencontre un bouvier de Venusium : *Est-ce que vous portez un mort ?* dit le rustre. Ce mot lui coûta la vie. Il expira sous le bâton [2].

---

[1]. On sait le succès des poursuites intentées pour concussions à Scipion, à Metellus, à Scaurus, à Fonteius, etc.

[2]. Cato, *in Gell.*, X, 3 : « De falsis pugnis vel pœnis : Dixit a decemviris « parum sibi bene cibaria curata esse. Jussit vestimenta detrahi atque flagro « cædi. Decemviros Bruttiani verberavere. Videro multi mortales. Quis hanc « contumeliam, quis hoc imperium, quis hanc servitutem ferre posset ? Nemo « hoc rex ausus est facere. Eane fieri bonis, bono genere gnatis, boni consu-

Pour échapper à une pareille tyrannie, chacun tâchait de se rapprocher de Rome, et de s'y établir, s'il était possible. Rome exerçait ainsi sur l'Italie une sorte d'absorption, qui devait en peu de temps faire du pays un désert, et la surcharger elle-même d'une énorme population. L'Italie, n'ayant pu détruire Rome, ne songeait plus qu'à s'unir à elle, et l'étouffait en l'embrassant. Les Latins pouvant seuls devenir

« litis? Ubi societas? ubi fides majorum? insignitas injurias, plagas, verbera, vibices, eos dolores atque carnificinas, per dedecus atque maximam contumeliam, inspectantibus popularibus suis atque multis mortalibus, te facere ausum esse! Sed quantum luctum, quantumque gemitum, quid lacrumarum, quantumque fletum factum audivi! Servi injurias nimis ægre ferunt; quid illos bono genere gnatos, magna virtute præditos opinamini animi habuisse atque habituros dum vivent. »

« Il dit que les décemvirs n'avaient pas assez de soin de ses provisions. Il ordonne qu'on arrache leurs vêtements, et qu'on les frappe de verges. Des Brutiens frappèrent les décemvirs! et une foule d'hommes ont vu cela! Qui pourrait souffrir un pareil outrage? qui, un pareil despotisme? qui, une pareille servitude? Pas un roi n'a osé le faire. Trouvez-vous bon qu'on le fasse contre des hommes bons et de bonne race? Où sont les droits des cités? où la foi des ancêtres? Des outrages publics, des plaies, des meurtrissures, des coups de fouet, de telles douleurs, de telles tortures, avec la honte et le déshonneur, sous les yeux de leurs concitoyens et d'une foule d'hommes assemblés; ton audace a pu cela! Mais ô combien de pleurs, ô combien de gémissements! que de larmes, et combien de sanglots! des esclaves supportent à peine de telles injures. Quel souvenir pensez-vous que ces hommes de bonne race et de grande vertu gardent au fond de leur âme, et garderont tant qu'ils vivront? » (Trad. de M. Cassan.)

Tit. Gr., in Gell., X, 5. — « Dernièrement le consul vint à Teanum Sidicinum : sa femme dit qu'elle voulait se baigner dans les bains des hommes. M. Marius chargea le questeur campanien d'en faire sortir ceux qui s'y baignaient. La femme du consul se plaint à son mari qu'on a mis peu d'empressement à lui livrer les bains, et peu de soin à les préparer. En conséquence, un poteau est dressé dans la place publique : on y amène l'homme le plus distingué de la ville, M. Marius. On lui arrache ses vêtements, il est battu de verges. Les habitants de Calenum, à cette nouvelle, défendirent par un décret que personne approchât des bains, lorsqu'un magistrat romain serait dans leur ville. A Ferentinum, pour un semblable motif, notre préteur ordonna d'arrêter les questeurs. L'un d'eux se précipita du haut d'un mur; l'autre fut saisi et battu de verges. »

citoyens romains, l'Italie affluait dans le Latium, le Latium dans Rome. D'une part, les Samnites et les Péligniens, ne pouvant plus fournir leur contingent de troupes, dénoncent la transplantation de quatre mille familles des leurs dans la ville latine de Frégelles (177). Les Latins déclarent la même année, pour la seconde fois, que leurs villes et leurs campagnes deviennent désertes par l'émigration de leurs citoyens dans Rome. Ils faisaient à un Romain une vente simulée d'un de leurs enfants, qui par l'affranchissement se trouvait citoyen. La servitude était la porte par laquelle on entrait dans la cité souveraine. Dès 187, Rome avait chassé de son sein douze mille familles latines. En 172, une nouvelle expulsion diminua la population de seize mille citoyens.

Telle était la situation de l'Italie. Les extrémités du corps devenaient froides et vides. Tout se portait au cœur, qui se trouvait oppressé. Le sénateur repoussait du Sénat et des charges, l'*homme nouveau*, le chevalier, le riche, et lui abandonnait en récompense l'envahissement des terres du pauvre. Le Romain repoussait le colon du suffrage, le Latin de la cité; celui-ci, à son tour, repoussait l'Italien du Latium et des droits des Latins. Rome avait ruiné l'Italie indépendante par ses colonies, où elle rejetait ses pauvres; désormais elle ruinait l'Italie colonisée, par l'envahissement des riches qui partout achetaient, affermaient, usurpaient les terres et les faisaient cultiver par des esclaves.

« Les chevaliers étaient les traitants de la République; ils étaient avides, ils semaient les malheurs dans les malheurs et faisaient naître les besoins publics des besoins publics. Bien loin de donner à de telles gens la puissance de juger, il aurait fallu qu'ils eussent été sans cesse sous les yeux des juges. Il faut dire cela à la louange des anciennes lois françaises; elles ont stipulé, avec les gens d'affaires, avec la méfiance que l'on garde à des ennemis. Lorsqu'à Rome les jugements furent transportés aux traitants, il n'y eut plus de vertu, plus de police, plus de lois, plus de magistrature, plus de magistrats.

« On trouve une peinture bien naïve de ceci dans quelque fragment de Diodore de Sicile et de Dion. *Mutius Scævola*, dit Diodore[1], *voulut rappeler les anciennes mœurs, et vivre de son bien propre avec frugalité et intégrité. Car ses prédécesseurs ayant fait une société avec les traitants, qui avaient pour lors les jugements à Rome, ils avaient rempli la province de toutes sortes de crimes. Mais Scævola fit justice des publicains, et fit mener en prison ceux qui y traînaient les autres.*

« Dion nous dit[2] que Publius Rutilius, son lieutenant, qui n'était pas moins odieux aux chevaliers, fut accusé à son retour d'avoir reçu des présents, et fut condamné à une amende. Il fit sur-le-champ cession de biens. Son innocence parut, en ce que l'on lui trouva beaucoup moins de bien qu'on ne l'accusait d'en avoir volé, et il montrait les titres de sa propriété; il ne voulut plus rester dans la ville avec de telles gens.

« Les Italiens, dit encore Diodore[3], achetaient en Sicile des troupes d'esclaves pour labourer leurs

---

[1]. Diod., *Fragm.*, lib. XXXVI, *extr. Cont. Porphyr.*
[2]. Dion, *Fragm.*
[3]. Diod., *Fragm.*, lib. XXXIV.

champs, et avoir soin de leurs troupeaux ; ils leur refusaient la nourriture. Ces malheureux étaient obligés d'aller voler sur les grands-chemins, armés de lances et de massues, couverts de peaux de bêtes, de grands chiens autour d'eux. Toute la province fut dévastée, et les gens du pays ne pouvaient dire avoir en propre que ce qui était dans l'enceinte des villes. Il n'y avait ni proconsul, ni préteur qui pût ou voulût s'opposer à ce désordre, et qui osât punir ces esclaves, parce qu'ils appartenaient aux chevaliers qui avaient à Rome les jugements. Ce fut pourtant une des causes de la guerre des esclaves. — Je ne dirai qu'un mot : Une profession qui n'a ni ne peut avoir d'objet que le gain ; une profession qui demandait toujours, et à qui on ne demandait rien ; une profession sourde et inexorable, qui appauvrissait les richesses et la misère même, ne devait point avoir à Rome les jugements. » (MONTESQUIEU, *Esprit des Lois*, XI, 17.)

La première guerre des esclaves éclata en Sicile dans la ville d'Enna (138). Un esclave syrien d'Apamée, qu'on appelait Eunus, se mêlait de prédire, au nom de la déesse de Syrie, et souvent il avait bien rencontré. Il s'était attiré aussi beaucoup de considération parmi les esclaves, en lançant des flammes par la bouche. Un peu de feu dans une noix suffisait pour opérer ce miracle. Eunus, entre autres prédictions, annonçait souvent qu'il serait roi. On s'amusait beaucoup de sa royauté future. On le faisait venir dans les festins pour le faire parler et on lui donnait quelque chose pour acheter d'avance sa faveur. Ce qui fut moins risible, c'est que la prédiction se vérifia. Les esclaves d'un Damophile qui était fort cruel, commencèrent la révolte, et prirent pour roi le prophète. Tous les maîtres furent égorgés. Les esclaves n'épargnèrent que la fille de Damophile, qui s'était montrée compatissante pour eux. Un Cilicien qui avait soulevé les esclaves ailleurs, se soumit à Eunus, qui se trouva bientôt à la tête de deux cent mille esclaves, et se fit appeler le roi Antiochus. Le bruit de la révolte de Sicile s'étant répandu, il y eut des tentatives de soulèvement dans l'Attique, à Délos, dans la Campanie, et à Rome même. Cependant les généraux envoyés contre Eunus avaient été repoussés avec honte ; quatre années de suite, quatre préteurs furent vaincus. Les esclaves s'étaient emparés de plusieurs places. Enfin Rupilius les assiégea dans Tauromenium, ville maritime, d'où ils auraient pu communiquer avec l'Italie. Il les réduisit à une telle famine qu'ils se mangeaient les uns les autres. Un des leurs ayant livré la citadelle, Rupilius les prit tous et les fit jeter dans un précipice. Même trahison, même succès à Enna, malgré l'héroïque valeur du lieutenant cilicien d'Eunus, qui fut tué dans une sortie. Le roi des esclaves, qui n'était pas si brave, se réfugia dans une caverne, où on le trouva avec son cuisinier, son boulanger, son baigneur et son bouffon (132). Des règlements atroces [1]

---

[1]. Cic., *in Verrem.*, *De supplic.*, c. 3 : « Tous les édits des préteurs défendaient aux esclaves de porter des armes.... On avait apporté un sanglier énorme à L. Domitius, préteur en Sicile. Surpris de la grosseur de cet animal, il demanda qui l'avait tué. On lui nomma le berger d'un Sicilien. Il ordonna qu'on le fît venir. L'esclave accourt, s'attendant à des éloges et à des récompenses. Domitius lui demande comment il a tué cette bête formidable. Avec

continrent pour vingt-huit ans les esclaves découragés par le mauvais succès de cette première révolte.

un épieu, répondit-il. A l'instant le préteur le fit mettre en croix. Peut-être cet ordre vous semblera plus que sévère. Je ne prétends ni le blâmer ni le justifier, etc.

SUITE

DU CHAPITRE PREMIER

Tribunat des Gracches (133-121).

S'il eût été possible à un homme de trouver le remède à tous ces maux, de rendre au petit peuple les terres et l'amour du travail qu'il avait perdu, de mettre un frein à la tyrannie du Sénat, à la cupidité des chevaliers, d'arrêter ce flot d'esclaves qui venait de tous les points du monde inonder l'Italie et en détruire la population libre, celui-là eût été le maître et le bienfaiteur de l'empire. Lœlius, et peut-être Scipion Émilien [1], qui partageait toutes ses pensées, avaient songé d'abord à cette réforme; mais ils comprirent qu'elle était impossible, et eurent la sagesse d'y renoncer. Les Gracches la tentèrent, et y perdirent la vie, l'honneur, et jusqu'à la vertu.

Depuis que le premier Scipion-l'Africain avait été si près de la tyrannie, le but était marqué pour l'am-

---

1. Plutarch., *in Gracch.*, c. 8, p. 325 (Paris, 1624) : Ἐπεχείρησε μὲν οὖν τῇ διορθώσει Γάϊος Λαίλιος ὁ Σκιπίωνος ἑταῖρος.

bition des grands de Rome. Les familles patriciennes des Scipions et des Appii, et la famille équestre des Sempronii[1], d'abord ennemies et rivales, avaient fini par former une étroite ligue. Tib. Sempronius Gracchus protégea dans son tribunat l'Africain et l'Asiatique, et en récompense il obtint pour épouse la fille du premier, la fameuse Cornélie. Il exerça la censure avec Appius Pulcher, et se montra moins populaire encore que lui, tout plébéien qu'il était. Appius donna la main de sa fille au fils aîné de son collègue, au célèbre Tiberius Gracchus, et fut, avec ce dernier, triumvir pour l'exécution de la loi agraire. Cette race des Appius, depuis les décemvirs jusqu'à l'empereur Néron, en qui elle s'éteint, cherche toujours la tyrannie, tantôt par l'appui du parti aristocratique, tantôt par la démagogie.

Gracchus eut de Cornélie deux fils, Tiberius et Caïus, et autant de filles; l'une fut donnée à Scipion Nasica, le chef de l'aristocratie, le meurtrier de son beau-frère Tiberius. L'autre épousa le fils de Paul Émile, Scipion Émilien, qui périt par les embûches de sa femme[2], de sa belle-mère Cornélie et de son beau-frère Caïus. Le

---

1. Cette origine équestre des Gracches semblera un fait important, si l'on songe que de toutes les réformes de leur tribunat, il n'en resta qu'une : *la translation du pouvoir judiciaire des sénateurs aux chevaliers*. Peut-être leur proposition de donner le droit de cité aux Italiens, et même leur loi agraire, n'étaient-elles qu'un moyen de donner à l'ordre équestre le pouvoir judiciaire, auquel étaient attachés tous les autres. J'adopterais cette opinion si un passage de Salluste n'y semblait contraire. (Sall., *Jug.*, c. 42.) — Les Italiens avaient plus à perdre qu'à gagner au succès des Gracches. On verra plus bas qu'ils prièrent Scipion Émilien d'empêcher l'exécution de la loi agraire. Cicéron dit (*De Rep.*, lib. III, c. 21) : « Tiberius Gracchus, dont les citoyens n'eurent point à se plaindre, ne respecta ni les droits ni les traités des alliés et des Latins. »

2. Voy. plus bas.

dédain de Scipion pour sa femme lui eût attiré la haine de sa belle-mère Cornélie, quand même l'ambitieuse fille du premier Scipion n'eût pas vu avec dépit dans le second Africain, l'héritier d'une gloire qu'elle eût voulu réserver à ses fils. Elle se plaignit longtemps d'être appelée la belle-mère de Scipion Émilien plutôt que la mère des Gracches. Lorsque ceux-ci eurent péri dans les entreprises téméraires où elle les avait précipités, retirée dans sa délicieuse maison de Misène, au milieu des rhéteurs et des sophistes grecs dont elle s'entourait, elle prenait plaisir à conter aux étrangers qui la venaient voir, la mort tragique de ses enfants.

Cette femme ambitieuse avait de bonne heure préparé à ses fils tous les instruments de la tyrannie[1]:

---

1. C'est ce qui ressort de tout le récit de Plutarque. Elle s'en repentit plus tard, et essaya de retenir Caïus, à une époque où vraisemblablement il eut été perdu, même sans agir.

In Corn. Nep. Lettre de Cornélie à C. Gracchus : « J'oserais jurer avec les paroles consacrées qu'après ceux qui ont tué Tiberius Gracchus, aucun ennemi ne m'a donné autant de chagrin, ni autant de peine que toi par de pareilles choses, toi qui devais remplacer auprès de moi tous les enfants que j'ai perdus, veiller à ce que j'eusse le moins de souci possible en ma vieillesse, n'avoir d'autre but dans toutes les actions que de me plaire, et regarder comme un crime de rien faire d'important contre mon gré ; à moi surtout à qui il ne reste que peu de temps à vivre, et à qui même ce si court espace ne peut être en aide pour t'empêcher de m'être contraire et de désoler la République. Mais, puisqu'il n'en peut advenir ainsi, que nos ennemis, malgré le temps, malgré les factions, ne périssent point d'ici à longtemps, qu'ils ne soient plus demain ce qu'ils sont aujourd'hui, plutôt que la République ne soit désolée et ne périsse. Et puis quand ferons-nous donc une pause ? quand donc cessera notre famille de délirer ainsi ? quand donc y aura-t-il un terme à tout cela ? et quand finirons-nous, absents et présents, de nous causer tant de chagrins et de tourments ? quand donc aurons-nous honte de brouiller et de troubler la République ? Mais si absolument il n'en peut advenir ainsi, dès que je serai morte, demande le tribunat, fais ce que tu voudras, alors je n'en sentirai rien. Dès que je serai morte, tu m'offriras le culte des aïeux, et tu invoqueras la divinité de ta mère ; mais ne rougiras-tu pas alors d'implorer par des prières

l'éloquence, dans laquelle ils passaient tous les hommes de leur temps; la valeur, Tiberius monta le premier sur les murailles de Carthage; la probité même[1], ce n'étaient point de telles ambitions qui pouvaient s'arrêter à l'avarice. Les stoïciens qui élevèrent les deux enfants[2], comme ils avaient élevé Cléomène, le réformateur de Sparte, leur inculquaient cette politique de nivellement qui sert si bien la tyrannie, et les fables classiques de l'égalité des biens sous Romulus et sous Lycurgue. L'état de l'Italie leur fournissait d'ailleurs assez de motifs spécieux. Quand Tiberius traversa l'Italie pour aller en Espagne, il vit avec douleur les campagnes abandonnées ou cultivées par des esclaves[3].

ces divinités que vivantes et présentes tu auras négligées et délaissées ? Veuille ce Jupiter ne pas permettre que tu persévères davantage, ni qu'il te vienne dans l'esprit une si grande démence; car si tu persévères, je crains bien que pour toute ta vie tu ne recueilles de ta faute une si grande douleur, qu'en aucun temps tu ne puisses être bien et en paix avec toi-même ! » (Trad. de M. Cassan.)

1. Fragment d'un discours de Tiberius Gracchus : « Je me suis conduit dans la province comme j'ai cru devoir pour votre profit et sans consulter mon ambition. Chez moi point de festins, point de jeunes garçons à mes côtés. — Mais vos fils trouvaient à ma table plus de réserve que sous la tente du général... Je me suis conduit dans la province de manière que pas un ne pût dire que j'aie reçu de lui un as ou plus d'un as en présent, ou qu'il se soit mis en frais pour mon service; et je suis resté deux années dans cette province. Si jamais j'ai tenté l'esclavage d'un autre, regardez-moi comme le dernier, comme le plus pervers des hommes. D'après ma conduite si chaste avec leurs esclaves, vous pouvez juger comment j'ai vécu avec vos fils..... Aussi, Romains, ces ceintures qu'à mon départ de Rome j'avais emportées pleines d'argent, je les ai rapportées vides de la province : d'autres ont emporté des amphores pleines de vin, et ils les ont rapportées pleines d'argent. »

2. Plutarch., *in Gracch.*, p. 828 : Ὁ Τιβέριος... Διοφάνους τοῦ ῥήτορος καὶ Βλοσσίου τοῦ φιλοσόφου παρορμησάντων αὐτόν.

3. Plutarch., *in Gracch.*, p. 828 : Γάϊος ἔν τινι βιβλίῳ γέγραφεν, εἰς Νομαντίαν πορευόμενον διὰ τῆς Τυῤῥηνίας τὸν Τιβέριον, καὶ τὴν ἐρημίαν τῆς

L'aîné, Tiberius, d'un caractère naturellement doux, fut jeté dans la violence par une circonstance fortuite. Questeur de Mancinus, en Espagne, il avait signé et garanti le traité honteux qui sauva l'armée. Le Sénat déclara le traité nul, livra Mancinus, et voulait livrer Tiberius. Le peuple, et sans doute les chevaliers auxquels appartenait sa famille, le sauvèrent de cet opprobre, et assurèrent au Sénat un ennemi implacable.

La première loi agraire qu'il proposa dans son tribunat, n'était pourtant pas, il faut le dire, injuste ni violente. Il l'avait concertée avec son beau-père Appius, le grand pontife Crassus, et Mutius Scævola,

---

χώρας ὁρῶντα, καὶ τοὺς γεωργοῦντας ἢ νέμοντας οἰκέτας ἐπεισάκτους καὶ βαρβάρους, τότε πρῶτον ἐπὶ νοῦν βαλέσται τὴν μυρίων κακῶν ἄρξασαν αὐτοῖς πολιτείαν.

Tiberius disait dans ses harangues au peuple : « Les bêtes sauvages qui sont répandues dans l'Italie ont leurs tanières et leurs repaires où elles peuvent se retirer, et ceux qui combattent, qui versent leur sang pour la défense de l'Italie, n'y ont à eux que la lumière et l'air qu'ils respirent : sans maisons, sans demeure fixe, ils errent de tous côtés avec leurs femmes et leurs enfants. Les généraux les trompent, quand ils les exhortent à combattre pour leurs tombeaux et pour leurs temples. En est-il un seul dans un si grand nombre qui ait un autel domestique et un tombeau où reposent ses ancêtres? Ils ne combattent et ne meurent que pour entretenir le luxe et l'opulence d'autrui; on les appelle les maîtres du monde, et ils n'ont pas en propriété une motte de terre. » — Ceci explique la dépopulation rapide qui eut lieu. Au temps de Tite-Live, le Latium était déjà presque désert : « Non dubito, præter satie-
« tatem, tot jam libris assidua bella cum Volscis gesta legentibus, illud quoque
« succursurum..... unde toties victis Volscis et Æquis suffecerint milites :
« quod cum ab antiquis tacitum prætermissumque sit, cujus tandem ego rei
« præter opinionem, quæ sua cuique conjectanti esse potest, auctor sim ?
« Simile veri est, aut intervallis bellorum, sicut nunc in delectibus fit romanis,
« alia atque alia subole juniorum ad bella instauranda toties usos esse aut non
« ex iisdem semper populis exercitus scriptos, quamquam eadem gens bellum
« intulerit : aut innumerabilem multitudinem liberorum capitum in iis fuisse
« locis, *quæ nunc, vix seminario exiguo militum relicto, servitia romana*
« *ab solitudine vindicant.* »

le célèbre jurisconsulte. Il ne prétendait pas, comme Licinius Stolo, borner à cinq cents arpents les propriétés patrimoniales des riches. Il ne leur ôtait que les terres du domaine public qu'ils avaient usurpées. Encore leur en laissait-il cinq cents arpents, et deux cent cinquante de plus au nom de leurs enfants mâles. Ils étaient indemnisés du surplus, qui devait être partagé aux citoyens pauvres. L'opposition fut vive. Les riches considéraient ces terres, pour la plupart usurpées depuis un temps immémorial, comme leur propriété. Leur résistance irrita Tiberius, qui, de dépit, proposa une loi nouvelle, où il leur retranchait l'indemnité, les cinq cents arpents, et leur ordonnait de sortir, sans délai, des terres du domaine. C'était ruiner ceux qui n'avaient pas d'autre bien, spolier ceux qui avaient acquis de bonne foi, par achat, mariage, etc. C'était dépouiller, non seulement les propriétaires, mais leurs créanciers. Cependant Tiberius poursuit son projet avec un emportement aveugle; il viole la puissance tribunitienne, fait déposer par le peuple son collègue Octavius dont le *veto* l'arrêtait et lui substitue un de ses clients. Il se fait nommer lui-même triumvir, pour l'exécution de sa loi, avec son beau-père Appius et son jeune frère Caïus, alors retenu sous les drapeaux. Enfin, au préjudice des droits du Sénat, qui depuis longtemps réglait les nouvelles conquêtes, il ordonne que l'héritage du roi de Pergame, légué au peuple romain par ce prince, sera affermé au profit des citoyens pauvres [1].

Après avoir soulevé tant de haines, il était perdu

---

1. Plutarch., *in Gracch.*, c. 16, p. 830 : Ὅπως τοῖς τὴν ὥραν διαλαγχάνουσι ὑπάρχοι πρὸς κατασκευὴν καὶ γεωργίας ἀφόρμην.

s'il n'obtenait un second tribunat, qui lui permît d'exécuter sa loi, et d'intéresser par le partage des terres une multitude de nouveaux propriétaires à sa vie et à sa puissance. Mais le peuple s'inquiétait moins de savoir par qui les terres lui seraient partagées. Tiberius, craignant d'échouer, se chercha de nouveaux auxiliaires, il promit aux chevaliers le partage de la puissance judiciaire avec les sénateurs et fit espérer aux Italiens le droit de cité[1]. Depuis que le petit peuple se composait en grande partie d'affranchis, et que le Sénat s'était saisi des jugements criminels, les riches, la tête du peuple, autrement dit les chevaliers, réclamaient le pouvoir comme représentant désormais seuls le peuple, dont la partie pauvre avait disparu. Repoussés depuis longtemps des charges qui donnaient entrée au Sénat, ils voulaient du moins influer indirectement sur ce corps tout-puissant, et juger leurs maîtres. Mais en même temps ce que les chevaliers craignaient le plus, c'était l'exécution des lois agraires qui les auraient dépouillés des terres publiques dont ils étaient les principaux détenteurs; c'était l'admission au suffrage des colons romains sur qui une grande partie de ces terres avait été usurpée, encore plus celles des populations italiennes, à qui elles appartenaient originairement, et qui, une fois égalées à leurs vainqueurs, eussent été tentées de les reprendre. Ainsi les riches Romains, les chevaliers, rivaux du sénat pour la puissance judiciaire, étaient encore plus ennemis du petit peuple romain et italien, qu'ils tenaient

---

[1]. Plutarch., *in Gracch.*, c. 19, p. 832 : Τοῖς κρίνουσι τότε συγκλητικοῖς οὖσι καταμιγνὺς ἐκ τῶν ἱππέων τὸν ἴσον ἀριθμόν. — Vell. Paterc., liv. II, c. 2 : « Il promit le droit de cité à toute l'Italie. »

ruiné et affamé. Tiberius, en essayant de les gagner en même temps, voulait une chose contradictoire. Il ne fut soutenu de personne. Les pauvres, Romains et Italiens, virent en lui l'ami des chevaliers qui retenaient leurs biens; les sénateurs et les chevaliers, l'auteur des lois agraires qui les forçaient de restituer.

Le peu de partisans qui lui restaient dans les tribus rustiques étant éloignés pendant l'été par les travaux de la campagne[1], il resta seul dans la ville avec la populace, qui devenait chaque jour plus indifférente à son sort. N'ayant plus de ressource que dans leur pitié contre les embûches des riches, il parut sur la place en habit de deuil, tenant en main son jeune fils et le recommandant aux citoyens[2]. En même temps, il tâchait de se justifier de la déposition d'Octavius, et employait toute son éloquence à mettre au jour ce secret fatal qu'il eût dû, dans son intérêt, ensevelir au fond de la terre : que les caractères les plus sacrés, celui de roi, de vestale, de tribun, pouvaient être

---

1. Appian., II° vol., p. 611, c. 357.
2. Plutarch., *in Tib. Gr* : (Fragmentum nuper repertum in inedito Ciceronis interprete) : « Si vellem apud vos verba facere et a vobis postulare cum « genere summo ortus essem et cum fratrem propter vos amisissem, nec quis- « quam de P. Africani et Tiberii Gracchi familia nisi ego et puer restaremus, « ut pateremini hoc tempore me quiescere, ne a stirpe genus nostrum interiret « et uti aliqua propago generis nostri reliqua esset, haud scio an lubentibus « a vobis impetrassem. »

« Romains, si je voulais prendre devant vous la parole et vous demander, moi le descendant d'une si noble famille, moi qui ai perdu mon frère pour vous, et qui de la maison de Scipion-l'Africain et de Tiberius Gracchus reste seul avec cet enfant, de souffrir que je trouve maintenant le repos, afin que notre famille ne soit pas anéantie tout entière, et qu'il en survive quelque débris, je ne sais si vous m'accorderiez cela volontiers. » (Traduction de M. Villemain.) — C'est ici Caïus Gracchus qui parle.

effacés. Ses ennemis profitèrent contre lui-même de cette imprudente apologie.

Le lendemain, de bonne heure, il occupa le Capitole avec la populace. Il portait sous sa robe un dolon, sorte de poignard des brigands d'Italie. Les riches, appuyés de quelques-uns des tribuns ennemis de Gracchus, ayant voulu troubler les suffrages qui le portaient à un second tribunat, il donne aux siens le signal dont ils étaient convenus. Ils se partagent les demi-piques dont les licteurs étaient armés, s'élancent sur les riches, en blessent plusieurs et les chassent de la place [1]. Des bruits divers se répandent; les uns disent qu'il va faire déposer ses collègues; les autres, le voyant porter sa main à sa tête, pour indiquer qu'on en veut à sa vie, s'écrient qu'il demande un diadème [2]. Alors Scipion Nasica, souverain pontife, l'un des principaux détenteurs du domaine [3], somme en plein Sénat le consul Mucius de se mettre à la tête du bon parti et de marcher contre le tyran. L'impassible jurisconsulte lui répond froidement : *Si par fraude ou par force Tiberius Sempronius Gracchus surprend un plébiscite contraire aux lois de la République, je ne le ratifierai point.* Alors Scipion : *Le premier magistrat trahit la patrie; à moi qui veut la sauver!* Il rejette sa

---

1. Appian., p. 612, c. 359.
2. Plutarch., c. 22, p. 333 : Ἥψατο τῇ χειρὶ τῆς κεφαλῆς.... οἱ δὲ ἐνάντιοι... ἀπαγγέλλοντες αἰτεῖν διάδημα Τιβέριον.
3. Il avait de plus une haine personnelle contre Tiberius. (Valer. Max., I, c. 1) : « Caïus Figulus et Scipion Nasica étant nommés consuls dans les comices présidés par Tib. Gracchus, celui-ci, déjà arrivé dans son gouvernement, informa le collège des augures qu'en parcourant le livre des cérémonies publiques, il s'était aperçu d'un vice de formalité dans la manière dont les auspices avaient été observés. Les consuls furent obligés de revenir de la Gaule et de la Corse, et d'abdiquer le consulat, an de R. 591. »

toge sur sa tête, soit qu'il fût convenu de ce signe avec son parti, soit qu'il eût cru devoir se voiler à la vue du Capitole, dont il allait violer l'asile. Tous les sénateurs le suivent avec leurs clients et leurs esclaves qui les attendaient. Ils arrachent des bâtons à leurs adversaires, ramassent des débris de bancs brisés, tout ce qui se trouve sous leur main, et poussent leurs ennemis jusqu'au précipice sur le bord duquel le Capitole était assis. Les prêtres avaient fermé le temple. Gracchus tourne quelque temps à l'entour. Enfin, il fut atteint par un de ses collègues, qui le frappa d'un banc brisé. Trois cents de ses amis furent assommés à coups de bâtons et de pierres, leurs corps refusés à leurs familles et précipités dans le Tibre. Le romancier Plutarque prétend que les vainqueurs poussèrent la barbarie jusqu'à enfermer un des partisans de Tiberius dans un tonneau avec des serpents et des vipères. Cependant ils respectèrent la fidélité héroïque du philosophe Blosius de Cumes, l'ami de Tiberius et son principal conseiller. Il déclarait qu'il avait en tout suivi les volontés de Tiberius. *Eh quoi!* dit Scipion Nasica, *s'il t'avait dit de brûler le Capitole? — Jamais il n'eût ordonné pareille chose. — Mais, enfin, s'il t'en eût donné ordre? — Je l'aurais brûlé*[1].

Scipion Nasica avait cru peut-être obtenir du parti aristocratique ce pouvoir suprême que Tiberius avait espéré du petit peuple. Ce chef farouche du parti des nobles, qui venait de se souiller du sang de son beau-frère, du meurtre d'un magistrat inviolable, avait

---

1. Plutarch., c. 25, p. 834 : Καλῶς κἀμοὶ τοῦτο πρᾶξαι ἔχειν. — Valer. Max., IV, 7.

pourtant la réputation du plus religieux des Romains. C'est chez lui que la Bonne Déesse, amenée de Pessinunte à Rome, descendit de préférence; ses relations avec l'Orient expliquent peut-être son surnom de Sérapion. Personne n'avait pour le peuple un plus insolent mépris. Un jour qu'il prenait la main endurcie d'un laboureur dont il sollicitait le suffrage, il lui demanda *s'il avait coutume de marcher sur les mains*[1]. Après le meurtre de Tiberius, le Sénat délivra le peuple d'un homme si odieux, et peut-être se délivra soi-même d'un tyran dont tous les ennemis des lois agraires eussent été les satellites. Il fut, sous un prétexte honorable, envoyé en Asie, où il finit ses jours.

Ce qui prouve que le Sénat était moins intéressé que les chevaliers dans la question de la loi agraire, c'est qu'il ne craignit pas d'en permettre l'exécution après la mort de Tiberius. Il est vrai qu'il se fiait aux innombrables difficultés qu'elle entraînerait dans la pratique.

« Après la fin tragique de Tiberius Gracchus[2], et la mort d'Appius Claudius, on leur substitua Fulvius Flaccus et Papirius Carbon, pour exécuter la loi agraire avec le jeune Gracchus. Les possesseurs des terres négligèrent de fournir l'état de leurs propriétés. On fit une proclamation pour les traduire devant les tribunaux. De là une multitude de procès très embarrassants. Partout où, dans le voisinage des terres que la loi atteignait, il s'en trouvait d'autres qui avaient été ou vendues, ou distribuées aux alliés, pour avoir la mesure d'une partie il fallait arpenter la totalité, et

---

1. Val. Max., VII, 5. — Voy. le même, II, 4; III, 2, 7; VIII, 15.
2. Appian., p. 615, 7.

examiner ensuite en vertu de quelle loi les ventes ou les distributions avaient été faites. La plupart n'avaient ni titre de vente ni acte de concession, et lorsque ces documents existaient, ils se contrariaient l'un l'autre. Quand on avait rectifié l'arpentage, il se trouvait que les uns passaient d'une terre plantée et garnie de bâtiments sur un terrain nu ; d'autres quittaient des champs pour des landes, des terres en friches et des marécages. Dès l'origine, les terres conquises avaient été divisées négligemment ; d'autre part, le décret qui ordonnait de mettre en valeur les terres incultes avait fourni occasion à plusieurs de défricher les terres limitrophes de leurs propriétés, et de confondre ainsi l'aspect des unes et des autres. Le laps du temps avait d'ailleurs donné à toutes ces terres une face nouvelle ; et les usurpations de citoyens riches, quoique considérables, étaient difficiles à déterminer. De tout cela il ne résultait qu'un remuement universel, un chaos de mutations et de translations respectives de propriétés.

« Excédés de ces misères, et de la précipitation avec laquelle les triumvirs expédiaient tout cela, les Italiens se déterminèrent à prendre pour défenseur contre tant d'injustices Cornelius Scipion, le destructeur de Carthage. Le zèle qu'il avait trouvé en eux dans les guerres, ne lui permettait pas de s'y refuser. Il se rendit au Sénat, et sans blâmer ouvertement la loi de Gracchus, par égard pour les plébéiens, il fit un long tableau des difficultés de l'exécution, et conclut à ce que la connaissance de ces contestations fût ôtée aux triumvirs comme suspects à ceux qu'il s'agissait d'évincer.

« La chose paraissait juste et fut adoptée. Le consul Tuditanus fut chargé par le Sénat de ces jugements ; mais il n'eut pas plus tôt commencé, qu'effrayé des difficultés, il partit pour l'Illyrie. Cependant personne ne se présentait devant les triumvirs. Ce résultat commença d'exciter contre Scipion l'animosité et l'indignation du petit peuple. Deux fois ils l'avaient, malgré les grands et malgré les lois, élevé au consulat, et ils le voyaient agir contre eux dans l'intérêt des Italiens. Les ennemis de Scipion, qui entendaient ces reproches, disaient hautement qu'il était décidé à abroger la loi agraire par la force des armes et en versant beaucoup de sang. »

La haine de la populace contre le protecteur des Italiens éclata, lorsqu'il osa flétrir la mémoire de Gracchus, et révéla l'origine servile du nouveau peuple de Rome. Le tribun Carbon lui demandait ce qu'il pensait de la mort de Tiberius. *Je pense*, dit le héros, *qu'il a été justement tué;* et comme le peuple murmurait, il ajouta le mot terrible que nous avons rapporté au commencement de ce chapitre. *Les faux fils de l'Italie* se turent, mais leurs chefs comprirent leur humiliation et leur fureur. Caïus Gracchus s'écria : « Il faut se défaire du tyran. » Ce n'était pas la première fois que le parti démagogique recourait aux violences les plus atroces. Naguère le tribun C. Atinius, récemment chassé du Sénat par le censeur Metellus, avait essayé de le précipiter de la roche Tarpéienne.

« Un soir, dit Appien, Scipion s'était retiré avec ses tablettes, pour méditer la nuit le discours qu'il devait prononcer le lendemain devant le peuple. Au matin, on le trouva mort, toutefois sans blessures. Selon les uns, le coup avait été préparé par Cornélie, mère des Gracches, qui craignait l'abolition de la loi agraire, et par sa fille Sempronia, femme de Scipion, laide et stérile, qui n'aimait pas son mari et n'en était pas aimée. Selon d'autres, il se donna la mort, voyant qu'il ne pouvait tenir ce qu'il avait promis. Quelques-uns prétendent que ses esclaves, mis à la torture, avouèrent que des inconnus, introduits par une porte de derrière, avaient étranglé leur maître; mais qu'ils avaient craint de déclarer le fait, parce qu'ils savaient que le peuple se réjouissait de sa mort. »

Satisfait de cette vengeance, et menacé par les Italiens qui s'introduisaient toujours dans les tribus et étaient parvenus à porter un des leurs au consulat, le peuple laissa le Sénat suspendre l'exécution de la loi agraire, et éloigner Caïus en l'attachant comme proquesteur au préteur de Sardaigne. Le Sénat profita de ce moment pour bannir les Italiens de la ville, pour frapper les alliés de terreur, en rasant la ville de Frégelles qui, disait-on, méditait une révolte. Caïus passa pour n'être pas étranger au complot; et tel était son crédit sur les villes d'Italie, qu'elles accordèrent à ses sollicitations personnelles les vêtements que la province de Sardaigne refusait à l'armée, avec l'approbation du Sénat.

Pendant que le Sénat croit retenir Caïus en Sardaigne, en lui continuant la proquesture, il reparaît tout à coup, et prouve au tribunal des censeurs et des préteurs que son retour est conforme aux lois. Le peuple revoit en lui Tiberius, mais plus véhément, plus passionné. Sa pantomime était vive et animée, il se promenait par toute la tribune aux harangues. Sa voix puissante emplissait tout le Forum, et il était obligé d'avoir derrière lui un joueur de flûte qui la ramenait au ton et en modérait les éclats[1]. Lorsqu'il se présenta pour le tribunat, il y eut un si grand concours d'Italiens dans Rome, que l'immensité du Champ de Mars ne put contenir la foule, et qu'ils donnaient leurs suffrages de dessus les toits. L'année suivante, il se fit, en vertu d'une loi faite exprès, continuer dans le tribunat.

Ses premières lois furent données à la vengeance de son frère. Il adopta tous ses projets en les étendant encore. D'abord, il fait confirmer la loi Porcia, qui exige, pour toute condamnation à mort, la confirmation du peuple. Il ordonne pour chaque mois une vente de blé à bas prix; pour chaque année une distribution de terres, et il la commence en établissant plusieurs colonies. La loi agraire, ainsi exécutée progressivement, ne se présente plus sous un aspect si menaçant. Il afferme au profit des pauvres citoyens l'héritage d'Attale. Il défend de les enrôler avant dix-sept ans. Jusque-là son système est un, dans l'intérêt exclusif du peuple de Rome.

Mais dans son second tribunat il est obligé d'invoquer à son aide des intérêts contradictoires. D'abord il frappe le Sénat au profit des chevaliers, c'est-à-dire des riches, en donnant à ceux-ci le pouvoir judiciaire qui leur soumet tous les nobles. Mais il frappe les riches en même temps que les nobles, en leur ôtant le droit de voter les premiers dans les comices des cen-

---

1. Plutarch., c. 3, p. 825 : Ὃς ἔχων φωνασκικὸν ὄργανον ἐνεδίδου τόνον μαλακόν, etc. — Voy. Max., VIII, 10.

turies, et d'y décider la majorité par l'influence de leur exemple. L'exécution de la loi agraire blesse principalement deux sortes de personnes : les chevaliers et autres riches détenteurs des terres confisquées sur les Italiens, et les Italiens auxquels elle menace d'enlever ce qui leur reste. Caïus a cru s'attacher les chevaliers en leur donnant les jugements ; il entreprend de se concilier les Italiens en leur accordant à tous le droit de cité. Ni les uns ni les autres n'en seront reconnaissants ; Caïus n'est pour eux que le défenseur de la loi agraire, qui livre leurs propriétés à la populace de Rome. Celle-ci attend impatiemment les terres qui lui sont promises, et en attendant elle maudit celui qui lui ôte la souveraineté, en accordant le suffrage aux Italiens, dont le nombre doit la tenir désormais dans la minorité de la sujétion.

Il était trop visible que la toute-puissance de Caïus dans Rome ne serait pas employée au profit de Rome seule. En même temps qu'il occupait les pauvres par toute l'Italie à *construire* ces voies admirables qui perçaient les montagnes, comblaient les vallées, et semblaient faire une seule cité de la péninsule, il s'entourait d'artistes grecs, il accueillait les ambassadeurs étrangers, faisait vendre le blé d'Espagne au profit des Espagnols dépouillés, et proposait le rétablissement des villes rivales de Rome, Capoue, Tarente et Carthage[1]. Ce dernier projet, qui fut repris par César, révèle en Caïus le génie cosmopolite du dictateur dont

---

1. Plut. — Vell. Pat., II, c. 15 : « Le premier, il fonda des colonies hors de l'Italie, ce qu'avaient jusque-là évité les Romains, sachant bien que les colonies surpassent souvent leurs métropoles ; Tyr est restée inférieure à Carthage, Phocée à Marseille, Corinthe à Syracuse, Milet à Cyzique. »

il égalait la puissance. A trente ans il avait gagné par l'éloquence cette domination absolue que le vainqueur de Pompée n'eut qu'à plus de cinquante ans, après les victoires de Pharsale et de Munda. Caïus, qui attachait sa gloire à ces fondations, voulut relever lui-même Carthage, et passa en Afrique, laissant la place aux intrigues du Sénat. Peut-être aussi ne pouvait-il supporter la vue de sa popularité décroissante.

Le Sénat prit un moyen sûr pour dépopulariser Caïus : ce fut de le surpasser en démagogie. Il gagna un tribun, Livius Drusus, et fit proposer par lui l'établissement de douze colonies à la fois, sans exiger l'imposition que payaient les colonies établies par Gracchus. Il se conciliait les Latins, en faisant rendre une loi qui défendait de battre de verges leurs soldats. En même temps, un Fannius, que Caïus avait fait élever au consulat, tourna contre lui, et l'accabla d'éloquentes invectives, le désignant comme complice des meurtriers de Scipion[1].

Dès lors, l'histoire du malheureux Caïus reproduit celle de son frère. Il échoua dans la demande d'un troisième tribunat, et vit parvenir au consulat Opimius, son plus cruel ennemi. Réduit à implorer l'appui de la populace, il quitta sa maison du Palatin pour loger au-dessous, avec les citoyens pauvres et obscurs. Il flatta la populace, en même temps qu'il appelait les Italiens dans Rome. Un décret du Sénat le priva de ce dernier secours, en bannissant les alliés de la ville. Alors s'engage dans Rome une lutte inégale. Opimius entre-

---

1. Appian., *Bell. Civ.*

prend d'abroger les lois de Caïus, celui-ci de les soutenir avec une partie de la populace et des Italiens, que sa mère Cornélie faisait entrer dans Rome, déguisés en moissonneurs[1]. Un licteur du consul, ayant repoussé avec insulte les amis de Caïus, fut percé de coups. Selon d'autres, c'était un citoyen qui avait mis la main sur Caïus. Plutarque, qui présente la chose comme arrivée par hasard, avoue pourtant qu'il fut tué avec des poinçons qu'on avait préparés exprès pour cet usage[2]. Le lendemain, le mort fut exposé dans la place. Le Sénat ordonna au consul *de pourvoir au salut de la République*. Les sénateurs s'armèrent, les chevaliers amenèrent chacun deux hommes armés. De son côté, Fulvius avait distribué à la populace des armes qu'il avait enlevées aux Gaulois dans son consulat. Pour Caïus il ne voulut point s'armer et ne prit qu'un petit poignard qui, à tout événement, lui assurât sa liberté. Lorsqu'il traversa la place, il s'arrêta devant la statue de son père et fondit en larmes ; puis il alla mourir avec les siens sur l'Aventin. En face de la montagne plébéienne, sur le Capitole, était postée l'aristocratie, bien supérieure en force. Fulvius leur envoya deux fois son jeune fils, un caducée à la main. Les barbares retinrent l'enfant et le mirent à mort. La promesse d'une amnistie détache de Caïus tout son parti. Ceux qui s'obstinent à rester avec lui sont criblés par des archers crétois. Il veut se percer ; deux de ses amis le désarment, et se font tuer au pont Sublicius, pour lui donner le temps d'échapper. Retiré dans le *bois des Furies*, il reçoit la mort d'un esclave fidèle, qui se tue

---

1. Plutarch. c. 43, p. 840 : Πέμπουσα εἰς Ῥώμην ἄνδρας, ὡς δὴ θερἀστὰς.
2. Ἐπ' αὐτὸ τοῦτο πεποιῆσθαι λεγομένοις. (Plutarch., *ibid*.)

après lui. Sa tête avait été mise à prix ; le consul promettait d'en donner le poids en or. Un Septimuleius en fait sortir la cervelle et la remplace avec du plomb fondu. Trois mille hommes furent tués en même temps, leurs biens confiqués, et l'on défendit à leurs veuves de porter le deuil. Pour consacrer le souvenir d'une si belle victoire, le consul Opimius éleva un temple à la Concorde.

Ainsi périt le dernier des Gracches de la main des nobles ; *mais, frappé du coup mortel, il jeta de la poussière contre le ciel, et de cette poussière naquit Marius !...*

CHAPITRE II

Suite de la lutte des *nobles* et des chevaliers. — Les chevaliers obtiennent le commandement militaire. — Marius défait les Barbares du Midi et du Nord (Numides et Cimbres) (121-100).

Caïus Marius était originaire des environs d'Arpinum, ville récemment élevée au rang de municipe. Il ne vint pas de bonne heure à Rome, resta toujours étranger aux mœurs de la ville et ne voulut jamais apprendre le grec. Diodore nous apprend qu'il fut d'abord publicain; Velleius, qu'il était d'une famille équestre; ce qui semble confirmé par Cicéron, son compatriote, dont l'aïeul fut, selon lui, l'adversaire du père de Marius dans les fonctions d'Arpinum[1]. Poli-

---

1. Velleius Pat., lib. II, c. 11 : C. Marius, natus equestri loco. — Si les commentateurs eussent connu le passage de Diodore, ils n'auraient pas corrigé arbitrairement *equestri* par *agresti*. A cette époque, les publicains étaient tous chevaliers, ou agents des chevaliers. — Diod. Sic., *Exc. de virt. et vit :* Ὅτι ὁ Μάριος εἷς ὢν συμβούλων καὶ πρεσβευτῶν ὑπὸ τῶν στατηγῶν παρεθεωρεῖτο..... οὗτος δὲ δοκῶν γεγονέναι δημοσιώνης..... (p. 607, édit. f°, 1746). — Cic., *De Legibus*, lib. II, c. 16, 36 : « Et avus quidem noster singulari virtute
« in hoc municipio, quoad vixit, restitit M. Gratidio, ferenti legem tabella-
« riam : excitabat enim fluctus in simpulo, ut dicitur, Gratidius, quod post
« filius ejus Marius in Ægeo excitavit mari. »

tique médiocre, Marius n'eut d'autre génie que celui de la guerre. Au siège de Numance, où il fit ses premières armes, Scipion Émilien devina son génie militaire : comme on lui demandait qui pourrait lui succéder un jour, il frappa sur l'épaule de Marius et dit : *Celui-ci peut-être.*

Lorsque, de retour à Rome, il demanda le tribunat, tout le monde le connaissait de nom, mais personne ne l'avait encore vu. La faveur des Metellus, qui protégeaient sa famille, décida son élection. L'aristocratie était alors toute-puissante. De toutes les réformes des Gracches, il n'en restait qu'une; le pouvoir judiciaire était toujours, malgré les efforts du Sénat, entre les mains des chevaliers, c'est-à-dire des usuriers, des riches, des détenteurs du domaine. Sénateurs et chevaliers s'étaient entendus pour annuler la loi agraire. Le Sénat avait usurpé l'examen préalable de toute loi proposée au peuple. Ainsi les deux ordres s'étaient partagé la République. Les sénateurs avaient les charges et la puissance politique, les chevaliers l'argent, les terres, les jugements. Leur connivence mutuelle accélérait la ruine du peuple, qui se consommait en silence.

Marius, publicain et sorti d'une famille équestre, ne pouvait rester fidèle au parti des nobles. Ce fut néanmoins un grand étonnement pour l'aristocratie, lorsque le client des Metellus osa, sans consulter le Sénat, proposer une loi qui tendait à réprimer les brigues dans les comices et les tribunaux. Un des Metellus attaque la loi et le tribun; il appuie le consul qui propose de citer Marius pour rendre compte. Marius entra, mais ce fut pour ordonner aux licteurs de conduire Metellus en prison[1]. Le Sénat fut obligé de retirer son décret. Le petit peuple de Rome ne fut pas plus content de Marius que les nobles, quand il le vit se déclarer contre une distribution de blé proposée par un de ses collègues.

Les Italiens étaient trop divisés d'intérêts, la populace de Rome était trop faible pour qu'on pût s'élever à la puissance par la faveur des uns ou des autres. Il fallait se désigner aux deux partis par la gloire militaire, et trouver dans les armées un point d'appui plus solide que celui auquel s'étaient confiés les Gracches. Marius se rapprocha probablement de Metellus; car il fut nommé questeur de Cecilius Metellus pour la guerre de Numidie.

Dès la ruine de Carthage, du vivant même du *fidèle* Massinissa, les Romains prenaient ombrage du royaume des Numides, qui ne leur était plus utile. Ils n'avaient pas voulu de leur secours dans la dernière guerre punique. Tant que régna le lâche et faible Micipsa, son fils, ils ne craignirent rien de ce côté. Mais ce prince avait été obligé en mourant de faire entrer en partage du royaume, avec ses deux fils, son neveu, l'ardent et intrépide Jugurtha, vrai Numide, désigné au trône par la voix des Numides, et chéri des Romains depuis le siège de Numance, où Micipsa l'avait envoyé dans l'espoir qu'il y périrait. C'était, comme son aïeul Massinissa, le meilleur cavalier de l'Afrique, le plus ardent chasseur, toujours le premier à frapper le lion[2]. On a

---

1. Plut., *in Mar.*, c. 4, p. 107 : Ἀπάγειν αὐτὸν τὸν Μέτελλον εἰς δεσμωτήριον.

2. Sallust., *in Jug.*, c. 6 : « Pleraque tempora in venando agere, leonem « atque alias feras primus, aut in primis, ferire. »

regardé Jugurtha comme un usurpateur : il aurait fallu s'informer d'abord s'il existait une loi d'hérédité dans les déserts de la Numidie. Les Barbares choisissent ordinairement pour roi le plus digne dans une même famille. Les Numides pensèrent que la volonté d'un mort ne pouvait prévaloir sur le droit de la nation. Ils regardaient, non sans raison, le partage de la Numidie comme son asservissement aux volontés de Rome, et soutinrent avec une héroïque obstination le chef qu'ils s'étaient donné. D'abord, Jugurtha fait assassiner Hiempsal, le plus jeune de ses rivaux, dont le peuple accusait la cruauté [1]. Puis, soutenu par les amis qu'il s'est faits parmi les Romains au siège de Numance, par les sénateurs qu'il achète à tout prix, il obtient un nouveau partage entre lui et Adherbal, le survivant des deux frères. Enfin, se voyant sûr de tout le peuple, il renverse ce dernier obstacle à l'unité de la Numidie. Adherbal, assiégé, demande secours aux étrangers, aux Romains. Des commissaires sont envoyés, moins pour le protéger que pour empêcher la réunion d'un peuple si formidable par son génie belliqueux. Ils arrivent trop tard : Jugurtha, maître de son rival, l'a fait périr dans les tourments ; cette cruauté eût été gratuite et inexplicable, s'il n'eût considéré le candidat anti-national comme un usurpateur. Il massacra même tous les Italiens qui faisaient trafic à Cirtha, ce qui prouve qu'il confondait dans sa haine Rome et Adherbal.

Cependant le peuple éclate à Rome contre la vénalité des grands qui ont donné à Jugurtha le temps d'unir sous sa domination toute la Numidie. Le consul

---

1. Sall., *Jug.*, c. 15 : Legati Jugurthæ : « Hiempsalem ob sævitiam suam a « Numidis interfectum. »

Calpurnius Pison passe en Afrique avec une armée. Il prend quelques villes, mais seulement pour se faire mieux payer sa retraite. Nouvelle clameur du peuple. Le tribun Memmius fait ordonner à Jugurtha de venir se justifier à Rome. Le roi de Numidie comptait si bien sur la corruption de ses juges, qu'il ne craignit pas d'obéir. Le peuple s'assemble pour entendre sa justification ; Memmius lui ordonne de parler ; un autre tribun, gagné par le Numide, lui ordonne de se taire. Ainsi l'on se jouait du peuple. Cependant un des descendants de Massinissa demandait au Sénat le trône de Numidie. Le danger était pressant pour Jugurtha. Il n'hésite point à faire assassiner ce nouveau compétiteur. Cette fois le crime était flagrant ; Jugurtha sortit de Rome, et dit en se tournant encore une fois vers ses murs : *Ville à vendre ! Il ne lui manque plus qu'un acheteur.*

Albinus, qu'on envoya d'abord, ne fit rien contre Jugurtha ; Aulus, son frère et son lieutenant en son absence, se laissa prendre par le Numide, et ne se tira de ses mains qu'en passant sous le joug. Cette honte que Rome ne connaissait plus depuis Numance, accusait si hautement l'incapacité ou la corruption de l'aristocratie, que le Sénat fit désormais de sérieux efforts pour terminer la guerre. Il en confia la conduite à l'un de ses membres les plus influents, Cecilius Metellus, et lui donna une nouvelle armée (109).

La première victoire et la plus difficile à remporter fut le rétablissement de la discipline. Dans un pays de déserts semés de quelques villes, en présence d'un ennemi mobile comme la pensée, et que l'on ne pouvait joindre que où et quand il lui plaisait, il fallait n'avancer qu'à coup sûr et tâcher de s'assurer des places fortes. L'habileté de Jugurtha rendait ce système difficile à suivre. Les Romains ayant pris Vacca, Jugurtha apparut tout à coup dans une position avantageuse, et fut au moment de vaincre, avec ses troupes légères, la tactique romaine et la force des légions. Partout il suivit Metellus, troublant les sources, détruisant les pâturages, enlevant les fourrageurs. Il osa même attaquer deux fois le camp romain devant Sicca, fit lever le siège, et força ainsi Metellus d'aller prendre ses quartiers d'hiver hors de la Numidie[1]. Le Romain employait cependant contre lui les moyens les moins louables de vaincre. Il marchandait sous main les amis de Jugurtha, pour leur faire tuer ou livrer leur maître.

Ces craintes diverses décidèrent le Numide à traiter. Il se soumet à tout. Il livre à Metellus deux cent mille livres pesant d'argent, tous ses éléphants, une infinité d'armes et de chevaux. Et alors il apprend qu'il faut qu'il vienne se mettre lui-même entre les mains de Metellus. Que risquait-il de plus en continuant la guerre? Il la recommença. Il eût dû se souvenir plus tôt que les Romains avaient usé envers les Carthaginois de la même perfidie.

Metellus fit alors en Numidie une guerre d'extermination, égorgeant dans chaque ville tous les mâles en âge de puberté[2]. C'est ainsi qu'il traita Vacca, qui s'était soustraite au joug des Romains; et Thala, dépôt des trésors de Jugurtha, qui l'avait crue protégée par les solitudes qui l'environnaient. L'indomptable roi

---

1. Sall., *Jug.*, c. 54-61.
2. *Ibid.*, c. 54 : « Puberes interfici jubet. »

de Numidie était sorti de son royaume pour le mieux défendre. Retiré aux confins du grand désert, il disciplinait les Gétules, et entraînait contre Rome son beau-père Bocchus, roi de Mauritanie, qui fut vaincu avec lui près de Cirtha.

Metellus vit avec douleur son lieutenant Marius lui enlever la gloire de terminer cette guerre. Le fier patricien, qui lui devait, il faut le dire, une grande partie de ses succès, avait voulu d'abord l'empêcher d'aller à Rome briguer le consulat. Il sera temps pour vous, lui dit-il, quand mon fils le demandera. Il s'en fallait de vingt ans que son fils eût l'âge. L'insolence de Metellus avait profondément ulcéré Marius. Il exigea la condamnation à mort d'un client de Metellus, soupçonné d'intelligence avec les Numides, et lorsque celui-ci essayait de réhabiliter la mémoire de cet homme, Marius dit qu'il s'applaudissait d'avoir attaché à l'âme du consul une furie éternelle.

Ce mot atroce indique assez avec quelle haine Marius attaqua Metellus à Rome. Cette fois il daigna parler devant le peuple et flatter sa passion. Il accusa son général d'éterniser la guerre ; il promit, s'il était consul, de prendre ou tuer Jugurtha de sa main. Il était soutenu par les chevaliers, par les publicains[1], par tous ceux dont cette longue guerre anéantissait le commerce en Afrique ; il le fut par les prolétaires qu'il enrôla pour la première fois, et pour qui les camps furent un asile. On accusa Marius de prendre ainsi pour soldats des hommes qui ne laissaient à la patrie

---

1. Sall., *Jug.*, c. 65. — « Equites Romanos, milites et negotiatores, alios ipse, « plerosque pacis spes impellit, uti... Marium imperatorem poscant. » (Plutarch., *in Mario.*)

aucun gage de leur fidélité. Mais l'extinction des propriétaires obligeait de recourir à cette dernière ressource.

Marius voulait deux choses : s'attacher, s'approprier son armée, et vaincre Jugurtha. Il atteignit le dernier but par une discipline terrible, le premier par une prodigalité sans bornes. Il donnait tout le butin, toutes les dépouilles au soldat. Avec un tel accord du chef et de l'armée, la guerre fut poussée à outrance. Il prit Capsa, au milieu des plus arides solitudes. Il força le pic presque inaccessible où le roi des Numides avait déposé ce qu'il avait pu sauver de ses trésors. Il battit deux fois Jugurtha et Bocchus. Ce dernier ne voulut pas se perdre avec son gendre. Il promit de le livrer. Ce fut le jeune Sylla, questeur de Marius, qui, pour sa première campagne, eut la gloire de recevoir du roi de Mauritanie un captif si important. Ce succès fut dû en partie à son adresse et à son sang-froid ; Bocchus délibéra un instant s'il ne livrerait pas plutôt Sylla à Jugurtha. Marius ne pardonna jamais à son questeur d'avoir fait représenter sur son anneau l'extradition du roi des Numides.

La Numidie fut partagée entre Bocchus et deux petits-fils naturels de Massinissa. Le héros qui avait défendu la Numidie si longtemps, et qui, malgré des crimes ordinaires aux rois barbares, méritait un meilleur sort, fut traîné derrière le char de Marius, au milieu des huées d'une lâche populace. On dit qu'il perdit le sens. Peut-être voulait-il échapper à l'ignominie en feignant l'insensibilité. C'est ainsi que le roi des Vandales diminua pour Bélisaire la gloire et l'ivresse du triomphe, en déclarant par un sourire dédaigneux qu'il n'acceptait pas la honte dont on croyait le couvrir. Jugurtha fut ensuite dépouillé, et les licteurs, pour avoir plus tôt fait, lui arrachèrent les bouts des oreilles avec les anneaux d'or qu'il y portait. De là jeté nu dans un cachot humide, il plaisantait encore en y entrant : *Par Hercule*, dit-il, *les étuves sont froides à Rome*. Il lutta six jours entiers contre la faim [1] (106).

La jalousie que les victoires du publicain d'Arpinum inspiraient aux nobles, fut réprimée par un danger dont Rome ne crut pouvoir être défendue que par lui Des peuples jusque-là inconnus aux Romains, des Cimbres et des Teutons des bords de la Baltique, fuyant, disait-on, devant l'Océan débordé, étaient descendus vers le midi. Ils avaient ravagé toute l'Illyrie, battu, aux portes de l'Italie, un général romain, qui voulait leur interdire le Norique, et tourné les Alpes par l'Helvétie, dont les principales populations, Ombriens ou Ambrons, Tigurins (Zurich) et Tughènes (Zug), grossirent leur horde. Tous ensemble pénétrèrent dans la Gaule, au nombre de trois cent mille guerriers; leurs familles, vieillards, femmes et enfants, suivaient dans des chariots. Au nord de la Gaule, ils retrouvèrent d'anciennes tribus cimbriques, et leur laissèrent, dit-on, en dépôt une partie de leur butin. Mais la Gaule centrale fut dévastée, brûlée, affamée sur leur passage. Les populations des campagnes se réfugièrent dans les villes pour laisser passer le torrent, et furent réduites à une telle disette qu'on essaya de se nourrir de chair

---

1. Plut., *in Mar.*, c. 13 : Ἐξ ἡμέραις ζυγομαχήσαντα λιμῷ.

humaine[1]. Les Barbares, parvenus au bord du Rhône, apprirent que, de l'autre côté du fleuve, c'était encore l'empire romain, dont ils avaient déjà rencontré les frontières en Illyrie, en Thrace, en Macédoine. L'immensité du grand Empire du Midi les frappa d'un respect superstitieux ; avec cette simple bonne foi de la race germanique, ils dirent au magistrat de la Province, M. Silanus, *que si Rome leur donnait des terres, ils se battraient volontiers pour elle*. Silanus répondit fièrement que Rome n'avait que faire de leurs services, passa le Rhône et se fit battre. Le consul P. Cassius, qui vint ensuite défendre la Province, fut tué ; Scaurus, son lieutenant, fut pris, et l'armée passa sous le joug des Helvètes, non loin du lac de Genève. Les Barbares enhardis voulaient franchir les Alpes. Ils agitaient seulement si les Romains seraient réduits en esclavage ou exterminés. Dans leurs bruyants débats, ils s'avisèrent d'interroger Scaurus, leur prisonnier. Sa réponse hardie les mit en fureur, et l'un d'eux le perça de son épée. Toutefois, ils réfléchirent, et ajournèrent le passage des Alpes. Les paroles de Scaurus furent peut-être le salut de l'Italie.

Les Gaulois Tectosages de Tolosa, unis aux Cimbres par une origine commune, les appelaient contre les Romains, dont ils avaient secoué le joug. La marche des Cimbres fut trop lente. Le consul C. Servilius Cépion pénétra dans la ville et la saccagea. L'or et l'argent rapportés jadis par les Tectosages du pillage de Delphes, celui des mines des Pyrénées,

---

1. Cæsar, *Bell. Gall.*, lib. VII, c. 77 : « In oppida compulsi, ac inopia « subacti, eorum corporibus qui ætate inutiles ad bellum videbantur, vitam « toleraverunt. »

celui que la piété des Gaulois clouait dans un temple de la ville ou jetait dans un lac voisin, avaient fait de Tolosa la plus riche ville des Gaules. Cépion en tira, dit-on, cent dix mille livres pesant d'or et quinze cent mille d'argent. Il dirigea ce trésor sur Marseille, et le fit enlever sur la route par des gens à lui, qui massacrèrent l'escorte. Ce brigandage ne profita pas. Tous ceux qui avaient touché cette proie funeste finirent misérablement ; et quand on voulait désigner un homme dévoué à une fatalité implacable, on disait : *Il a de l'or de Tolosa.*

D'abord Cépion, jaloux d'un collègue inférieur par la naissance, veut camper et combattre séparément. Il insulte les députés que les Barbares envoyaient à l'autre consul. Ceux-ci, bouillants de fureur, dévouent solennellement aux dieux tout ce qui tombera entre leurs mains. De quatre-vingt mille soldats, de quarante mille esclaves ou valets d'armée, il n'échappa, dit-on, que dix hommes. Cépion fut des dix. Les Barbares tinrent religieusement leur serment : ils tuèrent dans les deux camps tout être vivant, ramassèrent les armes, et jetèrent l'or et l'argent, les chevaux même dans le Rhône[1].

Cette journée, aussi terrible que celle de Cannes, leur ouvrait l'Italie. La fortune de Rome les arrêta dans la Province et les détourna vers les Pyrénées. De là, les Cimbres se répandirent sur toute l'Espagne, tandis que le reste des Barbares les attendait dans la Gaule.

Pendant qu'ils perdent ainsi le temps et vont se

---

1. Paul. Oros., lib. V, c. 16 : « Aurum argentumque in flumen abjectum... « equi ipsi gurgitibus immersi. »

briser contre les montagnes et l'opiniâtre courage des Celtibériens, Rome épouvantée avait appelé Marius de l'Afrique. Il ne fallait pas moins que l'homme d'Arpinum, en qui tous les Italiens voyaient un des leurs, pour rassurer l'Italie et l'armer unanimement contre les Barbares. Ce dur soldat, presque aussi terrible aux siens qu'à l'ennemi, farouche comme les Cimbres qu'il allait combattre, fut, pour Rome, un dieu sauveur. Pendant quatre ans que l'on attendit les Barbares, le peuple, ni même le Sénat, ne put se décider à nommer un autre consul que Marius. Arrivé dans la Province, il endurcit d'abord ses soldats par de prodigieux travaux. Il leur fit creuser la *Fossa Mariana*, qui facilitait ses communications avec la mer, et permettait aux navires d'éviter l'embouchure du Rhône, barré par les sables. En même temps, il accablait les Tectosages, et s'assurait de la fidélité de la Province avant que les Barbares se remissent en mouvement.

Enfin ceux-ci se dirigèrent vers l'Italie, le seul pays de l'Occident qui eût encore échappé à leurs ravages. Mais la difficulté de nourrir une si grande multitude les obligea de se séparer. Les Cimbres et les Tigurins tournèrent par l'Helvétie et le Norique; les Ambrons et les Teutons, par un chemin plus direct, devaient passer sur le ventre aux légions de Marius, pénétrer en Italie par les Alpes Maritimes, et retrouver les Cimbres aux bords du Pô.

Dans le camp retranché d'où il les observait, d'abord près d'Arles, puis sous les murs d'Aquæ Sextiæ (Aix), Marius leur refusa obstinément la bataille. Il voulait habituer les siens à voir ces Barbares, avec leur taille énorme, leurs yeux farouches, leurs armes et leurs vêtements bizarres. Leur roi, Teutobocus, franchissait d'un saut quatre et même six chevaux mis de front[1]; quand il fut conduit en triomphe à Rome, il était plus haut que les trophées. Les Barbares, défilant devant les retranchements, défiaient les Romains par mille outrages : *N'avez-vous rien à dire à vos femmes ?* disaient-ils, *nous serons bientôt auprès d'elles*. Un jour, un de ces géants du Nord vint jusqu'aux portes du camp provoquer Marius lui-même. Le général lui fit répondre que s'il était las de la vie, il n'avait qu'à s'aller pendre, et comme le Teuton insistait, il lui envoya un gladiateur. Ainsi il arrêtait l'impatience des siens ; et cependant il savait ce qui se passait dans leur camp par le jeune Sertorius, qui parlait leur langue et se mêlait à eux sous l'habit gaulois.

Marius, pour faire plus vivement souhaiter la bataille à ses soldats, avait placé son camp sur une colline sans eau qui dominait un fleuve. Vous êtes des hommes, leur dit-il, vous aurez de l'eau pour du sang. Le combat s'engagea en effet bientôt au bord du fleuve. Les Ambrons, qui étaient seuls dans cette première action, étonnèrent d'abord les Romains par leur cri de guerre qu'ils faisaient retentir comme un mugissement dans leur bouclier : *Ambrons! Ambrons!* Les Romains vainquirent pourtant, mais ils furent repoussés du camp par les femmes des Ambrons ; elles s'armèrent pour défendre leur liberté et leurs enfants, et elles frappaient du haut de leurs chariots sans distinction d'amis ni d'ennemis. Toute la nuit les Barbares pleurèrent leurs morts avec des hurlements sauvages qui, répétés par

---

1. Florus, lib. III : « Rex Teutobochus, quaternos senosque equos transilire « solitus. »

les échos des montagnes et du fleuve, portaient l'épouvante dans l'âme même des vainqueurs. Le surlendemain, Marius les attira par sa cavalerie à une nouvelle action. Les Ambro-Teutons, emportés par leur courage, traversèrent la rivière et furent écrasés dans son lit. Un corps de trois mille Romains les prit par derrière et décida leur défaite. Selon l'évaluation la plus modérée, le nombre des Barbares pris ou tués fut de cent mille. La vallée, engraissée de leur sang, devint célèbre par sa fertilité. Les habitants du pays n'enfermaient, n'étayaient leurs vignes qu'avec des os de morts. Le village de *Pourrières* rappelle encore aujourd'hui le nom donné à la plaine : *Campi putridi*, champ de la putréfaction. Quant au butin, l'armée le donna tout entier à Marius qui, après un sacrifice solennel, le brûla en l'honneur des dieux. Une pyramide fut élevée à Marius, un temple à la Victoire. L'église de Sainte-Victoire, qui remplaça le temple, reçut, jusqu'à la Révolution française, une procession annuelle, dont l'usage ne s'était jamais interrompu. La pyramide subsista jusqu'au quinzième siècle, et Pourrières avait pris pour armoiries le triomphe de Marius représenté sur un des bas-reliefs dont ce monument était orné [1].

Cependant les Cimbres, ayant passé les Alpes Noriques, étaient descendus dans la vallée de l'Adige. Les soldats de Catulus ne les voyaient qu'avec terreur se jouer, presque nus, au milieu des glaces, et se laisser glisser sur leurs boucliers du haut des Alpes à travers les précipices [2]. Catulus, général méthodique, se croyait en sûreté derrière l'Adige couvert par un

---

1. Am. Thierry, *Hist. des Gaul.*
2. Florus, lib. III : « Hi jam (quis crederet ?) per hiemen, quæ altius Alpes

petit fort. Il pensait que les ennemis s'amuseraient à le forcer. Ils entassèrent des rochers, jetèrent toute une forêt par-dessus et passèrent. Les Romains s'enfuirent, et ne s'arrêtèrent que derrière le Pô. Les Cimbres ne songeaient pas à les poursuivre. En attendant l'arrivée des Teutons, ils jouirent du ciel et du sol italiens, et se laissèrent vaincre aux douceurs de la belle et molle contrée. Le vin, le pain, tout était nouveau pour ces Barbares[1] ; ils fondaient sous le soleil du Midi et sous l'action de la civilisation plus énervante encore.

Marius eut le temps de joindre son collègue. Il reçut des députés des Cimbres, qui voulaient gagner du temps : *Donnez-nous*, disaient-ils, *des terres pour nous et pour nos frères les Teutons*. — *Laissez là vos frères*, répondit Marius, *ils ont des terres. Nous leur en avons donné qu'ils garderont éternellement*. Et comme les Cimbres le menaçaient de l'arrivée des Teutons : *Ils sont ici*, dit-il, *il ne serait pas bien de partir sans les saluer*, et il fit amener les captifs. Les Cimbres ayant demandé quel jour et en quel lieu il voulait combattre *pour savoir à qui serait l'Italie*, il leur donna rendez-vous pour le troisième jour dans un champ, près de Verceil.

Marius s'était placé de manière à tourner contre l'ennemi le vent, la poussière et les rayons ardents d'un soleil de juillet. L'infanterie des Cimbres formait

---

levat, tridentinis jugis in Italiam provoluti ruina descenderant. » — Plut., c. 22 : Τοὺς θυρεοὺς πλατεῖς ὑποτιθέντες τοῖς σώμασιν.

1. *Ibid.* : « In Venetia, quo fere tractu Italia mollissima est, ipsa soli cœlique
« clementia robur elanguit. Ad hoc panis usu carnisque coctæ et dulcedine
« vini mitigatos... »

un énorme carré, dont les premiers rangs étaient liés tous ensemble avec des chaînes de fer. Leur cavalerie, forte de quinze mille hommes, était effrayante à voir, avec ses casques chargés de mufles d'animaux sauvages, et surmontés d'ailes d'oiseaux[1]. Le camp et l'armée barbare occupaient une lieue en longueur. Au commencement, l'aile où se tenait Marius, ayant cru voir fuir la cavalerie ennemie, s'élança à sa poursuite et s'égara dans la poussière, tandis que l'infanterie ennemie, semblable aux vagues d'une mer immense, venait se briser sur le centre où se tenaient Catulus et Sylla, et alors tout se perdit dans une nuée de poudre. La poussière et le soleil méritèrent le principal honneur de la victoire[2] (101).

Restait le camp barbare, les femmes et les enfants des vaincus. D'abord, revêtues d'habits de deuil, elles supplièrent qu'on leur promît de les respecter, et qu'on les donnât pour esclaves aux prêtresses romaines du feu[3] (le culte des éléments existait dans la Germanie). Puis, voyant leur prière reçue avec dérision, elles pourvurent elles-mêmes à leur liberté. Le mariage, chez ces peuples, était chose sérieuse. Les présents symboliques des noces, les bœufs attelés, les armes, le coursier de guerre, annonçaient assez à la vierge qu'elle devenait la compagne des périls de l'homme, qu'ils étaient unis dans une même destinée, à la vie et

---

1. Plut., c. 37 : Θηρίων φοβηρῶν χάσματι... λόφοις πτερωτοῖς.
2. Florus, lib. III. — Plut. *in Mar.*, c. 27 : « Κονιορτοῦ ἀρθέντος ἀπλέτου... συναγωνίσθαι τοῖς Ῥωμαίοις τὸ καῦμα καὶ τὸν ἥλιον. »
3. Paul. Oros., lib. V, c. 16 : « Consuluerunt consulem, ut si inviolata castitate virginibus sacris ac diis serviendum esset, vitam sibi reservarent. » — Florus, lib. III, c. 3 : « Quum, missa ad Marium legatione, libertatem ac sacerdotium non impetrassent. »

à la mort (*sic vivendum, sic pereundum*, Tacite). C'est à son épouse que le guerrier rapportait ses blessures après la bataille (*ad matres et conjuges vulnera referunt; nec illæ numerare aut exigere plagas pavent*). Elle les comptait, les sondait sans pâlir; car la mort ne devait point les séparer. Ainsi, dans les poèmes scandinaves, Brunnhild se brûle sur le corps de Siegfried. D'abord les femmes des Cimbres affranchirent leurs enfants par la mort; elles les étranglèrent ou les jetèrent sous les roues des chariots. Puis elles se pendaient, s'attachaient par un nœud coulant aux cornes des bœufs, et les piquaient ensuite pour se faire écraser. Les chiens de la horde défendirent leurs cadavres; il fallut les exterminer à coups de flèches[1].

Ainsi s'évanouit cette terrible apparition du Nord, qui avait jeté tant d'épouvante dans l'Italie. Le mot *cimbrique* resta synonyme de *fort* et de *terrible*. Toutefois Rome ne sentit point le génie héroïque de ces nations, qui devaient un jour la détruire; elle crut à son éternité. Les prisonniers qu'on put faire sur les Cimbres furent distribués aux villes comme esclaves publics, ou dévoués aux combats de gladiateurs.

Marius fit ciseler sur son bouclier la figure d'un Gaulois tirant la langue, image populaire à Rome dès le temps des Torquatus. Le peuple l'appela le troisième fondateur de Rome, après Romulus et Camille. On faisait des libations au nom de Marius, comme en l'honneur de Bacchus ou de Jupiter. Lui-même, enivré de sa victoire sur les Barbares du Nord et du Midi, sur la Germanie et sur les *Indes africaines*, ne buvait plus

---

1. Plin., lib. VIII, c. 40 : « Canes defendere, Cimbris cæsis, domus eorum « plaustris impositas. »

que dans cette coupe à deux anses où, selon la tradition, Bacchus avait bu après sa victoire des Indes [1].

La victoire de Marius délivra Rome du danger qu'elle redoutait le plus, mais non du plus grand. L'empire, disait-on, était désormais fermé aux Barbares ; et chaque jour, sous les fers de l'esclavage, ils envahissaient l'empire. Les publicains, établis sur toutes les frontières, avaient organisé la *traite* des blancs. Ce n'étaient point des prisonniers de guerre, encore moins des esclaves achetés ; c'étaient des hommes libres que les marchands d'esclaves, publicains, chevaliers et autres, enlevaient en pleine paix, et le plus souvent chez les alliés de Rome. Lorsque Marius, partant pour combattre les Teutons, fit demander des secours à Nicomède, roi de Bithynie, ce prince répondit que, grâce aux publicains et aux marchands d'esclaves, il n'avait plus pour sujets que des enfants, des femmes et des vieillards [2]. Une émigration non interrompue de Thraces et de Gaulois, d'Asiatiques surtout, avait lieu en Italie et en Sicile. Ils y étaient amenés comme esclaves en même temps que leurs dieux y entraient comme souverains. Avant la seconde guerre punique, le Sénat avait fait démolir à Rome le temple d'Isis ; vingt ans après cette guerre, il avait proscrit les initiés des bacchanales. Et voilà que, dans la guerre des Teutons, le Sénat accueille avec honneur le Phrygien Batabacès, qui promet la victoire, et fait bâtir un temple à la

1. Plut., *in Mario*.
2. Diod., *Excerpt*.

Bonne Déesse[1]. Marius mène partout avec lui la Syrienne Marthe, la consulte avant de combattre, et ne sacrifie que par son ordre. Sylla obéit docilement aux devins de la Chaldée[2]. Le Sénat est obligé de défendre les sacrifices humains (98 av. J.-C.).

Au moment où la guerre des Cimbres éclata, le Sénat, voulant s'assurer des alliés d'Asie, fit un décret pour leur rendre leurs sujets devenus esclaves. Tout homme libre originaire d'un pays allié, et retenu injustement dans l'esclavage, fut déclaré affranchi. A l'instant, huit cents esclaves se présentèrent au préteur de Sicile, et furent rendus à la liberté; mais chaque jour d'innombrables multitudes venaient réclamer au même titre. Ces malheureux appartenaient pour la plupart aux chevaliers romains, qui partout envahissaient les terres sur les hommes libres, et les exploitaient par des esclaves. Quel magistrat dans les provinces eût osé décider contre l'intérêt de ces grands propriétaires, qui, en leur qualité de chevaliers, pouvaient le juger lui-même de retour à Rome? Cette épouvantable tyrannie, fiscale, mercantile et judiciaire tout à la fois, a été déjà caractérisée plus haut par quelques mots de Montesquieu.

Les esclaves, furieux de voir leur droit à la liberté reconnu et méprisé en même temps, s'arment de toutes parts (105-1). Cette fois, ils ne prennent pas pour chef un bouffon syrien, mais un brave Italien

---

1. Plut., *in Mar.*, c. 18 : Βαταβάκης, ὁ τῆς μεγάλης μήτρος ἱερεύς·... τῆς δὲ συγκλήτου τῇ θεῷ ναὸν ἐπινίκιον ἱδρύσασθαι ψηφισαμένης.

2. Plut., *ibid.* : Ὁ Μάριος γάρ τινα Σύραν γυναῖκα, Μάρθαν ὄνομα.... ἐν φορείῳ κατακειμένην σεμνῶς περιήγετο, καὶ θυσίας ἔθυεν ἐκείνης κελευούσης, etc. — Plut., *in Syll.*, c. 46, et *passim*.

nommé Salvius[1], un Grec intrépide nommé Athénion, qui les disciplinent à la romaine, ne donnent des armes qu'à ceux qui peuvent s'en servir, évitent de s'enfermer dans les villes, où le grand nombre des hommes libres les mettrait en péril. Le roi Salvius et son lieutenant lisaient dans l'avenir, comme Eunus. Ce qui prouve au moins leur intelligence du présent, c'est qu'ils se dirigeaient vers l'Occident, et s'efforçaient de communiquer avec la mer d'Italie, où d'autres bandes d'esclaves étaient en armes. Tant que dura la guerre des Cimbres, celle des esclaves traîna en longueur. Trois généraux romains y échouèrent. Mais l'année même de la bataille de Verceil, Manius Aquilius, collègue de Marius dans son cinquième consulat, passa en Sicile, tua de sa main Athénion, qui avait succédé à Salvius, et poursuivit les esclaves débandés de ville en ville. Il en réserva mille pour les jeter aux bêtes dans l'amphitéâtre de Rome. Mais ils envièrent au peuple l'amusement de leur agonie; ils se tuèrent les uns les autres (101). Si l'on en croit Athénée, un million d'esclaves avait péri dans les deux guerres serviles.

---

1. Pour toute cette guerre, voy. Diodor., *Excerpta*.

CHAPITRE III

Guerre Sociale. — Les Italiens obligent Rome do leur accorder le droit de cité. — Guerre Sociale et civile de Marius et de Sylla. — Dictature de Sylla. — Victoire des *nobles* sur les chevaliers, de Rome sur les Italiens (100-77).

Les alliés qui, dans les guerres des Cimbres et des esclaves, composaient les deux tiers des armées de Rome, s'attendaient à des récompenses. La plupart d'entre eux, dépouillés autrefois par les colonies romaines, ou récemment par l'avidité des chevaliers, s'étaient, malgré les décrets du Sénat, établis dans les environs de Rome et introduits dans les tribus rustiques. Marius fit proposer par un homme à lui, le tribun Apuleius Saturninus, de leur distribuer les terres que les Cimbres avaient occupées un instant dans le nord de l'Italie[1]. Par là, il éloignait ses anciens soldats, Marses, Péligniens, Lucaniens, Samnites, etc., de leurs provinces natales et de leurs patrons nationaux; il les transplantait dans une province lointaine, où ils n'auraient pour garant de leur propriété que la pro-

1. Appian., *B. Civ.*

tection de Marius. C'était aussi un motif spécieux que de fermer l'Italie aux Barbares, en établissant au pied des Alpes ceux qui les avaient vaincus. Les Italiens, qui soutenaient cette loi, la rendirent odieuse par leurs violences. Ils égorgèrent en plein jour dans le Forum les compétiteurs de Saturninus, et ceux de Glaucias, qui le soutenait. La mort fut décrétée contre tout sénateur qui ne jurerait pas de respecter la loi agraire accordée aux soldats de Marius. Pour celui-ci, sa conduite, en tout ceci, fut misérablement double et factieuse. Il jura qu'il ne jurerait point la loi, et quand son ennemi Metellus l'eut imité, Marius feignit d'avoir peur des Italiens, et prononça le serment. Le peuple de Rome, jaloux des tribus rustiques, s'était armé pour soutenir Metellus, qui aima mieux s'éloigner de Rome [1].

La duplicité de Marius avait refroidi les Italiens pour lui. Saturninus était l'objet de leur enthousiasme, et ils l'avaient salué roi. Marius se rapprocha du Sénat et de la populace urbaine. Dès que les Italiens retournèrent aux travaux des champs, Saturninus fut abandonné comme les Gracches, et obligé de se réfugier au Capitole avec ce qui lui restait de ses partisans. Mourant de soif et menacés d'être brûlés avec le temple, ils se rendirent à Marius, qui les laissa lapider, ou, selon d'autres, ordonna expressément leur mort (100) [2]. Dès lors, Marius vit tomber tout son crédit : odieux au peuple comme Italien, au Sénat comme démagogue, méprisé comme publicain de l'un et de l'autre, il avait

---

[1]. Appian., *B. Civ*.
[2]. Voy. les récits opposés d'Appian., *loc. cit.*; de Plut., *in Mar.*, et de Velleius, lib. II, c. 12.

perdu la confiance de l'Italie en se séparant de Saturninus. Il vit bientôt rentrer au Sénat son ennemi Metellus. Plutôt que d'endurer tous les jours l'humiliation de sa présence, il partit pour l'Asie, sous le prétexte d'accomplir des vœux à la Bonne Déesse, mais en réalité pour s'y ménager une guerre en insultant les rois alliés [1]; peut-être aussi pour s'associer aux rapines de ses amis, les chevaliers romains qui pillaient l'Asie.

Le dangereux patronage des alliés passa quelques années après au tribun Livius Drusus, qui avait alors entrepris de rendre à tout prix les jugements au Sénat. Les sénateurs ne pouvaient tolérer la tyrannie des chevaliers, qu'ils appelaient *leurs bourreaux*. D'un autre côté, la plupart des alliés, sur qui les chevaliers usurpaient chaque jour des terres, ne leur étaient pas plus favorables. Drusus proposait de partager les tribunaux entre l'ordre équestre et le Sénat, de doubler cette compagnie en y faisant entrer trois cents chevaliers, de donner des terres au peuple de Rome, et le droit de cité à toute l'Italie (91). Ce projet de conciliation ne satisfit personne. Les chevaliers s'adressèrent à ceux des alliés qui jusque-là avaient peu souffert des colonies et des distributions de terres, et leur firent craindre que les nouvelles ne se fissent à leurs dépens. Les Étrusques et les Ombriens vinrent à Rome accuser Drusus. Ils furent soutenus par le consul Marcius Philippe, ennemi personnel de Drusus [2]. Abandonné

---

1. Plutarch., *in Mar.*, c. 33.
2. Drusus, interrompu dans une harangue par Philippe, le fit saisir à la gorge et traîner en prison, non par un licteur, mais par un de ses clients, et avec tant de violence que le sang lui jaillit par le nez (Val. Max., IX, 5); Drusus ne fit qu'en rire, et dit : « Ce n'est que du sang de grive. »

comme les Gracches, comme Saturninus, comme tous ceux qui s'appuyaient sur le secours variable des Italiens contre les habitants sédentaires de Rome, il périt assassiné dans sa maison. On accusa de ce crime le consul, chef du parti des chevaliers. Ceux-ci poursuivirent impitoyablement les partisans de Drusus. Ils traînèrent devant leurs tribunaux les plus illustres sénateurs, et, descendant sur la place avec des bandes armées d'esclaves, ils firent passer, l'épée à la main, une loi qui ordonnait de poursuivre quiconque favoriserait publiquement ou secrètement la demande des Italiens pour être admis au droit de cité[1].

De tous les alliés, les plus irrités furent les Marses et leurs confédérés (Marrucini, Vestini, Peligni). Ces pâtres belliqueux qui jadis avaient abandonné si aisément les Samnites, leurs frères, s'étaient contentés longtemps d'être reconnus pour les meilleurs soldats des armées romaines. Les Romains disaient eux-mêmes : *Qui pourrait triompher des Marses, ou sans les Marses*[2] *?* D'abord ils tentèrent un coup de main sur Rome. Leur brave chef, Pompedius Silo, prit avec lui tous ceux qui étaient poursuivis par les tribunaux, probablement ceux qu'avaient ruinés les usuriers romains; ils étaient dix mille hommes armés sous leurs habits. La rencontre d'un sénateur qui se trouva sur leur chemin, leur fit croire qu'ils étaient décou-

---

1. Appian., *B. Civ.*, t. II.
2. *Id., ibid.* — Cette guerre des Marses, qui introduisit les Italiens dans Rome, rompit pour toujours l'unité de la cité, si longtemps défendue par les patriciens. Devant le vieux temple de Quirinus, croissaient, dit Pline (*Hist. nat.*, XV, 36), deux myrtes, l'un patricien, l'autre plébéien. Le premier, vert et vigoureux jusqu'à la guerre des Marses, languit dès lors et se desséchа; l'autre profita d'autant.

verts, et ils se contentèrent des bonnes paroles qu'il leur donna[1]. Cependant les peuples italiens se liguaient entre eux, et s'envoyaient des otages; car ils se défiaient les uns des autres, isolés qu'ils étaient depuis si longtemps par la politique de Rome. Les Marses s'adjoignirent ainsi ce qui restait de l'ancienne race samnite répandue dans les montagnes du Samnium et dans les plaines de la Lucanie, de la Campanie et de l'Apulie. Les villes importantes de Nole, de Venuse et d'Asculum (dans le Picenum) prirent parti pour eux. Ce qui avait manqué aux Italiens dans la guerre des Samnites, c'était un centre, une ville dominante, une Rome. Cette fois ils en bâtirent une tout exprès. Confinium, la Rome italienne, fut faite à l'image de l'autre[2], qu'elle devait détruire. Elle eut son Forum, sa curie, son Sénat de cinq cents membres. Les alliés devaient nommer par an douze généraux et deux consuls. Les premiers qu'ils élurent, le Marse Pompedius Silo et le Samnite C. Motulus (Papius Mutilius?), furent chargés de combattre l'un vers le nord-ouest, l'autre vers le sud[3]. Le premier devait attaquer Rome directement, et, s'il se pouvait, entraîner contre elle l'Étrurie et l'Ombrie. Sous ces chefs commandaient C. Judacilius, Herius Asinius, M. Lamponius, Insteius Cato, Marius Egnatius, Pontius Telesinus, et plusieurs autres. Outre P. Rutilius, Q. Cépion, Val. Messala et le fameux Sylla, Rome leur opposa S. Julius César, Cn. Pompeius Strabo et Porcius Caton, trois hommes qui devaient être éclipsés par leurs fils. Il y avait encore parmi les généraux romains deux Italiens d'origine, le fameux

---

1. Diod., *Eclog.*, lib. XXXVII.
2. *Id., ibid.* — 3. *Id., ibid.*

Marius et C. Perpenna. La conduite de ces derniers fut singulièrement équivoque. Perpenna, soupçonné de s'être fait battre, fut privé du commandement. Marius refusa toujours le combat aux Italiens, laissa échapper les plus belles occasions de vaincre, négligea de poursuivre l'avantage qu'avait obtenu Sylla; enfin il déposa le commandement, prétextant des maux de nerfs[1]. Sans doute il espérait que Rome, réduite aux dernières extrémités, finirait par prendre pour médiateur et pour chef absolu un homme Italien par sa naissance, et Romain par sa fortune.

Il se trompait. Après plusieurs défaites, où deux consuls perdirent la vie, Rome reprit son ascendant. Elle le dut surtout au consul Cn. Pompeius et à Sylla, lieutenant de son collègue. Pompée, assiégé un instant dans Fernum, resserra à son tour dans les murs d'Asculum l'Italien Judacilius, qui, après y avoir fait égorger tous les partisans de Rome, se dressa un bûcher dans un temple, et s'y donna solennellement la mort.

Pompée détruisit encore ceux qui passaient l'Apennin pour soulever l'Étrurie; mais Rome ne crut pouvoir s'assurer des Étrusques et des Ombriens qu'en leur donnant le droit de cité (88). Les Marses eux-mêmes abandonnèrent la ligue à la même condition. Sylla, qui avait ménagé ce traité, tua cinquante mille Italiens dans la Campanie, prit chez les Hirpins Æquilanum, en menaçant de la brûler dans ses murailles de bois. Il tourna les gorges du Samnium, que gardait l'armée ennemie, força Bovianum après avoir fait un carnage affreux des Samnites. Le Marse Pompedius Silo, plus

---

1. Appian., *B. Civ.* — Plut., *in Mario*, c. 34.

fidèle à la cause commune que ses concitoyens, avait transporté le siège de l'empire italien de Corfinium à Bovianum, puis à Æsernia, deux villes samnites. Il avait affranchi vingt mille esclaves, et sollicité le secours du roi de Pont, qui méconnut son intérêt véritable, et répondit qu'il voulait avant tout réduire l'Asie [1]. Tant de revers, et la mort même de Pompedius qui fut tué en Apulie, ne purent vaincre la résistance des Samnites. Chassés de leurs montagnes, ils tenaient encore dans Nola et dans les fortes positions du Brutium. Leurs chefs essayèrent de profiter des querelles de Marius et de Sylla pour s'emparer de Rhegium, et passer de là en Sicile, où ils auraient si facilement armé les esclaves.

En accordant la cité à la plupart des Italiens, Rome ne terminait pas la guerre; elle l'introduisait dans ses murs. La multitude des nouveaux citoyens avait été entassée dans huit tribus, qui votaient les dernières, lorsque les anciennes avaient pu déjà décider. Les Marses, les Ombriens, les Étrusques, faisaient un voyage de vingt ou trente lieues pour venir exercer à Rome ce droit de souveraineté tant souhaité; aucune place publique n'était assez vaste pour les contenir; une partie votait du haut des temples et des portiques qui entouraient le Forum. Et tout ce peuple, venu de si loin, donnait un vote inutile, ou n'était même pas consulté. Les Italiens, indignés de cette déception, devaient recommencer la lutte jusqu'à ce que,

---

1. Diod., *Eclog.*, lib. XXXVII.

répandus dans toutes les tribus, ils obtinssent l'égalité des droits. Cette égalité apparente eût été pour eux une supériorité réelle sur les anciens citoyens, dont les suffrages moins nombreux se seraient perdus dans les leurs. Sans doute, les Italiens méritaient la supériorité sur cette ignoble populace composée en grande partie d'affranchis de toutes nations. Cependant ce peuple équivoque représentait la vieille Rome, en prenait l'esprit, se croyait romain, et défendait opiniâtrément l'unité de la cité.

La promesse de répandre les Italiens dans toutes les tribus, et de leur assurer par là l'exercice réel de leurs nouveaux droits fut l'appât dont se servit Marius pour les ramener à lui, et reprendre auprès d'eux son ancienne popularité. Ce n'était pas qu'il se souciât de ses compatriotes. Le vieux publicain, devenu gras et pesant[1], ne s'occupait guère depuis longtemps que d'entasser de l'argent dans sa belle maison de Misène qu'il avait achetée de la mère des Gracches, et que Lucullus paya depuis 500,000 sesterces. Tout à coup, on vit reparaître Marius dans le Champ de Mars s'exerçant avec les jeunes gens. Ses ennemis lui demandaient ce qu'étaient devenus les maux de nerfs qui paralysaient ses mouvements dans la guerre sociale. C'est qu'il s'agissait alors d'une de ces riches guerres d'Orient, capables de rassasier les avares généraux de Rome. Le roi de Pont, Mithridate, avait favorisé le soulèvement des cités de l'Asie Mineure contre les épouvantables vexations des Romains ; en un jour, cent mille de ceux-ci, cheva-

---

1. Plut., *in Mar.*, c. 35 : Οὐκ εὐσθαλὴς γεγονὼς ἐν γήρᾳ τὸν ὄγκον, ἀλλ εἰς σάρκα περιπληθῆ καὶ βαρεῖαν ἐνδεδωκώς.

liers, publicains, usuriers, marchands d'esclaves, avaient été massacrés. Maître de l'Asie, il avait envoyé une grande armée en Grèce, et en occupait les provinces orientales avec toutes les îles de la mer Égée.

Les chevaliers, dont un grand nombre devaient être ruinés par les succès de Mithridate, tenaient à faire donner le soin de cette guerre au publicain Marius, intéressé à ne point réformer les abus qui l'avaient causée. Ils regardaient comme si important d'envoyer en Asie un homme à eux, qu'à ce prix ils auraient consenti à favoriser les prétentions des Italiens, qu'ils avaient repoussées si longtemps. Le tribun Sulpicius s'était chargé de faire passer ces deux lois, et se faisait soutenir par une bande armée de chevaliers, qu'il appelait l'*anti-sénat*. Sylla, alors consul, voulait pour lui-même la conduite de la guerre d'Asie. Sulpicius et ses satellites l'enfermèrent dans la maison de Marius, et lui firent jurer de se désister. Le fils de l'autre consul fut tué publiquement. On ne pouvait moins attendre d'un parti, qui naguère avait égorgé en plein jour dans le temple de Vesta un préteur qui voulait faire exécuter les lois contre l'usure[1]. Sylla se réfugia à l'armée qui assiégeait encore les Samnites devant Nola, l'entraîna vers Rome, fit tuer Sulpicius et mit à prix la tête de Marius.

Ce Sylla, qui était rentré dans Rome la torche à la main, en menaçant de brûler la ville, proclama qu'il ne venait que pour rétablir la liberté. Le peuple, le

---

1. Appian., *loco cit.*

prenant au mot, refusa ses suffrages à son neveu et à un de ses amis, et donna le consulat à un partisan de Marius, L. Cinna. Le nouveau consul avait d'abord fléchi le vainqueur en se liant à lui par les plus terribles serments, et dès qu'il se crut assez fort, il voulut lui faire faire son procès. Sylla apprenait en même temps que son collègue dans la guerre Sociale, Cneïus Pompée Strabon, personnage équivoque qui flotta toujours entre les partis, avait fait tuer ou laissé tuer un autre Pompée, qui venait lui succéder dans le commandement de l'armée, et qui tenait pour Sylla. Il comprit qu'il ne prévaudrait jamais, si auparavant il ne s'appropriait ses légions par des victoires lucratives dans la Grèce et dans l'Asie; il laissa là Pompée, Cinna, ses accusateurs et ses juges, et partit pour combattre Mithridate (88).

Le roi de Pont, que l'on a comparé au grand Hannibal, avait, il est vrai, les vastes projets et l'indomptable volonté du chef des mercenaires, mais non son génie stratégique. Sa gloire fut d'être pendant quarante ans, pour les Barbares des bords de l'Euxin, ce qu'Hannibal avait été pour ceux de l'Espagne, de l'Afrique et de la Gaule, une sorte d'intermédiaire et d'instructeur, sous les auspices duquel ils envahissaient l'Empire. Résidant à Pergame sur la limite de l'Asie, d'où il avait chassé les Romains, il faisait passer sans cesse de nouvelles hordes du Caucase, de la Crimée et des bords du Danube dans l'Asie, dans la Macédoine et la Grèce[1]. Mais ces Barbares, à peine

---

1. Appian., *Bell. Mithrid.*, 1er vol.

disciplinés, ne pouvaient tenir contre les légions. Sylla en eut bon marché. Quelque intérêt qu'il eût à faire sonner bien haut ses victoires de Chéronée et d'Orchomène pour l'effroi de l'Italie, il avouait lui-même que dans la première il n'avait perdu que douze hommes[1]. Son arme principale fut la corruption. Il acheta par le don d'une terre en Eubée le principal lieutenant de Mithridate[2]. La seule Athènes l'arrêta longtemps. Elle était défendue par le philosophe épicurien Aristion, qui en avait chassé les Romains. Les Athéniens, habitués à être respectés dans les guerres, à cause de l'enthousiasme que tout le monde professait alors pour le génie de leurs ancêtres, ne craignirent pas de lancer du haut des murs les mots les plus piquants sur Sylla et Metella sa femme. La figure farouche du Romain, ses cheveux roux, ses yeux verts et son teint rouge taché de blanc[3] égayaient surtout les assiégés. Ils lui criaient :

Sylla est une mûre saupoudrée de farine.

Il leur en coûta cher. Le Barbare inonda la ville de sang. Ce qu'on en versa dans la place seulement, emplit tout le Céramique, ruissela jusqu'aux portes et regorgea hors de la ville.

Sylla, ayant passé en Asie, y trouva une armée romaine du parti de Marius, qui, après de grands succès sur Mithridate, le tenait assiégé dans Pitane ;

---

1. Plut., *in Syll.*, c. 26 : Ὁ δὲ Σύλλας λέγει τέσσαρας καὶ δέκα ἐπιζητῆσαι, εἶτα καὶ τούτων δύο πρὸς τὴν ἑσπέραν παραγένεσθαι.
2. *Ibid.*, c. 30.
3. Plut., *in Syll.*, c. 2, 8.

le lieutenant Fimbria la commandait après avoir fait assassiner son général. N'ayant point de vaisseaux, Fimbria, pour enfermer Mithridate du côté de la mer, écrivit à Lucullus, qui commandait ceux de Sylla, et lui représenta combien il importait de ne pas laisser échapper l'ennemi du peuple romain. Mais Sylla craignait Fimbria plus que Mithridate; il ouvrit le passage au roi[1], et exigea qu'il abandonnât la Bithynie, la Cappadoce et l'Asie romaine. « Que me laissez-vous donc? » dit Mithridate. « Je vous laisse, répliqua Sylla, la main avec laquelle vous avez signé la mort de cent mille Romains. » Par ce mot accablant, Sylla ne faisait qu'avouer sa trahison; il avait pu prendre ce terrible ennemi de Rome, et éviter trente ans de guerre à sa patrie.

La pauvre Asie, pillée par les publicains de Rome, pillée par Mithridate, le fut encore par les soldats de Sylla. Tout leur fut abandonné : la fortune des pères de famille, l'honneur des enfants, les trésors des temples. En Grèce, Sylla avait dépouillé ceux de Delphes, d'Olympie et d'Épidaure. Il payait d'avance la guerre civile. Les durs paysans de l'Italie connurent alors les bains, les théâtres, les vêtements somptueux, les beaux esclaves, toutes les voluptés de l'Asie. Ils étaient logés dans les maisons des habitants, y vivaient, eux et leurs amis, à discrétion; de plus, ils recevaient chacun de son hôte quatre tétra-

---

1. Plut., *in Lucull.*, c. 6. — C. 7 : Ἀλλ'ὁ Δούκουλλος, εἴ τε τὰ πρὸς Σύλλαν δίκαια πρεσβευῶν πρὸ παντὸς ἰδίου γε καὶ κοινοῦ συμφέροντος, εἴτε, etc... οὐχ ὑπήκουε. — Ce passage ne s'accorde guère avec l'idée que Montesquieu a voulu donner de Sylla, dans son fameux *Dialogue de Sylla et d'Eucrate*.

drachmes par jour. Sylla, en partant, frappa encore l'Asie d'une contribution de vingt mille talents[1]. Tels étaient les soldats que Sylla ramenait contre sa patrie. Ils étaient si convaincus qu'on les menait au pillage de l'Italie, qu'ils offrirent tous de l'argent à leur général, ne demandant pas mieux que de faire à leurs frais une guerre si lucrative.

Cinna, chassé un instant de Rome, avait partout relevé le parti italien, et, malgré les sages avis de son lieutenant Sertorius[2], rappelé Marius, dont les vengeances ne pouvaient que souiller le triomphe de l'Italie sur Rome. Revenons un instant sur les romanesques destinées de ce vieux chef de parti. Marius n'avait échappé que par miracle aux cavaliers de Sylla. Surpris dans les marais de Minturnes, il fut conduit dans cette ville; mais les habitants n'avaient garde de livrer celui qui avait tant ménagé les Italiens dans la guerre Sociale. Ils publièrent qu'ils avaient envoyé un esclave cimbre pour le tuer, mais que cet homme n'avait pu soutenir le regard du vainqueur des Cimbres et qu'il s'était enfui en criant qu'il n'aurait jamais le courage de tuer Caïus Marius. Ce qui est certain, c'est que les Minturniens le firent passer en Afrique, d'où Cinna eut l'imprudence de le rappeler bientôt. Cet homme farouche, rentré dans Rome avec une bande de pâtres affranchis et de laboureurs libres de l'Étrurie[3] (Βαρδίαιοι? Μαριάνου, Mariani?), fit égorger

---

1. Plut., *in Syll.*, c. 32 : Ἐζήμίωσε τὴν Ἀσίαν δισμυρίοις ταλάντοις. — *Id.*, *in Lucull.*, c. 7.

2. Plut., *in Sertor.*, c. 5 : Τοῖς μὲν ἄλλοις ἐδόκεις δέχεσθαι, Σερτώριος δὲ ἀπηγόρευεν.

3. Appian., *Bel. civ.*, I, c. 67 : Μάριος ἐς Τυρρηνίαν κατέπλευσεν... συνή γαγε Τυρρηνῶν ἐξακισχιλίους.

par eux les plus illustres partisans de Sylla : l'orateur Marcus Antonius, Catulus Lutatius, son ancien collègue dans la guerre des Cimbres, une foule d'autres. Les excès des esclaves lâchés par Marius furent tels que Cinna et Sertorius en eurent horreur, et, les enveloppant une nuit, les taillèrent en pièces[1]. Peu après, Marius, âgé de soixante-dix ans, consul pour la septième fois, mourut des excès de vin dans lesquels il se plongeait pour s'étourdir sur l'approche de son ennemi.

Sylla était alors attendu en Italie comme un dieu exterminateur. On publiait ses victoires sur Mithridate, les paroles terribles qu'il avait prononcées, la furieuse cupidité de ses soldats et les menaces des exilés qu'il avait dans son camp et qu'il appelait son sénat. Au premier bruit de son retour (83), les consuls (Norbanus et Scipion, auxquels succédèrent Carbon et le jeune Marius) eurent plus de cent mille hommes. Sylla avait quarante mille vétérans, avec six mille cavaliers et quelques soldats du Péloponèse et de la Macédoine. Metellus et le jeune Pompée, fils de Cn. Pompeius Strabo, se réunirent à lui. Rebuté du parti italien, qui connaissait la versatilité de sa famille[2], ce jeune homme de vingt-trois ans avait levé des légions dans le Picenum, et battu trois généraux, trois armées, pour aller rejoindre Sylla. Celui-ci jugea au premier coup d'œil le vain et médiocre génie de cet

---

1. Plut., *in Sert.*, c. 6 : Οὐκ ἀναχετὰ ποιούμενος ὁ Σερτώριος, ἅπαντας ἐν ταυτῷ στρατοπεδεύοντας κοτηκόντισεν, οὐκ ἐλάττους τετρακισχιλίων ὄντας. — Appian., *B. civ.*, I, 1.

2. Vell. Paterc., II, 29 : « Cn. Pompeius, Magni pater....... ita se dubium « mediumque partibus præstitit, ut omnia ex proprio usu ageret, tempori« busque insidiari videretur. »

heureux soldat. Il se leva à son approche, et le salua du nom de *grand*. A ce prix, il s'en fit un instrument docile. Il l'envoya dans la Gaule italienne, en Sicile, en Afrique, où il obtint de grands succès sur le parti opposé.

Ce parti n'avait que de nouvelles recrues; et de plus il était divisé. Les Samnites ne se réunirent qu'à la fin de la guerre aux autres Italiens, commandés par les consuls. Dans la première bataille à Canusium, Sylla perdit soixante-dix hommes, Norbanus six mille. Dans une autre, livrée plus tard, il tua vingt mille hommes à l'ennemi, sans perdre plus de vingt-trois des siens[1]. En Campanie, une armée pratiquée habilement passa tout entière dans son camp. La défection se mit de même dans les armées de Carbon et du jeune Marius. Ce dernier, défait à Sacriport, tout près de Rome, par la trahison de deux cohortes, fut bloqué dans Préneste, et cette ville devint comme le but et le prix du combat pour toutes les armées de l'Italie. Sylla, partout présent, partout vainqueur, à Saturnia, à Neapolis, à Clusium, à Spolète, empêche les Italiens de délivrer Marius. Pompée bat huit légions qui marchaient à son secours. Trois chefs italiens indépendants, le Lucanien Lamponius, la Campanien Gutta et le Samnite Pontius Telesinus, sont de même arrêtés par Sylla. De nouvelles défections éclatent. Les Lucaniens se soumettent. Rimini, toute la Gaule pose les armes. Albinovanus fait sa paix en massacrant ses collègues. Norbanus s'enfuit à Rhodes, et se tue. En Sicile, Carbon se livre à Pompée qui le fit égorger

---

1. Appian., *B. civ.*, I, c. 84. — Plut., *in Syll.*, c. 38 : Εἴκοσι τρεῖς μόνους ἀποβαλεῖν.

de sang-froid ; enfin les Samnites par un effort désespéré, se jettent entre Pompée et Sylla, pour débloquer Préneste ; puis ils tournent brusquement sur Rome, déterminés à la mettre en cendres avant de périr. Leur chef, Pontius Telesinus, courait de rang en rang, criant qu'*il fallait anéantir le repaire des loups ravisseurs de l'Italie*[1]. Rome était perdue, si l'armée de Sylla ne fût arrivée à temps, et n'eût livré aux Samnites une dernière et furieuse bataille. La victoire balança si longtemps que Sylla, hors de lui-même, fit un vœu au dieu de Delphes, dont il avait si outrageusement pillé le temple[2].

Tout ce qu'il y avait d'Italiens dans Préneste fut mis à part et passé au fil de l'épée. Ceux de Norba se défendirent jusqu'à l'extrémité et finirent par s'égorger les uns les autres. Six mille Samnites, auxquels il avait promis la vie, furent massacrés à Rome même. Leurs cris retentirent jusqu'au temple de Bellone, où Sylla haranguait le Sénat. Ce n'est rien, dit-il froidement, je fais châtier quelques factieux. Les massacres s'étendirent ensuite aux citoyens. Le Sénat, qui avait tant souhaité le retour de Sylla, se repentit de s'être donné un vengeur si impitoyable. Un des Metellus s'enhardit à lui demander quel devait être le terme de ces exécutions. Il répondit : « Je ne sais pas encore ceux que je laisserai vivre. — Faites du moins connaître, ajouta

---

1. Velleius, c. 27 : « Circum volans ordines exercitus sui Telesinus, dictitansque adesse Romanis ultimum diem, vociferabatur cruendam delendamque urbem ; adjiciens nunquam *defuturos raptores Italiæ libertatis lupos, nisi sylva in quam refugere solerent, esset excisa.* »
2. Plut., *in Syll.*, c. 16, 38.

Metellus, ceux qui doivent mourir. » C'est alors que Sylla fit afficher des tables de proscription (81).

La victoire de Sylla fut le triomphe de Rome sur l'Italie; dans Rome elle-même, celui des nobles sur les riches, particulièrement sur les chevaliers; pour le petit peuple, nous avons vu qu'il n'existait que de nom. Mille six cents chevaliers furent proscrits avec plus de quarante sénateurs de leur parti[1]. Leurs biens amassés par l'usure, par la ruine des hommes libres, par la sueur et le sang de plusieurs générations d'esclaves, passèrent aux soldats, aux généraux, aux sénateurs. Sylla s'annonça comme le vengeur des lois, comme le restaurateur de l'ancienne République. L'élection des pontifes et le pouvoir judiciaire, autrement dit l'autorité religieuse et l'application des lois, furent rendus au Sénat. Les comices des tribus furent abolis. Le tribunat ne subsista que de nom; tout tribun fut déclaré incapable d'aucune autre charge. On ne put briguer le consulat qu'après la préture, la préture qu'après la questure. Sylla ressuscite en sa faveur le vieux titre de dictateur oublié depuis cent vingt ans. Mais pour nommer un dictateur il faut un consul. Tous les deux ont été tués. Sylla pousse le scrupule jusqu'à sortir de Rome[2]; il fait, selon la forme ancienne, élire par le Sénat un *interrex* qui puisse nommer le dictateur, et écrit au Sénat pour offrir ses services à la République. Le Sénat n'a garde

---

1. Appian., l. I, c. 95 : Αὐτίκα βουλευτὰ ἐς τεσσαράκοντα, καὶ ἱππέων ἀμφὶ χιλίους καὶ ἑξακοσίους θανάτῳ προὔγραφεν... μετ' οὐ πολὺ δὲ βουλευτὰς ἄλλους αὐτοῖς προσέτιθει. — c. 103 : Ἀνελόντα βουλευτὰς μὲν ἐννενήκοντα, ὑπάτους δὲ πεντεκαίδεκα, ἀπὸ δὲ τῶν ἱππέων δισχιλίους καὶ ἑξακοσίους, σὺν τοῖς ἐξεληλαμένοις.

2. Appian., lib. I, c. 93 : Αὐτὸς μέν που τῆς πόλεως ὑπεξῆλθε.

de refuser. Il est nommé dictateur, mais pour un temps indéfini. Il obtient l'abolition du passé, la licence de l'avenir, le droit de vie et de mort, celui de confisquer les biens, de partager les terres, de bâtir et de détruire les villes, de donner et ôter les royaumes.

Cette ostentation de légalité, cette barbarie systématique fut ce qu'il y eut de plus insolent et de plus odieux dans la victoire de Sylla. Marius avait suivi sa haine en furieux, et tué brutalement ceux qu'il haïssait. Les massacres de Sylla furent réguliers et méthodiques. Chaque matin, une nouvelle table de proscription déterminait les meurtres du jour. Assis dans son tribunal, il recevait les têtes sanglantes, et les payait au prix du tarif. Une tête de proscrit valait jusqu'à deux talents. Mais ce n'étaient pas seulement les partisans de Marius qui périssaient. Les riches aussi étaient coupables : l'un périssait pour son palais, l'autre pour ses jardins. Un citoyen, étranger à tous les partis, regarde en passant sur la place la table fatale et s'y voit inscrit le premier : « Ah ! malheureux, s'écrie-t-il, c'est ma maison d'Albe qui m'a tué. » Il fut égorgé à deux pas de là.

Le dictateur appliqua à l'Italie entière son terrible système : partout les hommes du parti contraire furent mis à mort, bannis, dépouillés, et non seulement eux, mais leurs parents, leurs amis, ceux qui les connaissaient, ceux qui leur avaient parlé, ou qui par hasard avaient voyagé avec eux[1]. Des cités entières furent proscrites comme des hommes, démantelées, dépeuplées pour faire place aux légions de Sylla. La malheu-

---

1. Appian, lib. I, c. 96 : "Ἤδη δέ τις καὶ προθυμίας ἢ μόνης συνοδίας ἡλίσκετο.

reuse Étrurie surtout, le seul pays qui eût encore échappé aux colonies et aux lois agraires, le seul dont les laboureurs fussent généralement libres, devint la proie des soldats du vainqueur. Il fonda une ville nouvelle dans la vallée de l'Arno, non loin de Fiesole, et du nom mystérieux de Rome, *Flora*, ce nom connu des seuls patriciens, il appela sa colonie *Florencia*[1].

A son retour de l'Étrurie, on croyait Sylla un peu adouci. On n'en fut que plus effrayé de la mort de Lucretius Ofella, le compagnon de sa victoire, celui auquel il devait la prise de Préneste. Il n'avait pas été préteur et briguait le consulat. Sylla lui envoya ordre de se retirer; et comme il persistait, il le fit tuer sur place. Il dit ensuite : Sachez que j'ai fait tuer Q. Lucretius Ofella, parce qu'il m'a résisté. Et il ajouta cet horrible apologue : « Un laboureur qui poussait sa charrue, était mordu par des poux ; il s'arrêta deux fois pour en nettoyer sa chemise. Mais ayant été de nouveau mordu, il ne voulut plus être interrompu de nouveau dans son travail, et jeta sa chemise au feu. Et moi aussi, je conseille aux vaincus de ne pas m'obliger à employer le fer et le feu pour la troisième fois[2]. »

Sylla semblait avoir suffisamment prouvé son prodigieux mépris de l'humanité. Il en donna une preuve nouvelle à laquelle personne ne s'attendait : il abdiqua. On le vit se promener insolemment sur la place, sans

---

1. Appian. : Φθεῖρες γεωργὸν ἀροτριῶντα ὑπέδακνον...
2. C'est la tradition italienne. — Le nom mystérieux de Rome était *Eros* ou *Amor;* le nom sacerdotal, *Flora* ou *Anthusa;* le nom civil, *Roma*. Voy. Plin., *H. N.*, III, 5; et Münter, *De occulto urbis Romæ nomine*, n° 1 de ses *Mémoires sur les antiquités*.

armes et presque seul. Il savait bien qu'une foule
d'hommes étaient intéressés à défendre sa vie. Il avait
mis trois cents hommes à lui dans le Sénat. Dans Rome,
dix mille esclaves des proscrits, affranchis par Sylla,
portaient le nom de leur libérateur (Cornelius), et
veillaient sur lui. Dans l'Italie, cent vingt mille soldats, devenus propriétaires par sa victoire, le regardaient comme le gage et le garant de leur fortune. Il
est si vrai que son abdication fut une vaine comédie,
que dans sa retraite de Cumes, la veille même de sa
mort, ayant su que le questeur Granius différait de
payer une somme au trésor dans l'espoir que cet événement le dispenserait de régler ses comptes, il le fit
étrangler près de son lit (77)[1].

Il mourut tout-puissant, et ses funérailles furent
encore un triomphe. Porté à travers l'Italie jusqu'à
Rome, son corps fut escorté de ses vieux soldats, qui
de toutes parts venaient grossir le cortège et se mettaient en rangs. Devant le corps, marchaient vingt-
quatre licteurs avec les faisceaux; derrière, on portait
deux mille couronnes d'or envoyées par les villes, par
les légions, par une foule d'hommes du parti. Tout
autour se tenaient les prêtres, pour protéger le
cercueil en cas de bataille; car on n'était pas sans
inquiétude. Puis, s'avançaient le Sénat, les chevaliers
et l'armée, légion par légion; puis, un nombre infini
de trompettes qui perçaient l'air de sons éclatants
et sinistres. Le Sénat poussait en mesure de solen-
nelles acclamations, l'armée répétait et le peuple
faisait écho[2]. Rien ne manqua aux honneurs qu'on

---

1. Plut., *in Syll.*, c. 46 : Ἐκέλευσε πνίγειν.
2. Appian., c. 105-106.

lui rendit. Il fut loué à la tribune aux harangues, et de là enseveli au Champ de Mars, où personne n'avait été enterré depuis les rois.

Ce héros, ce dieu, qu'on portait au tombeau avec tant de pompe, n'était depuis longtemps que pourriture. Rongé de maux infâmes, consumé d'une indestructible vermine, ce fils de Vénus et de la Fortune, comme il voulait qu'on l'appelât[1], était resté jusqu'à la mort livré aux sales passions de sa jeunesse. Les mignons, les farceurs, les femmes de mauvaise vie, avec lesquels il passait les nuits et les jours, avaient eu bonne part à la dépouille des proscrits. Dans cette fastueuse restauration de la République dont il s'était tant vanté, les bouffons et les charlatans n'avaient guère moins gagné que les assassins. Il avait exterminé la race italienne, sous prétexte d'assurer l'unité de Rome menacée par l'invasion des alliés ; et lui-même, il s'entourait de Barbares, de Chaldéens, de Syriens, de Phrygiens. Il les consultait, il adorait leurs dieux[2].

Son œuvre politique, comme son cadavre, tombait d'avance en lambeaux. Il avait cru ressusciter la vieille Rome en donnant le pouvoir législatif aux comices des centuries dans lesquels les riches dominaient. Mais quand même son système eût duré, le mobile élément de la richesse eût pu mettre le pouvoir hors des mains

---

1. Voy. plusieurs anecdotes curieuses dans Plutarque, *Vie de Sylla*. Cet homme si cruel et si souillé paraît avoir été singulièrement favorisé des dames de Rome. A ses funérailles, elles apportèrent une si grande quantité d'aromates, qu'outre ceux qui étaient contenus dans deux cent dix corbeilles, on fit avec du cinamome et de l'encens le plus précieux une statue de Sylla de grandeur naturelle, et celle d'un licteur qui portait les faisceaux devant lui.

2. Plut., *passim*.

de son parti. C'était aux curies, à la vieille aristocratie sacerdotale qu'il devait remonter, pour être conséquent. Il croyait rendre le pouvoir aux patriciens ; mais ces patriciens n'étaient plus des patriciens ; c'étaient pour la plupart des plébéiens ennoblis, de même que le peuple n'était plus un peuple, mais un ramas d'affranchis de diverses nations. Tous mentaient, ou plutôt se trompaient eux-mêmes. Et c'était là la vaine et creuse idole pour laquelle Sylla avait versé tant de sang, aveuglé dans ses préjugés aristocratiques par l'enthousiasme classique du passé, qui avait jeté les Gracches dans la démagogie !

CHAPITRE IV

Pompée et Cicéron. — Rétablissement de la domination des chevaliers. Sertorius. — Spartacus, les pirates, Mithridate (77-64).

Jamais l'empire ne fut plus malade qu'après avoir passé par les mains de ce médecin impitoyable. Peu après la mort de Sylla, le parti italien se releva dans tout le nord de l'Italie, sous Lepidus et Brutus. La Gaule cisalpine, l'Étrurie surtout, dont la ruine avait payé la guerre civile, se soulevèrent et furent, il est vrai, facilement réduites ; partout, les vétérans de Sylla étaient en armes pour maintenir leur usurpation contre les anciens propriétaires. Le parti italien eut plus de succès en Espagne, où Sertorius eut l'adresse de mêler sa cause à celle de l'indépendance nationale. En Asie, les chevaliers et les publicains exerçaient les mêmes exactions depuis le départ de Lucullus, qui les avait contenus ; usures, violences, outrages, hommes libres enlevés pour l'esclavage, tous les mêmes abus avaient recommencé, ils devaient bientôt amener le même soulèvement, et rendre l'Asie à Mithridate. Dans les autres provinces, les sénateurs, redevenus maîtres des jugements, et sûrs de l'impunité, exerçaient des brigandages que l'on ne pourrait croire, si le procès de Verrès ne les eût constatés juridiquement. Enfin, dans tout le monde romain, le dévorant esclavage faisait disparaître les populations libres, pour leur substituer des Barbares qui disparaissaient eux-mêmes, mais qui pouvaient, sous un Spartacus, être tentés de venger au moins leur mort. Tous les ennemis de l'empire, Sertorius, Mithridate et Spartacus, proscrits de Rome, Italiens dépossédés, provinciaux soulevés, hommes réduits en esclavage, tous pouvaient communiquer par l'intermédiaire des fugitifs qui étaient répandus sur toutes les mers et les infestaient de leurs pirateries. Contre le tyrannique empire de Rome, la liberté s'était formé sur les eaux un autre empire, une Carthage errante qu'on ne savait où saisir, et qui flottait de l'Espagne à l'Asie.

C'était là la succession de Sylla. Voyons quels hommes s'étaient chargés de la recueillir. Les principaux sénateurs, Catulus, Crassus, Lucullus même, étaient des administrateurs plutôt que des généraux, malgré la gloire militaire que le dernier acquit à bon marché dans l'Orient. La médiocrité de Metellus éclata en Espagne, où avec des forces considérables il fut constamment le jouet de Sertorius. Le parti de Sylla n'avait qu'un général heureux, et encore ce n'était pas un des nobles, mais un chevalier. Il fallut Pompée pour terminer la guerre de Lepidus, celle de Sertorius, celle de Spartacus, et quand les pirates en vinrent jusqu'à s'emparer d'Ostie, l'on cria encore : Pompée ! on mit en ses mains toutes les forces de la République pour donner la chasse aux corsaires et achever le vieux Mithridate.

De toutes ces guerres, la plus difficile fut celle de Sertorius. Ce vieux capitaine de Marius avait de bonne heure prévu la victoire de Sylla et passé en Espagne. Les Barbares l'estimaient singulièrement pour les avoir battus eux-mêmes par un stratagème ingénieux [1]. Il s'était fait des leurs, et partageait leur manière de vivre et leurs croyances. C'était lui qui, en Afrique, avait découvert le corps du Libyen Antée; seul des hommes, il avait vu les os du géant, long de soixante coudées [2]. Il correspondait avec les dieux au moyen d'une biche blanche, qui lui révélait les choses cachées. Mais ce qui lui gagnait plus sûrement encore les Barbares, c'était son génie mêlé d'audace et de ruse, l'adresse avec laquelle il se jouait de l'ennemi, jusqu'à traverser sous un déguisement les lignes de Metellus. C'était un chasseur infatigable. Aucun Espagnol ne connaissait mieux les pas et les défilés des montagnes. Du reste, armé superbement, lui et les siens, bravant l'ennemi et défiant Metellus en combat singulier [3].

Ce général ne put l'empêcher d'étendre sa domination sur toute l'Espagne (84-73). Une armée italienne, conduite par Perpenna, venait de se joindre à lui. Il s'était fait un sénat des proscrits qui se réfu-

---

1. Plut., *in Sertor.*, c. 3, 1.
2. *Id., ibid.*, c. 10 : Πηχῶν ἑξήκοντα μῆκος κατεπλάγη, καὶ σφάγιον ἐντέμων, συνέχωσε τὸ μνῆμα, καὶ περὶ αὐτοῦ τιμήν τε καὶ φήμην συνηύξησε.
3. Plut., *in Sertor.*, c. 11.

giaient dans son camp. Peu à peu il disciplinait les Espagnols, et commençait à les humaniser en élevant leurs enfants à la romaine. Cependant il s'était rendu maître de la Gaule narbonnaise, et faisait craindre à l'Italie un autre Hannibal. Pompée, qui vint seconder Metellus, obligea Sertorius de rentrer en Espagne, mais y fut battu par lui, et eut l'humiliation de lui voir brûler sous ses yeux une ville alliée.

Sertorius, qui recevait alors de grandes offres de Mithridate, eut la magnanime obstination de ne pas lui céder un pouce de terre en Asie. Fondateur d'une Rome nouvelle qu'il opposait à l'autre, il ne voulait pas porter atteinte à l'intégrité d'un empire qu'il regardait comme sien. Il resta Romain au milieu des Barbares, et c'est ce qui le perdit. Quoiqu'il avouât hautement sa préférence pour les troupes espagnoles, il donnait tous les commandements à des Romains. Ceux-ci lui inspiraient leurs défiances contre les gens du pays, et ils finirent par le pousser à massacrer ou vendre les otages qui étaient entre ses mains. Cet acte insensé et barbare l'eût perdu tôt ou tard, s'il n'eût été tué en trahison par son lieutenant Perpenna. Pompée, à qui celui-ci se rendit, le fit mourir sans vouloir l'entendre et brûla tous ses papiers, *de crainte d'y trouver compromis quelqu'un des grands de Rome*. Lui-même peut-être était intéressé à faire disparaître toute trace des intrigues qui l'avaient débarrassé d'un ennemi invincible (73).

La guerre d'Asie dura dix ans encore après celle d'Espagne. Les ravages de Mithridate et de Tigrane, son gendre, roi d'Arménie, concouraient avec l'horrible cupidité des publicains et chevaliers pour dépeupler ce malheureux pays. En une fois, Tigrane enleva de la Cappadoce trois cent mille hommes qu'il transféra dans sa nouvelle capitale, Tigranocerte [1]. L'Asie romaine n'était pas moins misérable, épuisée par la rapacité des usuriers romains qui avaient avancé les vingt mille talents de Sylla. Telle était leur industrie, qu'en peu d'années, cette contribution s'était trouvée portée à cent vingt mille talents (plus de 600 millions de francs). Les malheureux vendaient leurs femmes, vendaient leurs filles vierges, leurs petits enfants, et finissaient par être eux-mêmes vendus [2].

Mithridate, encouragé par ces circonstances, avait envahi la Cappadoce et la Bithynie, et gagné une foule de cités dépendantes des Romains. Partout il se faisait précéder d'un Marius que Sertorius lui avait envoyé avec le titre de proconsul. Pompée étant encore occupé en Espagne, l'un des chefs du parti de Sylla, Lucullus, obtint, à force d'intrigues, la commission lucrative de la guerre d'Asie [3].

Lucullus passait pour un administrateur honnête et pour un homme fort lettré. C'était le protecteur de tous les Grecs à Rome. Il avait lui-même, par une sorte de jeu, écrit en grec la guerre d'Italie. Quelle guerre eût mieux mérité d'être écrite en langue latine? Mais ce dédain du grossier idiome de la patrie était

---

1. Appian., c. 216, p. 363 : Ἐς τριάκοντα μυριάδας ἀνθρώπων ἀναστάτους ἐς Ἀρμενίαν ἐποίησε... ἔνθα Τιγρανόκερταν...

2. Plut., *in Lucull.*, c. 11, 29 : Πιπράσκειν ἰδίᾳ μὲν υἱοὺς εὐπρεπεῖς, θυγατέρας δὲ παρθένους.... αὐτοῖς δὲ τέλος ἦν προσθέτοις γενομένοις δουλεύειν, etc.

3. Ces intrigues ne furent pas toujours honorables; par exemple, il fit semblant d'être amoureux d'une femme qui avait du crédit. (Plut., *in Luc.*)

sans doute une manière de faire sa cour à l'exterminateur de la race italienne. Sylla, revenant pour combattre le parti de Marius, avait laissé Lucullus en Asie pour lever les contributions de guerre, et sans doute pour faire rendre gorge aux publicains, affiliés au parti de Marius. C'est à Lucullus qu'il dédia ses commentaires écrits en grec, et qu'il confia aussi en mourant la tutelle de son fils. Lucullus n'avait jamais commandé en chef jusqu'à la seconde guerre de Mithridate (75); mais dans la traversée de Rome en Asie, il lut beaucoup Polybe, Xénophon et autres ouvrages des Grecs sur l'art militaire. Toutefois, il ne se pressa pas de se mesurer avec le roi barbare, qui avait alors réuni jusqu'à trois cent mille hommes. Il avait appris par le désastre de son collègue qu'il valait mieux attendre que ce torrent s'écoulât de lui-même. Formée de dix peuples différents, cette multitude ne pouvait rester longtemps unie; la seule difficulté de la nourrir devait en amener bientôt la dispersion. Pendant que Mithridate se consume devant la place imprenable de Cyzique, Lucullus l'observe, lui coupe les vivres, et lui ôte ses ressources en ramenant peu à peu les cités qui s'étaient données à lui. Il réforme les abus qui avaient soulevé le pays contre Rome[1]. Ces réformes étaient la véritable tactique à employer contre Mithridate. Chaque règlement lui ôtait quelques villes, et le privait d'une partie des subsides qui entretenaient son armée. Il ne tint pas contre cette guerre administrative. Au bout de deux ans, ne sachant comment nourrir tant de monde, il leva le siège de Cyzique, se

---

1. Plut., *in Luc.*, c. 29.

jeta dans un vaisseau, et chargea ses généraux de sauver l'armée comme ils pourraient. Il n'y avait pas de retraite possible avec des troupes si peu disciplinées. Lucullus n'eut que la peine de tuer. Les vingt mille qu'il tailla en pièces sur le Granique, n'étaient que la plus faible partie de ceux qui périrent dans cette immense déroute.

Pendant que Lucullus s'avance lentement vers le Pont, Mithridate, se jouant de la poursuite de ses ennemis, qui crurent le prendre dans Nicomédie, avait déjà soldé, armé de nouvelles bandes de Barbares, qu'il envoyait chercher jusque chez les Scythes. Quelques défaites partielles et la terreur panique qui s'ensuivit, suffirent pour faire dissiper encore cette nouvelle armée. Mithridate était pris, s'il n'eût eu la présence d'esprit d'arrêter les soldats romains, en perçant les sacs remplis d'or que ses mulets portaient derrière lui[1]. Le roi barbare, obligé d'abandonner son royaume, voulut au moins, dans sa jalousie orientale, préserver son sérail des outrages du soldat. Il envoya, par un eunuque, à ses femmes l'ordre de mourir. Parmi elles se trouvaient deux de ses sœurs, âgées de quarante ans, qu'il n'avait point mariées, et l'Ionienne Monime qu'il avait enlevée de Milet, mais dont il n'avait vaincu la vertu qu'en lui donnant le triste honneur d'être appelée son épouse et de ceindre le diadème; elle essaya de s'étrangler avec le bandeau royal, mais il rompit et ne lui rendit pas même ce cruel service.

Mithridate s'était enfui en Arménie, chez son beau-

---

1. Plut., *in Luc.*, c. 25. — Appian., I, *Bell. Mithr.*, c. 82.

père Tigrane. Ce prince, qui avait étendu sa domination jusque dans la Syrie, se trouvait, par suite de la ruine des Séleucides et de l'éloignement des Parthes, le plus puissant souverain de l'Asie occidentale. Une foule de rois le servaient à table, et quand il sortait, quatre d'entre eux couraient devant son char en simple tunique [1]. La domination insolente de ce roi des rois n'en était pas plus solide. Lucullus le savait si bien qu'il ne prit que quinze mille hommes pour envahir les États de Tigrane. C'en fut assez pour mettre en fuite au premier choc deux cent mille Barbares, dont dix-sept mille étaient des cavaliers bardés de fer. Les Romains perdirent cinq hommes [2]. La prise de Tigranocerte fut facilitée par les Grecs que Tigrane y avait transportés de force, avec une foule d'hommes de toutes nations. Lucullus renvoya ces Grecs dans leur patrie, en leur payant les frais du voyage, comme il avait fait après l'incendie de la ville d'Amisus dans le Pont. Amisus et Sinope étaient devenues deux villes indépendantes. Tous les peuples que Tigrane avait opprimés, les Sophéniens, les Gordyéniens, plusieurs tribus arabes, reçurent Lucullus comme un libérateur.

Vainqueur dans une seconde bataille, il voulait consommer la ruine de Tigrane et porter ensuite ses armes chez les Parthes. Il n'eut point cette gloire périlleuse. Jusque-là son principal moyen de succès avait été de se concilier les peuples en contenant à la fois l'avidité de ses soldats et celle des publicains italiens. Les premiers refusèrent de poursuivre une guerre qui n'enrichissait que le général; les seconds

---

1. Plut., *in Luc.*, c. 31 : Βασιλεῖς... σὺν χιτωνίσκοις.
2. *Id., ibid.*, c. 32 : Ῥωμαίων... ἔπεσον πέντε.

écrivirent à Rome, où le parti des chevaliers reprenait chaque jour son ancien ascendant. Ils accusèrent de rapacité celui qui avait réprimé la leur. Tout porte à croire, en effet, que Lucullus avait tiré des sommes énormes des villes qu'il préservait des soldats et des publicains [1]. Ils obtinrent qu'un successeur lui serait donné ; et par ce changement le fruit de sa conquête fut perdu en grande partie. Avant même que Lucullus eût quitté l'Asie, Mithridate rentra dans le Pont, envahit la Cappadoce, s'unit plus étroitement avec les pirates, en même temps qu'il rouvrait aux Barbares leur route du Caucase, un instant fermée par les armes romaines.

Pendant que Pompée combattait Sertorius, et Lucullus Mithridate, Rome n'avait eu que des généraux inhabiles pour la défendre d'un danger bien plus pressant. Une guerre servile avait éclaté (73-1), non plus en Sicile, mais en Italie même, aux portes de Rome, dans la Campanie. Et cette fois, ce n'étaient plus des esclaves laboureurs ou bergers ; c'étaient des hommes exercés exprès dans les armes, habitués au sang et dévoués d'avance à la mort. Cette manie barbare des combats de gladiateurs était devenue telle qu'une foule d'hommes riches en nourrissaient chez eux, les uns pour plaire au peuple et parvenir aux charges où l'on donnait des jeux; les autres par spéculation, pour vendre ou louer leurs gladiateurs aux

---

1. Cela est vraisemblable d'après les trésors qu'il rapporta. Cicéron dit (*pro Flacco*, 34) que Lucullus devait une partie de sa fortune aux legs que beaucoup de gens lui avaient faits en Asie.

édiles, quelquefois même aux factieux qui les lâchaient comme des dogues furieux sur la place publique, contre leurs ennemis et leurs concurrents.

« Un certain Lentulus Batiatius [1] entretenait à Capoue des gladiateurs, la plupart Gaulois ou Thraces. Deux cents d'entre eux firent le complot de s'enfuir. Leur projet ayant été découvert, soixante-dix-huit qui en furent avertis eurent le temps de prévenir la vengeance de leur maître; ils entrèrent dans la boutique d'un rôtisseur, se saisirent des couperets et des broches, et sortirent de la ville. Ils rencontrèrent en chemin des chariots chargés d'armes de gladiateurs, qu'on portait dans une autre ville; ils s'en saisirent, s'emparèrent d'un lieu très fortifié et élurent trois chefs, dont le premier était Spartacus, Thrace de nation, mais de race numide, qui, à une grande force de corps et à un courage extraordinaire, joignait une prudence et une douceur bien supérieures à sa fortune, et plus dignes d'un Grec que d'un Barbare. On raconte que la première fois qu'il fut mené à Rome pour y être vendu, on vit, pendant qu'il dormait, un serpent entortillé autour de son visage. Sa femme, de même nation que lui, était possédée de l'esprit prophétique de Bacchus, et faisait le métier de devineresse; elle déclara que ce signe annonçait à Spartacus un pouvoir aussi grand que redoutable, et dont la fin serait heureuse. Elle était alors avec lui et l'accompagna dans sa fuite.

« Ils repoussèrent d'abord quelques troupes envoyées contre eux de Capoue, et, leur ayant enlevé

---

1. Plut., *in Crasso*, c. 9, 199.

leurs armes militaires, ils s'en revêtirent avec joie, et jetèrent leurs armes de gladiateurs, comme désormais indignes d'eux et ne convenant qu'à des Barbares. Clodius, envoyé de Rome avec trois mille hommes de troupes pour les combattre, les assiégea dans leur fort sur une montagne. On n'y pouvait monter que par un sentier étroit et difficile, dont Clodius gardait l'entrée ; partout ailleurs ce n'étaient que des rochers à pic, couverts de ceps de vigne sauvage. Les gens de Spartacus coupèrent des sarments, en firent des échelles solides et assez longues. Ils descendirent en sûreté à la faveur de ces échelles, à l'exception d'un seul qui resta pour leur jeter leurs armes. Les Romains se virent tout à coup enveloppés, prirent la fuite et laissèrent leur camp au pouvoir de l'ennemi. Ce succès attira aux gladiateurs un grand nombre de bouviers et de pâtres des environs, tous robustes et agiles; ils armèrent les uns et se servirent des autres comme de coureurs et de troupes légères.

« Le second général qui marcha contre eux fut Publius Varinus ; ils défirent d'abord son lieutenant, qui les avait attaqués avec deux mille hommes. Cossinius, son collègue, envoyé ensuite avec un corps considérable, fut sur le point d'être enlevé par Spartacus aux bains de Salines. Il battit Varinus lui-même en plusieurs rencontres, se saisit de ses licteurs et de son cheval de bataille, et se rendit redoutable par ses exploits. Mais au lieu d'en être ébloui, il prit des mesures très sages : il ne se flatta point de triompher de la puissance romaine, et conduisit son armée vers les Alpes, persuadé que le mieux était de traverser ces montagnes, et de se retirer chacun dans son pays, les uns dans les Gaules, les autres dans la Thrace. Les siens, plus confiants, refusèrent de le suivre, et se répandirent dans l'Italie pour la ravager.

« Ce ne fut plus alors la honte seule qui irrita le Sénat; la crainte et le danger le déterminèrent à y envoyer les deux consuls. Gellius, l'un d'eux, étant tombé brusquement sur un corps de Germains qui, par fierté, s'était séparé des troupes de Spartacus, le tailla en pièces. Lentulus, son collègue, qui commandait des corps d'armée nombreux, avait environné Spartacus. Celui-ci revient sur ses pas, attaque les lieutenants du consul, les défait et s'empare de tous leurs bagages. De là, il continuait sa marche vers les Alpes ; Cassius vint à sa rencontre avec dix mille hommes ; mais après un combat acharné, il fut défait avec une perte considérable. Le Sénat, indigné contre les consuls, leur envoya l'ordre de déposer le commandement, et nomma Crassus pour continuer la guerre. Il alla camper dans le Picenum, pour y attendre Spartacus qui dirigeait sa marche vers cette contrée ; il ordonna à son lieutenant Mummius de prendre deux légions et de faire un grand circuit, pour suivre seulement l'ennemi, avec défense de le combattre ou même d'engager aucune escarmouche. Mais à la première occasion Mummius présenta la bataille à Spartacus, qui le défit et lui tua beaucoup de monde; le reste des troupes ne se sauva qu'en abandonnant ses armes. Crassus, après avoir traité durement Mummius, donna d'autres armes aux soldats, et leur fit promettre de les mieux garder. Prenant ensuite les cinq cents d'entre eux qui avaient donné l'exemple de la fuite, il les partagea en cinquante dizaines, les fit tirer au sort, et punit du dernier supplice celui de chaque dizaine sur qui le sort était tombé.

« Spartacus, qui avait traversé la Lucanie et se retirait vers la mer, ayant rencontré au détroit de Messine des corsaires ciliciens, forma le projet de passer en Sicile et d'y jeter deux mille hommes ; ce nombre aurait suffi pour rallumer dans cette île la guerre des esclaves, éteinte depuis peu de temps, et qui n'avait besoin que d'une étincelle pour former de nouveau un vaste incendie. Il fit donc un accord avec ces corsaires qui se firent payer et mirent à la voile, en le laissant sur le rivage. Alors, s'éloignant de la mer, il alla camper dans la presqu'île de Rhège. Crassus y arrive bientôt après lui, et entreprend de fermer l'isthme, voulant à la fois occuper ses soldats et affamer l'ennemi. Il fit tirer d'une mer à l'autre, dans une longueur de trois cents stades, une tranchée large et profonde de quinze pieds, et tout le long il éleva une muraille d'une épaisseur et d'une hauteur étonnantes. Ce grand ouvrage fut achevé en peu de temps. Spartacus se moquait d'abord de ce travail ; mais lorsqu'il voulut sortir pour fourrager, il se vit enfermé par cette muraille et, ne pouvant rien tirer de la presqu'île, il profita d'une nuit neigeuse pour combler avec de la terre, des branches d'arbres et d'autres matériaux une partie de la tranchée sur laquelle il fit passer le tiers de son armée. Crassus craignit que Spartacus ne voulût aller droit à Rome ; il fut rassuré par la division qui se mit entre les ennemis ; les uns, s'étant séparés du corps de l'armée, allèrent camper sur les bords d'un lac de Lucanie. Crassus attaqua d'abord ceux-ci et les chassa du lac ; mais il ne put en tuer un grand nombre ni les poursuivre; Spartacus, qui parut tout à coup, arrêta la fuite des siens.

« Crassus avait écrit au Sénat qu'il fallait rappeler Lucullus de Thrace, et Pompée d'Espagne pour le seconder; mais il se repentit bientôt de cette démarche, et, sentant qu'on attribuerait tout le succès à celui qui serait venu à son secours, il se hâta de terminer la guerre. Il résolut donc d'attaquer d'abord les troupes qui s'étaient séparées des autres, et qui campaient à part sous les ordres de Cannicius et de Castus; il envoya six mille hommes pour se saisir d'un poste avantageux. Pour ne pas être découverts, ils avaient couvert leurs casques de branches d'arbre; mais ils furent aperçus par deux femmes qui faisaient des sacrifices pour les ennemis, à l'entrée de leur camp, et ils auraient couru le plus grand danger si Crassus, paraissant tout à coup avec ses troupes, n'eût livré le combat le plus sanglant qu'on eût encore donné dans cette guerre; il resta sur le champ de bataille douze mille trois cents ennemis, parmi lesquels on n'en trouva que deux qui fussent blessés par derrière; tous les autres périrent en combattant avec la plus grande valeur, et tombèrent à l'endroit même où ils avaient été placés. Spartacus, après une si grande défaite, se retira vers les montagnes de Pétélie, toujours suivi et harcelé par Quintus et Scrophas, le lieutenant et le questeur de Crassus. Il se tourna brusquement contre eux et les mit en fuite. Ce succès, en inspirant aux fugitifs une confiance sans bornes, causa la perte de Spartacus : ne voulant plus éviter le combat, ni obéir à leurs chefs, ils les entourent en armes au milieu du chemin, les forcent de revenir sur leurs pas à travers la Lucanie, et de les mener contre les Romains. C'était entrer dans les vues de Crassus, qui venait d'apprendre que Pompée approchait, que déjà dans les comices bien des gens sollicitaient pour lui, et disaient hautement que cette victoire lui était due ; qu'à peine arrivé en présence des ennemis, il les combattrait et terminerait aussitôt la guerre.

« Crassus campait donc le plus près qu'il pouvait de l'ennemi. Un jour qu'il faisait tirer une tranchée, les troupes de Spartacus étant venues charger les travailleurs, le combat s'engagea ; et comme des deux côtés il survenait sans cesse de nouveaux renforts, Spartacus se vit dans la nécessité de mettre toute son armée en bataille. Il se fit amener son cheval, il tira son épée et le tua : La victoire, dit-il, me fera trouver assez de bons chevaux, et si je suis vaincu, je n'en aurai plus besoin. Il se précipite alors au milieu des ennemis, cherchant à joindre Crassus, et tue deux centurions qui s'attachaient à lui. Enfin, resté seul par la fuite de tous les siens, il vendit chèrement sa vie. » (An 71.)

Crassus ne put empêcher son rival de recueillir encore la gloire de cette guerre. Pompée rencontra ce qui restait de l'armée des esclaves, les extermina et rentra dans Rome avec la réputation du seul général qu'eût alors la République. Crassus eut beau donner au peuple la dîme de ses biens, lui servir un festin de dix mille tables et distribuer, à chaque citoyen, du blé pour trois mois[1], il n'obtint le consulat qu'avec la permission de Pompée, et concurremment avec lui.

---

1. Plut., *in Crasso*, c. 16 : Ἑστίασε τὸν δῆμον ἀπὸ μυρίων τραπεζῶν καὶ σῖτον ἐμέτρησεν εἰς τρίμηνον.

Pompée cessa alors de ménager le Sénat, dont il crut n'avoir plus besoin. Du vivant même de Sylla, il avait laissé voir qu'il ne restait qu'à regret dans le parti des nobles, qui méprisaient en lui un chevalier, un transfuge du parti italien. Il avait ramené son armée d'Afrique contre les ordres du dictateur ; il avait triomphé malgré lui. Sylla, qui l'appréciait à sa juste valeur, ne se soucia pas de recommencer la guerre civile pour une affaire de vanité. Mais il lui témoigna son aversion en l'omettant dans son testament, où il faisait des legs à tous ses amis. Pompée n'en fut pas moins, après la mort de Sylla comme de son vivant, l'exécuteur des volontés de la faction, en Italie et en Espagne[1]. Ce ne fut qu'au bout de dix ans, lorsqu'une grande partie des vétérans de Sylla se fut éteinte, que Pompée rompit avec le Sénat, et se tourna vers les chevaliers et la populace.

---

[1]. Il essaya même de prouver son zèle par une cruauté qui ne lui était pas naturelle. Val. Max., VI, 5 : « Helvius Mancia de Formies, fils d'un affranchi, déjà dans une extrême vieillesse, accusait L. Libon devant les censeurs. Dans le cours des débats, le grand Pompée, lui reprochant la bassesse de sa naissance et son âge, lui dit qu'il était sans doute sorti de chez les morts pour porter cette accusation. « Tu dis vrai, Pompée, répliqua-t-il, je viens de chez les morts, et j'en viens pour accuser L. Libon ; mais dans le séjour que j'ai fait là-bas, j'ai vu Cn. Ahenobarbus, tout sanglant, se plaindre amèrement qu'un homme de sa naissance, de son caractère, de son patriotisme, eût été à la fleur de l'âge assassiné par ton ordre ; j'ai vu Brutus, personnage d'une égale illustration, le corps percé de coups, accuser de cet horrible traitement ta perfidie, ta cruauté ; j'ai vu Cn. Carbon, ce défenseur si ardent de ton enfance et de ton héritage, chargé de chaînes par ton ordre dans son troisième consulat, maudire ton nom, attester qu'au mépris de toute justice, malgré la haute magistrature dont il était revêtu, toi, simple chevalier romain, tu l'avais égorgé ; j'ai vu dans le même état un ancien préteur, Perpenna ; je l'ai vu, par des imprécations pareilles, vouer ta barbarie à l'exécration : j'ai vu tous ces malheureux pousser un cri unanime d'indignation, d'avoir été mis à mort sans jugement, d'avoir trouvé dans un enfant leur assassin, leur bourreau. » (*Trad. de M. Frémion.*)

L'instrument de Pompée, dans cette réaction contre le Sénat, fut un autre chevalier, M. Tullius Cicéron, brillant et heureux avocat, politique médiocre, mais doué d'une souplesse de talent extraordinaire et d'une merveilleuse faconde. Originaire d'Arpinum, comme Marius, il composa d'abord un poème en l'honneur de son compatriote. Il débuta au barreau de la manière la plus honorable, en défendant, sous Sylla, un Roscius qu'un affranchi du dictateur voulait faire périr pour le dépouiller. Il est vrai que ce Roscius était lui-même du parti de Sylla; qu'il était protégé par toute la noblesse, par les Servilius, par les Scipions; qu'il était client des tout-puissants Metellus, et que même pendant le procès il avait été recueilli dans la maison de Cæcilia Metella. Le véritable défenseur fut l'illustre Messala, et l'on mit en avant Cicéron[1]. La noblesse était indignée de l'audace des gens de vile naissance dont Sylla aimait à s'entourer, et qui se permettaient tout à l'ombre de son nom. Sylla, lui-même, alors en Étrurie, voulait terminer les désordres de la guerre civile; il venait de porter des lois contre l'empoisonnement, le faux, la violence et l'extorsion. Cicéron ne risquait donc rien; mais ce fut pour lui un honneur infini d'avoir le premier fait entendre une voix humaine après le silence des proscriptions. Le panégyriste de Marius fut obligé de faire, en cette occasion, l'éloge du parti de Sylla; mais on lui sut gré de ne pas l'avoir fait avec trop de bassesse[2].

---

1. Voy. le *Pro Roscio*, c. 6, 50. Sans vouloir diminuer la gloire de Cicéron dans cette circonstance, on est obligé de remarquer que plus d'un motif devait l'enhardir.

2. *Id., ibid.*, c. 47. — Quoique le beau fragment du poème de Marius

Depuis ce moment, tout le parti opprimé, chevaliers, publicains, villes municipales, eurent les yeux sur lui. S'il eût été homme de guerre, s'il eût eu du moins quelque dignité et quelque suite dans sa conduite politique, il fût devenu le chef de ce parti auquel Pompée méritait si peu d'inspirer confiance. Mais il se soumit de bonne grâce à agir sous Pompée et pour lui. Ce que les sénateurs redoutaient le plus, c'était de se voir enlever les jugements que leur avait rendus Sylla, et qui leur assuraient l'impunité pour eux-mêmes et la domination sur les chevaliers. Ils consentirent plus aisément au rétablissement du tribunat, qui diminuait seulement la puissance commune de leur corps ; ils espéraient qu'à ce prix ils conserveraient le privilège des jugements. Mais, dès qu'une fois Pompée eut fait élire des tribuns par la populace, dès que les comices des tribus eurent été rétablis, rien n'était plus facile que d'enlever les jugements aux sénateurs. Il suffisait de mettre au grand jour et de produire sur la place publique l'infâme et cruelle tyrannie qu'ils exerçaient dans les provinces, depuis qu'ils étaient seuls juges

---

ait été cité partout, nous ne pouvons nous empêcher de le placer ici :

> Hic Jovis altisoni subito pennata satelles
> Arboris e trunco serpentia saucia morsu,
> Ipsa feris subigit transfigens unguibus anguem
> Semianimum, et varia graviter cervice micantem;
> Quem intorquentem lanians, rostroque cruentans,
> Jam satiata animum, jam duros ulta dolores,
> Abjicit efflantem, et laceratum affligit in undas,
> Seque obitu a solis nitidos convertit ad ortus.
> Hanc ubi præpetibus pennis lapsuque volantem
> Conspexit Marius divini numinis augur,
> Faustaque signa suæ laudis reditusque notavit :
> Partibus intonuit cœli pater ipse sinistris.
> Sic aquilæ clarum firmavit Jupiter omen.

(*De Divin.*, lib. I.)

de leurs propres crimes. On pouvait, sans attaquer directement tout le corps des nobles, traîner un des leurs à leurs tribunaux, dévoiler dans un seul l'infamie de tous, et les mettre entre le double péril d'avouer la honte de leur ordre par une condamnation, ou d'y mettre le comble en renvoyant l'accusé absous. Cicéron fut chargé de faire ainsi le procès à un des nobles, ou plutôt à la noblesse.

L'homme par la honte duquel on entreprit de salir tout le Sénat et de le traîner dans la boue, portait l'ignoble nom de Verrès. Il était ami des Metellus, et s'était rendu cher à la faction en passant du camp de Carbon à celui de Sylla avec l'argent de la questure; plus tard, en faisant mettre à mort en Sicile tous les soldats de Sertorius qui y cherchaient un asile [1]. Beaucoup de chevaliers romains établis en Sicile et en Asie, beaucoup d'Italiens qui levaient les impôts ou faisaient le commerce et la banque, une multitude de Grecs de Sicile et d'autres provinces déposèrent contre Verrès, et l'accablèrent de leurs témoignages. Les sénateurs qui composaient le tribunal, se hâtèrent de le condamner, dans l'espoir de sortir plus vite de ce procès terrible et de rendre inutiles les éloquentes invectives que Cicéron avait préparées; mais ils n'y perdirent rien. Ces discours, écrits avec soin, furent copiés, multipliés, répandus, lus avidement. Ils sont restés pour l'éternelle condamnation de l'aristocratie romaine, et pour la justification des Empereurs dont la tyrannie fut pour les provinces, au moins comparativement, une délivrance, un état d'ordre et de repos.

---

1. Cic., *in Verrem, de Suppliciis*.

Nul doute que ces chevaliers, ces publicains, ces commerçants romains établis en Sicile, n'eussent pour la plupart acquis par la spoliation et le vol ce que le préteur leur volait ; mais les indigènes avaient été encore plus maltraités. Les exactions, les violences, les vols sacrilèges commis par Verrès dans leurs maisons et dans leurs temples ne peuvent se compter. L'amour des arts grecs, qui dominait alors chez les grands de Rome, était encore un mobile de brigandage. Les dieux les plus révérés de la Sicile ne purent échapper au préteur. L'Hercule d'Agrigente, la Junon de Samos, la redoutable déesse de la Sicile, la Cérès d'Enna, passèrent, comme objets de curiosité, dans le cabinet de Verrès[1]. Tant d'insultes faites aux religions locales des alliés touchaient, je pense, médiocrement le peuple romain. La mort même des capitaines siciliens, indignement condamnés par Verrès, n'est pas sans doute ce qui remuait le plus les maîtres du monde. Ce qui fit impression, c'est qu'il avait ménagé les pirates dont les courses compromettaient chaque jour l'approvisionnement de Rome, et qu'il fut convaincu d'avoir fait battre de verges et mettre en croix un citoyen romain[2].

La condamnation de Verrès fut celle de l'aristocratie. Tous les nobles étaient ses amis. Plusieurs d'entre eux avaient trempé dans les crimes dont il était convaincu. Un Néron, par complaisance pour lui, avait condamné à mort un homme qui n'était coupable que d'avoir défendu contre Verrès l'honneur de sa fille[3].

---

1. Cic., *De Signis*. — 2. *Id.*, *De Suppliciis*.
3. *Id.*, *in Verrem*, sec. actio, lib. I.

Les sénateurs ne purent garder plus longtemps la possession exclusive du pouvoir judiciaire. Cicéron les accabla d'une énumération terrible de toutes les prévarications de leurs tribunaux, et assura effrontément qu'on n'avait fait aucun reproche aux chevaliers, quand ils en étaient en possession [1]. Pompée, ayant donné des jeux peu après l'affaire de Verrès, s'assura de la populace. Il venait d'ailleurs, en rétablissant les comices par tribus, de donner du prix aux suffrages du petit peuple, et de lui rendre ainsi son principal moyen de subsistance, la vénalité. Appuyé sur les soldats, les chevaliers et les prolétaires, il ôta sans peine aux sénateurs le privilège des jugements, et les força de partager le pouvoir judiciaire avec les chevaliers et les tribuns, élus de la populace (71).

Ainsi ce grand ouvrage de Sylla, que le dictateur avait cru affermir à jamais par l'extermination des Italiens et la proscription des chevaliers, que Pompée semblait avoir assuré par la réduction de l'Espagne, Lucullus par l'humiliation des publicains de l'Asie, il suffit du même Pompée pour le renverser.

Le premier fruit que les chevaliers retirèrent de leur victoire, ce fut de rétablir les communications maritimes, dont l'interruption ruinait leur commerce, et de recouvrer l'exploitation de l'Asie dont les dépouillait Lucullus. Dans ce double but, ils confièrent à Pompée, malgré le Sénat, un pouvoir tel qu'aucun citoyen n'en avait obtenu jamais. Sur la proposition

---

1. Cic., *in Verrem, passim :* « Cum severe judicia fiebant... »

de Gabinius, on lui donna pour réduire les pirates l'empire de la mer, de la Cilicie aux Colonnes d'Hercule, avec tout pouvoir sur les côtes à la distance de quatre cents stades (vingt lieues); de plus, une autorité absolue et sans responsabilité sur toute personne qui se trouverait dans ces limites, avec la faculté de prendre chez les questeurs et les publicains tout l'argent qu'il voudrait, de construire cinq cents vaisseaux, et de lever soldats, matelots, rameurs à sa volonté. Ce n'était pas assez; on y ajouta peu après la commission de réduire Mithridate, et le commandement des armées de Lucullus avec toutes les provinces de l'Asie[1] (67). Le parti triomphant, celui des chevaliers, était si intéressé au succès qu'il donna à son général un pouvoir disproportionné avec le but. Cicéron fut encore en ceci l'organe de la faction. Rien n'était plus aisé que d'entraîner le peuple qu'on nourrissait des blés de l'Afrique et de la Sicile, et dont les pirates compromettaient la subsistance. Au reste, les esprits pénétrants sentaient bien qu'aucun pouvoir n'était dangereux dans des mains si peu propres à le garder. César et Crassus n'y virent qu'un précédent utile, et y aidèrent.

Ces pirates[2] appartenaient à presque toutes les nations de l'Asie : Ciliciens, Syriens, Cypriotes, Pamphyliens, hommes du Pont. C'était comme une vengeance et une réaction de l'Orient dévasté par les soldats de l'Italie, par ses usuriers et ses publicains, par ses marchands d'esclaves. Ils s'enhardirent dans

---

1. Cic., *pro lege Manilia*. — Plut., *in Pompeio*.
2. Appian., *De B. Mithr.*, t. I, p. 390, c. 234 : Σχεδὸν ἀπάντων τῶν ἑώων ἐθνῶν.

les guerres de Mithridate, dont ils furent les auxiliaires. Les guerres civiles de Rome, puis l'insouciante cupidité des grands, occupés de piller chacun leur province, laissèrent la mer sans surveillance et fortifièrent les pirates d'une foule de fugitifs. « Ils firent de tels progrès, dit Plutarque (*Pompée*, c. 3), que non contents d'attaquer les vaisseaux, ils ravageaient les îles et les villes maritimes. Déjà même les hommes les plus riches, les plus distingués par leur naissance et par leur capacité, montaient sur leurs vaisseaux et se joignaient à eux; il semblait que la piraterie fût devenue un métier honorable. Ils avaient en plusieurs endroits des arsenaux, des ports et des tours d'observation très bien fortifiées; leurs flottes, remplies de bons rameurs et de pilotes habiles, fournies de vaisseaux légers et propres à toutes les manœuvres, affligeaient autant par leur magnificence qu'elles effrayaient par leur appareil. Leurs poupes étaient dorées; ils avaient des tapis de pourpre et des rames argentées; ils semblaient faire trophée de leur brigandage. On entendait partout sur les côtes les sons de leurs instruments; partout, à la honte de la puissance romaine, des villes captives étaient obligées de se racheter. On comptait plus de mille de ces vaisseaux qui infestaient les mers, et qui déjà s'étaient emparés de plus de quatre cents villes. Les temples, jusqu'alors inviolables, étaient profanés et pillés, tels que ceux de Claros, de Didyme, de Samothrace, de Cérès à Hermione et d'Esculape à Épidaure, ceux de Neptune dans l'isthme, à Ténare et à Calaurie, d'Apollon à Actium et à Leucade; enfin ceux de Junon à Samos, à Argos et au promontoire Lacinien. Ils faisaient aussi des sacrifices barbares, et ils célébraient des mystères secrets, entre autres ceux de Mithra, qui se sont conservés jusqu'à nos jours, et qu'ils avaient les premiers fait connaître.

« Non contents de ces insultes, ils osèrent encore descendre à terre, infester les chemins par leurs brigandages et ruiner même les maisons de plaisance qui avoisinaient la mer. Ils enlevèrent deux préteurs, vêtus de leurs robes de pourpre, et les emmenèrent avec leur suite et les licteurs qui portaient les faisceaux devant eux. La fille d'Antonius, magistrat honoré du triomphe, fut aussi enlevée en allant à sa maison de campagne, et obligée de payer une grosse rançon. Leur insolence était venue à un tel point que, si un prisonnier s'écriait qu'il était Romain, et disait son nom, ils feignaient d'être étonnés et saisis de crainte; ils se frappaient la cuisse, se jetaient à ses genoux et le priaient de leur pardonner. Cette pantomime suppliante faisait d'abord croire au prisonnier qu'ils agissaient de bonne foi. Les uns lui mettaient des souliers, les autres une toge, afin, disaient-ils, qu'il ne fût plus méconnu. Après s'être ainsi longtemps joués de lui et avoir joui de son erreur, ils finissaient par mettre une échelle au milieu de la mer, lui ordonnaient de descendre et de s'en retourner chez lui; s'il refusait de le faire, ils le précipitaient eux-mêmes dans les flots. »

La puissance des pirates était vaste, mais dispersée sur toutes les mers. Pompée avait de si grandes forces qu'après avoir partagé la Méditerranée et distribué ses flottes, il les réduisit en trois mois. La douceur y fit plus que la force. Plusieurs se rendirent à lui avec leurs familles, et le mirent sur la trace des autres. Ceux qui n'espéraient point de pardon livrèrent une bataille navale devant Coracesium en Cilicie. Pompée, maître des forts qu'ils avaient dans le Taurus et dans les îles, leur donna des terres dans l'Achaïe et la Cilicie et en peupla sa ville de Pompeiopolis, bâtie sur les ruines de Soli. Il tenait tant à se concilier ces intrépides marins qu'il envoya des troupes contre Metellus, qui poursuivait avec cruauté ceux de la Crète, et combattit pour les pirates [1].

Parvenu en Asie, il abolit, disent unanimement les historiens, tout ce qu'avait fait Lucullus, c'est-à-dire qu'il rétablit la tyrannie financière des chevaliers et des publicains. Pour Mithridate, après tant de défaites, il était plus difficile à joindre qu'à vaincre. La première fois que Pompée l'atteignit, il crut le tenir, et le manqua; la seconde, il l'attaqua pendant la nuit, et les Barbares ne soutinrent pas même le premier cri des Romains [2]. Repoussé par Tigrane, qui reçut Pompée à genoux, Mithridate s'enfuit vers le Caucase chez les Albaniens et les Ibériens. Pompée pénétra chez ces Barbares, défit, non sans peine, leurs multitudes mal armées. Mais il n'osa ni entrer dans l'Hyrcanie, ni traverser les plages scythiques du nord de l'Euxin, pour pénétrer dans le Bosphore, dont Mithridate était toujours maître [3]. Il aima mieux redescendre au midi,

---

1. Plut., *in Pomp.*, c. 30 : Ἔγραψε τῷ Μετέλλῳ κωλύων τὸν πόλεμον, καὶ ἔπεμψε... Ὀκταούιον, ὃς συνεισελθὼν εἰς τὰ τείχη τοῖς πολιορκουμένοις, καὶ μαχόμενος μετ' αὐτῶν... — Dion, p. 89. Ceci explique peut-être la supériorité constante de Pompée et de son parti sur la mer. Voy. plus bas les guerres de Pompée, Brutus et Sextus Pompée.

2. Plut. *in Pomp.*, c. 34... Μηκέτι τι μένειν τολμῶντας.

3. *Id*, *in Pomp.*, c. 38.

pour y faire une guerre plus facile et plus glorieuse. Sauf quelques combats sans importance, il lui suffit d'une sorte de promenade pour achever, comme dit Plutarque, le pompeux ouvrage de l'empire romain. Il soumit, en passant, la Syrie, dont il fit une province; la Judée, qu'il donna à qui il voulut. La nouvelle de la mort du roi de Pont vint fort à propos pour le dispenser de poursuivre une guerre imprudente dans laquelle il s'était engagé contre les Arabes.

Le grand Mithridate avait, dans sa fuite même, conçu le projet gigantesque d'entraîner les Barbares vers l'Italie. Les Scythes ne demandaient pas mieux que de le suivre. Les Gaulois, pratiqués par lui depuis longtemps, l'attendaient pour passer les Alpes[1]. Tout vieux qu'il était, et dévoré par un ulcère qui l'obligeait de se cacher, il remuait tout le monde barbare dont il voulait opérer la réunion, tant de siècles avant Attila. L'immensité de ses préparatifs et l'effroi de la guerre qu'il allait entreprendre, tournèrent ses sujets contre lui. Il avait mis à mort trois fils, trois filles, et s'était réservé pour héritier son fils Pharnace, qui le trahit. Le vieux roi, craignant d'être livré aux Romains, essaya de s'empoisonner; deux de ses fils qui lui restaient voulurent boire avant lui, et moururent bientôt. Mais Mithridate s'était depuis si longtemps prémuni par l'habitude contre les poisons, qu'il n'en trouvait plus d'assez violent. Il fallut que le Gaulois Bituitus, qui lui était attaché, lui prêtât son épée pour mourir. Il n'y eut plus dans l'Orient de roi comme

---

1. Appian., *B. Mithr.*, Ier vol., p. 407, c. 246 : Ἐς Κελλούς, ἐκ πολλοῦ φίλους ἐπὶ τῷδε γεγονότας, ἐπένοει διελθὼν ἐς τὴν Ἰταλίαν σὺν ἐκείνοις ἐμβαλεῖν.

Mithridate. Ce géant[1], cet homme indestructible aux fatigues comme au poison, cet homme qui parlait toutes les langues savantes et barbares, laissa une longue mémoire. Aujourd'hui, non loin d'Odessa, on montre un siège taillé dans le rocher qui domine la mer, et on l'appelle *le trône de Mithridate*.

Le triomphe de Pompée fut le plus splendide qu'on eût vu jusque-là. On y porta les noms des nations soumises : le Pont, l'Arménie, la Cappadoce, la Paphlagonie, la Médie, la Colchide, les Ibériens, les Albaniens, la Syrie, la Cilicie, la Mésopotamie, la Phénicie, la Judée, l'Arabie, enfin les pirates. On y voyait que les revenus publics avaient été portés, par les conquêtes de Pompée, de cinquante millions de drachmes à près de quatre-vingt-deux millions; qu'il avait versé dans le Trésor la valeur de vingt mille talents, sans compter une distribution de quinze cents drachmes par chaque soldat. Pompée, qui avait triomphé la première fois de l'Afrique, la seconde de l'Europe (après Sertorius), triomphait cette fois de l'Asie.

Dans ce pompeux étalage des trophées de Pompée, une bonne part eût dû revenir à Lucullus. Le résultat était grand; mais combien avait-il coûté? César, vainqueur de Pharnace, portait envie à Pompée pour avoir eu des succès si faciles; et Caton disait que toutes les guerres d'Asie n'étaient que des guerres de femmes [2].

---

1. On peut juger, dit Appien (*B. Mithr.*), de la taille énorme de Mithridate par ses armes qu'il envoya à Delphes et à Némée.
2. Cic., *pro Murena*, c. 13 : Illud omne Mithridaticum bellum cum mulierculis esse gestum.

Ainsi, la médiocrité de tous les nobles de Rome, cette disette de grands généraux dont se plaint si souvent Cicéron, l'ami de Pompée, éleva pour quelque temps cet indigne favori de la fortune à une puissance dont il ne sut comment user, jusqu'à ce qu'elle lui fût arrachée par l'homme qui la méritait.

CHAPITRE V

Jules César. — Catilina. — Consulat de César. — Guerre des Gaules. — Guerre civile. — Dictature de César et sa mort. (63-54.)

C. Julius César sortait d'une famille patricienne, qui prétendait descendre d'un côté de Vénus, de l'autre d'Ancus Martius [1], roi de Rome : « Ainsi, disait-il dans l'éloge funèbre de sa tante Julia, on trouve en ma famille la sainteté des rois qui sont les maîtres du monde, et la majesté des dieux qui sont les maîtres des rois. » La tante de César avait épousé Marius [2]. Les éléments divers dont se composait Rome, le vieux patriciat sacerdotal, le parti des chevaliers, celui des Italiens, semblaient donc résumés en César. A l'époque où nous sommes parvenus, il n'avait encore d'autre réputation que celle d'un jeune homme singulièrement éloquent, dissolu et audacieux, qui donnait

---

1. Amitæ meæ Juliæ maternum genus ab regibus, paternum cum diis immortalibus conjunctum est. Nam ab Anco Marcio sunt Marcii reges, quo nomine fuit mater, a Venere Julii, cujus gentis est familia nostra. Est ergo in genere, et sanctitas regum, qui plurimum inter homines pollent et cerimonia deorum, quorum ipsi in potestate sunt reges. (Sueton., *in Jul.*, c. 6.)
2. Plut., *in J. Cæs.*, c. 1.

tout à tous, qui se donnait lui-même à ceux dont l'amitié lui importait. Ses mœurs étaient celles de tous les jeunes gens de l'époque; ce qui n'était qu'à César, c'était cette effrayante prodigalité qui empruntait, qui donnait sans compter et qui ne se réservait d'autre liquidation que la guerre civile[1]; c'était l'audace qui, seul dans le monde, le fit à dix-sept ans résister aux volontés de Sylla. Le dictateur voulait lui faire répudier sa femme. Le grand Pompée, si puissant alors, s'était soumis à un ordre semblable. César refusa d'obéir, et il ne périt point : sa fortune fut plus forte que Sylla. Toute la noblesse, les vestales elles-mêmes intercédèrent auprès du dictateur, et demandèrent en grâce la vie de cet enfant indocile : « Vous le voulez, dit-il, je vous l'accorde; mais dans cet enfant j'entrevois plusieurs Marius. »

César n'accepta point ce pardon, et n'obéit pas davantage : il se réfugia en Asie. Tombé entre les mains des pirates, il les étonna de son audace. Ils avaient demandé vingt talents pour sa rançon : C'est trop peu, dit-il, vous en aurez cinquante; mais une fois libre, je vous ferai mettre en croix[2]. Et il leur tint parole. De retour à Rome, il osa relever les trophées de Marius[3]. Plus tard, chargé d'informer contre les meurtriers, il punit à ce titre les sicaires de Sylla, sans

---

1. Sueton., *in J. Cæs.* : Vel invitatos, vel sponte ad se commeantes uberrimo congiario prosequebatur... Tum reorum aut obæratorum, aut prodigæ juventutis subsidium unicum ac promptissimum erat; nisi quos gravior criminum, vel inopiæ luxuriæve vis urgeret, quam ut subveniri posset a se. His plane palam bello civili opus esse dicebat.

2. Plut., *in Cæs.*, c. 2.

3. Suet., *in Cæs.*, c. 11 : Trophœa Marii de Jugurtha, deque Cimbris atque Theutonis, olim a Sylla disjecta, restituit. — Plut., *in Cæs.*, c. 5.

égard aux lois du dictateur. Ainsi, il s'annonça hautement comme le défenseur de l'humanité contre le parti qui avait défendu l'unité de la cité au prix de tant de sang. Tout ce qui était opprimé put s'adresser à César. Dès sa questure, il favorisa les colonies latines, qui voulaient recouvrer les droits dont Sylla les avait privées[1]. Les deux premières fois qu'il parut au barreau, ce fut pour parler en faveur des Grecs, contre deux magistrats romains. On le vit plus tard, du milieu des marais et des forêts de la Gaule, pendant une guerre si terrible, orner à ses frais de monuments publics les villes de la Grèce et l'Asie. Il tenait compte des Barbares et des esclaves eux-mêmes ; il nourrissait un grand nombre de gladiateurs pour les faire combattre dans les jeux ; mais quand les spectateurs semblaient vouloir leur mort, il les faisait enlever de l'arène : il n'eut pas de meilleurs soldats dans la guerre civile. Le monde ancien excluait les femmes de la cité. César donna le premier l'exemple de rendre, même aux jeunes femmes des honneurs publics ; il prononça solennellement l'éloge funèbre de sa tante Julia et de Cornelia, sa femme. Ainsi, par la libéralité de son esprit, par sa magnanimité, par ses vices mêmes, César était le représentant de l'humanité contre le dur et austère esprit de la République ; il méritait d'être le fondateur de l'Empire, qui allait ouvrir au monde les portes de Rome.

En bien, en mal, l'homme de l'humanité fut César ; l'homme de la loi fut Caton. Il descendait de Caton le Censeur, ce rude Italien qui avait si âprement com-

---

1. Sueton., *in J. Cæs.*, c. 8 : Colonias Latinas de petenda civitate agitantes adiit, et ad audendum aliquid concitasset.

battu un autre César. Chez le dernier Caton, la sévérité passionnée des Porcii s'était épurée dans le stoïcisme grec. Il était à lui seul plus respecté à Rome que les magistrats et le Sénat. Aux jeux de Flore, le peuple, pour demander une danse immodeste, attendait que Caton fût sorti du théâtre.

Ses ennemis, ne sachant que reprendre dans un tel homme, lui faisaient des reproches futiles; ils l'accusaient de boire après souper, jamais on ne le vit ivre; de paraître obstiné, il était un peu sourd; de s'emporter, mais tout à cette époque devait l'irriter; enfin d'être trop économe. César, dans son *Anti-Caton*, prétendait malignement qu'ayant brûlé le corps de son frère, il avait passé les cendres au tamis pour en retirer l'or qui avait été fondu par le feu [1]!

Le vrai reproche que méritait Caton, c'était cette rigueur aveugle, cet opiniâtre attachement au passé qui le rendait incapable de comprendre son temps. C'était l'ostentation cynique avec laquelle il aimait à braver, dans les choses indifférentes, le peuple au milieu duquel il vivait. On le voyait, même dans sa préture, traverser la place sans toge, en simple tunique, nu-pieds, comme un esclave, et siéger ainsi sur son tribunal.

Dans la lutte qu'il soutint si longtemps pour la liberté de sa patrie, Caton n'eut point d'abord César pour adversaire, mais le riche Crassus et le puissant Pompée. Le premier qui, depuis Sylla, et d'abord à la faveur des proscriptions, avait porté sa fortune de trois cents talents à sept mille (trente-cinq millions

---

1. Plut., *in Cat.*

de notre monnaie), s'imaginait finir tôt ou tard par acheter Rome. Crassus, dit Plutarque, aimait beaucoup la conversation du grec Alexandre. Il l'emmenait avec lui à la campagne, lui prêtait un chapeau pour le voyage, et le lui redemandait au retour. Il n'y avait pas à craindre qu'un pareil homme devînt jamais maître du monde [1].

Tels étaient les principaux combattants. Examinons le champ de bataille.

La tyrannie des chevaliers, des usuriers, des publicains, était si pesante que chacun s'attendait à un soulèvement général après le départ de Pompée. Tous les ambitieux se tenaient prêts : César, Crassus, Catilina, le tribun Rullus, et jusqu'aux indolents héritiers du nom de Sylla [2]. Le parti vainqueur, celui des chevaliers, se trouvait désarmé par l'éloignement de son général, et n'avait à opposer que Cicéron aux dangers qui, de toutes parts, menaçaient la République. Il ne s'agissait pas de la liberté; elle avait péri depuis longtemps; mais la propriété elle-même se trouvait en danger. Le mal dont se mourait cette vieille société, c'étaient l'injustice et l'illégalité dont se trouvait marquée alors l'origine de toute propriété en Italie. Les anciennes races italiennes du Midi, depuis longtemps expropriées, soit par la populace de Rome envoyée en colonies, soit par les usuriers, chevaliers et publicains, avaient été presque anéanties par Sylla. L'usure avait exproprié à leur tour et les anciens

---

1. Plut., *in Crass.*
2. Cic., *pro Corn. Sylla*. La justification de Sylla est loin d'être concluante.

colons romains, et les soldats de Sylla établis par lui dans l'Étrurie. Les sénateurs et les chevaliers changeaient les terres en pâturages, et substituaient aux laboureurs libres des bergers esclaves. L'Étrurie, préservée longtemps, subissait à son tour cette cruelle transformation. Par toute l'Italie flottait une masse formidable d'anciens propriétaires dépossédés à des époques différentes : d'abord les Italiens et surtout les Étrusques, expropriés par Sylla, puis les soldats de Sylla eux-mêmes, souvent encore le noble Romain qui se ruinait après les avoir ruinés : tous égaux dans une même misère. Ajoutez des pâtres farouches, errant avec les troupeaux de leurs maîtres dans les solitudes de l'Apennin, souvent ne reconnaissant plus de maîtres et subsistant de brigandages comme les noirs *marrons* des colonies modernes; enfin des gladiateurs, bêtes féroces qu'on tenait à la chaîne pour les lâcher dans l'occasion, et qui constituaient à chaque sénateur, à chaque chevalier, une petite armée d'assassins.

Je vois, disait Catilina à Cicéron, *je vois dans la République une tête sans corps, et un corps sans tête; cette tête qui manque, ce sera moi*[1]. Cette parole exprimait admirablement la société romaine. Tant d'opprimés appelaient un chef contre la misérable aristocratie des grands propriétaires romains, sénateurs et chevaliers. Mais quand ce chef eût eu le génie de César, l'argent de Crassus et la gloire militaire de Pompée, il n'eût pu concilier tant de prétentions opposées ni guérir un mal si complexe. Une translation univer-

---

1. Plut., *in Cic.* — Cic., *pro Murena*, c. 25.

selle de la propriété, qui n'eût pu s'accomplir qu'en versant encore des torrents de sang, n'aurait point fini les troubles. Ces terres arrachées aux grands propriétaires, à qui les eût-on rendues? elles étaient pour la plupart réclamées par plusieurs maîtres ; au vétéran de Sylla, à l'ancien colon romain qu'il avait dépouillé, ou aux enfants du propriétaire italien dépossédé par le colon, et qui végétaient peut-être encore nourris des distributions publiques, logés dans les combles de ces vastes maisons de Rome (*insulæ*) où s'entassaient à la hauteur de sept étages toutes les misères de l'Italie[1]? Ces terres d'où le grand propriétaire avait arraché toutes les limites, pierres brutes, termes et tombeaux, ces champs dont il avait, souvent à dessein, brouillé et confondu la face, quel *agrimensor* assez clairvoyant, quel juge assez intègre eût pu les reconnaître, les mesurer, les partager?

Un changement semblait imminent, quelles que fussent les difficultés. César donna le premier signal, par un acte de justice solennelle, qui condamnait la longue tyrannie des chevaliers ; déjà, il avait flétri celle des *nobles* en punissant les sicaires de Sylla. Il accusa le vieux Rabirius, agent des chevaliers, qui, trente ans auparavant, avait tué un tribun, un défenseur des droits des Italiens, Apuleius Saturninus. Les chevaliers avaient conservé à Saturninus un souvenir implacable. Ils avaient fait un crime capital de garder chez soi le portrait de ce tribun ; ils accoururent de l'Apulie et de la Campanie, où ils possédaient toutes les terres. De concert avec le Sénat, ils défendirent

---

1. Auguste défendit d'élever des maisons à plus de soixante-dix pieds. Nous savons d'ailleurs que chaque étage était peu élevé.

Rabirius par l'organe de Cicéron, et toutefois ne purent le sauver qu'en rompant violemment l'assemblée [1]. César comprit que la révolution n'était pas mûre, et attendit dans un formidable silence.

Alors parut le tribun Rullus, qui s'offrait de guérir par une seule loi le mal universel de la République. Ce mal, nous l'avons dit, c'était l'injustice dont se trouvait entachée alors l'origine de toute propriété. Rullus proposait d'acheter des terres pour y établir des colonies, de partager entre les pauvres citoyens tous les domaines publics, en indemnisant ceux qui les avaient usurpés. Le tribun se chargeait lui-même avec ses amis d'exécuter cette opération immense, qui devait faire passer par ses mains toute la force de l'Empire, en y comprenant les conquêtes récentes de Pompée. Les chevaliers, effrayés d'une proposition qui eût compromis ou légalisé à grands frais leurs usurpations, parvinrent à éluder la proposition de Rullus par l'adresse de Cicéron. L'habile orateur exposa que jamais les Romains n'avaient acheté l'emplacement de leurs colonies, et persuada au peuple qu'il était indigne de Rome d'établir ses enfants sur des terres légitimement acquises. Il insinua surtout que la loi de Rullus allait partager les terres d'où l'on tirait le blé qui se distribuait au petit peuple. Ce dernier argument était décisif auprès de cette populace oisive; ils aimaient mieux du blé que des terres, et ne se sou-

---

[1]. Cic., *pro Rabirio*, c. 24. Val. Max., VIII. 1. — Pendant que les centuries donnaient leurs votes au Champ de Mars, un étendard était dressé sur le Janicule. Cet ancien usage datait d'une époque où l'ennemi étant voisin des murs de Rome, on craignait qu'il ne parût tout à coup, et ne surprît la ville sans défense. Metellus Celer, sauva Rabirius en enlevant l'étendard du Janicule. Par cela seul, l'assemblée était dissoute de droit. (Dion, p. 129.)

ciaient pas de quitter la place publique et les combats des gladiateurs [1].

Cicéron rencontra un plus dangereux adversaire dans le sénateur Catilina, son concurrent au consulat. Les plus implacables ennemis de ce dernier s'accordent à dire que c'était une nature grande et forte, une âme d'une incroyable énergie, une vie souillée, il est vrai, mais un ami dévoué, et jusqu'à la mort. Cicéron avoue qu'il y avait dans l'amitié de Catilina une irrésistible séduction, et qu'il fut lui-même près d'y céder [2]. Sous Sylla, il s'était déshonoré, comme Crassus et tant d'autres. Crassus s'était relevé : il était riche. Catilina, ruiné, endetté, était resté sous le poids de la honte. Cette conscience de son déshonneur s'était tournée en fureur. Il s'était plongé d'autant plus dans l'infamie. Son visage inquiet et pâle, ses yeux sanglants, sa démarche tantôt lente, tantôt précipitée, semblaient accuser la victime d'une horrible fatalité. Tout ce qu'il y avait dans Rome et dans l'Italie d'hommes perdus de misères ou de crimes, affluaient auprès de Catilina. Vétérans de Sylla ruinés, Italiens dépossédés, provinciaux obérés, sans compter une bande de jeunes gens dépravés et audacieux, de

---

1. *In Rull.*, c. 25. Aucun monument n'est plus important pour l'histoire romaine que les discours sur la loi agraire de Rullus. — *Vos vero retinete, Quirites, possessionem urbis, gratiæ.* — Laisserez-vous vendre, dit-il encore, *horreum legionum, solatium annonæ* ?...

2. Cicer., *pro Cælio*, c. 5, 6. — *Quis clarioribus viris quodam tempore jucundior ? Illa in illo homine mirabilia fuerunt, comprehendere multos amicitia... Me ipsum, me, inquam, quondam pene ille decepit, cum et mihi bonus et optimi cujusque cupidus, et firmus amicus et fidelis videretur.* — *Ad. Attic.*, l. 1. — Cicéron semble prêt à défendre Catilina, et à s'entendre avec lui pour le consulat. Il plaida pour plusieurs des amis de Catilina, pour Sylla, pour Cœlius, etc.

mignons sanguinaires qui ne le quittaient pas, et qui faisaient la partie honteuse de la faction, tout cela voltigeait dans le Forum autour de Catilina, n'attendant que son signal. Toute l'aristocratie, sénateurs, chevaliers, publicains, usuriers, se croyaient menacés d'un massacre.

On pouvait tout soupçonner des amis de Catilina, tout faire croire sur leur compte. Les chevaliers n'oubliaient rien pour ajouter à la frayeur publique. Les bruits les plus absurdes étaient bien accueillis. Catilina, disaient-ils, a égorgé son fils pour obtenir la main d'une femme qui ne voulait pas de beau-fils. Il veut massacrer tous les sénateurs; il veut (ceci touchait davantage le petit peuple) mettre le feu aux quatre coins de la ville. Il a retrouvé l'aigle d'argent de Marius; il lui fait des sacrifices humains. Les conjurés, dans leurs réunions nocturnes, ont confirmé leurs serments en buvant à la ronde du sang d'un homme égorgé. Que sais-je encore? Salluste va jusqu'à dire que Catilina ordonnait des assassinats inutiles, pour que ses amis ne perdissent pas l'habitude du meurtre[1].

---

1. Cic., *in Catil.*, I, c. 9. — Sall., *Cat.*, c. 16 : Si causa peccandi in præsens minus suppetebat, nihilominus insontes, sicuti sontes, circumvenire, jugulare; scilicet ne per otium torpescerent manus aut animus, gratuito potius malus atque crudelis erat.

Mém. de Sainte-Hélène, 22 mars 1816 : « Aujourd'hui l'empereur lisait dans l'histoire romaine la conjuration de Catilina; il ne pouvait la comprendre telle qu'elle est tracée. Quelque scélérat que fût Catilina, observait-il, il devait avoir un objet : ce ne pouvait être celui de gouverner dans Rome, puisqu'on lui reprochait d'avoir voulu y mettre le feu aux quatre coins. L'empereur pensait que c'était plutôt quelque nouvelle faction à la façon de Marius et de Sylla, qui, ayant échoué, avait accumulé sur son chef toutes les accusations banales dont on les accable en pareil cas... Les Gracques lui inspiraient bien d'autres doutes... »

La frayeur publique, augmentée ainsi habilement, porta Cicéron au consulat (63). Mais ce n'était pas assez. On voulait accabler Catilina. Cicéron présenta une loi qui ajoutait un exil de dix ans aux peines portées contre la brigue[1]. C'était l'attaquer directement, et le jeter, coupable ou non, dans le complot dont on l'accusait. Cicéron déclara hautement l'imminence du péril. Il prit une cuirasse, il arma tous les chevaliers, et se crut si fort qu'il osa, dans une invective contre Catilina, proclamer que les débiteurs n'avaient aucun soulagement à espérer : *Qu'attends-tu*, lui dit-il, *de nouvelles tables ? une abolition des dettes ? j'en afficherai, des tables, mais de vente*. Ce mot si dur exprimait la pensée des chevaliers[2]. Catilina, chargé d'imprécations, fut obligé de sortir du Sénat, où il avait eu l'audace de paraître encore, mais il lança en se retirant des paroles sinistres : *Vous allumez un incendie contre moi; eh bien ! je l'étoufferai sous des ruines !*

Son départ fit éclater un mouvement immense dans l'Italie. Sur tous les sommets sauvages de l'Apennin, on courut aux armes; dans l'Apulie, dans le Brutium, se soulevèrent les pâtres, esclaves des chevaliers[3];

---

1. Dio., p. 130, 8. — Dion dit un peu plus loin : « L'affaire de Catilina fit plus de bruit qu'elle n'en méritait, à cause des discours de Cicéron et de sa gloriole. »

2. Cic., *in Catil.*, II, c. 8 : Quid enim expectas ? tabulas novas ? meo beneficio tabulæ novæ proferentur, verum auctionariæ. — Clodius dit plus tard qu'il ferait expier aux chevaliers *les degrés du Capitole*. (Cicéron, *Post red.*, c. 5, 13.) — Si l'on pouvait douter que Cicéron fût constamment l'homme des chevaliers et des publicains, il suffirait de lire *Pro lege Manilia*, c. 2-7 ; *De petitione consul.*, c. 1, etc., etc.

3. *Id., ibid.*, c. 9 : Jam vero urbes coloniarum atque municipiorum respondebunt, Catilinæ tumulis sylvestribus. — Voy. aussi *in Catil.*, III, c. 6.

dans l'Étrurie les vétérans de Sylla, d'accord cette fois avec les laboureurs qu'ils avaient jadis expropriés. Lentulus, Cethegus et les autres amis de Catilina restés à Rome pratiquaient les députés des Allobroges, qui étaient venus demander quelque allégement aux effroyables usures qui les ruinaient. Une foule de grands de Rome avaient connaissance de la conjuration. César n'y était pas étranger. Crassus, selon toute apparence, l'encouragea et la dénonça[1].

Les Allobroges calculèrent aussi qu'ils gagneraient davantage en livrant les lettres des conjurés. Lentulus reconnut son écriture, et avoua. Il se croyait garanti par la loi Sempronia, qui permettait à un citoyen romain de prévenir par un exil volontaire une condamnation capitale. Cette loi était, si l'on veut, dangereuse, mais enfin elle existait. César défendit habilement et sophistiquement la cause de l'humanité et de la loi, et faillit être mis en pièces. On conclut *que la Sempronia protégeait, il est vrai, la vie des citoyens; mais que l'ennemi de la patrie n'était plus citoyen.* Les conjurés furent condamnés à mort. Mais le cœur manquait à Cicéron, homme doux et timide, qui craignait de prendre sur lui pareille chose. Il fallut que sa femme Terentia employât son irrésistible autorité. Elle le décida à faire étrangler les conjurés dans la prison[2]. Au soir, le consul traversa le Forum, et dit : *Ils ont vécu.* Il fut reconduit comme en triomphe par plus de deux mille chevaliers.

On se hâta d'accabler Catilina, avant qu'il eût mieux organisé son parti. Si on lui eût donné le temps

---

1. Plut., *in Crass.*; c. 17.
2. *Id., in Cicer.*; p. 870 : Ἡ Τερέντια... Παρώξυνεν ἐπὶ τοὺς ἄνδρας.

de sortir des neiges de l'Apennin, disait plus tard Cicéron lui-même, il eût occupé les défilés des montagnes, envahi les riches pâturages, entraîné tous les pasteurs, et peut-être soulevé la Gaule italienne [1]. Il n'était encore qu'en Étrurie, où se trouvaient le plus grand nombre de laboureurs libres et de vétérans de Sylla. Peut-être même avait-il des relations de famille dans cette contrée. Le nom de Catilina semble étrusque. Un Étrusque commandait une aile de son armée [2], l'autre était sous les ordres d'un Mallius, vieux soldat de Sylla. Le consul Antonius, que Cicéron avait détaché de la conjuration, eut honte de combattre contre Catilina, et fit le malade. Catilina n'avait pu encore armer que le quart de ceux qui le suivaient [3]; ce qui prouve, soit dit en passant, que la conjuration n'était pas préméditée depuis si longtemps. Il fut défait, et se fit tuer en combattant, ainsi que ses deux lieutenants (l'Étrusque et Mallius), et presque tous ceux qui l'avaient suivi. On retrouva Catilina bien loin dans l'armée romaine où il s'était fait jour; les autres couvraient de leurs corps la place où ils avaient combattu. Cette fin héroïque me ferait croire volontiers qu'on a calomnié ce parti. Certes, ceux qui périrent ainsi n'étaient pas apparemment ces efféminés dont Cicéron compose toujours dans ses harangues le cortège de Catilina.

Le parti vainqueur avoua la peur qu'il avait eue par

---

1. Cic., *pro P. Sextio*, c. 6. — *In Catil.*, II, c. 12.
2. Sallust., *Bell. Catilin.* : Fæsulanum quemdam in sinistra parte curare jubet.
3. *Id.*, *ibid.* : Ex omni copia circiter pars quarta erat militaribus armis instructa.

l'excès de sa joie et par son enthousiasme pour Cicéron. Lui-même y fut pris comme les autres. Il se crut un héros, invita les historiens et les poètes à célébrer son consulat, le célébra lui-même [1], et se croyant désormais l'égal de Pompée, n'hésita point à dire :

> Que les armes cèdent à la toge,
> Le laurier des combats aux trophées de la parole !
> ... O Rome fortunée, sous mon consulat née !

Ces vers ridicules lui firent moins de tort que la versatilité avec laquelle il défendit Murena coupable de brigue, lui qui par sa loi contre la brigue avait provoqué l'explosion du complot de Catilina. Murena était l'ami des chevaliers; Sylla l'était des nobles. Cicéron eut encore la faiblesse de défendre ce dernier, qui avait été complice de Catilina. Ainsi le grand orateur bravait l'opinion. Il régnait dans Rome : *C'est le troisième roi étranger que nous ayons*, disaient ses ennemis, *après Tatius et Numa*.

Pompée, de retour après sa glorieuse promenade en Asie, fut bien étonné de retrouver sa créature si puissante. C'était le sort de cet heureux soldat qui n'avait ni tête, ni langue, de s'en donner toujours

---

[1]. Voy surtout : *Epist. famil.*, lib. V, 11, *ad Lucceium*. — *Ad Atticum Epist.*, lib. III, c. 2.

> Interea cursus, quos prima a parte juventæ,
> Quosque adeo consul virtute animoque petisti,
> Hos retine, atque auge famam laudemque bonorum.
> (Quint. et ipse Cic., *De Officiis*, lib. 1.)

> Cedant arma togæ; concedat laurea linguæ.
> (Quint., lib. II, cap. 1; — et Juvenal.)

> O fortunatam, natam me consule, Romam.

qui le fissent repentir de son choix. Ainsi il éleva successivement Cicéron, Clodius et César, et ensuite il laissa exiler le premier, tuer le second; pour le troisième, il trouva en lui son maître.

Avant même le retour de Pompée, son partisan Metellus Nepos avait accusé Cicéron, et proposé que Pompée fût chargé de réformer la République. Mais l'aristocratie était devenue si hardie et si violente depuis la mort de Catilina, que Metellus fut obligé de chercher un refuge dans le camp de Pompée. On attaqua ensuite Cicéron dans ceux qui l'avaient secondé contre Catilina, le consul Antonius et le préteur Flaccus. Enfin Pompée voulant faire confirmer tout ce qu'il avait fait en Asie, malgré Cicéron, Lucullus et Caton, il s'unit étroitement avec Crassus et César. Ce dernier trouva moyen de réconcilier Pompée et Crassus, et de se faire élever par eux au consulat (59).

L'historien Dion nous a transmis l'histoire du consulat de César avec plus de détails que Suétone ou Velleius, et avec plus d'impartialité que le romancier Plutarque, toujours dominé par son enthousiasme classique pour les anciennes républiques dont il ne comprend pas le génie. « César, selon Dion Cassius, proposa une loi agraire, à laquelle il était impossible de faire aucun reproche. Il y avait alors une multitude oisive et affamée qu'il était essentiel d'employer à la culture. D'autre part, il fallait repeupler les solitudes de l'Italie. César atteignait ce but sans faire tort à la République ni aux propriétaires. Il partageait les terres publiques (et spécialement la Campanie à ceux qui avaient trois enfants ou davantage). Capoue devenait une colonie romaine. Mais les terres publiques ne suffisaient pas; on devait acheter des terres patrimoniales au prix où elles étaient estimées par le cens. L'argent rapporté par Pompée ne pouvait être mieux employé qu'à fonder des colonies, où trouveraient place les soldats qui avaient conquis l'Asie. » Jusqu'ici la loi de César se rapportait en beaucoup de choses avec celle de Rullus. Elle en différait surtout en ce que l'auteur de la loi ne se chargeait pas de l'exécution.

Lorsque César lut sa loi en plein Sénat, et demanda successivement à chaque sénateur s'il y trouvait quelque chose à dire, pas un ne l'attaqua, et néanmoins ils la repoussèrent tous. Alors César s'adressa au peuple. Pompée, interrogé par lui s'il soutiendrait sa loi, répondit que si quelqu'un l'attaquait avec l'épée, il la défendrait avec l'épée et le bouclier. Crassus parla dans le même sens. Caton et Bibulus, collègue de César, qui s'y opposèrent au péril de leur vie, ne purent empêcher que la loi ne passât. Bibulus se renferma dès lors dans sa maison, déclarant jours fériés tous ceux de son consulat. Mais lui seul les observa. César ne tint compte de son absence. Il apaisa les chevaliers qui lui en voulaient depuis Catilina, en leur remettant un tiers sur le prix exagéré auquel ils avaient acheté la levée des impôts. Il fit confirmer tous les actes de Pompée en Asie, vendit au roi d'Égypte l'alliance de Rome, et accorda le même avantage au roi des Suèves établis dans la Gaule, Arioviste. César tournait déjà les yeux vers le Nord. Tout en déclarant qu'il ne demandait rien pour lui, il s'était fait donner pour cinq ans les deux Gaules et l'Illyrie. La Gaule cisalpine était la province la plus voisine de Rome ; la transalpine, celle qui ouvrait le plus vaste champ au génie militaire, celle qui promettait le plus rude exercice, la plus dure et la meilleure préparation de la guerre civile.

Dans la pitoyable agitation de Rome, au milieu d'une société tombée si bas que Pompée et Cicéron s'en trouvaient les deux héros, certes, celui-là fut un grand homme qui laissa toutes ces misères et s'exila pour revenir maître. L'Italie était épuisée, l'Espagne indisciplinable ; il fallait la Gaule pour asservir Rome. J'aurais voulu voir cette blanche et pâle figure[1], fanée avant l'âge par les débauches de Rome, cet homme délicat et épileptique[2], marchant sous les pluies de la Gaule, à la tête des légions, traversant nos fleuves à la nage ; ou bien à cheval entre les litières où ses secrétaires étaient portés, dictant quatre, six lettres à la fois, remuant Rome du fond de la Belgique, exterminant sur son chemin deux millions d'hommes[3], et domptant en dix années la Gaule, le Rhin et l'Océan du nord (58-49).

Ce chaos barbare et belliqueux de la Gaule était une superbe matière pour un tel génie. De toutes parts, les tribus gauloises appelaient alors l'étranger. Par-dessus la vieille aristocratie des chefs des clans galliques,

---

1. Sueton., *in J. Cæs.*, c. 45 : Fuisse traditur colore candido.
2. *Id., ibid.* : Comitiali quoque morbo bis inter res gerendas correptus est.
3. Suet., Plut., *passim*. — Plin., VII, 25 : Onze cent quatre-vingt-douze mille hommes avant les guerres civiles. Sublimitatem omnium capacem quæ cœlo continentur, sed proprium vigorem celeritatemque quodam igne volucrem... epistolas tantarum rerum quaternas pariter librariis dictare, aut si nihil aliud ageret, septenas.

avait passé le torrent des Kymris. Le dépôt qu'il laissa fut le druidisme, religion sombre et sanguinaire, mais d'un esprit plus élevé que le culte des éléments qui auparavant dominait la Gaule. Les Romains appellent la Bretagne la patrie des Druides[1], sans doute parce qu'alors les Druides de la Gaule regardaient cette île comme le centre de leur religion. C'était ordinairement dans des îles ou des presqu'îles que se trouvaient les établissements druidiques. Les neuf vierges de l'île de Sein endormaient à leur volonté ou éveillaient la tempête. Celles de l'embouchure de la Loire vivaient aussi dans des îlots, d'où elles venaient aux temps prescrits visiter la nuit leurs époux, et avant le jour elles regagnaient la terre sacrée à force de rames. D'autres, sur les écueils voisins de la Bretagne, y célébraient des orgies mystérieuses, et effrayaient au loin le navigateur de leurs cris furieux et de la sinistre harmonie des cymbales barbares[2]. Le prodigieux monument de Carnac est dans une petite presqu'île de la grande péninsule bretonne. Selon la tradition, on portait les cadavres dans l'île d'Ouessant, et de là les âmes volaient dans l'île d'Albain ou Albion, peut-être jusqu'à l'île Mona. Les Venètes et autres tribus de notre Bretagne étaient dans des rapports continuels avec la Grande-Bretagne, et en tiraient des secours pour leurs guerres. César nous apprend que le divitiac ou chef druidique[3] des Suessones

---

1. Cæs., *B. G.* — Voy. le beau passage d'Amédée Thierry, *Hist. des G.* Toutefois, je n'ai pas cru devoir suivre cet historien dans son récit de la conquête des Gaules par César.

2. Strab., IV, 198.

3. Cæs., *B. G.*, II, c. 1 : Apud Suessiones regem nostra memoria *Divitiacum*,

(Soissons) avait auparavant dominé sur une grande partie de la Gaule et sur la Bretagne. C'est en Bretagne que se réfugient les Bellovaques (Beauvais), ennemis de César. Les grandes fêtes druidiques étaient célébrées sur les frontières des Carnutes, peut-être à Genabum, île de la Loire, voisine de la ville romaine d'Orléans. *Genabum* (rivière coupée) est synonyme de *Lutetia* (fleuve partagé)[1]. Les Carnutes étaient dans la clientèle des Rhêmes (Reims). Les Sénones (Sens), liés avec les Carnutes et avec les Parisii, avaient été clients ou vassaux des Édues (Autun), comme peut-être aussi les Bituriges (Berri)[2]. Ainsi les Druides semblent avoir dominé dans les deux Bretagnes, dans les bassins de la Seine et de la Loire. Au nord, les Belges avaient repoussé les Cimbres, et probablement le druidisme cimbrique. On ne cite parmi eux d'autre établissement cimbrique que la colonie d'Aduat (Aduat — Eduat?), établie au centre d'une enceinte d'énormes rochers[3], que la nature avait préparée d'avance pour

---

totius Galliæ potentissimum, qui cum magnæ partis harum regionum, tum etiam Britanniæ partem obtinuerit; nunc regem esse *Galbam*; ad hunc propter justitiam prudentiamque summam totius belli omnium voluntate deferri. — *Div, Diu,* Dieu, en gallois; *divisa,* arbitrage; *diwis,* élection, en bas breton. *Galb,* gros, gras, en bas breton (voy. aussi Suet., *in Galbæ Vita*); *galba,* dureté, rigueur, en irlandais. — Dans le passage cité plus haut, le chef druidique, le *divitiac,* étend sa domination de Soissons jusque dans l'île sacrée de la Bretagne; celle du *galb* (ou chef militaire?) ne s'étend pas hors de la Belgique.

1. *Luh,* rivière; *lac* ou *tec,* coupée. — *Cen,* partage, *abon,* fleuve. — La Loire forme une île près d'Orléans, comme la Seine à Paris. Je sais, du reste, que la plupart des étymologies de ce genre sont tout à fait conjecturales.

2. Cæsar, l. VI, c. 2, et *passim*.

3. Cæs., lib. II, c. 29 : Oppidum egregie natura munitum... quum ex omnibus in circuitu partibus altissimas rupes despectusque haberet. — Dio., lib. XXXIX, p. 9.

recevoir une ville druidique. Au midi, les Arvernes et toutes les populations ibériennes de l'Aquitaine étaient généralement restées fidèles à leurs chefs héréditaires. Dans la Celtique même, les Druides n'avaient pu résister au vieil esprit de clans qu'en favorisant la formation d'une population libre dans les grandes villes, dont les chefs ou patrons étaient du moins électifs, comme les Druides. Ainsi deux factions partageaient tous les États gaulois : celle de l'hérédité, ou des chefs des clans; celle de l'élection, ou des Druides et des chefs temporaires du peuple des villes[1]. A la tête de la seconde se trouvaient les Édues; à la tête de la première, les Arvernes et les Séquanes. Ainsi commençaient dès lors l'opposition de la Bourgogne (Édues) et de la Franche-Comté (Séquanes). Les Séquanes, opprimés par les Édues qui leur fermaient la Saône, et arrêtaient leur grand commerce de porcs[2], appelèrent de la Germanie des tribus étrangères au druidisme, qu'on nommait du nom commun de Suèves. Ces barbares ne demandaient pas mieux. Ils passèrent le Rhin, sous la conduite d'un Arioviste, battirent les Édues et leur imposèrent un tribut; mais ils traitèrent plus mal encore les Séquanes qui les avaient appelés ; ils leur prirent le tiers de leurs terres, selon l'usage des conquérants germains, et ils en voulaient encore

---

1. Cæs., lib. I, c. 16 : *Vergobretum* (ver-go-breith, gaël, homme pour le jugement), qui creatur annuus et vitæ necisque in suos habet potestatem. — L. VII, c. 33 : Legibus Æduorum iis qui summum magistratum obtinerent, excedere ex finibus non liceret... quum leges duo ex una familia, vivo utroque, non solum magistratus creari vetarent, sed etiam in senatu esse prohiberent. — L. V, c. 7 : Esse ejus modi imperia, ut non minus haberet juris in se (regulum?) multitudo, quam se in multitudine... et *passim*.

2. Strab., liv. VI, p. 192 : Ὅθεν αἱ κάλλισται ταριχεῖαι τῶν ὑείων κρεῶν εἰς τὴν Ῥώμην καταχομίζονται.

autant. Alors, Édues et Séquanes, rapprochés par le malheur, cherchèrent d'autres secours étrangers. Deux frères étaient tout-puissants parmi les Édues ; Dumnorix, enrichi par les impôts et les péages dont il se faisait donner le monopole de gré ou de force, s'était rendu cher au petit peuple des villes, et aspirait à la tyrannie ; il se lia avec les Gaulois helvétiens, épousa une Helvétienne, et engagea ce peuple à quitter ses vallées stériles pour les riches plaines de la Gaule.

L'autre frère, qui était Druide, titre vraisemblablement identique avec celui de divitiac, aima mieux donner à son pays des libérateurs moins barbares. Il se rendit à Rome, et implora l'assistance du Sénat[1], qui avait appelé les Édues *parents et amis du peuple romain*. Mais le chef des Suèves envoya de son côté, et trouva le moyen de se faire donner aussi le titre d'ami de Rome. L'invasion imminente des Helvètes obligeait probablement le Sénat à s'unir avec Arioviste.

Ces montagnards avaient fait depuis trois ans de tels préparatifs, qu'on voyait bien qu'ils voulaient s'interdire à jamais le retour. Ils avaient brûlé leurs douze villes et leurs quatre cents villages, détruit les meubles et les provisions qu'ils ne pouvaient emporter. On disait qu'ils voulaient percer à travers toute la Gaule, et s'établir à l'occident, dans les pays des Santones (Saintes). Sans doute, ils espéraient trouver plus de repos sur les bords du grand Océan qu'en leur rude Helvétie, autour de laquelle venaient se rencontrer et se combattre toutes les nations de l'ancien monde, Galls, Cimbres, Teutons, Suèves, Romains. En comp-

---

1. Cic., *De divin.*, I.

tant les femmes et les enfants, ils étaient au nombre de trois cent soixante-dix-huit mille. Ce cortège embarrassant leur faisait préférer le chemin de la Province romaine. Il y trouvèrent à l'entrée, vers Genève, César, qui leur barra le chemin, et les amusa assez longtemps pour élever, du lac au Jura, un mur de dix mille pas et de seize pieds de haut. Il leur fallut donc s'engager par les âpres vallées du Jura, traverser le pays des Séquanes et remonter la Saône. César les atteignit comme ils passaient le fleuve, attaqua la tribu des Tigurins, isolée des autres, et l'extermina. Manquant de vivres par la mauvaise volonté de l'Édue Dumnorix et du parti qui avait appelé les Helvètes, il fut obligé de se détourner vers Bibracte (Autun). Les Helvètes crurent qu'il fuyait, et le poursuivirent à leur tour. César, placé ainsi entre des ennemis et des alliés malveillants, se tira d'affaire par une victoire sanglante. Les Helvètes, atteints de nouveau dans leur fuite vers le Rhin, furent obligés de rendre les armes et de s'engager à retourner dans leur pays. Six mille d'entre eux qui s'enfuirent la nuit pour échapper à cette honte, furent ramenés par la cavalerie romaine, et, dit César, *traités en ennemis*[1].

Ce n'était rien d'avoir repoussé les Helvètes, si les Suèves envahissaient la Gaule. Les migrations étaient continuelles : déjà cent vingt mille guerriers étaient passés. *La Gaule allait devenir Germanie.* César parut céder aux prières des Séquanes et des Édues, opprimés par les Barbares. Le même Druide qui avait sollicité les secours de Rome, guida César vers Arioviste,

---

[1]. Cæs., lib. I, c. 28 : Cæsar... reductos in hostium numero habuit.

et se chargea d'explorer le chemin. Le chef des Suèves avait obtenu de César lui-même, dans son consulat, le titre d'allié du peuple romain ; il s'étonna d'être attaqué par lui : « Ceci, disait le Barbare, est ma Gaule à moi ; vous avez la vôtre......; si vous me laissez en repos, vous y gagnerez ; je ferai toutes les guerres que vous voudrez, sans peine ni péril pour vous... Ignorez-vous quels hommes sont les Germains ? voilà plus de quatorze ans que nous n'avons dormi sous un toit[1]. » Ces paroles ne faisaient que trop d'impression sur l'armée romaine : tout ce qu'on rapportait de la taille et de la férocité de ces géants du Nord, faisait frémir les petits hommes du Midi[2]. On ne voyait dans le camp que gens qui faisaient leur testament. César leur en fit honte : Si vous m'abandonnez, dit-il, j'irai toujours : il me suffit de la dixième légion. Il les mène ensuite à Besançon, s'en empare, pénètre jusqu'au camp des Barbares, non loin du Rhin, les force de combattre, quoiqu'ils eussent voulu attendre la nouvelle lune, et les détruit dans un furieux combat : presque tout ce qui échappa périt dans le Rhin.

Les Gaulois du Nord, Belges et autres, jugèrent, non sans vraisemblance, que si les Romains avaient chassé les Suèves, ce n'était que pour leur succéder. Ils formèrent une vaste coalition, et César saisit ce prétexte pour pénétrer dans la Belgique. Il emmenait comme

---

1. Cæs., lib. I, c. 36 : Quum vellet, congrederetur; intellecturum quid invicti Germani, exercitatissimi in armis, qui inter annos XIV tectum non subissent, virtute possent. — César rassure ses soldats (c. 40), en leur rappelant que, dans la guerre de Spartacus, ils ont déjà battu les Germains.

2. Cæs., lib. II, c. 30. Les Gaulois disent au siège de Genabum : Quibus viribus præsertim homines tantulæ staturæ... tanti oneris turrim collocare confiderent.

guide et interprète le divitiac des Édues[1]; il était appelé par les Sénons, anciens vassaux des Édues, par les Rhèmes, suzerains du pays druidique des Carnutes[2]. Vraisemblablement, ces tribus vouées au druidisme, ou du moins au parti populaire, voyaient avec plaisir arriver l'ami des Druides, et comptaient l'opposer aux Belges septentrionaux, leurs féroces voisins. C'est ainsi que cinq siècles après, le clergé catholique des Gaules favorisa l'invasion des Francs contre les Visigoths et les Bourguignons ariens.

C'était pourtant une sombre et décourageante perspective pour un général moins hardi, que cette guerre dans les plaines bourbeuses, dans les forêts vierges de la Seine et de la Meuse. Comme les conquérants de l'Amérique, César était souvent obligé de se frayer une route la hache à la main, de jeter des ponts sur les marais, d'avancer avec ses légions tantôt sur terre ferme, tantôt à gué ou à la nage. Les Belges entrelaçaient les arbres de leurs forêts, comme ceux de l'Amérique le sont naturellement par les lianes. Mais les Pizarre et les Cortez, avec une telle supériorité d'armes, faisaient la guerre à coup sûr; et qu'étaient-ce que les Péruviens en comparaison de ces dures et colériques populations des Bellovaques et des Nerviens (Picardie, Hainaut, Flandre), qui venaient par cent mille attaquer César? Les Bellovaques et les Suessions s'accommodèrent par l'entremise du divitiac

---

1. C'est déjà ce divitiac qui a exploré le chemin quand César marchait contre les Suèves, lib. I, c. 41. — Les Germains n'ont pas de Druides, dit César, lib. VI, c. 21. (Neque Druides habent... neque sacrificiis student.) Ils étaient, à ce qui semble, les protecteurs du parti anti-druidique dans les Gaules.

2. Cæs., lib. II, c. 1, et lib. VI, in principio.

des Édues[1]. Mais les Nerviens, soutenus par les Atrebates et les Veromandui, surprirent l'armée romaine en marche, au bord de la Sambre, dans la profondeur de leurs forêts, et se crurent au moment de la détruire. César fut obligé de saisir une enseigne et de se porter lui-même en avant : ce brave peuple fut exterminé. Leurs alliés, les Cimbres, qui occupaient Aduat (Namur?), effrayés des ouvrages dont César entourait leur ville, feignirent de se rendre, jetèrent une partie de leurs armes du haut des murs, et avec le reste attaquèrent les Romains. César en vendit comme esclaves cinquante-trois mille.

Ne cachant plus alors le projet de soumettre la Gaule, il entreprit la réduction de toutes les tribus des rivages. Il perça les forêts et les marécages des Ménapes et des Morins (Zélande et Gueldre, Gand, Bruges, Boulogne); un de ses lieutenants soumit les Unelles, Éburoviens et Lexoviens (Coutances, Évreux, Lisieux); un autre, le jeune Crassus, conquit l'Aquitaine, quoique les Barbares eussent appelé d'Espagne les vieux compagnons de Sertorius[2]. César lui-même attaqua les Venètes et autres tribus de notre Bretagne. Ce peuple amphibie n'habitait ni sur la terre ni sur les eaux : leurs forts, dans des presqu'îles inondées et abandonnées tour à tour par le flux, ne pouvaient être

---

1. Jusqu'à l'expédition de Bretagne, nous voyons le divitiac des Édues accompagner partout César, qui sans doute leur faisait croire qu'il rétablirait dans la Belgique l'influence du parti éduen, c'est-à-dire druidique et populaire. — L. II, c. 14 : Quod si fecerit, Æduorum autoritatem apud omnes Belgas amplificaturum : quorum auxiliis atque opibus, si qua bella inciderint, sustentare consuerint.

2. Cæs., lib. III, c. 23 : Duces ii deliguntur qui una cum Q. Sertorio omnes annos fuerant, summamque scientiam rei militaris habere existimabantur.

assiégés ni par terre ni par mer. Les Venètes communiquaient sans cesse avec l'autre Bretagne, et en tiraient des secours. Pour les réduire, il fallait être maître de la mer. Rien ne rebutait César. Il fit des vaisseaux, il fit des matelots, leur apprit à fixer les navires bretons en les accrochant avec des mains de fer et fauchant leurs cordages. Il traita durement ce peuple dur; mais la petite Bretagne ne pouvait être vaincue que dans la grande. César résolut d'y passer.

Le monde barbare de l'Occident qu'il avait entrepris de dompter, était triple. La Gaule, entre la Bretagne et la Germanie, était en rapport avec l'une et l'autre. Les Cimbri se trouvaient dans les trois pays; les Helvii et les Boii dans la Germanie et dans la Gaule; les Parisii et les Atrebates gaulois existaient aussi en Bretagne. Dans les discordes de la Gaule, les Bretons semblent avoir été pour le parti druidique, comme les Germains pour celui des chefs de clans. César frappa les deux partis et au dedans et au dehors; il passa l'Océan, il passa le Rhin.

Deux grandes tribus germaniques, les Usipiens et les Teuctères, fatigués au nord par les incursions des Suèves, comme les Helvètes l'avaient été au midi, venaient de passer aussi dans la Gaule (55). César les arrêta, et, sous prétexte que pendant les pourparlers il avait été attaqué par leur jeunesse, il fondit sur eux à l'improviste et les massacra tous. Pour inspirer plus de terreur aux Germains, il alla chercher ces terribles Suèves, près desquels aucune nation n'osait habiter; en dix jours il jeta un pont sur le Rhin, non loin de

Cologne, malgré la largeur et l'impétuosité de ce fleuve immense. Après avoir fouillé en vain les forêts des Suèves, il repassa le Rhin, traversa toute la Gaule, et la même année s'embarqua pour la Bretagne. Lorsqu'on apprit à Rome ces marches prodigieuses, plus étonnantes encore que des victoires, tant d'audace et une si effrayante rapidité, un cri d'admiration s'éleva. On décréta vingt jours de supplications aux dieux. *Au prix des exploits de César*, disait Cicéron, *qu'a fait Marius*[1] ?

Lorsque César voulut passer dans la grande Bretagne, il ne put obtenir des Gaulois aucun renseignement sur l'île sacrée. L'Édue Dumnorix déclara que la religion lui défendait de suivre César[2]; il essaya de s'enfuir; mais le Romain, qui connaissait son génie remuant, le fit poursuivre avec ordre de le ramener mort ou vif; il fut tué en se défendant.

La malveillance des Gaulois faillit être funeste à César dans cette expédition. D'abord ils lui laissèrent ignorer les difficultés du débarquement. Les hauts navires qu'on employait sur l'Océan tiraient beaucoup d'eau et ne pouvaient approcher du rivage. Il fallait que le soldat se précipitât dans cette mer profonde et qu'il se formât en bataille au milieu des flots. Les Barbares dont la grève était couverte avaient trop d'avantage. Mais les machines de siège vinrent au secours, et nettoyèrent le rivage par une grêle de pierres et de traits. Cependant l'équinoxe approchait; c'était la pleine lune, le moment des grandes marées.

---

1. Cicer., *De provinc. consularibus* : Ille ipse C. Marius... non ipse ad eorum urbes sedesque penetravit.
2. Cæs., lib. V, c. 6 : Quod religionibus sese diceret impediri.

En une nuit la flotte romaine fut brisée ou mise hors de service. Les Barbares, qui dans le premier étonnement avaient donné des otages à César, essayèrent de surprendre son camp. Vigoureusement repoussés, ils offrirent encore de se soumettre. César leur ordonna de livrer des otages deux fois plus nombreux; mais ses vaisseaux étaient réparés, il partit la même nuit sans attendre leur réponse. Quelques jours de plus, la saison ne lui eût guère permis le retour.

L'année suivante, nous le voyons presque en même temps en Illyrie, à Trèves et en Bretagne. Il n'y a que les esprits de nos vieilles légendes qui aient jamais voyagé ainsi. Cette fois, il était conduit en Bretagne par un chef fugitif du pays qui avait imploré son secours. Il ne se retira pas sans avoir mis en fuite les Bretons, assiégé le roi Caswallawn dans l'enceinte marécageuse où il avait rassemblé ses hommes et ses bestiaux. Il écrivit à Rome qu'il avait imposé un tribut à la Bretagne, et y envoya en grande quantité les perles de peu de valeur qu'on recueillait sur les côtes [1].

Depuis cette invasion dans l'île sacrée, César n'eut plus d'amis chez les Gaulois. La nécessité d'acheter Rome aux dépens des Gaules, de gorger tant d'amis qui lui avaient fait continuer le commandement pour cinq années, avait poussé le conquérant aux mesures les plus violentes. Selon un historien, il dépouillait les lieux sacrés, mettait des villes au pillage sans qu'elles l'eussent mérité [2]. Partout il établissait des

---

1. Sueton., *in C. J. Cæsare*, c. 47 : Britanniam petiisse spe margaritarum...
2. Sæpius ob prædam quam ob delictum. (*Ibid.*, c. 54.)

chefs dévoués aux Romains, et renversait le gouvernement populaire. La Gaule payait cher l'union, le calme et la culture dont la domination romaine devait lui faire connaître les bienfaits.

La disette obligeant César de disperser ses troupes, l'insurrection éclate partout. Les Éburons massacrent une légion, en assiègent une autre. César, pour délivrer celle-ci, passe avec huit mille hommes à travers soixante mille Gaulois. L'année suivante, il assemble à Lutèce les états de la Gaule. Mais les Nerviens et les Tréviriens, les Sénonais et les Carnutes n'y paraissent pas. César les attaque séparément et les accable tous. Il passe une seconde fois le Rhin, pour intimider les Germains qui voudraient venir au secours. Puis, il frappe à la fois les deux partis qui divisaient la Gaule; il effraie les Sénonais, parti druidique et populaire (?), par la mort d'Acco, leur chef, qu'il fait solennellement juger et mettre à mort; il accable les Éburons, parti barbare et ami des Germains, en chassant leur intrépide Ambiorix dans toute la forêt d'Ardenne, et les livrant tous aux tribus gauloises qui connaissaient mieux leurs retraites dans les bois et les marais, et qui vinrent avec une lâche avidité prendre part à cette curée. Les légions fermaient de toutes parts ce malheureux pays, et empêchaient que personne pût échapper.

Ces barbaries réconcilièrent toute la Gaule contre César (52). Les Druides et les chefs des clans se trouvèrent d'accord pour la première fois. Les Édues même étaient, au moins secrètement, contre leur ancien ami. Le signal partit de la terre druidique des Carnutes et de Genabum même. Répété par des cris à travers les champs et les villages [1], il parvint le soir même à cent cinquante milles, chez les Arvernes, autrefois ennemis du parti druidique et populaire, aujourd'hui ses alliés. Le vercingétorix (général en chef) de la confédération fut un jeune Arverne, intrépide et ardent. Son père, l'homme le plus puissant des Gaules dans son temps, avait été brûlé comme coupable d'aspirer à la royauté. Héritier de sa vaste clientèle, le jeune homme repoussa toujours les avances de César, et ne cessa, dans les assemblées, dans les fêtes religieuses, d'animer ses compatriotes contre les Romains. Il appela aux armes jusqu'aux serfs des campagnes, et déclara que les lâches seraient brûlés vifs; les fautes moins graves devaient être punies de la perte des oreilles ou d'un œil [2].

Le plan du général gaulois était d'attaquer à la fois la Province au midi, au nord les quartiers des légions. César, qui était en Italie, devina tout, prévint tout. Il passa les Alpes, assura la Province, franchit les Cévennes à travers six pieds de neige, et apparut tout à coup chez les Arvernes. Le chef gaulois, déjà parti pour le Nord, fut contraint de revenir; ses compatriotes voulaient défendre leurs familles. C'était tout ce que voulait César; il quitte son armée, sous prétexte de faire des levées chez les Allobroges, remonte le Rhône, la Saône, sans se faire connaître, par les frontières des Édues, rejoint et rallie ses légions. Pendant que le vercingétorix croit l'attirer en assiégeant la ville

---

1. Cæs., lib. VII, c. 3 : Nam, ubi major... incidit res, clamore per agros regionesque significant; hunc alii deinceps excipiunt et proximis tradunt.
2. Cæs., lib. VII, c. 4 : Igni... necat; leviore de causa, auribus desectis, defossis oculis, domum remittit.

éduenne de Gergovie (Moulins), César massacre tout dans Genabum. Les Gaulois accourent, et c'est pour assister à la prise de Noviodunum.

Alors le vercingétorix déclare aux siens qu'il n'y a point de salut s'ils ne parviennent à affamer l'armée romaine; le seul moyen pour cela est de brûler eux-mêmes leurs villes. Ils accomplissent héroïquement cette cruelle résolution. Vingt cités des Bituriges furent brûlées par leurs habitants. Mais quand ils en vinrent à la grande Agendicum (Bourges), les habitants embrassèrent les genoux du vercingétorix, et le supplièrent de ne pas ruiner la plus belle ville des Gaules[1]. Ces ménagements firent leur malheur. La ville périt de même, mais par César, qui la prit avec de prodigieux efforts.

Cependant les Édues s'étaient déclarés contre César, qui, se trouvant sans cavalerie par leur défection, fut obligé de faire venir des Germains pour les remplacer. Labienus, lieutenant de César, eût été accablé dans le Nord, s'il ne s'était dégagé par une victoire (entre Lutèce et Melun). César lui-même échoua au siège de Gergovie des Arvernes. Ses affaires allaient si mal qu'il voulait gagner la Province romaine. L'armée des Gaulois le poursuivit et l'atteignit. Ils avaient juré de ne point revoir leur maison, leur famille, leurs femmes et leurs enfants, qu'ils n'eussent, au moins deux fois, traversé les lignes ennemies[2]. Le combat fut terrible; César fut obligé de payer de sa personne, il fut presque

---

[1]. Cæs., lib. VII, c. 15 : Pulcherrimam prope totius Galliæ urbem, quæ et præsidio et ornamento sit civitati.

[2]. Cæs., lib. VII. c. 66 : Ne ad liberos, ne ad parentes, ne ad uxores aditum habeat, qui non bis per hostium agmen perequitarit.

pris, et son épée resta entre les mains des ennemis. Cependant un mouvement de la cavalerie germaine au service de César jeta une terreur panique dans les rangs des Gaulois, et décida la victoire.

Ces esprits mobiles tombèrent alors dans un tel découragement que leur chef ne put les rassurer qu'en se retranchant sous les murs d'Alésia, ville forte située au haut d'une montagne (dans l'Auxois). Bientôt atteint par César, il renvoya ses cavaliers, les chargea de répandre par toute la Gaule qu'il avait des vivres pour trente jours seulement, et d'amener à son secours tous ceux qui pouvaient porter les armes. En effet, César n'hésita point d'assiéger cette grande armée. Il entoura la ville et le camp gaulois d'ouvrages prodigieux. D'abord trois fossés, chacun de quinze ou vingt pieds de large et d'autant de profondeur, un rempart de douze pieds, huit rangs de petits fossés, dont le fond était hérissé de pieux et couvert de branchages et de feuilles, des palissades de cinq rangs d'arbres, entrelaçant leurs branches. Ces ouvrages étaient répétés du côté de la campagne, et prolongés dans un circuit de quinze milles. Tout cela fut terminé en moins de cinq semaines, et par moins de soixante mille hommes [1].

La Gaule entière vint s'y briser. Les efforts désespérés des assiégés réduits à une horrible famine, ceux de deux cent cinquante mille Gaulois qui attaquaient les Romains du côté de la campagne, échouèrent également. Les assiégés virent avec désespoir leurs alliés, tournés par la cavalerie de César, s'enfuir et se dis-

---

1. Am. Thierry.

perser. Le vercingétorix, conservant seul une âme ferme au milieu du désespoir des siens, se désigna et se livra comme l'auteur de toute la guerre [1]. Il monta sur son cheval de bataille, revêtit sa plus riche armure, et, après avoir tourné en cercle autour du tribunal de César, il jeta son épée, son javelot et son casque aux pieds du Romain, sans dire un seul mot.

L'année suivante, tous les peuples de la Gaule essayèrent encore de résister partiellement et d'user les forces de l'ennemi qu'ils n'avaient pu vaincre. La seule Uxellodunum (Capdenac, dans le Quercy?) arrêta longtemps César. L'exemple était dangereux; il n'avait pas de temps à perdre en Gaule; la guerre civile pouvait commencer à chaque instant en Italie : il était perdu s'il fallait consumer des mois entiers devant chaque bicoque. Il fit alors, pour effrayer les Gaulois, une chose atroce, dont les Romains, du reste, n'avaient que trop souvent donné l'exemple; il fit couper le poing à tous les prisonniers.

Dès ce moment (50), il changea de conduite à l'égard des Gaulois : il fit montre envers eux d'une extrême douceur; il les ménagea pour les tributs au point d'exciter la jalousie de la Province. Ce tribut fut même déguisé sous le nom honorable de *solde militaire* [2]. Il engagea à tout prix leurs meilleurs guerriers dans ses légions; il en composa une légion tout entière, dont les soldats portaient une alouette sur leur casque, et qu'on appelait pour cette raison

---

1. Plut., *in Cæs.* — Dio., lib. XL. Ap. *Scr. r. fr.* 1, 513 : Εἶπε μὲν οὐδὲν πεσὼν δὲ ἐς γόνυ...

2. Suéton., *in C. J. Cæs.*, c. 25 : In singulos annos stipendii nomen imposuit.

l'*alauda*[1]. Sous cet emblème tout national de la vigilance matinale et de la vive gaieté, ces intrépides soldats passèrent les Alpes en chantant, et jusqu'à Pharsale poursuivirent de leurs bruyants défis les taciturnes légions de Pompée. L'alouette gauloise, conduite par l'aigle romaine, prit Rome pour la seconde fois, et s'associa aux triomphes de la guerre civile. La Gaule garda, pour consolation de sa liberté, l'épée que César avait perdue dans la dernière guerre. Les soldats romains voulaient l'arracher du temple où les Gaulois l'avaient suspendue : Laissez-la, dit César en souriant, elle est sacrée [2].

Quels événements avaient eu lieu dans Rome pendant la longue absence de César? Nous trouverons dans ce récit et l'explication des causes de la guerre civile et la justification du vainqueur.

Dix années d'anarchie, de misérables agitations sans résultat. On sent que le pouvoir est vacant, et que la République attend de la Gaule un maître, un pacificateur. Quelques milliers d'affranchis sur la place, gagnant leur vie à représenter le peuple romain, chassés alternativement par deux ou trois cents gladiateurs de Milon ou de Clodius. Cicéron louant Pompée, louant César, tout en écrivant contre eux, et répétant à satiété un hymne uniforme à la gloire de son consulat, *et Catilina, et les feux et les*

---

1. Sueton., *in C. J. Cæs.*, c. 24 : Unam ex transalpinis conscriptam (legionem) vocabulo quoque Gallico (alauda enim appellabatur)... postea universam civitate donavit.

2. Plut., *in Cæs.* : Ξιφίδιον;... ὁ θεασάμενος αὐτὸς ὕστερον ἐμειδίασε, καὶ τῶν φίλων καθελεῖν κελευόντων, οὐκ εἴασεν, ἱερὸν ἡγούμενος.

poignards (Vous savez, écrit-il à Atticus, le secret de toute cette enluminure ¹). Pompée, nouveau marié à cinquante ans, attendant paresseusement dans ses jardins que Rome le prenne pour maître par lassitude, et croyant acheter le peuple avec un théâtre et cinq cents lions ². Au milieu de tout cela, pour l'amusement de Rome, le stoïcisme cynique de Caton, d'Ateius, de Favonius, génies durs et étroits, qui ne savent ni agir ni laisser agir; Caton cédant sa femme au riche Hortensius en vertu des lois de Lycurgue (*il la donna jeune et la reprit riche* ³); Caton qui propose au Sénat de livrer aux Germains le vainqueur des Gaules ⁴; tandis que le farouche Ateius allume un brasier sur le passage de Crassus, lui prédit sa défaite en Syrie, le maudit, se maudit lui-même, et commence avec ses imprécations homicides la défaite des légions qu'achèveront les flèches des Parthes.

Avant que César partît pour la Gaule, un Vettius assurait que Cicéron et Lucullus l'avaient sollicité de tuer César et Pompée ⁵. Vettius ne put rien prouver, et fut lui-même tué en prison. Ce qui était plus certain, c'est que Cicéron s'enhardissait à parler contre les deux grandes puissances de Rome. En défendant son collègue Antonius, accusé de concussion, il avait déploré

---

1. Totum hunc locum quem ego varie meis orationibus soleo pingere, de flamma, de ferro (nosti illas : ληχύθους). Ce dernier mot veut dire pot à couleur, boîte à mettre le fard.
2. Dio, XXXIX, 38.
3. Plut., *in Caton*. Cette épigramme était de César, dans son *Anti-Caton*.
4. Plut., *in Cæs*.
5. Suétone prétend qu'on accusa César d'avoir empoisonné ce Vettius, c. 20.

l'état où ils avaient réduit la République. Ses paroles furent rapportées *ad quosdam viros fortes*[1], et à l'instant Pompée et César résolurent de lancer contre lui un homme à eux, plein d'ardeur et d'éloquence, le jeune Clodius. Ils voulaient l'élever au tribunat ; mais il était patricien : ils le firent le même jour adopter par un plébéien.

Clodius avait un trop juste sujet d'accusation. Cicéron dans son consulat avait, sur une vague autorisation du Sénat, violé la loi Sempronia et mis à mort des citoyens romains. Toutefois beaucoup de gens étaient intéressés à soutenir l'accusé. Mais il eût fallu livrer une bataille dans Rome ; il aima mieux s'exiler (58). Ce succès donna tant d'insolence à Clodius qu'il cessa de ménager ses maîtres, César et Pompée. Il fit plus d'une fois insulter Pompée par le peuple[2], et tenta, dit-on, de le tuer. Celui-ci regretta Cicéron, et, pour le faire rappeler, il suscita Milon, homme de main comme Clodius, et propre à lui livrer bataille avec ses gladiateurs. Cicéron de retour fut dès lors le docile agent de Pompée. Tous deux encouragèrent Milon contre Clodius, et Cicéron alla jusqu'à dire que *celui-ci était une victime réservée à l'épée de Milon*[3].

Ce langage fut entendu. Les deux ennemis s'étant rencontrés sur la voie Appienne, Clodius fut blessé ; Milon le fit poursuivre et achever. Pompée, débarrassé de Clodius, n'avait plus besoin de Milon, et commen-

---

1. Cic., *pro domo sua*, c. 16.
2. Dio., XXXIX, 29. — Plut., *in Pompeio*. — Peut-être même voulut-il le faire assassiner. (Cic., *De arusp. resp.*, c. 23.)
3. Cic., *De arusp. responsis*, c. 3 : Accedit etiam quod, expectatione omnium, fortissimo et clarissimo viro, T. Annio, devota et constituta ista hostia esse videtur.

çait à le craindre. Il se fit nommer par le Sénat *seul consul* pour rétablir l'ordre, désigna ceux entre lesquels on devait tirer au sort les juges de Milon, et entoura la place de soldats. Cicéron, qui s'était chargé de défendre l'accusé, eut peur, et ne dit pas grand'chose[1]. Milon s'exila à Marseille (52).

J'ai voulu réunir ces faits, moins importants qu'on ne l'a dit. Je remonte quatre ans plus haut.

La cinquième année du commandement de César en Gaule, Pompée et Crassus, effrayés de ses succès, craignirent de rester désarmés en présence d'un pareil homme, et se firent donner pour cinq ans l'un l'Espagne, l'autre la Syrie. Mais ils ne purent empêcher César d'obtenir la Gaule pour le même temps (56).

Crassus était jaloux des prodigieuses richesses que Gabinius venait de rapporter de l'Orient. Cet homme avide avait pillé la Judée, pillé l'Égypte, rétabli dans ce royaume à prix d'argent l'indigne Ptolémée Aulète, et il aurait bien voulu encore aller chez les Parthes mettre au pillage Ctésiphon et Séleucie. Les chevaliers romains, mécontents de Gabinius, qui, dans l'Orient, les empêchait de voler pour voler lui-même, le firent accuser par Cicéron, qui ne rougit pas de le défendre ensuite à la prière de Pompée[2]. Crassus eut la Syrie, c'est-à-dire la guerre des Parthes, objet de son ambition (55-4).

Cette cavalerie scythique qui se recrutait par des achats d'esclaves, comme les Mameluks modernes,

---

1. Il le dit lui-même, *pro Milone*, c. 1.
2. Dio., XXXIX, 63.

campait sur l'ancien empire des Séleucides, dans la haute Asie. Hommes et chevaux étaient bardés de fer; leurs armes étaient des flèches terribles, meurtrières, et dans l'attaque et dans la fuite, lorsque le cavalier barbare, courant à toute bride, les décochait par-dessus l'épaule. L'empire des Parthes était fermé aux étrangers, comme aujourd'hui celui de la Chine[1].

Malgré l'opposition du tribun Ateius, malgré les avis des rois de Galatie et d'Arménie, le vieux Crassus se laisse conduire par un traître dans la plaine aride de Charres. Là, les lourdes légions se voient environnées d'une cavalerie qu'elles ne peuvent ni éviter ni poursuivre. Les Barbares les criblent à plaisir de leurs longues flèches, clouent l'homme à la cuirasse, et la main au bouclier. Le suréna (ou général), fardé, parfumé comme une femme, invite gracieusement Crassus à une entrevue, et lui fait couper la tête. Sans le lieutenant Cassius, les Parthes vainqueurs envahissaient la Syrie (54).

Crassus étant mort, il restait deux hommes dans l'empire, Pompée et César. Pompée avait obtenu ce qu'il recherchait depuis longtemps avec une hypocrite modération. Le désordre était venu au point que le Sénat avait fini par le charger de réformer la République. Il commença par faire passer une loi qui défendait à ceux qui avaient exercé quelque charge à Rome, de gouverner une province avant cinq ans, et lui-même se fit donner l'Espagne. Puis, s'armant d'une

---

[1]. Plut., *in Crasso*.

sévérité stoïque, il fit poursuivre ceux qui avaient malversé dans les charges depuis vingt années, période qui embrassait le consulat de César. Milon, Gabinius, Memmius, Sextus, Scaurus, Hypacus, furent successivement condamnés. Pompée frappait ainsi ses ennemis, et faisait trembler tous les autres. Mais quand on en vint à son beau-père Scipion, l'inflexible réformateur prit une robe de deuil, intimida les juges et prit l'accusé pour collègue dans le consulat[1].

Pompée régnait à Rome, il voulait régner dans l'empire. Pour cela il fallait désarmer César. Il exigea d'abord qu'il lui renvoyât deux légions, sous prétexte de faire la guerre aux Parthes. César demandait qu'il lui fût permis, quoique absent, de se mettre sur les rangs pour le consulat. La loi y était contraire. Pompée s'empressa de déclarer qu'on dérogerait à la loi en faveur de César, et en même temps il suscitait le consul Marcellus pour s'y opposer[2]. Pompée venant d'obtenir l'Espagne et l'Afrique, César était perdu s'il ne conservait les Gaules. Caton annonçait hautement qu'il l'accuserait dès qu'il rentrerait dans Rome[3]. Cependant César offrait de poser

---

1. Appian., *B. civ.* — Val. Max., VI, 2 : « Cn. Pison accusant Manilius, ami de Pompée, Pompée lui dit : Que ne m'accusez-vous ? Donnez caution à la République, répliqua Pison, que vous êtes accusé, vous n'exciterez pas une guerre civile, et je vous accuse avant Manilius. — Le consul Lentulus Marcellinus parlant contre Pompée, on applaudissait : Applaudissez, dit-il, pendant que vous le pouvez encore. — Pompée ayant un jour la jambe serrée d'une bandelette : Qu'importe, dit Favonius, sur quelle partie on porte le diadème ? — L'acteur Diphile déclamant ce vers : Il est grand par nos malheurs, désigna Pompée du geste, et le peuple redemanda le vers plusieurs fois. »

2. Dio., XL, 56.

3. Suet., *Jul. Cæs.*, c. 30 : Cum M. Cato identidem, nec sine jurejurando denuntiaret delaturum se nomen ejus, simul ac primum exercitum dimisisset; cumque vulgo prædicarent, ut, si privatus redisset, Milonis exemplo, circumpositis armatis causam apud judices diceret.

les armes si Pompée les quittait aussi. La loi était pour Pompée, l'équité pour César. Il était soutenu par les tribuns, Curion et Antoine, qu'il avait achetés. Telle était la violence des Pompéiens, de Marcellus, de Lentulus et de Scipion, qu'ils chassèrent les tribuns du Sénat. Ces magistrats se sauvèrent de Rome en habits d'esclaves, se réfugièrent au camp de César, et par là donnèrent à ses démarches la seule chose qui leur manquât, la légalité[1].

Il eut la loi pour lui, et il avait déjà la force. L'armée de César était composée en grande partie de Barbares : infanterie pesante de la Belgique, infanterie légère de l'Arvernie et de l'Aquitaine, archers rutènes, cavaliers germains, gaulois et espagnols ; la garde personnelle du général, sa cohorte prétorienne, était espagnole[2]. Ce qu'on rapporte de l'ardeur de ses soldats, cette soif de péril, ce dévouement à la vie et à la mort, cette valeur furieuse, tout cela caractérise assez les Barbares. Devant Marseille, un seul homme se rend maître de tout un vaisseau ; un autre à Dyrrachium reçoit trois blessures, et cent trente coups sur son bouclier. En Afrique, Scipion fait massacrer l'équipage d'un vaisseau, et veut épargner un Granius. *Les soldats de César*, dit celui-ci, *sont habitués à donner la vie, non à la recevoir;* il se coupa la gorge. Avant la bataille de Pharsale, un vieux centurion s'écria : *César, tu me loueras aujourd'hui mort ou vivant*, et il s'élança dans les rangs des Pompéiens ; cent vingt soldats se dévouèrent avec lui.

1. Voy. César, Dion, Suétone, etc.
2. Cæsar, *B. civ.*, lib. I, c. 11, 17; III, 6, 11, 12. — Dion, XLI, 55 : à Pharsale, César avait ce qu'il y avait de plus vaillant en Italie, en Espagne, et dans toute la Gaule... τῆς τε Ἰβηρίας καὶ τῆς Γαλατίας πάσης.

Il faut ajouter que, parmi ces hommes terribles, il y en avait que César avait sauvés de l'amphithéâtre. Quand les spectateurs voulaient la mort d'un brave gladiateur, César le faisait enlever de l'arène[1]. Comment s'étonner que ces gens-là se fissent tuer pour lui ?

Du côté de Pompée, ce n'était que faiblesse et imprévoyance ; de beaux noms et des titres vides ; le Sénat et le peuple, comme s'il y eût eu encore un peuple ; Rome, Caton, Cicéron, les consuls. On lui demandait quelles étaient ses ressources militaires : *Ne vous inquiétez pas*, disait-il, *il me suffit de frapper du pied la terre pour en faire sortir des légions.* — *Frappez donc*, lui dit Favonius, lorsqu'on apprit que César avait passé la nuit le Rubicon, limite de sa province, et s'était emparé d'Ariminum[2]. On connaissait si bien la célérité de ses marches, qu'on le crut aux portes de Rome. Pompée s'enfuit avec tout le Sénat. Lentulus s'enfuit, et si vite qu'ayant ouvert le trésor public, il ne prit pas le temps de le refermer[3]. Cependant César s'emparait de Corfinium, sans doute pour empêcher Pompée de faire des levées chez les Marses, qui lui étaient favorables[4]. Il passa de là à Brindes ; mais Pompée ne s'arrêta que de l'autre côté de l'Adriatique.

César n'avait pas de vaisseaux, et, d'ailleurs, il estimait à leur juste valeur les ressources militaires que Pompée pouvait trouver dans l'Orient. La force réelle des Pompéiens était en Espagne : César se hâta d'y

---

1. Pour tous ces faits, voy. Suet., *Jul. Cæs.*, 68. — Plut., *in Cæs.* — Cæs., *B. civ.*, III, 14, 15, 17.
2. Voy. Suétone sur la prétendue hésitation de César.
3. Cæs., *B. civ.*, lib. I, c. 4.
4. Comme on le voit à Corfinium et en Afrique. (Cæs., *B. civ.*, lib. I, c. 5 ; lib. II, c. 5.

passer. Allons dit-il, combattre une armée sans général, nous combattrons ensuite un général sans armée[1]. C'était d'un mot résumer toute la guerre.

Cette guerre d'Espagne fut rude. César souffrit beaucoup de l'âpreté des lieux, de l'hiver, et surtout de la famine. Il se trouva quelque temps comme enfermé entre deux rivières ; mais il nous apprend lui-même ce qui lui donna l'avantage. Les légions d'Espagne avaient désappris la tactique romaine, et n'avaient pas encore celle des Espagnols[2]. Elles fuyaient comme les Barbares, mais se ralliaient difficilement. L'humanité de César, comparée à la cruauté de Petreius, un de leurs généraux, acheva de gagner les Pompéiens. Ils traitèrent malgré Petreius.

Au retour, César réduisit Marseille, qui s'obstinait dans le parti de Pompée. Ces Grecs, qui avaient toujours eu le monopole du commerce de la Gaule, étaient jaloux sans doute de la faveur avec laquelle César traitait les Barbares gaulois[3]. Il ne resta qu'un moment à Rome, pour soulager les débiteurs et réhabiliter les enfants des proscrits. Dictateur pendant douze jours, il se fit donner le consulat pour l'année suivante, et passa en Grèce (48). Ce fut là certainement la plus forte épreuve pour la fortune de César. Les Pompéiens étaient maîtres de la mer : ils pouvaient surprendre sa petite flotte, et sans peine ni danger couler bas ses invincibles légions. César divisa le péril ; il passa d'abord avec la

---

1. Suet., *J. C.* : Validissimas Pompeii copias quæ in Hispania erant, invasit, professus ante inter suos, ire se ad exercitum sine duce et inde reversurum ad ducem sine exercitu.
2. Cæs., *B. civ.*, I, c. 10.
3. Cependant il avait accordé des privilèges commerciaux aux Marseillais. (Cæs., *B. Gall.*, I, 35.)

moitié de ses troupes, puis le reste trouva le moyen de le rejoindre[1]. L'incapable Bibulus, qui s'était laissé tromper ainsi deux fois, rencontra les vaisseaux de César, mais après le débarquement; il les brûla de fureur avec les matelots qui les montaient. Quelques jeunes recrues, malades de la mer, qui se livrèrent aussi aux Pompéiens, furent de même égorgées sans pitié.

Il est curieux de voir dans César les prodigieuses ressources dont Pompée disposait. « Pompée, ayant eu un an de loisir pour rassembler des troupes, avait tiré de l'Asie, des Cyclades, de Corcyre, d'Athènes, du Pont, de la Bithynie, de la Syrie, de la Phénicie, de la Cilicie et de l'Égypte, une flotte nombreuse. Il avait fait construire beaucoup de vaisseaux dans tous les ports; il avait exigé de fortes contributions de l'Asie, de la Syrie, de tous les rois, princes ou tétrarques, et des peuples libres de l'Achaïe; il s'était fait compter de grandes sommes par les compagnies (des publicains) dans les provinces dont il était maître.

« Il avait réuni neuf légions de citoyens romains, dont cinq amenées d'Italie; une de vétérans, venue de Sicile et nommée *la Jumelle*, comme étant formée de deux; une de Macédoine et de Crète, composée de vétérans qui s'y étaient fixés après avoir obtenu leur congé; deux enfin levées en Asie, par Lentulus. De plus, il avait distribué dans ses légions beaucoup de recrues de Thessalie, de Béotie, d'Achaïe et d'Épire; il y avait mêlé d'anciens soldats de C. Antonius. Il

---

1. César, ne voyant pas arriver le reste de ses troupes, partit dans une barque pour les aller chercher. C'est là qu'il aurait dit au pilote effrayé : *Quid times? Cæsarem vehis.* Le mot est beau, mais l'anecdote improbable.

attendait encore de Syrie Scipion avec deux légions. Il avait en outre trois mille archers de Crète, de Lacédémone, du Pont, de Syrie, et d'ailleurs, deux cohortes de six cents frondeurs chacune, et sept mille hommes de cavalerie, dont six cents Gaulois amenés par Déjotarus, cinq cents Cappadociens venus avec Ariobarzanes, cinq cents Thraces envoyés par Cotys avec son fils Sadales ; deux cents Macédoniens, d'une valeur distinguée aux ordres de Rhascipolis ; cinq cents Gaulois ou Germains, que le jeune Pompée avait amenés par mer d'Alexandrie, où Gabinius les avait laissés pour gardes au roi Ptolémée ; un corps de huit cents cavaliers, formé de ses esclaves ou de ses bergers. Tarcundarius Castor et Donilaüs avaient fourni trois cents Galates ; l'un commandait sa troupe, l'autre avait envoyé son fils. Antiochus de Comagène, que Pompée avait comblé de bienfaits, lui avait fait passer de Syrie deux cents cavaliers, la plupart archers. Pompée avait joint à tout cela des Dardaniens, des Besses, partie mercenaires, partie requis ou volontaires, des Macédoniens, des Thessaliens et des troupes de divers autres pays ; le tout s'élevant au nombre qu'on a dit.

« Il avait tiré beaucoup de blé de Thessalie, d'Asie, d'Égypte, de Crète, de la Cyrénaïque et autres pays, se proposant d'hiverner à Dyrrachium, à Apollonia, et dans les divers ports, pour empêcher César de passer la mer. En conséquence, il avait distribué sa flotte sur toute la côte. Les vaisseaux d'Égypte étaient commandés par son fils ; ceux d'Asie par D. Lælius et C. Triarius ; ceux de Syrie par C. Cassius ; ceux de Rhodes par C. Marcellus et C. Coponius ; ceux de Liburnie et d'Achaïe par Scribonius Libo et M. Octavius. Cependant M. Bibulus avait le commandement général. »

César, ayant réussi à passer malgré Bibulus, entreprit d'assiéger Pompée, près de Dyrrachium, d'assiéger une armée plus nombreuse que la sienne, et approvisionnée par la mer. Il fallait qu'il méprisât bien ses ennemis. Il n'avait pas calculé la difficulté qu'il éprouverait pour nourrir les siens dans un pays où tout était contre lui. La chose traînant en longueur, ils furent obligés de faire du pain avec de l'herbe, mais ils n'en étaient pas plus découragés. Ils jetaient de ce pain dans le camp des Pompéiens, pour leur montrer de quelle nourriture savaient vivre les soldats de César. Nous mangerons des écorces d'arbres, disaient-ils, avant de lâcher Pompée[1]. La belle jeunesse de Rome, qui était venue pour finir bien vite la guerre par une glorieuse victoire, avait horreur de ces bêtes sauvages.

Cependant les estomacs du Nord sont exigeants et voraces; les Gaulois de César se trouvèrent bientôt réduits à une extrême faiblesse. Les Pompéiens, dans une sortie, les poursuivirent jusqu'à leur camp, et les y auraient forcés, si Pompée n'eût manqué à sa fortune. César n'attendit pas une épreuve nouvelle. Il décampa, et partit pour la Thessalie et la Macédoine, où du moins les subsistances ne pouvaient faire faute. Plusieurs conseillaient à Pompée de repasser en Italie, de reprendre l'Espagne, de recouvrer ainsi les provinces les plus belliqueuses de l'Empire[2]. Mais com-

---

1. Cæs., *B. civ.*, lib. III, c. 11.
2. C'est la seconde fois qu'on lui donnait le sage conseil de s'assurer de cette province. (Cic., *Epist. famil.*, VI, 6.)

ment abandonner tout l'Orient au pillage des Barbares? comment trahir tant d'alliés? Les chevaliers romains étaient ruinés si César ravageait la Grèce et l'Asie. Et puis, Pompée ne pouvait se décider à laisser en Macédoine Scipion, le père de la jeune et belle Cornélie, sa nouvelle épouse[1].

Dans une armée si noblement composée, où il y avait tant de consulaires, tant de sénateurs, tant de chevaliers, le général avait au-dessus de lui je ne sais combien de généraux. Depuis qu'ils croyaient César en fuite, ils accusaient sérieusement Pompée de ne pas vouloir vaincre. Domitius demandait combien de temps le nouvel Agamemnon, le roi des rois, comptait faire durer la guerre. Cicéron et Favonius conseillaient à leurs amis de renoncer pour cette année à manger des figues de Tusculum. Afranius, qu'on accusait d'avoir vendu l'Espagne à César, s'étonnait que Pompée évitât de se mesurer avec ce marchand qui ne savait que trafiquer des provinces.

Mais le plus confiant, le plus insolent de tous, était Labienus, lieutenant de César dans les Gaules, qui avait passé du côté de Pompée. Il avait juré solennellement de ne poser les armes qu'après avoir vaincu son ancien général. Il obtint qu'on lui livrât les prisonniers faits à Dyrrachium, les regarda un à un, en disant : Eh bien! mes vieux compagnons, les vétérans ont donc pris l'habitude de fuir? et il les fit tous égorger. Dans une entrevue avec les Césariens, il leur dit : Nous vous accorderons la paix, quand vous nous apporterez la tête de César[2].

---

1. Appian., *B. civ.* — 2. Cæs., *B. civ.*, III, 5. Voyez aussi, sur la cruauté des Pompéiens, III, 2, 6, 14, et II, 8.

Les amis de Pompée étaient si sûrs de vaincre, qu'ils se disputaient déjà les consulats et les prétures. Quelques-uns envoyaient à Rome retenir près de la place des maisons en vue du peuple, et bien situées pour la brigue des emplois [1]. Une seule chose les embarrassait : c'était de savoir qui aurait la charge de grand pontife, dont César était revêtu ; Spinther et Domitius étaient bien appuyés, mais Scipion était beau-père de Pompée : il avait des chances. En attendant, ils avaient, la veille de la bataille, préparé une grande fête. Les tentes étaient jonchées de feuillages et la table mise.

Aussi, à Pharsale, ce ne fut pas César qui attaqua, mais les Pompéiens. Il allait tourner vers la Macédoine ; il pouvait leur échapper. Heureusement Pompée était fort en cavalerie ; il avait jusqu'à sept mille chevaliers romains : placée à l'aile gauche, cette troupe superbe se chargeait d'envelopper César par un mouvement rapide et de tailler en pièces la fameuse dixième légion. César, qui s'attendait à cette manœuvre, avait placé derrière six cohortes qui devaient au moment de la charge se porter au premier rang, et au lieu de lancer le pilum, en présenter la pointe à ces brillants cavaliers. César ne dit qu'un mot aux siens : *Soldat, frappe au visage* [2]. C'était là justement que la belle jeunesse de Rome craignait le plus d'être blessée. Ils aimèrent mieux être déshonorés que défigurés et s'enfuirent à toute bride.

1. Cæs., *B. civ.*, III, 16. — 2. *Idem.*

Au centre, César ordonna à ses soldats de courir à grands cris sur l'ennemi[1]. Celui qui donnait un pareil ordre, connaissait merveilleusement le génie des Barbares qu'il conduisait. Pompée n'attendit pas l'issue du combat. Quand il vit sa cavalerie en fuite, il rentra dans son camp, comme frappé de stupeur. Il ne fut tiré de cet état que par les cris de ceux qui vinrent bientôt attaquer ses retranchements. Alors il s'enfuit vers la mer, et s'embarqua pour Lesbos, où il avait laissé sa femme. Quelques-uns lui conseillaient de se retirer chez les Parthes. On prétend qu'il craignit pour sa jeune épouse les outrages de ces Barbares qui ne respectaient rien[2]. Il aima mieux chercher un asile auprès du jeune roi d'Égypte, Ptolémée Dyonisos, dont il avait été nommé le tuteur. Les précepteurs grecs qui régnaient au nom du petit prince, sentirent que leur autorité cessait, si Pompée mettait le pied en Égypte ; ils le firent égorger dans la barque qui l'amenait au rivage.

Cependant César avait achevé sa victoire. Dès qu'elle fut décidée, il courut tout le champ de bataille, en criant : *Sauvez les citoyens romains*. Lorsqu'on lui amena Brutus et les autres sénateurs, il les assura de son amitié. Il parcourut ensuite le champ de bataille, et dit avec douleur en voyant tous ces morts : Ils l'ont voulu ! si j'eusse posé les armes, j'étais condamné[3].

De là, il passa en Asie, et déchargea la province

---

1. Cæs., *B. civ.* — 2. Appian., *B. civ.*
3. Suet., *J. C.*, c. 80. — Selon Dion, César fit mourir les sénateurs et les chevaliers, auxquels il avait pardonné d'abord; seulement, il aurait accordé à chacun de ses amis la grâce d'un pompéien. (Dio., XLI, n. 62.) Ailleurs, Dion

du tiers des impôts. Arrivé à Alexandrie, le rhéteur, qui avait conseillé la mort de Pompée, vint mettre sa tête aux pieds du vainqueur. César en eut horreur, et versa quelques larmes. Les conseillers du roi d'Égypte avaient espéré que César leur saurait gré de leur crime, et confirmerait à leur élève le titre de roi que lui disputait sa sœur aînée, Cléopâtre. César manda secrètement à la jeune reine de revenir. Elle partit sur-le-champ, n'emmenant de tous ses amis qu'Apollodore de Sicile; elle se jeta dans un petit bateau, arriva de nuit devant Alexandrie, et ne sachant comment y pénétrer sans être reconnue, elle se mit dans un paquet de hardes qu'Apollodore entra sur ses épaules par la porte même du palais[1].

Cette espièglerie audacieuse plut à César. Le matin, il fit venir le jeune roi pour le réconcilier avec Cléopâtre. Mais dès que Ptolémée aperçut sa sœur, qu'il croyait bien loin, il s'écria qu'il était trahi[2]. Ses clameurs ameutèrent les gens du palais, et bientôt toute Alexandrie. César se trouvait dans le plus grand danger; presque seul au milieu d'une ville immense, d'une populace innombrable, mobile comme la Grèce et barbare comme l'Égypte, qui était habituée à faire et à renverser ses maîtres dans ses révolutions capricieuses. Aussi riche, aussi peuplée que Rome, cette capitale de l'Orient n'était pas moins fière. Les Alexandrins avaient déjà trouvé fort mauvais que César

---

prétend qu'il se défaisait dans les batailles de ceux qu'il haïssait (XLIII, p. 849.) Cependant Dion parle du temple élevé à la Clémence. — Suétone dit qu'il ne fit mourir que le jeune L. César, et deux autres qui avaient fait égorger ses affranchis, ses esclaves et ses lions.

1. Dion, XLII, p. 325.
2. *Id., ibid.*

entrât avec les licteurs et les faisceaux; cela, disaient-ils, tendait à éclipser la majesté du grand roi d'Égypte[1]. La populace était encore animée par les conseillers du roi, qui voyaient leur règne fini, et qui auraient bien voulu se débarrasser du vainqueur comme ils avaient fait du vaincu. Le seul moyen d'apaiser le peuple eût été de livrer Cléopâtre. César soutint un siège plutôt que de faire une telle lâcheté. Les Alexandrins voulaient s'emparer de sa flotte qui était dans leur port; il la brûla. L'incendie gagna de l'arsenal au palais, et consuma la grande bibliothèque des Ptolémées. Enfin, César trouva moyen de gagner l'île de Pharos, reçut des secours par mer, et, rentrant en vainqueur dans Alexandrie, il partagea le trône d'Égypte entre Cléopâtre et son plus jeune frère, Ptolémée Néotéros. L'autre Ptolémée avait péri.

On a fort reproché à César ce long séjour en Égypte; mais d'abord il nous apprend lui-même qu'il y fut retenu quelque temps par les vents étésiens[2]. Quant à l'imprudence héroïque de venir tout seul donner des lois à un grand royaume, il faut dire que César comptait sur l'ascendant de son nom, et il avait droit d'y compter. Naguère, passant d'Europe en Asie sur un vaisseau, il avait rencontré une grande flotte ennemie que commandait Cassius; il lui ordonna de se rendre, et fut obéi[3]. Qui pouvait croire que ces moucherons du Nil oseraient s'attaquer au vainqueur des Gaules?

Avant de retourner en Occident (47) et d'y pour-

---

1. Dion, XLII. — Cæs., *B. civ.*, lib. III.
2. Cæs., *ibid*.
3. Plut., *in Cæs*.

suivre les Pompéiens, il fit un tour en Asie et défit Pharnace, fils de Mithridate, qui avait battu quelques troupes romaines et envahi la Cappadoce et la Bithynie. La facilité avec laquelle il termina cette guerre, lui faisait dire : Heureux Pompée, d'être devenu grand à si bon marché ! Il écrivit ces trois mots à Rome : *Veni, vidi, vici.* Après avoir détruit Pompée, il détruisait sa gloire.

L'Italie avait grand besoin du retour de César. Son lieutenant Antoine et le tribun Dolabella avaient bouleversé Rome en son absence. Comme les lieutenants d'Alexandre, en Macédoine et à Babylone, pendant l'expédition des Indes, ils semblaient croire que le maître ne reviendrait jamais de si loin. D'autre part, les soldats se soulevaient et tuaient leurs chefs. Sachant qu'on avait besoin d'eux pour combattre les Pompéiens en Afrique, ils croyaient tout obtenir. César les accabla d'une seule parole : *Citoyens,* leur dit-il, et déjà ils furent atterrés de ne plus être appelés soldats[1], *citoyens, vous avez assez de fatigues et de blessures, je vous délie de vos serments. Ceux qui ont fini leur temps seront payés jusqu'au dernier sesterce.* Ils le le supplièrent alors de leur permettre de rester avec lui. Il fut inflexible. Il leur donna des terres, mais éloignées les unes des autres[2], leur paya une partie de l'argent qu'il leur avait promis, et s'engagea à acquitter le reste avec les intérêts. Il n'y en eut pas un qui ne s'obstinât à le suivre.

Les Pompéiens s'étaient réunis en Afrique sous Scipion, beau-père de Pompée. Les Scipions, disait-on,

---

1. Dio., lib. XLII, p. 336.
2. *Id., ibid.*

devaient toujours vaincre en Afrique. César voulut qu'un Scipion commandât aussi son armée. Il déclara céder le commandement à Scipio Sallutio, pauvre homme qui se trouvait dans ses troupes, fort obscur et fort méprisé. L'autre Scipion, auquel Caton s'était obstiné à céder le commandement par un scrupule absurde, avait intéressé à sa cause le Mauritanien Juba, en lui promettant toute l'Afrique[1]. Cette alliance lui donna tous les Numides, et avec leur cavalerie les moyens d'affamer l'armée de César. Les affaires de celui-ci allaient fort mal, lorsque Scipion le sauva en lui offrant la bataille. César, par une marche rapide, attaqua séparément les trois camps des Pompéiens, et détruisit cinquante mille hommes sans perdre cinquante des siens.

Caton était resté à Utique, pour contenir cette ville ennemie des Pompéiens, et dont Scipion eût, sans lui, fait égorger tous les habitants. Les commerçants italiens d'Utique ne se soucièrent pas de risquer leurs esclaves, qui faisaient leur richesse, en les armant pour défendre la ville. Caton, voyant qu'il n'y avait pas moyen de résister, fit échapper les sénateurs qui se trouvaient avec lui, et prit la résolution de se donner la mort. Après le bain et le souper, il conféra longuement avec ses Grecs qui ne le quittaient pas; puis il se retira, lut dans son lit le dialogue de Platon sur l'immortalité de l'âme, et chercha son épée. Ne la trouvant pas sous son chevet, il appela un esclave et la lui demanda. L'esclave ne répondit rien, et Caton continua de lire, en ordonnant qu'on la cherchât.

---

1. Dio., lib. XLIII.

Quand il eut achevé, il appela tous ses esclaves l'un après l'autre, indigné de leur silence, il s'écria : Est-ce que vous voulez me livrer ? et il en frappa un au visage si violemment qu'il se blessa lui-même la main. Alors son fils et ses amis, fondant en larmes, lui envoyèrent son épée par un enfant. *Je suis donc mon maître*, dit-il. Il relut deux fois le *Phédon*, se rendormit, et si bien que de la chambre voisine on l'entendait ronfler. Vers minuit, il envoya à la mer pour s'assurer du départ de ses amis, et soupira profondément en apprenant que la mer était orageuse. *Comme les oiseaux commençaient à chanter*, dit Plutarque, il se rendormit de nouveau. Mais au bout de quelque temps il se leva, et s'enfonça son épée dans le corps. Sa main étant enflée du coup qu'il avait donné à l'esclave, la force lui manqua[1]. Les siens accoururent au bruit de sa chute, et virent avec horreur ses entrailles hors de son corps. Il vivait pourtant et les regardait fixement. Son médecin banda la plaie, mais dès qu'il revint à lui-même, il arracha l'appareil et expira sur-le-champ.

La vieille République sembla tuée avec Caton. Le retour de César dans Rome fut la véritable fondation de l'Empire. Nous réunirons ici tous les traits de ce grand tableau, quoique dans une chronologie rigoureuse plusieurs de ces faits doivent se placer plus tôt ou plus tard.

La victoire de César eut tous les caractères d'une

---

[1] Plut., *in Catone.*

invasion de Barbares dans Rome et dans le Sénat. Dès le commencement de la guerre civile, il avait donné le droit de cité à tous les Gaulois, entre les Alpes et le Pô[1]. Il mit au nombre des sénateurs une foule de centurions gaulois de son armée; il y mit des soldats, des affranchis. Les vainqueurs de Pharsale vinrent bégayer le latin à côté de Cicéron. On afficha dans Rome un mot piquant contre les nouveaux *Pères conscrits* : « Le public est prié de ne point indiquer aux sénateurs le chemin du Sénat. » On chantait aussi : « César conduit les Gaulois derrière son char, mais c'est pour les mener au Sénat; ils ont laissé l'habillement celtique pour prendre le laticlave[2]. »

Rien d'étonnant si ce Sénat demi-barbare accumula sur César tous les pouvoirs et tous les titres : pouvoir de juger les Pompéiens[3], droit de paix et de guerre, droit de distribuer les provinces entre les préteurs (sauf les provinces consulaires), tribunat et dictature à vie, c'est-à-dire la domination absolue et la protection du peuple. La multiplicité et l'avilissement des magistratures augmentent encore sa puissance; désormais seize préteurs, quarante questeurs. Il est proclamé *père de la patrie*, comme si de tels hommes en avaient une autre que le monde; *libérateur*, non pas de Rome, sans doute, mais plutôt du monde barbare, égyptien ou gaulois. Ses fils (il n'en avait pas et ne pouvait plus guère en avoir) sont déclarés *imperatores*. Pour lui, dès Pharsale, on l'avait appelé demi-dieu; après sa victoire d'Afrique, il devint dieu tout à fait,

---

1. Dio, XLI, n. 36.
2. Suétone.
3. Dio., XLII, p. 317, n. 20, etc.

et son image fut placée dans le temple de Mars. Qu'on le fît dieu, à la bonne heure, personne n'en fut scandalisé ; la chose n'était pas inouïe. Mais on fut un peu surpris de le voir nommer préfet et réformateur des mœurs. Ce réformateur logeait dans sa maison, près de sa femme légitime Calpurnie, la jeune Cléopâtre et son époux, le petit roi d'Égypte, avec Césarion, l'enfant que peut-être César avait eu d'elle [1].

Ce fut un spectacle merveilleux et terrible à la fois que le triomphe de César. Il triompha pour les Gaules, pour l'Égypte, pour le Pont et pour l'Afrique ; on ne parla pas de Pharsale. Derrière le char, marchaient en même temps les déplorables représentants de l'Orient et de l'Occident : le vercingétorix gaulois, la sœur de Cléopâtre, Arsinoé, et le fils du roi Juba. Autour, selon l'usage, les soldats, hardis compagnons du triomphateur, lui chantaient de tout leur cœur des vers outrageants pour lui.

Fais bien, tu seras battu ; fais mal, tu seras roi !
.... Maris de Rome, gare à vous ! nous amenons le galant chauve [2].

Sauf un couplet sanglant sur l'amitié de Nicomède [3], César ne haïssait pas ces grossières dérisions de la victoire. Elles rompaient l'ennuyeuse uniformité de l'adulation et le délassaient de sa divinité.

---

1. Dio.
2. *Idem*, XLIII, p. 354. — Suet., 49, 51.

> Urbani, servate uxores ; mœchum calvum adducimus...
> Aurum in Gallia effutuisti ; hic sumpsisti mutuum.

3. César se fâcha de cette accusation infâme, et offrit de se justifier par serment. Les soldats rirent beaucoup et l'en dispensèrent. (Dio., XLIII, p. 354.)

D'abord, il distribua aux citoyens du blé et trois cents sesterces par tête ; vingt mille sesterces à chaque soldat. Ensuite il les traita tous, soldats et peuple, sur vingt-trois mille tables de trois lits chacune ; on sait que chaque lit recevait plusieurs convives.

Et quand la multitude fut rassasiée de vin et de viande, on la soûla de spectacles et de combats. Combats de gladiateurs et de captifs, combats à pied et à cheval, combats d'éléphants, combat naval dans le Champ de Mars transformé en lac. Cette fête de la guerre fut sanglante comme une guerre. On dédommagea Rome de n'avoir pas vu les massacres de Thapsus et de Pharsale. Une joie frénétique saisit le peuple. Les chevaliers descendirent dans l'arène et combattirent en gladiateurs ; le fils d'un préteur se fit mirmillon. Un sénateur voulait combattre, si César le lui eût permis. Il fallait laisser quelque chose à faire aux temps de Domitien et de Commode.

Par-dessus les massacres de l'amphithéâtre flottait pour la première fois l'immense *velarium* aux mille couleurs, vaste et ondoyant comme le peuple qu'il défendait du soleil. Ce *velarium* était de soie[1], de ce précieux tissu dont une livre se donnait pour une livre pesant d'or.

Le soir, César traversa Rome entre quarante éléphants qui portaient des lustres étincelants de cristal de roche[2]. Il assista aux fêtes, aux farces du théâtre. Il força le vieux Laberius, chevalier romain, de se faire mime, et de jouer lui-même ses pièces : « Hélas ! s'écriait dans le prologue le pauvre vieillard obligé

---

1. Dio., XLIII, p. 354. — 2. Suet.

d'amuser le peuple [1], où la nécessité m'a-t-elle poussé, presque à mon dernier jour? après soixante ans d'une vie honorable, sorti chevalier de ma maison, j'y ren-

1. Dec. Laberii frag., *in Macr. sat.*, I, 7.

>   Necessitas (cujus cursus transversi impetum
>   Voluerunt multi effugere, pauci potuerunt)
>   Quo me detrusit pene extremis sensibus?
>   Quem nulla ambitio, nulla unquam largitio,
>   Nullus timor, vis nulla, nulla authoritas
>   Movere potuit in juventa de statu :
>   Ecce in senecta, ut facile labefecit loco
>   Viri excellentis mente clemente edita,
>   Submissa placido blandiloquens oratio.
>   Etenim ipsi dii denegare cui nihil potuerunt,
>   Hominem me denegare quis posset pati?
>   Ego bis tricenis annis actis sine nota,
>   Eques romanus ex lare egressus meo,
>   Domum revertar mimus : nimirum hoc die
>   Uno plus vivi, mihi quam vivendum fuit.
>   Fortuna immoderata in bono æque atque in malo,
>   Si tibi erat libitum literarum laudibus
>   Floris cacumen nostræ famæ frangere :
>   Cur quum vigebam membris præviridantibus,
>   Satisfacere populo et tali quum poteram viro,
>   Non flexibilem me concurvasti, ut carperes?
>   Nunc me quo dejicis? quid ad scenam affero?
>   Decorem formæ, an dignitatem corporis?
>   Animi virtutem, an vocis jucundæ sonum?
>   Ut hedera serpens vires arbore necat.
>   Ita me vetustas amplexu annorum necat.
>   Sepulchri similis, nil nisi nomen retineo.
>
>   (*In ipsa actione. Ex Macrobio. Ibid.*)
>
>   Porro, Quirites, libertatem perdidimus.
>
>   (*Id., ibid.*)
>
>   Necesse est multos timeat quem multi timent.
>
>   (*Id., ibid.*)
>
>   Non possunt primi esse omnes omni in tempore.
>   Summum ad gradum quum claritatis veneris,
>   Consistes ægre, et citius quam ascendas, decides :
>   Cecidi ego, cadet qui sequitur; laus est publica.
>
>   (*Publii Syrii fragm., ad Laberium :*)
>
>   Quicum contendisti scriptor, hunc spectator subleva.
>   Favente tibi me, victus es, Laberi, à Syro.

(Ces derniers mots doivent être de Syrus, et non de César, comme on l'a cru.)

trerai mime. Oh! j'ai vécu trop d'un jour!..... » César n'avait voulu que l'avilir; il lui refusa le prix; Laberius ne fut pas même le premier des mimes[1].

Il était bien hardi, en effet, de réclamer seul au milieu de ces grandes saturnales, de ce nivellement universel qui commence avec l'Empire; il s'agit bien de l'honneur d'un chevalier dans ce bouleversement du monde.

> Aspice nutantem convexo pondere mundum,
> Terrasque tractusque maris cœlumque profundum;
> Aspice venturo lætentur ut omnia sæclo!

Tout n'est-il pas transformé? Les siècles antiques ne sont-ils pas finis? Le temps, le ciel n'a-t-il pas changé par édit de César? L'immuable pomœrium de

---

[1]. Et peut-être ce jugement était-il équitable. On connaît le gout exquis de César. Voici deux fragments de ses poésies. Le second paraît un impromptu fait dans un de ses rapides voyages :

> (Suetonius, in *Vita Terentii* :)
>
> Tu quoque, tu summis, o dimidiate Menander,
> Poneris, et merito, puri sermonis amator;
> Lenibus atque utinam verbis conjuncta foret vis
> Comica, ut æquato virtus polleret honore,
> Cum græcis, neque in hac despectus parte jaceres.
> Unum hoc maens, et doleo tibi deesse, Terenti.
>
> (Scriverius, ex membranis :)
>
> Feltria, perpetuo nivium damnata rigori,
> Forte mihi post hac non adeunda, vale.

L'ouvrage de César *de Analogia* était divisé en deux livres, et adressé à Cicéron. Les anciens en ont souvent parlé; Cicéron, *Brutus*, c. 72; Suétone, *in Cæs.*, c. 56; Aulu-Gelle, liv. I, c. 10, 7; c. 9; Charis., liv. I. Il y traitait des verbes, des déclinaisons, des lettres même de l'alphabet; il aurait voulu qu'on dît : *Mordeo, memordi,* non *momordi; pungo, pepugi; spondeo, spepondi, turbo, turbonis,* non *turbinis;* enfin que le *V* se fît comme un *F* renversé ꟻ, parce qu'il avait la force du digamma éolique; il recommandait dans cet ouvrage d'éviter *tout mot nouveau comme un écueil...* (Macrob., liv. II.)

Rome a reculé[1]; les climats sont vaincus, la nature asservie; la girafe africaine se promène dans Rome sous une forêt mobile, avec l'éléphant indien; les vaisseaux combattent sur terre. Qui osera contredire celui à qui la nature et l'humanité n'ont refusé rien, celui qui n'a jamais lui-même rien refusé à personne, ni sa puissante amitié, ni son argent, pas même son honneur? Sans le large front chauve et l'*œil de faucon*[2], reconnaîtriez-vous le vainqueur des Gaules dans cette vieille courtisane, qui triomphe en pantoufles[3] et couronnée de toutes sortes de fleurs? Venez donc tous de bonne grâce chanter, déclamer, combattre, mourir, dans cette bacchanale du genre humain qui tourbillonne autour de la tête fardée du fondateur de l'Empire. La vie, la mort, c'est tout un : le gladiateur a de quoi se consoler en regardant les spectateurs. Déjà le vercingétorix des Gaules a été étranglé ce soir après le triomphe : combien d'autres vont tantôt mourir parmi ceux qui sont ici? Ne voyez-vous pas près de César la gracieuse vipère du Nil, traînant dédaigneusement après elle son époux de dix ans, qu'elle doit aussi faire périr; c'est son vercingétorix, à elle. De l'autre côté du dictateur, apercevez-vous la figure hâve de Cassius[4], le crâne étroit de Brutus, tous deux si pâles

---

1. Dio., XLIII, n. 50, p. 377.
2. Shakespeare et Dante avaient certainement vu César. *César au large front....* (Shak., *Julius C.*)

Cesare armato con gli occhi grifagni (*Inferno*, IV).

C'est une traduction admirable du *vegetis oculis* de Suétone.

3. Dio., XLII, p. 356.
4. Plut., *Cæs.* : « Ceux que je crains, disait César, ce sont ces visages pâles. » Pour la figure de Brutus, voy. les médailles.

dans leurs robes blanches bordées d'un rouge de sang?

Au milieu du triomphe, César n'ignorait pas que la guerre n'était pas finie. L'Espagne était pompéienne. Pompée avait essayé pour elle ce que César accomplit pour la Gaule. Il avait fait donner le droit de cité à une foule d'Espagnols[1]. Mais le génie moins disciplinable de l'Espagne faisait de ce peuple si belliqueux un instrument de guerre incertain et peu sûr. Toutefois, les fils de Pompée y trouvèrent faveur. Les Espagnols étaient vraisemblablement jaloux des Gaulois, qui sous César avaient gagné tant de gloire et d'argent dans la guerre civile. Peut-être aussi de vieilles haines de tribus et de villes les animaient contre les Espagnols qu'ils voyaient dans les rangs de César, contre ceux qui composaient sa garde, contre ce Cornelius Balbus, Espagnol-Africain de Cadix, qui avait reçu de Pompée le droit de cité, et qui était devenu le principal conseiller de son rival[2].

César alla en vingt-sept jours de Rome en Espagne (45). Il y trouva tout le pays contre lui. Comme en Grèce, comme en Afrique, il lui fallait une bataille, ou il mourait de faim. Les Espagnols n'étaient pas moins impatients de battre ce César, cet ami des Gaulois, qui croyait avoir déjà soumis l'Espagne en un hiver. Les armées se rencontrèrent à Munda (près de Cordoue). Mais cette fois César ne reconnut plus ses vétérans.

---

1. Plut., *in Pomp.* — Cic., *pro Corn. Balbo.*
2. Sur ce personnage important, voy. le discours *pro Balbo* de Cicéron, et *Epist. ad Attic.*, IX, 7, surtout *Epist. famil.*, VI, 8.

Les uns étaient de vieux soldats qui depuis quinze ans le suivaient dans la meurtrière célérité de ses marches, des Alpes à la Grande-Bretagne, du Rhin à l'Èbre, puis de Pharsale au Pont, puis de Rome en Afrique, tout cela pour vingt mille sesterces[1]; l'ascendant de cet homme invincible les avait pourtant décidés encore à porter leurs os aux derniers rivages de l'Occident. Les autres, qui jadis, sous le signe de l'alouette, avaient gaiement passé les Alpes, avides des belles guerres du Midi, et comptant tôt ou tard piller Rome, ceux-là aussi, quoique plus jeunes, commençaient à en avoir assez. Et voilà qu'on les ramenait devant ces tigres d'Afrique, si altérés de sang gaulois... Les ordres et les prières de César échouaient contre tout cela; ils restaient mornes et immobiles; il avait beau lever les mains au ciel. Il eut un moment l'idée de se poignarder sous leurs yeux; mais enfin, saisissant un bouclier, il dit aux tribuns des légions : *Je veux mourir ici*, et il court jusqu'à dix pas des rangs espagnols[2]. Deux cents flèches tombent sur lui. Alors il n'y eut plus moyen de différer le combat. Tribuns et soldats le suivirent. Mais la bataille dura tout le jour. Ce ne fut qu'au soir que les Espagnols se lassèrent. On apporta à César la tête de Labienus et celle d'un des fils de Pompée. Les vainqueurs épuisés campèrent derrière un retranchement de cadavres[3].

Le retour à Rome fut triste et sombre. Les vaincus voyaient commencer une servitude sans espoir. Les vainqueurs eux-mêmes étaient désenchantés de la

---

1. Suétone.
2. Appian., *B. civ.* — Florus, IV, 2.
3. Florus, *ibid.*

guerre civile. César se sentait haï, et se raidissait d'autant plus. Pour la première fois, il ne craignit pas de triompher sur des citoyens, sur les fils de Pompée. Il méprisait Rome et voulait briser son orgueil. Il n'hésita point d'accepter les honneurs odieux qu'entassait sur lui la lâche et perfide politique du Sénat, le siège d'or, la couronne d'or, une statue à côté de celle des rois, entre Tarquin-le-Superbe et l'ancien Brutus, le droit sinistre d'être enterré dans l'enceinte sacrée du pomœrium, où l'on ne plaçait aucun tombeau[1]. Un tel homme ne pouvait se méprendre sur l'intention meurtrière de ces décrets. Mais que lui importait après tout? Malheur aux meurtriers! La paix du monde tenait à la vie de César[2]. Et qui aurait le cœur de tuer celui qui a tant pardonné? Il renvoya sa garde; sa garde était la Clémence à laquelle on venait d'élever un temple; et sans armes, sans cuirasse, il se promenait dans Rome, au milieu de ses ennemis mortels.

Cette âme immense roulait bien d'autres pensées que celle du soin de sa vie. Il voulait consommer le grand ouvrage de Rome, unir ses lois dans un code et les imposer à toutes les nations[3]. Il projetait au milieu du Champ de Mars un temple, au pied de la

---

1. Dio., XLIV, n. 7, XLIII. — Suétone, 52, et Dion, XLIV, 386, prétendent que le Sénat lui accorda, ou allait lui acccorder la ridicule autorisation de posséder toutes les femmes. C'était sans doute un des bruits absurdes que faisaient courir ceux qui voulaient perdre César.

2. Dio., XLIV, 386. — Suct., 86 : « Quelques-uns ont soupçonné que César ne se souciait pas de vivre plus longtemps; ce qui explique son indifférence sur sa mauvaise santé et sur les pressentiments de ses amis... Il avait renvoyé sa garde espagnole... il aurait dit qu'il aimait mieux mourir que de craindre toujours... et encore : que Rome était plus intéressée à sa vie que lui-même. »

3. Appian., *Pun.*, 6. — Dio., XLIII, n. 50. — Suct.

roche Tarpéienne un amphithéâtre, à Ostie un port, monuments gigantesques, capables de recevoir les états généraux du monde. Une bibliothèque immense devait concentrer tous les fruits de la pensée humaine. La vieille injustice de Rome était expiée : Capoue, Corinthe et Carthage furent relevées par ordre de César. Il voulait percer l'isthme de Corinthe et joindre les deux mers. Dès la guerre d'Afrique, il avait vu en songe une grande armée qui pleurait et criait à lui, et à son réveil il avait écrit sur ses tablettes : Corinthe et Carthage[1].

Mais l'Occident était trop étroit. Notre César à nous disait naguère : *On ne peut travailler en grand que dans l'Orient*. César voulait pénétrer dans ce muet et mystérieux monde de la haute Asie, dompter les Parthes et renouveler la conquête d'Alexandre. Puis recommençant les vieilles migrations du genre humain, il serait revenu par le Caucase, les Scythes, les Daces et les Germains, qu'il aurait domptés sur sa route[2]. Ainsi l'Empire romain, fermé par l'Océan, embrassant dans son sein toute nation policée ou barbare, n'eût rien craint du dehors, et n'eût plus été appelé vainement l'empire universel, éternel.

C'est au milieu de ces pensées qu'il fut arrêté par la mort. L'occasion de la conjuration fut petite. L'audacieux et sanguinaire Cassius en voulait à César pour lui avoir refusé une charge, et pour lui avoir pris des lions qu'il nourrissait[3]. Ces lions d'amphithéâtre étaient les jouets chéris des grands de Rome ; les Grecs,

---

1. Suet. — 2. *Ibid.*

3. Plut., *in Bruto et Cæsare*. Il ne lui refusa point la préture, mais il ne lui donna point celle qui était la plus honorable.

sophistes, poètes, rhéteurs et parasites, venaient après dans la faveur du maître. *Hélas!* s'écrie l'envieux Juvénal, *un poète mange moins pourtant!* César pardonna à tout le monde dans la guerre civile, excepté à celui qui avait indignement tué ses lions[1].

Cassius avait besoin d'un honnête homme dans son parti. Il alla voir Brutus, neveu et gendre de Caton. Brutus ne semble pas avoir été un esprit étendu ; c'était une âme ardente, tendue de stoïcisme, mais le ressort était forcé. De là, quelque chose de dur, de bizarre et d'excentrique ; une avidité farouche d'efforts, de sacrifices douloureux. Pompée avait tué le père de Brutus, et jamais celui-ci n'avait voulu lui parler[2]. Ce fut pour lui un motif d'aller combattre sous Pompée à Pharsale. César aimait Brutus, et peut-être s'en croyait-il le père ; après la bataille, il l'avait fait chercher avec inquiétude ; il lui avait confié la province la plus importante de l'Empire, la Gaule cisalpine. Cassius disputant une charge à Brutus, ils exposèrent tous deux leurs titres, et César dit : Cassius a raison, mais il faut que Brutus l'emporte. Tous ces motifs, qui pouvaient attacher Brutus à César, inquiétaient, torturaient cette âme faussée d'une vertu atroce ; il craignait de préférer malgré lui un homme à la République. A chaque bienfait de César, il avait peur de l'aimer, et s'armait d'ingratitude.

Ceux qui voulaient précipiter Brutus dans un parti violent, ne négligeaient aucun moyen de tourmenter cette âme malade de scrupule et d'indécision. Il trouvait partout des billets anonymes, sur le tribunal où il

---

1. Voy. plus haut la note de la page 517.
2. Plut., *in Bruto*.

jugeait comme préteur, sur la statue du Brutus qui avait chassé les rois. On y lisait : Tu dors, Brutus ; non tu n'es pas Brutus. Il n'y avait pas jusqu'au prudent ami du prudent Cicéron, l'égoïste et froid Atticus, qui ne fabriquât une généalogie où il le faisait descendre par son père de l'ancien Brutus, par sa mère Servilie de Servilius Ahala, qui avait tué Spurius Melius, soupçonné d'aspirer à la tyrannie.

Ce qui décida Brutus, c'est que le bruit courait que César voulait prendre le nom de roi. Sans le témoignage unanime des historiens, je douterais que le maître de Rome eût souhaité ce titre de *rex*, si prodigué et si méprisé, ce nom que tout client donnait au patron, tout convive à l'amphitryon. En lui décernant la puissance absolue, et même une puissance héréditaire, le Sénat lui avait donné la seule royauté qu'un homme de bon sens pût vouloir à Rome. Je croirais volontiers que ce bruit odieux fut semé à dessein par les ennemis de César ; que ses amis, ne s'en défiant pas, accueillirent cette idée avec enthousiasme, ne sachant plus d'ailleurs quel autre titre lui donner ; et que les uns et les autres le persécutèrent à l'envi de ce périlleux honneur, couronnant la nuit ses statues et lui offrant à lui-même le nom de roi et le bandeau royal.

Un jour qu'il rentrait dans Rome, quelques citoyens l'appellent roi : « Je ne m'appelle pas roi, dit-il, je m'appelle César[1]. « Un autre jour, c'était la fête des Lupercales ; tous les jeunes gens, et à leur tête Antoine, alors consul désigné, couraient tout nus par

---

1. Dio., XLIV. — Plut.., *in Cæs.*

la ville, frappant les femmes à droite et à gauche. César, assis dans la tribune, regardait les courses sacrées, revêtu de sa robe de triomphateur. Antoine approche, se fait soulever par ses compagnons à la hauteur de la tribune[1], et lui présente un diadème ; il le repoussa par deux fois, mais, dit-on, un peu mollement. Toute la place retentit d'acclamations. Au matin, les statues du dictateur s'étaient trouvées couronnées de diadèmes. Les tribuns allèrent solennellement les enlever. Ils faisaient poursuivre ceux qui avaient appelé César du nom de *roi*, tant sa douceur avait enhardi les vaincus. Il s'agissait de savoir si Pharsale avait été un vain jeu, si le vainqueur serait dupe, si l'ancienne anarchie allait recommencer ; pour la République, elle n'existait plus que dans l'histoire. César cassa les tribuns, c'était commencer la monarchie.

Les sénateurs se seraient peut-être résignés ; mais une injure personnelle les poussait à se venger de César. Lorsque le Sénat vint lui apporter le décret qui le mettait au-dessus de l'humanité pour préparer sa ruine, il ne se leva point de son siège, et dit qu'il eût mieux valu diminuer ses honneurs que les augmenter. Les uns racontent qu'à l'arrivée du Sénat, l'Espagnol Balbus lui conseilla de rester assis ; les autres, que le dieu avait ce jour-là un flux de ventre, et qu'il n'osa se lever[2].

Quoi qu'il en soit, les sénateurs, poussés à bout, tramèrent sa mort en grand nombre. Un nom aussi pur que celui de Brutus autorisait la conjuration. Tous ceux même à qui César venait de donner des

---

1. Plut., *in Antonio*.
2. Dio., XLIV, p. 396. — Plut., *in Cæs*. — Suét., 78.

provinces, Brutus et Decimus Brutus, Cassius, Casca, Cimber, Trebonius, n'hésitèrent point d'y entrer. Ligarius, à qui César venait de pardonner, à la prière de Cicéron, quitta le lit où une maladie le retenait. Porcia, femme de Brutus et fille de Caton, avait deviné le projet de Brutus à son air inquiet et agité. Mais avant de lui demander son secret, elle se fit à elle-même une profonde blessure à la cuisse, voulant s'assurer de son courage et se tenir prête à mourir si son époux périssait.

Cependant les prodiges et les avertissements n'avaient pas manqué à César, s'il eût voulu y prendre garde. On parlait de feux célestes et de bruits nocturnes, de l'apparition d'oiseaux funèbres au milieu du Forum. Une nuit qu'il dormait près de sa femme, les portes et les fenêtres s'ouvrirent d'elles-mêmes, et en même temps Calpurnie rêvait qu'elle le tenait égorgé dans ses bras. On lui rapportait aussi que les chevaux qu'il avait autrefois lâchés au passage du Rubicon, et qu'il faisait entretenir dans les pâturages, ne voulaient plus manger et versaient des pleurs[1]. Un devin l'avait averti de prendre garde aux Ides de Mars.

César aima mieux ne rien croire. On lui disait de se défier de Brutus. Il se toucha et dit : Brutus attendra bien la fin de ce corps chétif[2]. Le jour des Ides, sa femme le pria tant qu'il se décida à remettre l'assem-

---

1. Suétone, 81.
2. Plut., *in Cæs.* — César eut cela de commun avec Alexandre, d'être pleuré de toutes les nations. Il le fut particulièrement des Juifs. Suet., 84 : In summo publico luctu, exterarum gentium multitudo circulatim suo quæque more lamentata est, præcipueque Judæi, qui etiam noctibus continuis bustum frequentarunt.

blée du Sénat. Il y envoyait Antoine, lorsque Decimus Brutus lui fit honte de céder à une femme, et l'entraîna par la main.

« A peine était-il sorti qu'un esclave étranger vient se remettre entre les mains de Calpurnie, la priant de le garder jusqu'au retour de César, à qui il doit faire une révélation importante. Artémidore de Cnide, qui enseignait les lettres grecques à Rome, remet à César plusieurs billets sur la conjuration, toujours inutilement. César donna les uns aux siens, garda les autres sans trouver le temps de les lire. Les conjurés eurent encore d'autres motifs d'inquiétude. Un homme s'approche de Casca, et le prenant par la main : Casca, lui dit-il, vous m'en avez fait mystère; mais Brutus m'a tout dit. Casca fut fort étonné; mais cet homme reprenant la parole en riant : Et comment, lui dit-il, seriez-vous devenu en si peu de temps assez riche pour briguer l'édilité? Sans ces dernières paroles, Casca allait tout lui révéler. Un sénateur, nommé Popilius Lenas, ayant salué Brutus et Cassius d'un air empressé, leur dit à l'oreille : Je prie les dieux qu'ils vous donnent un heureux succès; mais ne perdez pas un moment; l'affaire n'est plus secrète. Dans ce moment, un esclave de Brutus accourt et lui annonce que sa femme se meurt. Porcia n'avait pu supporter cette angoisse d'inquiétude; elle s'était évanouie...

« Cependant l'on annonce l'arrivée de César. Il était à peine descendu de litière, que Popilius Lenas eut avec lui un long entretien, auquel César paraissait donner la plus grande attention. Les conjurés, ne pouvant entendre ce qu'il disait, conjecturèrent qu'un entretien si long ne pouvait être qu'une dénonciation circonstanciée. Accablés de cette pensée, ils se regardent les uns les autres, comme pour s'avertir de ne pas attendre qu'on vienne les saisir, et de prévenir le supplice par une mort volontaire. Déjà Cassius et quelques autres mettaient la main sous leurs robes, pour en tirer les poignards, lorsque Brutus reconnut aux gestes de Lenas qu'il s'agissait d'une prière très vive plutôt que d'une accusation. Il ne dit rien aux conjurés, parce qu'il y avait au milieu d'eux beaucoup de sénateurs qui n'étaient pas du secret; mais par la gaieté qu'il montra, il rassura Cassius; et bientôt après, Lenas, ayant baisé la main de César, se retira, ce qui fit voir que sa conversation n'avait eu pour objet que ses affaires personnelles.

« Quand le Sénat fut entré dans la salle, les conjurés environnèrent le siège de César, feignant d'avoir à lui parler de quelque affaire; et Cassius portant, dit-on, ses regards sur la statue de Pompée, l'invoqua, comme si elle eût été capable de l'entendre. Trebonius tira Antoine vers la porte, et en lui parlant il le retint hors de la salle. Quand César entra, tous les sénateurs se levèrent pour lui faire honneur; et dès qu'il fut assis, les conjurés, se pressant autour de lui, firent avancer Tullius Cimber, pour qu'il demandât le rappel de son frère. Ils joignirent leurs prières aux siennes, et, prenant les mains de César, ils lui baisaient la poitrine et la tête. Il rejeta d'abord des prières si pressantes; et comme ils insistaient, il se leva pour les pousser de force. Alors Cimber, lui prenant la robe des deux mains, lui découvre les épaules, et Casca, qui était derrière le dictateur, tire son poignard et lui porte le premier coup le long de l'épaule; la blessure ne fut pas profonde. César, saisissant la poignée de l'arme dont il venait d'être frappé, s'écrie en latin : Scélérat, que fais-tu? Casca appelle son frère à son secours en langue grecque. César, atteint de plusieurs coups à la fois, porte ses regards autour de lui pour repousser les meurtriers; mais, dès qu'il voit Brutus lever le poignard sur lui, il quitte la main de Casca qu'il tenait encore; et, se couvrant la tête de sa robe, il livre son corps au fer des conjurés. Comme ils le frappaient tous à la fois sans aucune précaution, et qu'ils étaient serrés autour de lui, ils se blessèrent les uns les autres. Brutus, qui voulut avoir part au meurtre, reçut une blessure à la main, et tous les autres furent couverts de sang. » (44 ans avant J.-C.) (Plut., *in Brut.*)

CHAPITRE VI

César vengé par Octave et Antoine. — Victoire d'Octave sur Antoine, de l'Occident sur l'Orient (44-31).

Les conjurés avaient cru qu'il suffisait de vingt coups de poignard pour tuer César. Et jamais César ne fut plus vivant, plus puissant, plus terrible qu'après que sa vieille dépouille, ce corps flétri et usé, eût été percé de coups. Il apparut alors, épuré et expié, ce qu'il avait été, malgré tant de souillures, l'homme de l'humanité [1].

Un acteur ayant prononcé au théâtre ces vers d'une tragédie :

> Je leur donnai la vie ; ils m'ont donné la mort [2] !

---

[1]. Voici le jugement de Napoléon sur César (*Mém. de Sainte-Hélène*, 14 déc. 1816) : « Passant ensuite à César, il disait qu'au rebours d'Alexandre, il avait commencé sa carrière fort tard, et qu'ayant débuté par une jeunesse oisive et des plus vicieuses, il avait fini montrant l'âme la plus active, la plus élevée, la plus belle ; il le pensait un des caractères les plus aimables de l'histoire. César, observait-il, conquiert les Gaules et les lois de sa patrie.... est-ce au hasard et à la simple fortune qu'il doit ses grands actes de guerre ? » Napoléon ne le pense point. Toutefois, pour le génie militaire, il semble mettre Hannibal au-dessus de tout.

[2]. Je regrette de n'avoir pu rendre le texte dans sa simplicité : *Men' men' servasse, ut essent qui me perderent!* (Suet., 84, *ex Pacuvio*.)

il n'y eut point d'yeux qui ne s'emplissent de larmes, et il s'éleva comme un tonnerre de cris de douleur et de sanglots. Ce fut bien pis lorsqu'Antoine produisit ce pauvre cadavre, avec sa robe sanglante, lorsqu'on apprit qu'il avait dans son testament nommé Decimus Brutus tuteur de son fils adoptif, que la plupart des meurtriers étaient ses héritiers[1]. Il leur avait de plus destiné les meilleures provinces de l'Empire : à Decimus la Gaule cisalpine, à l'autre Brutus la Macédoine, à Cassius la Syrie, l'Asie à Trebonius, la Bithynie à Cimber. L'indignation du peuple fut si forte qu'il prit les tisons du bûcher pour brûler les maisons des assassins.

Antoine s'étant porté ainsi pour le vengeur de César, il fallut bientôt que les conjurés quittassent Rome et se retirassent dans l'Orient pour recommencer la guerre de Pharsale. Maintenant quel était cet Antoine, pour succéder à César ?

Le premier soldat de César, mais un soldat, et un soldat barbare. Descendant d'Hercule, à ce qu'il disait, et fort comme Hercule, toujours ceint sur les reins d'une large épée et d'un gros drap comme en portaient les soldats, s'asseyant avec eux, buvant dans la rue, raillant, raillé, toujours de bonne humeur[2], Antoine avait fait ses premières armes en Égypte. Il aimait l'Orient, son éloquence était pleine d'un faste asiatique. Insatiable d'argent et de plaisirs, avide et prodigue, volant pour donner, il achetait sans scrupule la maison de Pompée, et se fâchait quand on lui demandait le paiement[3]. César, qui lui avait confié

---

1. Dio., XLIV, n. 35, p. 404.
2. Plut., *in Ant.* — 3. *Ibid.*

l'aile gauche à Pharsale, ne pouvait se passer de lui. Il le mit dans son char[1], quand il revint d'Espagne, comme pour faire triompher en lui ses vétérans. Antoine s'en souvint après la mort de César, et crut lui succéder. Cependant qu'était-il? Un homme d'avant-garde, un soldat sans génie, un superbe et pompeux acteur qui jouait César sans l'entendre. Que d'hommes en César! Le hardi soldat, ami des Gaulois, des Barbares, n'était qu'un des côtés inférieurs de cette âme immense.

Antoine se perdit en oubliant qu'il n'était autre chose que l'homme de César. Le Sénat ayant confirmé les actes du dictateur, Antoine se charge de les exécuter, y inscrit chaque jour quelque nouvel article et trafique impudemment des dernières volontés d'un mort. Il dissipe l'argent légué au peuple par César. Il s'accommode avec le Sénat, avec les Pompéiens; il fait rappeler Sextus Pompée; il fait tuer un homme qui se disait petit-fils de Marius, et qui dressait un autel à César[2]. Il indigne les légions par sa parcimonie, les décime pour punir leurs murmures, et fait égorger les vétérans sous ses yeux, sous les yeux de sa cruelle Fulvie[3]. Cet homme-là ne sera point le successeur de César.

Il existait un César, un fils adoptif du dictateur, qui venait d'arriver à Rome pour réclamer les biens de son père. Sauf son nom, celui-ci n'avait rien qui pût plaire aux soldats. C'était un enfant de dix-huit ans,

---

[1]. Plut., *in Ant.*

[2]. Appian., *B. civ.*, III. — Voy. aussi le ridicule récit de Valère-Maxime, IX, 15.

[3]. Appian., III. — Cic., *Philipp.*, II.

petit et délicat, souvent malade, boitant fréquemment d'une jambe, timide et parlant avec peine, au point que plus tard il écrivait d'avance ce qu'il voulait dire à sa femme ; une voix sourde et faible : il était obligé d'emprunter celle d'un héraut pour parler au peuple. Assez d'audace politique : il en fallait pour venir à Rome réclamer la succession de César. D'autre courage, point ; craignant le tonnerre, craignant les ténèbres, craignant l'ennemi, et implacable pour qui lui faisait peur. A toutes ses victoires, à Philippes, à Myles, à Actium, il dormait ou était malade. En Sicile, quand il gagna les légions de Lépide et entra dans leur camp, quelques soldats faisant mine de vouloir mettre la main sur lui, il s'enfuit à toutes jambes, au grand amusement des vétérans qu'il fit ensuite égorger [1].

Telle était la chétive figure du fondateur de l'Empire. Son père était chevalier, banquier, usurier ; il n'en disconvenait pas. « Ton aïeul maternel, disaient ses ennemis, était Africain ; ta mère faisait aller le plus rude moulin d'Aricie ; ton père en remuait la farine d'une main noircie par l'argent qu'il maniait à Nerulum [2]. » Cette origine obscure n'en convenait que mieux à celui qui devait commencer le grand travail de l'Empire, le nivellement du monde. Quand il prit la robe prétexte, elle lui tomba des épaules : C'est

---

1. Suet., *in Aug.*, *passim*.
2. Sur la lâcheté d'Octave, voy. Suet., c. 90, 10, 78, 16. — Appian., IV. — Plut., *Brut.*, et Montesquieu, *Gr. et déc. des Rom.*, c. 13.
3. Suet., *in Aug.*, c. 4 : « Ex Cassii Parmensis epistola : Materna tibi « farina ; si quidem ex crudissimo Ariciæ pistrino hanc pinsit manibus collybo « decoloratis Nerulonensis mensarius. » — Quant à l'origine africaine qu'Antoine lui reprochait, elle serait prouvée, si l'Octavius africain, dont Cicéron fit remarquer les oreilles percées, était parent d'Octave. (Plut., *in Cic.*)

signe, dit-il lui-même, que je mettrai sous les pieds la prétexte sénatoriale [1]. Octave ne laissait guère échapper de telles paroles : attentif à cacher sa marche, il employa avec une merveilleuse persévérance la ruse et l'hypocrisie. Il flatta Cicéron pour prévaloir contre Antoine; il amusa celui-ci jusqu'à ce qu'il fût assez fort pour le perdre. Devenu maître du monde, il se fâchait quand on l'appelait *maître*, voulait toujours quitter l'autorité, se mettait à genoux devant le peuple pour ne pas être nommé dictateur, et mourait dans son lit en demandant à ses amis s'il avait bien joué la farce de la vie [2].

Plutarque conte que dans les guerres de Sylla, Crassus, envoyé par lui à travers un pays ennemi, demandait une escorte. Je te donne pour escorte, lui dit le dictateur, ton père indignement égorgé. Le jeune Octave n'avait pas autre chose en arrivant à Rome. Il déclara qu'il venait venger César, et acquitter ses legs au peuple romain. Il accusa de meurtre Brutus et Cassius; il donna les jeux promis par César à l'occasion de sa victoire; il vendit ses biens pour payer l'argent promis aux citoyens, et couvrit de honte Antoine, qui avait retenu cet argent. Celui-ci poussa l'imprudence jusqu'à encourager les réclamations des gens qui se prétendaient dépouillés par César. Il autorisa un édile qui refusait de placer au théâtre le trône et la couronne d'or qu'Octave voulait y mettre à l'honneur de son père. Il défendit insolemment qu'on portât le jeune César au tribunat [3].

Le Sénat caressait celui-ci sans l'aimer, dans l'espoir

---

1. Dio., XLV, p. 420, n. 2. — 2. Suet., *in Aug.*, c. 93.
3. Appian., III.

de diviser les Césariens et de les détruire les uns par les autres. Cicéron surtout était fort tendre pour le jeune homme, qui faisait semblant d'y être pris et l'appelait son père : « C'était, disait l'orateur avec sa légèreté ordinaire, un jeune homme qu'il fallait louer, charger d'honneurs, combler, accabler [1]. »

Dès qu'Antoine fut parti pour chasser Decimus Brutus de la Gaule cisalpine, un décret du Sénat adjoignit le jeune César aux consuls Hirtius et Pansa, chargés de combattre Antoine et de secourir Brutus. C'était perdre à la fois Antoine et Octave, à qui l'on ôtait sa popularité, en l'envoyant combattre pour un des meurtriers de son père. Les consuls vainquirent Antoine, délivrèrent Decimus Brutus assiégé dans Modène, et, mourant tous deux à point nommé [2], laissèrent Octave à la tête des légions. Cependant Antoine fugitif avait retrouvé une armée ; les soldats ne pouvaient manquer à un soldat comme lui ; ceux de Lépide le suivirent de Gaule en Italie. Octave lui-même traita volontiers avec Antoine. Cicéron avait cru n'avoir plus besoin *de cet enfant* [3]; le Sénat lui refusait le consulat. Sans ressources militaires, sans autre défense que trois légions d'une fidélité douteuse, les sénateurs attendaient, sans comprendre l'étendue du danger, l'armée formidable où tous les vétérans de César se trouvaient réunis sous Antoine et Octave. Il faut voir dans Appien l'imprévoyance et les tergiversations

---

1. Laudandum et tollendum. (Vell. Pat., lib. II, c. 62; Suet., *Aug.*, c. 12.)
2. On soupçonna Octave de les avoir fait tuer. (Tacit., *Annal.*, lib. I, in principio.)
3. Serv., *ad Eclog.*, I, 43 : Decreverat enim senatus ne quis eum *puerum* diceret, ne majestas tanti imperii minueretur. (Suet., *Aug.*, c. 12.)

misérables de Cicéron qui régnait alors à Rome et dirigeait le Sénat[1].

Antoine, Octave et Lépide eurent une conférence près de Bologne dans une île du Reno ; ils s'y partagèrent l'Empire d'avance, et s'y promirent la tête de tous les grands de Rome. Ils voulaient, disent-ils dans leur proclamation qu'Appien a traduite en grec, ne pas laisser d'ennemis derrière eux, au moment de combattre les forces immenses de Brutus et de Cassius. *Ils voulaient satisfaire l'armée.* Cette armée, barbare en grande partie, était mécontente de la douceur de César ; elle avait soif de sang romain. Les triumvirs avaient besoin d'argent contre un ennemi qui avait en ses mains les plus riches provinces de l'Empire ; l'Italie étant épuisée, il n'y avait de ressources que la confiscation. Le prétexte était de venger César sur la vieille aristocratie qu'il avait épargnée pour sa ruine. Ce sanglant traité fut scellé par le mariage d'Octave avec la belle-fille d'Antoine. Les soldats, voulant unir leurs chefs pour augmenter la force du parti, commandèrent cet hymen et furent obéis.

« Les triumvirs, entrant dans Rome, déclarèrent qu'ils n'imiteraient ni les massacres de Sylla ni la clémence de César, ne voulant être ni haïs comme le premier ni méprisés comme le second[2]. Ils proscrivirent trois cents sénateurs et deux mille chevaliers. Pour chaque tête on donnait à l'homme libre vingt-cinq mille drachmes, à l'esclave dix mille et la liberté. » La victoire de l'armée barbare de César vengea la vieille

---

1. Appian., *B. civ.*, lib. III, p. 944, c. 584.
2. Dio., XLVII, p. 500, n. 13.

injustice de l'esclavage dont les nations barbares avaient tant souffet. Les esclaves eurent leur tour. Les sénateurs, des préteurs, des tribuns, se roulaient en larmes aux pieds de leurs esclaves, leur demandant grâce et les suppliant de ne point les déceler[1]. Plusieurs esclaves donnèrent des exemples de fidélité admirable. Plusieurs se firent tuer pour leurs maîtres. Il y en eut un qui se mutila, et, montrant un cadavre aux soldats qui venaient tuer son maître, il leur fit croire qu'il les avait prévenus pour se venger.

Afin de montrer qu'il n'y avait point de grâce à demander, Antoine avait sacrifié son oncle et Lépide son frère. L'un et l'autre échappèrent, probablement de l'aveu des triumvirs. Cicéron fut moins heureux[2]. L'hésitation qui lui avait nui si souvent, le perdit encore. Les meurtriers l'atteignirent avant qu'il pût fuir ou se cacher. Tout le monde plaignit cet homme doux et honnête auquel on n'avait pu, après tout, reprocher que la faiblesse. Sa tête fut apportée à Fulvie, qui la prit sur ses genoux, en arracha la langue, et la perça d'une aiguille qu'elle avait dans ses cheveux. Cette femme cruelle avait aussi fait proscrire un homme qui refusait de lui vendre sa maison. Quand on porta cette tête à Antoine : Ceci ne me regarde pas, dit-il, portez à ma femme. La tête du malheureux fut clouée à sa maison, de crainte qu'on n'ignorât la cause de sa mort.

Un préteur sur son tribunal apprend qu'il est proscrit, descend et se sauve; mais il était déjà trop tard. Un autre voit un centurion qui poursuit un

---

1. Appian., lib. IV, *passim*. — Dio., XLVII, n. 205.
2. Appian., *ibid*.

homme : Celui-ci est donc proscrit? dit-il.—Vous l'êtes aussi, lui dit le centurion, et il le tue.

Un enfant allait aux écoles avec son précepteur, les soldats l'arrêtèrent : il était proscrit. Le précepteur se fit tuer en le défendant. — Un adolescent prenait la robe prétexte, et se rendait aux temples. Son nom est sur les tables. A l'instant son brillant cortège disparaît ; il fuit chez sa mère. Chose cruelle à dire, elle lui ferme sa porte. Comme il se sauvait dans les champs, il fut pris par des gens qui *pressaient* des esclaves pour les faire travailler à la terre ; mais il ne put supporter une vie si dure : il rapporta sa tête aux meurtriers.

Un préteur sollicitait les suffrages pour son fils. Il apprend qu'il est proscrit, se sauve dans la maison d'un de ses clients, et son fils y conduit les assassins. Thoranius, atteint par les meurtriers, se réclame de son fils, ami d'Antoine : Mais c'est ton fils, lui dirent-ils, qui t'a dénoncé.

Velleius Paterculus a dit sur ces proscriptions un mot qui fait horreur : « Il y eut beaucoup de fidélité dans les femmes, assez dans les affranchis, quelque peu chez les esclaves, aucune dans les fils ; tant, l'espoir une fois conçu, il est difficile d'attendre ! »

Des triumvirs le plus insolent fut sans doute Antoine ; mais le plus cruel, Octave. Par cela même qu'il avait honte de tuer pour tuer, et qu'il prenait la vengeance de César pour prétexte, il était impitoyable. Et puis la lâcheté le rendait féroce. Un jour, il croit voir le préteur Q. Gallus tenir quelque chose de caché dans sa robe, il n'ose avouer ses craintes et le fouiller sur-le-champ. Mais ensuite il le fit torturer, et quoiqu'il n'avouât rien, il se jeta sur lui, et si l'on en croit son biographe, lui arracha les yeux avant de le faire égorger[1].

Sa sœur Octavie sut pourtant lui enlever une victime. De concert avec elle, la femme d'un proscrit cache son mari dans un coffre et le porte au théâtre. Lorsque Octave fut assis, cette femme en pleurs ouvrit ce coffre devant tout le peuple. L'émotion des spectateurs obligea Octave de pardonner. La nature réclamait ainsi quelquefois par la voix du petit peuple, qui n'avait rien à craindre, et qui au contraire était redouté. Ainsi il força les triumvirs à punir deux esclaves qui avaient trahi leur maître et à récompenser un autre qui avait sauvé le sien. Le peuple protégea aussi plusieurs proscrits qui excitaient sa pitié. Un de ces malheureux se fit raser, et enseigna publiquement les lettres grecques. Son humiliation fit sa sûreté. Oppius emporta son père sur son dos, et fut défendu par le peuple. Plus tard, quand Oppius devint édile, les ouvriers travaillèrent gratis aux préparatifs des jeux qu'il devait donner, et tous les pauvres voulurent contribuer[2].

Les triumvirs eux-mêmes se lassèrent de cette saturnale effroyable, où leurs soldats commençaient à ne plus les respecter. Ils avaient poussé l'insolence jusqu'à demander à Octave de leur livrer les biens de sa mère, qui venait de mourir. Les triumvirs accueillirent donc avec faveur la réclamation solennelle d'un grand nombre de femmes distinguées qu'ils avaient

---

1. Suet., *Aug.*, c. 27. C'était, dit Suétone, le seul des triumvirs qui ne pardonnât point.
2. Appian., *loco cit.*

frappées d'une contribution. Ils finirent même par charger un des consuls de réprimer les excès des soldats. Personne n'osait sévir contre ceux-ci, mais on punit des esclaves qui s'étaient mis à piller avec eux.

Cependant l'Asie fut presque aussi maltraitée par Cassius que l'Italie par les triumvirs. Le même besoin d'argent motivait les mêmes violences. Il prit Rhodes, et quoiqu'il eût été élevé dans cette ville, il fit égorger cinquante des principaux citoyens. Il ruina l'Asie, en exigeant d'un coup le tribut de dix années. Les magistrats de Tarse, frappés d'une contribution de quinze cents talents, et pressés par les soldats qui se permettaient toutes sortes de violences, vendirent toutes les propriétés publiques. Puis, ils dépouillèrent leurs temples. Et cela ne suffisant pas encore, ils firent vendre des personnes libres, des enfants, des femmes et des vieillards, des jeunes gens même[1], dont la plupart aimèrent mieux se donner la mort.

Ces cruelles nécessités de la guerre civile étaient pour l'âme de Brutus une véritable torture. Il portait la plus pesante des fatalités, celle qu'on s'est imposée par un acte volontaire. Après la mort de César, il avait obtenu des autres conjurés qu'on épargnât Antoine. Il avait montré la même douceur envers un frère du triumvir, C. Antonius, qui tomba entre ses mains. Mais le prisonnier essayant de débaucher les soldats, l'officier à la garde duquel il l'avait confié déclara

---

1. J'ai observé dans cette énumération l'ordre suivi par Appien.

qu'il ne pouvait plus en répondre. Il fallut bien sacrifier Antonius. Brutus passe ensuite en Asie, et trouve à Xanthe une résistance désespérée. Les habitants, voyant leur ville forcée et envahie par les flammes[1], se tuent pour la plupart les uns les autres ; entrant à Xanthe, il ne voit plus que des cendres. En même temps le besoin d'argent le contraignait aux mesures les plus violentes[2].

Hélas! qui souffrait de tout cela plus que Brutus? Son âme était malade de ce continuel effort. Il avait beau se roidir, opposer le raisonnement à la nature, la pauvre humanité faiblissait en lui. Troublé et comme effarouché, il redemandait le repos et la force de l'âme à cette philosophie inflexible qui lui avait imposé de si cruels sacrifices. Il donnait le jour aux affaires, la nuit à la lecture des stoïciens pour se confirmer et se raffermir un peu. Une nuit donc qu'il n'avait dans sa tente qu'une petite lumière, il crut entendre quelqu'un entrer, et, regardant vers la porte, il aperçut une figure étrange qui semblait d'un spectre. Il eut assez de force pour lui adresser la parole, et dire : Qui es-tu? que veux-tu? — Je suis ton mauvais génie, dit le fantôme ; tu me reverras à Philippes!

Ce fut en effet dans les plaines de Philippes que se donna la bataille. Brutus voulait en finir. Chaque jour le poussait malgré lui à quelque acte violent.

---

1. Dio., XLVII, p. 514, n. 34.
2. Plusieurs passages de Cicéron nous présentent Brutus comme très avide d'argent. Voy. (*Epist.*, VI, 1) l'histoire d'un Scaptius, agent de Brutus qui, pour faire payer une dette usuraire aux sénateurs de Salamine, les tint enfermés avec des soldats, de sorte que cinq d'entre eux moururent de faim.

Ne pouvant ni garder les prisonniers ni les délivrer sans péril, il avait donné l'ordre de les égorger. Les troupes risquaient de l'abandonner ; plutôt que de compromettre la grande cause à laquelle il avait déjà tant sacrifié, il leur promit le pillage de Lacédémone et de Thessalonique. Plus tard, lorsque son collègue eut été tué, les amis de Brutus exigèrent qu'il leur abandonnât quelques bouffons qui se moquaient de Cassius, et il fut encore obligé d'y consentir. Il ne faut pas s'étonner s'il voulut à tout prix terminer cette lutte funeste, qui lui avait coûté tous les biens de l'âme, l'humanité, l'amitié, le repos de la conscience, et qui peu à peu lui arrachait sa vertu.

Un jour que Cassius lui reprochait sa sévérité pour un voleur des deniers publics, Brutus lui dit : « Cassius, souvenez-vous des Ides de Mars. Ce jour-là, nous avons tué un homme qui ne faisait point le mal, mais le laissait faire. Mieux valait endurer les injustices des amis de César que de fermer les yeux sur celles des nôtres. »

Brutus et Cassius, étant maîtres de la mer, ne manquaient pas de vivres, tandis que l'armée d'Antoine et Octave mourait de faim. Leur flotte, à leur insu, venait de remporter une grande victoire sur celle des Césariens. Mais ils ne retenaient qu'avec peine leurs soldats dans leur parti. Antoine était l'homme des vétérans, et il leur coûtait de combattre pour les meurtriers de César. D'ailleurs Brutus ne voulait plus attendre[1] ; il fallait qu'il se reposât, au moins dans la mort. Cassius se laissa entraîner et consentit à la bataille.

---

1. Plut., *in Bruto*.

Quelques-uns veulent que ce soit Antoine qui, par une attaque hardie, ait forcé l'autre parti de combattre. Brutus fut vainqueur; Cassius eut son camp forcé. Il ignorait le succès de Brutus; croyant tout perdu, il se retira dans une tente, et s'y fit donner la mort. Depuis la défaite de Crassus à laquelle il avait échappé, Cassius avait à sa suite un de ses affranchis, nommé Pindarus, qu'il réservait pour un pareil moment. Pindarus ne reparut plus après la mort de Cassius, ce qui fit penser qu'il l'avait peut-être tué sans en recevoir l'ordre[1].

Le découragement des troupes de Cassius et leur jalousie, les défections qui avaient lieu sous ses yeux même, décidèrent Brutus à livrer une seconde bataille. Du côté où il combattait en personne, il eut encore l'avantage; mais l'autre aile étant battue, toute l'armée des triumvirs tomba sur lui et l'accabla. A la faveur de la nuit, il se tira un peu à l'écart, et, voyant qu'il ne pouvait échapper[2], il pria le rhéteur Straton de lui donner la mort. On dit qu'auparavant il leva les yeux au ciel, et prononça deux vers grecs :

> Vertu ! vain mot, vaine ombre, esclave du hasard !
> Hélas ! j'ai cru en toi[3].

Ce mot amer, le plus triste sans doute que nous ait conservé l'histoire, semble indiquer que cette âme, si

---

[1]. Plut., *in Bruto*.
[2]. Dio, XLVII, p. 525, n. 49.
[3]. $$\tilde{\omega} \tau\lambda\tilde{\eta}\mu o\nu \; \dot{\alpha}\rho\epsilon\tau\dot{\eta}, \; \lambda\acute{o}\gamma o\varsigma \; \ddot{\alpha}\rho' \; \tilde{\eta}\sigma\theta' \cdot \; \dot{\epsilon}\gamma\grave{\omega} \; \delta\acute{\epsilon} \; \sigma\epsilon$$
$$\dot{\omega}\varsigma \; \ddot{\epsilon}\rho\gamma o\nu \; \ddot{\eta}\sigma\kappa o\upsilon\nu \cdot \; \sigma\grave{\upsilon} \; \delta' \; \ddot{\alpha}\rho' \; \dot{\epsilon}\delta o\acute{\upsilon}\lambda\epsilon\upsilon\epsilon\varsigma \; \tau\acute{\upsilon}\chi\eta.$$
Voy. aussi Plut., *in Bruto*; Florus, IV, 7, 11; Zonar., X, 20, p. 508.

passionnée pour le bien, était pourtant moins forte que celle de Caton, son modèle. Fallait-il que Brutus estimât la vertu par le succès? Les vainqueurs eux-mêmes en jugèrent mieux. Ils honorèrent les restes du vaincu. Antoine jeta sur son corps un riche vêtement, et ordonna qu'on lui fît des funérailles magnifiques. Un ami de Brutus s'était dévoué pour le sauver, et s'était fait prendre, en criant qu'il était Brutus. Antoine s'attacha cet homme qui lui resta fidèle jusqu'à la mort. L'illustre Messala appelait toujours Brutus son général, et plus tard, en présentant le rhéteur Straton à Auguste, il lui disait : César, voilà celui qui a rendu le dernier service à mon cher Brutus. Auguste demandait à Messala pourquoi il avait combattu avec tant d'ardeur contre lui à Philippes, pour lui à Actium : César, répondit-il hardiment, j'ai toujours été du parti le plus juste.

Octave s'était absenté de la bataille, malade de corps, ou plutôt de courage. Ce jour-là, disait-il dans ses *Mémoires*, un dieu m'avait averti en songe de veiller sur moi[1]. Il fut impitoyable pour les vaincus. Il en fit tuer un grand nombre. Un père et un fils demandant grâce, il promit la vie au fils à condition qu'il tuerait son père, et le fit ensuite égorger lui-même. Un autre ne demandait que la sépulture : *Les vautours y pourvoiront*, répondit l'homme sans pitié.

Le parti vaincu était toujours maître de la mer, et

---

1. Suet., c. 14, 91. Velleius a l'effronterie d'avancer, contre le témoignage de tous les historiens, qu'Octave ne fit tuer aucun de ceux qui avaient combattu contre lui (II, 78). De même il assure qu'à la bataille d'Actium, *Octave était partout.*

fort dans l'Orient. Un lieutenant de Brutus amena les Parthes dans la Syrie et jusqu'en Cilicie. D'autre part, Sextus, fils de Pompée, tenait la Sicile et y recevait les proscrits, les esclaves fugitifs. Il augmenta ses forces d'une partie de la flotte de Brutus ; le reste se soumit plus tard à Antoine. Octave se chargea de combattre Sextus, tandis qu'Antoine repousserait les Parthes[1]. Celui-ci avait pris pour lui le riche Orient, la guerre des Parthes et les projets de Jules César ; Octave avait les provinces ruinées de l'Occident, une guerre civile à soutenir, et l'Italie à dépouiller, pour donner aux vétérans les terres qu'on leur avait promises.

Antoine dit aux Grecs d'Asie : Vous fournirez l'argent, l'Italie les terres[2]. Il leva l'argent en effet, mais n'en fit guère part aux vétérans. Octave, au contraire, tint parole. Il dépouilla tous les temples de l'Italie[3]. Il chassa impitoyablement les propriétaires, et se vit entre la multitude furieuse de ceux auxquels il prenait, et une armée insatiable qui l'accusait de ne pas prendre assez. Dans une assemblée où Octave devait venir pour les haranguer, les soldats mirent en pièces un centurion qui essayait de les calmer, et placèrent son corps sur le chemin d'Octave. Il osa à peine se plaindre. Dans toutes les villes, ce n'étaient que combats entre les soldats et le peuple. Les mécontents de toute espèce, gens expropriés, proscrits, vétérans même, trouvèrent des chefs dans le frère et la femme d'Antoine. Ils accusaient Octave de distribuer toutes les terres en son nom, et de s'attirer à lui seul la

---

1. Plut., *Anton*.
2. Appian., *B. civ.*, IV. — 3. *Id., ibid.*

reconnaissance de l'armée. En réalité, Fulvie voulait ramener en Italie, au moins par une guerre, son infidèle époux qui s'oubliait dans l'Orient; ou peut-être se venger d'Octave, son gendre, qu'elle aimait plus qu'il ne convenait à une belle-mère, et qui l'avait dédaignée. Elle passait les légions en revue, l'épée au côté, et leur donnait le mot d'ordre [1].

L'armée déclara qu'elle voulait juger entre Octave et L. Antonius, et les assigna à comparaître devant elle pour tel jour dans la ville de Gabies. Octave s'y rendit humblement : Fulvie et Antonius n'y vinrent pas, et se moquèrent *du sénat botté* [2]. Ce mot leur porta malheur : malgré les vaillants gladiateurs que lui avaient donnés les sénateurs de son parti, L. Antonius, enfermé dans Pérouse, y fut réduit à une horrible famine, et enfin obligé de se rendre. La ville entière fut réduite en cendres par les vaincus eux-mêmes. Le vainqueur fit mourir impitoyablement les chefs du parti, excepté L. Antonius. Pour les simples légionnaires, il eût voulu du moins leur faire sentir par des reproches amers le prix de la grâce qu'il leur accordait; mais ses propres soldats prirent les vaincus dans leurs bras, les appelant leurs frères et leurs camarades, et ils firent tant de bruit que leur général ne put jamais parler [3].

Antoine, qui s'endormait dans l'Orient auprès de la reine d'Égypte, fut réveillé par la guerre de Pérouse et par les cris de Fulvie. Il débarqua bientôt à Brindes avec une flotte de deux cents vaisseaux, déterminé à s'unir avec Sextus pour accabler Octave (40). Mais des

---

1. Dio., XLVIII. — 2. *Id., ibid.*, 12, p. 534.
3. Appian., *B. civ.*, IV.

deux côtés, les soldats ne se souciaient pas de combattre ; ils commandèrent la paix ; Fulvie était morte ; ils marièrent Antoine à Octavie, sœur d'Octave[1], comme ils avaient autrefois marié Octave à la belle-fille d'Antoine. Pour Sextus, ce fut le peuple de Rome qui força Antoine et Octave de s'arranger avec lui. Le blé de la Sicile ne venant plus à Rome, celui de l'Afrique étant arrêté par les flottes de Sextus, la populace trouva du courage dans la famine et le désespoir. Elle soutint des combats acharnés contre les meilleurs soldats d'Antoine et d'Octave ; tous deux faillirent périr dans ces émeutes[2]. Il fallut bien traiter avec Sextus ; mais personne n'était de bonne foi. Ils promettaient de lui laisser la Sicile et de lui donner l'Achaïe, de sorte qu'il eût été maître de tous les ports du centre de la Méditerranée ; ils devaient rendre aux proscrits le quart de leurs biens, condition inexécutable, mais qui sauvait l'honneur de Sextus. De son côté, Sextus s'engageait à envoyer du blé en Italie, et à ne plus recevoir de fugitifs. C'était signer sa ruine, s'il eût tenu parole. Les transfuges de l'Italie, mécontents ou esclaves, faisaient toute la force de Sextus ; ses lieutenants voyaient ce traité avec peine. On assure que, pendant une entrevue sur les bords de la mer[3], Ménas, affranchi de Sextus et commandant de ses flottes, lui dit à l'oreille : « Laissez-moi enlever ces gens-ci, et vous êtes le maître du monde. » Sextus répondit tristement : « Que ne le faisais-tu, au lieu de le dire ? »

1. Dio, XLIV, 56, p. 499.
2. *Id., ibid.*, et Appian., *B. civ.*, IV.
3. Le récit d'Appien que j'ai suivi est plus vraisemblable que celui de Plutarque.

Le nouvel arrangement semblait peu favorable à Octave. Antoine avait toutes les provinces de l'Orient jusqu'à l'Illyrie. Il laissait à son collègue l'Italie ruinée et quatre guerres : l'Espagne et la Gaule en armes, Sextus en Sicile, et Lépide en Afrique. Octave devait périr, ou se fortifier tellement dans cette rude gymnastique, qu'il ne lui en coûterait plus pour devenir seul maître du monde.

Le salut d'Octave et sa gloire fut d'avoir démêlé et élevé deux hommes, deux simples chevaliers, qui furent comme ses bras, qui ne lui manquèrent jamais, et qui ne pouvaient le supplanter; c'étaient deux hommes incomplets : Agrippa n'était qu'une machine de guerre, admirable, il est vrai, mais dépourvue d'intelligence politique; l'autre était Mécène, esprit souple et délié, génie féminin, incapable d'action virile, mais admirable pour le conseil. Mécène semblait fait exprès pour calmer et assoupir l'Italie après tant d'agitations. Lorsqu'on le voyait rester au lit jusqu'au soir, marcher entre deux eunuques, ou siéger à la place d'Auguste avec une robe flottante et sans ceinture[1], on eût pu reconnaître, sous cette ostentation de noblesse et de langueur, le fondateur systématique de la corruption

---

1. Voy. dans Velleius un joli portrait de Mécène, et dans Sénèque (*Epist.* 101), les vers où il exprime un attachement si honteux à la vie :

> Debilem facito manu,
> Debilem pede, coxa,
> Tuber adstrue gibberum,
> Lubricos quate dentes,
> Vita dum superest, benè est.

impériale. Son art fut de rester toujours petit ; jamais il ne voulut s'élever au-dessus du rang de chevalier. Cette position inférieure, et ce rôle convenu de femmelette, lui permettaient de dire à Auguste les choses les plus hardies. Un jour que l'ancien triumvir siégeait sur son tribunal, et se laissait emporter à prononcer plusieurs sentences de mort, Mécène, ne pouvant percer la foule, écrivit deux mots sur ses tablettes, et les jeta à Auguste. Elles portaient : « Lève-toi donc enfin, bourreau ! » Auguste comprit ce conseil politique, et se leva en silence. Avant Mécène et Agrippa sa domination fut sanguinaire ; elle fut malheureuse après eux.

Jamais, sans ces deux hommes, il ne fût venu à bout de Sextus et d'Antoine. Il fallait remettre l'ordre en Italie. Il fallait substituer aux légions indociles qui avaient vaincu à Philippes, une armée qui valût celle d'Antoine ; la discipliner, l'aguerrir. Il fallait, sous les yeux de Sextus, maître de la mer, construire des vaisseaux, exercer des matelots. L'armée se forma peu à peu en combattant les Pannoniens, les Dalmates, les Gaulois et les Espagnols. La flotte, détruite dix fois par les tempêtes et par l'ennemi, réparée, exercée dans le lac Lucrin, dont Agrippa s'était fait un port, préluda par ses victoires sur les marins habiles de Sextus Pompée au succès d'Actium, plus brillant et moins difficile.

Ce n'était pas sans cause que Pompée avait autrefois traité si doucement les pirates, au point de combattre pour eux contre Metellus qui s'acharnait à leur perte. Leur ville de Soles, en Cilicie, devint Pompeiopolis. Il est probable, d'après la supériorité de sa marine dans la guerre civile, qu'il en tira de grands secours : ce fut en Cilicie, qu'après Pharsale, il délibéra sur le choix de sa retraite[1]. Sous Brutus et Cassius, le parti pompéien eut aussi l'avantage sur mer. Mais tant que ce parti eut des ressources considérables, il rendit inutile cette marine puissante en la laissant sous les ordres de généraux romains, étrangers à la mer, tels que Bibulus et Domitius. Sextus Pompée, demi-barbare, qui avait si longtemps vécu de brigandage en Espagne, n'hésita pas de confier le commandement de ses flottes à deux affranchis de son père[2], Ménécrate et Ménodore, vraisemblablement deux anciens chefs de pirates, que le grand Pompée avait ramenés captifs et s'était attachés. Sextus n'hésita même pas de sacrifier à ces hommes indispensables le proscrit Murcus, qui, après Philippes, lui avait amené une grande partie de la flotte de Brutus.

Pendant trois ans (39-36), Octave n'eut guère que des revers, malgré sa persévérance et l'opiniâtre courage d'Agrippa. Les vaisseaux d'Octave, grands et lourds, étaient toujours atteints par ceux de l'ennemi, frappés de leurs éperons, désagréés, brisés, coulés. Les vents et la mer étaient pour Sextus; Octave ne lançait de nouvelles flottes que pour les voir détruites par les tempêtes. Soit superstition, soit pour flatter ses marins, Sextus s'était déclaré fils de Neptune, et se montrait en public avec une robe de couleur *glauque*[3]. Dans les théâtres de Rome, la statue de Neptune était saluée par les acclamations du peuple; Octave n'osa plus l'y laisser paraître. A chaque défaite, il craignait

---

1. Dio. — Appian.
2. Velleius Pat., II, 73. Appian., *B. civ.*, IV. — 3. Appian.

un soulèvement de Rome affamée par Sextus; il y envoyait Mécène[1] en toute hâte, pour calmer et contenir la multitude. Et cependant il persévérait : toujours sur les rivages, construisant, réparant des flottes, formant des matelots, deux fois presque pris par Sextus, passant des nuits d'orage sans autre abri qu'un bouclier gaulois[2]. Ce qui lui était le plus utile, c'était de gagner les lieutenants de son ennemi. Ménodore passa quatre fois de l'un à l'autre parti. Ces défections passagères avaient pourtant l'avantage d'améliorer la marine d'Octave, et de lui apprendre le secret de ses défaites. Aussi finit-il par prévaloir; il parvint à débarquer en Sicile, et défit Sextus. Lépide était venu d'Afrique pour prendre part, ou traiter avec Pompée. Pendant qu'il marchande avec lui, Octave détruit l'armée de Sextus, gagne celle de Lépide[3], et se voit à la tête de quarante-cinq légions. Sextus se sauva en Orient; il avait sans doute des intelligences dans les provinces où son père avait autrefois établi les pirates vaincus. Il envoya aux Parthes et à Antoine, traitant à la fois avec lui et contre lui : celui-ci, auquel il eût pu être si utile sur mer, le fit ou le laissa tuer. C'était rendre un grand service à Octave : il n'avait plus d'autre rival qu'Antoine. La guerre ne tarda pas à éclater entre eux. Reprenons de plus haut les affaires d'Orient.

La domination d'Antoine n'y avait pas été sans gloire : ses lieutenants repoussèrent les Parthes, qui sous la conduite du pompéien Labienus avaient envahi la Syrie,

---

1. Appian., *B. civ.*, IV. — 2. *Id., ibid.* — 3. *Id., ibid.*

la Cilicie, et jusqu'à la Carie (42-38). Ventidius les battit deux fois en Syrie, tua Pacorus, fils de leur roi, vengea Crassus. Sosius prit Jérusalem, détrôna Antigone, que les Barbares y avaient établi, et mit en possession de ce royaume Hérode, ami dévoué d'Antoine. La Judée, si forte dans ses montagnes, placée à l'angle oriental de l'Empire, entre la Syrie et l'Égypte, dont le commerce était détourné par l'entrepôt de Palmyre, eût été entre les mains des Parthes le plus formidable avant-poste des ennemis du nom romain. Cependant un autre lieutenant d'Antoine, Canidius, pénétrait dans l'Arménie, battait les Ibériens et les Albaniens, et s'emparait des défilés du Caucase, de ce grand chemin des anciennes migrations barbares, par lequel Mithridate avait si longtemps introduit les populations scythiques dans l'Asie Mineure. Ainsi, Antoine se trouvait maître des trois grandes routes du commerce du monde, celle du Caucase, celle de Palmyre et celle d'Alexandrie[1].

Après la bataille de Philippes, Antoine avait parcouru la Grèce et l'Asie pour lever l'argent promis aux légions victorieuses. La pauvre Asie, si maltraitée par Cassius et Brutus, fut obligée de payer un second tribut dans la même année; encore tout cela profitait peu. Antoine, incapable d'ordre et de surveillance, laissait perdre cet argent levé avec tant de peine. Tous les siens l'imitaient. Ce n'était près de lui que jeux et que fêtes, et ces fêtes faisaient pleurer toute l'Asie. A son arrivée, les farceurs, les chanteurs, les bouffons de l'Italie, qui jusque-là faisaient ses délices, furent éclipsés par ceux de l'Orient[2]. Les Ioniens, les Syriens, s'emparèrent d'Antoine; ils

---

1. Plut., *Ant.*, *passim*. — 2. Plut., *Ant.*

amenèrent dans Éphèse le nouveau Bacchus au milieu des cœurs de bacchantes et de satyres. C'était dans leurs chants Bacchus l'*aimable et le bienfaiteur;* si bienfaisant en effet, que, pour un plat qui lui avait semblé bon, il donnait au cuisinier la maison d'un de ses hôtes. Quelquefois pourtant, il faut le dire, Antoine avait honte de tout cela, il s'affligeait de ses injustices et de celles des siens, il les avouait, et par cette bonne foi, il expiait une partie de ses torts.

Il partait pour cette guerre des Parthes que Ventidius acheva avec tant de gloire, lorsqu'il voulut auparavant demander compte à la reine d'Égypte de la conduite équivoque qu'elle avait tenue dans la guerre civile, et en tirer quelque argent. Il lui manda de venir le trouver à Tarse en toute hâte. Cléopâtre ne se pressa pas. Elle connaissait bien sa puissance. Arrivée en Cilicie, elle remonta le Cydnus sur une galère parée avec le luxe voluptueux de l'Orient. La poupe était dorée, les voiles de pourpre, et des rames argentées suivaient la cadence des flûtes et des lyres. Des Amours et des Néréides entouraient la déesse, couchée nonchalamment sous un pavillon égyptien. Sur les deux rives, l'air était enivré des parfums d'Arabie. Pour voir cette Vénus, cette Astarté qui venait visiter Bacchus, toute la ville courut au fleuve. Antoine resta seul sur son tribunal[1].

Il invita la reine ; mais elle exigea qu'il vînt le premier. Elle l'étonna d'une magique illumination ; les plafonds, les lambris de la salle du banquet étincelaient de mille figures symétriques ou bizarres, tracées comme

---

1. Plut., *Ant.*

d'une main de feu. Dès ce premier jour elle domina Antoine, le flatta, le railla hardiment, mania à son gré la simplicité du soldat d'Italie, l'enrôla à sa suite, et, revenant à Alexandrie, elle y ramena le lion en laisse.

Cette puissance de Cléôpatre n'était pas tant dans sa beauté[1]. La taille de celle qui entrait chez César enveloppée dans un paquet et sur les épaules d'Apollodore, ne pouvait être très imposante. Mais cette petite merveille avait mille arts, mille grâces variées, et le don de toutes les langues. Elle se transformait tous les jours pour plaire à Antoine. Sans doute dans la *vie inimitable* dont parle le bon Plutarque, les huit sangliers toujours à la broche, prêts pour toute heure, et à différents points, n'entraient pas pour beaucoup. Mais Cléopâtre ne le quittait ni nuit ni jour. Pour enchaîner son soldat, elle s'était fait soldat elle-même ; elle chassait, jouait, buvait, le suivait dans ses exercices. Le soir, l'*imperator* et la reine d'Égypte, s'habillant en esclaves, couraient les rues, s'arrêtaient aux portes, aux fenêtres des gens pour rire à leurs dépens, au risque d'attraper des injures ou des coups. Battu dans les rues d'Alexandrie, moqué par Cléopâtre, Antoine était ravi[2].

Cette *vie inimitable* fut interrompue par la guerre de Pérouse, et l'aigre clameur de Fulvie, qui menaçait Antoine d'être bientôt dépouillé de l'empire par son astucieux rival. Il résolut d'être homme, s'arracha de l'Égypte et débarqua à Brindes. Nous avons vu comment Octave lui donna sa sœur pour épouse (40). C'était un moyen d'avoir toujours auprès d'Antoine un négo-

---

1. Plut., *Ant.* — 2. *Id., ibid.*

ciateur zélé et un témoin de toutes ses démarches. Telle était la politique d'Octave. Son biographe prétend que lui-même il faisait l'amour à toutes les femmes de Rome pour savoir le secret des maris[1]. Lorsque Sextus Pompée allait être accablé, et qu'Antoine, reconnaissant le danger, passa de nouveau en Italie, Octave arrêta son rival par l'influence de sa sœur, qui désarma Antoine et le perdit, sans le savoir, en lui faisant manquer la dernière occasion qu'il eût de prévaloir sur Octave.

Dans l'entrevue de Brindes et aux fêtes de son mariage avec Octavie, Antoine jouait souvent avec Octave, mais il perdait toujours. Un devin égyptien lui dit un jour : Ton génie redoute le sien ; il faiblit devant celui de César. Ce mot, dicté peut-être par Cléopâtre, n'en était pas moins d'un sens profond. Le chef de l'Orient devait rompre avec l'Occident. Lorsqu'Antoine, las d'Octavie, dont la sérieuse figure[2] lui représentait sans cesse son odieux rival, la laissa en Grèce et passa en Asie, la passion le conduisait sans doute, mais la politique pouvait le justifier. Alexandre-le-Grand, descendu d'Hercule, comme Antoine, n'avait-il pas uni les vainqueurs et les vaincus en épousant les filles des Perses, en adoptant leur costume et leurs mœurs? Octave possédait Rome, c'était sa capitale ; la seule Alexandrie pouvait être celle d'Antoine[3]. Cette ville était le centre du commerce de l'Asie, de l'Afrique

---

1. Suet., *Aug.*
2. Sur la prudence et la gravité d'Octavie, voy. Plut., *Ant.*
3. En cela, il ne faisait que suivre les plans de César qui avait songé à transporter le siège de l'Empire à Alexandrie ou à Troie. (Suet., *Cæs.*, 79.) Voy. la belle ode d'Horace : *Justum ac tenacem*, etc.

et de l'Europe, le caravansérail où venait s'abriter à son tour toute nation, toute religion, toute philosophie, l'hymen de la Grèce et de la Barbarie, le nœud du monde oriental. Ce monde apparaissait tout entier en la reine d'Alexandrie. Quelle reine ! vive et audacieuse comme César, son premier amant, Mithridate femelle, étonnant de sa sagacité tous les peuples barbares et leur répondant dans leurs langues[1] ; génie varié, multiple, comme la toute féconde Isis, sous les attributs de laquelle elle triomphait dans Alexandrie. Il paraît qu'elle était adorée de l'Égypte. Lorsqu'après sa mort on renversa les statues d'Antoine, un Alexandrin donna cinq millions de notre monnaie pour qu'on laissât debout celles de Cléopâtre[2].

Avant d'entreprendre la guerre des Parthes, Antoine réunit au royaume d'Égypte tout le bassin de la mer de Syrie, c'est-à-dire toutes les contrées maritimes et commerçantes de la Méditerranée orientale, la Phénicie, la Cœlé-Syrie, l'île de Chypre, une grande partie de la Cilicie ; de plus, le canton de la Judée qui porte le baume, et l'Arabie des Nabathéens, par où les caravanes se rendaient vers les ports de la mer des Indes[3]. Placer ces diverses contrées dans la main industrieuse des Alexandrins, c'était le seul moyen de leur rendre l'importance commerciale qu'elles avaient perdue depuis la ruine de Tyr et la chute de l'empire des Perses.

Antoine distribua les trônes de l'Asie occidentale avant d'envahir la Haute Asie. Le moment semblait

---

1. Plut., *Anton*.
2. *Id., ibid., sub fin.*
3. Plut. — Appien (lib. IV) dit qu'Antoine attaqua Palmyre, la rivale du commerce d'Alexandrie.

venu d'accomplir les projets de César. Les Parthes étaient divisés. Plusieurs d'entre eux, réfugiés près d'Antoine, lui contaient que leur nouveau roi Phraate avait tué son père et ses vingt-neuf frères. Le roi d'Arménie, ouvrant le passage par ses montagnes, dispensait les Romains de traverser les plaines si fatales à Crassus. La cavalerie légère d'Arménie venait se joindre aux irrésistibles escadrons des Gaulois et des Espagnols[1] qu'emmenait Antoine; mais il fallait se hâter. Les Parthes se dispersaient pendant l'hiver, et ne paraissaient point en campagne. On devait trouver Phraate désarmé en l'attaquant au commencement de cette saison. Antoine se souvenait, d'ailleurs, que la célérité avait été le principal moyen du grand César. Il laissa donc sous l'escorte de deux légions les machines de guerre qui le retardaient, pénétra rapidement dans le pays ennemi, et vint mettre le siège devant Praapsa (ou Phraata).

Le siège traînait en longueur, faute de machines; elles avaient été interceptées par les Parthes avec les deux légions. Antoine avait beaucoup de peine à nourrir sa cavalerie; le roi d'Arménie emmena la sienne, découragé ou gagné par les Parthes. Dès lors il n'y avait plus de succès à espérer. Phraate profita de ce moment et traita avec Antoine. Le roi barbare lui promit une retraite sûre, et pendant cette retraite de vingt-sept jours il lui livra dix-huit combats. Plus habile que Crassus, Antoine prit le chemin des montagnes, et découragea les Parthes par les charges vigoureuses de sa cavalerie gauloise. Au milieu de ces attaques conti-

1. Plut., *in Anton.*

nuelles et de tous les maux que pouvait endurer une armée dans un pays nu, sans vivres, sans chemin, coupé d'âpres rochers et de grands fleuves, le Romain s'écria plusieurs fois : O Dix mille! La retraite d'Antoine ne fut guère moins glorieuse que celle de Xénophon. Il y fit admirer son humanité autant que son courage[1]. Parvenus au bord d'une rivière, au delà de laquelle ils ne voulaient plus le poursuivre, les Parthes, débandant leurs arcs, exhortèrent les Romains à passer paisiblement et leur exprimèrent leur admiration. Antoine avait perdu vingt-quatre mille hommes. Il en perdit encore huit mille par une marche forcée que rien ne motivait, sinon son impatience de revoir Cléopâtre.

Le seul roi d'Arménie était la cause du mauvais succès d'Antoine. Celui-ci trouva moyen de s'emparer en trahison de l'Arménien et de son royaume. Maître des fortes positions de l'Arménie, il menaçait de bien près les Parthes. Mais, avant de les attaquer, il retourna encore en Égypte, où il voulait montrer son captif et triompher dans sa Rome orientale.

Cette adoption solennelle des vaincus, qui révoltait les Macédoniens contre Alexandre, n'indisposa pas moins les Romains contre Antoine. Ce fut avec étonnement et une sorte d'horreur qu'ils le virent siéger près de son Isis, sous les attributs d'Osiris. Il avait fait dresser sur un tribunal d'argent deux trônes d'or, un pour lui, l'autre pour Cléopâtre et Césarion, qu'il déclara fils de César. « Il donna ensuite le titre de rois des rois aux enfants qu'il avait eus de cette reine. Alexandre eut pour partage l'Arménie, la Médie et le royaume des

---

[1]. Plut., *in Anton.*

Parthes, qu'Antoine espérait conquérir. Ptolémée, son second fils, eut la Phénicie, la Syrie et la Cilicie. Il les présenta tous les deux au peuple. L'aîné était vêtu d'une robe médique, et portait sur la tête la tiare et le bonnet pointu qu'on appelle cidaris, ornements des rois mèdes et arméniens. Ptolémée avait un long manteau, des pantoufles et un bonnet entouré d'un diadème, costume des successeurs d'Alexandre. Depuis ce jour, Cléopâtre ne parut plus en public que vêtue de la robe consacrée à Isis, et donna ses audiences au peuple sous le nom de la nouvelle Isis [1]. »

Ce fut pour Octave un beau et populaire sujet de guerre. Sa cause devint celle de Rome. Toutefois, pour rendre Antoine plus odieux encore, il envoya Octavie en Grèce avec des présents d'armes, d'argent, de chevaux. Elle fit demander à son mari où il voulait qu'elle lui amenât tout cela [2]. Antoine lui ordonna de rester en Grèce, et plus tard de quitter sa maison de Rome. On la vit avec compassion emmener avec ses enfants ceux qu'Antoine avait eus de Fulvie. Ainsi les vertus de la sœur servaient la politique du frère.

Octave accuse alors Antoine dans le Sénat d'avoir démembré l'Empire et introduit Césarion dans la famille de César. Il arrache aux vestales le testament qu'Antoine avait déposé entre leurs mains [3], l'ouvre et le lit au Sénat. En même temps, il faisait courir le bruit qu'Antoine voulait donner Rome à Cléopâtre, que les soldats portaient déjà le chiffre de la reine sur leurs boucliers [4]. Les principaux témoins contre Antoine était un Calvisius, un Plancus, homme consu-

---

1. Plut., *in Anton.* — 2. *Id., ibid.*
3. Suet., *Aug.*, c. 17. — 4. Dio., lib. L, 5.

laire, qui avait longtemps amusé Antoine de ses bouffonneries; il s'était fait honneur dans les orgies d'Alexandrie, pour avoir joué avec beaucoup de naturel le dieu poisson Glaucus, avec un costume vert de mer et une queue pendante[1]. Reprenant sa place au Sénat, il y accusa son maître; il le représenta suivant à pied la litière de Cléopâtre, avec ses eunuques; s'interrompant sur son tribunal, au milieu des rois et des tétrarques, pour lire les jolies tablettes d'amour en cristal et en cornaline, que lui envoyait la reine; un autre jour, descendant de son tribunal, et laissant tout seul l'illustre Furnius qui plaidait devant lui, pour se joindre au cortège de la reine qui passait sur la place et soutenant sa litière comme un esclave. On soupçonnait Calvisius et Plancus d'avoir forgé une bonne partie de ces accusations[2].

Elles étaient soutenues par Octave, qui voulut dans cette affaire n'agir qu'au nom du Sénat. Toutefois les motifs de guerre étaient bien faibles en réalité. Si la guerre se faisait pour l'intérêt de Rome, qu'importait le divorce d'Octavie, et l'introduction de Césarion dans la famille Julia? Si elle était entreprise pour venger les torts d'Antoine envers Octave, le don fait par le premier à la reine d'Égypte était aussi légitime que toute cession analogue faite par Octave d'une des provinces qui composaient son partage. Les consuls en jugèrent ainsi, et passèrent tous deux du côté d'Antoine. Le Sénat, dominé par Octave, ôta à son rival la puissance triumvirale, et déclara la guerre à la reine d'Égypte. « Ce n'est pas Antoine, disait Octave, que nous

---

1. Velleius Pat., II, c. 83. — 2. Plut., *Antonii vita*.

aurons à combattre : les breuvages de Cléopâtre lui ont ôté la raison ; nos adversaires seront l'eunuque Mardion, un Pothin, une Charmion, une Iras, coiffeuse de Cléopâtre [1].

Octave n'était pourtant pas si rassuré qu'il le disait. Antoine avait deux cent mille hommes de pied, douze mille cavaliers, huit cents vaisseaux, dont deux cents étaient fournis par Cléopâtre. Le roi de Pont, ceux des Arabes, des Juifs, des Galates, des Mèdes, lui avaient envoyé des secours ; ceux de Cilicie, de Cappadoce, de Paphlagonie, de Comagène, de Thrace, étaient venus en personne soutenir la cause commune du monde barbare. Une armée de Gètes était en marche. On a blâmé les délais d'Antoine, et son long séjour à Samos avec Cléopâtre. Mais je ne sais s'il fallait moins de temps pour réunir tant de troupes diverses du fond de l'Asie jusqu'à l'Adriatique. Octave, dont les forces étaient moins dispersées, fut prêt le premier, passa la mer avec deux cent cinquante vaisseaux, et débarqua près d'Actium une armée d'environ cent mille hommes.

Cléopâtre voulait qu'on lui dût la victoire : elle insista pour que l'on combattît sur mer. On se souvenait d'ailleurs que Pompée, que Brutus, avaient péri pour avoir remis leur fortune au hasard d'un combat de terre, au lieu de profiter de leur supériorité maritime. La flotte battue, les légions restaient, et rien n'était perdu ; mais les légions une fois détruites, à quoi servait la flotte. Ces légions renfermaient sans doute encore quelques-uns des vétérans qui avaient échappé à la glorieuse et meurtrière retraite de la

---

1. Plut., *Antonii vita*.

Haute Asie, mais elles n'avaient pu se recruter dans les pays belliqueux de l'Occident. Antoine avait prêté des vaisseaux à Octave, selon leurs conventions, mais Octave n'avait point envoyé de troupes à Antoine [1].

Les vaisseaux d'Antoine étaient hauts et massifs, ceux d'Octave légers et rapides. Cependant la supériorité des manœuvres n'était pas toujours un avantage décisif dans les batailles navales de l'antiquité. Duillius avait battu les vaisseaux de Carthage, César ceux des Vénètes, Agrippa ceux de Sextus, en les immobilisant avec des mains de fer. Antoine avait peu de rameurs pour une si grande flotte. Mais il comptait sur vingt mille vétérans qu'il fit monter sur ses navires, et qui d'en haut pouvaient combattre avec avantage. Ses vaisseaux ne craignaient pas d'être frappés, même aux flancs [2]; les éperons des galères d'Octave se brisaient contre ces gros navires construits de fortes poutres cerclées de fer. Chacun d'eux était une citadelle qu'il fallait assiéger.

Le combat était douteux (et il se prolongea plusieurs heures encore), lorsqu'on voit tout à coup soixante vaisseaux de Cléopâtre traverser à toutes voiles les lignes d'Antoine et cingler vers le Péloponèse. La reine avait voulu monter un de ses vaisseaux; mais elle ne put soutenir la vue de cette horrible mêlée. On peut soupçonner encore que cette femme perfide désespéra de la fortune d'Antoine, et se hâta, par une défection précipitée, de mériter la clémence, peut-être l'amour du vainqueur. Elle croyait que son destin était de régner sur le maître du monde, quel

---

1. Appian., IV. — 2. Plut., *Anton.*

qu'il fût, qu'il s'appelât César, Antoine ou Octave.

Antoine ne soutint pas ce coup. Il parut saisi d'un vertige, comme Pompée à Pharsale. Il suivit Cléopâtre. Innocente, il voulait la défendre : la flotte du vainqueur pouvait arriver aussitôt qu'elle dans Alexandrie; coupable, il voulait la punir, l'empêcher de se donner à Octave, et mourir avec elle. Peut-être encore Antoine la suivit par un instinct aveugle, et sans songer à rien de tout cela. Peut-être pensait-il risquer peu par cette retraite, il croyait à la fidélité de son armée de terre. Il fut frappé d'étonnement, quand il sut qu'au bout de huit jours, elle s'était livrée à Octave, et elle ne l'eût pas fait, si elle eût su qu'Antoine avait laissé à Canidius l'ordre de la mener en Asie par la Macédoine[1].

Antoine, il faut le dire, avait quelque sujet de prétendre à l'attachement et à la fidélité des siens. Tous ceux qui le quittèrent ne se plaignaient point de lui, mais de Cléopâtre. Au moment de la bataille, son vieil ami Domitius l'ayant abandonné, Antoine lui renvoya généreusement ses serviteurs, ses esclaves, tout ce qui était à lui. Domitius en mourut de remords. Après Actium, les rois abandonnèrent Antoine; les gladiateurs lui restèrent fidèles. Ceux qu'il faisait mourir à Cyzique entreprirent de traverser toute l'Asie Mineure, la Syrie, la Phénicie, le désert, pour aller en Égypte se faire tuer pour leur maître.

La grande affaire d'Octave n'était pas de poursuivre

---

1. Plut., *Ant.*

son rival, mais de licencier, de disperser, de contenir cette prodigieuse armée dont il se trouvait chef par la soumission des légions d'Antoine. Il fallut, pour apaiser les vétérans, qu'il mît à l'encan ses propres biens et ceux de ses amis.

Cependant Antoine, abandonné de quatre légions qui lui restaient dans la Cyrénaïque, se livra à un farouche désespoir. Ses amis, sa puissance, l'avaient abandonné; l'amour même, cet amour fatal, lui manquait dans son dernier jour. Retiré près d'Alexandrie dans la *Tour de Timon le misanthrope* qu'il s'était construite, il y attendait la mort. Mais l'Égyptienne craignait le caprice d'un désespoir solitaire; elle trouva moyen de ressaisir son captif, et pendant qu'elle envoyait à César la couronne et le sceptre d'or[1], elle enivrait l'infortuné de voluptés funèbres, ou le berçait de vains songes. Ce n'était plus le temps *de la vie inimitable;* elle avait imaginé à la place une société des *inséparables dans la mort.* Les nuits se passaient en festins; le jour, elle essayait des poisons divers sur des esclaves, assistait à leur agonie, pour savoir s'il n'existait pas une mort voluptueuse[2]. Antoine s'endormait dans cette douce pensée que Cléopâtre voulait mourir avec lui. Quelquefois, elle relevait son espoir, et faisait des préparatifs pour passer en Espagne, et y renouveler la guerre; ou bien encore, elle ramassait son or, ses pierreries, ordonnait qu'on traînât ses vaisseaux par-dessus l'isthme, de la Méditerranée dans la mer Rouge; elle voulait fuir avec son Antoine

---

1. Dio., LI, 6, p. 637.
2. *Id.*, LI, 11. — Plut., *Anton., sub fin.*

dans les îles heureuses de l'Océan, et vers les rivages embaumés des Indes.

Dès que César approcha de l'Égypte, la reine lui livra Péluse, la clef du pays. Elle avait reçu de lui des messages amoureux[1], elle croyait encore tenir celui-ci. Il ne s'agissait plus que de se débarrasser d'Antoine. Le malheureux s'obstinait à avoir confiance en elle. Le jour même où César parut devant la ville, il se battit en lion aux portes d'Alexandrie, et, rentrant dans la ville, il embrassa Cléopâtre, tout armé, et lui présenta ses meilleurs soldats. Le lendemain, sa cavalerie le trahit; son infanterie fut écrasée; en même temps il aperçut la flotte égyptienne qui s'unissait à celle de César. Cléopâtre avait eu soin d'ôter à Antoine ce dernier asile.

Elle-même, craignant enfin sa vengeance, se cacha avec ses trésors dans un tombeau fortifié qu'elle s'était construit. Quand Antoine se retira dans Alexandrie, on lui dit que Cléopâtre s'était donné la mort : Je mourrai donc, dit-il; et il appela un esclave qu'il réservait depuis longtemps pour ce dernier moment. L'esclave leva l'épée, mais au lieu de frapper son maître, il se perça lui-même; Antoine rougit, et l'imita. On lui apprit alors que Cléopâtre vivait encore; il ordonna qu'on le portât près d'elle, voulant du moins mourir dans ses bras. Mais elle craignait trop pour ouvrir la porte; avec l'aide de ses femmes, elle le guinda jusqu'à une fenêtre, d'où elles le redescendirent dans le mausolée. Il expira en la consolant.

Par la même fenêtre entrèrent les soldats de César;

---

[1]. Dio., LI, 8. p. 638.

ils arrivèrent à point nommé pour arrêter le bras de la reine qui faisait mine de se percer d'un poignard qu'elle portait toujours à sa ceinture. Au fond, elle tenait à la vie; elle comptait essayer sur le jeune Octave les grâces d'une belle douleur et la coquetterie du désespoir; tout cela échoua contre la froide réserve du politique.

Alors, elle voulut sérieusement mourir : elle s'abstint d'aliments. Octave souhaitait la conduire vivante à Rome, et triompher en elle de tout l'Orient; il l'intimida par la menace barbare de faire tuer ses enfants, si elle mourait. Toutefois, l'horrible image du triomphe, la crainte d'être traînée la chaîne au col, sous les outrages de la populace de Rome, l'emportèrent enfin. Un jour on la trouva morte au milieu de ses femmes expirantes : elle était couchée sur un lit d'or, le diadème au front, et parée, comme pour une fête, de ses vêtements royaux.

De quelle mort avait péri Cléopâtre ? on ne l'a bien su jamais[1]. Le bruit courut qu'elle s'était fait apporter un aspic caché dans un panier de belles figues; et lorsqu'elle vit le reptile libérateur sortir de la fraîche verdure sa petite tête hideuse, elle aurait dit : Te voilà donc !.... César adopta cette croyance populaire, et l'on vit à son triomphe une statue de Cléopâtre le bras entouré d'un aspic.

Le mythe oriental du serpent que nous trouvons dans les plus vieilles traditions de l'Asie, reparaît ainsi à son dernier âge, et la veille du jour où elle va se transformer par le christianisme. Le serpent tenta-

---

1. Plut., *in Anton. vita.*

teur, qui, tout bas, siffle la pensée du mal au cœur d'Adam, qui nage et rampe et glisse et coule inaperçu, n'exprime que trop bien la puissance magnétique de la nature sur l'homme, cette invincible fascination qu'elle exerce sur lui dans l'Orient. Et cette dangereuse Ève par laquelle il nous trouble, c'est encore le serpent. Pour l'Arabe du désert, pour l'habitant de l'aride Judée, le fleuve fécondant de l'Égypte est un serpent dardé tous les ans des monts inconnus du Paradis. Moïse ne guérit Israël de son adultère idolâtrie, qu'en lui faisant boire la cendre du serpent d'airain. L'aspic qui tue et délivre Cléopâtre, ferme la longue domination du vieux dragon oriental. Ce monde sensuel, ce monde de la chair, meurt pour ressusciter plus pur dans le christianisme, dans le mahométisme, qui se partageront l'Europe et l'Asie. C'était une belle et mystérieuse figure que l'imperceptible serpent de Cléopâtre, suivant le triomphe d'Octave, le triomphe de l'Occident sur l'Orient.

L'Orient avait dit par la voix de Cléopâtre : Je dicterai mes lois dans le Capitole[1]; il fallait auparavant qu'il conquît l'Occident par la puissance des idées. Antoine et Cléopâtre représentèrent dans leur union le futur hymen de la barbarie de l'Occident et de la civilisation orientale. Mais le trône d'or d'Alexandrie n'était pas une place digne pour ce divin mystère. C'était dans la poudre sanglante du Colisée qu'il devait s'accomplir, entre la blanche robe du catéchumène chrétien et la chaste nudité du captif barbare.

---

1. Dio., I, 422, p. 607 : Τήντε εὐχὴν τὴν μεγίστην, ὁπότε τι ὀμνύοι, ποιεῖσθαι τὸ ἐν τῷ Καπιτολίῳ δικάσαι.

La veille du jour où Antoine devait périr dans Alexandrie, on entendit dans le silence de la nuit une harmonie de mille instruments, mêlée de voix confuses, de danses de satyres et d'une clameur d'Évoë; on eût dit une troupe de bacchantes, qui, après avoir mené grand bruit dans la ville, passait au camp de César. Tout le monde pensa que c'était Bacchus, le dieu d'Alexandre et d'Alexandrie, qui l'abandonnait sans retour, et se livrait lui-même au vainqueur. Et, en effet, les temps étaient finis. Le dieu effréné du naturalisme antique, l'aveugle Éleuthère[1], le furieux libérateur, le rédempteur sanguinaire de l'ancien monde, son Christ impur, avait mené son dernier chœur, consommé sa dernière orgie. L'humanité allait soulever sa tête de l'ivresse, et rejeter en rougissant le thyrse et la couronne de fleurs. Le vieil Olympe avait vécu âge de dieux; il se mourait, selon la prophétie étrusque et la menace du Prométhée d'Eschyle.

Il fallut toutefois trois siècles pour que le dieu de la nature fût dompté par le Dieu de l'âme; le tigre ne se laissa pas enchaîner sans se venger par de cruelles morsures; des torrents de sang coulèrent, et les âmes souffraient encore au dedans. Époque d'incertitude, de doute et d'angoisse mortelle! Qui eût pensé alors qu'elle dût revenir un jour?..... Ce second âge du monde, commencé avec l'Empire, il y a tantôt deux mille ans, on dirait qu'il s'en va finir. Ah!

---

1. Sur l'identité de Bacchus, d'Osiris et de Sérapis, voy. la dissertation de M. Guigniaut (*Sérapis et son origine*, à la fin du tome V du *Tacite* de M. Burnouf). — Plut., *De Isid. et Osir.* : Βελτίον δὲ τὸν Ὄσιριν εἰς ταυτὸ συνάγειν τῷ Διονύσῳ, τῷ τε Ὀσίριδι τὸν Σάραπιν.

s'il en est ainsi, vienne donc vite le troisième, et puisse Dieu nous tenir moins longtemps suspendus entre le monde qui finit[1] et celui qui n'a pas commencé !

1. Ici la fin ne peut être la mort, mais une simple transformation. Ceux qui ont lu mon *Introduction à l'Histoire Universelle,* mon *Discours sur Vico,* ou mon *Histoire de France,* ne se méprendront pas sur ma pensée.

ÉCLAIRCISSEMENTS

P. 26. — Montaigne, *Voyage en Italie* :

« Ceux qui disaient qu'on y voyait au moins les ruines de Rome, en disaient trop ; car les ruines d'une si épouvantable machine rapporteraient plus d'honneur et de révérence à sa mémoire : ce n'était rien que son sépulcre....

« Les bâtiments de cette Rome bâtarde qu'on allait à cette heure attachant à ces masures, quoiqu'ils eussent de quoi ravir en admiration nos siècles présents, lui faisaient ressouvenir proprement des nids que les moineaux et les corneilles vont suspendant, en France, aux voûtes et parois des églises que les huguenots viennent d'y démolir....

« A voir seulement ce qui reste du temple de la Paix, le long du *Forum romanum*, duquel on voit encore la chute toute vive, comme d'une grande montagne dissipée en plusieurs horribles rochers, il ne semble que de tels bâtiments pussent tenir en tout l'espace du mont du Capitole, où il y avait vingt-cinq ou trente temples, outre plusieurs maisons privées.... Il est souvent avenu qu'après avoir fouillé bien avant en terre, on ne venait qu'à rencontrer la tête d'une fort haute colonne qui était encore en pied au-dessous. Il est aisé à voir que plusieurs rues sont à plus de trente pieds profond au-dessous de celles d'à cette heure. »

Voy. aussi Luther, *Tischreden*, p. 442, édit. de Witt :

« Lorsque je vis Rome, je tombai à genoux, levai les mains, et dis : Salut, sainte Rome, consacrée par les martyrs et par leur sang, qui y a été versé..... Rome n'est plus qu'un cadavre et un tas de cendres..... Les maisons sont aujourd'hui où étaient les toits; tel est l'entassement des décombres, qu'il y en a à la hauteur de deux lances de landsknechts. »

P. 28. — Nous réunissons ici les opinions opposées de Tite-Live et de Gœthe sur les avantages et les inconvénients de la situation de Rome. (Voy. plus bas ce qu'en pensait Napoléon.) Nous y joignons un passage important du savant Breislak, sur le caractère géologique du sol où elle est bâtie. La description la plus complète de Rome, sous tous les rapports, physiques et historiques, est celle que publient en ce moment les Allemands qui y sont établis, MM. Bunsen et Od. Gherard. M. Gherard doit joindre à cet ouvrage tous les textes anciens et modernes qui peuvent éclaircir cette description. Je saisis cette occasion pour remercier mon savant ami de l'infatigable bonté avec laquelle il m'a fait les honneurs de la ville éternelle, que personne ne connaît comme lui. J'ai eu aussi à me louer singulièrement des communications de M. Vollard (secrétaire du prince R. Henri de Prusse), et de la bienveillante hospitalité de l'illustre sir W. Gell.

Tite-Live, liv. V, c. 54 : « Non sine causa dii hominesque hunc urbi condendæ locum elegerunt; saluberrimos colles, flumen opportunum, quo ex mediterraneis locis fruges devehantur, quo maritimi commeatus accipiantur; mare vicinum ad commoditates, nec expositum nimia propinquitate ad pericula classium externarum; regionum Italiæ medium, ad incrementum urbis natum unice locum. »

Gœthe, *Mém.* : « On construisit au hasard au pied de ces montagnes, entre les marais et les roseaux. Les sept collines de Rome ne sont pas des remparts élevés contre le pays situé derrière; ce sont des digues contre le Tibre et contre son ancien lit devenu depuis le Champ de Mars. Si je puis me permettre quelques excursions autour de Rome, au printemps, je serai plus à même d'en bien signaler la situation défavorable; mais je n'en prends pas moins, dès à présent, la plus vive part au chagrin des femmes d'Albe. Je m'unis de cœur à leurs cris de désespoir, lorsqu'elles virent détruire leur ville, et qu'il leur fallut abandonner ce bel emplacement, si bien choisi par son habile fondateur, pour venir vivre au milieu des brouillards du Tibre, et habiter le triste mont Cœlius, avec la douleur de ne pouvoir plus que jeter de là un coup d'œil de regret sur le paradis dont on les avait exilées.

« Je ne connais encore que fort peu la contrée; mais j'en sais assez pour être persuadé qu'aucun peuple de l'antiquité n'a plus mal choisi son séjour que les Romains. Aussi, dès qu'ils eurent réussi à tout engloutir, s'empressèrent-ils, pour pouvoir jouir des plaisirs de la vie, de se transporter, avec leurs pénates, dans les maisons de plaisance élevées par eux sur les ruines des villes détruites par leurs armes. »

Breislak, *Voyages phys. et Lithol.* : « Le sol de Rome semble volcanique; il est composé en grande partie de roches vomies du sein de la terre par les feux souterrains, dont l'action assoupie se manifeste encore par quelques signes extérieurs qui n'avaient pas échappé aux premiers habitants de la contrée. Preuves : 1° Thermes près du temple de Janus; ce lieu était appelé *Lautolæ*, *a lavando*. 2° Un lieu sur l'Esquilin appelé *Puticulæ*, à cause de l'odeur du soufre (?), comme *Puteoli*. 3° Un bois sur l'Esquilin, consacré à la déesse Méphite. 4° Tradition du gouffre de Curtius, de Cacus, vomissant des flammes », etc.

De Buch croit aussi le sol de Rome volcanique, mais il pense que les matières volcaniques y sont venues par alluvion des monts entre Velletri et Frascati. La carrière de Capo di Bove, près du tombeau de Cæcilia Metella, fournit tout le pavé de Rome. Ce pavé est une lave semblable au basalte.

L'architecture romaine doit, en grande partie, son caractère de grandeur et de solidité au travertin et à la pouzzolane, qu'on tire en abondance des environs. C'est avec la pouzzolane qu'on fait le ciment le plus dur.

Sur l'Italie en général, voy. Virg., *Georg.* II ; — Varr., *de R. R.*, 1, 2 ; — Gœthe, *Mém.* ; — Staël et Chateaubriand. Nous nous contenterons de citer Pline le Naturaliste parmi les anciens; parmi les modernes Napoléon : personne n'a mieux parlé de l'Italie que son vainqueur. On peut consulter aussi les voyages de De Brosses, Stolberg, Forsith (1813), Eustace (1814), von der Hagen (1818), William (1820), Kephalides (1822), Heyne (1829), etc., etc.

Pline, III. 6 : « Nec ignoro, ingrati ac segnis animi existimari posse merito, si breviter atque in transcursu, ad hunc modum dicatur terra omnium terrarum alumna, eadem et parens, numine deum electa, quæ cœlum ipsum clarius faceret, sparsa congregaret imperia, ritusque molliret, et tot populorum discordes, ferasque linguas, sermonis commercio contraheret : colloquia, et humanitatem homini daret : breviterque, una cunctarum gentium in toto orbe patria fieret. Sed quid agam ?

Tanta nobilitas omnium locorum (quos quis attigerit?) tanta rerum singularum populorumque claritas tenet. Urbs Roma, vel sola in ea, et digna tam festa cervice facies, quo tandem narrari debet opere? Qualiter Campaniæ ora per se, felixque illa ac beata amœnitas? ut palam sit, uno in loco gaudentis opus esse naturæ. Jam vero tanta ea vitalis ac perennis salubritatis cœli temperies, tam fertiles campi, tam aprici colles, tam innoxii saltus, tam opaca nemora, tam munifica silvarum genera, tot montium afflatus, tanta frugum et vitium, olearumque fertilitas, tam nobilia pecori vellera, tot opima tauris colla, tot lacus, tot amnium fontiumque ubertas, totam eam perfundens, tot maria, portus, gremiumque terrarum commercio patens undique : et tanquam ad juvandos mortales, ipsa avide in maria procurrens. Neque ingenia, ritusque, ac viros et lingua manuque superatas commemoro gentes. Ipsi de ea judicavere Græci, genus in gloriam suam effusissimum : quotam partem ex eo appellando Græciam magnam?

« ... Est ergo folio maxime querno adsimulata, multo proceritate amplior, quam latitudine : in læva se flectens cacumine, et amazonicæ figura desinens parmæ, ubi a medio excursu Cocinthos vocatur, per sinus lunatos quo cornua emittens, Leucopetram dextera, Lacinium sinistra... »

Plin., XXXVII, 77. — « Ergo in toto orbe et quacumque cœli convexitas vergit, pulcherrima est omnium, rebusque merito principatum naturæ obtinens, Italia, rectrix parensque mundi altera, viris, feminis, ducibus, militibus, servitiis, artium præstantia, ingeniorum claritatibus, jam situ ac salubritate cœli atque temperie, accessu cunctarum gentium facili, littoribus portuosis, benigno ventorum adflatu (et enim contingit procurrentis positio in partem utilissimam, et inter ortus occasusque mediam), aquarum copia, nemorum salubritate, montium articulis, ferarum animalium innocentia, soli fertilitate, pabuli ubertate. Quidquid est, quo carere vita non debeat nusquam est præstantius : fruges, vinum, olea, vellera, lina, vestes, juvenci. Ne equos quidem in trigariis præferri ullos vernaculis animadverto. Metallis auri, argenti, æris, ferri, quamdiu libuit exercere, nullis cessit : et iis nunc in se gravida pro omni dote varios succos, et frugum pomorumque sapores fundit. Ab ea, exceptis Indiæ fabulosis, proxime quidem duxerim Hispaniam quacumque ambitur mari. »

Mémoires de Napoléon : « L'Italie est environnée par les Alpes et par la mer; ses limites naturelles sont déterminées avec autant de précision que si c'était une île; elle est comprise entre le 36° et le 46° de latitude; le 4° et le 16° de longitude de Paris. Elle se divise naturellement en trois parties : la continentale, la presqu'île et les îles. La première est séparée de la seconde par l'isthme de Parme; si de Parme, comme centre, vous tracez une demi-circonférence du côté du nord avec un rayon égal à la distance de Parme aux bouches du Var ou de l'Isonzo (soixante lieues), vous aurez tracé le développement de la chaîne supérieure des Alpes qui sépare l'Italie du continent. Ce demi-cercle forme le territoire de la partie dite continentale, dont la surface est de cinq mille lieues carrées; la presqu'île est un trapèze, compris entre la partie continentale au nord, la Méditerranée à l'ouest, l'Adriatique à l'est, la mer d'Ionie au sud; dont les côtés latéraux ont deux cents à deux cent dix lieues, et les deux autres côtés de soixante à quatre-vingts lieues; la surface de ce trapèze est de six mille lieues carrées. La troisième partie, ou les îles, savoir : la Sicile, la Sardaigne et la Corse qui, géographiquement, appartient plus à l'Italie qu'à la France, forme une surface de quatre mille lieues carrées, ce qui porte à quinze mille lieues carrées la surface de toute l'Italie.

« ... Les Alpes sont les plus grandes montagnes de l'Europe; elles séparent l'Italie du continent; un grand nombre de cols les traversent; cependant un petit nombre sont seuls pratiqués par les armées, les voyageurs et le commerce. A quatorze cents toises d'élévation, on ne trouve plus de traces de végétation. A une plus grande élévation, les hommes respirent et vivent péniblement. Au-dessus de seize cents toises sont les glaciers et les montagnes de neige éternelles d'où sortent des rivières dans toutes les directions, qui se rendent dans le Pô, le Rhône, le Rhin, le Danube ou l'Adriatique. La partie des Alpes qui verse ses eaux dans le Pô et l'Adriatique appartient à l'Italie; celle qui les verse dans le Rhône appartient à la France; celle qui les verse dans le Rhin et le Danube appartient à l'Allemagne. Le Rhône reçoit les eaux de tous les versants des Alpes, du côté de la France et de la Suisse, depuis le Saint-Gothard jusqu'au col d'Argentière, et les porte dans la Méditerranée. Toutes les vallées tombent perpendiculairement du sommet des Alpes dans le Pô ou l'Adriatique, et sans qu'il y ait aucune vallée transversale ni parallèle; d'où il résulte que les Alpes, du côté de l'Italie, forment un amphithéâtre qui se termine à la chaîne supérieure. Le mont Viso est élevé de quinze cent quarante-cinq toises; le mont Genèvre, de dix-sept cents toises; le pic de Gletscherberg, sur le Saint-Gothard, de dix-neuf cents toises, et le mont Brenner, de douze cent cinquante toises. Ces sommités donnent la demi-circonférence de la haute chaîne des Alpes, et vues de près, elles se présentent comme des géants de glace, placés pour défendre l'entrée de cette belle contrée.

« Les Alpes se divisent en Alpes maritimes, cottiennes, grecques, pennines, rhétiennes, cadoriennes, noriques, juliennes. Les Alpes maritimes séparent la vallée du Pô de la mer; c'est une deuxième barrière de ce côté; le Var et les Alpes cottiennes et grecques séparent l'Italie de la France; les Alpes pennines de la Suisse, les Alpes rhétiennes du Tyrol, les Alpes cadoriennes et juliennes de l'Autriche, les Alpes noriques sont une seconde ligne, et dominent la Drave et la Mur. Le Mont-Blanc et le mont Rosa sont les points les plus élevés; ils dominent toute l'Europe. De ce point central, les Alpes vont toujours en diminuant d'élévation, soit du côté de l'Adriatique, soit du côté du golfe de Gênes. Dans le système de montagnes que domine le mont Viso prend sa source le Pô, qui traverse toutes les plaines d'Italie en recueillant toutes les eaux de cette pente des Alpes et d'une portion de l'Apennin. Dans le système de montagnes que domine le Saint-Gothard, prennent leurs sources le Rhin, le Rhône, l'Inn, un des plus gros affluents du Danube, et le Tesin, un des plus gros affluents du Pô; dans le système de montagnes que domine le mont Brenner, prennent leur source l'Adda, qui se jette dans le Pô, et l'Adige, qui va à l'Adriatique; enfin, dans les Alpes cadoriennes, la Piave, le Tagliamento, l'Isonzo, la Brenta, la Livensa, ont leurs sources au pied de ces montagnes. Le Pô, le Rhône et le Rhin ont cent vingt à deux cents lieues de cours; le Danube, qui a cinq cent cinquante lieues de cours, et reçoit cent vingt rivières navigables, est le premier fleuve de l'Europe.

« .... Les Apennins sont des montagnes de second ordre, beaucoup inférieures aux Alpes; ils traversent l'Italie, et séparent les eaux qui se jettent dans l'Adriatique de celles qui se jettent dans la Méditerranée; ils commencent où finissent les Alpes, près de Savone, de sorte que ce point est à la fois la partie la plus basse des Alpes et la plus basse des Apennins. Les Apennins vont toujours en s'élevant par un mouvement inverse à celui des Alpes jusqu'au centre de l'Italie; ils se divisent en Apennins liguriens, étrusques, romains et napolitains.

« Les Apennins romains se terminent au mont Velino, qui est

le point le plus élevé des Apennins; il a treize cents toises au-dessus du niveau de la mer; ce mont est couvert de neige tout l'été. Arrivés à ce point, les Apennins vont en baissant jusqu'à l'extrémité du royaume de Naples.

« Les frontières des États sont ou des chaînes de montagnes, ou de grands fleuves, ou d'arides et grands déserts; l'Italie est ainsi défendue par la chaîne des Alpes; la France, par le Rhin; l'Égypte, par les déserts de la Libye et de l'Arabie. De tous ces obstacles, les déserts sont les plus difficiles à franchir; les hautes montagnes tiennent le second rang; les grands fleuves n'ont que le troisième.

« L'Italie, isolée dans ses limites naturelles, séparée par la mer et par de très hautes montagnes du reste de l'Europe, semble être appelée à former une grande et puissante nation; mais elle a dans sa configuration un vice capital que l'on peut considérer comme la cause des malheurs qu'elle a essuyés, et du morcellement de ce beau pays en plusieurs monarchies ou républiques indépendantes. Sa longueur est sans proportion avec sa largeur. Si l'Italie eût été bornée par le mont Velino, c'est-à-dire à peu près à la hauteur de Rome, et que toute la partie du terrain comprise entre le mont Velino et la mer Ionique, y compris la Sicile, eût été jetée entre la Sardaigne, Gênes et la Toscane, elle eût eu un centre près de tous les points de la circonférence; elle eût eu unité de rivières, de climat et d'intérêts locaux. Mais d'un côté, les trois grandes îles qui sont un tiers de sa surface, ont des intérêts, des positions, et sont dans des circonstances isolées; d'un autre côté cette partie de la Péninsule au sud du mont Velino, et qui forme le royaume de Naples, est étrangère aux intérêts, au climat, aux besoins de toute la vallée du Pô.

« Les opinions sont partagées sur le lieu qui serait le plus propre à être la capitale de l'Italie; les uns désignent Venise, parce que le premier besoin de l'Italie est d'être puissance maritime; Venise, par sa situation à l'abri de toute attaque, est le dépôt naturel du commerce du levant de l'Allemagne : c'est, commercialement parlant, le point le plus près de Turin, de Milan plus que Gênes même; la mer la rapproche de tous les points des côtes. D'autres sont conduits par l'histoire et d'anciens souvenirs à Rome; ils disent que Rome est plus centrale, qu'elle est à portée des trois grandes îles de Sicile, de Sardaigne et de Corse, qu'elle est à portée de Naples, la plus grande population d'Italie, qu'elle est dans un juste éloignement de tous les points de la frontière attaquable; soit que l'ennemi se présente par la frontière française, la frontière suisse ou la frontière autrichienne, Rome est à une distance de cent vingt à cent quarante lieues; que la frontière des Alpes soit forcée, elle est garantie par la frontière du Pô, et enfin par la frontière des Apennins; que la France et l'Espagne sont de grandes puissances maritimes; qu'elles n'ont pas leurs capitales placées dans un port; que Rome, près des côtes de la Méditerranée et de l'Adriatique, est à même de pourvoir rapidement avec économie par l'Adriatique, et partant d'Ancône et de Venise, à l'approvisionnement et à la défense de la frontière de l'Isonzo et de l'Adige; que, par le Tibre, Gênes et Villefranche, elle peut pourvoir aux besoins de la frontière du Var et des Alpes cottiennes; qu'elle est heureusement située pour inquiéter, par l'Adriatique (?) et la Méditerranée, les flancs d'une armée qui passerait le Pô et s'engagerait dans l'Apennin sans être maîtresse de la mer; que de Rome, les dépôts que contient une grande capitale pourraient être transportés sur Naples et Tarente pour les soustraire à un ennemi vainqueur; qu'enfin Rome existe; qu'elle offre beaucoup plus de ressources pour les besoins d'une grande capitale qu'aucune ville du monde, qu'elle a surtout pour elle la magie et la noblesse de son nom; nous pensons aussi, quoiqu'elle n'ait pas toutes les qualités désirables, que Rome est, sans contredit, la capitale que les Italiens choisiront un jour.

« Aucune partie de l'Europe n'est située d'une manière aussi avantageuse que l'Italie pour devenir une grande puissance maritime : elle a, depuis les bouches du Var jusqu'au détroit de la Sicile, deux cent trente lieues de côtes; du détroit de la Sicile au cap d'Otrante sur la mer d'Ionie, cent trente lieues; du Cap d'Otrante à l'embouchure de l'Isonzo sur l'Adriatique, deux cent trente lieues; les trois îles de Sicile, de Corse et de Sardaigne ont cinq cent trente lieues de côtes; l'Italie, compris ses grandes et petites îles, a donc douze cents lieues de côtes; et ne sont pas comprises dans ce calcul celles de la Dalmatie, de l'Istrie, des bouches du Cattaro, des îles Ioniennes. La France a, sur la Méditerranée, cent trente lieues de côtes; sur l'Océan quatre cent soixante-dix, en tout six cents lieues; l'Espagne, compris ses îles, a sur la Méditerranée cinq cents lieues de côtes, et trois cents sur l'Océan; ainsi l'Italie a un tiers de côtes de plus que l'Espagne, et moitié de plus que la France; la France a trois ports dont les villes ont cent mille âmes de population; l'Italie a Gênes, Naples, Palerme et Venise dont la population

ÉCLAIRCISSEMENTS

est supérieure; Naples a quatre cent mille habitants; les côtes opposées de la Méditerranée et de l'Adriatique, étant peu éloignées l'une de l'autre, presque toute la population de l'Italie est à portée des côtes. »

Le morceau suivant est tiré du *Mémorial de Sainte-Hélène* (septembre 1816) : « Si l'Italie finissait avec les duchés de Parme, Plaisance et Guastalla, c'est-à-dire si elle ne comprenait que la vallée du Pô, et n'avait point de presqu'îles, alors Milan serait sa capitale naturelle; encore serait-ce un grand défaut que cette ville ne pût avoir le Pô pour se défendre contre les invasions de l'Allemagne. Mais dans l'agglomération du peuple italien, Milan ne saurait devenir la capitale, étant trop rapprochée des frontières de l'invasion et trop éloignée des autres extrémités exposées aux débarquements.

« Dans ce dernier cas, Bologne serait infiniment préférable, parce que, dans le cas de l'invasion, les frontières forcées, elle aurait encore pour défense la ligne du Pô, et que sa position géographique, ses canaux, la mettent en communication immédiate ou prompte avec le Pô, Livourne, Civita-Vecchia, les ports de la Romagne, Ancône et Venise, et qu'elle est beaucoup plus rapprochée du côté de Naples.

« Si l'Italie finissait au royaume de Naples, et qu'une partie de Naples et de la Sicile pût venir remplir le vide qui la sépare de la Corse, alors seulement Florence pourrait prétendre à être la capitale de l'Italie, parce qu'elle se trouverait dans une position centrale. »

P. 73. — ..... *Ils mirent à profit les orages.*

Les Étrusques n'observaient point les astres comme les Chaldéens. Seulement, sous les empereurs, lorsque les astrologues chaldéens envahissaient Rome, les Étrusques essayèrent de rivaliser avec eux.

La divination des Étrusques se partageait en trois branches : ils consultaient les entrailles des victimes, le vol des oiseaux et les phénomènes de la foudre. Toute l'antiquité a consulté les entrailles des victimes; tous les peuples pasteurs, dit Cicéron, les Arabes, les Ciliciens et les Sabins observaient le vol des oiseaux. Mais l'étude des phénomènes de la foudre était un genre de divination particulier aux Étrusques. Nous ne nous arrêterons pas à la divination par les entrailles des victimes, puisqu'elle ne leur appartenait pas en propre. (Voy. pourtant le curieux chap. d'Otfried Müller, II, v.)

Voici les noms que l'on donnait aux oiseaux dont on tirait les présages. On appelait *volsgræ*, ceux qui se déchiraient eux-mêmes; *remores*, *inhibæ*, *arculæ* et *arcivæ* ceux qui étaient défavorables; *oscines* et *præpetes*, les oiseaux favorables.

> Oscinem corvum prece suscitabo
> Solis ab ortu.   (HORAT.)

L'aigle, l'oiseau royal de la Perse, était de bon augure. Le hibou, d'heureux augure à Athènes, était sinistre en Étrurie. Creuzer conjecture qu'on pourrait retrouver, dans la Perse, une divination analogue à celle de l'Étrurie. Des recherches récentes ont prouvé que cette conjecture n'était pas fondée, et que les oiseaux symboliques de la Perse n'ont rien de commun avec ceux des Étrusques. Peut-être même l'unique citation de Creuzer porte-t-elle sur un contre-sens d'Anquetil-Duperron.

Les présages que l'on tirait de la foudre étaient supérieurs à tous les autres. Les *fulmina publica* intéressaient tout l'État, et donnaient des présages pour trente ans au plus; les *fulmina privata* intéressaient un individu, et étaient pour dix ans au plus; enfin les *fulmina familiaria* étaient communs à toute la famille, pour la vie entière. Les foudres se divisaient en *sicca*, *fumida*, *clara*, *peremptalia*, *affectata*, etc. (Voy. Creuzer.)

Lorsque la foudre avait tombé sur un lieu, il prenait le nom de *fulgurita* ou *obstita*; il devenait sacré, surtout si un homme y avait été tué; on l'environnait de barrières pour que personne ne pût en approcher et le souiller. On appelait ces lieux *bidentalia* (*triste bidental*. Hor., *Ars. p.*) On leur donnait aussi quelquefois le nom de *putealia*.

Quelques modernes ont prétendu que les Étrusques avaient l'art d'attirer la foudre (*elicere fulmen*). Il paraît qu'ils avaient la prétention de l'attirer par leurs prières, mais sans employer aucun moyen physique. Peut-être aussi avaient-ils quelques moyens de découvrir des sources. Plutarque raconte que Paul Émile, instruit, comme tous les patriciens, dans les sciences étrusques, ayant conduit son armée dans les défilés du mont Olympe, et manquant d'eau, sut trouver une source qui désaltéra son armée.

Ainsi la religion commençait la science. Les haruspices, en étudiant les parties intérieures du corps des animaux, étaient conduits à l'étude de l'anatomie. Une branche importante de la zoologie dut aussi leur être familière : je veux parler de l'ornithologie, nécessaire pour la classification des oiseaux. Pour déterminer les lois des phénomènes célestes, ils avaient besoin des mathématiques.

P. 76. — ..... *Désigné par les paroles.*

Cette superstition des formules et des paroles sacrées est un trait caractéristique des religions étrusque et romaine. Voici quelques-unes de ces paroles mystérieuses. Pour choisir une vestale, on se servait du mot *capere*. Les vestales, en appelant le *rex sacrorum* aux cérémonies, devaient lui dire : *Vigilasne Deum gens ?* (Voy. *Æneid.*, II.) Le général chargé de commencer une guerre, agitait les *ancilia*, et disait : *Mars, vigila.* — Autres : *Sub vos placo, ob vos sacro.* (Festus.) — *Verruncent bene !* — *Dies te quinque kalo, Juno novella, septem dies te kalo, Juno novella.* (Varro, de *L. lat.*, V.) — Voy. aussi Cato, cap. 83, 131-2-4-9, 140-1, 160, etc.

Les passages suivants font connaître combien on attachait d'importance à la lettre de ces formules :

Tit-Liv. I, 18 : « Numa voulut que les augures fussent également consultés sur son élection. Un augure, qui depuis fut établi par l'État pour exercer à perpétuité ce sacerdoce honorable, conduisit Numa au Capitole : il le fit asseoir sur une pierre, la face tournée au midi ; l'augure à sa gauche, la tête couverte, prit place, tenant à la main droite un bâton sans nœuds, recourbé par un bout, c'est ce qu'on appelle le *lituus*. Après avoir porté au loin sa vue sur la ville et sur la campagne, adressé sa prière aux dieux, déterminé les régions augurales, depuis le levant jusqu'au couchant, en plaçant la droite du côté du midi, et la gauche du côté du nord, et désigné en face un point fixe, aussi loin que sa vue pouvait s'étendre, alors il passe le *lituus* dans la main gauche, et, mettant la droite sur la tête de Numa, il prononce cette prière : « Jupiter, si telle est ta « volonté que Numa, de qui je tiens la tête, règne sur les « Romains, fais-nous-le connaître par des signes certains, dans « l'enceinte que j'ai fixée. » Il spécifie ensuite à haute voix la nature des auspices qu'il demande ; ces auspices paraissent, et Numa, déclaré roi, descend de l'enceinte augurale. »

Id., I, 45 : « Il était né dans le domaine d'un Sabin une génisse d'une grandeur et d'une beauté surprenantes. On a conservé longtemps dans le vestibule du temple de Diane les cornes de cet animal, comme un monument de cette production miraculeuse. On l'envisagea, et avec raison comme un prodige. Les devins, ayant été consultés, répondirent que l'homme qui aurait immolé cette victime à Diane, assurerait l'empire à son pays. Cet oracle était venu à la connaissance du pontife qui desservait à Rome le temple de la déesse. Lorsque le Sabin jugea le moment propice, il vint à Rome présenter la victime à l'autel. Le sacrificateur romain, frappé de la grandeur extraordinaire de cet animal, dont la renommée l'avait instruit d'avance, et se rappelant en même temps la réponse des devins, dit à l'étranger : « Quel est ton dessein ? d'offrir un sacrifice à « Diane, sans y être préparé par aucune ablution ? Va te puri« fier dans une eau courante ; le Tibre coule au bas de ce vallon. » Cette observation réveilla les scrupules du Sabin qui, d'ailleurs, jaloux que l'événement répondit à son attente, désirait que toutes les formalités fussent religieusement observées. Pendant le temps qu'il met à se rendre au fleuve, le Romain immole la victime. »

Plin., XXVIII, 3 : « Cum in Tarpeio fodientes delubro fundamenta, caput humanum invenissent, missis ob id ad se legatis, Etruriæ celeberrimus vates Olenus Calenus, præclarum id fortunatumque cernens, interrogatione in suam gentem transferre tentavit, scipione prius determinata templi imagine in solo ante se : « *Hoc ergo dicitis, Romani ?* Hic templum Jovis optimi maximi « futurum est : hic caput invenimus. » Constantissima Annalium adfirmatione, transiturum fuisse fatum in Etruriam, ni præmoniti a filio vatis legati romani respondissent : « *Non plane* hic, *sed* Romæ *inventum caput dicimus.* » Voyez le passage de Plutarque sur le char de Véies, *Vie de Camille.*

Plut., *Publicola :* « Les consuls ayant tiré au sort, le commandement de l'armée échut à Publicola, et la consécration du Capitole à Horatius. Le jour des ides de septembre, tout le peuple était assemblé au Capitole dans un profond silence ; Horatius, après avoir fait toutes les autres cérémonies, tenait déjà, suivant l'usage, une des portes du temple, et allait prononcer la prière solennelle de la consécration, lorsque Valerius frère de Publicola, qui, placé depuis longtemps près de la porte du temple, attendait ce moment, lui dit : Consul, votre fils vient de mourir de maladie dans le camp. Cette nouvelle affligea tous les assistants ; mais Horatius sans se troubler, se contente de lui répondre : Jetez son corps où vous voudrez ; pour moi, je n'en prendrai pas le deuil ; et il acheva la consécration. La nouvelle était fausse, et Valerius l'avait imaginée pour l'empêcher de finir la cérémonie. »

P. 77. — *Les villes sont aussi des temples... les colonies s'orientent comme on fait aux jeunes arbres transplantés...*

Colum. *Liber de arboribus*, c. XVII : « Omnes arbusculas, priusquam transferantur, rubrica notare convenit, ut cum serentur, easdem cœli partes aspiciant quas etiam in seminario conspexerunt. » La colonie d'Aoste peut servir d'exemple d'une orientation analogue.

Varro, *de L. l.*, lib. IV, c. 52. « Qua viam relinquebant in muros qua in oppidum portarent, *portas*. Oppida condebant in Latio, etrusco ritu multa; juncteis bubus, tauro et vacca; interiore aratro circumagebant sulcum. Hoc faciebant religionis caussa die auspicato, ut fossa et muro essent munita. Terram unde exscalpserant, *fossam* vocabant; et introrsum factum murum. Postea, quod fiebat orbis, *urbs*. Principium quod erat post murum, *pomœrium* dictum, ejusque ambitu auspicia urbana finiuntur. Cippi pomerii stant, et circum Ardolam (*Ardeam ?*), et circum Romam. Quare et oppida quæ prius erant circumducta aratro, ab orbe et urbo *urbs* et ideo coloniæ nostræ omnes in littereis antiqueis scribuntur urbes; quod item conditæ ut Roma, et ideo coloniæ; ut urbes conduntur quod primum intra pomœrium ponuntur. »

Plut., *Romulus* : « Quandon fut prêt à bâtir la ville, il s'éleva une dispute entre les deux frères sur le lieu où on la placerait. Romulus voulait la mettre à l'endroit où il avait déjà construit ce que l'on appelait *Rome carrée*. Remus avait désigné sur le mont Aventin un lieu fort d'assiette, qui prit le nom de Remonium, et qu'on appelle aujourd'hui Regnarium (Remoria, dans Festus). Ils convinrent de s'en rapporter au vol des oiseaux, que l'on consultait ordinairement pour les augures; et il apparut, dit-on, six vautours à Remus, et douze à Romulus..... Romulus avait fait venir de Toscane des hommes qui lui apprirent les cérémonies et les formules qu'il fallait observer, comme pour la célébration des mystères. Ils firent creuser un fossé autour du lieu qu'on appelle maintenant le Comice; on y jeta les prémices de toutes les choses dont on use légitimement comme bonnes, et naturellement comme nécessaires. A la fin, chacun y mit une poignée de terre qu'il avait apportée du pays d'où il était venu; après quoi on mêla le tout ensemble : on donna à ce fossé, comme à l'univers même, le nom de *mundus*. On traça ensuite autour du fossé, en forme de cercle, l'enceinte de la ville. Le fondateur, mettant un soc d'airain à une charrue, y attèle un bœuf et une vache, et trace lui-même, sur la ligne qu'on a tirée, un sillon profond. Il est suivi par des hommes qui ont soin de rejeter en dedans de l'enceinte toutes les mottes de terre que la charrue fait lever, et de n'en laisser aucune en dehors. La ligne tracée marque le contour des murailles, et par le retranchement de quelques lettres on l'appelle Pomœrium, c'est-à-dire, ce qui est derrière ou après le mur (*post mænia*). Lorsqu'on veut faire une porte, on ôte le soc, on suspend la charrue, et l'on interrompt le sillon. De là vient que les Romains, qui regardent les murailles comme sacrées, en exceptent les *portes*. Si celles-ci l'étaient, ils ne pourraient, sans blesser la religion, y faire passer les choses nécessaires qui doivent entrer dans la ville, ni les choses impures qu'il faut en faire sortir. On convient généralement que Rome fut fondée le 11 avant les calendes de mai, jour que les Romains fêtent encore comme le jour natal de leur patrie. »

P. 148. — *La colonie romaine sera identique avec la métropole : rien n'y manquera au premier aspect.*

Voy. sur les colonies et les municipes : Sigonius, *De jure italico*; Gœsius, *Scriptores rei agrariæ*; Beaufort, *République romaine*; Bouchaud, dans les *Mémoires* de l'Institut; Heyne, *Opuscula*, III⁰ vol. ; Creuzer, *Abriss der rœmischen antiquitæten*; A. Gellius : Coloniæ sunt civitates ex civitate romana quodam modo propagatæ. — Servius, ad *Æneid.*, l. XII : Sane veteres colonias ita definiunt : Colonia est cœtus eorum hominum qui universi deducti sunt in locum certum ædificiis munitum, quem certo jure obtinerent. Alii : Colonia dicta est a colendo : est autem pars civium aut sociorum, missa ubi rem publicam habeant ex consensu suæ civitatis, aut publico ejus populi unde profecti sunt consilio. Hæ autem coloniæ sunt, quæ ex consensu publico, non ex secessione sunt conditæ.

Sigonius se trompe en disant que les colons quittaient le culte romain. (A. Gell., XVI, 13.) — Chaque colonie avait son génie; voy. les médailles de Lyon, Pouzzoles, etc.

Beaufort a traité le sujet des municipes avec plus de clarté que Sigonius et Spanheim. Il faut distinguer deux sortes de villes municipales par rapport à l'étendue de leurs privilèges à Rome, et deux autres par rapport aux différentes formes de leur gouvernement intérieur. Les premières ne jouissaient qu'en partie du droit de bourgeoisie romaine; elles avaient été obligées de renoncer à leurs anciennes lois, pour se conformer aux lois de Rome. Les autres ne jouissaient de même qu'en partie du droit de cité romaine; mais elles conservaient leurs anciennes lois, et formaient un État particulier. De même, parmi les villes qui avaient en entier le droit de cité romaine, les unes avaient conservé leur ancien gouvernement; les autres avaient été obligées d'y renoncer. Aricie, Céré, Anagni, avaient obtenu le droit de bourgeoisie en conservant un gouvernement indépendant. Au contraire, Tibur, Préneste, Pise, Arpinum, étaient devenues ce qu'on appelait *fundi*. Elles avaient perdu leur ancien gouvernement et sacrifié leur ancienne législation en acquérant le droit de bourgeoisie romaine. La meilleure interprétation du mot *fundus* est le *Pro Balbo* de Cicéron.

Deux passages fort curieux de Cicéron (*De legibus*, II, III, 16), nous font connaître l'état du citoyen d'un municipe. On demandait quelle était la vraie patrie d'un habitant du municipe de Tusculum : « Je reconnais, dit Cicéron, pour lui comme pour tous les habitants de villes municipales, deux patries, celle de la nature, et celle de la cité. » Caton était Tusculan par la naissance, Romain par la cité. Il y avait deux patries : la patrie de fait et la patrie de droit. Voilà pourquoi, ajoute Cicéron, je ne renierai jamais ma patrie d'Arpinum. *Itaque hanc ego meam esse patriam nunquam negabo, dum illa sit major, et hæc in ea contineatur.* Ce dernier mot est d'une grande profondeur. Le municipe était contenu dans la cité. Rome n'était pas seulement une ville de pierres, mais surtout une ville de lois. Le mot *civitas* forme une belle équivoque. Les municipes avaient leur gouvernement particulier; nous en avons la preuve dans un passage de Cicéron : « Dans le municipe d'Arpinum, notre aïeul, homme d'un rare mérite, résista à Gratidius, qui proposait une loi de scrutin (*legem tabellariam*) ». Ce Gratidius était le père de Marius. Avant que Marius opérât une révolution à Rome, Gratidius avait cherché à en opérer une petite à Arpinum. Les grandes scènes de Rome se jouaient en petit dans les villes municipales. La vie locale subsista ainsi quelque temps sous la domination de Rome. La vie locale, unie à tant de force et d'unité, voilà ce qui constituait la beauté du système romain.

Les municipes, jaloux de conserver leur indépendance, refusaient quelquefois de devenir colonies romaines, et souvent à leur tour les colonies ne voulaient point être transformées en municipes. La colonie avait plus de gloire, une vie plus brillante; elle était organisée sur le modèle de Rome; cette ressemblance la faisait participer à l'éclat de la métropole. Les municipes avaient en récompense plus de liberté. Les municipes qui préféraient les honneurs à la liberté, demandaient le titre de colonie. Les colonies qui préféraient l'indépendance aux honneurs, demandaient celui de municipe. Nous avons des exemples des deux genres. Quelquefois, dans un municipe, nous voyons se combattre le parti de l'ambition et celui de la liberté. Préneste, aux portes de Rome, avait reçu une colonie romaine. Elle porta quelque temps le titre de colonie, puis demanda à redevenir municipe. Les montagnards de Préneste, à cinq lieues de Rome, voulaient une existence indépendante. Ce sont ces mêmes hommes qui si longtemps combattirent pour les Colonna. Pendant tout le moyen âge ils ont conservé cet esprit d'indépendance qui leur faisait demander le titre de municipe. Rome avait envoyé une colonie à Utique; l'ancien élément punique prévalut, et les habitants d'Utique demandèrent le titre de municipe. Au contraire, les habitants d'Italica, en Espagne, demandèrent à changer leur titre de municipe pour celui de colonie, qu'ils croyaient plus glorieux.

P. 153. — Cette histoire des décemvirs présente une foule d'invraisemblances; d'abord la faveur d'Appius : *Regimen totius reipublicæ penes Appium erat voluntate plebis.* Un Appius devenu subitement populaire est un fait bien étrange. Le peuple n'oublie pas si facilement ses haines.

On dit encore que chaque décemvir rendait la justice pendant dix jours, qu'ils affichaient des tables de lois, pour que le peuple pût les *lire* et les critiquer. Mais alors presque personne ne savait lire à Rome. On reconnaît encore ici la main des Grecs. Ils ont fait des vieux Romains un peuple lettré, comme celui d'Athènes.

Une autre circonstance remarquable, c'est que les Quintii, qui, avant et après les décemvirs, figurent au premier rang de l'aristocratie, ne sont point membres du décemvirat. Tous les collègues d'Appius portent des noms obscurs. Comme les tribuns militaires, ils sortent de terre et ils y rentrent; on ne sait ni d'où ils viennent ni ce qu'ils sont devenus.

La première opposition vient du Sénat; et ce qui semble remarquable, c'est que les deux consuls qui renversent le décemvirat, portent les mêmes noms que ceux qui affermirent la République : *Valerius* et *Horatius*. Tite-Live lui-même a remarqué cette ressemblance : *Decem Tarquinios appellantem admonentemque Valeriis et Horatiis ducibus pulsos reges.* Il serait difficile de dire si les consuls dont il est ici question sont distincts des premiers, et même si les rois sont distincts des décemvirs. Virginie est une autre Lucrèce. Les lois royales sont souvent attribuées par d'autres aux décemvirs. Il y a une profonde obscurité répandue sur tout cela.

La main grecque est encore visible dans l'histoire de Virginie. *Virgini venienti in Foro, namque ibi ludi erant.....* il fallait que les Romains fussent un peuple bien lettré pour apprendre à lire, même aux jeunes filles. Ceci est contraire à tout ce que nous savons de Rome. La grossièreté des caractères employés dans les inscriptions, nous prouve que l'écriture y était très peu répandue. Au contraire, celles de l'ancienne Grèce présentent des caractères d'une beauté remarquable. Tite-Live donne une nourrice à Virginie. Ceci est encore un usage grec. A Rome, il n'y avait pas de gynécée. Les matrones romaines étaient elles-mêmes les nourrices de leurs enfants. L'historien ajoute encore que Virginius prit sur l'étal d'un boucher le couteau dont il frappa sa fille. Mais il est fort douteux qu'il y eût alors des bouchers à Rome. Dans les villes grecques, les métœques remplissaient ces fonctions. Mais à Rome il n'est guère probable qu'il y eût une pareille division de travail ; chez un peuple de pasteurs et de laboureurs, chacun devait être en état de faire dans l'occasion l'office de boucher, etc., etc.

P. 154. — *On envoya en Grèce.*

Le voyage en Grèce n'est pas improbable, mais l'imitation des lois d'Athènes ne paraît nulle part dans les Douze Tables : A Athènes, le mari était un protecteur et non un maître. Il ne donnait pas de l'argent au beau-père, il en recevait. La femme, apportant une partie de sa fortune dans la maison de son mari, conservait une certaine indépendance. La séparation était facile et ne demandait qu'une légère formalité. La femme pouvait accuser le mari aussi bien que le mari accuser la femme. — Le père n'avait aucun droit de tuer son enfant ; seulement il pouvait ne pas l'élever. S'il ne le levait pas de terre, à sa naissance, l'enfant était vendu comme esclave. Il pouvait, il est vrai, tuer sa fille surprise en adultère ; il pouvait répudier son fils, et déclarer qu'il ne le reconnaissait plus pour son fils. A Rome, cette répudiation était impossible ; il y eut plus tard à Rome l'émancipation, mais ce n'était pas une abdication des droits du père. D'après la législation athénienne, le fils, parvenu à l'âge d'homme, peut accuser son père d'imbécillité, et demander qu'on lui interdise l'administration de ses biens. Le *furiosus*, le *prodigus*, étaient interdits à Rome, mais c'était seulement d'après la décision d'un conseil de famille. A vingt ans, le jeune Athénien était inscrit dans la phratrie, il devenait lui-même chef de famille, et était entièrement indépendant de son père. A Rome, un père peut mettre à mort son fils consulaire et triomphateur. — A Athènes, le père n'hérite pas du fils ; les ascendants n'héritent point. A Rome, le père n'hérite pas non plus, mais pour une autre raison ; le fils n'a rien à lui. Plus tard, vient l'adoucissement du peculium ; encore le peculium assimile-t-il le fils aux esclaves. C'était le droit d'avoir sous le bon plaisir du père. A Athènes, le père n'héritait pas, parce que l'on voulait que rien ne remontât à sa source. C'était le principe de l'indépendance, de la liberté, de la séparation. Comme les colonies deviennent indépendantes et se séparent de plus en plus de leurs métropoles, de même, dans le droit de la famille, le fils se séparait de plus en plus du père et ne lui rapportait rien. Le père qui avait un enfant mâle ne pouvait tester. Ainsi dans le droit attique le fils se trouvait dans une meilleure condition que le père. Dans le droit romain, le père pouvait vendre un fils qui ne gagnait que pour lui. — En un mot, il y avait une opposition complète entre le droit attique et le droit romain. L'un était une doctrine de dépendance absolue, l'autre de liberté excessive. Voy. Bunsen, Platner, Tittmann, etc.

Peut-être sera-t-on curieux de voir comment Vico a traité cette question dans un livre très rare aujourd'hui : *De Constantia jurisprudentis*, 1721 (c'est-à-dire : De l'uniformité de principes qui caractérise le jurisconsulte). Chapitre 35 de la seconde partie : « *Les Romains ont-ils emprunté quelque partie de la législation athénienne pour l'insérer dans les lois des Douze Tables ?* Passons en revue les rapprochements de Samuel Petit, de Saumaise et de Godefroi, entre les lois d'Athènes et celles de Rome. — Ire Table. *Si les deux parties s'accordent avant le jugement, le préteur ratifiera cet accord.* Une loi semblable de Solon ratifiait les accords, comme on le voit par le discours de Démosthènes contre Panthenetus. Mais les Romains avaient-ils besoin d'apprendre de Solon ce que la raison naturelle enseigne à tout le monde ? Rien n'est plus conforme à la raison naturelle, disent elles-mêmes les lois romaines, que de maintenir les accords. — *Le coucher du soleil terminera le jugement et fermera les tribunaux.* Petit observe que, selon la loi d'Athènes, les arbitres siégeaient aussi jusqu'au soleil couchant. Qui ne sait que les Romains, comme les Grecs, donnaient tout le jour aux affaires sans interruption, et s'occupaient le soir des soins du corps? — II⁰ Table. *On a le droit de tuer le voleur de jour, qui se défend avec une arme, et le voleur de nuit même sans arme.* Même loi dans la législation de Solon (Démosthènes contre Timocrate). Une loi semblable existait chez les Hébreux : il faudra donc conclure que Solon l'avait reçue des Hébreux, à une époque où les Grecs ignoraient l'existence des Hébreux, et même celle des empires assyriens, comme nous l'avons démontré. — VIII⁰ Table. *Les confréries et associations peuvent se donner des lois et règlements, pourvu qu'ils ne soient point contraires aux lois de l'État.* Solon fit la même défense, selon la remarque de Saumaise et de Petit. Mais quelle est la société assez grossière, assez barbare, pour ne pas faire en sorte que les corporations soient utiles à l'État, loin de combattre l'intérêt public, et de s'emparer du pouvoir? — IX⁰ Table. *Point de privilèges, point de lois particulières.* — Godefroi prétend que cette loi fut tirée de la législation de Solon, comme si au temps des décemvirs les Romains n'avaient pas appris à leurs dépens que les *privilèges*, ou lois particulières, sont funestes à la République; comme s'ils n'avaient pas souvenir que Coriolan, sans les prières de sa mère et de sa femme, aurait détruit Rome, pour se venger de la *loi particulière* qui l'avait frappé. »

« Peut-on faire venir du pays le plus civilisé du monde ces lois cruelles qui condamnent à mort le juge prévaricateur, qui précipitent le parjure (*de falsis saxo dejiciendis*) de la roche Tarpéienne; qui condamnent au feu l'incendiaire; au gibet celui qui, pendant la nuit, a coupé les fruits d'un champ; qui partagent entre les créanciers le corps du débiteur insolvable? Est-ce là l'humanité des lois de Solon? — Reconnaît-on l'esprit athénien dans cette disposition par laquelle le malade appelé en jugement doit venir à cheval au tribunal du préteur? Sent-on le génie des arts qui caractérisent la Grèce dans la formule *tigni juncti*, qui rappelle l'époque où les hommes se construisaient encore des huttes? — Mais il y a deux titres où l'on dit que les lois de Solon ont été simplement traduites par celles des Douze Tables. Le premier, *de jure sacro*, est mentionné par Cicéron, au livre second des *Lois :* « Solon défendit par une loi le luxe des funérailles et les lamentations qui les accompagnaient ; nos décemvirs ont inséré cette loi *presque textuellement* dans la X° Table : la disposition relative aux trois ordres de deuil et presque tout le reste appartient à Solon. » Ce passage indique seulement que les Romains avaient adopté un genre de funérailles, non pas le même que celui des Athéniens, mais analogue ; c'est ce que fait entendre Cicéron lui-même. Il n'y a donc pas à s'étonner si les décemvirs défendirent le luxe des funérailles, non pas dans les mêmes termes que Solon, mais *dans des termes à peu près semblables*. — L'autre titre, *De jure prædiatorio*, était, selon Gaïus, modelé sur une loi de Solon. Mais Godefroi lui-même montre ici l'ignorance de ceux qui ont transporté littéralement la loi de Solon dans les lois des décemvirs ; et nous avons prouvé ailleurs que les Romains avaient tiré du droit des gens leur *jus prædatorium*. — Mais, dit-on, Pline raconte que l'on éleva une statue à Hermodore dans la place des comices. Nous ne nions point l'existence d'Hermodore ; nous accordons qu'il a pu *écrire*, rédiger quelques lois romaines (SCRIPSISSE *quasdam leges romanas*. Strabon. — *Fuisse decemviris legum ferendarum* AUCTOREM. Pomponius) ; nous nions seulement qu'il ait *expliqué* aux Romains les lois de Solon. — Dans les fragments qui nous restent des Douze Tables, loin que nous trouvions rien qui ressemble aux lois d'Athènes, nous voyons les institutions relatives au mariage, à la puissance paternelle, toutes particulières aux Romains. Bien différent de celui d'Athènes, leur gouvernement est une aristocratie mixte, etc. — Il est curieux de voir combien les auteurs se partagent sur le lieu d'où les Romains tirèrent des lois étrangères. Tite-Live les fait venir d'Athènes et des autres villes de la Grèce ; Denys d'Halicarnasse, des villes de la Grèce, excepté Sparte, et des colonies grecques d'Italie ; tandis que Trébonien rapporte aux Spartiates l'origine du droit non écrit, Tacite, pour ne rien hasarder, dit qu'on rassembla les institutions les plus sages que l'on put trouver dans tous les pays (*accitis quæ usquam egregia*). — Ne pourrait-on pas dire que cette députation fut simulée par le Sénat pour amuser le peuple, et que ce mensonge appuyé sur une tradition de deux cent cinquante ans a été transmis à la postérité par Tite-Live et Denys d'Halicarnasse, tous deux contemporains d'Auguste ? car aucun historien antérieur, ni grec ni latin, n'en a fait mention. Denys est un Grec, un étranger, et Tite-Live déclare qu'il n'écrit l'histoire avec certi-

tude que depuis le commencement de la seconde guerre punique.
— Il semblerait, d'après l'éloge que Cicéron donne aux Douze Tables, qu'il ne croyait point cette législation dérivée de celle des Grecs. C'est ce passage célèbre du livre de l'*Orateur* où Cicéron parle ainsi sous le nom de Crassus : « Dussé-je révolter tout le monde, je dirai hardiment mon opinion. Le petit livre des Douze Tables, source et principe de nos lois, me semble préférable à tous les livres des philosophes, et par son autorité imposante et par son utilité..... Vous trouverez, dans l'étude du droit, le noble plaisir, le juste orgueil de reconnaître la supériorité de nos ancêtres sur toutes les autres nations, en comparant nos lois avec celles de leur Lycurgue, de leur Dracon, de leur Solon. En effet, on a de la peine à se faire une idée de l'incroyable et ridicule désordre qui règne dans toutes les autres législations ; et c'est ce que je ne cesse de répéter tous les jours dans nos entretiens, lorsque je veux prouver que les autres nations, et surtout les Grecs, n'approchèrent jamais de la sagesse des Romains. » (Cicéron, *De l'Orateur*, liv. I, édition de M. Le Clerc, tome III.)

P. 162. — *Cicéron les accusera d'ineptie.*

Ces notes sur les lois primitives de Rome ne peuvent être mieux terminées que par la formule que le profond et ingénieux Gans a donnée de l'histoire de Rome et de celle du droit romain :

« Le monde romain est le monde où combattent le *fini et l'infini*, ou *la généralité abstraite et la personnalité libre*. — C'est le monde de la *guerre*, c'est la guerre née, c'est la guerre dans la paix même. — Patriciens, côté de la religion et de l'infini ; plébéiens, côté du fini. Tout infini, forcé d'être en contact avec le fini, et qui ne le reconnaît et ne le contient pas, n'est *qu'un mauvais infini*, fini lui-même. — L'État romain est le progrès d'un fini à d'autres finis. Son histoire est *donc dans l'espace comme dans le temps*, parce que ce progrès ne peut exister qu'identiquement avec l'espace et le temps. Au contraire *l'Orient* seulement dans l'espace, la Grèce seulement dans le temps. C'est l'histoire se développant dans une large carrière à laquelle il faut pour s'accomplir une énorme part de l'espace et du temps ; c'est la première histoire dont on peut dire qu'elle a *des périodes*. — *Les périodes* se rapportent aux *préparatifs* de la lutte, à la *lutte* dans son plus haut point, enfin à *l'affaiblissement successif* et à la ruine simultanée des deux partis, Royauté, République, Empire. — Première période où les deux éléments ennemis sont encore identiques et enveloppés l'un dans l'autre, *Royauté;* deuxième période, où ils se séparent et se combattent, *République;* troisième période, où ils s'affaissent, s'assoupissent et se confondent, *Empire.* »

« *Première période. Royauté.* — L'hiéroglyphe égyptien reparaît dans Rome comme un moment; c'est le côté étrusque du dualisme romain. — Ce sont les prêtres qui paraissent, mais la divinité se retire déjà dans un lointain mystérieux: grand progrès depuis l'Orient. — *La religion devient, pour ainsi dire, possession privée;* c'est une propriété, et c'est là la base de son empire. Mais le substantiel devenant ainsi une abstraction de la propriété, doit immédiatement être contesté. — Plus tard, à l'époque de la lutte, toutes les fois qu'il est question du *substantiel*, on se voit forcé de revenir aux temps de la *Royauté*, au temps de Romulus et de Numa. — Quant à la République, chacune de ses *institutions est l'abolition d'une autre.* — Les siècles de la Royauté, *comme époque divine*, doivent avoir un *caractère non historique.* — Ce que l'ancienne histoire romaine a de *mythique* n'est pas en elle-même, mais *dans son opposition avec la République.*

« *Deuxième période. République.* — Lutte sans objet, que la généralité abstraite soutient contre la personnalité libre, sous la forme de l'arbitraire. — Quelle que soit la forme de la lutte ou son prétexte, c'est toujours même uniformité, même unité, *abstraction de tout substantiel.* — *La guerre au dehors peut seule calmer la guerre au dedans.* Monde de la virilité; à *la place de l'idéal, la règle.* La guerre seule triomphe d'elle-même, en *cessant de fatigue.* C'est là la véritable misère, la véritable décadence. — Le peuple vainqueur, le fini (*plébéien*), force le mauvais infini (*patricien*) à reconnaître qu'il n'est lui-même que fini.

« *Troisième période. Empire.* — Tous les finis reposent à côté l'un de l'autre; privés d'importance et d'objet, en cessant de combattre, ils retombent dans l'égalité. Ce n'est point force originelle, puissance de la nature comme en Orient, c'est simplement négation d'opposition. — Le prince, n'étant plus enveloppé dans le manteau de la religion, n'est divin que par la flatterie. — L'antiquité ayant parcouru son cercle dans ses trois moments, l'Orient, la Grèce et Rome, retourne au point où ces trois moments se *confondent : l'Orient, la Grèce et Rome dégénérés.* — *En Grèce, le droit n'est* que droit public; il n'est pas encore complètement séparé du beau et du bon. Le *droit romain* est simplement un chef-d'œuvre de déduction logique : mais l'esprit ne produit point la moralité. Le défaut du droit romain est dans sa supériorité logique. »

« DROIT. *Première période.* — Le droit est un mystère, entre les mains d'un petit nombre d'initiés ; quand il se révèle, formules courtes, mais d'autant plus expressives. *Jus divinum, pontificium aut feciale.*

« *Deuxième période* de la lutte où les patriciens veulent retenir le droit comme incommunicable, et les plébéiens le conquérir.

« *Troisième période.* — Plus de parti : l'important désormais, c'est l'individu, c'est la manière dont il conserve et défend son existence. L'état le plus honorable est donc celui du jurisconsulte, du casuiste. La jurisprudence est la seule science véritable et particulière au peuple romain. Elle n'a plus le caractère de l'éloquence publique ; consultation orale et écrite. *Jus privatum.*

« Le caractère du droit est donc dans la *première période*, intensité et brièveté ; dans la *deuxième*, déchirement et contradiction ; dans la *troisième*, diffusion et casuistique. »

P. 225. — *Un des plus anciens monuments de la langue latine.*

Tit.-Liv., XXIII, 2 : « Dans l'intervalle, Q. Fabius Pictor, qu'on avait envoyé à Delphes, revint à Rome, et fit lecture de la réponse de l'oracle, qui lui avait été donnée par écrit. On y avait marqué le nom de tous les dieux, et la manière dont chacun devait être honoré. Puis on ajoutait : « Si vous vous
« conformez à ces instructions, Romains, vos affaires prendront
« un cours plus heureux ; votre République deviendra chaque
« jour plus florissante, et l'avantage de la guerre finira par
« rester au peuple romain. Ne manquez pas, après vos succès,
« et lorsque vous aurez assuré le salut de votre République,
« d'envoyer, sur le produit de vos victoires, une offrande à
« Apollon Pythien ; réservez la part du dieu sur le butin et
« toutes les dépouilles ; contenez-vous dans la modération. »
Tout cela était écrit en grec, et Fabius Pictor le lut traduit dans sa langue.

Quelques années après, les magistrats trouvèrent les poésies du vieux devin Marcius, qui prédisaient un grand désastre dans l'Apulie.

Id., XXV, 12 : « Descendant des Troyens, fuis les bords de

« Cannes, et garde que des étrangers ne te forcent à combattre
« dans les plaines de Diomède. Mais tu n'en croiras mes pro-
« phéties qu'après que ces plaines auront été arrosées de ton
« sang, lorsque cette même rivière portera, de la terre fertile
« au sein de la vaste mer, les corps sanglants de bien des mil-
« liers des tiens, et que ta chair aura servi de pâture aux pois-
« sons, aux oiseaux, aux bêtes carnassières. Ainsi Jupiter me
« l'a révélé. »

Marcius avait dit encore dans ses poésies prophétiques :
« Romain, si tu veux chasser l'ennemi et le fléau qui te vient
« des extrémités du monde, je te conseille de vouer au dieu de
« Delphes des jeux annuels, et de les célébrer pieusement
« chaque année ; que le public y contribue, que les citoyens
« donnent pour eux et les leurs. Qu'il préside à ces jeux, le
« préteur, le juge souverain qui rend justice à tous, et peuple
« et plébéiens. Ordonne aux décemvirs d'offrir des sacrifices
« selon les rits des Grecs. Si tu suis ces avis, tu t'en réjouiras
« toujours, et ta chose deviendra prospère. Le dieu fera dis-
« paraître ces ennemis qui dévorent vos champs en toute tran-
« quillité. »

P. 317. — Plusieurs maisons *plébéiennes*, s'étant élevées aux plus hautes dignités, se cherchaient des ancêtres parmi les rois de Rome. Quoique Plutarque et Denys ne donnent point d'enfants mâles à Numa, on lui attribuait quatre fils : Pompo, Calpus, Pinus et Mamercus, tiges de quatre maisons illustres.

Une médaille de la famille *Pomponia* porte sur le revers l'image et le nom de Numa : cependant cette famille était plébéienne, et Cornelius Nepos, dans la *Vie* de son ami Pomponius Atticus, dit que cette maison avait toujours été de l'ordre équestre : Pomponius Atticus ab origine ultima stirpis romanæ, perpetuo acceptam a majoribus equestrem obtinuit dignitatem. (Corn. Nepos, *vit. Attici*, c. 1.)

La famille *Pinaria* voulait remonter non seulement jusqu'à Pinus, mais jusqu'au temps d'Evandre et d'Hercule. (*Æneid.*, VIII.)

De Calpus, la famille *Calpurnia* (vos, o Pompilius sanguis. Hor., *Ars. p.* — Voyez aussi Plutarque, et Festus, verbo *Calpurnii*, l'auteur du panégyrique à Pison, et deux médailles avec la tête de Numa). Cependant elle était plébéienne, et n'arriva au consulat qu'en 573, deux siècles après que l'accès en eut été ouvert aux plébéiens.

De Mamercus, la famille *Marcia*, ou bien d'une fille de Numa, mère d'Ancus Marcius. Marcia sacrifico deductum nomen ab Anco. (Ovid., *Fast.* VII, 803.) Cette famille plébéienne soutenait sans doute, comme tant d'autres, que, patricienne dans son origine, elle n'était devenue plébéienne que par adoption et pour s'ouvrir l'accès au tribunat. Les membres d'une branche de cette famille s'appelaient Marcius *Rex*.

C. Marcius Rutilus, premier censeur plébéien surnommé *Censorinus*. Médaille d'un de ses descendants avec la tête de Numa et le port d'Ostie fondé par Ancus Marcius. Autre avec la tête d'Ancus et l'image d'un aqueduc, fondé par Ancus Marcius, rétabli par le préteur Q. Marcius Rex. Cependant les deux fils d'Ancus avaient été bannis, selon la tradition, pour avoir assassiné le premier des Tarquins.

Gens Hostilia, plébéienne parvenue au consulat vers la fin du sixième siècle. Médaille de L. Hostilius Mancinus avec l'image du roi Tullus. Autres médailles analogues.

Allusion à Servius *Tullius* dans une médaille du plébéien M. Tullius Decula, consul en 672.

Sur une médaille d'un P. Sulpicius *Quirinus* (consul subrogé en 717; autre en 741 de Rome), on voit la louve allaitant les deux enfants. Cependant Tacite nous apprend que cette famille n'est pas même romaine : Nihil ad veterem et patriciam Sulpiciorum familiam Quirinus pertinuit, ortus apud municipium Lanuvium. (Tacit. L., *Annal.*, lib. III, c. 55.)

Gens Memmia, descendant de Mnesthée, compagnon d'Énée. Cependant elle paraît dans l'histoire avec le sixième siècle; elle a plusieurs tribuns du peuple, et ne parvient au consulat que sous Auguste.

Peut-être Virgile suit-il le livre des *familles troyennes* de Varron (Servius, *Æn.*, V, 704, 117), lorsqu'il fait descendre la gens *Memmia* de Mnesthée, la *Cluentia* de Cloanthe, la *Gegania* de Gyas, la *Sergia* de Sergeste, la *Nautia* de Nautes.

Gens Julia. Médaille avec la tête de Vénus, ou Énée portant son père. Voy. le fragment de l'oraison funèbre de Julia, tante du dictateur Jules César. (Suet., c. 6.)

La famille *Mucia* prétendait descendre de Mucius *Scævola*. Pour trouver l'origine de ce surnom, elle inventa une circonstance que Denys a passée sous silence.

Sur la famille *Licinia* : Quæsita ea propriæ familiæ laus, leviorem auctorem Licinium facit. (Tit.-Liv., lib. VII, c. 9.)

Famille *Furia*. La fameuse victoire de Camille doit être une fable. La famille Livia prétendait qu'un Drusus avait repris l'or aux Gaulois. Suet., *in Tib.*, 3 : Drusus, hostium duce Drauso cominus trucidato, sibi posterisque cognomen invenit. Traditur etiam pro prætore ex provincia Gallia retulisse aurum, Senonibus olim in obsidione Capitolii datum : nec, ut fama est, extortum a Camillo. — Famille *Junia*. On rattachait à dessein Marcus Brutus à la famille de l'ancien Brutus du côté de son père, et du côté de sa mère à celle de Servilius Ahala. (Plut. — Cic., *Brutus*, c. 14. — Denys, V.) Brutus lui-même fit mettre sur ses monnaies d'un côté la tête de l'ancien Brutus, de l'autre celle d'Ahala, avec leurs noms. Atticus avait entrepris une généalogie de Brutus. (Corn. Nep., 18.) (Sur la médaille, voyez Vaillant, *in gente Junia*, n. 3 et 4; Morell., tab. I, n. 2, A.) — Cependant l'ancien Brutus n'avait point laissé de postérité. Les Junii étaient plébéiens, et n'arrivèrent au consulat qu'après que cette dignité eût été communiquée aux plébéiens. — Ubi igitur φιλοτέχνημα illud tuum, quod vidi in Parthenone, Ahalam et Brutum? (Cicero, *Epist. ad Attic.*, lib. XII, ep. 40) : « Que devient donc cette œuvre favorite (que j'ai vue dans votre *Parthenon*), Ahala et Brutus ? » Etenim si autores ad liberandam patriam desiderarentur, Brutos ego impellerem; quorum uterque L. Bruti imaginem quotidie videret, alter etiam Ahalæ. (Cicero, *Philip.*, II, c. 11.)

NOTE

SUR L'INCERTITUDE DE L'HISTOIRE DES PREMIERS SIÈCLES DE ROME.

(Voy. liv. I., chap. i. — Liv. II, chap. vi.)

L'histoire de Rome touche à toute l'histoire du monde. Il faut la connaissance de la seconde pour juger la première. On ne saura jamais comment le texte primitif de l'histoire romaine a pu être modifié, falsifié, si l'on n'a observé dans les autres littératures des exemples de transformations analogues; si, par exemple, l'on n'a suivi dans les traditions orientales et dans celles du moyen âge les métamorphoses bizarres qu'a subies l'Alexandre des Grecs ; si l'on n'a étudié les Niebelungen dans leurs changements divers, depuis le moment où le poème commence à poindre dans les ténèbres symboliques de l'Edda, jusqu'à celui où il retourne sous la forme effacée du Niflungasaga dans sa patrie primitive. C'est par une critique de ce genre que devrait commencer une véritable histoire des origines de Rome; il faudrait, pour discuter avec autorité les traditions altérées et incomplètes, pour avoir le droit de les rectifier ou de les suppléer, chercher dans les littératures dont les monuments ont été mieux conservés par le temps comme une pensée première peut être défigurée, soit par l'élaboration nécessaire qu'elle subit en traversant les âges, soit par les falsifications furtives et plus ou moins accidentelles qu'y introduisent les prétentions de nations ou de familles.

Aux époques civilisées, on écrit l'histoire; aux temps barbares, on la fait. Les mythes et la poésie des peuples barbares présentent les traditions de ces temps; elles sont ordinairement la véritable histoire nationale d'un peuple, telle que son génie la lui a fait concevoir. Peu importe qu'elle s'accorde avec les faits. L'histoire de Guillaume Tell a fait pendant des siècles l'enthousiasme de la Suisse. On trouve textuellement le même récit dans Saxo, l'ancien historien du Danemark. Ce récit peut bien n'être pas réel, mais il est éminemment vrai, c'est-à-dire parfaitement conforme au caractère du peuple qui l'a donné pour historique. L'histoire de Roland, neveu de Charlemagne, est fausse dans ses détails. Eginhard ne dit qu'un seul mot; il rapporte qu'à Roncevaux périt *Rolandus præfectus Britannici limitis*. On a bâti sur un fondement si léger une histoire vraie, c'est-à-dire conforme au génie et à la situation de ceux qui l'ont inventée. Les Espagnols ont chanté pendant des siècles les fameuses guerres des Abencerrages et des Zégris. Cependant des historiens d'une grande autorité pensent que ces événements n'ont rien de réel, mais que les chrétiens ont peint des Arabes et des Maures sous les traits de chevaliers chrétiens. (Voy. Conde.) A telles époques, le nom de poète a son véritable sens. On ne crée pas, mais on invente dans le sens de la réalité.

Les preuves extérieures seraient donc les meilleures ici.

En attendant qu'un plus habile entreprenne ce grand ouvrage, nous rapporterons les preuves intérieures, nous donnerons tous les textes pour ou contre. Presque tous ceux qui ont traité cette question les ont tronqués ou détournés de leur sens. Beaufort en a donné l'exemple, et récemment on l'a imité en combattant son opinion. Nous rapporterons les passages qui peuvent éclairer la question, intégralement et textuellement. Nous allons d'abord donner les textes en faveur de la certitude : ils sont très nombreux et très positifs. Leur principal défaut est de trop prouver.

Nous trouvons d'abord dans Horace une indication des différentes sources de l'Histoire romaine :

> Sic fautor veterum ut tabulas peccare vetantes
> Quas bis quinque viri sanxerunt, fœdera regum,
> Vel Gabiis, vel cum rigidis æquata Sabinis,
> Pontificum libros, annosa volumina vatum,
> Dictitet Albano Musas in monte locutas.
> (Hor., liv. II, Ep. 1, *ad Augustum.*)

Erat enim historia nihil aliud, nisi annalium confectio : cujus rei memoriæque retinendæ causa *ab initio rerum Romanarum* usque ad P. Mucium pontificem maximum, res omnes singulorum annorum mandabat litteris pontifex maximus, efferebatque in album et proponebat tabulam domi, potestas ut esset populo cognoscendi : ii qui etiam nunc *annales maximi vocantur.* (Cic., *De Oratore*, liv. II, ch. 12.) — D'après ce passage, les *annales maximi* s'étendaient jusqu'au temps des Gracches ; à cette époque vivait le grand pontife Mucius. *Ab initio rerum Romanarum* est extrêmement vague. Ainsi ces mots « *les premiers temps de la monarchie française* » s'appliqueront tantôt à l'époque de Philippe-Auguste, tantôt à celle de Clovis.

Ita etiam *annales* conficiebantur, tabulam dealbatam quotannis pontifex maximus habuit, in qua, præscriptis consulum nominibus et aliorum magistratuum, digna memoratu notare consueverat, domi, militiæ, terra, mari, gesta per singulos dies. Cujus diligentiæ annuos commentarios in octoginta libros veteres retulerunt, eosque a pontificibus maximis a quibus fiebant *annales maximos* appellarunt. (Serv., *in Æn.*, lib. V. 377.)

Pontificibus permissa est potestas memoriam rerum gestarum in tabulas conferendi et eos annales appellant equidem *maximos* quasi a pontificibus maximis factos (Macrobe, *Saturn.*, lib. III, c. 2).

Provocationem ad populum etiam a regibus fuisse, id ita in pontificalibus libris aliqui *putant* et Fenestella. (Sen., ep. 108.) Ce mot *putant* indique ou que les annales des pontifes n'existaient plus, ou qu'on ne les consultait plus guère.

Cicéron, *Lettre à Atticus*, liv. VI, lett. 2, parle des *acta urbana, acta populi, acta senatus.* Voyez encore Suétone, *Vie de Claude;* Tacite, *Ann.*, liv. VI et IV ; Cicer., *de Orat.*, c. 37.

Outre les annales des pontifes, on cite encore les *libri magistratuum*, et *libri lintei*, qui sont peut-être la même chose. — Quod tam *veteres annales*, quodque magistratuum libri, quos *linteos* in æde repositos Monetæ Macer Licinius citat identidem auctores. (Tit.-Liv., liv. IV, c. 20, c. 7. Denys, XI.) In tam discrepanti editione et Tubero et Macer libros linteos auctores profitentur (*Id.*, *ibid.*, c. 23). Licinio libros haud dubie linteos sequi placet : et Tubero incertus veri est..... sed inter altera vetustate incomperta, hoc quoque in incerto positum. — Tite-Live n'a pas l'air de compter beaucoup sur ces *libri lintei*.

Denys parle de certains monuments en bois de chêne, qui furent rétablis lorsque le bois était déjà à moitié détruit.

Postea publica monumenta plumbeis voluminibus mox et privata linteis confici cœpta aut ceris. (Pline, livre XIII, c. 2.)

Cela se voit encore par des mémoires qu'on appelle mémoires des *censeurs*, que les pères transmettent aux fils, et ceux-ci de main en main à leurs descendants avec autant de soin que des héritages sacrés. « Il y a plusieurs hommes illustres dont les familles ont été honorées de la dignité de censeur, qui conservent de pareils mémoires. » (Denys, 1, p. 60.) — Il faut distinguer ces mémoires des *tabulæ censoriæ*, formules du cens, résultats du cens, ou budget de l'État. (Varr., *de L. l.*, V; Denys, IV; Livius, XLIII, 18.)

Ipsæ enim familiæ sua quasi ornamenta, et monumenta servabant, et ad usum, si quis ejusdem generis cecidisset, et ad memoriam laudum domesticarum, et ad illustrandam nobilitatem suam. (Cicero, in *Bruto*, c. 16.)

Récapitulons les sources que nous avons trouvées jusqu'ici : 1° les grandes annales; 2° les actes publics; 3° les livres des magistrats; 4° les *lintei libri* qu'il faut peut-être confondre avec les précédents; 5° les mémoires des familles censoriales, qui rentrent probablement aussi dans quelqu'une des catégories précédentes. Ce n'est pas tout, nous trouvons encore à Rome un usage qui devait fixer la chronologie. Tous les ans, le premier magistrat, consul ou dictateur, enfonçait un clou dans un temple, selon les uns pour marquer les époques, selon d'autres dans un but tout religieux. En cas de peste, on enfonçait un clou dans un temple : *dictator, clavi figendi causa...*

Des gens difficiles à contenter ont prétendu qu'il n'était pas probable que les Romains eussent tant écrit; que la coutume d'enfoncer un clou pour conserver la trace d'un événement, d'une époque, semble indiquer que l'on n'a pas encore d'écriture nationale. Chez le peuple lettré par excellence, chez les Grecs, on écrivait très peu avant Périclès. En parlant du quatrième siècle de Rome, Tite-Live avoue qu'on n'écrivait guère à cette époque. On ne trouve pas de lettres sur les anciennes monnaies de Rome. Au rapport de Cicéron, il n'y avait pas une seule inscription sur les anciennes statues. Cependant un fait curieux, rapporté par Tite-Live, nous ferait croire que la Rome des premiers siècles avait non seulement l'usage de l'écriture, mais encore un droit, une philosophie. (Tit.-Liv., XV, 29.) — Voy. aussi Plin., XIII, 13. — Plut., *in Numa*. — Festus, V. *Numa*. — Lactant., *De falsis relig.*, I, 22.) Eodem anno in agro L. Petilii scribæ sub Janiculo, dum cultores agri altius moliuntur terram, duæ lapideæ arcæ octonos ferme pedes longæ, quaternos latæ, inventæ sunt, operculis plumbo devinctis. Litteris latinis græcisque utraque arca inscripta erat : in altera Numam Pompilium, Pomponis filium, regem Romanorum sepultum esse ; in altera libros Numæ Pompilii inesse. Eas arcas cum ex amicorum sententia dominus aperuisset, quæ titulum sepulti regis habuerat, inanis inventa, sine ullo vestigio corporis humani, aut ullius rei, per tabem tot annorum omnibus absumptis; in altera duo fasces candelis involuti septenos habuere libros, non integros modo, sed recentissima specie. Septem latini de jure pontificio erant, septem græci de disciplina sapientiæ, quæ illius ætatis esse potuit. Adjicit Antias Valerius Pythagoricos fuisse, vulgatæ opinioni, qua creditur Pythagoræ auditorem fuisse Numam, mendacio probabili accommodata fide. Primo ab amicis qui in re præsenti fuerunt, libri lecti. Mox pluribus legentibus cum vulgarentur, Q. Petilius, prætor urbanus, studiosus legendi, eos libros a L. Petilio sumpsit : et erat familiaris usus, quod scribam eum quæstor Q. Petilius in decuriam legerat. Lectis rerum summis, cum animadvertisset pleraque dissolvendarum religionum esse, L. Petilio dixit, sese eos libros in ignem conjecturum esse. Priusquam id faceret, se ei permittere uti si quod seu jus, seu auxilium se habere ad eos libros repetendos existimaret, experiretur ; id integra sua gratia eum facturum. Scriba tribunos plebis adit. Ab tribunis ad senatum res est rejecta. Prætor se jusjurandum dare paratum esse aiebat, libros eos legi servarique non oportere. Senatus censuit satis habendum quod prætor jusjurandum polliceretur, libros primo quoque tempore in comitio cremandos esse. Pretium pro libris quantum Q. Petilio prætori majorique parti tribunorum plebis videretur, domino esse solvendum. Id scriba non accepit. Libri in comitio igne a victimariis facto, in conspectu populi cremati sunt.

On voit, par ce récit, que les patriciens, en possession de la religion, ne se souciaient pas qu'on les surprit en contradiction avec les anciens Romains, sur l'autorité desquels ils s'appuyaient. Mais comment a-t-on lu ces livres, puisque, du temps de Polybe, les plus habiles ne pouvaient lire des traités conclus par les Romains deux siècles après Numa? Comment s'est-on assuré que ces livres étaient de Numa? Peut-être n'étaient-ce que des livres sur Numa. Ce qui est plus merveilleux, c'est que le temps ait pu détruire entièrement le corps que renfermait ce tombeau, tandis que nous avons encore aujourd'hui des ossements antédiluviens.

Cicéron, dans un passage de la *République*, va beaucoup plus loin; selon lui, les Romains du temps de Romulus n'étaient pas moins civilisés que les Grecs.

Cic., *de Rep.* : *Scipio*. Cedo; num barbarorum Romulus rex fuit? — *Lælius*. Si, ut Græci dicunt, omnes aut Graios esse, aut barba ros, vereor, ne barbarorum rex (Romulus) fuerit; sin id nomen moribus dandum est, non linguis, non Græcos minus barbaros quam Romanos, puto.

Cic., *de Rep.* : Atque hoc eo magis est in Romulo admirandum, quod cæteris qui Dii ex hominibus facti esse dicuntur, minus eruditis hominum sæculis fuerunt, ut fingendi proclivis esset ratio, quum imperiti facile ad credendum impellerentur : Romuli autem ætatem minus his sexcentis annis, jam inveteratis litteris atque doctrinis, omnique illo antiquo ex inculta hominum vita errore sublato, fuisse cernimus.

Cicéron semble juger la civilisation du temps de Romulus par les poètes et les orateurs grecs qui florissaient alors, ce qui ne prouve pas grand'chose pour Rome encore étrangère à la Grèce.

Dans les fragments du livre adressé à Hortensius, il exalte l'importance des *Annales romaines* : il est vrai que ce passage est extrêmement vague. Nous ne savons pas s'il parle de l'histoire en général, ou seulement des *Annales des pontifes*, ou bien encore des *Annales domestiques*.

Cic. ex libri ad Hortensium fragmentis : Unde autem facilius quam ex annalium monumentis, aut res bellicæ, aut omnis reipublicæ disciplina cognoscitur? Unde ad agendum aut dicendum copia depromi major gravissimorum exemplorum, quasi incorruptorum testimoniorum potest.

Cic. *de Rep.*, II, c. 14 : Sequamur enim potissimum Polybium nostrum, quo nemo fuit in exquirendis temporibus diligentior.

L'érudit Varron croyait à la certitude de l'histoire des premiers siècles de Rome. Il est vrai que ses étymologies ne prouvent pas en faveur de la critique ni de la sagacité de ce savant homme. Cependant, Cicéron fait le plus grand éloge de Varron au commencement de ses *Questions académiques* : Nos in nostra urbe peregrinantes errantesque, tanquam hospites, tui libri quasi domum deduxerunt ut possemus aliquando qui et ubi essemus agnoscere. Tu ætatem patriæ, tu descriptiones temporum, tu sacrorum jura, tu sacerdotum, tu domesticam, tu bellicam disciplinam, tu sedem regionum et locorum, tu omnium divinarum humanarumque rerum nomina, genera, officia, causas aperuisti : plurimumque poetis nostris, ominoque latinis litteris luminis attulisti et verbis; atque ipse varium et elegans omni fere numero *poema* fecisti.

Il faut remarquer ce mot *poema*. D'ailleurs, Cicéron, devant combattre dans cet ouvrage les opinions philosophiques de Varron, devait lui accorder plus volontiers la gloire de l'érudition en lui enlevant celle de la philosophie.

Que résulte-t-il de tous ces textes? qu'en pouvons-nous conclure, si nous les adoptons sans discussion? C'est qu'apparemment l'histoire romaine a plus de netteté, de cohérence et de certitude que l'histoire grecque dans Thucydide. A chaque instant, Thucydide semble douter; il nous dit : J'ai demandé, j'ai consulté, mais il n'y a rien de certain. Comment se fait-il que Tite-Live, que Polybe, l'ami des Scipions, Polybe, qui a vécu si longtemps à Rome, se trouvent embarrassés sur mille points? Cet embarras est ridicule avec tant et de tels secours. L'inconvénient de tous les textes que nous avons cités en faveur de la certitude de l'histoire romaine est de prouver trop. Les histoires qui nous restent ne répondent pas à de pareils matériaux : conçoit-on qu'on ait amassé pendant sept siècles des documents de toute espèce pour aboutir à l'histoire confuse et romanesque de Denys et de Tite-Live? quels moyens et quels résultats!

Nous allons maintenant citer les textes contre la certitude des cinq premiers siècles de Rome. Voyons d'abord ce que pense Tite-Live de cette histoire si certaine.

Tit.-Liv., II, 21 : *Tanti errores implicant temporum, aliter apud alios ordinatis magistratibus, ut nec qui consules, secundum quosdam, nec quid quoque anno actum sit, in tanta vetustate, non rerum modo, sed etiam auctorum, digerere possis.*

Tit.-Liv. : Vopiscum Julium in quibusdam pro Virginio annalibus invenio. Hoc anno (*quoscumque consules habuit*), etc. (Lib. II, c. 54.)

Tit.-Liv. : Nec quo anno, nec quibus consulibus, nec *quis primum dictator creatus sit, satis constat.* (Lib. II, c. 18.)

Inde certe, et singulorum gesta, et publica monumenta rerum, confusa. (Livius, lib. II, c. 40.)

Caton dit, dans ses Origines (Gell., *N. A.*, II, 28), *qu'il n'aimait pas à écrire, comme sur le registre du grand pontife, combien de fois le prix des grains avait haussé et le nombre des éclipses de lune et de soleil.* — Verba Catonis ex Originum quarto hæc sunt : « Non libet scribere quod in tabula apud pontificem maximum est, quotiens annona cara, quotiens lunæ aut solis lumine caligo aut quid obstiterit. » — Pline, *H. N.*, VIII, 57, dit qu'on voit dans ces annales *que le cri de la musaraigne a interrompu les auspices*, et toutes choses semblables. — Gell., *N. A.*, IV, 5, cite un passage du onzième livre des *Annales* qui rapporte une réponse perfide des augures étrusques; ces *Annales* s'occupaient donc de menus détails sur les besoins matériels, ou sur les vieilles superstitions. Il était difficile de se les procurer. (Tit.-Liv., IV, 3.)

Tit.-Liv. Præf. : Quæ ante conditam condendamve urbem, poeticis magis decora fabulis, quam incorruptis rerum gestarum monumentis traduntur, ea nec affirmare, nec refellere in animo est. Datur hæc venia antiquitati, ut miscendo humana divinis, primordia urbium augustiora faciat. Et si cui populo licere oportet consecrare origines suas, et ad Deos referre authores : ea belli gloria est populo romano, ut cum suum, conditorisque sui parentem Martem potissimum ferat : tam et hoc gentes humanæ patiantur æquo animo quam imperium patiuntur. Sed hæc et his similia, utcunque animadversa aut existimata erunt, haud in magno equidem ponam discrimine.

Tite-Live, l. X, ch. 18. : Litteras ad collegam ex Samnio arcessendum missas in *Trinis annalibus* invenio : piget tamen incertum ponere, cum ea ipsa inter consules populi romani jam iterum eodem honore fungentes discrepatio fuerit; Appio abnuente missas, Volumnio affirmante Appii se litteris accitum.

Ea neque affimare, neque refellere, operæ pretium est. (Liv., lib. V, c. 21.)

Fama rerum standum est, ubi certam derogat vetustas fidem. (Liv., lib. VII, c. 6.)

Nec vero pauci sunt auctores, Cn. Flavium scribam fastos protulisse, actionesque composuisse... Nam illud de Flavio et fastis, si secus est, commune erratum est : et tu belle ἠπόρησας, et nos publicam prope opinionem secuti sumus. (Cic., ad *Attic.*, lib. VI, epist. 1.)

Ailleurs il parle des premiers temps de Rome (*de Leg.*, I, 1, 2, 3) avec beaucoup de légèreté : Respondebo tibi equidem, sed non antequam mihi tu ipse responderis, Attice; certene non longe a tuis ædibus inambulans, post excessum suum, *Romulus Proculo Julio dixerit, se deum esse, et Quirinum vocari, templumque sibi dedicari in eo loco jusserit;* et Athenis, non longe item a tua illa antiqua domo, Orithyam Aquilo sustulerit : sic enim est traditum. — *Att.* Quorsum tandem, aut cur ista quæris? — *Marc.* Nihil sane, nisi ne nimis diligenter inquiras in ea, quæ isto modo memoriæ sint prodita. — *Att.* Atqui multa quæruntur in Mario, fictane, an vera sint; et a nonnullis, quod et in recenti memoria, et in Arpinati homine, vel severitas a te postulatur. — *Marc.* Et me Hercule, ego me cupio non mendacem putari : sed tamen nonnulli isti, Tite, faciunt imperite, qui in isto periculo (cet essai poétique) non ut a poeta, sed ut a teste, veritatem exigunt. *Nec dubito, quin iidem, et cum Egeria colloculum Numam; et ab Aquila Tarquinis apicem impositum putent.*

Atticus dit ailleurs, en engageant Cicéron à composer une histoire de son temps: Quæ ab isto malo prædicari, quam ut aiunt de Remo et Romulo (*de Legibus*): J'aime mieux qu'il nous raconte de telles choses que tous les *on-dit* de Remus et Romulus (Beaufort entend: *que de parler, comme on dit, de Remus et de Romulus;* dans ce sens, *parler de Remus et de*

Romulus, serait une expression proverbiale pour dire, parler de contes d'enfants).

Il ne faut donc pas s'étonner de l'apparente contradiction qui se trouve entre ces passages et ceux du livre *de Republica*. Dans ce dernier ouvrage, c'est le grand Scipion qui parle dans un jour solennel au milieu d'une assemblée assez imposante. Son discours est une espèce d'hymne à la gloire de Rome. Ce n'est pas là la place de la critique. Le livre *de Legibus*, au contraire, est un entretien familier entre Cicéron, Atticus et son frère. Là il peut dire tout ce qu'il pense des commencements de Rome. Cependant, même dans le livre de la *République*, le scepticisme paraît quelquefois.

Cic., *de Rep.*, II, c. 2 : Quod habemus igitur institutæ reipublicæ tam clarum, ac tam omnibus notum exordium, quam hujus urbis condendæ principium profectum à Romulo? qui patre Marte natus (concedamus enim famæ hominum, præsertim non inveteratæ solum, sed etiam *sapienter a majoribus proditæ*), bene meriti de rebus communibus ut genere etiam putarentur, non solum esse ingenio divino.

« Est-il un gouvernement qui soit né sous des auspices plus brillants et plus célèbres que celui de Rome, fondé par Romulus, fils de Mars? Nous devons, en effet, respecter une croyance qui s'appuie, non seulement sur l'antiquité, *mais sur la sagesse de nos ancêtres*, et ne pas blâmer ceux qui, en reconnaissant un génie divin dans les bienfaiteurs des peuples, ont voulu aussi leur attribuer une naissance divine. »

Cic., *de Rep.* II, c. 18, p. 152 : *Scip.* Ita est, inquit; sed temporum illorum tantum fere regum illustrata sunt nomina. —
..... Pour tous ces temps les seuls noms bien connus sont ceux des rois.

Tit.-Liv., VII, 1 : Quæ ab condita urbe Roma ad captam eamdem urbem Romani sub regibus primum, consulibus deinde, ac dictatoribus, decemvirisque, ac tribunis consularibus gessere foris bella, domi seditiones, quinque libris exposui : res cum vetustate nimia obscuras, velut quæ magno ex intervallo loci vix cernuntur : tum quod *et raræ per eadem tempora litteræ fuere*, una custodia fidelis memoriæ rerum gestarum, et quod etiam si quæ in commentariis pontificum, aliisque publicis privatisque erant monumentis, incensa urbe *pleræque interiere*.

Clariora deinceps certioraque ab secunda origine, velut ab stirpibus lætius feraciusque renatæ urbis, gesta domi militiæque exponentur.

Tit.-Liv., VI, 1 : Imprimis *fœdera* ac *leges* (erant autem eæ duodecim tabulæ, et quædam regiæ leges) conquiri, quæ comparerent, jusserunt; *alia ex eis, edita etiam in vulgus;* quæ autem ad sacra pertinebant, a pontificibus maxime, ut religione obstrictos haberent multitudinis animos, suppressa.

Plut., *De fortuna Romanorum :* « Mais à quoi bon nous arrêter sur des temps qui n'ont rien de clair, rien de certain; puisque, comme l'assure Tite-Live, l'histoire romaine a été corrompue, et que les monuments en ont été détruits? »

Après l'incendie de Rome, où périrent la plus grande partie des *Annales des pontifes*, on fit chercher les traités, les livres des *Douze Tables*, etc.; des traités et des lois, point d'autres monuments historiques. Ces traités mêmes étaient inconnus de la plupart des Romains, et ne pouvaient plus se lire. En voici deux très importants, que n'ont connus ni Tite-Live, ni Denys, ni Plutarque :

Sedem Jovis optimi maximi, auspicato a majoribus pignus imperii conditam, *quam non Porsena dedita urbe*, neque Galli capta, temerare potuissent, furore principum exscindi. (Tac. *Hist.*, lib. III, c. 72.)

Plin., XXXIV, 14 : In fœdere, quod expulsis regibus populo Romano dedit Porsena, nominatim comprehensum invenimus, *ne ferro, ni in agricultura, uterentur.*

Polyb., III : « Il y a tant de différence entre l'ancienne langue latine et celle de ce temps, que les plus habiles ont bien de la peine, avec toute leur application, de venir à bout d'en expliquer certains mots... Il n'est pas étonnant que Philinus ait ignoré que ce traité existât; puisque de mon temps les plus avancés en âge des Romains et des Carthaginois, et ceux mêmes qui étaient le plus au fait des affaires, n'en avaient aucune connaissance. »

Polybe nous donne le texte d'un autre traité non moins important (liv. III). C'est le premier qui fut conclu entre les Carthaginois et les Romains; nous l'avons rapporté plus haut. Il est convenu que, si les Carthaginois pillent une ville italienne, ils garderont, non pas la ville, à la vérité, mais le butin qu'ils auront fait. Ce qui prouve qu'ils traitaient aux conditions qu'ils voulaient.

Suet., *in Jul. Cæs.*, 20 : Inito honore, *primus omnium* instituit, ut tam senatus, quam populi, diurna acta conficerentur et publicarentur.

Livius, lib. VIII, c. 111 : Raræ per ea tempora litteræ (à la fin du quatrième siècle de Rome). Voy. aussi Festus, v. *Clavus*. La coutume *clavi figendi*, renouvelée à la fin du quatrième siècle de Rome : ex seniorum memoria repetitum. (Livius, VIII, c. 111.)

Tit.-Liv., IV, 3 : *Si non ad fastes, ad commentarios Pontificum admittimur*, ne ea quidem scimus, quæ omnes peregrini sciunt, consules in locum regum successisse, nec aut juris majestatisque quicquam habere quod non antea in regibus fuerit?

De tout ce qui précède, il résulte que : 1° les Romains, et particulièrement Cicéron, se moquaient des commencements de leur histoire; Tite-Live lui-même a souvent des doutes ; 2° les *fœdera et leges* retrouvés en partie n'étaient guère montrés, et ne pouvaient se lire; 3° les Annales des pontifes avaient été brûlées en grande partie, et le reste était tenu secret; 4° les actes du Sénat ne commencent qu'à J. César; 5° les clous même ne restent pas pour suppléer aux autres documents. L'usage *clavi figendi* fut renouvelé *ex seniorum memoria;* il avait donc été interrompu.

Nous allons prouver maintenant : 1° qu'il n'y a point d'écrivain ni d'historien romain antérieur à Caton; 2° que les premiers historiens de Rome ont été Grecs ; 3° que Denys et Polybe ne font aucun cas des historiens qui les ont précédés; 4° que les historiens de Rome diffèrent et se contredisent sur une infinité de points.

Denys d'Halicarnasse, au commencement de son premier livre, s'exprime ainsi : « Hiéronyme de Cardie est le premier, que je sache, qui ait touché légèrement à l'histoire des Romains dans une histoire des successeurs d'Alexandre. Ensuite Timée en a parlé aussi dans une histoire universelle et dans l'histoire particulière qu'il a écrite des guerres de Pyrrhus. Ajoutez Antigone, Polybe, Silène et je ne sais combien d'autres qui ont traité ces sujets de différentes manières. Chacun de ces historiens a parlé fort peu des Romains, et encore sans aucune exactitude et d'après des bruits populaires. Or, les histoires que les Romains ont écrites en grec sur ces premiers temps, ne diffèrent en rien de celles-ci. Leurs plus anciens historiens sont : Q. Fabius et L. Cincius, qui tous deux florissaient du temps des guerres puniques. Ces deux auteurs ont parlé avec assez d'exactitude de ce qu'ils ont vu et appris par eux-mêmes. Mais ils ont parcouru légèrement ce qui était arrivé depuis la fondation de Rome jusqu'à eux. »

Le même historien dit ailleurs, liv. I : « Les Romains n'ont pas un historien, pas un écrivain; tout ce qu'ils disent ils l'empruntent à ce qui reste des livres sacrés : Παλαιὸς μὲν οὖν οὔτε συγγραφεὺς οὔτε λογογράφος ἐστὶ Ῥωμαίων οὐδὲ εἷς. Ἐκ παλαιῶν μέντοι λόγων ἐν ἱεροῖς δέλτοις σοζωμένων ἕκαστός τις παραλαβὼν ἀνέγραψε.

Cicéron, *in Brut.*, 16 : Nec vero habens quemquam antiquiorem (*Catone*) cujus quidem scripta proferenda putem, nisi Appii Caeci oratio haec ipsa de Pyrrho, et nonnullae mortuorum laudationes forte delectant, et hae quidem extant.

Pline l'Ancien, liv. XIV, ch. 4 : Nec sunt vetustiora de illa re (Catonis scriptis *de Agricultura*) latinae praecepta; tam prope ab origine rerum sumus!

Tit.-Liv. VIII, sub finem : Nec quisquam aequalis temporibus illis scriptor extat quo satis certo auctore stetur.

Tit.-Liv., liv. II : Auctor longe antiquissimus (Fabius Pictor).

Plin., liv. XIII, c. 3 : Vetustissimus auctor annalium (il parle de Cassius qui vivait vers 607).

Cic., *de Legibus*, lib. 1 (éd. Leclerc, in-18, 32e vol., p. 300) : Quamobrem aggredere, quaesumus, et sume ad hanc rem (*historiam*) tempus; quae est a nostris hominibus adhuc aut ignorata, aut relicta. Nam post *Annales pontificum* maximorum *quibus nihil potest esse jucundius* (expression ironique, selon M. Leclerc, p. 363), si aut ad Fabium, aut ad eum, qui tibi semper in ore est, Catonem aut ad Pisonem, aut ad Fannium, aut ad Vennonium venias; quamquam ex his alius alio plus habet virium, tamen quid tam exile, quam isti omnes? Fannii autem ætate conjunctus Antipater paulo inflavit vehementius, habuitque vires agrestes ille quidem atque horridas, sine nitore ac palæstra, sed tamen admonere reliquos potuit, *ut accuratius scriberent.* Ecce autem successere huic Gellii, Claudius, Asellio ; nihil ad Cœlium, sed potius ad antiquorem languorem atque *inscitiam.* Nam quid Macrum numerem cujus loquacitas habet aliquid argutiarum ; nec id tamen ex illa erudita Græcorum copia, sed ex librariolis latinis ; *in orationibus autem multus et ineptus, ad summam impudentiam.* Sisenna, ejus amicus, omnes adhuc nostros scriptores, nisi qui forte nondum ediderunt, de quibus existimare non possumus, facile superavit. Is tamen neque orator in numero vestra unquam est habitus, et *in historia puerile quidem consectatur : ut unum Clitarchum,* neque præterea quemquam, de Græcis legisse videatur ; eum tamen velle duntaxat imitari, quem si assequi posset, aliquantum ab optimo tamen abesset. Quare tuum est munus ; hoc a te expectatur, etc.

Cic., *de Legibus* : « Commencez donc, je vous prie, et prenez du temps pour un travail jusqu'à présent ignoré ou négligé de nos auteurs : car après les *Annales des grands pontifes,* composition sans contredit (ironiquement, selon la note de Leclerc) des plus agréables, si nous passons à Fabius ou à celui dont vous avez sans cesse le nom à la bouche, à votre Caton, ou bien encore à Pison, à Fannius, à Vennonius, en admettant que parmi eux l'un soit plus fort que l'autre, quoi de plus mince cependant que le tout ensemble? Le contemporain de Fannius, Cœlius Antipater, éleva bien peu le ton ; il montra une certaine vigueur rude et inculte, sans éclat, sans art, et du moins pouvait-il avertir les autres d'écrire avec plus de soin ; mais voilà qu'il eut pour successeurs des Gellius, un Clodius, un Asellion, qui se réglèrent moins sur son exemple que sur la platitude et l'ignorance des anciens. Compterai-je Macer, dont le bavardage a bien quelques pensées, mais de celles qu'on trouve, non dans les savants trésors des Grecs, mais dans nos chétifs recueils latins. Dans ses discours, une prolixité, une inconvenance qui va jusqu'à l'extrême impertinence. Sisenna, son ami, a sans doute surpassé tous nos historiens, ceux du moins qui ont publié leurs écrits ; car nous ne pouvons juger des autres. Jamais cependant comme orateur on ne l'a compté parmi vous, et dans l'histoire il laisse bien voir, à sa petite manière, qu'il n'a pas lu d'autre Grec que Clitarque, et que c'est lui seul qu'il veut imiter; et toutefois, l'eût-il égalé, il serait encore loin d'être parfait. Vous le voyez, Cicéron, c'est votre affaire; on l'attend de vous : Quintus penserait-il autrement? »

Ibid. : A quibus temporibus scribendis capiat exordium? Ego enim ab ultimis censeo, quoniam *illa sic scripta sunt, ut ne legantur quidem.* « De quelle époque doit-il d'abord s'occuper? Selon moi, des temps les plus reculés, car les histoires que nous en avons sont telles, qu'on ne les lit seulement pas. »

Polyb., III. « On demandera peut-être d'où vient que je fais ici mention de Fabius. Ce n'est pas que je juge sa narration assez vraisemblable pour devoir craindre qu'on y ajoute foi; car ce qu'il écrit est si absurde, et a si peu d'apparence, que les lecteurs remarqueront bien, sans que j'en parle, le peu de fond qu'on peut faire sur cet homme, dont la légèreté se découvre elle-même. Ce n'est que pour avertir ceux qui le liront, de s'arrêter moins au titre du livre qu'à ce qu'il contient : car il y a bien des gens qui, faisant plus d'attention à celui qui écrit qu'à ce qu'il raconte, croient devoir ajouter foi à tout ce qu'il dit, parce qu'il a été contemporain, et qu'il était sénateur. Pour moi, comme je ne crois pas devoir lui refuser toute créance, je ne veux pas non plus qu'on s'y fie tellement, qu'on ne fasse aucun usage de son propre jugement; mais plutôt que le lecteur, sur la nature des choses mêmes qu'il a rapportées, juge de ce qu'il en doit croire. »

Denys d'Halicarnasse, liv. I, p. 6 : « J'ai demeuré à Rome pendant vingt-deux ans, et j'y ai appris à fond la langue du pays. Pendant tout ce temps, j'ai été uniquement occupé à m'instruire de ce qui concernait le sujet de mon entreprise. Je n'ai mis la main à l'œuvre qu'après avoir été instruit de bien des choses par des gens fort savants avec qui j'ai lié connaissance. Le reste, je l'ai tiré des historiens qu'ils estiment, comme Porcius Cato, Fabius, Valerius, Antias, Licinius Macer, Ælius, les deux Gellius, les deux Calpurnius, et divers autres qui ont quelque réputation. »

Le même, liv. IV : « Je ne puis me dispenser de reprendre Fabius de son inexactitude en fait de chronologie..., tant cet historien a été négligent, et s'est peu soucié de rechercher la vérité de ce qu'il rapporte ! » Οὕτως ὀλίγον ἐστὶν ἐν ταῖς ἱστορίαις αὐτοῦ τὸ περὶ τὴν ἐξέλασιν τῆς ἀληθείας ἀταλαίπωρον,

Le même, livre VII : « Mon auteur est Quintus Fabius, et je n'ai pas besoin d'alléguer d'autre autorité que la sienne. » Κοίντῳ Φαβίῳ βεβαιωτῇ χρώμενος·, καὶ οὐδεμιᾶς ἔτι δεόμενος πιστέως ἑτέρας.

Tite-Live avoue la diversité des opinions relativement aux Horaces, aux Curiaces et à la mort de Coriolan. En parlant d'un fait arrivé vers 294, il exprime un doute sur la date : Denys ne doute dans aucun des trois cas.

Caton n'était point un critique. Il prétend que les premiers habitants du Latium furent des Achéens, ce qui est contraire à toutes les données de l'antiquité. Il dit lui-même qu'il écrivit son histoire en beaux caractères, afin que son fils eût de grands exemples sous les yeux. Rien ne se passe mieux de critique qu'un but moral. Voyez le plat recueil de Valère-Maxime. Mais Caton est encore le plus grave des premiers historiens de Rome. Que dire de Calpurnius Piso Frugi et de Valerius d'Antium ? Aulu-Gelle nous en a conservé des passages singulièrement puérils. (Aul.-G., liv. II, ch. 14.) « Eumdem Romulum dicunt ad « cœnam vocatum ibi non multum bibisse, quia postridie nego-« tium haberet. Ei dicunt : Romule, si istuc omnes homines « faciunt, vinum vilius sit. Is respondit : Imo vero carum, si « quantum quisque volet, bibat : nam ego bibi quantum volui. » — Valerius nous apprend que Romulus et Remus avaient été instruits à Gabies dans les lettres grecques, et que leur grand-père avait pris beaucoup de soin de leur éducation. Voy. l'Auctor de *Origine gentis Romanæ*, et Festus, v. *Roma*. — Nous rapporterons ici un passage de Plutarque, qu'il doit avoir copié dans quelqu'un de ces premiers historiens de Rome :

Plut., *Numa*, c. 20. « L'Aventin n'était pas encore renfermé dans l'enceinte de Rome, ni même habité, mais il avait des sources abondantes et des bois touffus. On y voyait venir souvent, dit-on, deux divinités, Picus et Faunus, qu'on peut comparer aux satyres et aux pans, et qui, parcourant toute l'Italie, opéraient, au moyen de drogues puissantes et de charmes magiques, les mêmes effets que ceux qu'on attribue à ces demi-dieux que les Grecs appellent Dactyles Idéens. Numa se rendit maître de Picus et de Faunus, en mettant du vin et du miel dans la fontaine où ils venaient boire. Quand ils furent en son pouvoir, ils changèrent plusieurs fois de forme, et prirent des figures de spectres et de fantômes aussi extraordinaires qu'effrayantes; mais, lorsqu'ils se virent si bien liés qu'il leur était impossible d'échapper, ils découvrirent l'avenir à Numa, et lui enseignèrent l'expiation des foudres, telle qu'on la pratique aujourd'hui, par le moyen d'oignons, de cheveux et d'anchois (μαίνιδων). D'autres disent que ces dieux ne lui apprirent pas cette expiation; que seulement, par leurs charmes, ils firent descendre Jupiter. Le dieu, irrité de la violence qu'on lui faisait, dit à Numa de faire l'expiation *avec des têtes*..... Numa, l'interrompant, ajouta d'*oignons*. D'*hommes*, continua Jupiter. Numa, pour éluder cet ordre cruel, lui dit : *avec leurs cheveux. Avec de vivants...*, répliqua Jupiter. *Anchois*, se hâta de dire Numa. Ce fut la nymphe Égérie qui lui suggéra ces réponses. Jupiter s'en retourna avec des dispositions favorables, qui firent donner à ce lieu le nom d'Ilicium; et l'expiation se fit conformément aux réponses de Numa. »

Cependant, il y eut quelques historiens moins crédules; nous avons déjà parlé d'un Clodius que cite Plutarque, et selon lequel les anciens monuments de l'histoire romaine furent brûlés dans l'incendie du Capitole et rétablis ensuite au profit des familles illustres, qui y insérèrent de fausses généalogies.

Dans Cornelius Nepos et Varron, il y a absence complète de critique. La légèreté de ce dernier est surtout frappante dans ses étymologies de la langue latine. Il avait composé une histoire des familles troyennes, et des généalogies dans le genre de celles d'Atticus. Les éloges que donne Cicéron à son érudition ne prouvent rien pour son jugement, comme nous l'avons montré. — Salluste ne paraît pas s'être inquiété beaucoup de la vérité. Suétone rapporte, dans son *Histoire des grammairiens*, qu'il fit rassembler par un philosophe grec, Atteius, des archaïsmes et des anecdotes pour les employer dans son histoire; le fond lui importait peu, il ne s'occupait que de la forme. — Nous avons déjà parlé de la négligence de Tite-Live, il ne connaissait pas même les traités, comme nous l'avons prouvé. Quelquefois il traduit Polybe sans en avertir, et nous voyons, en rapprochant l'original de la traduction, qu'elle est faite avec la plus grande légèreté ; il lui arrive de rapporter le même fait plusieurs fois. Mais, au moins, Tite-Live a le mérite de donner la poésie pour de la poésie.

La partialité de Denys et de ceux qu'il a suivis est évidente : à l'en croire, les Romains seraient le peuple le plus juste et le plus modéré. Cependant ils ont conquis le monde, et il est bien extraordinaire que les peuples leur aient toujours donné si à propos des motifs légitimes d'agression. Pendant cinq cents ans, dit-il, le Forum n'est point ensanglanté, malgré les disputes continuelles des patriciens et des plébéiens. Il est bien extraordinaire que ces guerriers qui sont animés de la haine la plus violente, se rencontrent tous les jours sur la place sans jamais se coudoyer. Lors même que le frein des lois est brisé, lorsqu'ils se retirent sur le Mont Sacré, ils meurent plutôt que de toucher aux possessions des patriciens. Dans les disputes, ils observent toujours chez Denys un ordre parfait; l'un attaque, l'autre répond, vous croiriez presque voir la modération et le flegme cérémonieux de la Chine.

Tous ces historiens des premiers temps de Rome se divisent sur les points les plus importants.

D'abord sur le fondateur de Rome. (Voy. Den., I, 73, Festus, v. *Roma*.)

Romam appellatam esse Cephalon Gergithius, qui de adventu Æneæ in Italiam videtur conscripsisse, ait ab homine quodam comite Æneæ... Apollodorus in Euxenide ait, Ænea et Lavinia natos Mayllem, Mulum Rhomumque, atque ab Rhomo urbi tractum nomen. Alcimus ait Tyrrhenia Æneæ natum filium Romulum fuisse, atque eo ortam Albam Æneæ neptem, cujus filius nomine Romus condiderit urbem Romam. Antigonus Italicæ historiæ scriptor ait, Rhomum quemdam nomine, Jove conceptum, urbem condidisse in Palatio Romæ eique dedisse nomen, etc. Festus rapporte encore les opinions d'une foule d'autres historiens : l'opinion d'Aristote est que Rome était une cité grecque fondée au retour de la guerre de Troie. (Marinus, lupercaliorum poeta, *in Servio*, ad V. 20. Ecl. I).

> Roma ante Romulum fuit,
> Et ab ea nomen Romulus adquisivit.
> Sed Dea flava et candida,
> Roma Æsculapii filia
> Novum nomen Latio facit,
> Quod conditricis nomine
> Ab ipso omnes Romam vocant.

La date de la fondation de Rome n'était pas plus certaine que le nom du fondateur. Fabius Pictor, Caton, Polybe, Varron,

Cicéron, Trogue-Pompée, Eutrope, diffèrent d'opinion. Toutefois, ils la placent tous après la première olympiade ; Timée, au contraire, prétend qu'elle fut fondée la même année que Carthage, c'est-à-dire trente-huit ans avant la première olympiade. Ennius a dit que Rome était fondée depuis :

> Septingenti sunt paulo plus vel minus anni.

Or, Ennius vivait deux cents ans avant J.-C. : ce qui placerait la fondation de Rome neuf cents ans avant J.-C. Le calcul que l'on suit ordinairement est celui de Varron, qui n'a pas plus d'autorité que les autres.

On ne sait pas quels furent les premiers habitants de l'Italie ; selon Tite-Live et Plutarque, c'étaient des bandits ; Denys, au contraire, vante la probité des compagnons de Romulus.

Denys prétend que le premier Tarquin reçut la soumission de douze villes étrusques ; Tite-Live n'en dit pas un mot.

Comment Servius obtint-il la royauté ? en flattant le peuple, selon Tite-Live ; en flattant les grands, selon Denys.

L'origine des comices par tribus, le fait peut-être le plus important de l'histoire romaine, est exposée d'une manière toute différente par les historiens.

Dans l'histoire des premières années de Rome, Tite-Live et Denys ne sont jamais d'accord, excepté pour l'histoire de Porsenna. Et sur ce point ils sont contredits par d'autres historiens. Tite-Live dit qu'il se retira pour faire plaisir aux Romains, Denys d'Halicarnasse qu'on lui envoya les insignes de la royauté, ce qui était une marque de vassalité. Tacite dit expressément que la ville fut rendue, *dedita urbe*, et Pline confirme le témoignage des deux derniers en citant les conditions du honteux traité que Porsenna imposa aux Romains.

Horatius Coclès périt dans Polybe. Dans les autres historiens, il échappe au danger.

Quant à Mucius Scævola, Clélie, les trois cents Fabius et l'origine de la questure, les avis sont très différents. Il en est de même pour les commencements du tribunat, qui a une si grande importance dans l'histoire de Rome.

La guerre de Porsenna est reproduite en abrégé trente ans après. — Tit.-Liv., II, 25-6 : Obsessa urbs foret, super bellum annona premente (transierant enim Etrusci Tiberim), ni Horatius consul ex Volscis esset revocatus adeoque id bellum ipsis institit mœnibus, ut primo pugnatum ad Spei sit æquo marte, iterum ad portam Collinam... Ab arce Janiculi passim in Romanum agrum impetus dabant.

On n'est pas d'accord sur la date de la prise de Rome par les Gaulois. Le plus grand nombre la placent la première année de la quatre-vingt-dix-huitième olympiade. Tite-Live et Plutarque nous parlent de la victoire de Camille sur les Gaulois. Polybe, Suétone, Plutarque et Strabon prétendent que les Gaulois ne furent point battus par Camille, mais que les Romains se rachetèrent.

Quant aux guerres suivantes contre les Gaulois, nous voyons les ennemis de Rome continuellement battus dans Tite-Live; mais nous avons le récit de Polybe que nous pouvons opposer à celui de l'historien latin. Selon Polybe, les Romains ne remportent que deux victoires ; du reste, les succès sont balancés. Dans Tite-Live, au contraire, ils remportent huit victoires, et des plus sanglantes : chaque fois, vingt mille, trente mille hommes restent sur le champ de bataille; Polybe ne parle pas du combat singulier de Manlius Torquatus : il faut observer que Polybe écrivait dans Rome, où il était prisonnier; que l'ami de Scipion Émilien devait craindre de dire du mal des Romains, et qu'il eût été dangereux pour lui de leur retrancher une victoire qu'ils auraient réellement remportée. — Voy. une foule d'observations du même genre dans Beaufort et Niebuhr.

FIN.

TABLE DES MATIÈRES

	Pages
Préface	1
Avant-propos	9
Premières applications de la critique à l'Histoire romaine	10
1521. Glareanus	ibid.
1685. Perizonius	ibid.
1738. Beaufort	11
1725. Vico	12
1812. Niebuhr	16
Ce qui resterait à faire	19
Division de l'Histoire de la civilisation romaine	20
Division de l'Histoire politique de Rome	21

INTRODUCTION. — L'Italie.

Chapitre Ier. — *Aspect de Rome et du Latium moderne.*	23
Chapitre II. — *Tableau de l'Italie.*	29
L'Italie entre les feux et les eaux	ibid.
Italie du nord	31
La Péninsule divisée en deux bandes, par les Apennins	32
Rivage oriental	ibid.
Rivage occidental, Toscane, Campanie, Calabre	33
Campanie	34
Calabre	36

CHAPITRE III. — *Les Pélasges* 38

Ancienne domination des Pélasges 39
Les Pélasges en Italie. 40
Les Pélasges, peuple industrieux ; odieux aux tribus héroïques . 42
Extermination des Pélasges. 44

CHAPITRE IV. — *Osci.* — *Latins. Sabins* 47

Opici, Osci, Ausonii, etc., c'est-à-dire aborigènes 48
Ils se divisent en habitants des plaines (plus spécialement *Osci*
et *Opici*), et habitants des montagnes (*Sabelli, Sabini, Sam-
nites*). . . . . ibid.
Plus tard, *Opica* signifie Campanie et Latium. 49
Analogie des langues osque, sabine et latine entre elles, et avec
le sanscrit. 50
Religion des agriculteurs des plaines. . . . . ibid.
Religion de la nature : Saturnus-Ops, Djanus-Djana. 51
Mamers, dieu de la vie et de la mort. . . . . ibid.
Fors, Fortuna. 52
Dieux hermaphrodites, inactifs, inféconds ; point d'art 54
Sagesse agricole ; génie dur et intéressé 55
Religion des pasteurs des montagnes. 57
Culte cruel de Mamers, dieu de la vie et de la mort 58
Génie des diverses tribus sabelliennes. 59

CHAPITRE V. — *Tusci,* ou *Étrusques*. 61

De l'origine des Étrusques ; conjectures qu'autorise la diversité
de leurs monuments. . . . . ibid.
Inductions sur l'origine pélasgique des Étrusques. 64
Caractère de la contrée. 66
Génie sombre des Étrusques. 68
Religion. — Instabilité universelle et fatale de la nature. —
Doctrine des âges. — Voltumna, Janus. 70
Stabilité de la vie agricole. — Divinisation de la terre. — Con-
sécration de l'agriculture. Tagès, Tarchon, Tarquin, Tyr-
rhenos. 73
La terre mise en rapport avec le ciel par la divination et l'orien-
tation 76
Culte des génies humains, *Lares*, dans l'*atrium*, autour du
focus. — Mânes, Larves 79
Au-dessus, grands dieux, *Dii Consentes* 80
Insuffisance du génie divers des Osques, et du génie *exclusif*
des Étrusques pour fonder la cité italique 81

TABLE DES MATIÈRES

LIVRE I. — ORIGINE, ORGANISATION DE LA CITÉ.

Pages

CHAPITRE I⁽ᵉʳ⁾. — *Les Rois.* — *Époque mythique.* — *Explications conjecturales.* 83

Le fondateur est un banni, un bandit, un *héros.* . . . . ibid.
Fils de Mars et d'une Vestale; principe occidental et oriental, plébéien et patricien 85
Romus-Romulus. . . . . ibid.
Analogie des histoires de Remus-Romulus et de Cyrus. . . . . . ibid.
An 757 avant J.-C. ? Fondation de la cité, par l'institution de l'asile ; dualité. 86
Histoire mythique du rapt des femmes 87
Romulus meurt comme Dschemschid, Hercule, Siegfried, etc. . 89
Numa, idéal patricien. . . . . ibid.
Altéré par l'esprit romanesque des Grecs. 91
Tullus Hostilius. . . . . ibid.
Combat des patriciens d'Albe et de Rome ; Horaces et Curiaces, comme Remus et Romulus. 92
Romulus et Tullus, deux formes d'un même symbole . . . . . . ibid.
Ancus, assemblage contradictoire. 93
Domination étrusque, sous le nom des deux Tarquins, peut-être identiques. 96
Entre les Tarquins, *Servius*, révolution plébéienne 97
Caractère symbolique de la période étrusque, ou des prêtres-rois. 102
509 ? *Brutus*, ou l'insurrection. 105
Porsenna, Coclès, Mutius. 106

CHAPITRE II. — *Origine probable de Rome.* — *République, âge héroïque.* — *Curies et centuries.* — *Lutte des patriciens et des plébéiens.* — *Tribunat* 112

Rome, d'origine pélasgo-latine. . . . . ibid.
Occupée ensuite par des pasteurs Sabins, adorateurs de *Mamers, quir.* (Tatius, Numa). 113
Les Romains en prirent le nom de *Quirites, Mamertini* 114
La généalogie de Latinus symbolise ce fait. 115
Et le caractère de Rome est en effet aussi pastoral qu'agricole . ibid.
La domination des Pélasgo-Étrusques relève les Pélasgo-Latins. 116
La domination des clients des Pélasgo-Étrusques s'associe les Pélasgo-Latins ou plébéiens. Mastarna-Servius. 117
Les Lucumons redeviennent les maîtres. Tarquin-le-Superbe . . 118
L'expulsion des Étrusques ne profite qu'aux patriciens sabins. . ibid.
Génie patricien, génie plébéien. 119

Constitution de la cité 120
La cité est l'idéal de la famille. Celle-ci n'est pas soumise au droit naturel, mais à un droit public 122
Le père de famille est le maître absolu, le Dieu du foyer. ... 123
La femme, les enfants, les esclaves sont des choses .... ibid.
Le droit paternel s'étend de même sur les clients et colons ... 125
Tous portent en commun le nom du père............ 127
Le droit, c'est le *jus quiritium*, droit de la lance ou de la force 128
De là, point de testament, le fils hérite de l'omnipotence paternelle... ibid.
Le père de famille a le droit divin ; sa parole est sacrée ; la lettre est stricte 129
La cité est également soumise à la précision rythmique..... 130
Les plébéiens n'ont ni droit, ni pain 133
Point d'industrie ; esclavage 134
La guerre ruine l'agriculture..................... 135
De là les dettes.............................. ibid.
L'emprisonnement, les tourments de l'*ergastulum*, etc...... 137
Révolte des plébéiens 138
Retraite sur le Mont Sacré...................... 139
493 ? Tribunat.................................... 140

CHAPITRE III. — *Suite du précédent. — Premières guerres. — Loi agraire ; Colonies. — Douze Tables. — Prise de Véies par les Romains, de Rome par les Gaulois* 141

Caractère romanesque des premières guerres .... ibid.
Les Herniques se liguent avec les Romains contre les habitants des plaines, Volsques et Véiens..................... 142
Ceux-ci s'unissent aux Èques...................... 144
Les Romains s'agrègent les Latini et Hernici, et exterminent les Volsci-Equi................................ ibid.
Extension du nom de Latium...................... ibid.
Le peuple demande sa part du *territoire sacré* de Rome, à la possession duquel tous les droits sont attachés .... ibid.
486 ? Lois agraires, demandant les unes l'*ager Romanus*, les autres les terres conquises........................... 147
L'*ager* est refusé ; en compensation, les terres conquises sont mesurées, orientées en colonie sur le modèle de l'*ager*..... 148
Mais la colonie reste dépendante de la métropole........ 149
Municipes................................... 150
462 ? Les plébéiens restés à Rome ne demandent plus que les droits de la cité ; Terentius Arsa..................... 152
On leur donne les terres profanes de l'Aventin 153
Décemvirs.................................. 154

	Pages
449 ? Lois des Douze Tables	155
I. Lois de garantie contre les patriciens	*ibid.*
II. Introduction d'un droit plus humain	158
III. Efforts du législateur en faveur du passé	159
Dans les Douze Tables éclate la dualité romaine	161
Les plébéiens demandent bientôt le *connubium*, et le consulat	163
444 ? Les patriciens abolissent le consulat	*ibid.*
376 ? Loi de Lic. Stolo	164
Victoire des plébéiens	165
Guerre contre l'Étrurie	*ibid.*
395 ? Prise de Veïes. Institution de la solde	167
Prise de Faléries et de Vulsinies	*ibid.*
391 ? Invasion des Gaulois et prise de Rome	169
Reconstruction de Rome	171

LIVRE II. — Conquête du monde.

Chapitre Iᵉʳ. — *Conquête de l'Italie centrale.* — *Guerre des Samnites*, etc. (343-283) 173

Aspect des Apennins	*ibid.*
Les Samnites	175
Ils s'emparent de Capoue. Dégénération des Samnites de la plaine	176
Les Latins s'allient aux Campaniens contre les Samnites des montagnes	177
Puis ils réclament les droits de la cité romaine	178
Les Romains s'allient aux montagnards et sont vainqueurs	*ibid.*
340-314. Destruction de la nationalité campanienne et latine	179
339. Lois de Publius Philo	183
343. Guerre du Samnium, de la cité contre la tribu, de la plaine contre la montagne	*ibid.*
322. Fourches Caudines	185
313. Les Samnites entraînent les Étrusques dans la guerre	187
Fabius bat les confédérés	194
Papirius Cursor, dictateur, écrase les Étrusques et les Samnites	195
296. Dévouement de Decius. Soumission des Étrusques	*ibid.*
Dernier effort des Samnites	196
291. Ils succombent. Désolation du Samnium	*ibid.*

Pages

Chapitre II. — *Suite du précédent. — Conquête de l'Italie méridionale. — Guerre de Pyrrhus, ou guerre des Mercenaires grecs en Italie (281-267)* 198

    La Grande Grèce et la Sicile . . . . *ibid.*
    Armées mercenaires. 200
    Elles s'établissent dans la Grande Grèce et la Sicile 202
    Pyrrhus 203
281. Les Tarentins l'appellent contre Rome 204
    Premiers succès de Pyrrhus 205
276. Il est défait à Bénévent 208
    Il quitte l'Italie 209

Chapitre III. — *Guerre punique (265-241). — Réduction de la Sicile, de la Corse et de la Sardaigne ; de la Gaule italienne, de l'Illyrie et de l'Istrie (238-219)* . . . . *ibid.*

    La guerre Punique a été la lutte des races indo-germanique et sémitique . . . . *ibid.*
    Grandeur et perpétuité de cette lutte . . . . *ibid.*
    La Phénicie, métropole de Carthage 211
    Carthage 213
    Mœurs, constitution, commerce, etc . . . . *ibid.*
    Esprit mercantile 214
    Armées mercenaires 219
265. Les Romains rencontrent Carthage en Sicile 222
261. Pour la combattre, ils se créent une marine. Victoire navale de Duillius 224
    Les Romains transportent la guerre en Afrique. Regulus 225
    Ils se font battre huit ans en Sicile. Victoires d'Hamilcar 226
241. Battus aux Îles Égates, les Carthaginois se découragent et demandent la paix 228
    Pendant la paix, Rome dompte les Liguriens et les Gaulois . . . 229
    Premières tentatives des Boïes 230
232. Les Boïes et les Insubres se mettent en marche. Terreur de l'Italie 231
    Rome lève trois armées 232
222. Victoire de Flaminius et de Marcellus. Puissance de Rome . . . 233

Chapitre IV. — *Les Mercenaires. — Leur révolte contre Carthage (241-238). — Leur conquête de l'Espagne (237-221). — Leurs généraux, Hamilcar, Hasdrubal et Hannibal* 235

    Les Mercenaires reviennent de Sicile en Afrique, pour se faire payer . . . . *ibid.*

TABLE DES MATIÈRES

	Pages
Carthage leur demande la remise d'une partie de leur solde...	237
Ils se soulèvent et marchent sur Carthage	238
Les Africains se réunissent aux révoltés	240
Horreur de cette guerre (*Guerre inexpiable*)	243
238. Hamilcar extermine les mercenaires	ibid.
Carthage, pour se délivrer d'Hamilcar, l'envoie en Espagne. Ses victoires	ibid.
229. Hasdrubal lui succède et fonde Carthagène	245
221. Hannibal	246
219. Il attaque et prend Sagunte	247
Il déclare la guerre aux Romains	249

CHAPITRE V. — *Les Mercenaires en Italie. — Hannibal (218-202)*. . 252

218. Hannibal passe les Pyrénées et le Rhône	253
Il passe les Alpes et descend en Italie	256
Forces d'Hannibal et de Rome	260
Rencontre du Tésin	263
Bataille de la Trébie	264
217. Hannibal passe les Apennins	265
Bataille de Trasimène	267
Fabius, nommé prodictateur par les nobles	268
Il temporise et abandonne les alliés	ibid.
Le peuple élève au consulat Ter. Varron	269
Les nobles lui opposent Paulus Emilius	270
216. Bataille de Cannes	271
Hannibal passe l'hiver à Capoue	274
Il demande en vain des secours en Espagne et à Carthage	275
Et s'allie à la Macédoine	277
215-214. Il manœuvre en Italie contre Marcellus	279
211. Rome reprend Capoue et la Sicile	280
210. Le jeune Scipion paraît en Espagne	283
Et prend Carthagène	ibid.
Hasdrubal, vaincu, veut rejoindre Hannibal	284
207. Il est défait et tué	285
Les Italiens s'unissent à Rome contre Hannibal	286
204. Scipion passe en Afrique	287
Syphax et Massinissa	288
203. Hannibal repasse en Afrique	290
202. Bataille de Zama	292
Soumission de Carthage	294
Hannibal réforme Carthage	295

CHAPITRE VI. — *La Grèce envahie par les armes de Rome. — Philippe, Antiochus (200-189)* 296

Situation du monde . . . . ibid.

TABLE DES MATIÈRES

	Pages
Présomption et faiblesse des successeurs d'Alexandre	298
La Grèce et la Macédoine se détruisent l'une par l'autre	299
200. Guerre de Rome contre Philippe	301
197. Bataille des Cynocéphales	302
Flaminius proclame la liberté de la Grèce	303
200-177. Guerre d'Espagne et de la Gaule	304
192. Antiochus s'allie aux Étoliens contre Rome	305
Il est vaincu par les Scipions	306
189. Les Romains détruisent les Galates	307

CHAPITRE VI (Suite du). — *Rome envahie par les idées de la Grèce, Scipion, Ennius, Nævius et Caton*. 308

Anciennes relations de Rome avec la Grèce	*ibid.*
La Mythologie grecque associée à la Mythologie italique	309
Les Grecs écrivent l'Histoire romaine	310
Dioclès, Fabius Pictor, Cincius, Caton, Pison, Valerius d'Antium, Tite-Live, Denys d'Halicarnasse	314
Histoires romanesques des Fabii, des Quintii, des Marcii, etc.	315
Les Romains favorisent ou imitent la littérature grecque	318
Ennius et Scipion	322
Le Campanien Nævius relève la littérature nationale, et attaque les Scipions	*ibid.*
Il meurt persécuté et banni	325
Après lui, Caton, appelé à Rome par la famille populaire des Valerius	326
Sa rudesse italique. Vie dure et inébranlable sévérité	*ibid.*
Il attaque l'insolence et la corruption des nobles	331
187. Chute des Scipions	332

CHAPITRE VII. — *Réduction de l'Espagne et des États grecs. — Persée. — Destruction de Corinthe, de Carthage et de Numance (189-134)* 335

Les idées et les religions de l'Orient s'introduisent à leur tour dans Rome	*ibid.*
Mœurs corrompues et atroces	336
Et la politique perfide et cruelle	*ibid.*
172. Persée, fils de Philippe, s'unit à tous les ennemis de Rome	340
Et lui déclare la guerre	*ibid.*
Rome envoie contre lui Paul Émile	342
168. Paul Émile vainqueur	343
Morcèle la Macédoine et l'Illyrie; il saccage l'Épire	344
166-162. Tous les rois s'humilient	345
Caton obtient la grâce des Rhodiens	346
La Grèce succombe	349

146. Mummius brûle Corinthe....................	349
199-172. Massinissa harcèle les Carthaginois................	351
Ils demandent vainement justice à Rome.............	*ibid.*
Et prennent les armes.....................	353
Carthage se soulève....................	*ibid.*
146. Scipion Émilien l'assiège et la détruit.............	*ibid.*
195-151. Guerres d'Espagne. Viriathe................	355
La guerre se concentre dans Numance.............	358
144-134. Scipion Émilien l'assiège et la prend...........	*ibid.*

LIVRE III. — Dissolution de la cité.

CHAPITRE 1er. — *Extinction des plébéiens pauvres, remplacés dans la culture par les esclaves; dans la cité par les affranchis. — Lutte des riches et chevaliers contre les nobles. — Tribunat des Gracches (133-121). — Les chevaliers enlèvent aux nobles le pouvoir judiciaire*.............. 361

Le peuple romain s'éteint.....................	*ibid.*
L'Italie se peuple d'esclaves..................	362
Rome se peuple d'affranchis..................	363
La constitution de Rome, fondée sur une aristocratie d'argent, suffisait pour amener la misère et la dépopulation......	365
Les riches envahissent toutes les terres.............	368
Riches divisés en *nobles* et *chevaliers*...............	370
Les nobles laissent usurper aux chevaliers les domaines publics.......................	*ibid.*
Toutes les terres deviennent pâturages; l'agriculture se réfugie à Rome et y vit de son vote.................	371
Les censeurs le lui ôtent..................	372
Autour de Rome, Municipes, Colons, Latins, Italiens......	*ibid.*
Tous aspirent à entrer dans Rome, dans la cité..........	373
138. Première guerre des esclaves..................	377

CHAPITRE 1er (Suite du). — *Tribunat des Gracches (133-121)*..... 380

Origine et éducation des Gracches.............	*ibid.*
Tiberius Gracchus......................	381
133. Premières lois agraires, pour forcer les riches à rendre le domaine public usurpé.....................	384
Tiberius, tout en favorisant les pauvres, cherche à s'appuyer sur les chevaliers, ennemis naturels des lois agraires.....	386
Les nobles l'attaquent et le tuent................	389
Le Sénat ordonne l'exécution de la loi agraire. Difficultés....	390

		Pages
	Les Italiens chargent Scipion Émilien de la faire abolir	391
	Scipion, haï de la populace de Rome; il est trouvé mort dans son lit.	393
	Caïus Gracchus.	ibid.
122.	Il donne le pouvoir judiciaire aux chevaliers.	394
	Mais la loi agraire blesse à la fois les chevaliers et les Italiens.	395
	Sympathie de Caïus pour les nations vaincues.	ibid.
	Le Sénat le surpasse en démagogie.	396
121.	Caïus succombe et se tue.	398

CHAPITRE II. — *Suite de la lutte des nobles et des chevaliers. — Les chevaliers obtiennent le commandement militaire. — Marius défait les Barbares du midi et du nord (Numides et Cimbres) (121-100).* 399

119.	Caïus Marius protégé par Metellus	400
	Part pour la guerre de Jugurtha	403
	Jugurtha relève la nationalité numide.	ibid.
111.	Accusé à Rome, il corrompt les nobles	ibid.
	La guerre est confiée à Metellus.	ibid.
	Marius, soutenu par les chevaliers, supplante Metellus.	405
106.	Jugurtha meurt de faim dans un cachot.	407
	Invasion des Cimbres et des Teutons en Gaule.	ibid.
	Défaite de Silanus et du consul P. Cassius.	408
	Les Cimbres exterminent à Tolosa l'armée du consul Servilius Cépion.	409
105.	Rome appelle Marius	410
	Les Barbares se dirigent vers l'Italie.	ibid.
	Marius bat les Teutons à Aix	411
101.	Extermine les Cimbres à Verceil	413
	L'esclavage introduit des multitudes de barbares dans l'Empire.	414
	Le Sénat décrète l'affranchissement des hommes libres vendus comme esclaves en Sicile.	416
	Puis se rétracte, effrayé de leur nombre.	417
105-1.	Révolte des esclaves; défaits par Manius Aquilius.	418

CHAPITRE III. — *Guerre Sociale. — Les Italiens obligent Rome de leur accorder le droit de cité. — Guerre Sociale et civile de Marius et de Sylla. — Dictature de Sylla. — Victoire des nobles sur les chevaliers, de Rome sur les Italiens (100-77)* 419

	Marius fait proposer par Saturninus une distribution de terres aux alliés d'Italie.	ibid.
	Marius laisse lapider Saturninus.	420

TABLE DES MATIÈRES

Pages

- 91. Drusus demande pour les Italiens le droit de cité.......... 421
- Les Italiens se liguent contre Rome.............. 422
- 88. Conduite équivoque de Marius. Pompeius et Sylla terminent la guerre................................ 424
- 88. Concession illusoire du droit de cité............. 425
- Mithridate soulève l'Asie Mineure............... 426
- Sylla demande la conduite de la guerre, et chasse de Rome Marius son compétiteur...................... 427
- Sylla part pour l'Asie....................... 428
- 87. Ses succès en Grèce....................... 429
- Il bat Mithridate et dépouille l'Asie.............. 430
- Cependant Cinna relève le parti italien et rappelle Marius... 431
- 83. Retour de Sylla. Le jeune Pompée se joint à lui......... 432
- Massacres et proscriptions................... 435
- Sylla prend la tyrannie sous le nom de dictateur......... 436
- Il rend au Sénat le pouvoir judiciaire, etc............ *ibid.*
- 79. Mort de Sylla, impuissance de son système............ 438

CHAPITRE IV. — *Pompée et Cicéron. — Rétablissement de la domination des chevaliers. — Sertorius. — Spartacus, les pirates, Mithridate (77-64)*................. 441

- État de l'Empire........................ *ibid.*
- 83. Un général de Marius, Sertorius, arme l'Espagne......... 443
- Il occupe la Narbonnaise et menace l'Italie........... 444
- 73. Il meurt trahi et assassiné................... *ibid.*
- Continuation de la guerre d'Asie. Tigrane et Mithridate..... 445
- 75-59. Victoires de Lucullus, l'un des généraux de Sylla........ *ibid.*
- Haï des chevaliers dont il réprime les exactions, il est rappelé. 449
- 73. Guerre servile en Italie. Spartacus. Ses victoires........ *ibid.*
- Crassus. Défaite et mort de Spartacus.............. 452
- 71. Pompée extermine le reste des esclaves............. 455
- Pompée se tourne vers les chevaliers et le peuple........ 456
- Cicéron, chargé de faire le procès à la noblesse dans la personne de Verrès........................... 459
- Pompée rétablit les comices par tribus, ôte au Sénat le privilège du pouvoir judiciaire, et le fait partager aux chevaliers et aux tribuns........................... 461
- Les chevaliers font donner à Pompée la direction de la guerre contre les pirates, et un pouvoir absolu............. 462
- 68. Pompée les réduit en soixante-treize jours et se les concilie... 464
- 67-64. Il achève la guerre de Mithridate............... 465

CHAPITRE V. — *Jules César. — Catilina. — Consulat de César. — Guerre des Gaules. — Guerre civile. — Dictature de César et sa mort (63-44)*.................. 469

- Origine de César........................ *ibid.*

TABLE DES MATIÈRES

		Pages
	Sa jeunesse audacieuse, dissolue et prodigue.	470
	César, l'homme de l'humanité	471
	Caton, l'homme de la loi	ibid.
	Situation de l'Italie. Bouleversement de la propriété	473
66.	César accuse l'assassin de Saturninus : Cicéron le défend	475
	Le tribun Rullus propose une loi agraire. Cicéron la combat	476
	Catilina conspire avec tous les hommes ruinés.	477
63.	Cicéron se met à la tête des riches, des chevaliers, et chasse Catilina	479
	Catilina défait et tué	481
39.	Consulat de César	483
	César propose et fait passer une loi agraire	ibid.
	Il se fait donner les deux provinces des Gaules	484
	Dans la Gaule transalpine, deux partis : 1° le parti Gallique, ou des chefs de clans ; 2° le parti Kymrique ou du Druidisme ; l'hérédité et l'élection	486
	A la tête du second, les Édues ; à la tête du premier, les Arvernes et les Séquanes	488
	Les Séquanes appellent contre les Édues les Suèves, qui oppriment les uns et les autres	ibid.
	Un Édue, Dumnorix, appelle contre les Suèves les Helvètes	489
	Un druide, frère de Dumnorix, appelle les Romains	ibid.
58.	César repousse les Helvètes	490
	Et chasse les Suèves	ibid.
	Les Gaulois du nord se coalisent contre César, appelé par les Édues, les Sénons et les Rhènes	491
57.	Guerre pénible de César contre les peuples de la Belgique	492
56.	Il réduit les tribus des rivages et l'Armorique	493
55.	Il fallait frapper les deux partis dont se composait la Gaule, dans la Germanie et dans la Bretagne :	
	1° César passe le Rhin	494
	2° Il passe en Bretagne	495
54-53.	L'insurrection éclate en Gaule de toutes parts	496
	Soulèvement et extermination des Éburons	497
52.	Soulèvement des Carnutes, Arvernes, etc.	ibid.
	César accourt de l'Italie, prend Genabum et Noviodunum	499
	Soulèvement des Édues	ibid.
	César assiège dans Alésia le Vercingétorix	500
51.	Il la prend et réduit rapidement toute la Gaule	501
	Ce qui se passait à Rome pendant l'absence de César	502
	Clodius, suscité contre Cicéron par César et Pompée	504
52.	Et assassiné par Milon, que Cicéron ne peut sauver de l'exil	ibid.
55.	Crassus s'était fait donner pour province la Syrie ; la guerre des Parthes	505
51.	Il est défait et tué	506
	Pompée règne seul à Rome	ibid.
49.	Il veut forcer César à mettre bas les armes	507

TABLE DES MATIÈRES

	Pages
Force de César	508
Faiblesse et présomption de Pompée	509
César passe le Rubicon. Il retourne combattre les Pompéiens en Espagne	ibid.
Il gagne les Pompéiens par sa douceur, et soulage la misère de Rome	510
48. Il combat les Pompéiens en Grèce	ibid.
Ressources de Pompée	511
César échoue au siège de Dyrrachium, et se retire en Macédoine	513
Confiance et insolente cruauté des Pompéiens	514
Bataille de Pharsale	515
Pompée s'enfuit en Égypte et meurt assassiné	516
César passe en Égypte	517
47. Il est assiégé avec Cléopâtre dans Alexandrie	518
Son retour en Italie	519
Défaite des Pompéiens en Afrique. Mort de Caton	520
César introduit les Barbares dans Rome et dans le Sénat	522
46. Triomphe de César	523
Le génie cosmopolite du dictateur commence l'initiation de l'humanité au nouvel empire	524
45. César achève les Pompéiens en Espagne. Bataille de Munda	528
Retour à Rome. César méprise Rome, et accepte les honneurs odieux que lui défère le Sénat	529
Il forme le projet d'un code universel; il veut joindre les deux mers de la Grèce	530
Et faire entrer l'Asie dans l'Empire	531
Conjuration de Brutus et de Cassius	ibid.
Le bruit court que César veut se faire roi	533
44. Mort de César	537

CHAPITRE VI. — *César vengé par Octave et Antoine. — Victoire d'Octave sur Antoine, de l'Occident sur l'Orient* (44-41). 539

Regrets et indignation du peuple	ibid.
Antoine se porte pour vengeur de César	540
Antoine, vrai soldat, génie barbare	ibid.
Octave, fils adoptif de César	541
Il déclare qu'il le vient venger	543
43. Le Sénat veut s'opposer à Antoine	544
Triumvirat	545
Proscriptions	ibid.
Meurtre de Cicéron, etc.	546
Lâcheté et cruauté d'Octave	547
De leur côté Cassius et Brutus pillent l'Asie	549
Découragement de Brutus	550

	Pages
42. Bataille de Philippes. Mort de Cassius	550
Brutus se tue	552
Sextus Pompée continue la guerre contre les triumvirs	554
Octave se brouille avec le parti d'Antoine	555
L'armée commande la réconciliation	556
Le peuple de Rome force les triumvirs de faire la paix avec Sextus	ibid.
40. Antoine a l'Orient; Octave l'Italie, l'Espagne et la Gaule, etc.	557
Octave s'appuie sur Agrippa et Mécène	ibid.
Et fait la guerre à Sextus	558
39-36. Battu d'abord par les flottes de Sextus	559
Octave l'emporte; Sextus meurt en Orient (35)	560
Succès d'Antoine en Orient	561
Il adopte les mœurs de l'Asie. Cléopâtre	562
La lutte d'Antoine et d'Octave est la lutte de l'Orient et de l'Occident	564
Antoine attire à Alexandrie tout le commerce de l'Asie	ibid.
Son expédition contre les Parthes	565
34. Il siège à Alexandrie sous les attributs d'Osiris, et déclare fils de César le fils de Cléopâtre	567
32. Octave le fait déclarer ennemi public par le Sénat	569
31. Bataille d'Actium. Cléopâtre s'enfuit avec sa flotte. Antoine la suit.	571
Cléopâtre livre à Octave Péluse et l'entrée de l'Égypte. Antoine se tue	574
30. Mort de Cléopâtre. Triomphe d'Octave sur Antoine, de l'Occident sur l'Orient	575

ÉCLAIRCISSEMENTS.

Sur Rome et l'Italie en général	579-580
Sur la divination des Étrusques	587
Sur le respect des formules et de la lettre stricte chez les Étrusques et les Romains	589
Sur les cérémonies de la fondation des villes, etc.	591
Sur les Colonies et les Municipes	592
Sur l'histoire des Décemvirs, et les Douze Tables	594
Sur les lois des Douze Tables, comparées aux lois grecques	595
Sur la formule du droit romain donnée par Gans	599
Sur l'inscription de Duilius	601
Sur les anciennes maisons plébéiennes	602
Sur l'incertitude de l'histoire des premiers siècles de Rome	605

FIN DE LA TABLE DES MATIÈRES.

PARIS. — IMP. C. MARPON ET E. FLAMMARION, RUE RACINE, 26.

OEUVRES COMPLÈTES

DE

J. MICHELET

ÉDITION DÉFINITIVE, REVUE ET CORRIGÉE

DÉTAIL DE L'ŒUVRE COMPLÈTE

Histoire de France (Moyen âge, Temps modernes, Révolution, XIXe siècle)........	26 vol.
Vico...................	1 vol.
Histoire romaine............	1 vol.
L'Oiseau. — La Mer..........	1 vol.
Luther (Mémoires)............	1 vol.
Le Peuple. — Nos Fils.........	1 vol.
Le Prêtre. — Les Jésuites.......	1 vol.
La Montagne. — L'Insecte.......	1 vol.
L'Amour. — La Femme.........	1 vol.
Précis d'histoire moderne. — Introduction à l'Histoire universelle........	1 vol.
La Bible de l'Humanité. — Une année du Collège de France (1848).......	1 vol.
Les Origines du Droit. — La Sorcière...	1 vol.
Les Légendes du Nord. — La France devant l'Europe................	1 vol.
Les Femmes de la Révolution. — Les Soldats de la Révolution...........	1 vol.
Lettres inédites adressées à Mlle Mialaret (Mme Michelet)............	1 vol.
TOTAL......	40 vol.

Prix de chaque volume **7 fr. 50.**
(Envoi franco contre mandat ou timbres.)

www.ingramcontent.com/pod-product-compliance
Lightning Source LLC
Chambersburg PA
CBHW071156230426
43668CB00009B/970